Hamburg und sein Umland

Perthes Länderprofile

Geographische Strukturen, Entwicklungen, Probleme
(vormals Klett/Länderprofile)

Wissenschaftliche Beratung:
Prof. Dr. Gerhard Fuchs, Universität-Gesamthochschule Paderborn

Ilse Möller

Hamburg

59 Karten und Abbildungen sowie 8 Übersichten und
38 Tabellen im Text
Im Anhang ein farbiger Bildteil mit Kommentaren

KLETT-PERTHES
Gotha und Stuttgart

Die Deutsche Bibliothek – CIP-Einheitsaufnahme

Möller, Ilse:
Hamburg / Ilse Möller. - 2., völlig neubearb. Aufl. - Gotha ; Stuttgart
: Klett-Perthes, 1999
(Perthes Länderprofile)
ISBN 3-623-00697-1

Anschrift der Autorin:
Dr. Ilse Möller, Sierichstraße 73, D–22301 Hamburg
Euroallee 3, D–27389 Fintel

Dieser Band entstand unter beratender Mitwirkung von Dr. Georg Wojtkowiak, Hamburg.

Titelfoto: Hamburg-Panorama
(Deutsche Luftbild GmbH, Hamburg)

Fotos: Titelfoto und Foto 1 – Deutsche Luftbild, Hamburg
Foto 4, 5, 8, 9, 10, 11, 13, 15, 20: Sascha Milkereit, Hamburg
Foto 2, 3, 6, 7, 12, 14, 16, 17, 18, 19: Dr. Georg Wojtkowiak, Hamburg

Abbildungen bzw. Abbildungsgrundlagen mit freundlicher Genehmigung:
Vorderes Vorsatz: Bundesamt fürKartographie und Geodäsie
Frankfurt am Main, Gen.-Nr. 19/99
(Übersichtskarten Bundesrepublik Deutschland 1 : 500 000,
Blatt Nordwest, Ausgaben mit Verwaltungsgrenzen und Normalausgabe, 3. Aufl. 1995)
Hinteres Vorsatz: FHH Hamburg, Wirtschaftsbehörde, Strom und Hafenbau

ISBN 3-623-00697-1
2., völlig neubearbeitete Auflage

Druck und buchbinderische Verarbeitung: Salzland Druck & Verlag, Staßfurt
Einbandgestaltung: Kerstin Brüning, Gotha

http://www.klett-verlag.de/klett-perthes

Inhalt

Vorwort

Hamburg – Stadt am Strom. Das Malerische dieser Lage erschließt sich vom Nordufer der Elbe her am eindrucksvollsten zwischen den Landungsbrücken und Övelgönne. Der lebhafte Schiffsverkehr des Hafens führt zu schnell wechselnden Bildern vor einer ornamental wirkenden Kulisse technischer Anlagen: alter Docks, aufragender Kräne und großer Transportbrücken über Kaiflächen mit gewaltigen Stapeln farbiger Container. Hier vollzieht sich der Übergang zur weiteren Arbeitswelt des Hafens, die sich mit Industrieanlagen an künstlich geschaffenen Hafenbecken und alten Elbnebenarmen im Stromspaltungsgebiet weit nach Süden hin erstreckt.

Hamburg – Stadt um die Alster. Die Außenalster, früher nördlich außerhalb der Stadt gelegen, bildet heute den Mittelpunkt Hamburgs als weite ruhige Wasserfläche, im Sommer von weißen Segeln belebt. Ältere Villen und moderne repräsentative Einzelhäuser, meist auf großen Gartengrundstücken, umrahmen den See; gepflegte baumbestandene Straßen sowie Spazierwege in Grünanlagen begleiten seine Ufer.

Wenn auch die Stadt an wertvollen kulturhistorischen und architektonischen Zeugnissen nicht eben reich ist, – die Hamburger lieben sie aufgrund ihrer einmaligen Lage an Elbe und Alster, und ebenfalls Touristen zeigen sich überrascht von den Bildern, welche sich am Strom und am Alstersee bieten. Als Besonderheit empfinden sie, daß Hamburg durch seine vielen Parks und von Bäumen begleiteten Straßen sich vor allen anderen deutschen Städten als eine grüne Metropole präsentiert.

Die Verfasserin wird, dem Auftrag der Länderkunde folgend, im Text dieses Buches solchen Aspekten nachgehen, die zur Erklärung einer Weltstadt beitragen. Hierbei gilt den während der letzten Jahrzehnte auf allen Ebenen sich abzeichnenden Veränderungen besondere Aufmerksamkeit, zeigen sie doch die starke Verflochtenheit lokaler Entwicklung mit überregional und international zu beobachtenden Prozessen.

Der zwangsläufig rational bestimmten, analysierenden und oft abstrahierenden Darstellung vorangestellt, soll mit dem einführenden Hinweis auf die Schönheit der Stadt ein Dank an den Genius loci ausgesprochen werden, verbunden mit dem Eingeständnis, daß angesichts des wohltuenden Einflusses, den ein als positiv empfundener Lebensraum auf den Menschen hat, sich glücklich zu schätzen weiß, wer in der Metropole an Elbe und Alster zu Hause ist.

Hamburg, im August 1999

Ilse Möller

Dem Dank an den Genius loci sei noch der Dank an real existierende Hamburger hinzugefügt, ohne deren Hilfe dieses Buch nicht zu schreiben gewesen wäre.

Die Mitarbeiter des Statistischen Landesamtes, des Amtes Strom- und Hafenbau, der Stadtentwicklungsbehörde sowie der Hamburgischen Landesbank waren außerordentlich kooperativ und haben immer wieder Material zusammengestellt und weiterführende Hinweise gegeben.

Den Kartographen Jürgen und Thomas Böge verdankt der Band die sorgfältige kartographische Ausstattung, dem Architekten Alfred Geist die filigranen Architekturzeichnungen, dem Bildjournalisten Sascha Milkereit Fotografien hoher Qualität.

Daß darüber hinaus, wie schon bei der ersten Auflage, Dr. Georg Wojtkowiak während der Erarbeitung der Texte und Karten als kreativer Kritiker Beistand leistete und hierbei wie auch bei der Gestaltung des Foto-Anhangs zunehmend zum Ko-Autor wurde, war ein Glücksfall für dieses Buch und seine Verfasserin.

I.Mö

1 Der Stadtstaat

Als Bundesland ist Hamburg jung. 1949 wurden mit Gründung der Bundesrepublik zehn Bundesländer geschaffen; Hamburg trat – ebenso wie Bremen – bei dieser Neugliederung Westdeutschlands als Stadtstaat neben die großen Flächenstaaten.

Als Verdichtungsraum ist Hamburg älter. Die Agglomeration bildete sich vor mehr als hundert Jahren infolge einer außergewöhnlich starken Zuwanderung, die nicht nur auf die Handelsstadt Hamburg gerichtet war, sondern auch auf die Nachbarstädte Altona, Wandsbek und Harburg, die sich in ihrer ersten Industrialisierungsphase befanden. Schon während seiner Entstehung also war der Verdichtungsraum größer als das (damalige) Hamburger Territorium. Für das heute weit größere Gebiet des Bundeslandes Hamburg, also das jetzige Hamburger Territorium, gilt diese Feststellung noch immer, denn auch der Verdichtungsraum hat sich im Laufe der Jahrzehnte ständig erweitert.

Als Stadt ist Hamburg alt. Die namengebende Hammaburg wurde zu Beginn des 9. Jahrhunderts angelegt, und im Verlaufe des 13. Jahrhunderts schlossen sich die inzwischen entstandenen Einheiten, bischöfliche Altstadt und gräfliche Neustadt, durch ein gemeinsames Stadtrecht zusammen. In den folgenden Jahrhunderten konnte die Siedlung ihre Funktion als Hafenstadt und Handelsplatz ständig stärken und dazu den Status einer Freien Stadt erringen – Hamburg wurde zur Metropole Norddeutschlands.

Die dreifache Identität Hamburgs – Stadt, Verdichtungsraum, Bundesland – stellt also in ihrem Ursprung eine zeitliche Abfolge dar. Bei dieser stufenweisen Entwicklung wurde die jeweils vorhandene Funktion von der neuen integriert: Das Kerngebiet des Verdichtungsraumes war die Hafen- und Handelsstadt, und das selbständige Bundesland wurde möglich aufgrund der wirtschaftsstarken Agglomeration und der Tradition Hamburgs als Freie Stadt.

Im vorliegenden ersten Kapitel wird der Weg Hamburgs zum selbständigen Stadtstaat nachgezeichnet sowie seine territoriale Entwicklung beschrieben.

1.1 Hamburgs Souveränität

Die in Jahrhunderten gewachsene Tradition Hamburgs als Freie Stadt ermöglichte die Konstituierung des selbständigen Bundeslandes. Nur auf der Grundlage einer früh und durch lange Zeit geübten Selbstbehauptung, die sich allen Territorialansprüchen anderer erfolgreich zu widersetzen verstand, konnte in der besonderen geschichtlichen Situation nach 1945 das Bundesland Hamburg entstehen.

1.1.1 Reichsunmittelbarkeit als Ergebnis politischen Handelns

Unabhängigkeit vom Territorialherrn erlangte ein Gemeinwesen des Mittelalters durch Reichsunmittelbarkeit. Der Stadt Hamburg allerdings wurde ihre Immedietät (unmittelbare Unterstellung unter Kaiser und Reich) nicht, wie anderen Reichsstädten, früh durch eine kaiserliche Urkunde feierlich und unanfechtbar verliehen, sondern sie hat sich diese, durch Jahrhunderte hindurch mit einer erstaunlichen Konsequenz politisch taktierend, erobert.

Stadtherr über beide Kerngebiete Hamburgs, die bischöfliche Altstadt und die gräfliche Neustadt, war seit 1228 allein der Graf von Holstein als der holsteinische Landesherr. Ihm hatten die Hamburger Bürger den Huldigungseid zu leisten, und seine Amtmänner versahen die Verwaltung der Stadt im Gericht, im Zoll, an der Münze. Dies war die Ausgangsposition, welche die Hamburger noch im Verlauf des 13. Jahrhunderts zu ihren Gunsten zu ändern wußten, indem sie die Beamten des Grafen aus den einzelnen Verwaltungsämtern verdrängten und durch Bürger der Stadt ersetzten. Überdies versuchte der Rat mit Erfolg, obrigkeitliche Funktionen auszuüben. Im 14. Jahrhundert traten die Holsteiner Grafen, die zunächst den Dingen ihren Lauf gelassen hatten (u. a. weil die reiche Stadt ihnen verschiedentlich aus Geldnöten half), den immer deutlicher werdenden Autonomiebestrebungen Hamburgs entgegen. Sie erhoben Klage bei Kaiser und Reichshofgericht, worauf im Jahre 1356 der erste von vier Immedietätsprozessen begann. Ähnlich wie die beiden nachfolgenden verlief er ohne konkretes Ergebnis.

Interessant ist, daß der zweite Immedietätsprozeß mit umgekehrtem Vorzeichen geführt wurde. Anfang des 15. Jahrhunderts bemühte sich Kaiser Sigismund (1410 bis 1437), der keine deutsche Hausmacht besaß, eine solche auf den Städten und Städtebünden den deutschen Fürsten gegenüber aufzubauen. Er nahm die damals bedeutenden Städte – und eben nicht nur die Reichsstädte – in seine Matrikeln auf, lud sie zu den Reichstagen und verpflichtete sie auf Reichssteuern. Neben Städten wie Lüneburg, Stade, Rostock, Stralsund, Göttingen und Braunschweig wurde auch Hamburg von ihm als reichsunmittelbar in Anspruch genommen. Als der Hamburger Rat einer in diesem Zusammenhang von Sigismund ergangenen Aufforderung, Gericht, Münze und Mühlen als Reichslehen anzuerkennen, nicht nachkam, leitete der Kaiser 1418 ein Verfahren am Reichshofgericht gegen die Stadt ein. Er bestand also gerichtlich auf der Reichsunmittelbarkeit Hamburgs, gegen die im Jahrhundert zuvor die Holsteiner Grafen beim gleichen Gericht geklagt hatten. Auch diesmal blieben die Dinge in der Schwebe; Hamburg zog weiterhin seinen Nutzen daraus, daß die Interessen des Holsteiner Landesherrn und die des Kaisers einander widersprachen.

Als nach dem Aussterben der Hauptlinie des Schauenburger Grafengeschlechtes der König von Dänemark 1460 zum Grafen von Holstein und Herzog von Schleswig gewählt wurde, verstanden es die Hamburger geschickt, die geforderte Huldigung in eine Annehmung umzuformen (der neue Landesherr wurde freiwillig *angenommen*). Hamburg begann nun mit einer regelrechten Schaukelpolitik: Bei Forderungen des schleswig-holsteinischen Landesherrn berief sich der Rat auf den Status der Stadt als Freie Reichsstadt, verlangte dagegen der Kaiser Steuern und Waffenhilfe, verwies man auf das Untertanenverhältnis, das zum schleswig-holsteinischen Landesherrn (= dänischen König) bestand. Es folgte 1508 der dritte Immedietätsprozeß, abermals vom Kaiser (Maximilian I.) gegen die Stadt angestrengt, jetzt wegen Verweigerung der Reichssteuern. 1548 begann der vierte Prozeß, der 70 Jahre dauerte; erst 1618 erging das entscheidende Reichskammergerichtsurteil, das Hamburg zur *Freien Reichsstadt* erklärte.

Zu diesem Zeitpunkt war auch in Hamburg die Entscheidung endgültig zugunsten des Kaisers gefallen, weil sich die Stadt von dem derzeitigen schleswig-holsteinischen Landesherrn, König Christian IV., bedroht fühlte. Hamburg akzeptierte mit Hochgefühl das Urteil, konnte sich seitdem rechtens „Kayserliche Freye Reichsstadt" nennen und hat bis zum Untergang des Reiches (1806) alle Reichssteuern gezahlt und die Reichslasten mitgetragen. Der schleswig-holsteinische Landesherr allerdings erkannte das Urteil nicht an, sondern ging in die Revision. Erst 1768, also 150 Jahre nachdem das Urteil zugunsten der Reichsfreiheit Hamburgs ergangen war, nahm der dänische König diesen Revisionsantrag zurück, im Zusammenhang mit dem Gottorper Vergleich, der für ihn finanziell sehr vorteilhaft war. Die Reichsunmittelbarkeit Hamburgs wurde nun von keiner Seite mehr angefochten.

1.1.2 Die Entwicklung von der napoleonischen Zeit bis zum Ende des Zweiten Weltkriegs

Das erste Jahrzehnt des 19. Jahrhunderts brachte große Veränderungen. Mit dem Reichsdeputationshauptschluß von 1803 verlor die Mehrzahl der bis dahin noch 51 Freien Reichsstädte ihre Reichsunmittelbarkeit, und schließlich verblieb nur den Hansestädten Lübeck, Hamburg und Bremen der alte Status (die ehemalige Kaiserstadt Frankfurt nahm eine Sonderstellung ein). Die drei Städte strebten 1806 eine Zusammenarbeit in „Hanseatischen Konferenzen" an, wurden aber bereits im gleichen Jahr durch Napoleons Truppen besetzt. Die nun folgende „Franzosenzeit", in der Hamburg zum erstenmal seit dem Mittelalter unter einer fremden Besatzung leiden mußte, zeigte wechselnde politische Konstellationen; rückschauend aber befanden Staatsrechtler, daß die Eigenständigkeit der drei Hansestädte in der napoleonischen Zeit nur „geruht" habe.

Als Mitglied des Deutschen Bundes nannte sich Hamburg ab 1815 „Freie Hansestadt Hamburg", was 1819 umformuliert wurde in „ Freie und Hansestadt Hamburg", wohl, um beide Eigenschaften noch stärker hervorzuheben.

Seit der Mitgliedschaft im Norddeutschen Bund (1866), die 1870 in eine Zugehörigkeit zum neugegründeten Deutschen Reich überging, mußte diese Freie und Hansestadt Hamburg zwar auf eine Reihe von Hoheitsrechten verzichten (so auf das Postrecht, auf eigene Militärhoheit, auf das Gesandtschaftsrecht und eben auch auf das Recht, Schiffe unter eigener Handelsflagge fahren zu lassen), aber sie blieb ein selbständiger Stadtstaat, und die Zugehörigkeit zu dem erstarkenden Deutschen Reich brachte ihr auch Vorteile.

Für Preußen, das über keinen bedeutenden Handelshafen verfügte, war der Gedanke an eine Annexion Hamburgs zwar verführerisch, aber Bismarck wußte, daß Handlungen in dieser Richtung das mühsam erreichte Gleichgewicht der Kräfte im deutschen, ja sogar im europäischen Raum aufs Spiel setzen würde. So blieb Hamburgs Souveränität unangetastet.

Auf einem andern Blatt stand die Frage der Gebietsreform, die bei dem damals sehr geringen Flächenumfang der Stadt (415 km^2) unter dem Druck der starken Bevölkerungszunahme immer dringender wurde. Sie führte dann auch 1915/1919 zu ersten Verhandlungen zwischen Hamburg und Preußen, welche während der Zeit der Weimarer Republik zwar fortgesetzt wurden, letztlich aber ohne Ergebnis blieben (vgl. Kap. 1.2.1, S. 13 f.).

Die Nationalsozialisten lösten mit dem Groß-Hamburg-Gesetz von 1937 die territoriale Frage zugunsten Hamburgs, verstanden es aber zugleich, die Eigenstaatlichkeit der Stadt, den Stolz von Jahrhunderten, in mehreren Schritten so gut wie aufzuheben. War die Weimarer Republik nach der Machtübernahme Hitlers in einen autoritär geführten Einparteienstaat umgewandelt worden, so fand alsbald auch eine „Gleichschaltung" der Länder statt. Das Parlament des Stadtstaates Hamburg, die Bürgerschaft, wurde im Oktober 1933 aufgelöst, zuvor war im Mai 1933 der Gauleiter der Partei zum Reichsstatthalter ernannt worden, der dann ab dem Jahre 1936 auch die Landesregierung führte, in welcher die Senatoren nur noch Beraterfunktion ausübten. Der Reichsstatthalter war dem Reichsinnenminister unterstellt, aber Hitler als Staatsoberhaupt und Regierungschef des Reiches konnte ihm auch direkt Weisungen erteilen.

Die „Freie und Hansestadt Hamburg" hieß seit dem 30.1.1934 „Land Hamburg" und wurde im Zuge des Groß-Hamburg-Gesetzes zum 1.4.1938 in „Hansestadt Hamburg" umbenannt. Sie stellte nun eine Einheitsgemeinde dar mit einer Verwaltung, die in einen staatlichen und einen kommunalen Sektor geteilt war.

Ein unblutiges Ende fand die Diktatur in Hamburg in den letzten Kriegstagen, als sich der Reichsstatthalter gemeinsam mit dem Kampfkommandanten der Stadt dazu entschloß, entgegen anders lautenden Befehlen aus Hitlers Hauptquartier, Hamburg kampflos den gegnerischen Truppen zu übergeben. Damit blieben der vom Bombenkrieg schwer heimgesuchten Stadt weitere Zerstörungen erspart. Am 3. Mai 1945 rollten motorisierte britische Einheiten ohne Gegenwehr in das Zentrum Hamburgs ein, vorbei an den Ruinen der ausgebrannten Wohnviertel.

1.1.3 Das Entstehen des Bundeslandes Hamburg

Artikel 1 der Verfassung der Freien und Hansestadt Hamburg vom 6. Juni 1952 lautet: „Die Freie und Hansestadt Hamburg ist ein Land der Bundesrepublik Deutschland".

Daß dieser Satz geschrieben werden konnte, ist u. a. das Ergebnis einer zielbewußten Politik Hamburgs unmittelbar nach Kriegsende.

Schon 1946 war vom stellvertretenden britischen Militärgouverneur die Aufforderung an den deutschen Zonenbeirat ergangen, eine Länderneuordnung für die britische Zone zu beraten. Die Auflage lautete, daß von nicht mehr als fünf Ländern auszugehen sei; hierbei war eines der fünf Länder schon vorgegeben, denn man hatte britischerseits die Bildung eines Landes Nordrhein-Westfalen beschlossen, um einer möglichen Einflußnahme Frankreichs im Ruhrgebiet vorzubeugen. Unter Berücksichtigung dieser Auflagen wurden zwei Konzepte entwickelt:

- Die ganze Britische Zone wird in nur zwei Einheiten gegliedert, deren eine Nordrhein-Westfalen ist. Die Hansestädte verlieren ihre Selbständigkeit.
- Die Britische Zone wird in fünf Länder aufgeteilt. Neben Nordrhein-Westfalen sollen Schleswig-Holstein, Niedersachsen und die Hansestädte Hamburg und Bremen (US-amerikanische Exklave) selbständige Länder sein.

Der Zonenbeirat entschied sich mehrheitlich für das zweite Konzept, und die britische Besatzungsmacht akzeptierte den Vorschlag, obwohl sie eigentlich eine Einbindung Hamburgs in Schleswig-Holstein und eine solche Bremens in Niedersachsen favorisierte. Noch 1946 wurde das Land Niedersachsen geschaffen. Hamburg sowie Schleswig-Holstein erhielten vorläufige Verfassungen.

1948, als das Ziel der westlichen Besatzungmächte darin bestand, das Besatzungsstatut aufzuheben und einen föderativen deutschen Staat entstehen zu lassen, wurde die Frage der Ländergrenzen erneut aufgegriffen, und zwar jetzt für alle drei westlichen Besatzungszonen gemeinsam.

Ein Plan, der in dem von den westdeutschen Ministerpräsidenten gebildeten Ausschuß diskutiert wurde und der die Selbständigkeit Hamburgs aufgehoben hätte, stammte von Hermann Lüdemann (damaliger Ministerpräsident von Schleswig-Holstein). Er sah die Bildung von sieben Bundesländern mit je 5 bis 7 Mio. Einwohnern vor. In Norddeutschland sollte zugunsten der Stärkung des strukturschwachen Schleswig-Holstein ein Bundesland „Unterelbe" geschaffen werden, bestehend aus Hamburg, den nördlichen Kreisen von Niedersachsen und ganz Schleswig-Holstein.

Max Brauer, der damalige Hamburger Bürgermeister, war der erfolgreiche Gegenspieler von Hermann Lüdemann. Brauer überzeugte den Ausschuß von der notwendigen Eigenständigkeit Hamburgs, wies aber, ausgleichend, darauf hin, daß in einem künftigen föderativen Staat ein Länderfinanzausgleich zur Stärkung strukturschwacher Gebiete eingeführt werden müsse. Der Ausschuß löste sich auf, ohne sich bezüglich Norddeutschlands auf ein Konzept zur Neugliederung geeinigt zu haben.

Vor der Konstituierung der Bundesrepublik wurde also zweimal Hamburgs Eigenständigkeit in Frage gestellt, in beiden Fällen aber ließen sich die entsprechenden Gremien von der Notwendigkeit einer hamburgischen Souveränität überzeugen. So wurde Hamburg 1949 ein selbständiges Bundesland, als das es bis heute mit Stimmrecht im Bundesrat, eigener Finanzhoheit, Kulturhoheit etc. existiert. Die Überlegungen der Jahre 1946 und 1948, die auf einen Zusammenschluß vorhandener kleiner Länder zu größeren territorialen Einheiten abzielten, muten gegenwärtig allerdings als ökonomisch vorausschauend an, leben sie doch mit sehr vergleichbaren Argumenten in der Diskussion um einen Nordstaat wieder auf (vgl. Kap. 8 , S. 256).

1.2 Das Territorium Hamburgs

1.2.1 Territorialpolitik und territoriale Entwicklung

Der Beginn der hamburgischen Territorialpolitik ist gekennzeichnet durch zwei Zielsetzungen:

- die Sicherung von Fernhandelsrouten durch den Erwerb relativ entfernter Territorien entlang den Wasserstraßen Elbe und Alster;
- die Absicherung des Stadtkörpers und seiner Wirtschaft durch Erwerb stadtnaher Ländereien, die u. a. für Befestigungsanlagen und bestimmte Versorgungseinrichtungen Raum boten.

Die Aktivitäten zur Sicherung der Fernhandelswege setzten mit Hamburgs Zugehörigkeit zur Hanse ein. So wurden im 14. Jahrhundert umfangreiche Gebiete südlich der Elbmündung erworben (Ritzebüttel und Hadeln, letzteres als Pfandschaft), von denen Hadeln zwar in der ausgehenden Hansezeit wieder aufgegeben werden mußte, Ritzebüttel aber bis 1937 zu Hamburg gehörte. (Im Gebiet des Amtes Ritzebüttel entstand Cuxhaven – erstmals erwähnt 1570, Stadtrecht 1907 –, das somit auch die längste Zeit seiner Geschichte, nämlich bis 1937, Hamburger Territorium war.) Am nördlichen Elbufer kamen für eine kurze Dauer die Wilster- und die Kremper Marsch als Pfandschaften in Hamburger Besitz. Zur Absicherung des besonders wichtigen und umfangreichen Warenverkehrs in Richtung Lübeck wurden von Hamburg im Gebiet der Oberalster im 15. Jahrhundert mehrere Dörfer aufgekauft, die seit dem 17. Jahrhundert „Walddörfer" genannt wurden und größtenteils bis heute zu Hamburg gehören. Dem Warenverkehr zwischen Hamburg und Lübeck sollte auch eine Kanalverbindung zwischen Alster und Trave dienen, ein Projekt des ausgehenden 15. und beginnenden 16. Jahrhunderts, das auf Dauer an technischen Schwierigkeiten scheiterte. (Nach ersten Versuchen zwischen 1448–53 wurde 1525–29 eine Kanalverbindung mittels eines Grabens von der Oberalster bei Stegen bis Sülfeld an der Beste, einem Nebenfluß der Trave, hergestellt. Dieser „Alster-Trave-Kanal" war jedoch nur von ca. 1529 bis 1550 in Betrieb, weil es nicht gelang, in dem sehr moorigen Gelände dem Grabenprofil die nötige Festigkeit zu verleihen.)

Während die Politik der Sicherung von Fernhandelsstraßen durch Landerwerb in entfernten Gebieten nach Auflösung der Hanse nicht weiter verfolgt wurde, blieb das Bestreben nach Erwerb stadtnaher Flächen erhalten. Schon im 13./14. Jahrhundert hatte sich Hamburg das Gebiet östlich der Stadt bis Horn aneignen können, anschließend im 14./15. Jahrhundert den gesamten südöstlichen Raum zwischen Bille und Elbe, d.h. die heutigen Vier- und Marschlande, ausgenommen Reitbrook. (Das Gebiet der Vierlande sowie Bergedorf waren „beiderstädtisch", d.h. sie wurden von Lübeck und Hamburg gemeinsam verwaltet.) Außerdem erwarb Hamburg das ganze Südufer der Norderelbe, d.h. alle Werder im nördlichen Stromspaltungsgebiet vom östlichen Kaltehofe über Peute, Veddel bis zum westlichen Finkenwerder. Von diesen Inseln mußte ein Teil zwar Ende des 15. Jahrhunderts wieder abgetreten werden, dieser kam aber durch den Gottorper Vergleich 1768 (s.u.) wieder zurück an Hamburg. Mit dem Kauf von Moorburg wurde sogar ein Stützpunkt an der Süderelbe gewonnen.

Nördlich der Stadt waren seit dem 13. Jahrhundert geistliche Besitzungen von zum Teil großem Umfang entstanden. Besonders die zahlreichen Dörfer, die zum Kloster Harvestehude gehörten (u.a. Eimsbüttel, Eppendorf, Winterhude, Gr. Borstel, Ohlsdorf) lagen so stadtnah, daß der Hamburger Rat bemüht sein mußte, in diesem Raum die Machtverhältnisse zu seinen Gunsten zu ändern. Hierzu bot sich während der Reformation die Gelegenheit: Das Kloster Harvestehude wurde 1530 säkularisiert und sein großer Landbesitz unter die Aufsicht der beiden ältesten Hamburger Bürgermeister gestellt. Gleichzeitig wurde der Landbesitz des Heiligen-Geist-Spitals, zu dem Barmbek als das größte Dorf im Hamburger Umland gehörte, den zwölf Oberalten der Stadt unterstellt (den zwölf ältesten Verwaltern des Hamburger „Armenkastens", in den das von der Kirche für die Armen gesammelte Geld einging). Das St. Georg-Spital, das die Dörfer Langenhorn, Kl. Borstel und Berne besaß, war schon im 13. Jahrhundert kommunalisiert worden und unterstand spätestens seit dem 15. Jahrhundert dem Hamburger Rat als oberster Aufsichtsbehörde.

So besaß Hamburg zu Beginn der Neuzeit einen Einflußbereich, der umfangreich genug war, um seinen Schutz- und Wirtschaftsinteressen zu genügen: Er erlaubte, Befestigungsanlagen jeder Größenordnung zu planen sowie militärische Stützpunkte anderer Territorialherren in unmittelbarer Nähe der Stadt auszuschließen. Außerdem war durch das agrarische Umland die Versorgung der Stadt mit Grundnahrungsmitteln weitgehend gewährleistet, und man verfügte über eine genügende Anzahl von Mühlen, den wichtigsten Verarbeitungsbetrieben der damaligen Zeit.

Obgleich die Stadt aufgrund ihrer militärischen Stärke durchaus in der Lage gewesen wäre, sich über dieses ihr wichtige Weichbild hinaus ein größeres zusammenhängendes Territorium zu erobern und auch zu sichern, sah man hierzu offenbar keine Veranlassung. Im 17. Jahrhundert blieben sogar zweimal Möglichkeiten ungenutzt, auf politischem Wege zu beträchtlichen Gebietserweiterungen zu kommen: 1640/41, als nach dem Tod des letzten Schauenburgers die Grafschaft Pinneberg ohne Territorialherrn war, erwarb der dänische König Christian IV. kurzentschlossen dieses an der Westgrenze Hamburgs beginnende Territorium, bevor die Stadt, der das Erbrecht ebenfalls angeboten worden war, sich für den Kauf hatte entscheiden können. Und 1658 bot der dänische König, der sich in finanziellen Schwierigkeiten befand, Hamburg für 400 000 Reichstaler die gesamten Ländereien der Vogtei Ottensen als Pfandschaft an, d.h. ein großes Gebiet westlich der Stadt mit dem Flecken Altona, den Dörfern Othmarschen, Bahrenfeld, Stellingen, Eidelstedt und dazu den im Stromspaltungsgebiet gelegenen Elbinseln (von Kaltehofe bis Waltershof). Die Verhandlungen zerschlugen sich, weil sich der Hamburger Rat, weitsichtig genug, zwar für den Kauf entschied, die Kämmereibürger aber die Erfüllung zusätzlicher Bedingungen verlangten. In seiner Reaktion auf den nicht zustande gekommenen Vertrag verlieh der dänische König 1664 Altona das Stadtrecht und begann, diese Siedlung durch Gewährung von Gewerbe- und Religionsfreiheit zu einer Konkurrenz für Hamburg zu entwickeln. Der Erfolg blieb nicht aus: Altonas Bevölkerung wuchs zwischen 1664 und 1710 von 3000 auf 12000 Einwohner. Infolge dieser im 17. Jahrhundert getroffenen Entscheidung hat Hamburg bis 1937 mit einer rivalisierenden Nachbarstadt im Westen zu leben gehabt, deren Territorium schon in 2,5 km Entfernung vom Stadtmittelpunkt Hamburgs begann, und deren Konkurrenz infolgedessen stärker spürbar war als die der entfernter gelegenen, im 19. Jahrhundert sich ebenfalls zu Nachbarstädten entwickelnden Siedlungen Wandsbek und Harburg.

Die dänische Verschuldung gegenüber Hamburg war Mitte des 18. Jahrhunderts auf 4 Mio. Mark angewachsen, und es wurde ein Vergleich angestrebt. 1768 kam er als *Gottorper Vergleich* zustande, der folgendes festlegte: Hamburg erhielt gegen Erlaß der dänischen Schulden die Elbinseln südlich der Stadt, die es im 14. und 15. Jahrhundert bereits einmal besessen hatte (von Billwerder bis Finkenwerder). Außerdem erkannte Dänemark jetzt (150 Jahre nach einem entsprechenden Urteil des Reichskammergerichts, vgl. Kap. 1.1.1) Hamburgs Reichsunmittelbarkeit an.

Während bis 1937 diese im 18. Jahrhundert festgelegten Grenzen unverändert blieben – abgesehen davon, daß Hamburg 1868 das bis dahin beiderstädtische Bergedorf allein übernahm, nachdem es Lübeck mit 600 000 Mark ausgezahlt hatte –, führte die Territorialpolitik Preußens dazu, daß während des 19. Jahrhunderts die Kleinstaaten, von denen Hamburg bis dahin umgeben gewesen war, in einem größeren Staatsgebilde aufgingen. Die südlich der Elbe gelegenen selbständigen Herzogtümer Bremen und Lüneburg waren im 18. Jahrhundert zu Hannover gekommen; dieses wurde 1866 von Preußen annektiert. Ebenso wurden die nördlich der Elbe gelegenen Herzogtümer Schleswig, Holstein und Lauenburg 1866 preußisch, nachdem der Deutsch-Dänische Krieg von 1864 ihre Loslösung von Dänemark erbracht hatte und der Preußisch-Österreichische Krieg von 1866 zugunsten Preußens entschieden worden war. Von dieser Zeit an lag Hamburg mit seiner relativ kleinen Fläche von 415 km^2 wie ein Relikt aus der Zeit der deutschen Kleinstaaterei innerhalb des großen, 348 000 km^2 umfassenden Flächenstaates Preußen .

Diese Situation mußte zu Annexionserwägungen von Seiten Preußens führen, zumal der preußische Staat über keinen bedeutenden Nordseehafen verfügte (Wilhelmshaven war Kriegshafen). Ab 1919 wurden mehrfach konkrete Pläne für eine Lösung zugunsten Preußens vorgetragen, sie scheiterten aber nicht nur am Widerstand Hamburgs, sondern auch an den Sachargumenten hinzugezogener Gutachter (s. u.). Dagegen wuchs in Hamburg die Einsicht, daß die entstandene Agglomeration auf unzuträgliche Weise von der Landesgrenze durchschnitten wurde. Besonders die weitere Entwicklung des Hafens war seit Beginn des 20. Jahrhunderts durch das Fehlen eines Ergänzungs- und Erweiterungsgebietes in Richtung Süden beeinträchtigt. So richtete der Hamburger Senat schon während des Ersten Weltkrieges (1915) eine Denkschrift an die Preußische Regierung mit Vorschlägen über eine mögliche Gebietsbereinigung. Dies war der Auftakt zu Verhandlungen, die sich bis 1926 hinzogen und in deren Verlauf zahlreiche Gutachten und Stellungnahmen eingeholt wurden (Gutachten DE THIERRY / FRANZIUS 1922, DREWS / GRAF V. ROEDERN 1923–26, Generalsiedlungsplan BRIX / OELSNER 1924–25). Durchweg plädierten die Gutachter dafür, eine Gebietserweiterung zugunsten Hamburgs im Stromspaltungsgebiet vorzunehmen und die hier gelegenen, bislang preußischen Gebietsteile Wilhelmsburg, Hohe Schaar, Kattwyk, Altenwerder und Preußisch Finkenwerder im Austausch gegen Hamburgisch Moorburg Hamburg zu überlassen. Im übrigen wurde in den Stellungnahmen auch eine Verwaltungsgemeinschaft, geleitet von einem preußisch-hamburgischen Ausschuß, vorgeschlagen für ein Gebiet mit einer Flächenausdehnung, die derjenigen des späteren Groß-Hamburg in etwa entsprach. Alle Gutachten stimmten darin überein, daß Hamburg mit seiner besonderen Infrastruktur selbständig bleiben müsse und daß der von Preußen geäußerte Wunsch einer Vereinigung der Hafenstadt mit der Provinz Schleswig-Holstein oder der Provinz Hannover indiskutabel sei.

Aus heutiger Sicht wäre die Realisierung eines schon 1919 von dem Hamburger Baudirektor Fritz Schumacher entworfenen Planes eine gute Lösung gewesen: Schumacher schlug eine Ausweitung des Hamburger Staatsgebietes vor, die über das später durch das Groß-Hamburg-Gesetz geschaffene Territorium hinausging, indem sie schon Teile der gegenwärtigen Metropolregion mit umfaßte (vgl. Kap. 7.2.1, S. 243). Wenn Schumachers Plan durchsetzbar gewesen wäre, hätten also nicht nur die damaligen Schwierigkeiten behoben werden können, sondern es wären viele der aus dem heute abermals zu kleinen Staatsgebiet erwachsenen Probleme gar nicht erst entstanden.

Alle Verhandlungen zerschlugen sich 1926. Als Reaktion auf diesen Mißerfolg führte Preußen 1927 im Hamburger Umland Gebietsreformen durch. Sowohl Altona (das sich 1919 in einer Denkschrift an die Deutsche Nationalversammlung in Weimar für eine Vereinigung mit Hamburg ausgesprochen hatte) als auch Wandsbek (das seinen Willen, Hamburg eingegliedert zu werden, 1918 in einem Memorandum an die Schleswiger Regierung erklärt hatte) und Harburg wurden durch Eingliederung zahlreicher Gemeinden aus ihrem Nahbereich zu preußischen Großgemeinden. Obgleich auf diese Weise neue Spannungen zwischen Hamburg und Preußen entstanden, gelang es doch kurze Zeit später, einen gemeinsamen Landesplanungsrat zu bilden.

Der aufgrund eines Abkommens vom 5.12.1928 gegründete *Hamburgisch-Preußische Landesplanungsausschuß* sollte eine Koordination der bis dahin ungelenkten Entwicklung in Stadt und Umland ermöglichen. Der sechzehnköpfige Hauptausschuß des Gremiums setzte sich aus je acht leitenden Verwaltungsbeamten beider Regierungen zusammen, woraus eine große Sachkenntnis erwuchs, weil alle Sektoren – Staatsrecht, Bauwesen, Finanzen, Schiffahrtswesen etc. – vertreten waren. Da sich die vorhandenen Kartenunterlagen als für eine Planung unzureichend erwiesen (die für den Gesamtraum existierenden Kartenwerke waren nach acht unterschiedlichen Systemen aufgenommen worden), wurde sofort eine „Vermessungsgemeinschaft“ gebildet, um einheitliches Kartenmaterial zu erarbeiten. Zur Lösung des zentralen Problems der Hafenerweiterung gründete man im Jahre 1929 die *Hafengemeinschaft* (Staatsvertrag zwischen Hamburg und Preußen über die Gründung einer Hafengemeinschaft vom 3. Juni 1929 (vgl. Kap. 3.3.1, S. 180); im städtischen Randbereich galt die Arbeit des Landesplanungsausschusses in erster Linie dem Ziel, weitere planlose Siedlungen mittelloser Hamburger in den preußischen Randgemeinden zu verhindern und für die schon entstandenen wilden Siedlungen einen ordnungsgemäßen Ausbau einzuleiten. Rückblickend wird verständlich, daß diese Ziele von dem über wenig Kompetenzen verfügenden Planungsauschuß in einer wirtschaftlichen Krisenzeit nicht zu erreichen waren. Alle erforderlichen Ordnungsmaßnahmen bedeuteten weitere finanzielle Belastungen für die kleinen, wirtschaftlich schwachen Umlandgemeinden, deren Verwaltung ohnehin, da sie durch Gemeindemitglieder ehrenamtlich ausgeübt wurde, wenig flexibel war. So blieb die Verwirklichung der Pläne des Landesplanungsausschusses in Ansätzen stecken.

Dennoch ist dieser Ausschuß insofern historisch bemerkenswert, als sich mit ihm im norddeutschen Raum erstmalig ein Gremium konstituiert hatte, dessen Zuständigkeitsbereich raumordnerische Aufgaben waren. Als Vorläufer einer im Staatsapparat verankerten Landesplanung war hier eine Institution ins Leben gerufen worden, deren Ziele vergleichbar waren mit denen des Ruhrsiedlungsverbandes, der seit 1922 existierte, oder mit denen der Einheitsgemeinde Groß-Berlin, die sich 1920 gebildet hatte (ab 1912 schon Zweckverband Groß-Berlin): In allen Fällen galt es, Probleme zu lösen, die in einem größeren Bereich als dem der ursprünglichen kommunalen Einheit durch unvorhergesehen hohe Bevölkerungskonzentrationen entstanden waren.

Die erste Epoche der Landes- und Regionalplanung liegt somit in den 1920er Jahren; sie ist geistesgeschichtlich Teil der umfassenden Reformbestrebungen, die der Erste Weltkrieg mit seinen das alte Wirtschafts- und Sozialgefüge in den Grundfesten erschütternden Ereignissen ausgelöst hatte. Aus den Grundgedanken von Demokratisierung und Neuordnung erwuchsen schöpferische Tätigkeiten in sämtlichen Bereichen, wobei nun der städtische Lebensraum erstmals als ein Wirkungsgefüge von besonderer sozialer, wirtschaftlicher und kultureller Bedeutung erkannt und die damit verbundene Planungsaufgabe akzeptiert wurde.

Nach dem Jahre 1933 erhielt die Frage der Gebietsreform einen zusätzlichen Aspekt, weil Hamburg aufgrund des starken Zentralisationswillens der Nationalsozialisten befürchten mußte, in eine größere Gebietskörperschaft integriert zu werden und damit seine Eigenständigkeit zu verlieren. Ein erweitertes Hamburger Territorium dagegen versprach verstärkte Möglichkeiten zur Selbstbehauptung. Sowohl Reichsstatthalter Kaufmann als auch Bürgermeister Krogmann verfolgten somit das Ziel einer Eingemeindung der Nachbarstädte. Nach einem privaten Besuch des preußischen Ministerpräsidenten Hermann Göring 1936 in Hamburg, bei dem man hamburgischerseits auf die Problematik der bestehenden Grenzen hingewiesen hatte, kam es zu Verhandlungen, die in relativ kurzer Zeit zur Gebietsreform führten: Am 26.1.1937 wurde das Groß-Hamburg-Gesetz erlassen, das am 1.4.1937 in Kraft trat. Durch dieses Gesetz wurden mit Hamburg die bisher preußischen Stadtkreise Altona, Wandsbek und Harburg-Wilhelmsburg sowie 27 preußische Landgemeinden und zwei Gemeindeteile vereinigt. Hamburg trat dagegen an Preußen die Städte Geesthacht und Cuxhaven ab sowie sechs weitere Gemeinden. Durch die Gebietsreform vergrößerte sich Hamburg von rd. 415 km^2 auf rd. 747 km^2 (Flächenzuwachs: 80 %), und seine Bevölkerung nahm von 1,19 Mio. auf 1,67 Mio. Einwohner zu (Bevölkerungszuwachs: 40 %). Es wurde in der Folge eine Einheitsgemeinde *Hansestadt Hamburg* geschaffen, deren Verwaltungsspitze direkt der Reichsregierung unterstellt war. Somit hatte Hamburg mit der Gebietsreform auch erreicht, reichsunmittelbar zu bleiben.

Der erhebliche territoriale Zugewinn des Jahres 1937 ist überdies als eine der Vorbedingungen für die Entstehung des Bundeslandes Hamburg zu sehen, denn hätte Hamburg in der Nachkriegszeit nur – wie vor 1937 – über ein kleines Territorium von 415 km^2 verfügt, wären seine Chancen gering gewesen, in der Neugliederungsphase nach 1945 (vgl. Kap. 1.1.3) den Status eines Bundeslandes zu erlangen.

1.2.2 Gebietseinteilung und Verwaltungsgliederung

Während die Größe des Territoriums und die Beziehungen zu den nichthamburgischen Nachbargebieten für Hamburg stets von politischer Relevanz gewesen sind und im Zusammenhang mit der gegenwärtigen Agglomeration erneut an Bedeutung gewonnen haben, ist die innere Aufteilung in topographische und administrative Einheiten, auch wenn in ihr alte Traditionen ebenso wie spätere Erneuerungstendenzen zum Ausdruck kommen, letztlich nur unter einem lokalen Aspekt von gewissem Interesse.

Für die alte Stadt galt innerhalb der Befestigungsanlagen neben der Unterscheidung in Altstadt und Neustadt die Einteilung in Kirchspiele (anfangs vier, ab dem 17. Jahrhundert fünf Kirchspiele, vgl. Kap. 2.1.2 und Abb. 2.4, S. 27). Diese fungierten nicht nur als kirchliche Verwaltungseinheiten, sondern im Laufe der Zeit auch als Bürgerwehr-, Wach- und Feuerwehrbezirke sowie als Steuer-, Schul- und Baudistrikte. Dabei bildeten sich zusätzlich kleinere Erhebungseinheiten heraus, und außerdem erfolgten ab Ende des 18. Jahrhunderts Sondereinteilungen für die Armenverwaltung und das Bauwesen und 1814 eine Neueinteilung der Bürgermilitärbezirke, so daß bis zur Mitte des 19. Jahrhunderts die innere Gliederung der Stadt sehr unübersichtlich geworden war (Tiedt 1952, Bild 1). Nach Aufhebung des Bürgermilitärs regelte man 1874 die Einteilung für die statistische und steuerliche Erhebung neu durch Festlegung der folgenden Einheiten: Altstadt-Norderteil, Altstadt-Süderteil, Neustadt-Norderteil, Neustadt-Süderteil und St. Georg.

Im Umland hatte Hamburg, wie erwähnt, seit dem 13. Jahrhundert verschiedene Dörfer aufgekauft. Seit dem 16. Jahrhundert übte es auch über die umfangreichen Landbesitzungen des ehemaligen Klosters Harvestehude, des Heiligen-Geist-Spitals und des St. Georg-Spitals in verschiedenen Formen obrigkeitlichen Einfluß aus (vgl. Kap. 1.2.1). Die Gebietseinteilung in diesem Umland entsprach den Gemarkungsgrenzen der ländlichen Siedlungen, und zur Verwaltung waren Vögte eingesetzt. In der übergeordneten Gliederung traten aber Überschneidungen auf, denn die Kirchspielgrenzen waren nicht identisch mit den Grenzen der alten klösterlichen Ländereien bzw. denen des städtischen Besitzes.

Bemerkenswert ist der Zeitpunkt, zu dem eine Umstrukturierung dieser jahrhundertelang in unveränderter Form ausgeübten Verwaltung erfolgte: 1830 wurde der Landbesitz der drei geistlichen Stiftungen zusammen mit schon von jeher direkt Hamburg zugeordneten Dörfern in eine neu geschaffene „Landherrenschaft der Geestlande“ eingegliedert und damit zugleich in die volle staatliche Verwaltung übernommen (abgesehen von einigen Sonderregelungen, z. B. das Klostergut Harvestehude betreffend, das im Besitz der Stiftung St. Johannis-Kloster verblieb). Die Neuordnung wurde also durchgeführt, als im beginnenden 19. Jahrhundert infolge der hohen Bevölkerungszunahme innerhalb der Stadt das Umland verstärkt in Anspruch genommen wurde, sowohl als Wirtschaftsraum als auch als Gebiet für Sommerwohnsitze und Ausflugsverkehr. Die daraus resultierenden notwendigen Aufwendungen, z. B. für den Wegebau und für Ordnungsmaßnahmen, konnten nicht mehr von den Stiftsbehörden getragen, sondern mußten von der Stadt, welche die Veränderungen ausgelöst hatte, übernommen werden. Die Eingliederung in die Landherrenschaft der Geestlande zeigt allerdings, daß zu dieser Zeit der ländliche Charakter in den betreffenden Gebieten noch weitgehend erhalten war. Dies änderte sich nach Aufhebung der Torsperre in wenigen Jahren, und auf die sich anbahnende Verstädterung reagierte die Stadt, indem sie 1871 die Vorstadt St. Pauli und die fünfzehn stadtnächsten Gemeinden aus dem Gel-

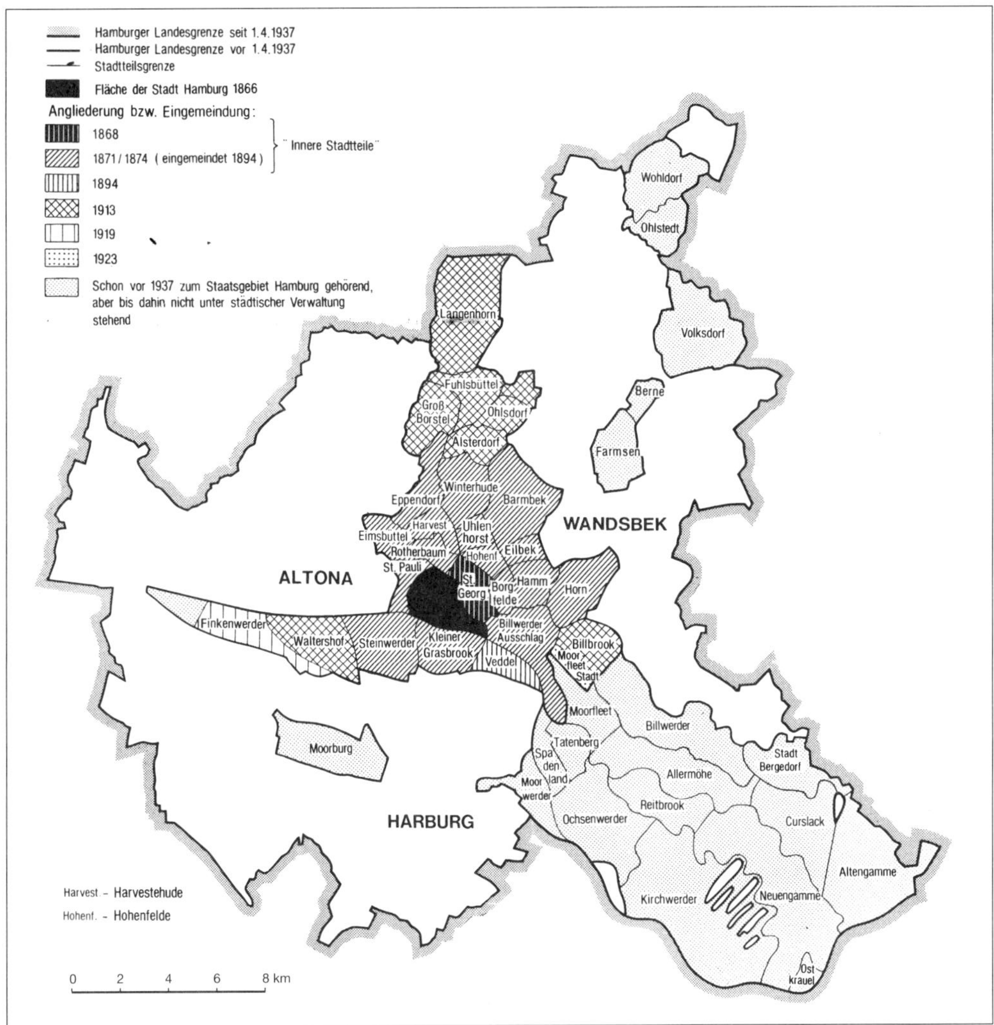

Abb. 1.1: Die Angliederung von Teilen des Hamburger Landgebietes an die Stadt 1868 bis 1937
Quelle: u.a. nach WINKLER 1966

Hinweis auf die territoriale Neugliederung 1937/39:
Bei Inkrafttreten des „Groß-Hamburg-Gesetzes“ am 1.4.1937 gingen an Hamburg von Preußen über: die Nachbarstädte Altona, Wandsbek und Harburg-Wilhelmsburg sowie 27 Landgemeinden und 2 Gemeindeteile (insgesamt 43 097 ha); von Hamburg an Preußen abgetreten wurden die Stadt Geesthacht, die Stadt Cuxhaven sowie die Gemeinde Großhansdorf-Schmalenbek und das Amt Ritzebüttel mit 5 Gemeinden (insgesamt 9 904 ha) – die abgetretenen Gebiete sind nicht auf dieser Abbildung dargestellt. Der Zusammenschluß Hamburgs und der neu angegliederten Gebiete zu einer Einheitsgemeinde erfolgte am 1.4.1938. Genau ein Jahr später erfuhr diese Einheitsgemeinde eine neue Gebietseinteilung (vgl. laufenden Text).

tungsbereich einer neu erlassenen Landgemeinde-Ordnung ausschloß. Man unterstellte diese ab 1874 „Vororte“ benannten Gebietsteile den städtischen Behörden, wenn auch noch nicht alle in der Stadt geltenden Rechtsverordnungen auf sie angewendet wurden. Der weitere Verlauf der Eingemeindungen bis zum Jahre 1937 (Abb. 1.1),

Abb. 1.2: Gebietseinteilung der Freien und Hansestadt Hamburg (Stand 31.12.1998)

Tab. 1.1: Hamburger Verwaltungsbezirke – Fläche, Bevölkerung und Anzahl der Stadt- und Ortsteile (Stand 31.12.1998)

Quelle: Stat. Landesamt Hamburg; eigene Berechnungen

Bezirk	Fläche (in ha)	Bevölkerung absolut	Bevölkerung (Ew./ha)	Anzahl der Stadteile	Anzahl der Ortsteile
Hamburg-Mitte (inkl. Neuwerk)	10 648,9	230 542	21,6	20	40
Altona	7 830,7	237 243	30,3	13	26
Eimsbüttel	4 983,7	243 099	48,8	9	21
Hamburg-Nord	5 747,4	275 563	47,9	13	32
Wandsbek	14 774,7	397 323	26,9	18	26
Bergedorf	15 470,9	112 011	7,2	13	14
Harburg	16 060,2	195 873	12,2	18	21
Hamburg insgesamt	75 515,9	1 691 654	22,4	104	180

zeichnet die Ausdehnung der Wohnstadt nach Norden und des Hafenraumes nach Westen nach.

Da durch das Groß-Hamburg-Gesetz eine Vielzahl von Gemeinden mit unterschiedlicher Verwaltungsorganisation und z.T. auch unterschiedlichem Recht zu einer Einheitsgemeinde zusammengefaßt wurde, war eine neue Gebietseinteilung die logische Konsequenz. Sie trat am 1.4.1939 in Kraft und beruhte auf einer Gliederung in 10 Kreise, denen 110 Bezirke und 178 Ortsteile nachgeordnet waren. Die stark zentralistisch ausgerichtete Verwaltung wurde während des Krieges, als besonders im Zusammenhang mit den Zerstörungen in der Stadt schnelle Entscheidungen auch auf unterer Ebene notwendig wurden, zugunsten einer Dezentralisation gelockert.

Nach dem Kriege wurde 1951 die noch heute bestehende Gebietseinteilung geschaffen. Sie geht von sieben großen Verwaltungsbezirken aus, die jeweils eine Anzahl von Stadtteilen und Ortsteilen umfassen. Abbildung 1.2 verdeutlicht, daß dieser Großeinteilung ein sektorales Prinzip zugrunde liegt, wodurch fast jeder der Bezirke einen Anteil am verdichteten Stadtbereich hat und periphere Gebietsteile mit einschließt.

Dennoch sind die Verwaltungsbezirke recht verschieden strukturiert, was schon in so einfachen Werten wie Bevölkerungszahl und Einwohnerdichte zum Ausdruck kommt (vgl. Tab. 1.1): Der Bezirk mit der höchsten Zahl an Einwohnern, Wandsbek, hat infolge seiner großen Flächenausdehnung nur eine Dichte von 26,9 Ew. / ha, während der kleinere Bezirk Hamburg-Nord mit 275 563 Einwohnern eine fast doppelt so hohe Dichte erreicht (47,9 Ew. / ha). Generell kann man sagen, daß die drei Bezirke, die auf die alten Nachbarstädte zurückgehen, also Altona, Wandsbek und Harburg, untereinander Ähnlichkeiten aufweisen, daß sich von ihnen die Bezirke Eimsbüttel und Hamburg-Nord, die die ursprüngliche Hamburger Wohnstadt umfassen, abheben – u. a. durch eine größere Einwohnerdichte – und daß der Bezirk Bergedorf, der mit den Vier- und Marschlanden ländlich strukturiert ist, ebenso eine Singularität darstellt wie der Bezirk Hamburg-Mitte, welcher die City, alte Wohnstandorte und dazu große Teile des Hafenwirtschaftsraumes einschließt.

Die Verwaltung der Bezirke obliegt Bezirksämtern, deren Kompetenzen relativ groß sind, wenngleich der Hamburger Senat das unbeschränkte Aufsichtsrecht besitzt und auch Fachbehörden Weisungsbefugnisse haben.

2 Die Siedlung

Unsere modernen Weltstädte sind als Erscheinungen untereinander in vielerlei Hinsicht vergleichbar, keine von ihnen hat aber noch viel gemein mit der Siedlung, aus der sie hervorgegangen ist. Zu stark sind die heute endlos ausgedehnten Städte geprägt von großen Baumassen, welche einzelne Quartiere unterschiedlicher Sozialstruktur bilden, und von einem ausgreifenden, weitgespannten Straßennetz mit schneisenartigen Hauptstraßen, durch die der Verkehr des technischen Zeitalters rollt. Zwar vermitteln in den Innenstädten meist noch Teile des Straßengrundrisses und verschiedene alte Bauten einen gewissen Eindruck von der ehemaligen Stadt, es handelt sich hierbei aber doch vorwiegend um denkmalgeschützte Einzelerscheinungen, die vor allem nicht repräsentativ sind für die Funktion der betreffenden Stadtviertel in der Gegenwart.

In Hamburg ist die Stadterneuerung durch verschiedene Negativ-Ereignisse (unter denen der Brand von 1842 und die Bombenangriffe von 1943 besonders einschneidend wirkten) derartig forciert worden, daß die heutige Stadtgestalt auch im Innenstadtbereich die Struktur der alten Siedlung kaum noch erkennen läßt. Durchgehend erhalten geblieben sind jedoch Charakteristika, die auf die ursprünglichen Lagegegebenheiten der Siedlung zurückgehen.

Die *Lage* Hamburgs wurde von Beginn an bestimmt durch die landschaftsbildenden Elemente Marsch und Geest, Fluß und Strom. Die Alster als kleiner Nebenfluß der Elbe (und ehemaliger Schmelzwasserfluß der letzten Kaltzeit) hatte ein im Oberlauf schmales und gewundenes, im Unterlauf recht breites Nebental geschaffen. Wo dieses Tal zur Elbe hin ausläuft, entstand durch die Einwirkungen der Gezeiten die Alstermarsch – ideal zur Anlage von kleinen Wasserstraßen, den Hamburger „Fleeten", ideal auch, um unmittelbar oberhalb der Alstermündung einem geschützten Hafen Platz zu bieten. Von hier aus konnte sich die Handels- und Hafenstadt mit ihren Wirtschaftsfunktionen nach Süden in das 9 km breite Stromspaltungsgebiet der Elbe hin entwickeln, während für das Wachstum der Wohnstadt die ausgedehnten Geestflächen (pleistozäne Höhengebiete) nördlich des Elbtales zur Verfügung standen. Die beiden nahezu rechtwinklig aufeinandertreffenden Achsen von Alster und Elbe bestimmten auch früh die Gestalt des Wegenetzes, indem sie radial vom Stadtkern ausgehende, Flußübergänge meidende Landstraßen induzierten, die bis heute Hauptverkehrsträger sind (jetzt Bundesstraßen).

Als sich die Stadt im 19. Jahrhundert weitflächig auszudehnen begann, beeinflußten die genannten Lagekomponenten auch die sozialräumliche Gliederung: Bevorzugte Wohngebiete entstanden in einem breiten Band parallel zum nördlichen Elbufer und außerdem kreisförmig um den großen Alstersee, von hier aus sich in nördlicher Richtung in das landschaftlich reizvolle Oberalstertal fortsetzend, während die übrige Bebauung mit zunehmender Entfernung von den Landschaftsvorzugsgebieten in ihrer sozialen Wertigkeit abnahm.

Das Stadtbild wurde schon früh positiv geprägt durch die zahlreichen Brücken, die zur Überquerung von Alster und Elbe bzw. Wasserarmen im Stromspaltungsgebiet zwangsläufig entstehen mußten (Hamburg ist gegenwärtig mit 2 427 Brücken die brückenreichste Stadt Europas – Amsterdam zählt 1 100 Brücken, Venedig „nur" 550), durch die Schleusen, die zur Regulierung der Wasserstände notwendig wurden, und nicht zuletzt durch die vielen Wasserflächen und Uferzonen mit ihren immer neuen Perspektiven.

2.1 Die Stadtentwicklung bis 1790

Wie dargestellt, hatte es die aufblühende Handelsstadt Hamburg früh verstanden, sowohl im unmittelbaren Umland als auch im weiteren norddeutschen Raum größere Territorien zu erwerben (vgl. Kap. 1.2.1). Die Siedlung selbst aber blieb bis ins 17. Jahrhundert beschränkt auf einen rd. 1,4 km² großen Raum nördlich des Stromspaltungsgebietes der Elbe.

Eine flache pleistozäne Höhe im östlichen Alstermündungsgebiet, die im Süden von einem Billearm begrenzt wurde, war offenbar schon seit der späten Völkerwanderungszeit als Wohnplatz genutzt worden. Auf diesem Geestsporn entstand Anfang des 9. Jahrhunderts die Hammaburg, die als kleine Wehranlage bald einer Missionskirche des Benediktinermönchs Ansgar Schutz bot (Abb. 2.1).

Die Hammaburg war nach drei Seiten durch schlecht zugängliches Gelände geschützt: nach Norden und nach Westen durch Alsterzufluß und Alstermarsch, nach Süden durch das Stromspaltungsgebiet der Elbe mit seinen zahlreichen sumpfigen Werdern.

Außer dieser Schutzanlage war aber für die Burg und die ihr westlich vorgelagerte kleine Wik-Siedlung eine günstige Verkehrsanbindung gegeben: Der nördlich an der Hammaburg vorüberführende Landweg, der im Zuge der heutigen Straßen Steinstraße, Rathausstraße, Gr. Johannisstraße, Gr. Burstah zur Furt durch die Alsterniederung verlief, war Teilstück der Verbindung, die aus dem Raum südlich der Elbe (Elbübergang weiter östlich bei Artlenburg) nach Jütland führte. Der alte Handelsweg bot also die Gelegenheit, sich dem Warenverkehr über Land anzuschließen, während die Lage im Alstermündungsgebiet die Aufnahme eines Fluß- und Seehandels ermöglichte.

Aus der nur wenige Hektar umfassenden Siedlungszelle des 9. Jahrhunderts entwickelte sich das rd. 83 ha große spätmittelalterliche Hamburg, das sich im 16. Jahrhundert um weitere 55 ha ausdehnte. Die bastionäre Befestigung des 17. Jahrhunderts schließlich bezog die westlich der Alster gelegenen Geesthöhen mit in das Stadtgebiet ein, das sich hierdurch abermals beträchtlich vergrößerte. (Ab 1625 umfaßte das Stadtgebiet inkl. Befestigungsanlagen 373 ha, Altstadt und Neustadt zusammen dagegen nur 248,6 ha; Tab. 2.1.1.)

Im Laufe des Siedlungswachstums wurde die Topographie künstlich verändert. Der stärkste Eingriff erfolgte durch wasserbautechnische Maßnahmen. Schon im 12. Jahrhundert wurde die Alster am heutigen Burstah für Mühlenzwecke aufgestaut, und diese Niedermühle erhielt um 1240 eine Konkurrenz in der Obermühle, für die man quer durch die Alsterniederung den Reesendamm aufschüttete. Dadurch wurde der Alsterstau vom Burstah weiter nach Norden verlegt, es entstand nördlich der Stadt der große Alstersee, der als Wasserreservoir dienen konnte.

Zugleich bot sich die Möglichkeit, den Wasserspiegel zwischen Reesendamm und Burstah zu senken, was den Baugrund in den entsprechenden Uferzonen verbesserte. Zugunsten des Wirtschaftsverkehrs per

Abb. 2.1: Hamburg – Topographie um 840

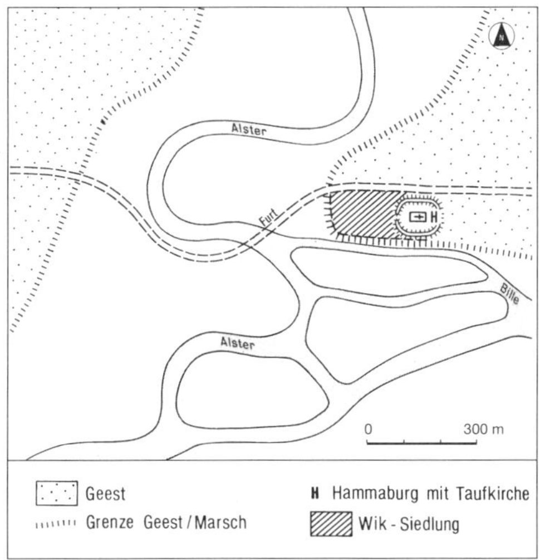

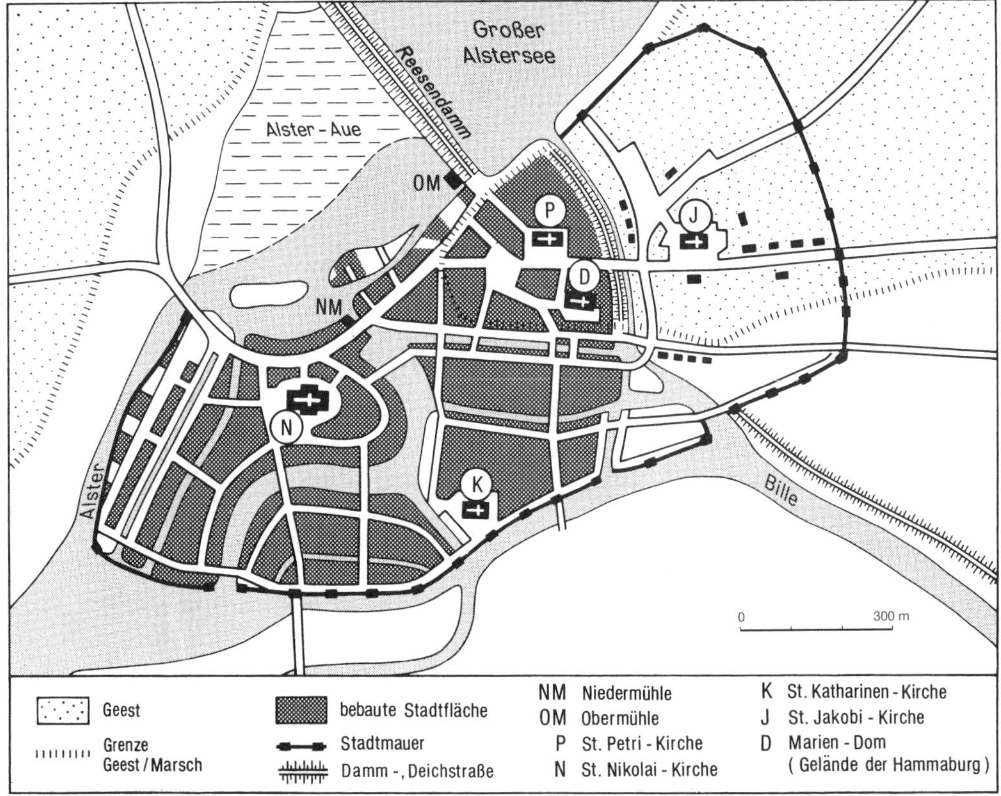

Abb. 2.2: Hamburg – Topographie Ende des 13. Jahrhunderts

Boot wurden außerdem die westlich des alten Siedlungskerns gelegene Alstermarsch sowie die südlichen Werder z. T. mit Fleeten durchzogen, so daß einzelne Stadtviertel auf dem Wasserwege erreichbar waren. Indem, vom Geestsporn ausgehend, die Halbinseln und Werder mit Straßen und Brücken verbunden wurden, bildete sich ein ineinandergreifendes Netz von Wasser- und Landwegen aus. Damit trat an die Stelle des einfachen Lagemusters, wie es Abbildung 2.1 für das Hamburg des 9. Jahrhunderts mit einer kleinen Siedlung oberhalb eines Flußmäanders zeigt, schon im Hochmittelalter ein kompliziertes topographisches System, das die ursprüngliche Landschaftsgliederung nicht mehr ohne weiteres erkennen läßt (Abb. 2.2). Die Steuerungskräfte dieser Wandlung waren ökonomischer Art, denn die Alsteraufstauung wie auch die Anlage von Wasserwegen innerhalb der Stadt dienten Wirtschaft, Handel und Verkehr.

2.1.1 Wachstum der Bevölkerung und Herkunftsgebiete

Die Wachstumskurve

Die Hammaburg war als Vorposten des fränkischen Reiches und als Missionsstation gegründet worden. Solange sich die Siedlung in dieser Grenzlage befand, ist sie mehrfach völlig zerstört worden, und Voraussetzungen für ein kontinuierliches Wachstum waren nicht gegeben. Durch die im 12. Jahrhundert einsetzende deutsche Ostkolonisation jedoch wurde die Grenzraum-Situation aufgehoben. Hamburg erlangte nun im Hinterland Lübecks – das im Zuge der Ostbewegung 1158/59 durch Heinrich den Löwen neu gegründet worden war und sich schnell zur beherrschenden Metropole im Ostseeraum entwickelte – Bedeutung als Handels- und Hafenplatz, über den die Warenströme der Ostsee-Anrainer nach Westen weitergeleitet wurden.

Diese wirtschaftlichen Aktivitäten ließen den Ort zum Wanderungsziel für die Bevölkerung des näheren und weiteren Umlandes werden. Die Einwohnerzahl, die vom 9. bis zum 11. Jahrhundert immer wieder durch feindliche Überfälle dezimiert worden war, erlebte so vom 12. Jahrhundert an eine kräftige Zunahme. Für das Jahr 1300 wird die Bevölkerung bereits auf 5 000 Einwohner geschätzt. (Zuverlässige Zählungen existieren aus der Zeit vor 1820 nicht. REINCKE kam jedoch (1951) durch Auswertung von Archivmaterial verschiedener Art zu glaubwürdigen Zahlen, die in jüngerer Zeit bei JOCHMANN/LOOSE (1982) ergänzt wurden.) Aus den durch die Quellenauswertung erschlossenen Zahlen läßt sich eine Wachstumskurve konstruieren, die mehrere Aussagen erlaubt.

Die Kurve (Abb. 2.3) zeigt, daß die Bevölkerung bis zum Ausgang des Mittelalters auf 20 000 Einwohner anstieg. Mit dieser Zahl war Hamburg in die Gruppe der großen Städte gerückt und wurde in Mitteleuropa nur noch von wenigen Städten an Bevölkerung übertroffen. (In erster Linie von Köln, das um 1500 rd. 45 000 Ew. zählte, und von Nürnberg, das zu dieser Zeit sogar etwa 52 000 Ew. besaß. In Lübeck betrug die Einwohnerzahl rd. 25 000; dagegen hatten mit rd. 20 000 Ew. eine etwa gleich hohe Einwohnerzahl wie Hamburg die Handelsstädte Frankfurt am Main, Augsburg und Breslau.) In der zweiten Hälfte des 16. Jahrhunderts vollzog sich dann ein sprunghafter Anstieg, der mit der Aufnahme von Emigranten, vorwiegend Glaubensflüchtlingen aus den Niederlanden, zusammenhängt und der, ebenso wie die Zunahme im 17. Jahrhundert, eine gleichzeitige wirtschaftliche Blüte anzeigt. Jeder plötzliche steile Abfall in der Kurve weist dagegen auf die Bevölkerungsdezimierung infolge einer Seuche hin (besonders verheerende Pestjahre waren: 1350, 1565, 1628, 1664, 1712/15). 1620

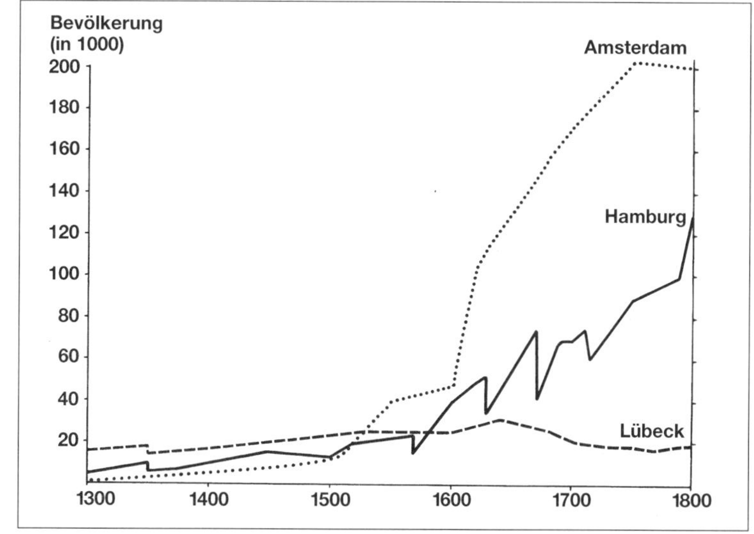

Abb. 2.3: Bevölkerungsentwicklung Hamburgs von 1300 bis 1800 im Vergleich zur Bevölkerungsentwicklung Lübecks und Amsterdams
Quellen: für Hamburg – REINCKE 1951, JOCHMANN/LOOSE 1982; für Lübeck – REISNER 1903, „Lübeck“, in „Deutsches Städtebuch“, 1939; für Amsterdam – CHANDLER/FOX 1974

hatte Hamburg 50 000 Einwohner erreicht, 1662 bereits 75 000. Nach einigen Schwankungen steigt die Kurve im beginnenden 18. Jahrhundert abermals an, und 1787 besitzt Hamburg mit 100 000 Einwohnern die Bevölkerung einer heutigen Großstadt. In den nächsten Jahren bis 1800 erfolgt ein weiterer Anstieg auf 130 000 Einwohner, der im Zusammenhang steht mit dem Zuzug französischer Emigranten und einem gleichzeitigen wirtschaftlichen Aufschwung.

Wie stark der Einfluß der wirtschaftlichen Möglichkeiten einer Stadt auf die Bevölkerungsentwicklung war und daß die Wirtschaftskraft ihrerseits in Abhängigkeit von Großraumlage und politischer Konstellation stand, verdeutlichen die in Abbildung 2.3 zum Vergleich eingetragenen Kurven der Bevölkerungsentwicklung von Lübeck und Amsterdam. Der ungleiche Verlauf der drei Kurven enthält Hinweise auf Hamburgs Stellung im überregionalen Handelsraum und auf eine Verlagerung der Schwerpunkte des Handelsgefüges im Verlauf der Jahrhunderte: Während der Zeit des Hansebundes ist Lübeck die größte Stadt, sie beherrscht den gesamten Handel über die Ostsee bis in den nordischen Raum und bis nach Rußland, und Hamburg stellt den zunächst noch untergeordneten Umschlagplatz nach Westen dar. Bis 1350 hat Lübeck fast 19 000 Einwohner erreicht, Hamburg nur etwa die Hälfte. Mit dem Bedeutungsverlust der Hanse beginnt die Einwohnerzahl Lübecks zu stagnieren. Dagegen können nun die beiden auf die Nordsee und damit auf den Atlantik ausgerichteten Häfen, Amsterdam und Hamburg, die Vorteile nutzen, die sich ihnen nach der Entdeckung Amerikas und der Erschließung weiterer überseeischer Räume seit dem 16. Jahrhundert bieten. Beide Städte werden zu Zentren des Überseehandels. 1600 zählt Hamburg 40 000, Amsterdam 48 000, Lübeck ist mit knapp 26 000 Einwohnern schon jetzt zurückgefallen. In dem für Amsterdam „goldenen" 17. Jahrhundert schnellt dessen Einwohnerzahl auf 172 000 hoch, und hinter dieser Entwicklung bleibt nun auch Hamburg zurück, obgleich es im 17. Jahrhundert immerhin um 30 000 Einwohner wuchs (von 40 000 auf rd. 70 000). Der bis Mitte des 19. Jahrhunderts von Amsterdam gehaltene Vorsprung erklärt sich aus den besonderen Handelsvorteilen, die diese Stadt als Hafen einer frühen Kolonialmacht gegenüber Hamburg besaß.

Herkunfsgebiete der Zugewanderten

Es ist eine weltweite Erscheinung, daß das Wachstum der Städte aus der Zuwanderung resultiert. Dies gilt nicht nur für die Städte der Gegenwart, sondern auch und sogar in besonderem Maße für die Städte der Vergangenheit. Dichtgedrängtes Wohnen und unsagbar schlechte hygienische Verhältnisse führten in den alten Städten zu so hohen Sterberaten, daß die Einwohnerzahl in der Regel nicht durch die natürliche Bevölkerungsbewegung (Geburten : Sterbefälle) gehalten, geschweige denn auf diese Weise erhöht werden konnte. Die Stadt war also auf Zuwanderung angewiesen.

Im alten Hamburg war, nach REINCKE (1951), von der jeweils in der Stadt lebenden Bevölkerung etwa die Hälfte zugewandert, und von der tragenden Generation im Alter zwischen 30 und 50 Jahren war ein noch höherer Anteil fremdbürtig. In bezug auf die Herkunftsgebiete überwog bei weitem der niederdeutsche Anteil: Die Neu-Hamburger stammten fast ausschließlich aus den Elbmarschen, aus Stormarn und Lauenburg und aus niedersächsischen Städten wie Stade, Buxtehude, Lüneburg und Braunschweig. Vereinzelt kamen noch Einwanderer aus der Altmark, aus Friesland und aus Holland, dagegen fehlten Zuwanderer nicht nur aus Süd- und Westdeutschland, sondern auch aus Mittel- und Ostdeutschland. Unter den eingewanderten Niederdeutschen überwogen die linkselbisch geborenen (REINCKE 1951).

Einen Sonderfall stellen die Wanderungsbewegungen dar, die im 16. und 17. Jahrhundert durch die Glaubensauseinandersetzungen in den Niederlanden, in Frankreich und in Böhmen ausgelöst wurden. Von diesen Emigranten haben für Hamburg die Niederländer die bedeutendste Rolle gespielt, sowohl zahlenmäßig (der niederländische Anteil an der hamburgischen Bevölkerung wuchs nach der Eroberung Antwerpens durch die Spanier im Jahre 1585 auf etwa 25 % an!) als auch in ihrer Beeinflussung aller sozialen Schichten. (Sie waren unter den reichen Handelsherren, aber auch unter kleinen Handwerkern und Bediensteten vertreten. Von bekannten Kaufmannsfamilien sind z. B. die Amsinck und die Berenberg niederländischer Herkunft.) Zu den Glaubensflüchtlingen gehörten auch die portugiesischen Juden, die ihre bisherige Heimat nach Einsetzen der Inquisition in großer Zahl verließen. 1577 trafen die ersten in Hamburg ein. Sie waren durchweg vermögend und der Stadt nicht unwillkommen, weil sie ihre iberischen Handelsbeziehungen (u. a. Zucker- und Tabakhandel) mit einbrachten und von hier aus ausbauten. Ebenfalls zuwandernde sog. hochdeutsche Juden gehörten dagegen meist schwächeren sozialen Schichten an. Von allen Emigranten konnten das Bürgerrecht jedoch nur diejenigen erwerben, die wie die Hamburger selbst lutherischen Glaubens waren. Hierdurch wurden die Wanderungsströme z. T. umgelenkt, denn Kalvinisten, Mennoniten und eben auch Juden verließen in vielen Fällen Hamburg nach kürzerem oder längerem Aufenthalt wieder, um sich endgültig in Stade oder in Altona anzusiedeln, wo Glaubensfreiheit bestand.

2.1.2 Frühe Viertelsbildung: Die Entwicklung der Hamburger Kirchspiele

Die einsetzende Ostkolonisation im 12. Jahrhundert hatte Hamburgs Grenzlage aufgehoben, und von nun an war eine kontinuierliche Entwicklung möglich. 1187/88 gründete Adolf III. v. Schauenburg (Graf v. Holstein) durch Wirad von Boizenburg die „gräfliche Neustadt“ und bestimmte sie zum Hafenplatz. Damit wurde gegenüber der östlich der Alster und auf der Geest sich befindenden bischöflichen Anlage ein zweiter Siedlungskern westlich der Alster geschaffen, der in der Marsch und unmittelbar am Alsterfluß lag. Daß dieser als Hafenplatz für einen über die Niederelbe verlaufenden Seehandel bestimmt war, beweist der vom Grafen Adolf III. 1189 erwirkte kaiserliche Freibrief. Wenn die in der betreffenden Urkunde genannten Privilegien, u. a. des freien Handels und der Zollfreiheit auf der Niederelbe, auch nur auf mündliche Zusagen Kaiser Friedrichs I. Barbarossa zurückgehen und die Urkunde eine erst später vorgenommene schriftliche Fixierung ist, so sind sie doch offenbar seit ihrer ersten Nennung voll wirksam gewesen. Noch heute feiert Hamburg den Tag der angeblichen Ausstellung der Urkunde, den 7. Mai 1189, offiziell als Hafengeburtstag (die vorhandene Urkunde stammt dagegen aus der Zeit seines Enkels, Kaiser Friedrichs II.).

Zur bischöflichen Altstadt gehörte neben dem Mariendom bereits ca. 1150 die St. Petri-Kirche als Pfarrkirche. In der gräflichen Neustadt existierte ab 1195 die St. Nikolai-Kapelle, die um das Jahr 1200 zur zweiten Pfarrkirche geweiht wurde. Altstadt und Neustadt schlossen sich im Verlauf des 13. Jahrhunderts durch gemeinsames Stadtrecht und gemeinsame Verwaltung zu einer Stadt zusammen. Einem ersten gemeinsamen Rathaus am Dornbusch folgte 1290 der Rathausbau am Neß, der dort, an der Nahtstelle zwischen bischöflicher Altstadt und gräflicher Neustadt, jahrhundertelang zusammen mit der später errichteten Hamburger Bank und der 1558 gegründeten Börse den städtischen Mittelpunkt bildete.

Noch im 13. Jahrhundert erweiterte sich die neue Stadt Hamburg aufgrund des zunehmenden Handels und des damit verbundenen Bevölkerungszustroms zu einem umfangreichen Gemeinwesen von insgesamt vier Kirchspielen. Mit der Flächenausdehnung vollzog sich zugleich eine funktionale und soziale Differenzierung.

Im Süden der bischöflichen Altstadt hatten sich schon in den vergangenen Jahrhunderten Handwerker angesiedelt zusammen mit Kaufleuten, die einen Wasserarm zwischen Alster und Bille, das spätere Reichenstraßenfleet, als kleinen Hafen nutzten. Diese Entwicklung setzte sich im 13. Jahrhundert weiter nach Süden fort, indem die jenseits der Reichenstraßen-Insel gelegenen Marscheninseln Cremon und Grimm eingedeicht und besiedelt wurden und sich hier Schiffer, Kaufleute und vor allem auch Brauer niederließen; dieser Insel-Bezirk wurde um 1240 zum St. Katharinen-Kirchspiel zusammengefaßt. Damit existierten nun zwei Kirchspiele in der Marsch (St. Nikolai und St. Katharinen), von denen ausgehend der Schiffswarenverkehr erfolgte. Es waren dies die „reichen" Kirchspiele, in denen die Kaufleute und Brauer zu Wohlstand und Ansehen kamen. Das St. Jakobi-Kirchspiel, das sich östlich des alten Heidenwalles (s. Kap. 2.1.3) auf der Geest entwickelte, war dagegen das Gebiet, in welchem sich Handwerker, Gärtner, Fuhrleute und kleine Händler ansiedelten. Der Raum muß 1254, als die Kirche St. Jakobi geweiht wurde, mit einzelnen Gehöften zwischen Garten- und Feldland noch weitgehend dörflichen Charakter gehabt haben (aus dem Jahre 1322 ist z. B. ein bäuerliches Langhaus mit Kübbungen bezeugt), und er hob sich bis ins 16. Jahrhundert durch lockere Bebauung von dem westlich gelegenen, schon ziemlich stark verdichteten Kernraum der Stadt ab.

Als im 16. Jahrhundert die alte Stadtmauer durch ein Wallsystem ersetzt wurde und die neue Befestigungsanlage den im Süden gelegenen Brook mit einbezog, wuchs hierdurch das Kirchspiel St. Katharinen um fast 20 ha, wobei am Zuzug in dieses neue Teilgebiet offenbar verschiedene Sozialschichten beteiligt waren. Im ersten Viertel des 17. Jahrhunderts wurde durch die Anlage des bastionären Befestigungssystems eine großzügige Stadterweiterung nach Westen möglich, und es entstand auf der Geest jenseits der Alster (d. h. jenseits vom heutigen Verlauf Bleichenfleet / Herrengrabenfleet) eine neue Neustadt. Im Gegensatz zu ihr wurden ab jetzt die alten, östlich gelegenen Gebiete, die die Kernräume „bischöfliche Altstadt" und „gräfliche Neustadt" mit umfaßten, zusammen als „Altstadt" angesprochen. In der neuen, fast 112 ha umfassenden Neustadt entstand als ausgedehntes fünftes Kirchspiel St. Michaelis (erste Hauptkirche St. Michaelis erbaut in den Jahren 1649–1661), und nur im Norden wurde ein Teil der neuen Stadtfläche vom alten Kirchspiel St. Petri in Anspruch genommen. Die jetzt innerhalb der Stadt liegenden, nicht mehr zu Verteidigungszwecken benötigten Wallflächen des Befestigungssystems des 16. Jahrhunderts wurden in die Kirchspiele St. Petri, St. Jakobi und St. Nikolai eingepfarrt (Abb. 2.4 und 2.5). In der neuen Neustadt erfolgte allmählich durch Parzellierung der umfangreichen Garten- und Feldflächen eine Bebauung, und es waren vornehmlich die ärmeren Bevölkerungsschichten, die sich hier ansiedelten.

Die Kirchspiele fungierten als wichtige kommunale Einheiten: Sie wurden zu Wahlbezirken für alle bürgerlichen Ämter, zu Steuererhebungseinheiten, zu Wehr-, Wach- und Feuerlöschbezirken und später noch zu Schul- und Baupolizei-Distrikten. Sie müssen zudem sehr stark gemeinschaftsbildend gewirkt haben, denn die Bürger fühlten sich in erster Linie als Zugehörige zu ihrem Kirchspiel, und auch die Straßenkämpfe der Jugend wurden in Kirchspielgruppierungen ausgetragen.

Die sozialen Unterschiede zwischen den einzelnen Kirchspielen waren beträchtlich

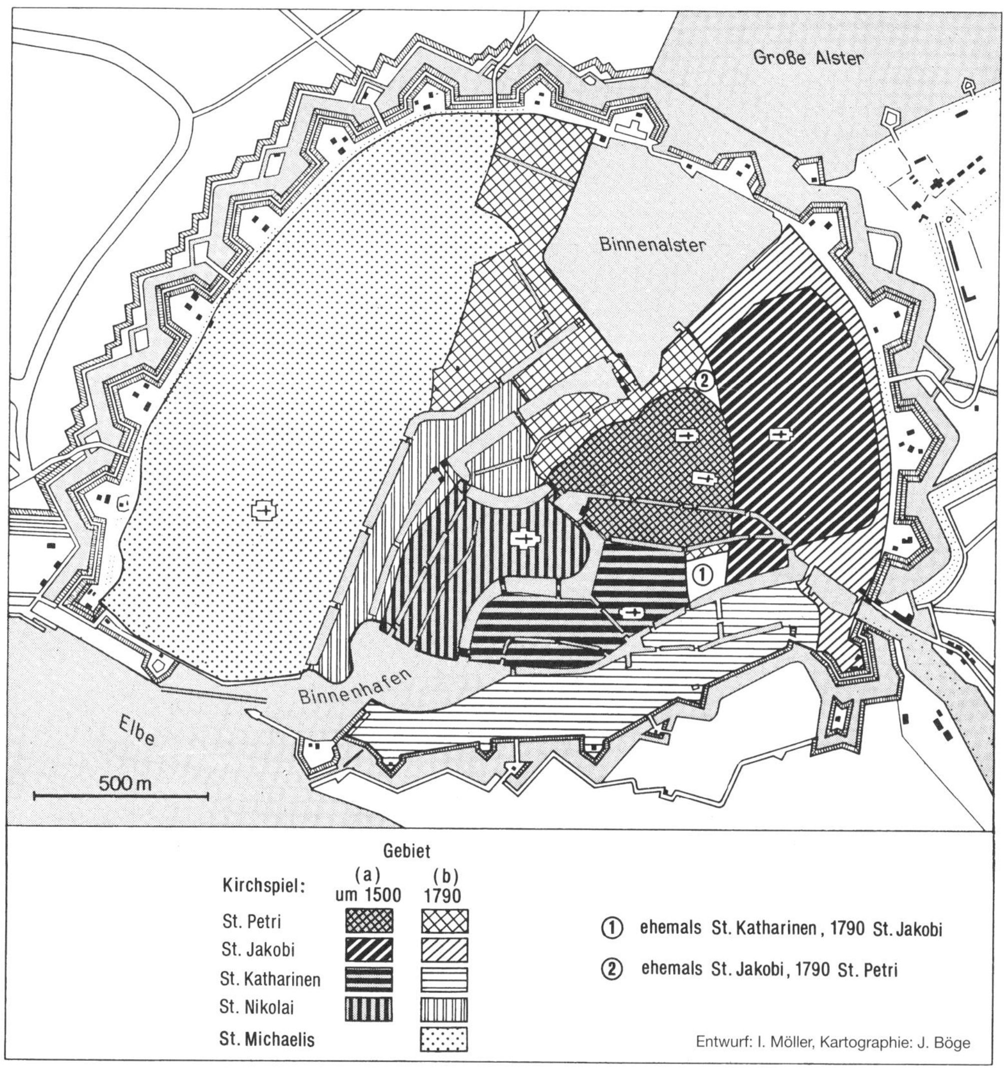

Abb. 2.4: Die Kirchspiele der Stadt Hamburg

und sind u. a. nachweisbar anhand der Bau- und Wohnungssubstanz, die sich bis ins 18./19. Jahrhundert entwickelt hatte (abweichende Anteile von Ein- und Mehrfamilienhäusern, Hof- und Kellerwohnungen, vgl. Kap. 2.2.2, Tab. 2.3, S. 42).

Ein alter Reim bezeugt, daß sich auch die Hamburger selbst über die gegensätzliche Struktur ihrer Kirchspiele im klaren waren:

Petri de Riken,
Nicolai desgliken,
Katharinen de Sturen,
Jacobi de Buren,
Michaelis de Armen,
Daröver mag sik Gott erbarmen!

2.1.3 Befestigungsanlagen, Siedlungswachstum und Verdichtungsprozesse

Die Lebensfähigkeit einer europäischen Stadt entsprach in der Vergangenheit weitgehend ihrer militärischen Abwehrkraft. Die Hammaburg war als Wehranlage gegründet worden, und bis ins 18. Jahrhundert war die Verteidigungsfähigkeit für Hamburgs Existenz als Hafen- und Handelsstadt von entscheidender Bedeutung. Aus diesem Grund investierten die Bürger immer wieder neu in das Abwehrsystem, und zwar erfolgreich, denn vom 12. Jahrhundert bis zum beginnenden 19. Jahrhundert blieb Hamburg als Festung uneingenommen.

Auf die Entwicklung des städtischen Baukörpers haben die jeweiligen Befestigungsanlagen – auch dies eine gesamt-

Abb. 2.5: Die Hamburger Befestigungsanlagen in ihrer zeitlichen Folge seit dem 9. Jahrhundert

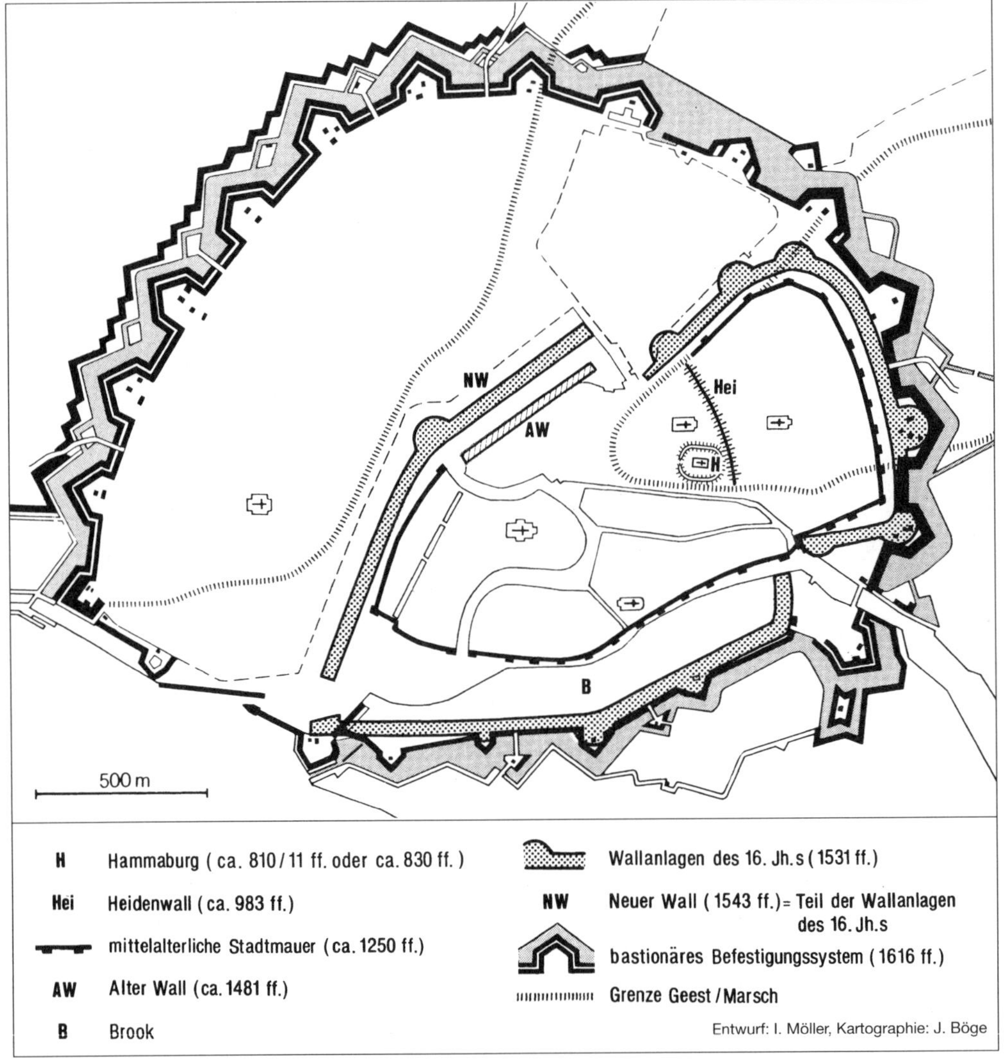

europäische Erscheinung – sowohl stimulierenden als auch retardierenden Einfluß gehabt.

Die Wehranlage *Hammaburg* hat nur einige Jahrzehnte existiert; die Forschung nimmt in jüngerer Zeit als Baubeginn wieder die Zeit um 810/11 an (vgl. RICHTER 1982). Es handelte sich um ein Erd-Palisadenwerk von 6–7 m Höhe, das einen Burgraum von ca. 1 ha Fläche umgab (vgl. Abb. 2.5). Schon 845 wurde die Hammaburg durch einen Überfall dänischer Wikinger zerstört.

Die nächste Verteidigungsanlage war eine Abschnittsbefestigung im Osten der kleinen Siedlung, die später *Heidenwall* genannt wurde. Sie bildete auf etwa 300 m Länge einen leichten Bogen, ansetzend im Süden im Raum der heutigen Kattrepelsbrücke und nach Norden, parallel zur jetzigen Straße Alstertor, zur Alsterniederung führend. Obgleich nachweislich mehrfach verstärkt, konnte diese relativ bescheidene Wallanlage Hamburg nicht vor den Zerstörungen in den Jahren 1066 und 1072 (Wendeneinfälle) bewahren.

Erst die aufblühende Stadt des 13. Jahrhunderts, aus der Grenzsituation befreit und in das Handelsnetz der Hanse eingebunden, schuf sich eine umfassende und tatsächlich wirksame Befestigungsanlage. Ab etwa 1250 wurde eine Mauer aufgeführt, die das gesamte bis dahin bebaute Gebiet diesseits und jenseits der Alster umfaßte und dazu das noch ländliche Jakobi-Kirchspiel vor dem alten Heidenwall sowie auch die im Marschgebiet südlich des Reichenstraßenfleets sich entwickelnden Wohnviertel (lediglich im Nordwesten blieb eine Strecke entlang der Alster vom Millerntor hin zum Reesendamm bis nach 1314 ungeschützt). Es handelte sich um ein 6–8 m hohes Mauerwerk aus Ziegeln – nur anfänglich bestanden Teile dieser umlaufenden Befestigung lediglich aus Holz –, zu dessen Errichtung eine vergleichsweise kurze Bauzeit von nur 20–30 Jahren benötigt worden war. Diese *Stadtmauer* bot nicht nur Schutz, sie war auch sichtbarer Ausdruck städtischen Selbstbewußtseins und eine markante Grenze zwischen dem Lebensraum Stadt, in welchem der Bürger frei war, und dem umgebenden Landgebiet, wo man als Untertan eines Territorialherrn leben mußte.

Im 15. Jahrhundert wurde nicht nur eine Verstärkung, sondern auch eine prinzipielle Veränderung der Wehranlage notwendig. Eine Verstärkung schien den Hamburgern ratsam, weil sich ihre politische Situation mit dem Aussterben der Hauptlinie der Schauenburger 1459 geändert hatte: Als Landesherr von Schleswig-Holstein trat 1460 Christian I. von Dänemark (zugleich Graf von Oldenburg) die Nachfolge der Schauenburger an, und dies barg für die Hamburger durchaus Gefahren in sich. Die Notwendigkeit einer grundsätzlichen Veränderung der Wehranlage ergab sich aus der gewandelten Kriegstechnik des 15. Jahrhunderts: Nach der Erfindung des Schießpulvers waren große Geschütze entwickelt worden, denen die traditionellen Stadtmauern nicht standhielten und gegen die sie – mangels Plattformen zur Aufstellung von Abwehrgeschützen – keine Möglichkeiten gleichartiger Verteidigung boten.

Hamburg begann 1475, seine Stadtmauer nach außen durch Wälle abzusichern. Diese *ersten Wallanlagen*, nacheinander im Osten, Norden und Westen der Stadt entstehend, waren für eine artilleristische Verteidigung jedoch unzureichend, da sie keine Werke zum flankierenden Beschießen von Wall und Graben besaßen. 1531 wurde daher mit der Anlage eines *neuen Wallsystems* begonnen, das man reichlich mit Außenwerken und Rondellen zum Auffahren von Geschützen ausstattete. Während die Wälle des 15. Jahrhunderts nur den Verlauf der alten Stadtmauer nachgezeichnet hatten, wurde jetzt im 16. Jahrhundert mit den neuen Anlagen eine Stadterweiterung verbunden, denn man bezog ab 1547 den im Süden der Stadt in der Elbniederung gelegenen Brook in die Befestigung ein. Die Stadt gewann damit als Bauland eine abgesicherte Fläche von rd. 20 ha hinzu (entstehende Teilräume: Kehrwieder, Brook und Wandrahm). Insgesamt wurde das Stadtgebiet, das seit dem mittelalterlichen Mauerbau 82,9 ha umfaßt hatte, durch das frühneuzeitliche Wallsystem, das selbst stark raumbeanspruchend war, auf 137,5 ha vergrößert. (Ein Stück Entstehungsgeschichte der Wallsysteme spiegeln noch die heutigen Straßennamen „Alter Wall" und „Neuer Wall" wider.)

Die bedeutendste Befestigungsanlage, Stadtbild und -struktur auf das nachhaltigste beeinflussend, war zweifellos die *Fortifikation des 17. Jahrhunderts*. Wiederum waren es einerseits die akute Bedrohung durch eine sich zuspitzende politische Situation und andererseits der Wandel in der Kriegstechnik, die zu einer grundlegenden Modernisierung des Wehrsystems Veranlassung gaben. Im ausgehenden 16. Jahrhundert befand sich Europa in einer Zeit starker politischer und religiöser Spannungen, die durch die Reformation ausgelöst worden waren und im Augsburger Religionsfrieden von 1555 nur eine vorläufige Lösung gefunden hatten. Hamburg fühlte sich zusätzlich bedroht vom schleswig-holsteinischen Landesherrn, dem dänischen König, der die von der Stadt behauptete Reichsunmittelbarkeit nicht anerkennen wollte. – Die allgemeine Verteidungstechnik hatte sich entscheidend durch die Einführung des „bastionären Systems" weiterentwickelt. Die bisherigen, weit auseinanderliegenden Rondelle innerhalb von Wallanlagen besaßen den Nachteil, daß sich vor ihnen ein sog. unbestrichener Raum befand, d. h. eine Fläche, die mit auf den Wallanlagen postierten Verteidigungsgeschützen nicht zu decken war. Die Rundung des Rondells wurde daraufhin zu einem Fünfeck umgewandelt, und eine relativ dichte Folge solcher Bastionen führte zu dem angestrebten Ergebnis, daß es keine unbestrichenen Räume vor der Umwallung mehr gab.

Die bisherige Hamburger Wall-Befestigung hatte in ihren westlichen und nordwestlichen Teilen nicht den erforderlichen Schutz geboten, weil sie dort in der Alsterniederung verlief, d. h. unterhalb der nach Westen hin ansteigenden Geesthöhen. Durch diesen Reliefunterschied wäre ein Feind in der Lage gewesen, von Westen her die Stadt über die Befestigungsanlagen hinweg einsehen und auch beschießen zu können. Konsequenterweise mußte deshalb eine neue Fortifikation, wenn mit ihr eine Stadterweiterung verbunden sein sollte, hauptsächlich nach Westen vorverlegt werden, und zwar nach Möglichkeit so weit, daß sie den gesamten Geesthang mit einschloß.

Schon immer hatte die Eichholzhöhe (heutiger Stintfang), eine baumbestandene Geestkuppe von bis zu 31 m Höhe, unmittelbar oberhalb des Elbhangs und etwa 1 km westlich des Neuen Walls gelegen, strategisch eine besondere Gefährdung dargestellt. Jene isolierte Höhe mit einzubeziehen, mußte ebenfalls Ziel einer Neuplanung sein. Johan van Valckenburgh, ein niederländischer Festungsbaumeister, den Hamburg – ebenso wie andere norddeutsche Hansestädte – für die Anlage eines neuen Befestigungssystems verpflichtet hatte, wurde diesen topographischen Vorgaben gerecht, indem er zur Bestimmung des Fortifikationsumrisses als Mittelpunkt die Nikolaikirche wählte, um die er einen Kreis mit einem Radius von ca. 1 150 m schlug. Der Verlauf dieses Kreises zeichnete im Osten die Umwallung des 16. Jahrhunderts nach, schloß aber im Westen den gesamten Geesthang mitsamt der Eichholzhöhe ein; lediglich im Süden ließ van Valckenburgh das Kreisrund etwas abgeflacht verlaufen.

Die Anlage wurde 1616 begonnen und bis 1625 weitgehend fertiggestellt. Mit 22 Bastionen, einem umlaufenden, bis zu 69 m breiten Graben und zahlreichen vorgelagerten Ravelins machte sie Hamburg zur stärksten Festung im nördlichen Europa. Die Zahl der Tore wurde aus Sicherheitsgründen drastisch reduziert, man begnügte sich mit nur noch einem nach Westen führenden Tor (Millerntor), einem Tor nach Norden (Dammtor) und einem Tor nach Osten (Steintor). Lediglich im Süden blieben drei Tore erhalten (Deichtor, Brooktor, Sandtor), da ein Angriff auf die Stadt vom Stromspaltungsgebiet her am wenigsten wahrscheinlich war. Aus gleichem Grunde konnte man hier im Süden auch von dem Plan van Valckenburghs abweichen, einen Teil des Grasbrooks in die Befestigung einzubeziehen. Für die ganze südliche Neubefestigung, die erst nach Abschluß der Arbeiten im Westen, Norden und Osten und nach van Valckenburghs Tod (1625) begonnen wurde, machte man erhebliche Abstriche; es blieb bei der alten Linienführung des 16. Jahrhunderts, und die Bastionen wurden relativ klein angelegt (vgl. Abb. 2.5), denn Stadt und Bürger waren nach zehnjähriger Bauzeit an den Grenzen ihrer Leistungsfähigkeit angelangt.

Bezüglich des *Siedlungswachstums* ist unübersehbar, daß dessen Rhythmus von der zeitlichen Folge der Befestigungsanlagen bestimmt wurde; eine Stadterweiterung erfolgte nur im Zuge einer Vorverlegung der Wehranlagen. Von der Stadterweiterung unabhängig jedoch vollzog sich das Bevölkerungswachstum, wodurch das Entstehen eines Mißverhältnisses zwischen verfügbarer Fläche und Flächenbedarf vorprogrammiert war. Die spätmittelalterliche Stadtmauer war um jene Fläche herumgeführt worden, die sich für die Hamburger des 13. Jahrhunderts als Lebensraum herausgebildet hatte, nämlich um die beiden Kirchspiele auf der Geest, St. Petri und St. Jakobi, und die beiden Marschen-Kirchspiele St. Nikolai und St. Katharinen. Mit dieser Befestigung hatte man nicht nur bebautes Gebiet, sondern auch Freiräume – Hausgärten und landwirtschaftlich genutzte Flächen – umfaßt. Nach Fertigstellung der Stadtmauer betrug die Bevölkerung Hamburgs ca. 5 000 Einwohner, d. h. es lebten durchschnittlich 60 Einwohner pro ha (Tab. 2.1.1. u. 2.1.2). In gleicher Abgrenzung zählte Hamburg dagegen um 1450 ca. 16 000 Einwohner und damit 193 Ew./ha, was heißt, daß sich die Bebauung innerhalb der Mauern stark verdichtet haben mußte.

Mitte des 16. Jahrhunderts erbrachte die Vorverlegung der Wallanlagen, insbesondere nach Süden, wo die Brook-Halbinsel in das Stadtgebiet einbezogen wurde, eine beträchtliche Vergrößerung der Stadtfläche, die die Einwohnerdichte auf 145 Ew./ha verringerte. (1550 ca. 20 000 Ew. auf 137,5 ha. – Wallanlagen und Wassergräben der Befestigung sind in der Fläche von 137,5 ha mit enthalten, so daß, da das eigentliche bebaubare Gebiet geringeren Umfang hatte, die Einwohnerdichte tatsächlich etwas höher lag. Dies gilt für alle Berechnungen bis 1616. Für das bastionäre System konnten die Messungen so durchgeführt werden, daß der Umfang der Befestigungsanlagen und größeren Wasserflächen einzeln auszuweisen war, was eine bessere Bestimmung der Einwohnerdichte erlaubte; Tab. 2.1.1. u. 2.1.2).

Der starke Bevölkerungszustrom am Ende des 16. Jahrhunderts ließ jedoch die Zahlen schnell wieder problematisch werden: Im Jahre 1600 zählte Hamburg schon rd. 40 000 Einwohner und hatte damit die hohe Dichte von 291 Ew./ha erreicht. Diese angestiegene Dichte signalisiert auf jeden Fall für den größten Teil der Bevölkerung eine verringerte Lebensqualität. Der großzügige Zirkelschlag van Valckenburghs, der das bebaubare Stadtgebiet zu Anfang des 17. Jahrhunderts auf 248,6 ha anwachsen ließ, brachte zunächst die notwendige Erleichterung, weil nun ein Gebiet von fast 112 ha zur Anlage einer Neustadt zur Verfügung stand. Aber das Bevölkerungswachstum holte auch diesen Flächenvorsprung bald wieder ein. Die Parzellierung und Bebauung der im Westen einbezogenen Geestflächen erfolgte zügig, und schon um das Jahr 1700 hatte Hamburg mit rd. 70 000 Einwohnern wieder eine durchschnittliche

Tab. 2.1.1: Der wachsende Flächenumfang der Stadt Hamburg bis ins 17. Jahrhundert
Quelle: eigene Messungen

Gebiet / Datum	Gesamtfläche (in ha)	Einzelflächen (in ha)	
Stadtgebiet nach Bau der mittelalterlichen Stadtmauer (ca. 1250 ff.)	82,9		
Stadtgebiet nach Anlage des frühneuzeitlichen Wallsystems (1531 ff.)	137,5	darunter: 19,9	Gebiet des Brook (südl. v. Cremon und Grimm)
Stadtgebiet nach Anlage des bastionären Befestigungssystems (1616/25 ff.)	373	davon: 136,9	Altstadt
		111,7	Neustadt
		23,4	Binnenalster
		5,6	Niederhafen
		95,4	bastionäres Befestigungssystem

Tab. 2.1.2: Die wechselnde Einwohnerdichte in der Stadt Hamburg bis ins 18. Jahrhundert

Jahr	Einwohnerzahl[1]	Stadtfläche (in ha)[2]	Einwohnerdichte (Ew./ha)[3]
1300	5 000	82,9	60
1450	16 000	82,9	193
1600	40 000	137,5	291
1700	70 000	248,6[4]	282
1750	90 000	248,6[4]	362
1787	100 000	248,6[4]	402

[1] nach Reincke 1951; Jochmann / Loose 1982
[2] eigene Messungen
[3] Da es sich bei den Angaben für die Einwohner nicht um abgesicherte Zahlen handelt – vgl. Text Kap. 2.1.1, S. 23 – stellen auch die Dichteangaben nur Annäherungswerte dar.
[4] Altstadt + Neustadt = Stadtgebiet ohne Wehranlagen und größere Wasserflächen

Dichte von 282 Ew. / ha erreicht. Diese steigerte sich bis 1750 auf 362 Ew. / ha, und als Hamburg um 1800 ungefähr 130 000 Einwohner zählte, bedeutete dies die bedrückende Dichte von 523 Ew./ ha. Es ist festzuhalten, daß also nach Anlage der ersten, durchaus dem Flächenanspruch der Bewohner genügenden Wehranlage (Stadtmauer) zweimal eine Erweiterung der Befestigung erfolgte, die dem zum jeweiligen Zeitpunkt vorhandenen Bedarf an neuem Bauland durchaus entsprach, daß aber in beiden Fällen das Bevölkerungswachstum den Zugewinn an Fläche einholte und überrundete.

2.1.4 Die Baugestalt der Stadt

Mehr noch als durch die Vielzahl der nach Alter und Stil unterschiedlichen bürgerlichen Wohngebäude wurde die Baugestalt unserer alten Städte bestimmt durch das Vorhandensein mittelpunktbildender Plätze, eindrucksvoll gestalteter Straßenachsen und einzelner, oft monumentaler Baukunstwerke, z. B. durch großartige Sakralbauten – Dome oder Hauptkirchen – sowie auch durch repräsentative Rathäuser, durch palaisartige Adelssitze oder weitläufige Schloßanlagen, die die Macht eines Herrschers in der Pracht der Architektur dokumentierten.

Die Entwicklung Hamburgs, die von den kleinen Siedlungskernen in Geest und Marsch zur geschlossenen Siedlungsfläche der hochbefestigten Stadt führte, ergab zwar eine individuelle, nicht aber eine besonders originelle und durch hervorragende Bauten ausgezeichnete Stadtgestalt. Den vorhandenen Marktplätzen mangelte es an deutlicher Formung, es entstanden keine repräsentativen Straßenzüge, und naturgemäß fehlten in der Kaufmannsstadt, die sich durch einen bürgerlichen Rat regierte, jegliche Herrschaftsbauten, wie Adelspaläste oder eine fürstliche Schloßanlage.

So bestimmten in Hamburg im wesentlichen nur zwei Elemente das Stadtbild: die vielen niedrigen bis mittelhohen Wohnhäuser, die das enge und unregelmäßige Straßennetz säumten, und die fünf Hauptkirchen sowie der Dom, welche mit ihren Türmen die Häuserlandschaft hoch überragten.

Die Entwicklung des städtischen Hauses

Spätestens seit Ende des 16. Jahrhunderts hatte sich das städtische Haus in Hamburg soweit differenziert, daß drei Gebäudetypen zu unterscheiden sind:

- das Kaufmannshaus;
- das Wohnhaus,
  mit oder ohne Einliegerwohnung(en);
- die Bude.

(Von der Nutzung her gesehen, gab es auch noch ein Handwerkerhaus; dies war jedoch als Haustyp nicht ausgeprägt, sondern ähnelte entweder dem Kaufmannshaus oder dem Wohnhaus.)

Von diesen Gebäudetypen wurde das Kaufmannshaus als Zweiständer-Haus mit großer Diele früher in genetischen Zusammenhang gebracht mit dem Typ eines dreischiffigen Zweiständer-Hauses (eines Wohn-Stall-Hauses), der durch Ausgrabungen in Hamburg ab Mitte des 12. Jahrhunderts belegt ist. Da sich, so argumentierte man, mit dem Bedeutungswachstum der Stadt der Baugrund verknappte, wurden die Häuser schmaler und entwickelten sich durch Geschoßbauweise in die Vertikale. Bei diesem Prozeß habe das Kaufmannshaus die große Diele des bäuerlichen Langhauses beibehalten.

Die gegenwärtige Hausforschung ist hinsichtlich derartiger kausalgenetischer Hypothesen sehr viel vorsichtiger geworden und stellt – auch wenn die Diele des Kaufmannshauses eine Verwandtschaft zwischen bäuerlichem und städtischem Bautyp bezeugt – eine geradlinige Herleitung des Kaufmannshauses aus dem bäuerlichen Zweiständer-Haus in Frage. Wenn also damit der entwicklungsgeschichtliche Zusammenhang zwischen dem in Hamburg nachgewiesenen hoch- u. spätmittelalterlichen bäuerlichen Langhaus und dem städtischen Wohnhaus offen bleibt, so sind doch Aussagen möglich über die Formenentwicklung des letzteren.

Die *Wohnhäuser* waren zunächst ein- und zweigeschossig, wurden aber seit Ende des 16. Jahrhunderts immer häufiger auch drei- und viergeschossig angelegt. Sie entstanden mit verschiedener Innenaufteilung, weil es üblich wurde, Gelasse zur Vermietung anzubieten. Der Bedarf resultierte aus der stärkeren Differenzierung der sozialen Schichten, die mit dem Bevölkerungswachstum einherging: Neben der bis ins 16. Jahrhundert vorherrschenden, das Leben der Stadt bestimmenden Mittelschicht in ihren verschiedenen Abstufungen bildete sich infolge der wirtschaftlichen Blüte der Stadt eine besonders reiche Oberschicht heraus und, als deren Gegenpol, eine immer breiter werdende und ebenfalls in sich gestufte Schicht von Besitzlosen, d. h. von Arbeitern, Handelsgehilfen, Dienstleuten, aber auch Beschäftigungslosen, Behinderten und Bettlern. Diese Unterschicht war auf billige Unterkünfte, auf kleine Mietgelasse in Mehrfamilienhäusern, angewiesen. Seit dem 16. Jahrhundert sind Einliegerwohnungen (sog. „Sahlwohnungen“) zuverlässig überliefert, die, wenn der Eigentümer mit im Hause wohnte, zusätzlich zum sog. „Wohnhaus“ auftraten (das „Wohnhaus" war die im Erdgeschoß und ersten Obergeschoß gelegene Wohnung des Eigners, zu der die gut gestaltete Haupttür des Hauses führte, während die Sähle der Obergeschosse über einen bescheideneren, seitlich gelegenen Eingang zu erreichen waren). Die Höhe der Mehrfamilienhäuser nahm bis ins 18. Jahrhundert zu, sie erreichte fünf, im Ausnahmefall auch sechs Obergeschosse.

Ebenfalls im Zusammenhang mit dem Anwachsen der Unterschicht steht die Vermehrung der Buden. Als *Buden* bezeichnete man äußerst bescheidene eingeschossige Wohnhäuser, die meistens als Hinterhäuser, also in Hoflage, vorkamen. Sie bildeten dann an den Längsseiten der tiefen, aber schmalen Gründstücke zusammenhängende Zeilen, erreichbar über einen Torweg durch das Vorderhaus. Infolge ihrer Stellung im Schatten des Vorderhauses und der parallel verlaufenden weiteren Budenreihen boten sie lichtarme, sehr primitive Unterkünfte für die ärmsten Bevölkerungsschichten. Ihnen vergleichbar waren die Kellerwohnungen, deren Zahl mit dem Bevölkerungswachstum ebenfalls zunahm (und die übrigens auch oft „Buden" genannt wurden). Im Laufe des 17. Jahrhunderts begann man, auch die Buden zweigeschossig zu errichten und ihnen damit eine Einliegerwohnung zu geben.

Erfreulicher verlief verständlicherweise die Entwicklung der Gebäude, die dem Bedarf nur einer Familie und der in ihrem Verband lebenden Hausangestellten und Mitarbeiter dienten. Wer sich in der wachsenden Stadt auf den immer mehr Rendite versprechenden Grundstücken ein Haus nur für den Eigenbedarf leistete, hatte auch die finanziellen Möglichkeiten, dieses gut auszustatten und zu unterhalten. In der Mehrzahl der Fälle handelte es sich um *Kaufmannshäuser*, die neben dem Wohnen auch der Berufsausübung des Besitzers dienten. Anfangs befand sich nur das Kontor mit im Hause, während der Speicher noch getrennt von diesem lag. Später wurde der Warenspeicher in das Haus mit einbezogen, wobei sich zwei Formen entwickelten: Bei den kleinen Außendeichsgrundstücken wurden die Warenlager in Form von mehreren Speicherböden direkt über die Wohngeschosse gesetzt, bei den langgestreckten Binnendeichsgrundstücken gab es neben möglichen Speicherböden im Hause zusätzlich einen Speicherbau an der Fleetseite, der durch einen schmalen Hofflügel mit dem Hauptgebäude verbunden war. In seiner Endform war das Kaufmannshaus ein bis ca. 20 m hohes Gebäude mit zumeist drei Obergeschossen, über denen noch zwei Dachgeschosse lagen. Im Erdgeschoß befand sich neben der Diele das Kontor. Von der zweigeschossigen Diele war in der oberen Hälfte ein beheizbares Zwischengeschoß abgeteilt, zu dem die breite – meist durch ein kraftvoll ausgearbeitetes Geländer auch sehr repräsentativ gestaltete – Dielentreppe hinaufführte. In den Obergeschossen lagen die Wohnräume der Familie, während in dem schmalen, nur ein- bis eineinhalb Geschosse hohen Hofflügel die sehr prunkvollen Gesellschaftsräume untergebracht waren. An die Rückseite des Hofflügels schloß sich der Warenspeicher an, der wieder die volle Grundstücksbreite einnahm, so daß sich nur im mittleren Teil, neben dem Flügel mit den Gesellschaftsräumen, ein offener Hofplatz (Garten) befand (Abb. 2.6).

Das stattliche Kaufmannshaus dominierte noch im 18. Jahrhundert in den einzelnen Stadtvierteln der Marsch. In seinem Anteil hatte es jedoch gegenüber den Mehrfamilienhäusern bedeutend abgenommen. Nach WINKELMANN (1937) lag der Anteil der „Einfamilienhäuser" an den Hamburger Wohnungsarten Ende des 18. Jahrhunderts bereits unter 20 % (wobei „Einfamilienhäuser" eben solche waren, die zumeist von einem größeren sozialen Verband bewohnt wurden, dessen Kern eine Famile darstellte); dagegen machten „Wohnhäuser" und „Sahlwohnungen" in Mehrfamilienhäusern mehr

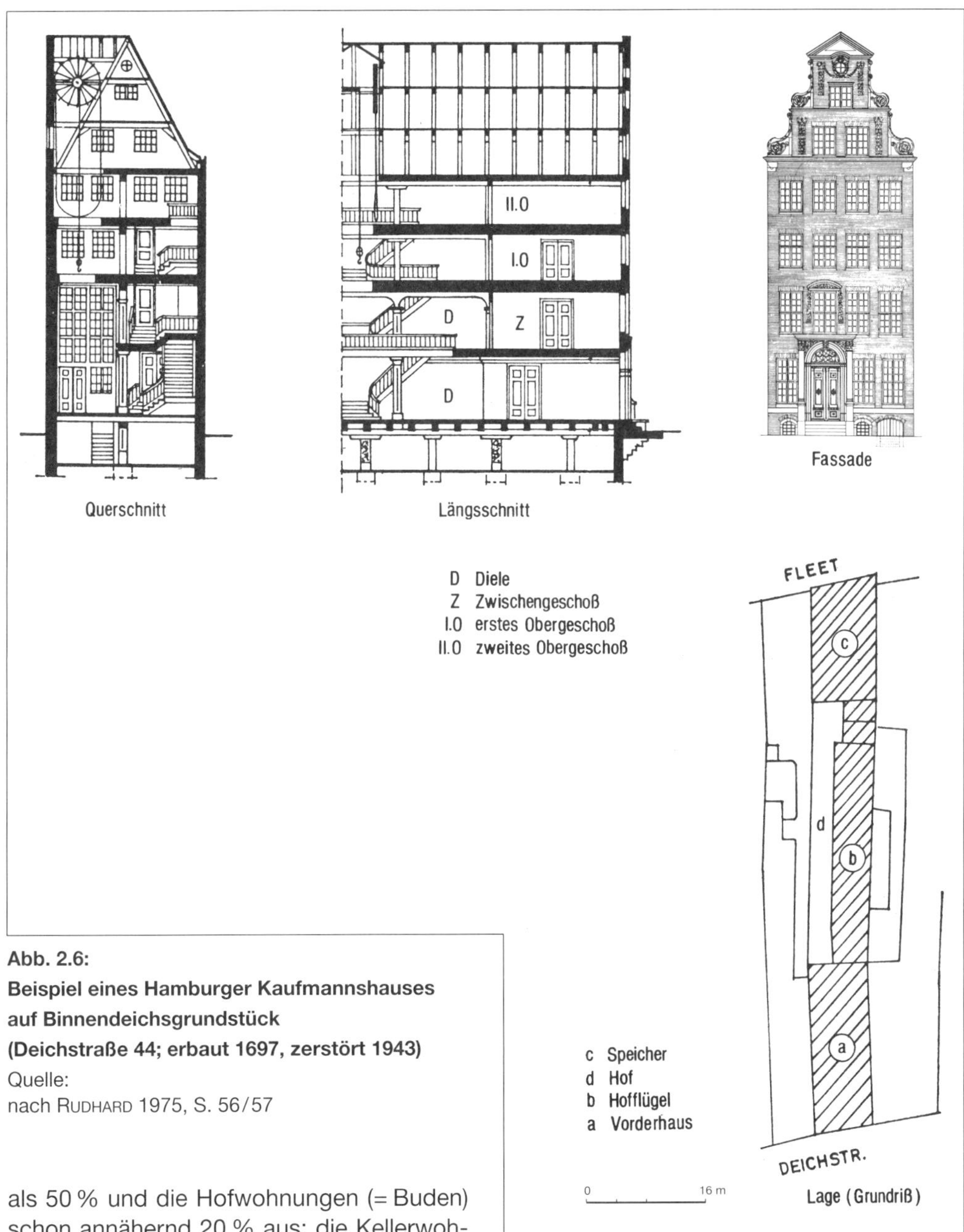

Abb. 2.6:
Beispiel eines Hamburger Kaufmannshauses auf Binnendeichsgrundstück (Deichstraße 44; erbaut 1697, zerstört 1943)
Quelle:
nach Rudhard 1975, S. 56/57

als 50 % und die Hofwohnungen (= Buden) schon annähernd 20 % aus; die Kellerwohnungen hatten 5–7 % erreicht. Abbildung 2.7 (Kap. 2.2.2) zeigt die Veränderung des Anteils der einzelnen Wohnungsarten und verdeutlicht damit die Verschlechterung der Wohnsituation seit dem ausgehenden 16. Jahrhundert – d. h. seit dem ersten sehr steilen Anstieg der Bevölkerungskurve; dies drückt sich vor allem in dem zunehmenden Prozentsatz von Hof- und Kellerwohnungen aus.

2.1.5 Die Ergänzungsäume: Gärten und vorstädtische Freiflächen

Seit alters her stellten für den Menschen Gärten und Freiflächen den ergänzenden Lebensraum zu Wohnung und Haus dar. Für das frühe Hamburg gilt, daß hier, wie in anderen mittelalterlichen Städten auch, Hausgärten in großer Zahl vorhanden waren, weil die vom Lande zugezogene Bevölkerung verständlicherweise einen eigenen Garten anstrebte. Dabei wird es sich hauptsächlich um Nutzgärten gehandelt haben, mit denen der Haushaltsbedarf an Kräutern, Gemüse und Obst gedeckt wurde.

Das als Nutzgrün für eine breite Bevölkerung vorhandene städtische Hausgrün erfuhr durch das Wachstum der Stadt ebenso seine Veränderung wie die Haus- und Wohnformen. Die Entwicklung zeigt zwei Tendenzen: Zum einen setzte eine Randwanderung ein infolge der ständigen Verdichtung in der Stadt, und zum anderen fand eine Differenzierung der Funktionen mit einer deutlichen sozialen Ausrichtung statt.

Das Gartenland, das im Stadtbereich bei der vorherrschenden Straßenrandbebauung in den Blockinnenräumen lag, reduzierte sich zuerst in St. Petri, dem ältesten Kirchspiel. Aber auch in den Kirchspielen St. Nikolai und St. Katharinen wurden mehr und mehr Innenräume bebaut oder zu Wirtschaftsflächen umgenutzt, so daß hierdurch der Bedarf an solchem Gartenland zunahm, das außerhalb der Hausgrundstücke gelegen war. Das von der Stadt vermietete Gartenland lag z. T. in den Randgebieten innerhalb der Stadt, hauptsächlich aber außerhalb ihrer Mauern, so im Süden auf dem Brookgelände und im Westen vor dem Millerntor. Schon mit den ersten Anmietungen von Gartenland außerhalb der Hausgrundstücke wird ein sozialer Sortierungsprozeß eingesetzt haben, denn die Gartenmiete bedeutete einen zusätzlichen Kostenfaktor (im Fall, daß der Eigentümer des Hausgrundstückes seinen bisherigen Hausgarten bebauen ließ und hierdurch zu Mieteinnahmen kam, besagte dies zumindest, daß die neuen Mieter auf seinem Grundstück jetzt weniger privilegiert waren, da ihnen kein Gartenland zur Verfügung stand). Seit Ende des 16. Jahrhunderts entwickelte sich nach dem Zuzug der englischen "merchant adventurers" und der niederländischen Glaubensflüchtlinge außerhalb der Stadtmauern eine Garten- und Landhauskultur, die eindeutig von den oberen Sozialschichten getragen wurde. Dabei war jetzt nicht mehr nur das Gebiet unmittelbar vor den Toren gefragt, sondern es wurde Grund und Boden aufgekauft in allen landschaftlich schön gelegenen Dörfern der Umgebung. (Bezeichnenderweise bevorzugten die Niederländer das ihrer Heimat ähnelnde Marschgebiet Billwerders, während alteingesessene Hamburger ihre Landsitze gerne in Hamm und Horn auf den Geesthöhen anlegten, die ihnen einen weiten Blick ins Elbtal boten.) Während in den frühen Gartenanlagen vor der Stadt nur „Lusthäuser“ für den Tagesaufenthalt existiert hatten – die entgegen einer 1304 vom Rat erlassenen Verfügung allerdings in manchen Fällen auch längerfristig bewohnt worden waren –, dienten die Landhäuser des ausgehenden 16. und des 17. / 18. Jahrhunderts als Sommerwohnsitze und wurden als solche auch für Repräsentationszwecke genutzt.

Die breite soziale Unterschicht aber besaß in den Sommermonaten nicht wie die Angehörigen der Oberschicht die Möglichkeit, aus der heißen und von üblen Gerüchen belästigten Stadt in das Landgebiet auszuweichen, und ihr blieb auch verwehrt, einem der Grundbedürfnisse des Menschen nachzukommen, nämlich auf einem Flecken Erde Pflanzen zu ziehen und sich an deren Wachstum zu freuen. Als leicht erreichbare Freiräume standen Zigtausenden von Stadtbewohnern nur die Gebiete unmittelbar vor den Stadttoren zur Verfügung, die denn auch in der gering bemessenen Freizeit an Sonn- und Feiertagen für verschiedene Volksbelustigungen, für Umzüge und Schützenfeste genutzt wurden.

Daneben stellte allerdings das weitläufige Befestigungssystem selbst eine Art von Erholungsfläche dar, denn es war von Fuß- und Fahrwegen durchzogen, die im 18. Jahrhundert eine sehr schöne Bepflanzung mit Ulmen und Linden erhielten, wodurch schattenspendende Alleen entstanden; sie wurden von allen Bevölkerungsschichten für Spaziergänge genutzt und dienten den Wohlhabenden auch für Ausritte und Wagenfahrten. Innerhalb des Stadtgebietes hatte man für eine Promenade an der Binnenalster durch Aufhöhung des Reesendamms und seine Begrünung mit einer Doppelreihe von Linden gesorgt (1665). Dieser beliebte Promenadenweg erhielt von den Bürgern den bezeichnenden Namen Jungfernstieg.

Bis zum Ende des 18. Jahrhunderts war also das Private Grün weitgehend aus der Stadt in die Außengebiete abgedrängt und zugleich zu einem Privileg der Oberschicht geworden. Weit wichtiger als seine ursprüngliche Funktion, Gartenerzeugnisse zu liefern, war die neue Funktion, als repräsentativer Freizeitraum zu dienen. Der Kunstgarten war entstanden, in welchem man sich einem verfeinerten Genuß der Natur hingab. Den gewerbsmäßigen Anbau von Gemüse und Obst hatten große Gärtnereibetriebe übernommen, die in unmittelbarer Nähe der Stadt entstanden waren.

2.2 Die Stadtentwicklung zwischen 1790 und 1880

Die alten europäischen, durch Jahrhunderte langsam gewachsenen Städte erfuhren durch die einsetzende Industrialisierung einen tiefgreifenden Strukturwandel. Indem die Daseinsgrundfunktionen Wohnen und Arbeiten verschiedene Standorte erhielten, mußte sich der Aufbau des städtischen Baukörpers wandeln, und es entstand zugleich die Notwendigkeit, öffentliche Nahverkehrsmittel zu entwickeln, was letztlich die Straßenführung veränderte. Die Massenunterbringung erforderte – und die technische Entwicklung ermöglichte – eine Ver- und Entsorgung der Haushalte über entsprechende Netze (Versorgung mit Wasser und Energie, Entsorgung von Abwasser und Müll), und die größere Flächenausdehnung der neuen Städte führte zur Bildung von verschiedenen lokalen Zentren mit Ausrichtung auf ein höherrangiges Innenstadtzentrum. Zu diesen vorwiegend wirtschaftlich induzierten „nützlichen" Einrichtungen traten andere, die durch ein sich verstärkendes soziales Bewußtsein hervorgerufen wurden: große öffentliche Bauten und Anlagen, die den Stadtbewohnern zur Bildung, Erholung und Unterhaltung dienen sollten.

Der Strukturwandel setzte mit der ersten sog. „langen Welle" ein, dem von 1787 bis ca. 1842 dauernden Konjunkturzyklus, der durch die Industrialisierung in England ausgelöst wurde. Die Einführung von mechanischem Webstuhl und Dampfmaschine hatte in Mittel- und Nordwest-England zum Aufbau einer umfangreichen Textilindustrie (meist Baumwollindustrie) und einer auf Kohle und Eisen basierenden Grundstoffindustrie geführt. Die englischen Siedlungen zeigten so als erste die Trennung von Wohn- und Arbeitsplatz und ein enormes Flächenwachstum. Mitteleuropas Städte wurden von Industrialisierung und Konjunkturschub erst mit der zweiten „langen Welle" erfaßt, die man als mit dem Eisenbahnbau beginnend ansetzt (um 1842). So sind in den deutschen Städten die Umwandlungsprozesse generell erst ab Mitte des 19. Jahrhunderts zu beobachten. (Konjunkturzyklen in langen Wellen, mit deren Modellen Wirtschaftswissenschaftler wie W. W. Rostow

[1978] und O. GIARINI [1979] arbeiteten, grenzten u. a. schon 1926 N. D. KONDRATIEFF und 1939 J. SCHUMPETER ab.)

Betrachtet man unter diesen Gesichtspunkten die Stadt Hamburg, so ist man überrascht, für sie eine Art von Doppelrolle konstatieren zu müssen: Die Stadt nahm nämlich einerseits zwischen 1787 und 1842 teil an dem kräftigen Konjunkturaufschwung der ersten „langen Welle", was einen Anstieg der Bevölkerung auf rd. 160 000 Einwohner zur Folge hatte, sie machte aber zu dieser Zeit noch keinen grundlegenden Wandel durch, sondern verharrte in ihren alten Strukturen. Umwandlungsprozesse zeigen sich erst ab 1842, also mit dem Beginn der zweiten „langen Welle", die nun auch die übrigen Städte Deutschlands und Mitteleuropas erfaßte und deren Strukturwandel bewirkte.

Hamburg partizipierte an der Konjunktur der ersten Phase nicht als eine aufblühende Industriestadt, sondern als traditionelle Hafen- und Handelsstadt. Die Liberalisierung des Welthandels, die sich seit der Unabhängigkeitserklärung der Vereinigten Staaten und verstärkt seit der französischen Revolution vollzog, brachte für die Handelsbeziehungen der Hansestadt einen ungeheuren Aufschwung. Im letzten Jahrzehnt des 18. Jahrhunderts erstarkte Hamburg zum unbestrittenen Warenhandels- und Finanzzentrum des Kontinents mit besonders engen Handelsbeziehungen zu Frankreich, England, Holland, Spanien und den USA. Nach Unterbrechung durch die „Franzosenzeit" zu Beginn des 19. Jahrhunderts wurden dann die seit 1810 ff. unabhängig gewordenen Staaten Lateinamerikas zu wichtigen Handelspartnern, und mit den 1830er Jahren begann sich auch ein Afrika-Handel zu entwickeln.

Dieser wirtschaftliche Aufschwung bewirkte einen Arbeitskräftebedarf für den Hafenumschlag sowie die Tätigkeiten in den Handelshäusern und im gesamten Dienstleistungsbereich (auch das Versicherungswesen wurde schon früh ausgebaut – 1765 hatte man die erste Assekuranz-Compagnie für Seerisiko und Feuersgefahr gegründet) und löste einen großen Bevölkerungszustrom aus. Die zuwandernden Arbeitskräfte fanden aber entweder noch, wie althergebracht, ihre Unterkunft im Wohn-Arbeitsbereich des Dienstherrn, dem alten Kaufmannshaus, oder sie bezogen Billigstwohnungen, die zusätzlich innerhalb der Stadt durch Errichtung weiterer Buden in den sich immer mehr verdichtenden Hinterhöfen geschaffen wurden oder durch Aufstockung von Häusern, Umnutzung von Kellern etc. entstanden. Es entwickelten sich also keine selbständigen Arbeiter-Wohndistrikte wie in den Industriestädten Englands, und infolgedessen unterblieben auch sonstige strukturelle Änderungen.

Ab 1842 allerdings übernahm Hamburg auch die sich in ganz Mitteleuropa durchsetzenden Innovationen. Die Entwicklung wurde beschleunigt durch zwei einschneidende lokale Ereignisse: durch den Stadtbrand im Jahre 1842 und durch die Aufhebung der Torsperre Ende des Jahres 1860.

2.2.1 Der Brand von 1842 und die Aufhebung der Torsperre von 1860/61 – zwei innovationsfördernde Ereignisse

Der *Hamburger Brand* von 1842 war ein Flächenbrand großen Ausmaßes, der ein Drittel der Altstadt in Schutt und Asche legte und als Katastrophe, die ihresgleichen suchte, in ganz Europa Aufsehen und Anteilnahme erregte. Innerhalb von drei Tagen (5. bis 8. Mai 1842) wurden infolge falscher Einschätzung eines in der Deichstraße (Nikolai-Kirchspiel) ausgebrochenen Brandes im Zentrum der Stadt 71 Straßen von einem Großfeuer erfaßt, wobei 1 749 Häuser, 102 Speicher, 7 Kirchen, zahlreiche öffentliche Gebäude und auch die Alstermühlen vernichtet wurden.

Zur Abgeltung von Versicherungsansprüchen und für die Investitionen in den Wiederaufbau (Straßenbau, Sielanlagen, sonstige Infrastruktur) mußte sich die Stadt hoch verschulden, – einschneidender aber und vor allem von längerer Wirksamkeit als die wirtschaftlichen Folgen der Brandkatastrophe waren die städtebaulichen Konsequenzen.

Es galt, eine für die damalige Zeit riesige Trümmerfläche von rd. 42 ha wieder zu bebauen, die zudem den Kernbereich der Stadt darstellte. Der Weg war frei für eine echte Neugestaltung, und dies wurde auch von den damaligen Verantwortlichen als Chance gesehen. Schon am 17. Mai 1842 konstituierte sich die „Technische Kommission für den Wiederaufbau" mit dem Ziel, einen zukunftsweisenden Aufbauplan zu erarbeiten. Dieser Kommission, die bis Ende 1845 tätig war, gehörten die leitenden Beamten der Baudeputation und der Strom- und Hafenbauverwaltung an (u. a. Baudirektor Carl Ludwig Wimmel) und als Beigeordnete namhafte Architekten (u. a. Alexis de Chateauneuf, anfangs auch Gottfried Semper) und der englische Ingenieur William Lindley. Die von einzelnen Kommissions-mitgliedern in Kürze vorgelegten Entwürfe gingen übereinstimmend davon aus, daß die Straßenführung östlich der Binnenalster zu bereinigen sei und hier über breite Parallelstraßen von St. Georg aus eine Hinführung zum Börsenplatz zu erfolgen habe. Der Raum zwischen Börse (dem Neubau von 1839 / 41, der durch glückliche Umstände nicht dem Brand zum Opfer gefallen war; Foto 3), Kleiner Alster und Binnenalster sollte zum zentralen Bereich der Stadt werden mit einem repräsentativen Rathaus als Mittelpunkt. Ein „Forum-Entwurf" Gottfried Sempers wies den Weg zu einer sehr großzügigen Gestaltung; er zeigte als erster Anlehnungen an den Markus-Platz in Venedig mit seiner besonderen Anbindung an den Wasserraum. Vom Bürgerkonvent angenommen und dann ausgeführt wurde ein Entwurf Chateauneufs, der für die Platzgestaltung eine L-Form zugrunde legte: An der nordwestlichen Schmalseite wurde der Rathausplatz zur Kleinen Alster geöffnet und damit winkelförmig an die Binnenalster angeschlossen; die Raumfolge entspricht dem venezianischen Gefüge von der Piazza San Marco mit anschließender Piazzetta. Ergänzend entwarf Chateauneuf für den nordwestlichen Rand der Kleinen Alster die Alsterarkaden (vgl. Foto 4), die als Platzabschluß der Arkadenführung des Dogenpalastes an der venezianischen Piazetta entsprechen.

Eine der Grundvoraussetzungen für die gesamte städtebauliche Neuordnung war die Möglichkeit des Staates, mittels Enteignung über den Baugrund verfügen zu können. Noch 1842 wurde ein Expropriationsgesetz erlassen, das im Endergebnis eine Fläche von 309 700 m^2 betraf. Der Aufkauf der Privatgrundstücke kostete den Staat 14,6 Mio. Mark – nur so aber wurden die grundlegend neue Straßenführung sowie auch die Neuparzellierung des Baugrundes in angemessen große Grundstücke möglich. Die Modernisierung erfaßte alle Teilbereiche. Für die neu anzulegenden *Straßen* wurden nach Lindleys Vorschlag Mindestbreiten festgelegt: 17 m für die Hauptstraßen, 14,3 m und 11,5 m für nachgeordnete Straßen. Der Fortschritt wird deutlich im Vergleich mit vorherigen Straßenbreiten: Der Alte Wall hatte vor dem Brand eine Breite von 6 – 7 m, der Große Burstah war knapp 8 m breit gewesen, und die als Fußgängerbrücke genutzte Adolphsbrücke hatte nur 3 m Breite besessen ! Die neuen Straßen erhielten Steinpflaster und wurden mit Bürgersteigen ausgestattet.

Einen Fortschritt bedeutete auch der Entschluß, die abgebrannten Alstermühlen (2 Mühlen am Oberdamm, 3 Mühlen am Niederdamm) nicht wieder aufzubauen.

Damit wurde endlich eine *Schiffahrtsverbindung* zwischen Alster und Elbe ermöglicht, und außerdem konnte man den Alsterspiegel soweit absenken (auf 3,1 m NN), daß die Uferzonen an der Außenalster nicht mehr ständigen Überschwemmungen ausgesetzt waren. Durch diese Absenkung des Alsterspiegels ist die Uhlenhorst überhaupt erst bebaubar geworden.

Lindleys bahnbrechendes Projekt einer *zentralen Wasserversorgung* und eines großen zusammenhängenden *Sielsystems* war in der Technischen Kommission zunächst umstritten und wurde anfangs auch von weiten Kreisen der Bevölkerung mit großer Skepsis betrachtet. Nur in englischen Städten gab es bisher Vergleichbares, und hinsichtlich der Schmutzwasserableitung hielt man in Hamburg die vorhandenen Fleete für immer noch ausreichend. Allen Widerständen zum Trotz wurde jedoch ab 1843 mit den entsprechenden Anlagen begonnen, und Hamburg erhielt innerhalb von wenigen Jahren ein vorbildliches Wasserleitungs- und Sielnetz, – besonders das Sielsystem war noch jahrzehntelang in Deutschland einmalig und wurde zu einer (unterirdisch befahrbaren) Sehenswürdigkeit der Stadt.

Als Energiequelle für die Straßenbeleuchtung und zur Versorgung der privaten Haushalte wurde, ebenfalls nach Plänen Lindleys, auf dem Grasbrook eine Gasanstalt erbaut, die 1846 ihre Produktion aufnahm.

Zusammenfassend ist festzuhalten, daß als Folge des Brandes von 1842 zum einen ein ausgedehntes Neubaugebiet im zentralen Bereich der Stadt entstand, daß sich zum andern aber ingenieurtechnische Innovationen durchsetzten, die die gesamte Stadt betrafen. Die Erneuerung im Kernbereich führte dazu, daß, pointiert ausgedrückt, die Altstadt infolge der modernen Straßenführung, der neuen, großzügigen Parzellierung und der Vielzahl der Neubauten sozusagen zur „Neustadt" wurde, während die auf den westlichen Höhen seit dem 17. Jahrhundert entstandene eigentliche Neustadt mit ihren z. T. engen Straßen und der dichten Straßenrand- und Innenhofbebauung nunmehr Altstadtcharakter hatte.

Die Leistungen des Wiederaufbaus können jedoch nicht darüber hinwegtäuschen, daß einem ganz bedeutsamen Sektor keine Beachtung geschenkt wurde: dem Gebiet des Wohnungsbaus. Weder in der Technischen Kommission noch in der Rat- und Bürgerdeputation – einem 20köpfigen Gremium, das vorwiegend für die finanziellen und juristischen Fragen des Wiederaufbaus Grundlagen erarbeitete und Entscheidungen traf – war der Wohnungsbau ein Diskussionspunkt. Die Technische Kommission erarbeitete zwar einen Entwurf für ein Bau(polizei)gesetz – das in der Bürgerschaft auf Widerstand stieß und erst 1865 in abgeänderter Form in Kraft trat –, aber dieses war nur auf die größere Feuersicherheit der Gebäude ausgerichtet, und die Frage der Qualität der Wohnungen blieb unberührt. Die Wiederbebauung der privaten Grundstücke erfolgte sehr schnell, womit schon zeitgenössische Berichterstatter die mangelnde Qualität der Wohngebäude entschuldigten. Es wurden im vom Brand zerstörten Gebiet neben wenigen Einfamilienhäusern vorwiegend viergeschossige Etagenhäuser mit Mietwohnungen erbaut, wobei die Grundrisse der Wohnungen, ihre Belichtung und die Führung der Treppenhäuser durchaus zu wünschen übrig ließen (vgl. u. a. MEYER 1868, S. 146, HIPP / JUNG 1985).).

Während also beim Wiederaufbau die Planungen der Öffentlichen Hand für Platzgestaltung, Straßenführung und ingenieurtechnische Neuerungen einen großzügigen Zuschnitt zeigten und hier zugunsten der Qualität mit Investitionen nicht gespart wurde, waren die privaten Bauherren vom Gewinnstreben geleitet, hinter dem die Qualitätsansprüche zurücktraten. Es wird erstmalig das Verhaltensmuster sichtbar, das späterhin in ganz besonderem Maße die gründerzeitliche Bauepoche bestimmte, aber auch noch bis zur Gegenwart erkennbar ist.

Die *Hamburger Torsperre* wurde am *31. 12. 1860* aufgehoben. Dieses Ereignis empfanden die Bürger der Stadt mit Recht als einen Akt der Befreiung. Von nun an waren die Tore Tag und Nacht ungehindert passierbar, die Torwege wurden zu normalen Ausfallstraßen, und mit dem Fortfall der bisherigen Beschränkungen wurden die Innenstadt, die Vorstädte und der übrige Nahbereich der Stadt als Wohngebiete einander gleichgestellt.

Die Aufhebung der Torsperre setzte allerdings nur den Schlußstrich unter eine Entwicklung, die schon 1798, also zu Beginn der Übergangsepoche, ihren Anfang genommen hatte. Jahrhunderte hindurch, in den Zeiten, als die Befestigungsanlagen noch einen wirksamen Schutz darstellten, waren die Stadttore bei Anbruch der Dunkelheit geschlossen und erst mit Beginn des neuen Tages geöffnet worden. Als schützende Maßnahme verlor diese Regelung ihren Sinn, als das Befestigungssystem überaltert war und einem Angriff nicht mehr standgehalten hätte. Seit 1798 waren so die Bestimmungen gelockert worden, zunächst nur für das Steintor, dann auch für die übrigen Tore. An die Stelle des „Torschlusses" war die „Torsperre" getreten, die ein Passieren der Tore auch nach Einbruch der Dunkelheit gegen Entrichtung eines „Sperrgeldes" erlaubte. Dieses erwies sich als eine so einträgliche indirekte Steuer für die Stadt, daß der Hamburger Rat die Torsperre so lange wie möglich zu erhalten suchte, obgleich der Widerstand in der Bevölkerung gegen die allmählich völlig unzeitgemäße Einrichtung ständig wuchs. 1860 endlich verweigerte die Bürgerschaft dem routinemäßigen Antrag des Senats auf Weitererhebung des Sperrgeldes ihre Zustimmung, und die Torsperre wurde mit Wirkung zum 31.12.1860 aufgehoben.

2.2.2 Bevölkerungsentwicklung und Wohnungssituation / Veränderungen der Siedlungsstruktur

In der als Übergangszeit bezeichneten Epoche wuchs die Bevölkerung Hamburgs von 100 000 (Altstadt und Neustadt 1787) auf 170 875 (Altstadt und Neustadt 1880) bzw. auf 286 589 Einwohner (Altstadt und Neustadt sowie Vorstädte 1880), und unter Einbeziehung der Vororte zählte sie 1880 sogar schon 406 857 Einwohner (vgl. Tab. 2.2. Erst ab 1867 handelt es sich dabei um zuverlässige Erhebungen aus Volkszählungen, für die Zeit davor sind die Angaben nicht voll abgesichert und für die Gebiete außerhalb der Stadt außerdem sehr dürftig). Die Vermehrung der Zähleinheiten zwischen 1787 und 1880 zeigt bereits das Flächenwachstum der Stadt an. Die Entwicklung verlief in den einzelnen topographischen Einheiten unterschiedlich:

- *Altstadt und Neustadt*, die für 1880 schon als Innenstadt zusammengefaßt werden können, haben zwar in dem genannten Zeitraum mit einem Wachstum von 100 000 auf 170 875 Ew. die prozentual geringste Steigerung, die Zunahme von absolut fast 71 000 Ew. auf der beschränkten und bereits stark bebauten Fläche ist dennoch beträchtlich.
- Die *Vorstädte St. Georg und St. Pauli* zeigen ein prozentual und absolut stärkeres Wachstum als die Innenstadt; ihre Einwohnerzahl ist 1880 mehr als elfmal so hoch wie 1787 und wuchs absolut um mehr als 100 000 Ew.
- *Die Vororte*, d. h. die 15 Landgemeinden im unmittelbaren Nahbereich der Stadt, nahmen prozentual und absolut am stärksten zu; ihre Bevölkerung ist 1880 mehr als vierzehnmal so hoch wie 1811 und hat absolut von 1811 bis 1880 um 111 868 Ew. zugenommen. Die Hauptentwicklung lag bei ihnen, anders als bei der Innenstadt und den Vorstädten, in dem kurzen Zeitraum zwischen 1867 und 1880.

Gebiet	1787[1]	1800[2]	1811[3]	1838[4]	1850[5]	1867[6]	1880[7]
Altstadt Neustadt	100 000	130 000	107 000	127 000	171 013	156 722	77 503 93 372
St. Georg St. Pauli (Hamburger Berg)	10 000	·	5 800 7 700	13 300 12 453		32 423 31 775	59 832 55 882
Summe Stadt + Vorstädte	110 000	·	120 500	153 153	171 013	220 920	286 589
Vororte[8]	·	·	8 400	·	·	44 607	120 268
Summe Stadt + Vorstädte + Vororte	·	·	128 900	·	·	265 527	406 857
übriges Staatsgebiet	·	·	30 769[9]	·	·	40 980	47 012
Hamburger Staat insgesamt	·	·	159 669[9]	185 705[10]	214 641[10]	306 507	453 869

[1] Schätzung Reincke 1951 [2] Schätzung Reincke 1951

[3] Zählung der Bürgerkapitäne. Wiedergabe bei v. Hess, Bd. 3, 1811 – Nessmann 1869, Tab. I – Winkler 1966, S. 64 –
Winkler folgend haben die überlieferten Zahlen wegen Untererfassung einen Zuschlag von 13 % erhalten.

[4] Zählung des Bürgermilitärs. Wiedergabe bei Winkler 1966, S. 65; – Stat. Handbuch f. d. Hamburgischen Staat 1891, S. 17 – Zuschlag für Untererfassung 13 %

[5] Zählung des Bürgermilitärs. Wiedergabe: Stat. Handbuch f. d. Hamburgischen Staat. 1891, S. 17 – Zuschlag für Untererfassung 12,5 %

[6] Volkszählung. Wiedergabe: Stat. Handbuch f. d. Hamburgischen Staat 1891, S. 18

[7] Volkszählung. Wiedergabe: Stat. Handbuch f. d. Hamburgischen Staat 1891, S. 18

[8] Bezeichnung „Vororte" seit 1874; sie umfaßten: Eimsbüttel, Rotherbaum, Harvestehude, Eppendorf, Winterhude, Barmbek, Uhlenhorst, Hohenfelde, Eilbek, Borgfelde, Hamm, Horn, Billwerder-Ausschlag, Steinwerder, Kl. Grasbrook. (Bis auf die südl. d. Elbe gelegenen Vororte Steinwerder und Kl. Grasbrook handelt es sich um die „Inneren Stadtteile", vgl. Tab. 2.8.)

[9] einschl. d. beiderstädtischen Amtes Bergedorf, das erst am 1.1.1868 in alleinigen Besitz Hamburgs überging

[10] ausschl. d. beiderstädtischen Amtes Bergedorf

Tab. 2.2: Die Bevölkerungsentwicklung in Hamburg von 1787 bis 1880

Tab. 2.3: Die Wohnungsarten in der Hamburger Altstadt und Neustadt 1810

Quelle: Winkelmann 1937, S. 46

Wohnungsarten / Kirchspiele bzw. Stadtteile	Einfamilienhäuser (in %)	Wohnungen in Mehrfamilienhäusern (in %)	Hofwohnungen (Buden) (in %)	Kellerwohnungen (in %)	Summe (in %)
St. Petri, ohne Neustadtteil	36	42	5	17	100
St. Nikolai	61	17	8	14	100
St. Katharinen	16	60	16	8	100
St. Jakobi	10	55	30	5	100
Altstadt	21	50	21	8	100
Neustadt (Kirchspiel St. Michaelis und Neustadtteil des Kirchspiels St. Petri)	10	65	19	6	100
Stadtgebiet Hamburg (ohne Vorstädte)	15	58	20	7	100

Die Entwicklung von Altstadt und Neustadt

Altstadt und Neustadt waren die topographischen Einheiten, die gemeinsam vom alten Wallsystem umschlossen wurden. Sie waren in sich unterschiedlich strukturiert und wiesen vor allem sehr gegensätzliche Wohngebiete auf.

Dieses galt bereits für den Anfang des 19. Jahrhunderts: Nach WINKELMANN (1937) bestanden 1810 die größten Unterschiede zwischen den Kirchspielen St. Nikolai (mit 61 % Einfamilienhäusern – worunter Kaufmannshäuser und Handwerkerhäuser zu verstehen sind – und nur 8 % Hofwohnungen) und St. Jakobi (mit lediglich 10 % Einfamilienhäusern, jedoch 30 % Hofwohnungen); aber auch St. Katharinen umfaßte überdurchschnittliche Anteile geringwertiger Wohnungsarten (Tab. 2.3). Für die Neustadt waren keine einzelnen Gebietsteile ausdifferenziert worden, sie lag aber insgesamt in der Qualität ihres Wohnungsbestandes unter dem Durchschnitt der Altstadt.

Die Wohnungszählung der Volkszählung von 1867 zeigt, wie stark sich bis in die zweite Hälfte des 19. Jahrhunderts die Wohnungssituation noch verschlechtert hatte: Altstadt und Neustadt zählten 1867 zusammen 34 550 Wohnungen, von denen allein 10 769 Einheiten Hofwohnungen waren, was 31,2 % entspricht. Sehr viele der Wohnungen enthielten nur *ein* heizbares Zimmer. Für Altstadt und Neustadt zusammen betrug der Anteil von Wohnungen mit nur einem heizbaren Zimmer 54 % vom Gesamtbestand, von den vorhandenen Hofwohnungen waren es 84 %. Von den 1867 in Altstadt und Neustadt gezählten 156 722 Einwohnern lebten 25 762, d. h. 16,4 %, in sog. „übervölkerten Wohnungen“. Als solche bezeichnete man

a) Wohnungen mit nur einem heizbaren Zimmer, die von sechs oder mehr Personen bewohnt wurden, und
b) Wohnungen mit zwei heizbaren Zimmern, in denen zehn oder mehr Personen lebten.

Daß sich die Bevölkerung am Ende des Zeitraums in einer extrem mißlichen Wohnsituation befand, wird auch über die zu errechnenden Dichtewerte deutlich, – zu keinem anderen Zeitpunkt vorher oder nachher gab es in Hamburger Stadtteilen derartig hohe Einwohnerdichten wie im Jahre 1880 in den Innenstadtbereichen! Legt man für die Berechnung die Gebietsgrößen zugrunde, die sich nach dem Abzug der Flächen von Binnenalster und Wallanlagen ergeben, so lebten 1880

- in der Altstadt 566 Ew. / ha,
- in der Neustadt 836 Ew. / ha (!).

Um das Jahr 1880 tritt allerdings die Wende ein, und die hohen Dichtewerte schwächen sich allmählich ab. Diese Lockerung der angespannten Wohnsituation beruht jedoch zunächst nicht auf sozialer Einsicht und entsprechenden Maßnahmen (wie Sanierungen, die erst im 20. Jahrhundert durchgeführt wurden), sondern sie ist anfangs ausschließlich die Folge von rein ökonomisch bedingten Vorgängen: der Umnutzung des Brook-Gebietes zur Speicherstadt (1882 / 88) und der allmählich einsetzenden Citybildung im Kernbereich.

Abb. 2.7:
Die verschiedenen Wohnungsarten in Hamburg in ihren prozentualen Anteilen vom 13. bis ins 19. Jahrhundert
Quelle:
WINKELMANN 1937, S. 18

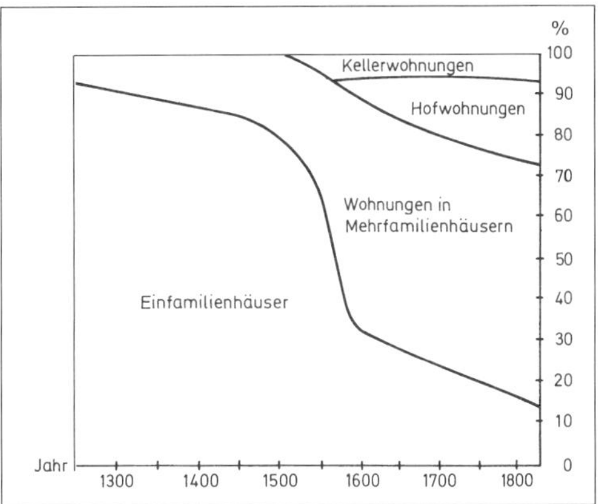

Die Entwicklung der Vorstädte St. Georg und St. Pauli

Aufgefangen wurde der ständig wachsende Bevölkerungsdruck zunächst in erster Linie von den unmittelbar vor den Toren der Stadt gelegenen Räumen, d. h. von St. Georg im Osten und von St. Pauli im Westen. Beide zeigen in ihrer Entwicklung viele Gemeinsamkeiten: Als ehemals ländliche Gebiete wurden sie infolge des wachsenden Bevölkerungszustroms allmählich immer dichter bebaut, und dieser Veränderung trug die Stadt Hamburg Rechnung, indem sie beide 1831/33 offiziell zu Vorstädten erklärte und sie im weiteren Verlauf des 19. Jahrhunderts als Stadtteile ihrer Verwaltung unterstellte (St. Georg 1868, St. Pauli 1894). Dennoch waren beide Teilräume unterschiedlich strukturiert, was sich aus ihrer geschichtlichen Entwicklung erklären läßt und aus den z. T. gegensätzlichen Funktionen, die sie im Vorfeld der Stadt übernommen hatten.

Namengebend für *St. Georg* war ein Ende des 12. Jahrhunderts gegründetes Aussätzigen-Hospital. Wie man das Spital als etwas Mißliebiges ins Außengebiet gelegt hatte, so entstanden hier im Laufe der Zeit auch andere Einrichtungen, für die ein Kontakt mit der Wohnstadt unerwünscht war. Mitte des 16. Jahrhunderts wurden der Galgen (Hochgericht) und die Abdeckerei nach St. Georg verlegt, seit 1563 sind Branntweinbrennereien und Schweineställe bezeugt (mit den Abfällen der Brennereien wurden die Schweine gemästet), nach der Pest von 1564 wurden Begräbnisplätze für die Opfer der Epidemie und für Hingerichtete angelegt, und im Jahre 1711 wurde vom Rat das Mästen von Schweinen in der Stadt endgültig verboten und angeordnet, daß der Schweinemarkt vor den Toren der Stadt in St. Georg abzuhalten sei. Neben diesen „unreinen“ Stätten entstanden Einrichtungen für sozial Schwache, wie das Armenwitwenhaus (etwa 1450), eine Armenschule (um 1694) und die allgemeine Armenanstalt (1788). Es überrascht, daß sich neben solchen Anlagen nicht nur die üblichen vorstädtischen Gewerbe etablierten, wie Bleichereien, Gärtnereien, Ziegeleien und Mühlen (Lohmühle und Pulvermühle), sondern daß in diesem Raum auch als Besitzungen der wohlhabenden Stadtbevölkerung zahlreiche Gärten mit Land- und Lusthäusern entstanden.

Im Westen der Stadt verlief die Entwicklung insofern anders, als *St. Pauli* nicht wie St. Georg schon seit dem Mittelalter unmittelbar der Stadt vorgelagert war, sondern bis ins 17. Jahrhundert von ihr durch die Geesthöhen westlich der Alster getrennt wurde, die als erste Vorstadtfunktionen übernahmen. In diesem Gebiet der späteren Neustadt hatten sich früh die typischen Vorstadtgewerbe wie Bleichen, Ziegeleien und Gartenbaubetriebe angesiedelt, zu denen seit dem wirtschaftlichen Aufschwung ab Ende des 16. Jahrhunderts mehr und mehr private Gartenbesitzungen mit Sommerhäusern traten. Nach Anlage des bastionären Systems (1616–25), durch das dieser Raum in die Stadt einbezogen und zur „Neustadt“ wurde, blieben die genannten Funktionen zunächst erhalten, bis der Bedarf an Baugrundstücken für Stadthäuser allmählich die Vorstadtgewerbe und die Landhausbesitzungen verdrängte. Zu jener Zeit existierten in dem im Westen vorgelagerten Gebiet des nachmaligen St. Pauli bereits die Reeperbahn als eine sehr raumbeanspruchende Anlage (1626 mit langen Bahnen für die Fertigung von Schiffsseilen eingerichtet – sie war aus dem Eichholz hierher verlegt worden) und außerdem am Elbufer eine Trankocherei (1649 angelegt). Nördlich der großen Freifläche des Heiligengeistfeldes war 1633 eine Ölmühle entstanden, ansonsten aber war das ganze Gebiet, auch der eigentliche Hamburger Berg, so gut wie unbebaut.

Bei der mit der zweiten Hälfte des 17. Jahrhunderts beginnenden Verdrängung der Vorstadtfunktionen aus dem Neustadt-Gebiet wurde nun bemerkenswerterweise der

Raum St. Pauli z. T. übersprungen. Nicht hier wurde die Landhaus-Kultur fortgesetzt, sondern es entstanden zahlreiche Gartenhausbesitzungen, oft in Form äußerst repräsentativer großer Landsitze, im weiter westlich gelegenen Raum, auf den Elbhöhen westlich der Stadt Altona und in den auf der Geest gelegenen Dörfern, von Bahrenfeld, Ottensen, Othmarschen, Kl. Flottbek bis hin zu Nienstedten. St. Pauli dagegen zog vorwiegend gewerbliche Einrichtungen an. So wurde 1671 die neue „Dröge" angelegt (ein Trockenhaus für geteerte Seile, das später unter diesem Namen als Vergnügungslokal bekannt wurde), und bis Ende des 18. Jahrhunderts wurden unterhalb des Geesthanges am Elbufer mehrere Schiffswerften und das Hanfmagazin erbaut. (Die Kirche St. Pauli, nach der die Vorstadt Hamburger Berg 1833 benannt wurde, existierte seit 1682.) Zu Beginn des als Übergangsepoche bezeichneten Zeitraums haben wir also in *St. Georg und St. Pauli* zwei recht unterschiedlich ausgebildete Vorstadtgebiete vor uns.

Mit dem letzten Jahrzehnt des 18. Jahrhunderts setzte in beiden Vorstadtgebieten infolge der ungewöhnlich hohen Zuwanderung nach Hamburg eine umfangreiche Wohnbautätigkeit ein. Für St. Georg wurde sie begünstigt durch die Aufhebung des Torschlusses am Steintor (vgl. Kap. 2.2.1). Die Art der Bebauung war in dieser ersten Phase in St. Georg und St. Pauli durchaus unterschiedlich. Im Südwesten St. Paulis entstanden, ansetzend an der Altonaer Grenze und als Fortsetzung des Straßennetzes der dänischen Nachbarstadt, mehrere Straßenzüge mit einer einfachen Mehrfamilienhaus-Straßenrandbebauung, während das übrige Gebiet in den ersten Jahrzehnten des 19. Jahrhunderts noch größtenteils unerschlossen blieb. In St. Georg dagegen, dessen Straßennetz schon sehr viel stärker entwickelt war, wurden neben Mehrfamilienhäusern auch viele Einfamilenhäuser gebaut. Die Zahlen der Tabelle 2.4 verdeutlichen dies: In der Gesamtzahl an Wohnungen hatte St. Georg 1830 St. Pauli überrundet (1830: 3 577 Wohnungen in St. Georg; 2 117 Wohnungen in St. Pauli), aber auf ein Vorderhaus entfielen dabei in St. Georg im Durchschnitt nur 1,7 Wohnungen, in St. Pauli dagegen 2,6. Und die Einfamilienhäuser hatten in St. Georg ihren Anteil am Wohnungsbestand von 46,6 % im Jahre 1810 sogar auf 58,3 % im Jahre 1830 steigern können.

Auch die weiteren Funktionen blieben unterschiedlich. In St. Georg setzte sich die Tradition als Standort für Stiftungen und gemeinnützige Anstalten fort. In St. Pauli dagegen gewann das Gelände südlich der Reeperbahn, der sog. Spielbudenplatz, zunehmend an Bedeutung. Schon im 17. und 18. Jahrhundert hatten hier, im Gebiet unmittelbar vor dem Millerntor, allerlei Schausteller – Gaukler, Seiltänzer, Tierbändiger – die Städter unterhalten, die besonders an Sonntagnachmittagen ihre Freizeit vor den Toren verbrachten. Nach der Zerstörung der gesamten Bebauung des Hamburger Bergs durch die Franzosen (1814) waren die hölzernen „Spielbuden" schnell wieder entstanden. 1840 griff die Stadt ordnend ein. Sie legte eine Straße an und vergab Bauplätze für Vergnügungsstätten. Aus diesen Anfängen entstand das schnell aufblühende und besonders in Seemannskreisen bald weltberühmte Vergnügungsviertel St. Pauli-Reeperbahn. (In St. Georg bildete sich erst sehr viel später eine Zone des Vergnügungsgewerbes heraus. Sie entwickelte sich im Zusammenhang mit dem 1906 eröffneten Hauptbahnhof und zeigt als typisches Bahnhofsviertel einen anderen Charakter.)

Der Hamburger Brand von 1842 bedeutete auch für die beiden Vorstädte eine Zäsur: Obdachlose in großer Zahl wurden aufgenommen. Buden als Notwohnungen errichtet, und als in der Stadt der Wiederaufbau begann, erfaßte der Bauboom ebenfalls das Vorstadtgebiet. Tabelle 2.5 weist die bedeutende Wertsteigerung nach, die hierbei die Grundstücke erfuhren. Dazu verdeutlicht

Gebiet und Jahr / Wohnungsart	St. Georg 1810	St. Georg 1830	St. Pauli (Hamburger Berg) 1810	St. Pauli (Hamburger Berg) 1830
Häuser	566	2 087		813
Sähle	313	685	1 200	
Buden	325	651		1 304
Keller	10	154		
Gesamtzahl	1 214	3 577	ca.1 200	2 117
Auf ein Vorderhaus entfallen an Wohnungen	2,1	1,7		2,6

Tab. 2.4:
Die Wohnungsarten in St. Georg und St. Pauli 1810 und 1830
Quelle:
WINKELMANN 1937, S. 46

Gebiet	Durchschnittswert der Grundstücke (in Talern) 1839	Durchschnittswert der Grundstücke (in Talern) 1868	Wertsteigerung (in %) 1839–1868
Innere Stadt	12 450	27 638	122
St. Georg	6 800	20 589	203
St. Pauli	6 950	20 839	200

Quelle: Statistik des Hamburgischen Staats, H. 2, Hamburg 1869, S. XXIII

Tab. 2.5:
Die Steigerung des Durchschnittswertes der Grundstücke in der Inneren Stadt (Altstadt und Neustadt) und in den Vorstädten St. Georg und St. Pauli von 1839 bis 1868

auch die Steigerung der Grundsteuertaxen, die im Zeitraum von 1839 bis 1868 in der Inneren Stadt 111 %, in St. Georg jedoch 539 % und in St. Pauli 525 % betrug, einen Umstrukturierungsprozeß: Die Grundsteuertaxen waren an den Mieteinnahmen orientiert, und damit dokumentieren die besonders hohen Steigerungsraten in den Vorstädten eine starke Zunahme von Mietshäusern.

Die Entwicklung der Vororte

Nicht nur die Vorstädte St. Georg und St. Pauli, sondern auch die etwas entfernter gelegenen ländlichen Gemeinden, die im letzten Viertel des 19. Jahrhunderts zu Vororten wurden, hatten bereits zuvor jahrhundertelang der hamburgischen Verwaltung unterstanden (vgl. Kap. 1.2.2.). Im Gegensatz zu den Vorstädten aber, in die sehr früh verschiedene Funktionen aus der Stadt ausgelagert worden waren, ohne daß hierbei ältere Nutzungen verdrängt werden mußten, waren die ländlichen Siedlungen des Umlandes bis ins 19. Jahrhundert Teil einer Agrarlandschaft, deren Organisation (u. a. ausgedrückt im Parzellengefüge) nun durch die beginnende Verstädterung zunächst Umwandlungen und dann sehr schnell eine gänzliche Aufhebung erfuhr. Allerdings läßt die Geschichte dieser ländlichen Siedlungen (größtenteils waren es Dörfer, doch gab es auch Sonderformen wie das ehemalige Klostergut Harvestehude und das kaum besiedelte, in seiner Besitzzugehörigkeit bis 1744 umstrittene Weidegebiet der Uhlenhorst) erkennen, daß auch schon in den vorangegangenen Jahrhunderten, die noch grundlegend von der traditionellen bäuerlichen Kultur bestimmt gewesen waren, die Nähe der Stadt Einfluß ausgeübt hatte. Bäuerliche Hufen waren in den Besitz von Städtern übergegangen, und außerdem waren, besonders seit dem 17. Jahrhundert, durch zusätzliche Parzellierungen Grundstücke für Sommersitze begüterter Hamburger geschaffen worden. Die Wirtschaft der ansässigen bäuerlichen Betriebe florierte, und zwar in erster Linie infolge der guten Absatzmöglichkeiten für Milch- und Gartenbauprodukte in der nahen Stadt. (Die Verhältnisse im Hamburger Raum wurden von J. H. v. THÜNEN analysierend beobachtet und wohl schon in ihrer Gesetzmäßigkeit erkannt, als er sich 1802/03 im Dorf Gr. Flottbek aufhielt. Dem Kranz von Dörfern um die Stadt Hamburg entspricht in seinem

Modell des Isolierten Staates (1. Aufl. 1826) der innerste, intensiv genutzte Ring mit Milchwirtschaft, Gemüse- und Blumengärtnerei.) Dennoch war bis zur Aufhebung der hamburgischen Torsperre der Umfang der landwirtschaftlichen Nutzflächen kaum verringert worden, denn die Veränderung hatte sich auf Besitzerwechsel und Grundstücksaufteilungen im Dorf und auf einzelne Parzellierungen an den Landstraßen beschränkt.

Nachdem die Wohnungsnot so groß geworden war, daß sich der Hamburger Rat endlich zur Aufhebung der Torsperre entschloß, setzte der Auflösungsprozeß jedoch umgehend ein. Innerhalb kurzer Zeit wurden große Anteile der landwirtschaftlichen Nutzflächen parzelliert, es entstanden neue Straßen, und die Bevölkerung veränderte sich durch den Zuzug von Städtern aller Sozialschichten, für die nun die relativ stadtferne Wohnung der Dauerwohnsitz wurde. Schon die wenigen überlieferten Bevölkerungszahlen deuten die Wanderungsbewegungen an. 1838 lebten in den 15 Vororten insgesamt 10 409 Einwohner, was eine durchschnittliche Bevölkerung von 694 Einwohner pro Siedlung bedeutet und damit dörfliche Verhältnisse ausdrückt. (Von diesem Durchschnitt wichen einzelne Zähleinheiten zwar erheblich ab – z. B. hatte Barmbek als das größte Dorf 1 539 Ew., Winterhude als das kleinste nur 380 Ew. –, doch blieben sie mit solchen Zahlen immer noch im Rahmen der üblichen Dorfgrößen.) 1867 jedoch, d. h. sieben Jahre nach Aufhebung der Torsperre, wurden für die 15 Vororte bereits 44 607 Einwohner gezählt, was einer Durchschnittszahl von 2 974 Ew. pro Siedlungseinheit entspricht. Die erreichten Einzelgrößen schwankten zwischen 6 042 (Barmbek) und 1 331 Einwohner (Winterhude), in allen Fällen macht jedoch das eingetretene Wachstum eine starke Zuwanderung deutlich (auch bei Winterhude war die Einwohnerzahl 1867 dreieinhalbmal so hoch wie 1838).

Die Veränderungen verliefen in den 15 Vororten zeitlich und strukturell unterschiedlich, wobei vier Einflußgrößen entscheidend waren:

- die *Entfernung* von der Stadt,
- die traditionelle *Besitzstruktur* der jeweiligen Gebietseinheit,
- das Vorhandensein / Nichtvorhandensein *besonderer privater Initiative*,
- landschaftliche *Lagegunst* der Gebietseinheit bzw. Einstufung ihres *Lagewertes* durch die Bevölkerung.

Daß relative *Stadtnähe* die Erschließung stimulierte, relative *Stadtferne* sie verzögerte, ist einleuchtend und über zahlreiche Beispiele als regelhaft nachzuweisen. So blieb das etwa 5 km von der Stadt (vom Dammtor) entfernt liegende Eppendorf in seiner Entwicklung, sowohl hinsichtlich der Grundstücksseparationen als auch der Bebauung mit städtischen Mietshäusern, weit hinter dem nur 3 km entfernten Eimsbüttel zurück. Eine der letzten Positionen nahm Winterhude ein – etwa gleich weit entfernt wie Eppendorf und ebenfalls nördlich der Stadt gelegen –, da es vom Steintor her nur über eine schlechtere und längere Wegstrecke zu erreichen war.

Die an zweiter und dritter Stelle genannten Variablen sind insofern miteinander verbunden, als eine *besondere private Initiative* nur dort zum Zuge kam, wo sich Großprojekte in Angriff nehmen ließen, ohne daß mit einer Vielzahl von Einzelbesitzern verhandelt werden mußte. Die beiden umfangreichsten Erschließungsprojekte, die östlich und westlich der Außenalster, auf der Uhlenhorst und im alten Gutsland Harvestehude, durchgeführt wurden, zeigen diesen Zusammenhang beispielhaft.

Auf der *Uhlenhorst* wurde eine Fläche von 130 ha ab 1844 durch Dr. A. Abendroth (der das Gelände 1837 mit zwei anderen Privatleuten aufgekauft hatte) durch Entwässerungskanäle und Aufhöhungen in einen bebauungsfähigen Zustand gebracht, gleichzeitig durch ein Straßennetz aufgeschlossen und anschließend in einzelnen Bauparzellen verkauft. Wie A. Braun (1972) nachwies, lag dabei der Höhepunkt des

Grundstückshandels mit 178 verkauften Parzellen (= 48 % der Erstverkäufe von 1845 bis 1904) im Zeitraum zwischen 1853 und 1862, wobei das Maximum unmittelbar nach Aufhebung der Torsperre erreicht wurde (1861 / 62 = 53 Grundstücke verkauft). Während 1843 nur 82 Einwohner auf der Uhlenhorst gelebt hatten, zählte man 1867 3 606 Einwohner.

Die Ausgangssituation für die Stadterweiterung glich westlich der Außenalster insofern derjenigen im Gebiet der Uhlenhorst, als auch hier, im Raum *Harvestehude–Rotherbaum*, kein bäuerlicher Einzelbesitz vorhanden war, der eine großflächige Erschließung erschwert hätte. Seit dem 13. Jahrhundert bestand das Klostergut Harvestehude, das nach der Säkularisierung des Klosters ab 1532 als Pachtgut bewirtschaftet wurde. Von diesem Gutsland hatte die Stadt aus strategischen Gründen vor dem Dammtor – um im Vorfeld der Befestigungsanlagen über Freiflächen zu verfügen – einen breit nach Nord gerichteten Streifen erworben: sie hatte das ganze Gelände zwischen heutigem Mittelweg und Grindelhof, nach Norden bis zur heutigen Hansastraße, 1647 gepachtet und dann 1752 aufgekauft. Da westlich der Außenalster, anders als auf der Uhlenhorst, natürlicher Baugrund vorlag und das sanft ansteigende Gelände oberhalb der Alsterwiesen einen einmaligen Ausblick auf den Alstersee bot, waren hier schon seit dem 18. Jahrhundert zahlreiche Sommersitze entstanden (der Grund und Boden gehörte noch zum Gutsland, die Parzellierungen erfolgten durch Unterverpachtungen). Außerdem hatten sich zu einem ersten, schon 1680 / 90 vom damaligen Gutspächter Böckmann geschaffenen Gärtnerei-Großbetrieb weitere kleinere Gärtnereien gesellt, und durch die zusätzliche Ansiedlung auch anderer Kleingewerbe- und Handwerksbetriebe entstand das unregelmäßig parzellierte, schon in seinem Grundriß originelle Viertel, für das seit 1805 der Name Pöseldorf überliefert ist (pöseln = werkeln).

Da das Gebiet nördlich des Dammtors von der Sternschanze bis zum Mittelweg im Besitz der Stadt war und diese auch auf die Modalitäten eines Verkaufs des Pachtgutes Harvestehude Einfluß nehmen konnte, wäre zu Beginn der Vorortbildung für den Gesamtraum Harvestehude / Rotherbaum die Möglichkeit einer großzügigen, die Zukunft bestimmenden Planung gegeben gewesen. Die Chance wurde nicht genutzt (vgl. Hipp 1976), und die Stadt Hamburg war auch nicht bereit, das Gutsland Harvestehude selbst aufzukaufen. Sie überließ das rd. 118 ha große Gelände einer privaten Interessentengruppe, die dieses 1866 von der Stiftung St. Johannis-Kloster für 4 Mio. Mark banco erwarb (einzige Auflage des Senats: Die Krugkoppel und weitere 10 ha Land sollten dem Staat zur Anlage von Frei- und Grünflächen überlassen werden, s. u.). Die Käufergruppe, das sog. Klosterland-Consortium, entschied sich nach Einholung von Entwürfen für einen Erschließungsplan, den westlich der Rothenbaumchaussee ein starres, rechtwinkliges Straßensystem bestimmte, welches mit seiner gradlinigen Nord-Süd-Ausrichtung den vorhandenen Verkehrsrichtungen des Raumes nicht entsprach. Wenn auch die auf dem planquadratischen Grundriß durchgeführte Bebauung positiv zu bewerten ist und bis heute besonders das schöne Reihenvillen-Ensemble um den Innocentia-Park mit seinen aufeinander abgestimmten Fassaden zu den gelungensten und liebenswertesten Erscheinungen des Hamburger Stadtbildes gehört, so darf dies doch nicht darüber hinwegtäuschen, daß eben der Grundriß infolge schlechter Anbindung der Straßen an das übrige Straßennetz nicht optimal ist und daß vor allem der Wohnungsbau eines größeren Ordnungsrahmens entbehrte. Das Klosterland-Consortium hatte in seinen vielzitierten Verkaufsbedingungen umweltbelastende Gewerbebetriebe vom Kauf ausgeschlossen und für Schankwirtschaften, Bäckereien, Schlachtereien und Kegelbahnen Sondergenehmigungen zur Bedingung gemacht, wodurch ein Wohn-Gewerbe-Mischgebiet vermieden wurde. Gleichzeitig untersagte es den Bau von Häusern mit Kleinwohnungen, so daß ein in sich homogenes hochwertiges Wohngebiet entstehen konnte. Damit handelte es sich zwar um eine erste Art von „Stadtplanung" im Hamburger Raum, aber diese war allein auf die Bedürfnisse der oberen Sozialschicht abgestimmt.

Um 1880 waren von den als Bauland zur Verfügung stehenden Flächen in Harvestehude etwa zwei Fünftel, in Rotherbaum bereits vier Fünftel bebaut. Dem Bebauungsgrad in Rotherbaum entsprach derjenige in den stadtnächsten Vororten auf der anderen Alsterseite, in Hohenfelde und Borgfelde. Trotz solcher Übereinstimmung aber zeigten diese drei Gebietseinheiten 1880 sehr unterschiedliche Einwohnerdichten: Hohenfelde zählte 74 Ew./ha, Borgfelde 69 Ew./ha, Rotherbaum dagegen nur 46 Ew./ha (Tab. 2.8, S. 57).

Und hiermit ist die letzte Variable angesprochen: der Einfluß besonderer *Lagegunst* auf die Art der Flächenerschließung bzw. *des Lagewertes*, den das betreffende Gebiet zum Zeitpunkt seiner Erschließung für die Bevölkerung besaß. Rotherbaum war zum einen tatsächlich lagebegünstigt, weil es mit einem ca. 1,2 km langen, von jeher bebaubaren Uferstreifen an die Außenalster grenzte, während Hohenfeldes sehr viel kürzerer Uferstreifen bis 1880 gerade erst durch Aufhöhung bebaubar gemacht worden war und Borgfelde überhaupt nicht zu den Alster-Anrainern gehörte. Hinzu kam aber, den hohen Wohnlagewert Rotherbaums verstärkend, dessen traditionelle Bevorzugung bei der Wahl von Sommersitzen ebenso wie die unmittelbare Nachbarschaft der exklusiven Villenzone, die sich seit Aufhebung der Torsperre in der einmaligen Uferlage oberhalb des Harvestehuder Wegs herauszubilden begann.

Als man 1885 erstmals Durchschnittsmieten für die Vororte ermittelte, drückten sich die entstandenen Unterschiede schon deutlich aus, denn in Rotherbaum lag die Durchschnittsmiete für ein heizbares Zimmer bei jährlich 296 Mark, in Hohenfelde bei 201 Mark und in Borgfelde bei nur 154 Mark. Auch über die für das gleiche Jahr ermittelte Zahl der Dienstboten, die in Rotherbaum um ein Vielfaches höher lag als in Hohenfelde und Borgfelde, läßt sich das erreichte Gefälle erkennen. Diese früh festgelegten Wohnlagewerte sind im großen und ganzen bis heute tradiert worden.

Abschließend sei darauf hingewiesen, daß von den genannten vier Variablen im Verlauf der weiteren Entwicklung drei ganz erheblich an Bedeutung einbüßten:

- Die *Entfernung von der Stadt* nahm als Einflußgröße proportional mit dem weiteren Ausbau des Verkehrsnetzes ab.
- Der Einfluß, den die Unterschiede der *Besitzstruktur* auf die frühe Flächenerschließung genommen hatten, wurde zu dem Zeitpunkt eliminiert, als die bäuerlichen Grundbesitzer bereit waren – und zwar oft gemeinschaftlich –, ihre Ländereien als ganzes zu veräußern. Dieser Zeitpunkt war um die Wende zum 20. Jahrhundert erreicht. (Beispiel: 1898 konnte der Hamburger Staat in Barmbek von zehn Vollhufnern und zwei Halbhufnern deren gesamten Besitz mit einem Flächenumfang von 225 ha für 4,25 Mio. Mark erwerben.)
- Im ausgehenden 19. Jahrhundert entwickelten *Privatleute* keine *Initiative* mehr, große, zusammenhängende Ländereien zu erwerben und nachfolgend zu erschließen. Das Privatkapital konzentrierte sich jetzt auf die Anlage und Bebauung einzelner Straßenzüge. Statt dessen trat der Staat als Käufer großer Flächen auf (s. vorhergehenden Punkt. Weiteres Beispiel: Bis 1902 erwarb der Staat rd. 350 ha der Winterhuder Feldmark für Bahn- und Kanalanlagen, vor allen Dingen aber für die Anlage des Stadtparks.).

Als einzige der vier Variablen blieb der *Lagewert* von großem Einfluß auf die Art der weiteren Flächenerschließung und -bebauung.

Das Entstehen Öffentlicher Grünanlagen

Eines der Ereignisse, mit dem für die alte Stadt die Übergangsperiode als die Zeit der grundlegenden Umwandlungen begann, war die „Demolition“ der Befestigungsanlagen. Schon Ende des 18. Jahrhunderts diskutiert, wurde sie 1804 auf Vorschlag des Rats von der Bürgerschaft beschlossen und noch im gleichen Jahr eingeleitet. Der Entschluß war bestimmt von der Einsicht, daß das Befestigungssystem überaltert war und bei der veränderten Kriegstechnik keinen ausreichenden Schutz mehr bot. Man begann mit dem Abtragen der Außenwerke und der Anlage einiger Grünplätze und setzte diese Arbeiten auch noch nach 1806, d. h. nach der Besetzung der Stadt durch die Franzosen, fort. Erst 1813 begann im Zusammenhang mit der russischen Besetzung eine kurze Episode der Wiederbefestigung, die jedoch schon 1814 mit dem Ende des Krieges ihren Abschluß fand. Am 16. 12. 1819 stimmte dann die Bürgerschaft einer Vorlage über die endgültige und vollständige Abtragung und Umgestaltung der weitflächigen Befestigungsanlage zu, und anschließend wurde in dreizehnjähriger Arbeit unter Leitung von I. H. A. Altmann, P. G. Heinrich und C. A. Schwarz die erste öffentliche Grünanlage Hamburgs geschaffen (45 ha Gesamtumfang). Es entstand ein halbkreisförmig die Stadt umgebender Landschaftspark mit weiten, von geschwungenen Wegen durchzogenen Rasenflächen, in dem die abgeflachten Bastionen Hügel bildeten, – das ganze belebt und akzentuiert durch Baumgruppen und einzelne dekorative Bauwerke wie Windmühlen und Wachhäuschen.

Die Entwicklung der Vororte zu Wohnstadtteilen (s. o.) hatte zur Folge, daß diese Hamburger Wallgrünflächen im Verlaufe des 19. Jahrhunderts für einen sich stetig vergrößernden Teil der Bevölkerung nicht mehr im Wohnumfeld lagen. Es wurden also örtliche Grünflächen notwendig, d. h. kleine, in maximal 10 Gehminuten erreichbare Parkanlagen innerhalb der Wohnstadtteile.

Als erste derartige Anlage entstand 1867/69 der Sternschanzen-Park in West-Rotherbaum, und zwar durch Umgestaltung des alten sternförmigen Außenwerks des bastionären Systems. Von dem südlich angrenzenden, dichtbevölkerten St. Pauli war diese Grünanlage jedoch durch den Gleiskörper der Verbindungsbahn und das Schlachthofgelände getrennt, so daß sie als Erholungsfläche für die dortige Bevölkerung nur eingeschränkt in Frage kam.

Sehr viel günstiger waren die vier Grünflächen gelegen, die aufgrund der Bedingungen entstanden, unter denen die Stadt dem Verkauf des Harvestehuder Klosterlandes zugestimmt hatte (der Hamburger Staat hatte die Krugkoppel und drei weitere Flächen für sich beansprucht, um dort Erholungsflächen anzulegen, s. o.). Nacheinander wurden angelegt: der Krugkoppel-Park (1871; 2,4 ha), der Licentiaten-Park (1872; 0,5 ha), der Abtei-Park (1875; 1,2 ha) und der Innocentia-Park (1884/85; 3 ha). Mit Ausnahme des Innocentia-Parks entstanden die Parkanlagen auf landschaftlich sehr reizvollen Flächen, die aber entweder ihrer Tiefenlage wegen (Krugkoppel-Park) oder aufgrund der besonderen Reliefierung (Licentiaten-Park und Abtei-Park) kein geeignetes Bauland darstellten. Nimmt man den in den Jahren 1875/76 geschaffenen Eimsbütteler Park hinzu, so kann man die Ausstattung der westlich der Alster gelegenen Vororte mit kleinen Parkanlagen als relativ gut bezeichnen. Daß aber von einer übergeordneten Grünplanung noch nicht die Rede sein konnte, beweist die erschreckende Tatsache, daß zur gleichen Zeit im ganzen Gebiet östlich der Alster, in dem ja damals umfangreiche Arbeiterviertel im Entstehen begriffen waren, noch keine einzige Grünanlage existierte, obgleich hier auch das „Private Grün“ recht schwach vertreten war, im Gegensatz zum Gebiet Harvestehude/Rotherbaum, wo sich der Villenbereich durch gepflegte Hausgärten auszeichnete.

2.2.3 Die technischen Innovationen seit der Jahrhundertmitte als Voraussetzung für die Stadterweiterung

Die Schlagworte, die sich mit dem Begriff Industrialisierung verbinden: Massenproduktion, Massenkonsum, Arbeitsteilung, Bevölkerungsballung, Erhöhung der Mobilität usw., bezeichnen jeweils auf den Menschen bezogene Auswirkungen. Verschiebt man den Blickwinkel auf den Stadtkörper als Wirkungsfeld, so treten andere Begriffe in den Vordergrund: Expansion (vertikale und horizontale), Viertelsbildung (Segregation von Wohnungsarten und Arbeitsstätten), Verkehrsaufschließung, zentral-peripheres Gefälle etc. Bei dem Versuch, für diese stadtbezogenen Phänomene einen erklärenden Zusammenhang zu ermitteln, wird die besondere Rolle deutlich, die die Möglichkeit der *Beschleunigung aller Transporte* für die Stadtentwicklung gespielt hat. Die Beschleunigung, mit der zugleich auch eine beträchtliche Erhöhung des Leistungsvolumens verbunden war, betraf jeden Bereich des städtischen Lebens, und zwar mit dem immer gleichen Effekt: der Verringerung des Distanz-Einflusses auf die jeweiligen Tätigkeiten und Organisationsabläufe. Nur so konnte das Wohnen endgültig vom Arbeiten getrennt werden, nur so auch war die Versorgung der Bevölkerung in einem ungeheuer expandierenden Großraum mit materiellen und immateriellen Gütern zu gewährleisten, und nur auf diese Weise wurde die Verwaltung einer Agglomeration von hunderttausenden und mehr Menschen möglich. (Indem die Distanz als Regulator an Kraft einbüßte, traten andere Steuerungsmechanismen in Erscheinung, wie sich sehr gut an der sozialen Segregation der expandierenden Stadt zeigen läßt.)

Hamburg erhielt 1842 seine erste *Eisenbahnverbindung*, und zwar durch Eröffnung der Strecke Hamburg–Bergedorf, deren Verlängerung bis Berlin 1846 in Betrieb genommen wurde. Nach dem Willen der Hamburger wäre sogar schon früher ein Eisenbahnbau erfolgt, denn bereits 1832 – und damit drei Jahre vor Inbetriebnahme der ersten deutschen Strecke Nürnberg–Fürth – war eine Bahnverbindung zwischen Hamburg und Lübeck geplant und waren hierfür Gelder aus Kaufmannskreisen bereitgestellt worden. Die dänische Regierung jedoch hatte keine Baugenehmigung erteilt, da sie von der neuen Verkehrsverbindung Einbußen für ihren Sundzoll befürchtete.

Diese Situation beleuchtet schlaglichtartig, welche Schwierigkeiten für Hamburg immer wieder aus seiner Lage zwischen Flächenstaaten mit andersgerichteten Interessen erwachsen konnten. Die weitere Entwicklung auf verkehrspolitischem Gebiet bestätigt das: 1844 wurde die Eisenbahnstrecke zwischen Kiel und dem Hamburger Raum eröffnet, die dänische Regierung hatte aber als Endpunkt nicht Hamburg, sondern dessen unter dänischer Oberhoheit stehende Nachbarstadt Altona bestimmt. 1847 erfolgte die Eröffnung der Eisenbahnlinie Hannover–Harburg, einer Strecke, die ebenfalls nicht nach Hamburg weiterführte, weil zwar eine Stärkung Harburgs – auf hannoverschem Territorium gelegen – nicht aber eine Verbesserung der Position Hamburgs im Interesse des Königreiches Hannover lag.

Als nach jahrzehntelangen Verhandlungen zwischen Lübeck und der dänischen Regierung – in die sich sogar Österreich, Preußen, Schweden und Rußland einschalteten –, 1858 die Konzession für eine Strecke Lübeck–Hamburg vorlag, bedeutete diese Tatsache für die Altona-Kieler-Eisenbahn-Gesellschaft, die bisher die einzige leistungsstarke Verbindung zwischen Ostsee und Nordsee bot, das Aufkommen einer bedrohlichen Konkurrenz. Noch im gleichen Jahr, 1858, schloß sie daher einen Vertrag mit der dänischen Regierung über den Bau einer Verbindungsbahn vom Bahnhof Altona zum hamburgischen Berliner Bahnhof. Als allerdings die Verbindungsbahn 1866 eröffnet wurde – ein Jahr zuvor war die Strecke Lübeck–Hamburg in Betrieb genommen worden –, hatte sich das politische Kräftefeld durch die jüngsten Kriegsereignisse und die ihnen folgenden Friedensregelungen ohnehin zugunsten einer vernünftigen überregionalen Verkehrsplanung entspannt. (Infolge des Deutsch-Dänischen Krieges von 1864 hatte Dänemark die Oberhoheit über Schleswig-Holstein verloren; nach den Auseinandersetzungen des Preußisch-Österreichischen Krieges von 1866 wurde Schleswig-Holstein ein Teil Preußens.) Seit 1866 war Hamburg nur noch von zwei preußischen Provinzen umgeben, im Norden von der Provinz Schleswig-Holstein, im Süden von der Provinz Hannover, und gute Verkehrsverbindungen zum Hafen Hamburg lagen im Interesse Preußens, das innerhalb seines Territoriums über keinen bedeutenden Hafen verfügte. So wurde denn auch schon 1872 die Lücke in der Eisenbahnverbindung von Hannover nach Hamburg durch Eröffnung der Strecke Harburg–Hamburg geschlossen, womit Hamburg endlich auch mit dem Süden Deutschlands über eine Eisenbahnlinie verbunden war (die Anlage der Strecke Harburg–Hamburg schloß den Bau der ersten Elbbrücke ein).

Hatte der Eisenbahnbau für den *Landverkehr* die Erhöhung von Transportgeschwindigkeit und Transportvolumen erbracht, so war von gleichem Effekt der vermehrte Einsatz von Dampfschiffen für den *Seeverkehr*. Seit der Mitte des 19. Jahrhunderts stellten maschinengetriebene Schiffe nicht länger Ausnahmeerscheinungen dar, denn infolge technischer Verbesserungen fuhren sie allmählich wirtschaftlich rentabel. So setzte die HAPAG (Hamburg-Americanische-Paketfahrt-Actiengesellschaft, gegründet 1847), die ihre Überseeschiffahrt zunächst noch mit Segelschiffen begonnen hatte, ab 1856 mehr und mehr Dampfschiffe ein und konnte damit einer erhöhten Passagierzahl verkürzte Transportzeiten bieten. Von 1846 bis 1880 nahm in Hamburg der Anteil der Segelschiffe an der Gesamtzahl der Schiffsankünfte von 90 % auf 44 % ab (1880: 6 024 Schiffsankünfte, davon 2 637 Segelschiffe, 3 387 Dampfschiffe), im gleichen Zeitraum stieg der Tonnageanteil der Dampfschiffe von 26 % auf 79 % an (1880 eingelaufene Schiffe insgesamt: 2,77 Mio. Netto-Registertonnen; davon Segelschiffe 0,59 Mio., Dampfschiffe 2,18 Mio.).

Die Anbindung an das weltweit entstehende technisierte Verkehrsnetz erhöhte den Warenumschlag in Hamburg beträchtlich. Die Güterimporte über See lagen (in Gewicht) 1880 viereinhalbmal so hoch wie 1846, die Wareneinfuhr über Land (in Gewicht, Binnenschiffsverkehr eingerechnet) erreichte 1880 fast das Siebenfache vom Stand 1846. Mit dem steigenden Wirtschaftswachstum lief die hohe Zuwanderung in die Stadt parallel. Die entstehenden Wohngebiete im Umkreis der alten Stadt wurden ihrerseits durch den Auf- und Ausbau eines *städtischen Nahverkehrsnetzes* erschlossen.

Die alte Stadt Hamburg, d. h. das Gebiet innerhalb der halbkreisförmigen Umwallung, konnte man in ihrer größten Ausdehnung zu Fuß in weniger als einer halben Stunde durchqueren –, die Stadt war also „fußläufig“. Dennoch entstanden, als ab 1839 private Unternehmer mit kleinen Pferdefuhrwerken (sog. Omnibussen) einen ersten bescheidenen Linienverkehr einrichteten, auch zur Bedienung dieses Raumes einzelne kurze Verbindungen. Ausgerichtet aber wurde das sich entwickelnde städtische Verkehrsnetz auf die rasch wachsenden Vororte und die Nachbarstädte. Bis 1866 entstanden radial ins Umland führende Pferde-Omnibus-Linien mit folgenden Endstationen: Altona, Eimsbüttel, Lokstedt, Gr. Borstel, Barmbek, Wandsbek, Billwerder-Ausschlag und – unter Einschaltung von Elbfähren – Harburg. Ab 1866 wurden auf mehreren dieser Strecken Pferde-Eisenbahnen (= schienengebundene Pferdebahnen) eingesetzt, die von verschiedenen

Gesellschaften betrieben wurden. Auch im Bereich des Nahverkehrs ist die sehr schnelle Steigerung von Transporttempo und Transportvolumen zu beobachten: Hatten die ersten kleinen Omnibusse nur 12 Personen befördern können, so wurden die neuen, schienengebundenen Pferdebahnen mit Waggons ausgerüstet, die bis zu 60 Personen Platz boten. Die Bahnen fuhren schneller als die alten Pferde-Fuhrwerke, und sie verkehrten in zunehmend geringeren Abständen. Die Fahrgastzahlen stiegen sprunghaft an und erreichten 1880 schon 16,1 Mio. Beförderungsfälle/Jahr (der schienengebundenen Bahnen und Omnibusse zusammengerechnet). Zusätzlich war seit 1857 ein Flotte von Alsterdampfern im Entstehen, die es bis 1880 auf 21 Schiffseinheiten gebracht hatte (Beförderungszahlen sind nicht überliefert).

Zu den Innovationen auf dem Transportsektor, ohne die eine Stadterweiterung in diesem Ausmaße nicht möglich gewesen wäre, gehören auch die Rohrsysteme für *Wasserzuleitung und Abwasserableitung*. Wie erwähnt, wurden sie von Lindley im Zusammenhang mit den Erneuerungsmaßnahmen nach dem Hamburger Brand von 1842 entwickelt und mit der sich ausbreitenden Wohnstadt ständig erweitert (vgl. Kap. 2.2.1). 1879 hatte das Wasserleitungsnetz eine Länge von 291 km erreicht, das Sielnetz maß 210,2 km. – Im Herbst 1845 war für die Hamburger Straßen die *Gasbeleuchtung* eingeführt worden, auch dieses System wuchs von Jahrzehnt zu Jahrzehnt und umfaßte 1879 ein Rohrleitungsnetz von 310 km, über das annähernd 13 000 Gaslampen betrieben wurden.

Verhältnismäßig früh hat sich Hamburg auch des ersten Nachrichten-Transportmittels bedient, denn schon 1838 wurde ein optischer *Telegraphendienst* nach Cuxhaven eingerichtet. Er wurde 1848 durch einen elektromagnetischen ersetzt. Ein weiterreichendes *Telegraphennetz* wurde in den 1850er Jahren entwickelt, doch spiegelte es anfangs noch die Kleinstaaterei Deutschlands wider, denn 1854 wurde neben einer schon vorhandenen preußischen Telegraphenstation auch eine dänische gegründet, und 1855 wurde dazu in Hamburg ein hannoversches Telegraphenbüro eingerichtet. Am 1. 1. 1868 aber übernahm der Norddeutsche Bund das gesamte Telegraphenwesen in seinem Gebiet und faßte die in Hamburg vorhandenen Telegraphenstationen zu einem Telegraphenamt zusammen.

Erwähnenswert ist, daß alle genannten Transportsysteme – mit Ausnahme des Wasserleitungs- und Sielnetzes, die beide von Beginn an städtisch waren – durch private Initiative entstanden und auch zunächst als private Unternehmen geführt wurden. Das gilt für die Fernbahnen ebenso wie für die Pferdeomnibusse und Straßenbahnen des Nahverkehrs, für den Telegraphendienst wie für die Gasversorgung. Diese Erscheinung ist in den meisten stark wachsenden Städten des 19. Jahrhunderts zu beobachten: Die technische Infrastruktur wurde durchweg vom privaten Kapital geschaffen und behielt so lange eine private Betriebsform, bis bei erhöhter Investitionsbeanspruchung für längerfristige Planungen eine profitable Kapitalverwertung nicht mehr gesichert war und der Staat sie als notwendige Versorgungseinrichtungen übernehmen mußte.

2.3 Die Stadtentwicklung von 1880 bis zum Zweiten Weltkrieg

1880 zählte Hamburg zusammen mit seinen Nachbarstädten 630 300 Einwohner und war damit nach heutiger Definition zu einem Verdichtungsraum geworden (vgl. Kap. 7.1). Diese frühe Agglomeration setzte sich aus Teileinheiten zusammen, die sehr unterschiedlich verdichtet waren und sich auch funktional voneinander abhoben. Daß die

Gebiet	Gelasse[1]					
	bewohnt		gewerblich genutzt		insgesamt	
	absolut	(in %)	absolut	(in %)	absolut	(in %)
Altstadt Nord	9233	78	2554	22	11787	100
Altstadt Süd	3904	56	3013	44	6917	100
Neustadt-Nord	11598	85	2085	15	13683	100
Neustadt-Süd	9843	87	1514	13	11357	100
Innere Stadt	34578	79	9166	21	43744	100
St.Georg Nord	8004	92	650	8	8654	100
St.Georg Süd	7205	91	749	9	7954	100
St. Pauli	13315	94	874	6	14189	100
Stadt und Vorstädte	63102	85	11439	15	74541	100
Vororte	32984	95	1886	5	34870	100

Tab. 2.6: Das Verhältnis von bewohnten Gelassen zu gewerblich genutzten Gelassen in den Hamburger Stadtteilen Altstadt, Neustadt und St. Georg sowie in St. Pauli und den Vororten 1885
Quelle:
Stat. Handbuch f. d. Hamburgischen Staat 1891, S. 94;
eigene Berechnungen

[1] „...unter welchen diejenigen Theile der Gebäude verstanden werden, welche von einer bzw. mehreren Haushaltungen als Wohnung benutzt werden oder ausschließlich zu gewerblichen Zwecken dienen ..." (Quelle: s. o., S. 87)

Innenstadt, also das Gebiet von Altstadt und Neustadt, 1880 noch in starkem Maße als Wohngebiet genutzt wurde und als solches die höchsten Dichtewerte aufwies, die Hamburger Stadtteile je erreichten, wurde bereits erwähnt. Dennoch war hier auch die gewerbliche Funktion ausgeprägt, so daß von einem Wohn-Gewerbe-Mischgebiet gesprochen werden kann. Es war in sich wiederum differenziert, indem die Durchsetzung mit Gewerbe in der Altstadt wesentlich stärker war als in der Neustadt und in der hafennahen südlichen Altstadt die höchsten Werte aufwies (Altstadt-Süd 1885: 44 % aller Gelasse sind gewerblich genutzt – Tab. 2.6). *St. Georg* – seit 1868 Stadtteil – und *St. Pauli* dagegen hatten zwar schon eine relativ hohe Einwohnerdichte erreicht, glichen mit ihrem nur geringen Anteil an gewerblicher Nutzung aber eher den Vororten, die sich ihrerseits von der Innenstadt und auch von St. Georg und St. Pauli durch die noch sehr geringen Einwohnerdichten abhoben. Die *Nachbarstädte* aber besaßen im Gegensatz zum Hamburger Gebiet bereits hohe Industrieanteile (vgl. Kap. 4.2.1).

Für jeden dieser Teilräume setzte sich ab 1880 der schon vorher begonnene Umstrukturierungsprozeß in verstärktem Maße fort. Er führte bis 1914 zur Ausbildung einer städtischen Grundstruktur, die bis heute Hamburgs unverwechselbare Topographie bestimmt. In diesem kurzen Zeitraum von nur 34 Jahren wurden die Wohn- und Arbeitsgebiete der Stadt endgültig in ihrer Verteilung fixiert, die Bausubstanz erfuhr im Verlaufe eines außergewöhnlichen Wachstums ihre entscheidende Prägung, das Verkehrsnetz erhielt sein Grundmuster, und nicht zuletzt wurde nach Anlage des Freihafens (1882–1888) durch den Bau einander folgender Systeme von Hafenbecken auch der charakteristische Grundriß des Hafenwirtschaftsraumes geschaffen. Das Wachstum war gewaltig: Mit bislang nie erreichten wirtschaftlichen Zuwachsraten verband sich eine schließlich zur Millionenstadt führende Bevölkerungszuwanderung, unter Nutzung neuer Technologien entstanden moderne Hafenumschlags- und Industrieanlagen, und die einsetzende Massenproduktion von Konsumgütern ermöglichte zusammen mit immer leistungsstärkeren Waren- und Kommunikationstransportsystemen die Versorgung des Verdichtungsraumes mit materiellen und immateriellen Gütern.

Die konjunkturelle Prosperität seit Anfang der 1890er Jahre bis zum Ersten Weltkrieg bezeichnet die Aufschwungphase der dritten „langen Welle". Diese wurde – nachdem die zweite „lange Welle“ durch den Eisenbahnbau induziert gewesen war – ausgelöst und getragen durch die Elektrifizierung infolge der maschinellen Herstellung von Elektro- und Explosionsmotoren. Die elektrotechnische und auch die chemische Industrie waren die treibenden Kräfte des neuen Wirtschaftswachstums und ermöglichten eine Fülle von weiteren Innovationen.

Wenige Stichdaten bieten den Nachweis der genauen zeitlichen Einbindung der Hamburger Entwicklung in diese weltweiten Prozesse. Nach einer ersten versuchsweisen Anwendung elektrischer Beleuchtung im Jahre 1882 (es wurden 33 Bogenlampen montiert, u. a. für die Sitzungssäle von Senat und Bürgerschaft und zur Beleuchtung des Rathausmarktes) wurden Ende 1893 bereits 16 000 elektrische Glühlampen in Hamburg betrieben. Ab 1894 elektrifizierte man das gesamte bis dahin entwickelte Netz der Pferdestraßenbahnen, womit eine bedeutende Leistungssteigerung im Öffentlichen Nahverkehr verbunden war. Schon 1881 war eine erste Fernsprecheinrichtung eröffnet worden. 1887 wurde eine Telefonverbindung Hamburg – Berlin geschaffen, es folgten kurz darauf Verbindungen nach Hannover und Kiel. Die Energie wurde, nachdem zunächst eine kleine „elektrische Centralstation“ existiert hatte, ab 1894 von den neugegründeten „Hamburgischen Electricitäts-Werken“ (A. G.) aus mehreren Großanlagen geliefert. Bis zum Einsetzen der Massenmotorisierung und der Computerisierung nach dem Zweiten Weltkrieg blieben die aus der ersten Elektrifizierung erwachsenen Innovationen bestimmend.

Die Epoche bis 1939 erfuhr allerdings durch den Ersten Weltkrieg eine starke Zäsur. Infolge des Kriegsverlaufes wurde das Wirtschaftswachstum gestoppt, und die Bevölkerungszuwanderung verlangsamte sich erheblich; der Stadtkörper erfuhr in der Zwischenkriegszeit nur noch in kleinerem Umfang bauliche Ergänzungen. So war der Zeitabschnitt bis 1914 der ausschlaggebende für die Stadterweiterung und -entwicklung, es darf jedoch nicht übersehen werden, daß in den nachfolgenden Jahren der wirtschaftlichen Schwächung und der Wirtschaftskrise ein fruchtbares Überdenken der bisherigen Prozesse erfolgte. Reformbestrebungen setzten ein, die den sozial schwächeren Bevölkerungsschichten zugute kamen und auch für die Stadtstruktur insgesamt positive Ergebnisse zeitigten.

2.3.1 Bevölkerungsentwicklung und Ausweitung der bebauten Fläche – Hamburg wird zur Millionenstadt und die Bebauung erreicht die Landesgrenzen

Die starke Zuwanderung in der Zeit bis zum Ersten Weltkrieg drückt sich in hohen Steigerungsraten aus. 1910 zählte das Staatsgebiet Hamburg 1 007 710 Einwohner, was 224 % der 1880 vorhandenen Bevölkerung von 449 832 Einwohnern bedeutete; im Raum des nachmaligen Groß-Hamburg lebten 1910 mit 1 377 983 Einwohnern 219 % der 1880 gezählten Bevölkerung von 630 300 Einwohnern (Tab. 2.8). Die Millionengrenze wurde innerhalb des Staatsgebietes kurz vor 1910 überschritten, in dem umfassenderen Gebiet des späteren Groß-Hamburg schon um die Jahrhundertwende. Die alten Vororte, die 1894 als Stadtteile eingemeindet wurden, entwickelten fast ausnahmslos bis 1914 städtische Dichtewerte, und die Zuwanderung der Bevölkerung in die ländlichen Gemeinden des nördlichen Stadtrandes war immerhin so groß, daß man ihr 1913 mit der Eingemeindung von Alsterdorf, Gr. Borstel, Ohlsdorf, Kl. Borstel, Fuhlsbüttel und Langenhorn als Vororte Rechnung trug (vgl. Kap. 1.2.2). Die Bevölkerungszunahme verlangsamte sich in den 1920er und 1930er Jahren zwar erheblich (zwischen 1910 und

Jahr	Hamburg (Staatsgebiet)			Altona[2] (Stadt)			Wandsbek (Stadt)			Harburg-Wilhelmsburg (Stadt)			Groß-Hamburg[3]		
	Einwohner			Einwohner			Einwohner			Einwohner			Einwohner		
	absolut	je ha	Meß-zahl	absolut	je ha	Meß-zahl	absolut	je ha	Meß-zahl	absolut	je ha	Meß-zahl	absolut	je ha	Meß-zahl
1871	335 382	8,1	100,0	94 986	10,2	100,0	11 439	6,2	100,0	16 500	2,9	100,0	471 022	6,3	100,0
1880	449 832	10,9	134,1	120 961	13,1	127,3	18 183	9,8	159,0	28 576	5,1	173,2	630 300	8,4	133,8
1890	622 530	15,0	185,6	159 245	17,2	167,7	23 333	12,6	204,0	46 388	8,2	281,1	869 482	11,6	184,6
1900	763 470	18,4	227,6	185 727	20,0	195,5	28 912	15,6	252,8	69 978	12,4	424,1	1 073 159	14,4	227,8
1910	1 007 710	24,3	300,5	205 959	22,2	216,8	36 595	19,7	320,0	95 287	16,9	577,5	1 377 983	18,4	292,6
1925	1 152 523	27,8	343,6	227 430	24,5	239,4	41 416	22,3	362,1	105 765	18,8	641,0	1 567 620	21,0	332,8
1937	1 192 940	28,7	355,7	244 157	26,3	257,1	48 486	26,1	423,9	111 734	19,9	677,2	1 670 363	22,4	354,6

[1] Alle Zahlen beziehen sich auf die räumliche Ausdehnung, die die genannten Städte 1937 erreicht hatten, d.h. es wurden für alle Stichjahre (1871ff.) die bis 1937 eingemeindeten Gebietsteile mit berücksichtigt. Die bei den frühen Volkszählungen in die Endsumme mit einberechneten Zahlen für Militärpersonen und Schiffsbevölkerung wurden abgezogen, d.h. die angegebenen Zahlen beziehen sich, wenn nicht anders vermerkt, auf die Wohnbevölkerung.

[2] Für Altona wurden die Zahlen für die Jahre 1871 bis 1933 berechnet nach Unterlagen des Staatsarchivs Hamburg, ZAS Altona, Mappe 45 b (1871–1910 ortsanwesende Bevölkerung, ab 1925 Wohnbevölkerung).

[3] Die Zahlen für Groß-Hamburg sind berechnet nach dem Schema: Hamburg zuzüglich Altona, Wandsbek, Harburg-Wilhelmsburg und ehemalige preußische Landgemeinden abzüglich der 1937 an Preußen abgetretenen Gemeinden (Stadt Geesthacht, Stadt Cuxhaven, die Gemeinde Großhansdorf-Schmalenbek und das Amt Ritzebüttel mit fünf Gemeinden).

Tab. 2.7: Die Bevölkerungsentwicklung der Städte Hamburg, Altona, Wandsbek und Harburg bis zum Zusammenschluß 1937[1]

Quellen: Stat. Hand- bzw. Jahrbücher Hamburg 1891, 1925, 1937/38 (vgl. Anm. Tab. 2.8); Anlage Nr. 1 der Monatsschrift „Aus Hamburgs Verwaltung und Wirtschaft“ vom 1. April 1937, hrsg. vom Hamburgischen Stat. Landesamt; Kalwa 1957; Winkler 1966

1937 wuchs die Bevölkerung im Staatsgebiet Hamburg nur noch um 18 %, im Raum Groß-Hamburg um 21 %), es lebten aber, als 1937 Groß-Hamburg geschaffen wurde, in diesem Raum immerhin doch 1,67 Mio. Einwohner.

Da es die Zuwanderung war, die das Bevölkerungswachstum ermöglichte, sind die Quellgebiete der Migration von Interesse. 1910 waren 46,5 % der im Stadtgebiet Hamburg lebenden Bewohner gebürtige Hamburger, 53,5 % dagegen Zugezogene. 65,2 % der Zuwanderer stammten aus Gebieten östlich der Elbe und nur noch 25,8 % aus dem Raum westlich der Elbe, womit eine Richtungsänderung festzustellen ist gegenüber den vergangenen Jahrhunderten, in denen die Zuwanderung überwiegend aus Niedersachsen erfolgt war (vgl. Kap. 2.1.1). Die Bevölkerungsverdichtung zeigte innerhalb der Stadt lokale Unterschiede. In den halbkreisförmig die Innenstadt umgebenden Inneren Stadtteilen erfolgte die Differenzierung in erster Linie nach den früh festgelegten *Wohnlagewerten*, so daß die Stadtteile in Außenalsternähe mit ihrem Bestand an Villenbebauung eine sehr viel geringere Verdichtung erfuhren als die westlich bzw. östlich anschließenden Gebiete. Zusätzlich ist neben dem Wohnlagewert noch die *Entfernung zur Innenstadt* als Einflußfaktor für den Grad der Verdichtung erkennbar (Tab. 2.8 u. Abb. 2.8). Von den absoluten Zahlen her gesehen, waren fast alle Inneren Stadtteile 1937 auf Mittelstadtgröße angewachsen (zwischen 20 000 und 100 000 Ew.), und der Stadtteil mit der höchsten Bevölkerungszahl, Barmbek, hatte mit seinen fast 187 000 mehr Einwohner als zur damaligen Zeit die Stadt Lübeck (Lübeck 1939: 155 320 Ew.).

Wohnbevölkerung im Jahre / Stadtteile (bzw. Vororte)		1880 Wohnbevölkerung[1] absolut	1880 Ew./ha[5]	1900 Wohnbevölkerung[2] absolut	1900 Ew./ha[5]	1910 Wohnbevölkerung[2] absolut	1910 Ew./ha[5]	1925 Wohnbevölkerung[3] absolut	1925 Ew./ha[5]	1937 Wohnbevölkerung[4] absolut	1937 Ew./ha[5]
Altstadt	Nord	41 783	480	36 312	386	20 440	232	11 507	121	7 927	83
	Süd	35 720	127	12 350	43	9 141	32	7 913	27	7 599	26
Neustadt	Nord	51 761	439	47 712	322	40 603	280	35 047	242	28 142	194
	Süd	41 611	527	41 276	480	30 877	359	30 089	350	24 917	290
St. Georg	Nord	34 068	160	42 900	270	41 140	251	37 640	234	33 685	207
	Süd	25 764		52 945	294	61 291	339	58 771	330	47 831	269
St. Pauli	Nord	55 882	269	40 180	250	39 954	247	36 675	226	31 171	192
	Süd			35 691	430	35 026	422	32 545	392	26 642	321
Eimsbüttel		16 229	56	64 748	221	117 941	404	129 664	447	115 140	397
Rotherbaum		14 300	46	28 813	123	31 478	133	31 252	132	29 520	125
Harvestehude		5 710	21	18 126	70	25 233	97	29 460	112	29 719	114
Eppendorf		4 289	10	29 200	69	72 100	169	85 948	202	81 337	191
Winterhude		2 989	6	14 365	26	32 422	59	47 586	84	63 019	110
Barmbek		16 057	18	48 540	54	93 241	103	150 590	165	186 887	207
Uhlenhorst		8 722	49	33 677	189	41 556	234	44 785	252	37 891	213
Hohenfelde		11 330	74	27 745	180	31 091	202	33 891	220	32 169	209
Eilbek		7 716	44	30 982	173	54 907	307	60 951	341	52 254	292
Borgfelde		6 858	69	22 756	185	34 230	278	33 960	278	30 315	253
Hamm		7 279	17	19 893	48	44 624	107	73 628	175	98 045	233
Horn		2 664	4	4 758	8	7 826	13	9 258	15	18 801	31
Billwerder-Ausschlag		10 799	22	36 439	46	46 945	59	52 903	66	45 922	57
Einwohner der Stadt, Vorstädte und der "Inneren Stadtteile" insgesamt absolut		401 531		689 408		912 066		1 034 063		1 028 933	

[1] Stat. Handbuch f. d. Hamburgischen Staat 1891, S. 22 ff.
[2] Stat. Jahrbuch f. d. Freie und Hansestadt Hamburg 1925, S. 12.
[3] Stat. Jahrbuch f. d. Freie und Hansestadt Hamburg 1925, S. 13.
[4] Stat. Jahrbuch f. d. Hansestadt Hamburg 1937/38, S. 8.
[5] Berechnung nach Flächenangaben (ha-Zahlen) in den entsprechenden Stat. Hand- bzw. Jahrbüchern (s. o.)

Tab. 2.8: Die Bevölkerungsentwicklung in den Stadtteilen Altstadt, Neustadt und den Inneren Stadtteilen Hamburgs von 1880 bis 1937

Wenn man für die einzelnen örtlichen Einheiten die Zeit der Dichtekulmination prüft, ist das frühe Einsetzen einer *Randwanderung* festzustellen. Nachdem sich schon ab 1880 die Einwohnerdichte in Altstadt und Neustadt verringert hatte, wurde ab 1900 St. Pauli und St. Georg von dem Rückgang erfaßt, und ab 1910 zeigte sich auch in Rotherbaum und St. Georg-Süd eine Abnahme der Dichte. Seit 1925 waren dann in einem zusammenhängenden, den Kernraum umfassenden Kranz von Stadtteilen, nämlich in Eimsbüttel, Harvestehude, Eppendorf, Uhlenhorst, Hohenfelde, Eilbek, Borgfelde und Billwerder-Ausschlag, ebenfalls die Dichtewerte rückläufig, und ab 1933 schlossen sich Winterhude und Barmbek an. In dem gesamten Zeitraum (1880 bis 1937/39) verzeichnen die Vororte und das nichthamburgische Umland ausschließlich Dichtezunahmen.

Für die Innenstadt und die Inneren Stadtteile gilt also, daß dem Erschließungsvorgang, der die hohen Einwohnerdichten bewirkt hatte, im Abstand von mehreren Jahrzehnten ein Regulierungsprozeß folgte, der die Dichten wieder minderte. Die Ursachen des Rückganges waren allerdings unter-

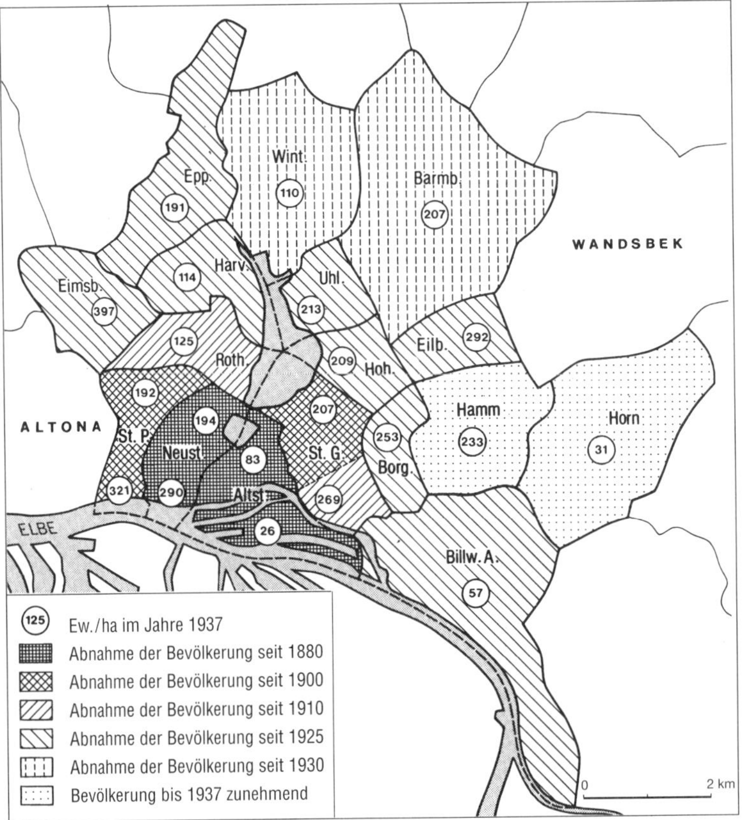

Abb. 2.8: Bevölkerungsdichte 1937 und Bevölkerungsentwicklung bis 1937 in den Stadtteilen Altstadt und Neustadt sowie den Inneren Stadtteilen (vgl. Tab. 2.8)

schiedlich; es heben sich mindestens drei Vorgänge voneinander ab:

1. der Prozeß der Citybildung, der mit einem Austausch der Bausubstanz verbunden war (Altstadt, Neustadt und Teile von St. Georg und St. Pauli);
2. das Eindringen von Arbeitsstätten in Wohngebiete ohne wesentlichen Austausch der Bausubstanz (z. B. Rotherbaum);
3. eine Abwanderung der Bevölkerung in die Vororte und ins Stadt-Umland
   a) zur Verbesserung des Wohnumfeldes durch „Wohnen im Grünen",
   b) aus Gründen wirtschaftlicher Not – Arbeitslose suchten besonders billige Wohnmöglichkeiten in Behelfsheimen und Kleinsiedlungshäusern am Stadtrand unter Aufgabe ihrer innerstädtischen Mietwohnung (vorwiegend die obengenannten Stadtteile, die erst seit 1925 durch Minderung der Dichte gekennzeichnet sind).

Das *Flächenwachstum* der städtischen Bebauung war in den Jahrzehnten bis zum Ersten Weltkrieg enorm. Die um das Jahr 1880 bereits angelegten, zunächst aber noch wenig bebauten Straßensysteme wurden bis 1900 völlig erschlossen, und dazu entstand an weiteren neuen Straßenzügen in den Zwischen- und Randgebieten bis 1914 eine dichte Bebauung. Da es sich in der Mehrzahl der Fälle um geschlossene Zeilen von Etagenhäusern mit Mietwohnungen handelte und z. T. auch noch die Hofflächen durch Hinterhäuser mit Kleinwohnungen genutzt wurden, hatte diese Ausweitung einen sprunghaften Anstieg der Wohnungszahl zur Folge.

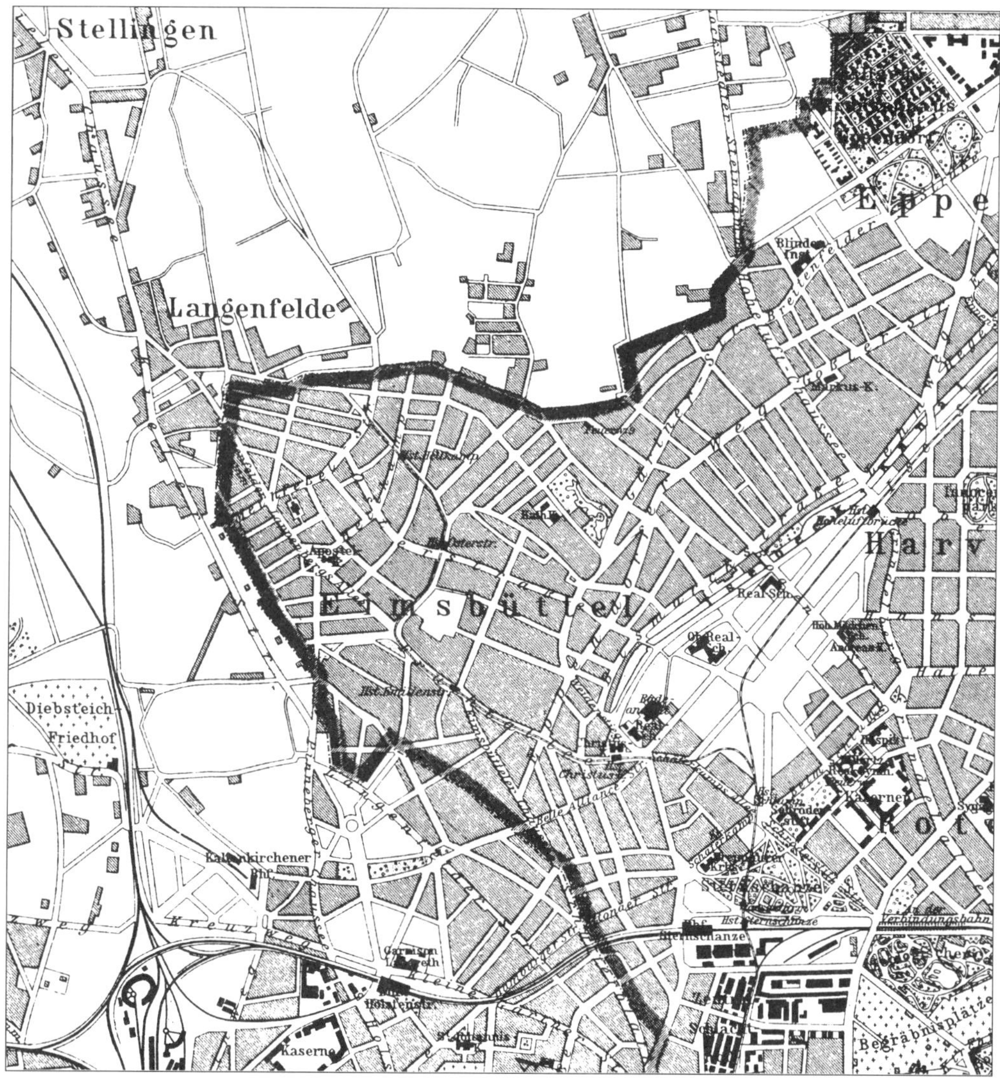

Abb. 2.9: Bebaute Flächen und Straßenverlauf diesseits und jenseits der westlichen Hamburger Landesgrenze vor dem Ersten Weltkrieg (Stand um 1913)

Quelle: Hamburger Heimatatlas 1913

Im Gebiet der Inneren Stadtteile erreichte die Bebauung bis 1914 die Landesgrenzen, und zwar im Westen fast vollständig, im Osten nur teilweise, weil hier die Grenze etwas stadtferner lag. Ein Übergreifen der städtischen Bebauung auf das Gebiet jenseits der Grenze verbot sich, weil die kleinen preußischen Gemeinden, von denen Hamburg umgeben war, andere Bauordnungen besaßen und vor allem finanziell auch meist nicht in der Lage waren, umfangreiche Erschließungsmaßnahmen durchzuführen (Kosten für Straßenbau und Sielsysteme; außerdem wären bei städtischer Besiedlung auch hohe Kosten für Schulbau, Sozialausgaben etc. entstanden).

Die Landesgrenze, deren Verlauf bislang keine Rolle gespielt hatte, weil Hamburg bis Ende des 19. Jahrhunderts stets über einen genügend großen Lebens- und Wirtschaftsraum verfügte, wurde also um 1914 Hemmnis weiterer Expansion, – und dies war dann auch der Zeitraum, in welchem intensive Bemühungen einsetzten, ein Territorium „Groß-Hamburg" zu schaffen (vgl. Kap. 1.2.1.). Von 1918 bis 1937 wurden die noch vorhandenen unbebauten Flächen der Inneren Stadtteile fast ausnahmslos erschlossen und bebaut, wodurch nun auch im Osten die Siedlungsfläche bis an die Landesgrenze vorstieß.

2.3.2 Der Ausbau des Verkehrsnetzes: Die topographische und die territoriale Situation als Einflußgrößen

Grundvoraussetzung für die Bevölkerungsverdichtung in den bereits erschlossenen Teilräumen und für das Ausgreifen der Bebauung in noch vorhandene Freiräume war der Ausbau des Verkehrsnetzes.

Die schon vor 1880 entstandenen, radial aus der Innenstadt in die Außengebiete führenden Pferdebahnen wurden 1884 durch eine neuartige Linienführung ergänzt, die vom Zentrum her über Rotherbaum, Harvestehude, Eppendorf, Winterhude und Uhlenhorst einen Ring um den Alstersee beschrieb und damit Teilräume von zumeist hohem Lagewert verband.

Die topographischen Besonderheiten Hamburgs schließen eine idealtypische Ausbildung des Verkehrsnetzes aus. Im Süden, wo das 9 km breite Urstromtal die Stadt begrenzt, hatte zwar 1872 ein erster Brückenschlag über die beiden breiten Elbarme für die Eisenbahnlinie Hamburg–Hannover stattgefunden, eine Straßenbrücke folgte aber erst 1894 und blieb dann auch eine singuläre Erscheinung. Indem sich die Wohnstadt ausschließlich in nördlicher Richtung entwickelte, entstanden nur halb soviel Zugangsmöglichkeiten zur Innenstadt wie in konzentrisch gewachsenen Städten gleicher Größenordnung: Statt vier Quadranten wurden – wie in vergleichbaren Städten mit Seeufer-Lager – nur zwei Quadranten ausgebildet. Und daß diese in ihrem Kernbereich noch durch den Alsterstausee getrennt sind, ist bis zur Gegenwart für die Verkehrserschließung von Nachteil.

Obgleich die Elektrifizierung der Straßenbahnlinien – von 1894 bis 1897 – eine wesentliche Steigerung der Transportleistung erbrachte, war doch die Effektivität infolge der zahlreichen konkurrierenden privaten Unternehmen mit nicht aufeinander abgestimmten Fahrplänen unbefriedigend, so daß allmählich eine öffentliche Nahverkehrsplanung einsetzte.

1904 beschloß die Hamburger Bürgerschaft die Anlage einer Hoch- und U-Bahn, deren erste wichtige Strecke, der sog. U-Bahn-Ring, 1912 eröffnet wurde. Er stellte – wie der alte Straßenbahnring, nur mit erweitertem Radius – eine kreisförmige Verbindung um die Alster her. Seit 1906 schon existierte die sog. Stadtbahn, die von der preußischen Staatsbahn betrieben wurde und preußisches mit hamburgischem Gebiet verband. Bis 1937 hatte sich ein Netz von Schnell- und Vorortbahnen entwickelt (Abb. 2.10), das die divergierenden Interessen Hamburgs und Preußens verdeutlicht: Hamburg hatte seine wichtigen U-Bahn-Linien auf sein eigenes Territorium beschränkt (z. B. führte die Linie Schlump–Hellkamp nicht über die Landesgrenze hinaus, obgleich die Weiterführung für die Erschließung der stadtnahen Gebiete Stellingen und Lokstedt sinnvoll gewesen wäre); Preußen dagegen hatte außer der Stadtbahn einen Vorortverkehr auf den durch sein Territorium führenden Fernbahnstrecken eingerichtet und damit ein beträchtliches Siedlungswachstum der an diesen Strecken

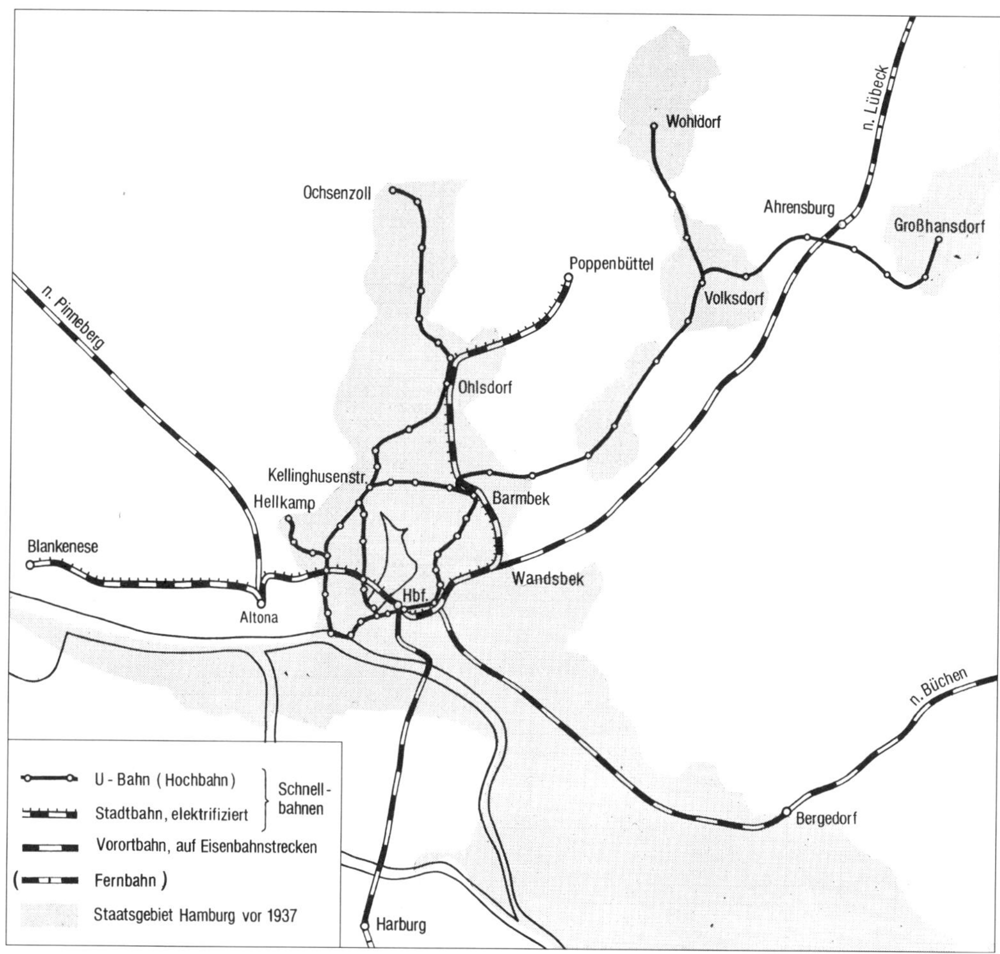

Die U-Bahn wurde 1912 von der HHA (Hamburger Hochbahn Aktiengesellschaft) mit der Ringlinie in Betrieb genommen, sie bediente ausschließlich das Gebiet innerhalb der Landesgrenzen. Die über die Landesgrenzen hinausgreifende Stadtbahn (1906 eröffnet, ab 1908 elektrifiziert) wurde, wie auch die Vorortbahnen Richtung Bergedorf und Harburg, von der Preußischen Staatsbahn (ab 1920 Reichsbahn) betrieben. Die Vorortbahn Richtung Ahrensburg gehörte zum Streckengebiet der Lübeck-Büchener Eisenbahn.

Abb. 2.10: Schnell- und Vorortbahnen bis 1937

gelegenen preußischen Gemeinden erreicht. In Konkurrenz zur preußischen Vorortlinie Wandsbek – Ahrensburg hatte Hamburg ab 1913 die Walddörferbahn erbaut, mit der es seine im preußischen Gebiet gelegenen Exklaven stärker an die Stadt anzubinden beabsichtigte, die aber von Beginn an unrentabel war.

Obgleich also, für alle Verantwortlichen erkennbar, eine Agglomeration Groß-Hamburg existierte, wurde die Verkehrsplanung nach einzelstaatlichen Interessen betrieben, und dem sich entwickelnden Verkehrsnetz lag kein einheitlicher, auf die Bedürfnisse des Gesamtraumes zugeschnittener Entwurf zugrunde.

Alle Gebiete, die nicht durch die Schnellbahnen (Stadtbahn und U-Bahn) berührt wurden, mußten nach wie vor durch Straßenbahnen bedient werden. Es war ein

Verdienst der S. E. G. (Straßen-Eisenbahn-Gesellschaft, die erst 1918 in der Hamburger Hochbahn Aktiengesellschaft aufging), daß sie gegen den Widerstand des Hamburger Staates Streckenführungen über die Landesgrenze hinweg durchsetzte. Zwischen 1901 und 1914 z. B. hatte sie Linien mit den folgenden, in Preußen gelegenen Endpunkten eröffnet: Harburg, Altona, Stellingen, Langenfelde, Niendorf-Schnelsen, Wandsbek-Ost, Wandsbek-Gartenstadt.

Die Leistung aller Verkehrsträger stieg von Jahrzehnt zu Jahrzehnt. 1937 wurden im Raum Groß-Hamburg von den Stadt- und Vorortbahnen 89 Mio. Personen befördert, von der U-Bahn (Hochbahn) 73,6 Mio. und von der Straßenbahn 151,2 Mio. Da die Transportleistung der Straßenbahn, in Zug- und Zeiteinheiten gemessen, derjenigen der straßenunabhängigen Schnellbahnen weit unterlegen war, drückt sich in der hohen Zahl der von ihr beförderten Personen ihre Überlegenheit in der Netzstrecke aus. Tatsächlich stand einer Streckenlänge der U-Bahn von 61,3 km ein Straßenbahn-Streckennetz von 232,6 km gegenüber. Weil der Pkw-Verkehr noch eine sehr untergeordnete Rolle spielte (Pkw-Bestand in Groß Hamburg 1937: 35 696 – dagegen 1998 mit 711 012 Pkw ein fast zwanzigfach größerer Bestand!), stellte die Straßenbahn vor dem Zweiten Weltkrieg das flächenbedienende Verkehrsmittel dar: Hamburg war eine „Straßenbahnstadt".

2.3.3 Die Citybildung und der Nutzungswandel in anderen Gebietsteilen

Umstrukturierungen in der Innenstadt und Umnutzung der Wallanlagen

Mit der Zerstörung des zentralen Stadtgebietes durch den Großbrand war im Jahre 1842 auch das alte Nutzungsmuster aufgehoben worden. Beim Wiederaufbau fand eine Verschiebung des städtischen Zentrums in Richtung Binnenalster statt, denn der neue, repräsentative Rathausplatz entstand rd. 300 m nördlich vom Raum Trostbrücke / Neß, wo sich jahrhundertelang mit Rathaus, Börse und Hamburger Bank das Verwaltungs- und Wirtschaftszentrum der Stadt befunden hatte. Die Neugestaltung des Rathaus-Bezirkes setzte also um die Jahrhundertmitte das Zeichen für den Beginn der Citybildung.

Der Prozeß der *Citybildung* wurde getragen – wie in allen anderen vergleichbaren Städten – von zwei miteinander verbundenen Vorgängen: von der Abwanderung der Wohnbevölkerung und einer gleichzeitigen bedeutenden Erhöhung der Beschäftigtenzahl. Die *Abnahme der Wohnbevölkerung* führte in den 1880 noch höchstverdichteten Hamburger Stadtteilen Altstadt und Neustadt zu extrem niedrigen Dichtewerten, denn 1937 lebten in Altstadt-Nord nur noch 83 Ew. / ha, in Altstadt-Süd (wo auf dem Gelände der Brook-Halbinsel die Speicherstadt und nördlich des Meßberges das große Kontorhausviertel entstanden waren) nur 26 Ew. / ha, in Neustadt-Nord 194 Ew. / ha und in Neustadt-Süd, das als einziger Gebietsteil nicht so stark gewerblich durchsetzt worden war, noch 290 Ew. / ha. Entsprechend war der *Beschäftigtenanteil* (BA = Beschäftigte in Prozent der Summe aus Wohnbevölkerung und Beschäftigten) bis zum Jahre 1937 – örtlich differenziert – angestiegen (s. u.).

Den meisten der Veränderungen im Innenstadtbereich zeitlich vorgeschaltet war die völlige Umnutzung der Brook-Halbinsel. Nachdem Hamburg sich 1881 bereiterklärt hatte, dem deutschen Zollverband beizutreten, wurde 1882 bis 1888 der Freihafen angelegt, ein Territorium im Hafen, das zur Erleichterung des Schiffs- und Warenverkehrs auch weiterhin Zollausland blieb. Um die Vorteile dieses zollfreien Bezirkes ausnutzen zu können, mußten innerhalb seiner Grenzen umfangreiche Waren-Lagerflächen zur Verfügung stehen. Nach der damals vorherrschenden Meinung sollten diese in möglichst großer Nähe zu den in der Stadt verbleibenden oder neu in der Stadt entstehenden Kontoren liegen, obgleich der Ausbau des Nahverkehrssystems auch eine größere Entfernung erlaubt hätte. Man entschied sich, auf dem Gelände der Brook-Halbinsel (Kehrwieder, Brook, Wandrahm) eine „Speicherstadt“ mit zusammenhängenden Komplexen großer Speicherbauten zu schaffen. Das ganze Gelände mit 440 Grundstücken wurde vom Staat aufgekauft, und durch die anschließende Bebauung mit Warenspeichern – eine Wohnnutzung im Freihafengebiet war gesetzlich ausgeschlossen worden – integrierte man das ehemalige Innenstadtgebiet voll in den Hafenwirtschaftsraum. Im Zuge dieser Maßnahmen mußten 16 000 Einwohner ihre bisherige Unterkunft aufgeben. Da auch im nördlich anschließenden Teil der Altstadt Umstrukturierungen unumgänglich waren, wurden insgesamt im Zusammenhang mit der Anlage des Freihafens 580 Grundstücke aufgekauft, und 24 000 Einwohner mußten ihr altes Wohnquartier verlassen. Leider ist die außergewöhnliche innerstädtische Migration, die durch diese Vorgänge ausgelöst wurde, nicht in ihren Einzelheiten zu verfolgen, weil noch kein Einwohnermeldeamt existierte. Die Straßenstatistik des Statistischen Bureaus gibt allerdings Grund zu der Annahme, daß es sich um Bewegungen verschiedener Art gehandelt haben muß. Zum einen zogen, offenbar in Direktwanderung, Arbeiterfamilien in neuentstandene Arbeiterwohnviertel wie Hammerbrook und Billwerder-Ausschlag, die zahlenmäßig geringer vertretenen Angehörigen der sozialen Mittel- und Oberschicht in die alsternahen Vororte. Zum anderen wurden wohl Etappenwanderungen ausgelöst, indem viele Arbeiterfamilien zunächst in den ihrem alten Wohnquartier benachbarten Altstadtgebieten Ausweichunterkünfte suchten (eine staatliche Planung für die Umsiedlungen gab es nicht), dann aber, wenn sich die Gelegenheit bot, in andere Wohnungen umzogen. Der Hang, in der Nähe der alten Wohnumgebung zu bleiben, und der daraus resultierende Zuzug von Arbeiterfamilien auch in die Kaufmannsviertel der Altstadt verstärkte wiederum die Tendenz der dort noch wohnenden Angehörigen der Mittel- und Oberschicht, aus dem Innenstadtbereich in ein hochwertiges Wohnviertel der Vororte umzuziehen.

Die übrigen Maßnahmen, durch die sich die Innenstadt stark veränderte, lassen sich gruppieren in:

- Straßendurchbrüche
- Flächensanierungen
- Nutzung des Raumes der alten Wallanlagen für Öffentliche Großbauten.

Der Wiederaufbau hatte in dem vom Brand betroffenen Gebiet schon in den 40er Jahren des 19. Jahrhunderts zu einem neuen, weitmaschigeren Netz von relativ breiten Straßen geführt. In der vom Brand fast unberührt gebliebenen Neustadt dagegen wurde das alte Netz z. T. sehr enger Straßen zunehmend hinderlicher, so daß man zur Verbesserung der Verkehrssituation *Straßendurchbrüche* vornahm. Es entstanden nacheinander die Wexstraße (1867), die Colonnaden (1876/77), die Gerhofstraße (1881 bis 1883) und die Kaiser-Wilhelm-Straße (1891/92), die alle notwendige Diagonalverbindungen herstellten und von denen die Colonnaden und die Kaiser-Wilhelm-Straße zugleich die Anbindung an eine Ausfallstraße aus dem alten Wallringsystem erbrachten (Abb. 2.11).

Sind diese Straßendurchbrüche als Einzelmaßnahmen einzustufen, so handelt es sich bei den *Flächensanierungen*, mit denen man 1900 begann, um Maßnahmenbündel, denn sie betrafen sowohl die Straßenführung als auch die Qualität und die Funktion der Bebauung. Ausgelöst wurden die Flächensanierungen durch die Choleraepidemie von

1892. Sie hatte 8 605 Todesopfer gefordert, hauptsächlich unter den Bewohnern der engen Gängeviertel von Altstadt und Neustadt, und diese alarmierende Tatsache war der Grund, daß umgehend eine „Kommission zur Überprüfung der Gesundheitsverhältnisse der Stadt" eingesetzt wurde, zu deren Verdiensten der baldige Erlaß eines ersten „Wohnungspflegegesetzes" zu zählen ist (1898). Ab Ende der 1890er Jahre begann eine weitere Kommission in Zusammenarbeit mit der Medizinalbehörde, der Baupolizei und dem Statistischen Bureau mit Erhebungen zur Abgrenzung von Sanierungsgebieten. Diese Vorarbeiten führten zur Ausgliederung von drei „Bezirken mit ungesunden Wohnungen": den Gebieten Südliche Neustadt, Nördliche Neustadt und Östliche Altstadt (Abb. 2.11).

Obgleich von den drei sanierungsbedürftigen Bezirken das Gebiet Östliche Altstadt die schlechtesten Wohnverhältnisse aufwies, begann man doch in der *Südlichen Neustadt* mit den Sanierungsmaßnahmen, weil dort das Gelände durch besondere Tiefenlage hochwassergefährdet war und auch bei sonstigen erhöhten Elbwasserständen durch den Rückstau von Abwässern beeinträchtigt wurde, die dann aus den Sielen in die Straßen und Keller geschwemmt wurden. Die Neugestaltung des Gebietes erfolgte in zwei Bauabschnitten von 1900 bis 1904 und von 1904 bis 1912, wobei das Gelände um 2,5 m aufgehöht wurde. Das Ergebnis der Sanierung blieb unbefriedigend, weil man nur völlig mangelhafte Baustubstanz beseitigte und infolgedessen mit Rücksicht auf die zu erhaltenden Gebäude die Straßenführung nicht änderte –, außerdem eine jahrelange Verquickung von Wohn- und Baugebiet in Kauf nehmen mußte. Die ansässigen Hafenarbeiter wanderten zwischenzeitlich größtenteils in andere Arbeiterviertel ab, und als in der Abschlußphase der Sanierung wieder Zuzug erfolgte, war es mit einfachen und mittleren Angestellten und Beamten eine andere Sozialschicht, die die neue Wohnbevölkerung stellte. So war das Ziel, für die Hafenarbeiter gesündere Wohnungen zu schaffen, nicht erreicht worden, obgleich die Sanierung den Staat mehr als 19 Mio. Mark gekostet hatte. Nur die Bevölkerungsdichte hatte man auf ein vertretbares Maß senken können (von zuvor 1 520 Ew./ha auf 960 Ew./ha). Von diesen Erfahrungen mitbestimmt war der Entschluß, im Sanierungsgebiet *Östliche Altstadt* die Bausubstanz gänzlich zu ersetzen und damit auch die Möglichkeit für neue Straßenführungen zu schaffen. Hier mußte das Sanierungsvorhaben außerdem gekoppelt werden mit den baulichen Maßnahmen für die neue U-Bahn-Strecke Rathausmarkt – Hauptbahnhof. Im Zuge dieser Streckenführung entstand 1908/13 die neue und wichtigste Durchbruchstraße: die *Mönckebergstraße*. Ihre besondere städtebauliche Bedeutung wurde von Beginn an gesehen, hatte sie doch als Diagonalstraße die beiden wichtigsten, erst in jüngster Zeit geschaffenen städtischen Zentren miteinander zu verbinden: das 1897 fertiggestellte Rathaus mit dem 1906 eröffneten Hauptbahnhof. Es bot sich also an, hier eine repräsentative, breit ausgelegte Straße zu schaffen und die Randbebauung der gewerblichen Nutzung vorzubehalten, den Cityfunktionen dieses Gebietes entsprechend.

Der 1909 als neuer Baudirektor nach Hamburg berufene F. Schumacher hatte einen wesentlichen Anteil am Gelingen des Projektes *Mönckebergstraße*. Durch Zusammenarbeit einer staatlichen Kommission mit den privaten Bauherren und deren Architekten wurde erreicht, daß

- sehr gut aufeinander abgestimmte Dachgestaltungen entstanden;
  (Es war baupolizeilich eine Höhe des Hauptgesimses von 24 m festgelegt. Daraufhin wurden, um den teuren Baugrund maximal zu nutzen, über den Hauptgesimsen hohe, zumeist doppelgeschossige Dächer gebaut – Mansarddächer, die man im Stil der Zeit durch Giebel und Ausbauten dekorativ gestaltete [vgl. Kap. 2.3.6], wodurch eine sehr betonte Dachlandschaft entstand.)
- die Sockelgeschosse durchgehend gut gegliedert wurden;

(Man stand erstmals vor der Aufgabe, durchlaufende Schaufensterfronten schaffen zu müssen. Die unschöne Diskrepanz, die hierdurch zwischen Erd- und Obergeschossen hätte auftreten können, wurde vermieden mittels senkrecht die Fassade gliedernder Lisenen bzw. Pilastern, deren Abstände im Sockelgeschoß die Einfügung von Schaufenstern erlaubten.)

- die städtebaulich problematische Einmündung der Knochenhauerstraße im Ansatzbereich der Mönckebergstraße am Rathausplatz eine annehmbare architektonische Lösung erfuhr;
- im Bereich der Petri-Kirche Übergänge von den massigen Kontorhäusern zu dem Sakralbau ermöglicht wurden;
  (Das unmittelbar dem Chor der Petri-Kirche benachbarte Restgrundstück am Schnittpunkt Kreuslerstraße / Mönckebergstraße wurde auf vier Geschosse herabgesetzt, und es entstand dort im Stil eines altflämischen Bürgerhauses das stark durchgegliederte Hulbe-Haus – Architekt Grell –, das auch durch den Backstein als Baumaterial einen Übergang zur Petri-Kirche herstellt. In Abstimmung auf den Kirchenbau wurde ebenfalls der auf der gegenüberliegenden Straßenseite entstehende Baublock in Backstein aufgeführt, während bei den übrigen Kontorhausbauten der Mönckebergstraße weitgehend Werkstein als Baumaterial verwendet wurde.)

Das extrem spitzwinklige Platzgebilde, das am Schnittpunkt Spitalerstraße / Mönckebergstraße entstanden war, erfuhr durch einen eigenen Entwurf Schumachers seine Gestaltung mit einem niedrigen, von einer Säulenhalle abgeschlossenen Gebäude und einer kleinen Brunnenanlage.

Die städtebauliche Leistung der Mönckebergstraßen-Anlage muß vor dem Hintergrund der zuvor stattgefundenen Umgestaltungen in der Innenstadt gesehen werden. An den nach dem Brand neuausgelegten Straßen im Altstadtbereich waren anfangs vorwiegend viergeschossige Wohnbauten entstanden. Diese wurden seit den 1870er Jahren allmählich von Geschäftshäusern verdrängt und ab Ende der 1880er Jahre auch zunehmend durch Kontorhäuser ersetzt. (Als Geschäftshäuser bezeichnete man Bauten, die von einer Firma für ihren eigenen Betrieb erbaut wurden, Kontorhäuser dagegen enthielten zu vermietende Kontore.) Der ungeplante Ablauf dieses Vorgangs konnte verständlicherweise nur zu grundstücksbezogenen Erneuerungen führen, so daß zu Beginn des 20. Jahrhunderts in der entstehenden City ein recht buntes Gemisch von alten, niedrigen Wohngebäuden und neuen, hohen Geschäfts- und Kontorhäusern vorhanden war. Die Mönckebergstraße setzte nun zukunftsweisende Zeichen: Die Art ihrer Bebauung dokumentierte die endgültige Verdrängung der Wohnfunktion aus diesem Raum, und die repräsentative Gestaltung war zugleich Ausdruck der Bedeutung, die dem Tertiären Sektor von jetzt an in der Weltstadt Hamburg zukam. Bis heute ist die Mönckebergstraße als breiteste und auch längste Straße der Innenstadt (von der Verkehrsschneise Ost-West-Straße abgesehen) die bedeutendste Geschäftsstraße Hamburgs, und sie erfährt deshalb noch immer eine besondere Berücksichtigung in der Planung (was sich in verschiedenen Umgestaltungsmaßnahmen seit 1982 ausdrückt (vgl. Kap. 2.4.4, S. 134 f.).

In dem südlich an die Mönckebergstraße anschließenden Teil des Sanierungsgebietes *Östliche Altstadt* konnten die bereits angelaufenen Maßnahmen nach dem Ausbruch des Ersten Weltkrieges zunächst nicht weitergeführt werden. Erst ab 1922 begann hier eine großflächige Neubebauung, und zwar – entgegen der ursprünglichen Planung, die von einer größeren Durchmischung mit Wohngebäuden ausgegangen war – überwiegend mit Kontorhäusern. Von der einfachen Straßenbebauung wurde dabei abgegangen zugunsten von monumentalen, an mehrere Straßen angrenzenden Baublöcken mit durchgestalteten Innenhöfen. Die bekanntesten dieser Kontorhauskomplexe sind:

- Chilehaus (erbaut 1922–24, Architekt Höger, Gesamtnutzfläche 36 000 m^2),
- Ballinhaus – heute Meßberghof – (erbaut 1923/24, Architekten Gebr. Gerson, Bürofläche 12 000 m^2),
- Sprinkenhof (erbaut 1927–30, Architekten Höger / Gebr. Gerson, Gesamtnutzfläche 52 000 m^2),

- Mohlenhof (erbaut 1928, Architekten Klophaus / Schoch / zu Putlitz, Ladenfläche 970 m^2, Bürofläche 6 800 m^2).

Die hohen Nutzflächenwerte zeigen an, daß der Kontorhausbau der 1920er Jahre zu neuen Dimensionen überging. Der Sprinkenhof nähert sich mit seiner Gesamtnutzfläche von 52 000 m^2 bereits den Bürohochhäusern der Nachkriegszeit, wenngleich das Volumen noch mehr durch eine Breiten- als durch eine Höhenausdehnung erreicht wird. In der äußeren Gestaltung zeichnet sich besonders das Chilehaus (Foto 5) durch eine außerordentlich dekorative Fassade aus: Das Material, ein dunkelgebrannter, etwas unregelmäßiger Klinkerstein, ist innerhalb einzelner Flächen zu interessanten Zierverbänden vermauert, und eine stark gliedernde Vertikalbetonung wird erreicht durch eine Folge von Stegen aus wiederum rhythmisch versetzten Klinkersteinen. Das vom Gebäudegrundriß her bedingte spitzwinklige Auslaufen der Ostseite des Blockes hat den „Schiffsbug" entstehen lassen, der mit zu den Wahrzeichen Hamburgs gehört. Wenn auch der Architekt Fritz Höger mit dieser eigenwilligen Bauschöpfung viel Echo gefunden hat, wird das Chilehaus in seiner Architektur doch unterschiedlich beurteilt: Neben hoher Anerkennung der expressionistischen Leistung stehen Feststellungen, daß es sich letztendlich um einen „Stick-Stil" handelt, um eine aufgesetzte Ziegeldekoration, hinter der sich ein in seinen Maßen und der architektonischen Durchgestaltung nur mittelmäßiger Bau verbirgt.

Aus finanziellen Gründen wurde die Sanierung der *Nördlichen Neustadt* erst sehr verspätet in Angriff genommen. Diese letzte innerstädtische Erneuerung betraf mit einem Gängeviertel ein Gebiet, das menschenunwürdige Wohnverhältnisse aufwies und in dem sich nicht nur Not und Elend, sondern auch Kriminalität entwickelt hatten. 1933 / 34 wurde der gesamte Komplex nördlich der Wexstraße vom Staat aufgekauft, und nach dem vollständigen Abriß aller Gebäude erfolgte schon 1934 / 36 die Neubebauung mit Wohnhäusern. Als Bauträger fungierten mehrere Baugenossenschaften (u. a. die Schiffszimmerergenossenschaft), und da einem großzügigen Gesamtentwurf gefolgt wurde, der nicht nur eine weitständige Bebauung, sondern auch bestimmte raumbildende Akzente vorsah – z. B. eine Freitreppenanlage, die zu einer durchgestalteten Platzerweiterung hinführte –, wurde ein städtebaulich sehr positives Ergebnis erreicht. Der südlich der Wexstraße gelegene Teil der als Sanierungsgebiet ausgewiesenen Fläche wurde zwar noch in den Jahren 1933 / 39 vom Staat aufgekauft, der Kriegsausbruch verhinderte jedoch den Beginn von Sanierungsmaßnahmen. Alle hier vorhandenen Gebäude wurden im Jahre 1943 durch Bombenangriffe zerstört, und beim Wiederaufbau nach dem Zweiten Weltkrieg richtete man sich an dem vermehrt entstandenen Bedarf für Büroflächen aus: Statt Wohnbauten wurden große Verwaltungsgebäude errichtet.

Parallel zu der in mehreren Zeitabschnitten erfolgten Erneuerung der Bausubstanz im Innenstadtbereich fand eine bedeutende *Neubautätigkeit* in dem bislang offenen Gelände der *ehemaligen Befestigungsanlagen* statt. Die große, halbkreisförmig die Stadt umgebende Fläche des alten Wehrsystems war 1820 / 32 nach der Schleifung der Bastionen in einen nach englischer Manier gestalteten Grünzug umgewandelt worden (vgl. Kap. 2.2.2). Dieser hatte der Bevölkerung in der kaum noch durchgrünten Stadt als willkommene Erholungsfläche gedient. Bis zum Beginn der 1880er Jahre war dieser Bereich allerdings schon zusätzlich von einzelnen öffentlichen Gebäuden beansprucht worden: Im westlichen Abschnitt waren in Hafennähe Seemannshaus (1863) und Seewarte (1881) entstanden, im östlichen Abschnitt hatten in Alsternähe die Kunsthalle (1868) und südöstlich von dieser das Museum für Kunst und Gewerbe (1876) ihren Standort gefunden (Abb. 2.11). In den folgenden dreieinhalb Jahrzehnten bis zum

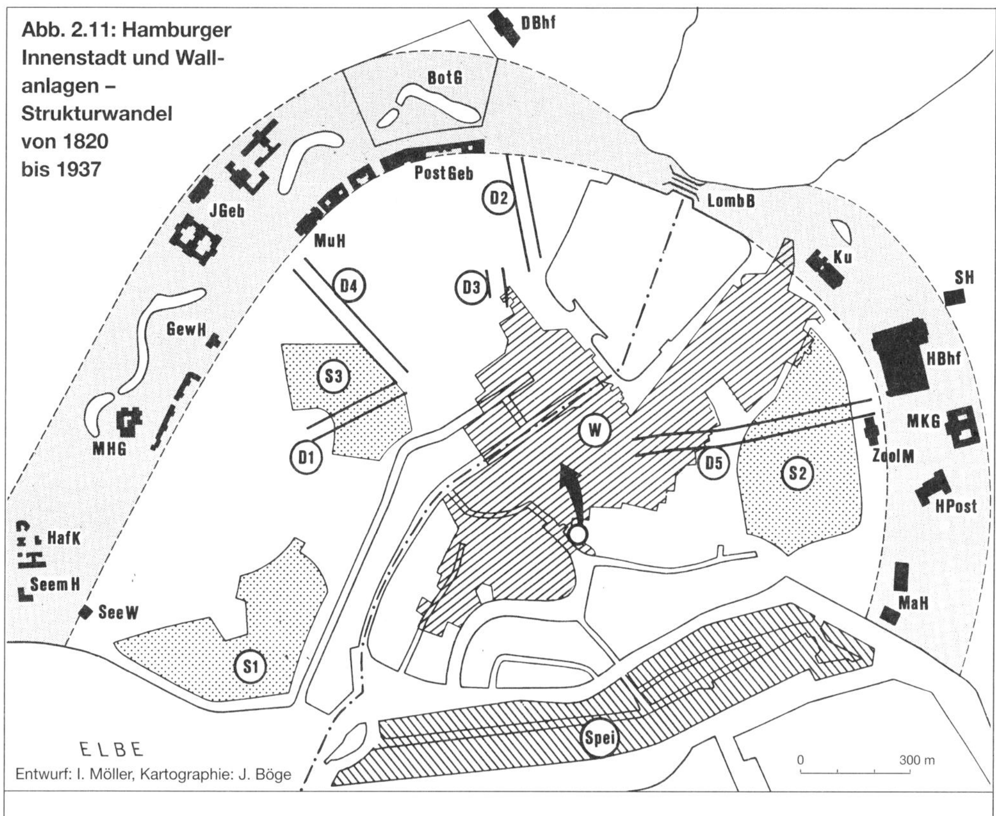

Abb. 2.11: Hamburger Innenstadt und Wallanlagen – Strukturwandel von 1820 bis 1937

Entwurf: I. Möller, Kartographie: J. Böge

Gelände der alten Wallanlagen. Befestigung abgetragen 1820 - 32. Weitere Umgestaltung u.a. durch:

BotG	Botanischer Garten 1821 ff.
SeemH	Seemannshaus 1863
Ku	Kunsthalle: Altbau 1868, Neubau 1919
LombB	Lombardsbrücke 1868
MKG	Museum f. Kunst u. Gewerbe 1876
SeeW	Seewarte 1881
JGeb	Justizgebäude 1882, 1903, 1912
PostGeb	Postgebäude 1887
ZoolM	Zoologisches Museum 1890 (= Naturhist. Museum)
SH	Schauspielhaus 1900
HafK	Hafenkrankenhaus 1900
DBhf	Dammtorbahnhof 1903
HBhf	Hauptbahnhof 1906
HPost	Hauptpostamt 1906
MuH	Musikhalle 1908
MaH	Markthallen 1911
GewH	Gewerbehaus 1915
MHG	Museum f. Hbg. Geschichte 1922

(die Jahresangabe bezieht sich auf das Jahr der Fertigstellung)

Verlagerung von zentralen Funktionen (Börse, Rathaus, Bank) bis 1897

W = Wiederaufbaugebiet

W: Durch Brand zerstört 5.-8. Mai 1842. Neugestaltung beim Wiederaufbau

Spei = Speicherstadt

Spei: Altes Wohn - Gewerbe - Mischgebiet auf dem Brook. 1882 - 88 Umwandlung in Speicherstadt

S = Sanierungsgebiet

S1: Sanierung Neustadt - Süd 1900 - 12

S2: Sanierung Altstadt - Ost 1912 - 25

S3: Sanierung Neustadt - Nord 1933 - 36

D = Durchbruchstraße

D1: Wexstr. 1867

D2: Colonnaden 1876 - 77

D3: Gerhofstr. 1881 - 83

D4: Kaiser - Wilhelm - Str. 1891 - 92

D5: Mönckebergstr. 1908 - 13

Grenze Altstadt / Neustadt (Verlauf seit Neufestsetzung 1874.)

Ersten Weltkrieg wurden nun große Anteile dieses Freiraumes von weiteren Öffentlichen Großbauten und -anlagen in Anspruch genommen, für die infolge ihres Umfanges im Innenstadtgebiet kein Raum mehr zur Verfügung stand, die aber zugleich ihrer zentralen Funktion halber einen citynahen Standort erforderten. In gleichem Maße, in dem die Wohnbevölkerung die Innenstadt verließ, wodurch die Wallring-Grünanlage an Bedeutung einbüßte, weil sie für einen immer geringer werdenden Anteil der Bevölkerung noch eine leicht erreichbare Erholungsfläche darstellte, stieg das Bedürfnis der werdenden Millionenstadt nach großen, zentralen Einrichtungen. Daß diese überwiegend in den ersten eineinhalb Jahrzehnten des 20. Jahrhunderts geschaffen wurden (vgl. Chronologie in der Legende von Abb. 2.11), beweist abermals die Bedeutung dieses Zeitraumes für die Entwicklung Hamburgs.

Besondere Lagevorteile bot der Ostabschnitt des alten Wallsystems. Hier war schon 1866 der Grabenverlauf für die Anlage der sog. Verbindungsbahn genutzt worden, die den Anschluß herstellte von den vier im Süden und Osten der Stadt gelegenen Bahnhöfen (Venloer Bahnhof, Berliner Bahnhof, Güterbahnhof, Lübecker Bahnhof) in einem über die Lombardsbrücke führenden Bogen zum Altonaer Bahnhof. Und dieser Raum konnte um die Jahrhundertwende, nachdem die Notwendigkeit, einen zentralen Bahnhof zu schaffen, immer deutlicher geworden war, für den Bau des Hauptbahnhofes genutzt werden, weil er eine Heranführung aller vorhandenen Fernstrecken von Süd und Ost und ihre Weiterführung im Zuge der alten Verbindungsbahn erlaubte. Mit mehreren Gleispaaren für die Fernstrecken und einer gesonderten Gleisanlage für den Vorortverkehr (vgl. Kap. 2.3.2) wurde der Hauptbahnhof 1906 eröffnet. Dieser neue Schwerpunkt östlich der Altstadt beeinflußte die weitere Entwicklung im Innenstadtbereich stark; er hatte u. a. den Durchbruch der Mönckebergstraße als Verbindung zum Rathausplatz zur Folge, mit dem wiederum die Sanierung der Östlichen Altstadt im Zusammenhang stand (s. o.).

Die Umnutzung der Grünanlagen des Wallrings – mit den entstehenden Großbauten, die sich nach Flächenbedarf und Baumaßen von allem abhoben, was an Gebäuden vor Beginn des 20. Jahrhunderts in der Stadt erstellt worden war – ist vergleichbar mit den Umgestaltungs- und Erweiterungsmaßnahmen, die im Verlauf des 19. Jahrhunderts in fast allen europäischen Haupt- und Weltstädten zur Durchführung kamen. Während aber bei der Neugestaltung in Residenzstädten, wie beispielsweise in München und in Berlin, auch noch im 19. Jahrhundert der fürstliche Wille das Baugeschehen langfristig mitbestimmte, wodurch bedeutende Architekten herangezogen und finanzielle Probleme leichter gelöst werden konnten, mußten in der Stadtrepublik Hamburg stets verschiedene Interessen miteinander in Einklang gebracht werden; vor allem war keine übergeordnete Autorität vorhanden, die einer Jahrzehnte übergreifenden Planung die nötige Kontinuität garantiert hätte. Nicht zuletzt daraus erklärt sich, daß der Umnutzung der Hamburger Wallanlagen ein städtebauliches Leitkonzept fehlte, das zu einer Beziehung zwischen den verschiedenen Ensembles der Gesamtzone geführt hätte.

Der geschilderten Inanspruchnahme der Wallanlagen durch Repräsentationsbauten und öffentliche Einrichtungen, die im Ostsegment zum Verschwinden der Grünanlagen führten, im großen Westbogen aber nach wie vor den alten Grüngürtel erkennen ließen, sind im Laufe des 20. Jahrhunderts weitere Nutzungsänderungen gefolgt. Unter anderem führten Internationale Gartenbau-Ausstellungen nacheinander 1953, 1963 und 1973 zu Veränderungen der Topographie des Westbogens. Im Ostbogen spricht man seit der Umnutzung der Deichtorhallen (1988/90) von einer „Kunstmeile“, die sich von den Deichtorhallen über die Markthallen am Klosterwall bis zu den drei Kunsthallen am Glockengießerwall erstreckt. (Zur wechselvollen Geschichte der Wallanlagen und der Frage ihrer Schutzwürdigkeit als städtisches Denkmal vgl. Hesse 1997 und Schmal 1997.)

Der Nutzungswandel in den übrigen Gebietsteilen

Außerhalb der Wallring-Zone entstand die Wohnstadt Hamburg unter Verdrängung der ursprünglich agrarischen Nutzung bzw. der teilweise zwischenzeitlich entstandenen Naherholungsfunktionen. Es wurde bereits beschrieben, wie sich diese Wohnstadt bis zum Jahre 1914 im Westen lückenlos, im Osten partiell bis an die Landesgrenzen ausdehnte, und daß bis 1937 die restlichen Freizonen der Inneren Stadtteile überbaut worden waren.

Die Wohngebiete umfaßten von Beginn an auch Arbeitsstätten, so daß die Frage nach dem weiteren Nutzungswandel darauf zielt, das Verhältnis dieser beiden Funktionen zu analysieren und eventuelle Verschiebungen aufzuzeigen. Als Indikator bietet sich die Beschäftigtenquote an, die das Verhältnis von Beschäftigten einer Gebietseinheit zu den im gleichen Raum Wohnenden aufzeigt. Im folgenden wird der Beschäftigtenanteil (BA) in Prozent der Summe aus Wohnbevölkerung und Beschäftigten ausgedrückt – eine Methode, die anderen gegenüber den Vorteil besitzt, daß innerhalb der prozentualen Skala (0–100) eine exakt gleichrangige Nutzung von Wohnen und Arbeiten (Verhältnis 1 : 1) durch die 50-%-Marke signalisiert ist. Die Abbildungen 2.12.1 und 2.12.2 geben den so ermittelten Beschäftigtenanteil in den Hamburger Stadtteilen für die Jahre 1910 und 1939 wieder. Die Grundverteilung ist in den beiden Stichjahren, pauschal gesehen, die gleiche: Einem sehr hohen Beschäftigtenanteil im Hafenraum und einem ebenfalls hohen Beschäftigtenanteil im Innenstadtbereich steht im Gebiet der Inneren Stadtteile ein Anteil gegenüber, der in der Regel auf unter 40 % bzw. unter 20 % sinkt.

Ein ins einzelne gehender Vergleich läßt jedoch zusätzlich folgendes erkennen:

Im gesamten Innenstadtbereich stieg der Beschäftigtenanteil von 1910 bis 1939, indem jede Gebietseinheit in die nächst höhere Klasse aufrückte:

	Altstadt-Nord	Altstadt-Süd
BA 1910	63,6 %	78,6 %
BA 1939	90,2 %	98,1 %
	Neustadt-Nord	Neustadt-Süd
BA 1910	51,7 %	29,2 %
BA 1939	61,1 %	44,7 %

Damit wird deutlich, daß der Prozeß der Citybildung, der um das Jahr 1880 eingesetzt hatte, sich von 1910 bis 1939 noch beträchtlich verstärkte, daß aber, wie schon mehrfach herausgestellt, die Neustadt in geringerem Maße als die Altstadt von ihm erfaßt wurde und daß besonders in der südlichen Neustadt die Wohnnutzung noch dominant blieb. Im Zusammenhang mit der Verstärkung des BA im Altstadt-Bereich ist erwähnenswert, daß hierbei der Anteil der in der Wirtschaftsabteilung Handel und Verkehr Beschäftigten von 1910 bis 1939 überproportional zunahm (z. B. Altstadt-Nord 1910 66,5 % der Beschäftigten in Handel und Verkehr, 1939 aber 71,3 %).

Der an die Innenstadt angrenzende Stadtteil St. Georg wurde bis 1939 zum Mischgebiet:

	St. Georg-Nord	St. Georg-Süd
BA 1910	30,5 %	25,2 %
BA 1939	42,6 %	53,5 %

Darin kommt zum Ausdruck, daß hier die City, und zwar besonders im Gebiet des Hauptbahnhofes, auf ihren Randbereich übergegriffen hatte. Das im Westen an die Innenstadt angrenzende St. Pauli dagegen verblieb in der Klasse des „durchsetzten Wohngebietes“:

	St. Pauli-Nord	St. Pauli-Süd
BA 1910	24,4 %	21,8 %
BA 1939	27,1 %	26,7 %

Die übrigen Inneren Stadtteile gliederten sich in „reine Wohngebiete“ mit einem BA von unter 20 % und „durchsetzte Wohngebiete“ mit einem BA von 20 % bis 40 %. Daß zu den durchsetzten Wohngebieten 1910 auch Harvestehude und Nord-Winterhude gehörten, ist auf hohe Anteile von Hausangestellten an den Beschäftigten des Jahres 1910 in diesen Gebieten zurückzuführen. 1939 dagegen machten Hausangestellte generell nur noch einen unbedeutenden Anteil aus, und Harvestehude und Nord-Winterhude gehörten nun, ihrer geringen Durchsetzung mit Betrieben entsprechend, zu den reinen Wohngebieten. (Auch in Rotherbaum und Uhlenhorst lag 1910 der Anteil der Hausangestellten an den Beschäftigten sehr hoch.) Die übrigen reinen Wohngebiete wiesen 1910 eine periphere Lage auf und bildeten den äußeren Kranz der alten Wohnstadtteile. 1939 war auch dieser äußere Kranz bereits stärker mit Arbeitsstätten durchsetzt. Allerdings muß ein Teil des Anstiegs des BA im Jahre

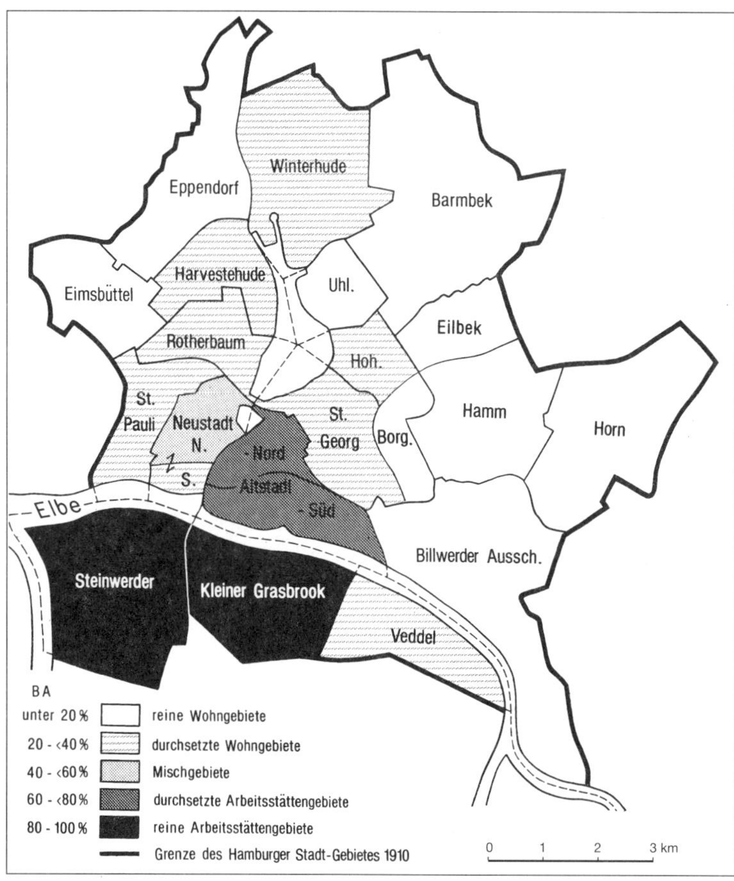

Abb. 2.12.1: Der Beschäftigtenanteil (BA = Beschäftigte in % der Summe aus Wohnbevölkerung und Beschäftigten) in den Gebietsteilen der Stadt Hamburg 1910
Quelle: eigene Berechnungen nach Statistik des Hamburgischen Staates, H. 30, Hamburg 1919, S. 66 ff. Stat. Jahrbuch f. d. Freie u. Hansestadt Hamburg 1925, Hamburg 1926

(Der Grenzverlauf zwischen den Stadtteilen zeigt in manchen Fällen gegenüber der heutigen Grenzziehung kleine Abweichungen.)

1939 auf den zu dieser Zeit schon ins Gewicht fallenden absoluten Rückgang der Wohnbevölkerung in den Inneren Stadtteilen zurückgeführt werden.

Daß mit den neu eingemeindeten Nachbarstädten ausgedehnte Gebiete gewerblicher Durchmischung zu Hamburg gekommen waren, zeigt sich in Abbildung 2.12.2. Besonders in Harburg-Wilhelmsburg und im Kernbereich von Altona existierten kaum reine Wohngebiete, – es sind dies die Räume traditioneller, auf frühe Gründungen im 19. Jahrhundert zurückgehender Industrie- und Gewerbestandorte.

2.3.4 Die Entwicklung im Wohnungswesen: Vom privaten Einzelbauherrn zum öffentlich geförderten Wohnungsbauunternehmen

Daß, wie bereits dargestellt, die Einführung und Entwicklung sämtlicher Innovationen, die zur Ausbildung der modernen Stadt führten (also der Energieträger Gas und Elektrizität, der Kommunikationseinrichtungen Telegraph und Telephon, der Nahverkehrsmittel Pferde- und Straßenbahn), zunächst vom privaten Kapital getragen wurden, hatte seine Entsprechung im Wohnungsbau. Privatleute, die entweder durch vorhandenen Familienbesitz über Boden verfügten oder aufgrund von Kapital solchen aufkauften, führten auf ihren Grundstücken Häuser auf und erzielten dann über die Mieten die angestrebten Renditen. Dieser ökonomische Akt entbehrte als solcher der so-

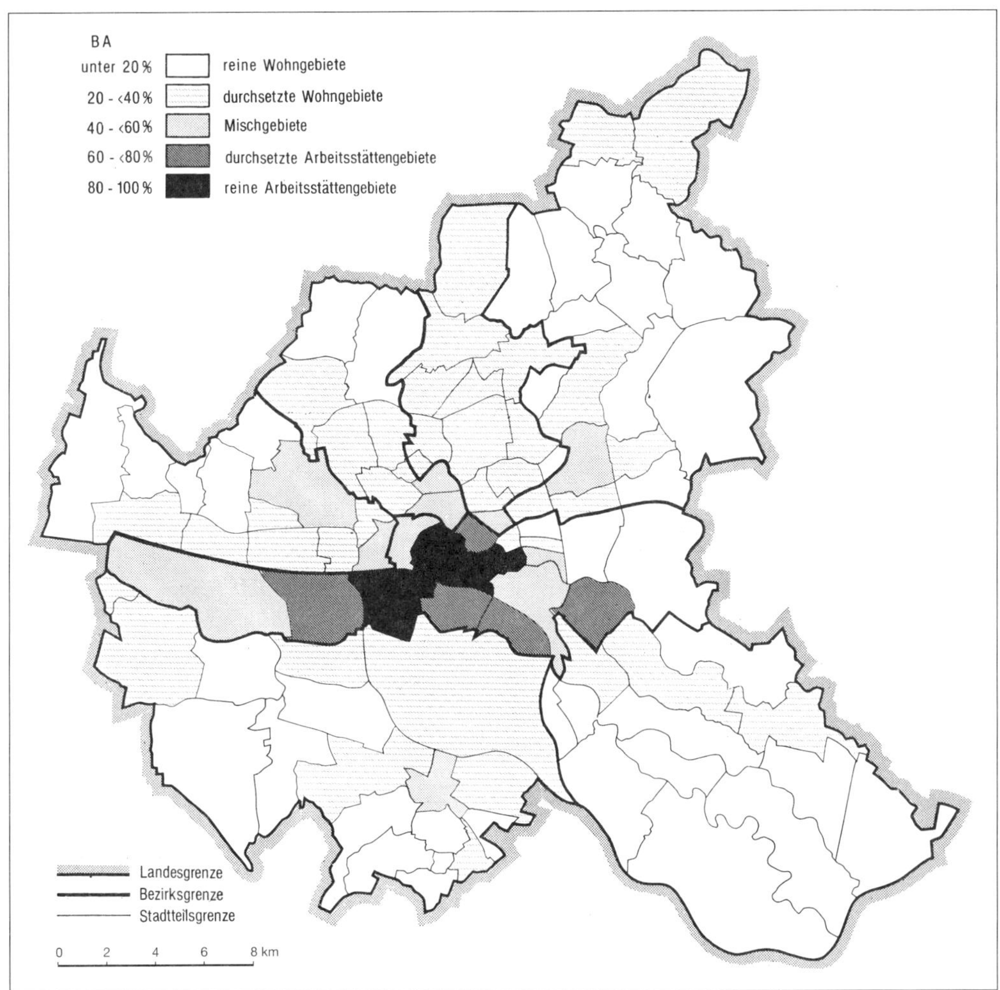

Abb. 2.12.2:
Der Beschäftigtenanteil (BA = Beschäftigte in % der Summe aus Wohnbevölkerung und Beschäftigten) in den Gebietsteilen Hamburgs 1939
Quelle:
eigene Berechnungen nach den Ergebnissen der Volks-, Berufs- und Betriebszählung vom 17. Mai 1939 – z. T. nach unveröffentlichten Zähllisten des Stat. Landesamtes Hamburg
(Zur Gebietseinteilung des neugeschaffenen Groß-Hamburgs im Jahre 1939, die dieser Karte zugrunde liegt und die nicht der heutigen Einteilung in Stadt- und Ortsteile entspricht, vgl. u. a. die kartographische Darstellung im Stat. Jahrbuch f. d. Hansestadt Hamburg 1937/38, S. 26/27.)

zialen Verantwortung, denn der Kapitalanleger war nicht an der Qualität der erstellten Wohnungen interessiert, sondern nur an der zu erzielenden guten Rendite. Neben der langfristigen Kapitalanlage diente der Wohnungsbau auch kurzfristigen Spekulationsgeschäften; z. B. wurde oft die Bebauung ganzer Straßenzüge von kapitalkräftigen Baumeistern durchgeführt, die gleichartige Mietwohnhäuser aufführten und diese dann einzeln oder in Gruppen mit Gewinn weiterverkauften.

Da der Bedarf an Wohnungen mit der enorm wachsenden Bevölkerung ständig stieg, glaubte man den Absatz der Ware Wohnung gesichert. Tatsächlich allerdings wurde auf diesem Feld, vorwiegend in den Jahrzehnten bis zum Ersten Weltkrieg, ein Interessengegensatz zwischen Industrieunternehmern und Haus- und Grundeigentümern ausgetragen, denn die ersteren hielten zur Mehrung ihres Kapitals die Löhne möglichst niedrig und brachten dadurch letzteren – indem die Arbeitnehmer nur einen Anteil von maximal 20 % ihres Lohnes für die Miete erübrigen konnten – oft in die Lage, keinen entsprechenden Mietzins erzielen zu können. Die Unvermietbarkeit von Wohnungen trotz Wohnungsmangels und die häufigen Zwangsversteigerungen von Mietshäusern waren eine Folge dieser Konfliktsituation.

Obgleich der Anteil von *Kleinwohnungen* (Wohnungen mit 1–3 Zimmern) 1885 am Wohnungsbestand der Stadt 84 % betrug (Abb. 2.13), lag für diese Größenklassse dennoch ein Fehlbestand vor. Um einen Anreiz zum Bau von Kleinwohnungen zu schaffen, erließ der Hamburger Senat 1902 erneut ein *Gesetz zur Förderung des Kleinwohnungs-Baues* (ein erstes Gesetz, das relativ wirkungslos geblieben war, stammte von 1873). Hierdurch stieg der Zugang an Kleinwohnungen nachweislich stark an (vgl. SÜRTH 1919). Durch die Bestimmungen des 1907 novellierten *Wohnungspflegegesetzes* wurden auch für diese sehr einfachen Wohnungen Mindestanforderungen an die Ausstattung – besonders die hygienischen Einrichtungen betreffend – garantiert. Von stärkerem Einfluß als die gesetzlichen Maßnahmen, mit denen der Staat regulierend einzugreifen versuchte, war jedoch die Tätigkeit der allmählich entstandenen *Wohnungsbaugenossenschaften und -gesellschaften*. Eine erste Hamburger „Gemeinnützige Baugesellschaft" war bereits im Jahre 1856 gegründet worden, mußte aber schon 1857 wieder aufgelöst werden. Eine größere Wirkungsmöglichkeit für den genossenschaftlichen und gemeinnützigen Wohnungsbau bot sich erst, nachdem 1889 durch zwei Reichsgesetze Erleichterungen geschaffen worden waren. Durch diese wurden Baugenossenschaften erlaubt, deren Genossen nur beschränkt haftpflichtig waren, und außerdem die Landesversicherungsanstalten in die Lage versetzt, einen Teil ihres Vermögens in Hypotheken anzulegen. Die große Zahl der anschließend gegründeten Genossenschaften spiegelt den Impuls wider, der von diesen neuen gesetzlichen Möglichkeiten ausging: 1888 existierten im Deutschen Reich 28 eingetragene Baugenossenschaften, 1914 dagegen gab es 1 402, d. h. ihre Zahl hatte sich verfünfzigfacht.

In Hamburg entwickelte als erster der 1892 gegründete „Bau- und Sparverein" (zunächst als Genossenschaft, ab 1903 als AG) eine erfolgreiche Bautätigkeit; er hatte bis 1916 schon 2 021 Wohnungen errichtet. Um 1890 war auch die 1875 gegründete Hamburger Schiffszimmerergenossenschaft in eine Wohnungsbaugenossenschaft umgewandelt worden, die allerdings bis 1900 noch keine eigenen Bauten aufführte, sondern hafennahe ältere Wohngebäude aufkaufte und diese, z. T. mit handwerklicher Hilfe der Genossen, instandsetzte und modernisierte. Die späterhin von der Schiffszimmerergenossenschaft gebauten Häuser zählen zu den hochwertigsten des genossenschaftlichen Wohnungsbaus überhaupt.

Während um 1900 in Hamburg auch verschiedene Beamtenwohnungsvereine entstanden (Bauverein der Postbeamten eGmbH, Reichsbahn-Bau-Verein in Wilhelmsburg u. a.), spielte der Werkswohnungsbau, der zur gleichen Zeit im Ruhrgebiet große Bedeutung erlangte, in der Hansestadt nur eine sehr untergeordnete Rolle. (Hinsichtlich der Wohnungsversorgung Hamburgs um 1900 ist im interregionalen Vergleich im übrigen auf die überdurchschnittliche gewerbliche Nutzung der Wohnungen hinzuweisen, auf einen relativ hohen Anteil von Kellerwohnungen und ein sehr hohes Mietpreisniveau, – diese Ergebnisse erbrachte eine hierarchische Clusteranalyse, die WISCHERMANN von 30 deutschen Großstädten auf der Basis von 27 Variablen für das Jahr 1905 durchführte; vgl. WISCHERMANN 1979).

Wenn die Finanzierungsformen bei den verschiedenen Baugenossenschaften und -gesellschaften auch unterschiedlich waren, so führten sie doch in jedem Fall zu relativ günstigen Wohnungen für die Beteiligten. Hatte vor dem Ersten Weltkrieg das Problem in der zu niedrigen Anzahl von akzeptablen Wohnungen für die sozial Schwächeren bestanden, so trat in der unmittelbaren Nachkriegszeit eine generelle Wohnungsnot auf. Die Bautätigkeit war während des Ersten Weltkrieges fast ganz zum Erliegen gekommen, die Zahl der Wohnungssuchenden erhöhte sich dagegen nach Kriegsende bedeutend durch die vielen Kriegsheimkehrer, die nun einen Haushalt gründen wollten. 1918 hatten in Hamburg noch ca. 10 000 Wohnungen leergestanden, 1923 jedoch wurde der Fehlbestand bereits auf mindestens 29 000 Wohnungen geschätzt, denn die Zahl der Wohnungsneubauten zwischen 1918 und 1923 (9 300 Wohnungen) hatte dem erhöhten Bedarf nicht entsprochen.

Als sich nach der Inflation von 1923 die Währung stabilisierte, belebte sich zwar auch der Wohnungsbau wieder stärker, aber er zeigte eine Veränderung in der Trägerschaft. War in der Vorkriegszeit für den Mietwohnungsbau trotz der zahlenmäßigen Zunahme der Baugenossenschaften der private Grundstückseigentümer, der auf einem einzelnen Grundstück ein Wohngebäude errichten ließ, der weitaus bedeutendste Bauträger gewesen, so wurde er jetzt fast ganz aus dem Baugeschehen verdrängt: Die Wohnungserstellung erfolgte aus Rationalisierungsgründen nunmehr in Baublöcken, und hierfür reichten die Finanzierungsmöglichkeiten eines einzelnen nicht mehr aus, zumal die Privatvermögen durch die Inflation reduziert worden waren. Es entstanden daher in großer Zahl privatwirtschaftliche Wohnungsunternehmen, die zusammen mit den gemeinnützigen Wohnungsbaugesellschaften bis Anfang der 1930er Jahre einen großen Aufschwung im Wohnungsbau bewirkten. Der Eigenheimbau, den der Staat schon während des Krieges durch das Kriegerheimstättengesetz (1915) und nach dem Krieg durch das Reichsheimstättengesetz (1920) zu fördern gesucht hatte, blieb daneben von untergeordneter Bedeutung. 1930 kulminierte die Bautätigkeit in Hamburg mit 11 039 fertiggestellten Wohnungen, wobei aber auf 1 151 Mietshaus-Neubauten nur 94 Einfamilienhaus-Neubauten kamen (1931 wurden 9 309 Wohnungen fertiggestellt in 909 Mietshäusern und 46 Einfamilienhäusern; vgl. Stat. Jahrbuch f. d. Freie und Hansestadt Hamburg 1932 / 33, S. 67).

Es ist bemerkenswert, daß sich mit der Verschiebung der Trägerschaften auch eine Veränderung der Wohnbauweise vollzog. Von Beginn an war bei den Genossenschaften der Selbsthilfegedanke verbunden gewesen mit dem Willen, auch für die Kleinwohnungen mehr Qualität zu erreichen. Die privaten Bauherren der Vorkriegszeit hatten durchweg „Schlitzbauten" aufführen lassen, bei denen das Grundstück in großer Tiefe ausgenutzt wurde; die Folge waren – im Falle der Großwohnungen – schlecht belichtete Hinterzimmer oder – im Falle der Kleinwohnungen, von denen bis zu vier pro Stockwerk angeordnet wurden – Wohnungen, die keine Querlüftung erlaubten, und von denen die rückwärtigen Zimmer mindestens zur Hälfte am Hofschlitz gelegen waren.

Die Genossenschaften aber hatten sich als erste um neue Grundrisse bemüht und waren zu der Form des einspringenden Hofes gekommen, bei der mehrere Häuser hufeisenförmig um eine zur Straße offene kleine Grünanlage gruppiert wurden. Gedanklich durch viele Reformschriften zur Wohnungsfrage vorbereitet, konnte sich dann in der Nachkriegszeit, als die Einzelbauherren so gut wie ausgeschaltet waren, der gestaltete Blockwohnungsbau durchsetzen: Man ordnete die Randbebauung um einen großen durchgrünten Innenhof an und erhielt, indem man die Wohnungen möglichst auf zwei pro Geschoß beschränkte, Wohneinheiten, deren Vorderzimmer Straßenlage hatten und deren Hinterzimmer auf eine ruhige Grünzone gerichtet waren. Außer der Forderung nach einer möglichen Querlüftung, die hierdurch erfüllt wurde, waren auch weitere reformerische Ansprüche von Wirksamkeit für die Gesamtgestaltung. So waren Außenfenster für die Treppenaufgänge gefordert worden. Dies führte bei den neuen Bauten zu einer rhythmischen, die Fassade gliedernden Folge besonders gestalteter Fensterachsen der Treppenhäuser. Und aus der Forderung nach Keller- und Bodenraum für jede Wohnung ergaben sich bei Flachbauten häufig attikaartige, durch schmale Fenster im Querformat untergliederte Wandabschlüsse über dem letzten Wohngeschoß.

Der *Staat*, der zuvor nur durch finanzielle Vergünstigungen den genossenschaftlichen Wohnungsbau gefördert hatte, übernahm nach dem Ersten Weltkrieg die Funktion einer umfassend kontrollierenden Instanz. Auf der Grundlage eines neuen Kleinwohnungsgesetzes von 1918 wurde die nun in großem Unfange einsetzende öffentliche Finanzierung von bestimmten Bedingungen abhängig gemacht. So forderte die *Hamburger Beleihungskasse*, der es nach 1924 oblag, die Erträge aus der neu eingeführten Hauszinssteuer dem Wohnungsbau zuzuführen, bei der Vergabe der Hypotheken sowohl den Nachweis der Gemeinnützigkeit der Bauunternehmung als auch den der Einhaltung bestimmter Bebauungsvorschriften. Die *Baubehörde* dann schaltete sich bei allen Großbauvorhaben ein, indem sie die Architektenentwürfe prüfte und Einfluß nahm auf Grundriß und Aufriß bis hin zur Art des verwendeten Materials, – als welches Klinkerziegel bevorzugt wurden. Das *Wohnungspflegeamt* überwachte den Zustand der Altbauwohnungen, und über das *Wohnungsamt*, das u. a. das Recht zu Zwangseinweisungen hatte, wurde eine gerechte Wohnungsvergabe angestrebt. 1930, als die Reichsregierung eine „Gemeinnützigkeitsverordnung" erließ, durch die endlich die Eigenschaften der Gemeinnützigkeit definiert wurden, ordnete Hamburg (die Anwendung des Gesetzes war den nachgeordneten Gebietskörperschaften zugewiesen worden) ein Anerkennungsverfahren für Gemeinnützigkeit als obligatorisch an, und *Anerkennungsbehörde* wurde die *Finanzdeputation*.

Zusammengenommen heißt dies alles, daß der Staat nach 1918 neben einem sozialpolitischen auch ein städtebauliches Ziel zu verfolgen begann. Während der Zeit des Nationalsozialismus allerdings kam dem Wohnungsbau keine zentrale Rolle zu. Nach einem leichten Aufschwung der Neubautätigkeit von 1935 bis 1937 kam der Wohnungsbau ab 1938 zugunsten der verstärkten Aufrüstung fast gänzlich zum Erliegen.

Örtliche Unterschiede in den Wohnverhältnissen

Die verschiedenen Wohnlagewerte, die früh fixiert worden waren (vgl. Kap. 2.2.2), bestimmten die Wohnungssubstanz der städtischen Teilgebiete und ihre jeweilige Ergänzung durch Neubauten.

Um die vorhandene Heterogenität zu verdeutlichen, wird im folgenden ein repräsentatives Merkmal, die Zimmeranzahl pro Wohnung, jeweils für die Stadt Hamburg insgesamt und für die Stadtteile Harvestehude und Barmbek überprüft. (Die Zimmeranzahl pro Wohnung ist die einzige Angabe dieser Art, die die älteren Statistiken durchgehend bieten. Sie muß als solche das absolute Maß, die Wohnungsgröße in m^2, ersetzen, die nur durch wenige Spezialenqueten für einige soziale Gruppen erfaßt wurde; vgl. WISCHERMANN 1983a).

Die genannten Stadtteile wurden gewählt, weil sie die Endpunkte der Skala bezeichnen: Harvestehude hatte stets von allen Stadtteilen den höchsten Anteil an

Abb. 2.13:
Der Anteil von Wohnungen der Größenklassen „1-3 Zimmer", „4-6 Zimmer" und „7 Zimmer und mehr" in der Stadt Hamburg insgesamt sowie in den Stadtteilen Barmbek und Harvestehude 1885, 1910, 1927 und 1937
(in % des Gesamtwohnungsbestandes der betreffenden Gebietseinheit)

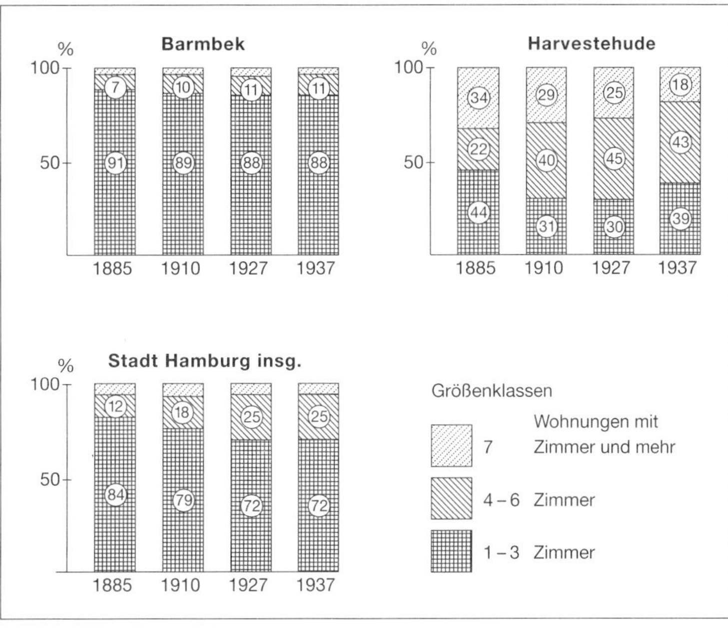

Quelle:
eigene Berechnungen nach Stat. Handbuch f. d. Hamburgischen Staat 1891; Stat. Handbuch f. d. Hamburgischen Staat 1920; Stat. Jahrbuch f. d. Freie u. Hansestadt Hamburg 1927/28 u. 1933/34; Stat. Jahrbuch f. d. Hansestadt Hamburg 1937/38.
(Bis 1910 beziehen sich die obigen Angaben, den Zählkriterien der damaligen Statistiken entsprechend, auf die Zahl der „heizbaren Zimmer", ab 1927 auf die Zahl der Räume, ohne Küche.)

Wohnungen mit mehr als sieben Zimmern, Barmbek dagegen den größten Anteil an Ein- und Zwei-Zimmer-Wohnungen (wenn man die Stadtteile Altstadt und Neustadt ausnimmt, die sich für einen Langzeitvergleich wegen der ständigen Verringerung ihrer Wohnfunktion schlecht eignen).

Bei den in Abbildung 2.13 dargestellten Anteilen überraschen vor allem die hohen Prozentsätze an Kleinwohnungen, insbesondere für das Stichjahr 1885, also für die Zeit, da sich der Verdichtungsraum gerade gebildet hatte: Der Anteil an Ein- bis Drei-Zimmer-Wohnungen lag 1885 für die Stadt Hamburg insgesamt bei 84 %, im Stadtteil Barmbek erreichte er 91 %. Da aber für jene Zeit trotzdem der Mangel an kleinen Wohnungen für Arbeiter überliefert ist (s. o.) – der hauptsächlich Zwei-Zimmer-Wohnungen betraf, – drückt sich in den genannten Zahlen die allgemein schlechte Wohnsituation aus. Sie war verbunden mit einer großen sozialen Diskrepanz, denn für den Stadtteil mit dem höchsten Wohnlagewert, Harvestehude, lag gleichzeitig der Anteil an Wohnungen mit sieben Zimmern und mehr bei 34 % ! Dagegen war die mittelgroße Wohnung von vier bis sechs Zimmern unterrepräsentiert, sie erreichte selbst in Harvestehude nur 22 % (Hamburg insgesamt 12 %, Barmbek 7 %), während auch hier der übrige Anteil von 44 % auf Ein- bis Drei-Zimmer-Wohnungen entfiel. Dies besagt, daß sich das Leben der Oberschicht in repräsentativen Villen abspielte (Etagenwohnungen von 7 Zimmern und mehr gab es 1885 nur vereinzelt), während die Unterschicht und auch ein großer Teil der – im Vergleich zur Gegenwart nicht sehr stark ausgebildeten – Mittelschicht in den beengten Wohnverhältnissen der Mietshäuser leben mußte. (In den relativ hohen Kleinwohnungsanteilen auch für Harvestehude macht sich hauptsächlich das Gebiet von „Pöseldorf“ bemerkbar, das sich westlich der Großvillen-Zone des Harvestehuder Weges ausgebildet hatte.)

Im 20. Jahrhundert wurden die Verhältnisse ausgewogener: Die Wohnungen mit mehr als sieben Zimmern nahmen auch im Nobelstadtteil Harvestehude anteilig ab und betrugen dort 1937 nur noch 18 % (wobei man zusätzlich davon ausgehen muß, daß die Großwohnungen seit den 1920er Jahren durch Untervermietung oft von mehr als einem Haushalt genutzt wurden), während der Anteil der Vier- bis Sechs-Zimmer-Wohnungen stieg. Sogar der Arbeiter-Stadtteil Barmbek hatte 1937 einen Anteil von 11 % Vier- bis Sechs-Zimmer-Wohnungen erreicht. In Hamburg insgesamt standen 1937 den 72 % Ein- bis Drei-Zimmerwohnungen immerhin 25 % Vier-bis Sechs-Zimmerwohnungen gegenüber, und es existierten noch 3 % Wohnungen mit sieben Zimmern und mehr. Die Entwicklung läßt also eine allmähliche Hebung des Standards für die breite Bevölkerung erkennen, mit der sich eine gewisse Abschwächung der ehemals extremen Gegensätze zwischen den bevorzugten Wohnstadtteilen und solchen der Arbeiterbevölkerung verband. Auch die Wohnungsausstattung, die hier unberücksichtigt bleiben mußte, verbesserte sich mit der Annäherung an die Gegenwart (z. B. sank die Zahl der Kleinwohnungen ohne eigenes WC und Bad), was das eben Gesagte noch unterstreicht.

Das Hamburger Stadtbild vermittelt heute kaum noch eine Vorstellung von den schlechten Wohnverhältnissen am Ende des 19. und zu Beginn des 20. Jahrhunderts, weil die engbebauten Arbeiterwohnviertel wie Eimsbüttel, Barmbek und Hammerbrook im Zweiten Weltkrieg zu weiten Teilen zerstört wurden, wogegen die Wohnviertel mit offenerer Bebauung und besserer Bausubstanz weniger Verluste erlitten.

Die schichtenspezifischen Wohnverhältnisse

Die soeben beschriebenen Unterschiede in den Wohnverhältnissen implizierten bereits eine schichtenspezifische Differenzierung. Hinsichtlich der Zuordnung verschiedener Größenklassen von Wohnungen zu bestimmten Sozialschichten bestand früher eine erhebliche Forschungslücke. Sie ist in den 1980er Jahren für einen Teilbereich geschlossen worden durch Untersuchungen WISCHERMANNS, unter denen ein Aufsatz von 1983 („Wohnen und soziale Lage in der Urbanisierung...“) für unseren Zusammenhang von besonderem Interesse ist. In diesem werden drei Hamburger Spezialenqueten der Jahre 1897 / 1901 analysiert, mit welchen die Wohnverhältnisse der *Unbemittelten*, der *Unterbeamten* und der *Volksschullehrer* erfaßt wurden. Die sog. „Unbemittelten“ lagen in ihrem Jahreseinkommen unter der Besteuerungsgrenze von 900 Mark; sie machten immerhin 50,2 % der erwerbstätigen Bevölkerung der Stadt aus. Die „Unterbeamten“ repräsentierten mit einem Jahreseinkommen zwischen 900 und 1 800 Mark die unterste Gruppe der Steuerzahler, die 34,2 % der Beschäftigten umfaßte; und die „Volksschullehrer“ standen mit einem Jahreseinkommen zwischen unter 2 000 bis 6 000 Mark stellvertretend für die nächste Gruppe in der Einkommenspyramide, die 12,1 % der Erwerbstätigen ausmachte. Nur die sehr kleine Gruppe der Spitzenverdiener mit mehr als 6 000 Mark / Jahr (3,5 % der Erwerbstätigen) war also durch keine der Befragungen erfaßt worden.

Die durchschnittliche Wohnungsgröße dieser drei Gruppen, von denen die Unbemittelten die unterste Sozialschicht und die Volksschullehrer den Mittelstand repräsentierten, während die Unterbeamten eine Mittelstellung zwischen beiden einnahmen, differierte erheblich. Bei den Unbemittelten dominierte bei weitem die Wohnung mit nur einem heizbaren Zimmer, bei den Unterbeamten die Wohnung mit drei heizbaren Zimmern, während die Volksschullehrer in der Mehrzahl der Fälle über vier Zimmer und mehr verfügten (Abb. 2.14). Daraus resultierte eine höchst unterschiedliche Belegungsdichte: Von 4,37 Personen pro heizbares Zimmer bei den Unbemittelten sank sie auf 1,37 Pers./heizb. Zimmer bei den Unter-beamten und auf 1,04 Pers./heizb. Zimmer bei den Volksschullehrern. Die extrem hohe Belegungsdichte bei den Unbemittelten wird in ihrer negativen Aussage allerdings gemildert durch die Tatsache, daß die Kleinwohnungen meist auch nicht-heizbare Zimmer enthielten. Durch deren Einbeziehung in die Berechnung ergeben sich als „Personen pro Raum" für die Unbemittelten 1,89, die Unterbeamten 1,03 und die Volksschullehrer 0,7.

Durch die Befragung waren auch die absoluten Wohnungsgrößen mit erfaßt worden, die für Hamburg insgesamt nicht überliefert sind. Hier ergibt sich, daß fast 50 % der Wohnungen der Unbemittelten zwischen 20 und 30 m² groß waren (Durchschnitt: 28,1 m²), bei den Unterbeamten dominierte eine Wohnungsgröße zwischen 40 und 60 m² (Durchschnitt: 53,0 m²), während die Werte für die Volksschullehrer zwischen 60 m² und mehr als 100 m² lagen (Durchschnitt: 91,5 m²), so daß sich also mit jeder Stufe der Einkommenspyramide der verfügbare Wohnraum nahezu verdoppelte. Die errechnete Quadratmeterzahl an Wohnraum pro Person belegt, daß um die Jahrhundertwende nicht einmal die schon privilegiert wohnenden Volksschullehrer den heutigen Durchschnittsstandard erreichten (Volksschullehrer 1901: 21,4 m²/Person; Hamburger Durchschnitt 1993: 35,2 m² pro Person). Der Wohnraum der Unbemittelten lag mit 6,1 m²/Person (Flächenanteile für Küche, Flur etc. mit eingerechnet) noch unter der damaligen Minimalforderung von 10 m²/Person; die Werte bei den Unterbeamten betrugen 12,7 m²/Person.

Außerdem weist WISCHERMANN noch darauf hin, daß auch eine Abhängigkeit zwischen Sicherheit des Einkommens, Arbeitsplatzbindung und Lage der Wohnung bestand.

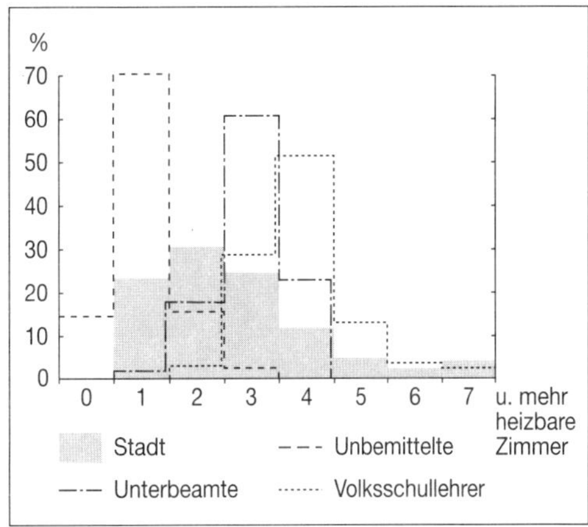

Abb. 2.14:
Wohnungsgrößen unterschiedlicher sozialer Gruppen in der Stadt Hamburg um 1900
Quelle: nach WISCHERMANN 1983 a, S. 315

2.3.5 Die städtebauliche Entwicklung: Konzeptionslosigkeit in der Vorkriegszeit, Umsetzung sozialreformerischer Zielvorstellungen nach 1918

Es steht außer Frage, daß in der Bauepoche vor 1914, in der die Wohnstadt Hamburg in ihrem Grundgefüge festgelegt wurde, der Städtebau von keinem übergeordneten Konzept geleitet war. Während man in anderen Städten die Stadterweiterung durch behördlich erarbeitete Grundrißpläne lenkte, blieb in Hamburg zunächst alles der privaten Initiative überlassen. Die Aufschließung des Geländes erfolgte weiterhin durch Separationen der noch vorhandenen agrarischen Nutzflächen, wobei zumeist auch der für den Grundriß und damit die Möglichkeiten der späteren Bebauung entscheidende Vorgang der Straßenanlage dem privaten Grundbesitzer überlassen blieb. Dieser hatte nur die Auflage, über die finanzielle Abwicklung und die spätere Straßeninstandhaltung mit der Finanzdeputation einen Kontrakt abzuschließen. (Nachdem mindestens die Hälfte der Straßenfronten bebaut waren, konnten dann die Anlieger einen Antrag auf staatsseitige Übernahme der Privatstraßen stellen.) Dadurch bildete sich ein sehr individuelles Straßennetz heraus, dessen Grundlinien die ehemaligen Landstraßen und Feldwege waren, und in dem die Zwischen- und Querstraßen oft alte Flurparzellenrichtungen nachzeichneten. Kein Gedanke also an eine weltstädtische Straßenführung, etwa an die Vorgabe von radialen Hauptachsen, die man möglicherweise durch einen Boulevard-Halbring rund um die Außenalster miteinander verbunden hätte!

Auch die verschiedenen Baupolizeigesetze (erstes 1865) waren städtebaulich wenig wirksam, weil sie sich weitgehend auf Sicherheitsvorschriften für die Gebäude beschränkten. Allein die Begrenzung der Hinterhäuser auf eine Höhe von drei Geschossen, die das Baupolizeigesetz von 1882 als Bestimmung einführte, war städtebaulich relevant, weil sie eine zu starke Ausnutzung der Hinterhöfe ausschloß.

Die Einsicht, daß man über Bebauungspläne zur Festlegung von Baufluchtlinien, Bauabständen, Stockwerkshöhen und Nutzungsbeschränkungen kommen müßte, führte 1892 zu einem Bebauungsplangesetz, mit dem die Aufstellung von Bebauungsplänen verbindlich gemacht wurde. Die meisten der aufgrund dieses Gesetzes Ende des 19. Jahrhunderts erarbeiteten Bebauungspläne traten erst Anfang des 20. Jahrhunderts in Kraft (z. B. Bebauungsplan für Rotherbaum 1904, Bebauungsplan für Harvestehude 1906), also zu spät, um die Stadterweiterung, die sich bereits raumgreifend vollzogen hatte, noch maßgeblich zu lenken. Größtenteils bedeutete sie eine Festschreibung jener Verhältnisse, die sich im Zuge der privaten Aufschließung ergeben hatten. Das Erscheinungsbild der Wohnstadt wurde daher bis zum Ersten Weltkrieg in der Hauptsache bestimmt von einer uniformen Mietshausbebauung an einem recht zufällig gewachsenen Straßennetz. Die Höhe der Straßenrandbebauung betrug durchschnittlich fünf Vollgeschosse (aus der Zeit zwischen 1880 und 1900 stammten auch viergeschossige Bauten; sechsgeschossige Gebäude kamen selten vor), und häufig wurden die schmalen und tiefen Grundstücke zusätzlich durch Hinterhäuser und gewerbliche Anlagen auf den Höfen genutzt. Nur die Vorzugsgebiete in Alsternähe bildeten mit ihrer aufgelockerten, großzügig durchgrünten Villenbebauung hiervon eine Ausnahme.

Die Wende, die sich während der 1920er Jahre im Städtebau vollzog, wurde schon in der Zeit unmittelbar vor dem Ersten Weltkrieg durch verschiedene Maßnahmen F. Schumachers eingeleitet. 1909 als Baudirektor nach Hamburg berufen, wirkte Schumacher zunächst darauf hin, daß eine eigenständige Städtebauabteilung im Hochbauwesen der Baubehörde geschaffen wurde. Etwa gleichzeitig veranlaßte er, daß für die als Vororte angegliederten Landgemeinden Alsterdorf, Groß Borstel, Ohlsdorf, Klein Borstel, Fuhlsbüttel und Langenhorn baupolizeiliche Sondervorschriften erarbeitet wurden (erlassen 1918), die u. a. generell eine Flachbauweise mit maximal 3 Geschossen festlegten und damit eine offene Bebauung im landschaftlich reizvollen oberen Alstertal sicherten.

Nach dem Ersten Weltkrieg wurde der Städtebau in eine neue Richtung gelenkt. Als – wie im Kap. 2.3.4 erwähnt – der Wohnungsbau kaum noch von privaten Einzelbauherren, sondern überwiegend von freien Wohnungsbauunternehmen oder gemeinnützigen Baugesellschaften und -genossenschaften getragen wurde, hatte sich auch der Staat ein Instrumentarium geschaffen, das ihm eine verstärkte Einflußnahme ermöglichte.

Die Hamburger Baubehörde verfolgte dabei unter Schumacher in der Nachkriegszeit drei Ziele:

- die Wohngebiete stärker mit Grünanlagen zu durchsetzen,

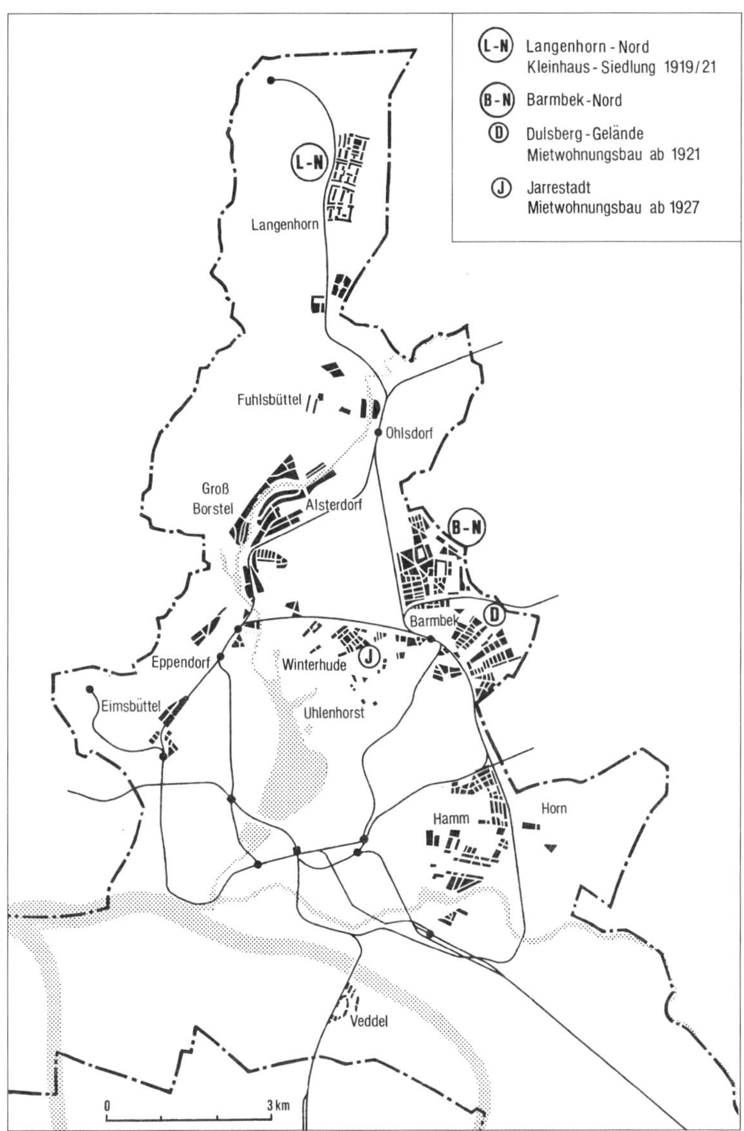

Abb. 2.15: Neubaugebiete der Stadt Hamburg 1919 bis 1931 (Neuzeichnung nach SCHUMACHER 1932, Tafel 1; berichtigt hinsichtlich nicht ausgeführter Projekte)

- in Neubaugebieten Blockzuschnitte zu verhindern, die zu einer Hinterflügel-Bauweise führen könnten,
- die durchschnittliche Geschoßzahl zu reduzieren (SCHUMACHER 1932, S. 23 ff.).

Abbildung 2.15 zeigt die Neubaugebiete dieser Zeit, die relativ große, geschlossene Komplexe umfaßten. Wenn, wie im Raum Dulsberg und in Barmbek-Nord, für ein Baugebiet bereits rechtskräftige Bebauungspläne aus der Vorkriegszeit vorlagen, so wurden sie entweder modifiziert (Barmbek-Nord) oder durch einen ganz neuen Plan ersetzt (Dulsberg). Durch die nun gültigen Zielvorgaben wurden Architekten in die Lage versetzt, zusammenhängende Baublockfolgen nach übergeordneten Gesichtspunkten zu planen; außerdem konnte die Städtebauabteilung der Behörde für das jeweilige Gesamtgebiet koordinierende Arbeit leisten. Die ersten beiden der obengenannten drei Zielvorstellungen wurden dabei in jedem Falle realisiert, dagegen war es bei dem großen Wohnungsbedarf schwierig, die Geschoßzahl merklich zu reduzieren.

Von den großen geschlossenen Neubauanlagen der 1920er Jahre haben besonders das Dulsberg-Gebiet und die Jarrestadt als überdurchschnittliche Leistungen des „Neuen Bauens" internationale Anerkennung gefunden.

Auf dem *Dulsberg-Gelände* im östlichen Barmbek entstand zunächst ab 1921 nach Plänen von Schumacher eine einheitliche Folge von Wohnhöfen in noch recht traditioneller Bauweise. An diesen Nord-West-Bereich schlossen sich dann im Laufe der nächsten Jahre nach Süden und Südosten hin unterschiedliche Groß-Ensembles an. Sie dokumentierten in neu entwickelten Formen die Möglichkeiten moderner Wohnbau-Architektur, – etwa durch die nach Grundriß und Fassadengestaltung als expressionistisch zu bezeichnenden Bauten der Architekten Klophaus, Schoch und zu Putlitz (u. a. der Wohnblock Naumannplatz) oder durch die avantgardistischen Laubenganghäuser der Architekten Gebrüder Frank, die sich besonders durch interessante Ecklösungen auszeichneten.

Im Gegensatz dazu ist das Kennzeichen der *Jarrestadt* ihre Homogenität. Obgleich auch hier zahlreiche Architekten beteiligt waren (Architektenwettbewerb 1926) und eine Einheitlichkeit aller Bauten vermieden wurde, haben der sehr klare Grundriß, das vorhandene Gleichmaß in der Fassadengliederung und besonders der gleichartige Abschluß durch Flachdächer, die das Kubische der Blöcke betonen, den Eindruck eines homogenen Siedlungsbildes entstehen lassen. Diesem wurde durch die Bezeichnung „Jarrestadt" Rechnung getragen (Benennung nach der im Süden verlaufenden Jarrestraße). Im Dulsberg-Gebiet wie in der Jarrestadt und auch in den meisten der anderen Neubaugebiete der 20er Jahre bringen die Backsteinfassaden den verwandten Grundcharakter besonders deutlich zum Ausdruck.

Im Zweiten Weltkrieg haben die Neubaugebiete der 1920er Jahre beträchtliche Zerstörungen erfahren. Da jedoch zumeist ausgebrannte Ruinen stehengeblieben waren, konnte sich der Wiederaufbau in vielen Fällen der alten Formen bedienen, – er wurde z. T. sogar von den ursprünglichen Architekten geleitet (vgl. Kap. 2.4.3; S. 118).

Während der Zeit des Nationalsozialismus fand die Bautätigkeit der 1920er Jahre nur in abgeschwächter Form eine Fortsetzung. Der Avantgardismus der Nachkriegszeit war nicht mehr gefragt, man kehrte zu sehr bürgerlichen Formen zurück (z. B. lehnte man jetzt das Flachdach als eine nicht „bodenständige" Form ab), und aus ideologischen Gründen förderte man den Bau von Kleinhaus-Siedlungen und Gartenstadt-Anlagen. Daher entstanden im Mietwohnungsbau, abgesehen vom Sanierungsgebiet Neustadt-Nord und einer Arbeitersiedlung in Finkenwerder, keine zusammenhängenden neuen Wohnquartiere.

Dagegen werden an den Planungen für repräsentative Großanlagen die außergewöhnlichen städtebaulichen Ziele deutlich, die von nationalsozialistischer Seite verfolgt wurden, um die Macht des Staates und der Partei zu demonstrieren. In erster Linie strebte man eine besondere Gestaltung des Elbufers als der Eingangslandschaft zum Hamburger Hafen an. Westlich von Altona war eine Elbhochbrücke vorgesehen, und am Ende einer breiten, Altona durchziehenden Nord-Süd-Achse sollte am Elbufer ein monumentales, 250 m hohes Gauhaus das Panorama beherrschen. Nördlich dieses Parteihochhauses plante man eine Volkshalle für 50 000 Versammlungsteilnehmer und einen Aufmarschplatz für 100 000 Menschen. Diese Pläne wurden ergänzt durch Entwürfe für Kreishäuser, Schulbauten und eine Reichssportakademie. Dazu entstanden Projekte für einen Autobahnring, einen Autobahntunnel unter dem Köhlbrand und einen neuen Fischereihafen. Keiner der Entwürfe, an denen der Chefarchitekt K. Gutschow auftragsgemäß noch während des Krieges arbeitete, wurden auch nur in Ansätzen realisiert (vgl. Kap. 6.1, S. 234f.).

2.3.6 Die Architektur: Historismus der Vorkriegszeit, Neues Bauen nach 1918 / Die Frage des Stilpluralismus

Neben den im Zusammenhang mit den Städtebau-Konzeptionen bereits angesprochenen Variablen der Geschoßzahl (Flachbau oder Hochbau), der Straßenlage (zurückliegendes Einzelhaus, geschlossene Straßenrandbebauung, rechtwinklig zur Straße angeordneter Zeilenbau) und der Grundstücksausnutzung (Straßenrandbebauung mit oder ohne Hinterhäuser), mit denen zumeist ein sozialer Aspekt verbunden ist, bestimmen weitere Gestaltungsmerkmale das Stadtbild: Fassadengliederung und -schmuck, Unterfensterung, Dachform und Baumaterial.

Wir sind gewohnt, auftretende unverwechselbare Merkmalskombinationen als Ausdruck einer bestimmten Baugesinnung zu sehen und einem „Baustil“ zuzuordnen. Baustile werden als einander folgend angenommen. Solche Stilepochengliederung ist jedoch erst ein Ergebnis von Bemühungen des 19. Jahrhunderts, – nach SCHMOLL hat sich die Kunstgeschichte im Verlaufe des 19. Jahrhunderts durch die Ausbildung der Stilkritik und die Methode der Stilepochen-Ordnung erstmalig als Wissenschaft konstituiert und ist dann über die Epochen-Systematik in einen fruchtbaren Austausch mit den anderen Geisteswissenschaften getreten. „In der Folge arbeiteten auch Historiker nicht selten mit den kunstgeschichtlichen Termini, z. B. für eine ‚Geschichte im Zeitalter der Renaissance‘ etc. Die Austauschbarkeit war aber nur möglich, weil der Stilepochenbegriff für die großen Zeiträume wie Gotik, Renaissance und Barock derart ausgeweitet und verallgemeinert wurde, daß vom Wesen des spezifisch Künstlerischen eigentlich nicht viel übrig blieb. Ein derart verwässerter Stilbegriff drang schließlich in den außerwissenschaftlichen Sprachgebrauch ein und bestimmt weitverbreitete Vorstellungen vom Wesen der Kunst, während die Kunstwissenschaft selbst immer mehr Zurückhaltung in der Anwendung der Stilepochenbegriffe übt und vielfach zugibt, mit ihnen nicht mehr auszukommen“ (SCHMOLL 1970, S. 77). Das – hiermit schon in Frage gestellte – Stilepochensystem des 19. Jahrhunderts ging von Stileinheiten in abgrenzbaren Zeiteinheiten aus, innerhalb derer man wohl Früh-, Hoch- und Spätstufen anerkannte, gegenläufige Erscheinungen aber ignorierte. PINDER versuchte 1925, die dennoch unübersehbaren Stildivergenzen mit seiner „Generationen-These“ zu erklären, also künstlerische Gegensätze innerhalb einer Epoche auf die gleichzeitige Tätigkeit von drei verschiedenen Generationen zurückzuführen. Für den divergierenden Stilausdruck von Generationsgleichen blieb er eine Erklärung schuldig. Besonders das Kunstschaffen der letzten eineinhalb Jahrhunderte zeigt Stilrichtungen in sich immer mehr verkürzenden Zeiteinheiten, die unübersehbar gegenläufige Tendenzen mit umfassen; und generationsgleiche Künstler stehen in verschiedener Abhängigkeit zu diesen Tendenzen. So stellt die gegenwärtige kunstgeschichtliche Forschung einen grundsätzlich in allen Epochen vorhandenen „Stilpluralismus“ zur Diskussion.

Die Architektur, an der man sich besonders stark bei der klassischen Epochengliederung orientiert hatte und deren zeitgebundene große Leistungen in die allgemeine Vorstellung von Zeitstilen paradigmatisch eingegangen sind, hatte im 19. Jahrhundert in ihren Ausdrucksformen deutlich auf ältere Stilrichtungen zurückgegriffen. Die Imitationen wurden bald mit den entsprechenden Begriffen „Neo-Gotik“, „Neo-Renaissance“ und „Neo-Barock“ versehen, ohne daß man sie allerdings im einzelnen und auch in ihrer Beziehung zueinander wirklich umfassend analysiert hätte. Dabei prägten gerade diese „Stile“ (eigentlich: Stilzitate) in den entstehenden industriezeitlichen Großstädten Häuserlandschaften bisher nicht gekannten Ausmaßes.

Nicht zuletzt aufgrund ihrer quantitativen Dominanz also haben die historisierenden Stilrichtungen die Lebensumwelt der industriezeitlichen Stadtbewohner entscheidend geprägt und sind deshalb – als physiognomisch beherrschendes Gestaltelement – auch für die Stadtgeographie zum Forschungsgegenstand geworden. Als Wissenschaft von den Erscheinungen im städtischen Raum und den raumbildenden Prozessen muß sich die Stadtgeographie, soweit sie nicht auf Untersuchungsergebnisse der Kunstgeschichte zurückgreifen kann, das Ziel setzen, die das Stadtbild bestimmenden architektonischen Formen beschreibbar zu machen und insbesondere auch zeitlich zuzuordnen, weil sich erst über eine Datierbarkeit der Einzelgebäude Möglichkeiten der genetischen Analyse des gesamten städtischen Baukörpers ergeben.

Zu diesem Fragenkomplex hat die Verfasserin 1959 eine Arbeit veröffentlicht. Sie beruht auf der Untersuchung des *Hamburger Hausformenbestandes* der Zeit bis zum Ausgang des Zweiten Weltkrieges (in den 1950er Jahren, als die Erhebungen durchgeführt wurden, begannn die Nachkriegs-Bautätigkeit gerade erst anzulaufen), wobei als Untersuchungsgebiet ein 1 122 ha großer Raum der westlichen Inneren Stadtteile ausgewählt worden war: Dieser hatte die Stadterweiterung des 19. und des beginnenden 20. Jahrhunderts voll erfahren und war von den Zerstörungen des Zweiten Weltkrieges weniger als andere Teilgebiete Hamburgs betroffen worden. In jenem Raum (es handelt sich um die heutigen Stadtteile Eppendorf, Hoheluft-Ost, Hoheluft-West, Eimsbüttel, Harvestehude und Rotherbaum) existierten (1937) 7 724 bebaute Grundstücke mit 82 585 Wohnungen, so daß der repräsentative Charakter der Erhebungsbasis gesichert war. Im Verlaufe der Untersuchung wurden für die Datierung der festgestellten Grundformen und der verschiedenen zeittypischen Ausbildungen (zur Methode vgl. Möller 1959) rd. 2 500 Bauakten überprüft, so daß der Verfasserin nicht nur die jeweils im Stadtbild auftauchende Baugestalt mit ihren Einzelmerkmalen, sondern auch deren zeitlicher Entstehungsrahmen genau bekannt war und von einer exakten Absicherung der primären Beobachtung gesprochen werden kann.

Die Ergebnisse seien im folgenden aufgegriffen, weil sie zu sozialpsychologischen Fragestellungen jüngerer Veröffentlichungen überleiten und außerdem vor dem Hintergrund der offenen Diskussion um den Stilpluralismus neue Konturen gewinnen.

Es erwies sich, daß bei allen Formenfolgen eine erste Zäsur um das Jahr 1900 und eine zweite Zäsur am Ende des Ersten Weltkrieges auftritt. Diesen vom Material vorgegebenen Zeitabschnitten entspricht die folgende Beschreibung:

Die Architektur im Zeitraum 1870 bis 1900

Bis zur Mitte dieses Zeitraumes zeigt sich eine Formenvergesellschaftung als typisch, die in Abbildung 2.16.1 und 2.16.2 zeichnerisch dargestellt und nach ihren Einzelmerkmalen zusätzlich aufgelistet ist. Sie läßt eine deutliche Vorliebe für geometrische Umrisse erkennen, eben für eine gleichmäßige Rahmung der Fenster und eine Betonung des oberen Fensterabschlusses durch Fensterverdachungen mittels horizontaler Leisten (= Gebälk), flacher Dreiecke oder auch Segmentbögen. Stark ausgearbeitete Zwischen- und Dachgesimse und weitere horizontale Bänder gliedern die Fassade in der Waagerechten; und Zierat in vertikaler Richtung, der in Form von Bändern oder Lisenen durchaus auftreten kann,

Abb. 2.16: Typische Fassadenausbildungen in Hamburg zwischen 1880 und 1885

Merkmale:

Abb. 2.16.1: Mietshaus

Dach:
Niedriges Dach mit steilem Neigungswinkel zur Straße, flachem Neigungswinkel zur Rückfront = Nasendach (flaches Satteldach);

Fenster:
Einfache zweiflügelige Fenster mit Fensterkreuz;

Fassadengliederung und -schmuck:
Starke Horizontalbetonungen mittels Haupt- und Zwischengesims und Dachgesims mit Zahnschnitt, im Erdgeschoß durch Quaderungen; streng geometrische Fensterrahmung; Leisten- und Dreiecks-Fensterverdachungen (Segmentbogenverdachungen);

Material:
Fassadenverblendung mit hellrotem Backstein, Zierat aus Putz (verputzte Wandfläche mit Putzzierat oder Fassadenverblendung mit gelbem Backstein, Zierrat aus Putz).

Abb. 2.16.2: Reihenvilla

Dach:
Flaches Satteldach (bei einzelständigen Villen flaches Walmdach);

Fenster:
Zweiflügelige Fenster mit Fensterkreuz, im Dachausbau gruppierte einflügelige Fenster, im Parterre-Erker dreiflügeliges Fenster mit doppeltem Fensterkreuz;

Fassadengliederung und -schmuck:
Starke Horizontalbetonungen mittels Hauptgesims und Dachgesims mit Zahnschnitt, im Erdgeschoß durch Quaderungen; eine Haushälfte ist betont durch leichte Frontversetzung sowie durch einen kubischen Dachausbau und einen Kastenerker im Parterre; streng geometrische Fensterrahmung, das Türfenster am Balkonaustritt bereits mit stärkerer Skulptierung durch Halbsäulen und kräftig modellierter Segmentbogen-Verdachung;

Material:
Verputzte Wandfläche mit Putzzierat (Fassadenverblendung mit hellrotem oder gelbem Backstein, Zierat aus Putz).

in ( ): häufige Alternativen

Zeichnung: A. Geist

ist generell horizontal gefugt, so daß eine Quaderwirkung entsteht. Zumeist ist auch das ganze Erdgeschoß in Zementputz gequadert, so daß es sich durch diese Pseudo-Rustika von den Obergeschossen als tragendes Sockelgeschoß abhebt. Die Dächer sind niedrig (Nasendächer, z. T. sogar Flachdächer) und damit unauffällig. Der Fensterabstand ist durchweg gleichmäßig, manchmal tritt allerdings eine schwache Rhythmisierung auf, indem die Achsabstände im Mittelbereich des Gebäudes oberhalb des Hauseingangs verändert sind. Die Fenster zeigen schmale, hochrechteckige Formen mit einfachem Fensterkreuz. Bei den großen Mietshäusern ergeben sich somit sehr gleichmäßige Fassaden, die beim Zusammentreten mehrerer derartiger Gebäude zu einem besonderen Ebenmaß der Straßenfront führen. Bei den Villen zeigt die Fassadengestaltung zwar die gleichen Einzelmerkmale, sie wird aber belebt durch die meist vorhandene Gliederung des Baukörpers mittels Parterre-Erker und Dachausbauten. Beide sind bis in die 1880er Jahre ebenfalls bestimmt durch einfache kubische Formen, weisen aber meist schon das breitere dreiflügelige Fenster auf; auch einflügelig-gruppierte Fenster können in diesen Ausbauten vorkommen.

Die Gliederungselemente – wie Fensterverdachungen, Zwischensimse, Quader – bestehen aus Putz, wobei in den 1870er und beginnenden 1880er Jahren durchweg auch die Wandfläche selbst verputzt ist, im Verlaufe der 1880er Jahre aber mehr und mehr Fassadenverblendungen mit hellroten oder gelben Backsteinen üblich werden – als wirkungsvoller Untergrund für den weiterhin in Zementputz aufgeführten Zierat. (Diese Zierelemente waren z. T. vorfabriziert und konnten von den Bauunternehmern über Musterkataloge eingekauft werden.)

Es ist unverkennbar, daß die Fassaden der geschilderten Art stark *klassizistisch* geprägt sind. Interessant ist aber, daß die einfachen, sich auf strenge Maße beschränkenden Formen relativ bald, nämlich ab Mitte der 1880er Jahre, Abwandlungen erfahren, die zunächst auf mehr Plastizität, dann auf eine Verstärkung des malerisch-dekorativen Elementes hinauslaufen. So werden, besonders bei den anspruchsvolleren Gebäuden, wie den Mietshäusern mit Großwohnungen und den Villen, nach 1885 vorzugsweise die Fensterrahmungen stärker herausgearbeitet, z. T. durch seitliche Halbsäulen (Abb. 2.19 zeigt für 1890 als Beispiel sogar Karyatiden), und die jetzt mehr und mehr auftretenden Balkone besitzen oft kräftig geformte Balustraden. Dazu sind die Fensterverdachungen, die häufig durch „Ohren" über den Rahmen hinaus verbreitert werden, wesentlich erhabener modelliert und entsprechend ebenfalls die verschiedenen Simse wie auch die Quaderungen stärker reliefiert. Die Dachausbauten sind nicht mehr wie zuvor allein von geometrischen Formen bestimmt, sondern es erscheinen Schildgiebel, bei deren Abtreppung man Voluten und auch schon malerische Zierformen wie Zwergtürmchen einsetzt (Abb. 2.19). Mit Annäherung an die Jahrhundertwende mehren sich dann diese dekorativen, bewegten Schmuckformen. Sie treten nicht mehr nur an den immer beliebter werdenden Schildgiebeln auf, sondern auch in den Giebelfeldern der Fensterverdachungen, wobei die malerische Innenfüllung eines extrem hochgezogenen Segmentbogens besonders häufig ist (Abb. 2.19). Dieser Loslösung vom klassizistischen Konzept entspricht es, daß bei den aufwendigeren Mietshäusern (denen mit Großwohnungen) in den 1890er Jahren oft Bewegung in die Fassade selbst gebracht wird: Man gestaltet die Obergeschosse mittels vertikal durchlaufender Erkerpartien, wodurch sich Vor- und Rücksprünge in der Hauswand ergeben (Parterre-Erker waren auch bei den Mietshäusern schon seit den 1880er Jahren anzutreffen gewesen). Diese Balkone bleiben aber in der Regel der Hausfront einfach vorgesetzt, d. h. sie gehen noch keine seitliche Verbindung mit den Fassadenvorsprüngen ein.

Bei den Geschäfts- und Kontorhäusern der Innenstadt (Geschäftshäuser für den Bedarf einer einzigen Firma wurden schon seit 1870 gebaut, Kontorhäuser mit zu vermietenden Kontoren seit 1889) entspricht die Fassaden-Skulptierung in etwa derjenigen der Mietshäuser mit Großwohnungen, d. h. alle besonders anspruchsvollen Bauten gehen früh zu verstärkten und dann zu mehr malerisch-dekorativen Formen über – mit der einen Einschränkung, daß bei Kontorhäusern durchweg auf Balkone verzichtet wird.

Alles in allem zeigen die Fassaden der späten 1880er und der 1890er Jahre zahlreiche Stilmerkmale der *Renaissance.*

Die Architektur im Zeitraum 1900 bis 1914

Der schon vorbereitete bewegte Stil erfährt nach 1900 seine volle Entfaltung. Trotz ihrer Kürze ist diese Bauepoche von 1900 bis zum Ersten Weltkrieg von großem Einfluß auf das Stadtbild, denn sie umfaßt die Jahre der höchsten Bautätigkeit im Bereich der „Inneren Stadtteile" (von 1900 bis 1910 wurde fast die gleiche Anzahl an Wohnungen gebaut wie zwischen 1880 und 1900).

Die um 1905 erreichte typische Formenvergesellschaftung zeigt Abbildung 2.17. Das auffälligste Merkmal ist bei den Mietshäusern das Versetzen der Fassade durch Vorziehen eines Mittelteils von halber Hausbreite. An diesen Mittelrisalit sind die jetzt obligatorischen Balkone seitlich angefügt, und bei der sehr häufig vorkommenden Folge von gleichartigen Häusern ergibt sich eine rhythmische Gestaltung der Straßenfront: Einem Vorsprung von halber Hausbreite folgt jeweils ein gleich breiter Rücksprung (gebildet von zwei Vierteln aneinandergrenzender Häuser), in den die Balkone eingefügt sind. Besonders in den Wohngebieten mit Klein- und Mittelwohnungen tritt diese Folge oft ungestört ganze Straßenzüge hindurch auf. In den Vierteln mit Großwohnungen zeigt sich dagegen meist ein variierter

Abb. 2.17: Typische Fassadenausbildungen in Hamburg um 1905
Merkmale:

Abb. 2.17.1: Mietshaus

Dach:
Hohes gebrochenes Dach = Mansarddach (hohes Nasendach);
Fenster:
Dreiflügelige Fenster mit versetztem Kämpfer und Sprossen in den Oberlichtern (dreiflügelige Fenster und zweiflügelige Fenster kombiniert, seltener auch gruppierte einflügelige Fenster);
Fassadengliederung und -schmuck:
Gliederung durch Mittelrisalit mit seitlich angefügten Balkonen,
oberer Abschluß des Mittelrisalits durch geschwungenen Schildgiebel,
Jugendstildekor am Schildgiebel mit vertikaler Überleitung in den Risalit;
Schmuckfelder zwischen den Geschossen auf den Fensterachsen;
(Lisenen als seitlicher Risalitabschluß);
Material:
Wandfläche und Zierat aus Putz (selten: Fassadenverblendung aus weißlasierten Ziegeln; weiterer Zierat aus Putz,
selten: Fassadenverblendung aus mittelrotem Backstein, weiterer Zierat aus Putz oder Werkstein oder Backstein).

Abb. 2.17.2: Reihenvilla

Dach:
Hohes Nasendach, durch Ecklage dem Plattformdach angenähert (Mansarddach);
Fenster:
Nebeneinander von zweiflügeligen, dreiflügeligen und einflügelig-gruppierten Fenstern, jeweils Sprossen in den Oberlichtern (durch geschwungene Sprossen ornamentale Gliederung der Oberlichter);
Fassadengliederung und-schmuck:
Die Giebel-Erker-Hälfte des Hauses ist betont durch leichte Frontversetzung, durch den geschwungenen Schildgiebel und den flach gerundeten Parterrre-Erker; Jugendstildekor in sparsamer Verwendung am Giebel und in der Erkerpartie;
Material:
Wandfläche und Zierat aus Putz (Fassadenverblendung im Erdgeschoß mit mittelrotem Backstein, weiterer Zierat aus Putz).

in ( ): Alternativen

Zeichnung: A. Geist

Rhythmus, weil die besonders großen, repräsentativen Mietshäuser durchweg mit fünf Fensterachsen ausgebildet sind und infolgedessen der Mittelrisalit entweder um eine Fensterachse verbreitert auftritt oder in zwei Einzelrisalite aufgelöst ist, die eine weitere Balkonreihe in ihrer Mitte einschließen. In jedem Falle werden die Risalite im Dachgeschoß mit einem Schildgiebel von meist geschwungenem Umriß abgeschlossen. Die Dächer selbst sind hoch und schon dadurch ausdrucksvoll; in der sehr häufig auftretenden gebrochenen Form (Mansarddach) sind sie besonders dekorativ.

Der Bewegung im Frontverlauf entspricht die Bewegtheit der verschiedenen Schmuckformen. Auf besonders ausgearbeitete Fensterrahmungen ist verzichtet zugunsten von Schmuckfeldern, die die Wandflächen zwischen den Geschossen füllen und auch giebelbegleitend auftreten. Ihr Dekor zeigt zumeist den Einfluß des *Jugendstils*: Es treten Girlanden, weitere pflanzliche Motive, aber auch freie, exaltiert-phantastische Ornamente auf, oft innerhalb von linearen, bänderartigen Rahmungen. Die Zierformen können jedoch auch stärker nur am *Barock* orientiert sein mit verspielten Schwüngen, kleinen Voluten etc. Die vertikale Verbindung, die schon durch den Mittelrisalit vorgegeben ist, wird durch die auf den Fensterachsen angeordneten Schmuckfelder verstärkt, die mit den Fenstern zusammen eine höchst dekorative Vertikalbetonung ergeben. Sie werden als ganze Fassadenpartien zum flächigen Ornament. Aus dieser gestalterischen Absicht erklärt sich die farbliche Gleichbehandlung des einzelnen ornamentalen Zierats mit der Fassade. Am beliebtesten ist der einheitlich weiße Putzbau, – nur für die Vertikalbetonung durch Lisenen oder Bänder bedient man sich manchmal des roten Backsteins, wie auch aus Backstein gemauerte Erdgeschosse vorkommen. (Die vielfarbigen Anstriche, die diese Gebäude in den 1960er und 1970er Jahren erfuhren, verstießen deutlich gegen die ursprüngliche Konzeption.)

Bei den Fenstern herrscht die dreiflügelige Form vor, in die man häufig durch Versetzen des Kämpfers eine Bewegung bringt und die ein dekoratives Element durch Sprossengliederung in den oberen Feldern erhält.

Die Villen zeigen diese zeittypischen Merkmale insofern mit einer gewissen Abschwächung, als bei ihnen als Flachbauten die Möglichkeiten ausdrucksvoller Vertikalgliederung beschränkt sind. So kommen nur bei den – relativ seltenen – einzelständigen Villen überhaupt Mittelrisalite vor, die dann aber nicht die beherrschende Funktion wie bei den hohen Mietshäusern erreichen. Bei den Reihenvillen wird die Gliederung allein bewirkt durch die Betonung der einen Haushälfte mittels Schildgiebel und Parterre-Erker – die beide meist geschwungene Formen zeigen –, wobei diese Haushälfte ein wenig gegen die andere versetzt ist. Als eine Besonderheit kommen bei den Villen Giebel mit Fachwerk und einem weiten Überstand des Daches vor, wodurch die betreffenden Gebäude einen gewissen Landhauscharakter erhalten.

Die im ganzen höchst dekorative Fassadengestaltung der Zeit um 1905 erfährt eine auffällige Versachlichung mit Annäherung an den Ersten Weltkrieg. Bei der Frontgliederung des Mietshauses bleibt zwar der Mittelrisalit bestimmend, alle übrigen Formen aber lassen eine Straffung erkennen. Dies gilt sowohl für die Fenstergestaltung, bei der man auf die versetzten Kämpfer verzichtet, als auch für sämtliche Zierformen: Jugendstil- und Barockornamentik tritt zurück zugunsten begrenzterer und schlichterer Formen, die dekorativen Schildgiebel werden ersetzt durch einfache Dreiecksgiebel oder sonstige Vollgiebel, und vor allem versucht man über das Fassadenmaterial eine neue Baugesinnung zu dokumentieren. Statt des Putzes, der jegliche ausladende Stukkatur erlaubte, wählte man nun z. T. Werkstein und Backstein, die, als Material des Dekors verwandt, von vornherein zu abgegrenzten, klar ausgearbeiteten Formen führen. Damit bleibt die „Reformarchitektur" allerdings in ihrer vollen Ausbildung, d. h. wenn sie konsequenterweise statt der Putzfassade die Werksteinfassade mit Hausteinzierat oder eine Backsteinfassade mit Sandsteingliederung wählt, wegen der höheren Kosten dieser Materialien bei den Wohnbauten auf palaisähnliche Villen und besonders repräsentative Mietshäuser beschränkt. Aber der Kontor- und Warenhausbau, der in jenen Jahren seine Blütezeit erlebt, übernimmt diese Bauweise und kommt zu sehr ausdrucksvollen Gestaltungen. So sind alle Gebäude der Mönckebergstraße (Bebauung 1911 / 13) aus hochwertigem Werkstein oder Backstein aufgeführt, sie zeigen Fassaden mit stark ausgearbeiteten Vertikalgliederungen, die die Fenster in wirkungsvoller Weise gruppieren, und sie werden von hohen, zweigeschossigen Dächern abgeschlossen mit maßvoll gestalteten, aber sehr repräsentativen Giebeln. Auch bedeutende Öffentliche Gebäude sind der Reformarchitektur zuzurechnen, wie beispielsweise das 1907 / 11 erbaute Museum für Völkerkunde, ein Backsteinbau mit Werksteingliederung und kostbaren Werksteinskulpturen.

Die Architektur im Zeitraum 1918 bis 1939

Der Stilwandel, der mit der Reformarchitektur um 1910 einsetzte, vollzieht sich nach 1918 in vollem Umfang. Zwar weisen Einzelelemente expressionistischer Art noch eine Verwandtschaft zum Dekor der Vorkriegszeit auf, doch läßt die Gesamtgestaltung der jetzigen Bauten die Ziele der Moderne erkennen: Funktions- und Materialgerechtigkeit und damit verbunden die Absage an jeglichen Eklektizismus, – wie er die vorangegangenen Bauepochen ausgezeichnet hatte.

Um 1927 existieren Formenvergesellschaftungen, für die Abbildung 2.18 Beispiele gibt. Beim Mietshausbau resultiert das Typische aus der Unterordnung des einzelnen Hauses in den Zusammenhang des größeren Baublocks, der als solcher seine Gestaltung erfährt. Ein ganzer Straßenzug wird rhythmisiert durch gleichartig wiederkehrende Formenfolgen und akzentuiert durch Sonderbehandlung von Eckpartien, Hofeinfahrten etc. Bei dem Beispiel Abbildung 2.18.1 erfolgt eine Rhythmisierung durch wiederkehrendes Versetzen einzelner Fassadenteile im Straßenverlauf (Beginn links außen erkennbar) und eine Akzentuierung durch ein vorgezogenes Blockelement mit winkelförmig angefügten Balkonen im Eckbereich. Infolge der gleichartigen Behandlung der Dachbodengeschosse erfahren die Häuser einen Zusammenschluß durch eine Art Attika; und das Flachdach betont den kubischen Charakter der Blockeinheit. Breite Fenster zeigen das für diese Zeit typische gleichmäßige Sprossennetz.

Obgleich die gesamte Architektur der 1920er Jahre durch die Abkehr vom Historismus der Vorkriegszeit bestimmt ist, findet diese Grundhaltung doch verschiedene Ausdrucksformen. Bei einer Vielzahl von Gebäuden dokumentiert sich die neue Baugesinnung nur durch große Schlichtheit und Hervorhebung der einfachen kubischen Form. Daneben aber kommen Bauten vor mit stark dekorativen Elementen. Es werden nicht nur die Blockkörper durch Vor- und Rücksprünge in der Fassadenfolge und durch vertikale Stufungen akzentuiert, sondern die Fassaden als solche erhalten durch Ziegel-Zierverbände eine Flächentextur, es erscheinen Treppenhäuser als Dreiecksvorbauten, Eckpartien erfahren eine ornamentale Sonderbehandlung und zur Betonung der Gebäudeeingänge dienen wirkungsvolle keramische Verblendungen oder auch Bauplastik in Form kleiner Terrakotten. Diese expressionistischen Züge treten nicht nur an Großwohnblocks, sondern auch an Einfamilienhäusern auf. (Der Großwohnblock von Abb. 2.18.1 ist noch der *Neuen Sachlichkeit* zuzurechnen, wenngleich er sich durch seine Ecklösung schon dem Dekorativen annähert; die Fassade des Einfamilienhauses von Abb. 2.18.2 ist als *expressionistisch* einzustufen.)

Beide Richtungen, die der Neuen Sachlichkeit und die expressionistische, sind zeitgleich und entwickeln die für sie repräsentativen Beispiele zwischen 1925 und 1930. Etwas vorgeschaltet erscheinen schon zu Beginn der 1920er Jahre Bauten, die einem *Heimatstil* zugerechnet werden. Sie zeichnen sich durch schlichte Formen aus in Verbindung mit traditionalistischen Elementen, wie dem hohen, aber ungebrochenen Dach (das Mansarddach galt zu dieser Zeit als dekadent), schlichten Dachgiebeln und einfachen, kleinteiligen Fenstern. Diese Bauweise, der die von Schumacher entworfenen Wohnhöfe im nördlichen Dulsberg-Gebiet zuzurechnen sind, hat allerdings den zahlenmäßig geringsten Anteil am gesamten Baugeschehen und ist ab Mitte der 1920er Jahre nur noch wenig vertreten.

Verbunden zeigen sich alle Richtungen durch die vorzugsweise Verwendung des Klinkers als Fassadenmaterial. Bei den in geringer Zahl vorkommenden Putzbauten entwickelt der Expressionismus in der Ausführung der Details z. T. bizarre Formen.

Der verantwortlichen Haltung entsprechend, die der Staat während der Ära Schumacher gegenüber der Stadtgestalt entwickelte, wurde den Öffentlichen Gebäuden in dieser Zeit besondere Aufmerksamkeit geschenkt. Schumacher selbst entwarf die meisten der jetzt entstehenden Schulbauten. Seine Gebäude sind aber keiner der genannten Stilrichtungen voll zuzurechnen, sondern bilden, z. T. durch eigenwillig konventionelle Züge, eine besondere Gruppe unter den großen Backsteinbauten. (Der Respekt vor den Verdiensten Schumachers um Hamburg sowie die Tatsache, daß die gegenwärtigen Verantwortlichen in Baubehörde und Denkmalschutz sich ihm in seiner Nachfolge mit Recht verpflichtet fühlen, hat lange Zeit eine wirklich kritische Auseinandersetzung mit seinem Werk verhindert. Erst 1994 wurde in Aufsätzen eines Sammelbandes, der zugleich mit einer großen Schumacher-Ausstellung erschien, durch einige Autoren der Versuch unternommen, die „spezifische Moderne" Schumachers zu analysieren („Fritz Schumacher, Reformkultur und Moderne", Hrsg. H. Frank, Hamburg 1994).

Daneben wurden auch von anderen Architekten eindrucksvolle Öffentliche Gebäude geschaffen, etwa von Distel und Grubitz der Erweiterungsbau des Krankenhauses Bethanien (1928) oder von Hinsch und Deimling die Handelsschule Schlankreye (1928 / 29); letztere stellt in ihrer strengen Sachlichkeit eine Ausnahme dar, denn die meisten der Schulbauten sind mehr der expressionistischen Richtung zuzurechnen.

Auch im Kontorhaus wurde in diesen Jahren eine besondere Aufgabe gesehen. Durch den Erfolg, den Höger mit dem Bau des Chile-Hauses (1922 / 24) hatte, an dem er die dekorativen Möglichkeiten der Klinkerbauweise effektvoll exemplifizierte (vgl. Kap. 2.3.3), war die expressionistische Richtung hier ebenfalls vorgegeben, und es entstanden nur ganz wenige Kontorhauskomplexe im Stil der Neuen Sachlichkeit (Beispiel: das „Deutschlandhaus", Valentinskamp / Dammtorstraße, von Block und

Abb. 2.18: Typische Fassadenausbildungen in Hamburg um 1927

Merkmale:

Abb. 2.18.1: Mietshaus

Dach: Flachdach (hohes Satteldach)

Fenster:

Breite, dreiflügelige Fenster – liegende Rechtecke – mit Sprossennetz, das kongruente Scheibenformate ergibt
(breite Fenster mit Flügeln ohne Sprossennetz);

Fassadengliederung und-schmuck:

Die Konzeption ist hausübergreifend und betrifft die ganze Blockeinheit; der Baukörper ist rhythmisiert durch das Versetzen einzelner Blockelemente und durch eine Vertikalstufung;
Balkone verbinden dekorativ die versetzten Blockelemente;
Horizontalbetonung dominiert; eine vertikale Linienführung ergibt das bis ins Dachgeschoß durchgeführte, dekorative Fensterband des Treppenhauses; die attikaähnliche Gestaltung der Dachbodengeschosse unterstreicht die kubische Wirkung des Baublockes;
(Hervorhebung einzelner Partien durch Ziegel-Zierverbände oder Werkstein- bzw. Putzbänder);

Material: Klinker, Balkone hell verputzt
(Putz)

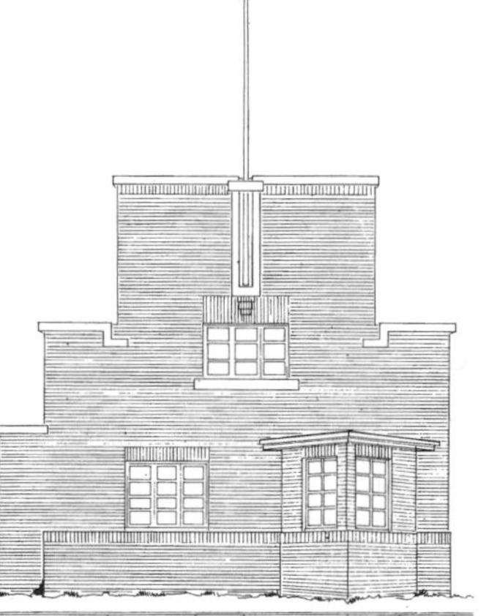

Abb. 2.18.2: Einfamilienhaus

Dach: Satteldach – liegt hinter großem Schaugiebel (Flachdach)

Fenster:

Breite Fenster mit Sprossennetz, das kongruente Scheibenformate (liegende Rechtecke) ergibt (hochrechteckig geteilte Flügel, Flügel ohne Sprossennetz oder ungeteilte Flügel);

Fassadengliederung und -schmuck:

Auffällige Kontur der Fassade durch Treppenstufung, die jedoch asymmetrisch ausgebildet ist, die Asymmetrie wird zusätzlich betont durch einen Dreiecks-Erker im Parterre;
originelle Gestaltung des Schaugiebels durch die langgezogene, ornamental ausgeführte Halterung der Fahnenstange; – obgleich es sich bei dem Objekt um keinen Repräsentativbau handelt, sondern um ein Sechs-Zimmer-Einfamilienhaus, ist die Formensprache expressionistisch; (zahlreiche individuelle Lösungen);

Material:

Backstein, Horizontalbänder und Halterung der Fahnenstange Werkstein
(Klinker, Putz)

Zeichnung: A. Geist

in ( ): Alternativen

Hochfeld 1929). Die wenigen Kontor- und Verwaltungsgebäude, die in den 1930er Jahren gebaut wurden, zeigen relativ schlichte Fassaden; als Material kommt wieder Werkstein zur Anwendung (z. B. Esso-Haus am Neuen Jungfernstieg, 1938; Haus Alstereck Jungfernstieg / Colonnaden, 1936).

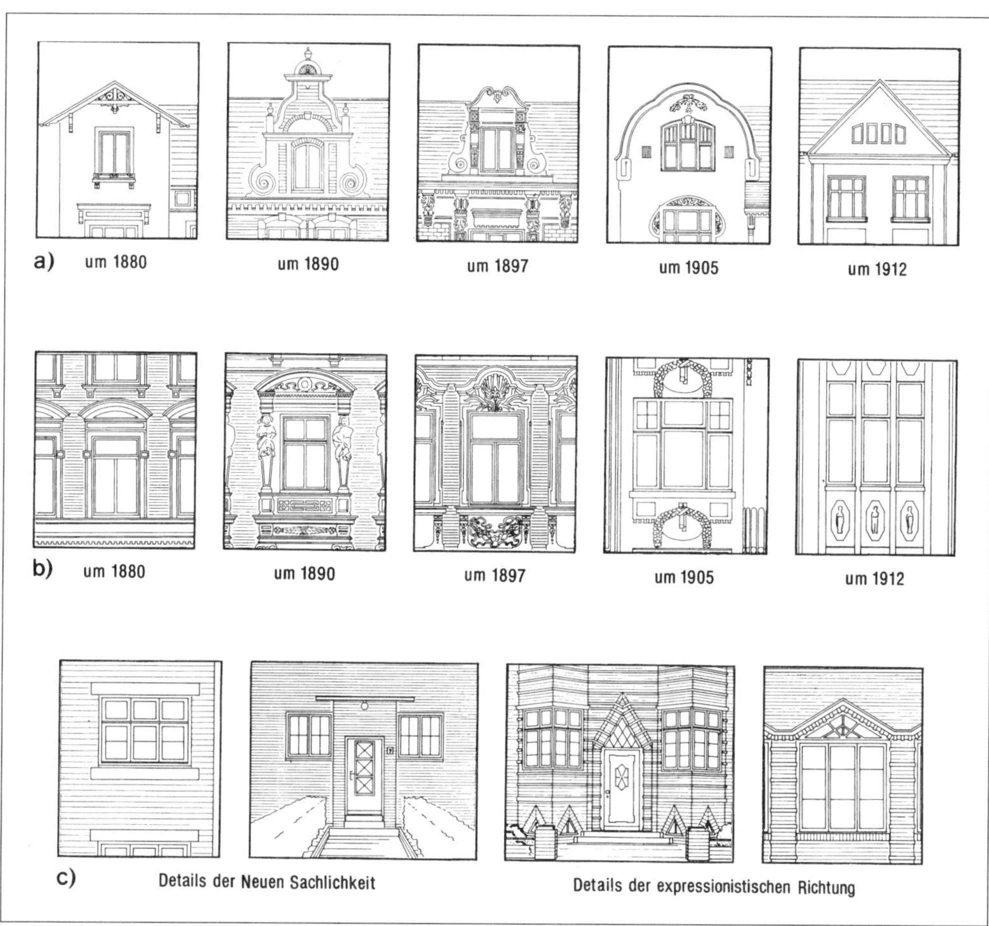

Abb. 2.19: Fassadendetails und ihr Wandel Zeichnung: A. Geist
a) Dach- und Giebelformen von ca. 1880 bis zum Ersten Weltkrieg
b) Fenster und Fensterrahmungen von ca. 1880 bis zum Ersten Weltkrieg
c) Richtungsdualismus in den 1920er Jahren

Interpretation

Die Analyse hat deutlich gemacht, daß sich im Zeitraum von 1870 bis 1914/18 ein allmählicher Formenwandel vollzog, der um 1900 mit einer Trendänderung eine kurzfristige Beschleunigung erfuhr. In den 1920er Jahren dagegen war die Baugesinnung einheitlich. Sie beruhte auf der Ablehnung des Historismus, drückte sich jedoch in zwei unterschiedlichen Richtungen aus: in einer betont sachlichen und einer expressionistischen Bauweise. Abbildung 2.19 zeigt noch einmal an Fassadendetails die im Stadtbild nachweisbaren Formenfolgen der Vorkriegszeit und die beiden zeitgleichen Ausdrucksformen der 1920er Jahre.

Für die wissenschaftlich exakte Ansprache der einzelnen Stilrichtungen fehlen bislang zureichende Ordnungsbegriffe. Die im voraufgegangenen bereits verwendeten und im folgenden ebenfalls benutzten Kennzeichnungen lehnen sich im Falle der „Stilzitate“ an die Begriffe für die alten Stilepochen an, erfüllen damit aber lediglich eine assoziative Funktion im Sinne einer Konkretisierung des Vorstellungsvermögens.

Die Formen der Zeit um 1880 weisen *klassizistische Züge* auf, die nächsten beiden Jahrzehnte werden von Formenelementen der *Renaissance* geprägt, zeigen jedoch mit Annäherung an die Jahrhundertwende in einer gewissen Lockerung einen Übergang zum Barocken. Eine *barocke* Formensprache wird dann im ersten Jahrzehnt des 20. Jahrhunderts beherrschend, allerdings in enger Verschwisterung mit den Ausdrucksformen des zu dieser Zeit im graphischen und kunstgewerblichen Bereich entwickelten *Jugendstils*. Kurz vor dem Ersten Weltkrieg vollzieht sich die Abkehr von dieser überaus dekorativen Stilrichtung mit der sog. *Reformarchitektur*.

Es muß betont werden, daß diese Folge in Hamburg keine Abweichung von der Regel erkennen läßt. Auch die bedeutenden Architekten großer Projekte ordneten sich dem Stilzwang unter. Martin Haller z. B. erbaute mit einer Architektengruppe 1886/97 das Hamburger Rathaus und schuf damit den bedeutendsten Neo-Renaissance-Bau Norddeutschlands. Ein Jahrzehnt später erhielt er mit E. Meerwein zusammen den Auftrag für den Bau der Hamburger Musikhalle, und so entstand 1904/08 das repräsentative Konzerthaus als reiner Neo-Barock-Bau. Auch Schumacher, der in den 1920er Jahren ein entschiedener Gegner des Mansarddachs war, hat zuvor für seinen Johanneum-Bau (1912/14) wie auch für die Kunsthochschule Lerchenfeld (Entwurf 1909, erbaut 1911/13) und für das Museum für Hamburgische Geschichte (Entwurf 1913, erbaut bis 1922) diese Dachform verwandt, verbunden mit weiteren Merkmalen der barocken Stilrichtung.

Solche zwingende Einordnung – man könnte wohl von einem Mode-Diktat für die einzelnen Jahrzehnte sprechen – ist insofern bemerkenswert, als sie zwar in den meisten anderen Städten das Baugeschehen in eben dieser Weise beim normalen Wohnungsbau bestimmte, nicht aber durchgehend für die großen Repräsentationsbauten Geltung hatte. (So wurden beispielsweise in Wien bei der Bebauung des Ringstraßengeländes die historisierenden Stile gleichzeitig nebeneinander verwendet, und zwar jeweils mit einem bestimmten Bedeutungsauftrag: Das Parlamentsgebäude wurde 1874/83 im neugriechischen Stil erbaut, weil man die Wurzel des Parlamentarismus in den frühen Demokratien Griechenlands sah und hier eine Verbindung zum Ausdruck bringen wollte. Für das Rathaus wurde 1872/83 die Formensprache der Gotik gewählt, um mit diesem Stil aus der Blütezeit der Stadtkultur selbstbewußtes Bürgertum zu demonstrieren. Und die Bildungsbauten, wie Universität 1873/84, Oper 1863/69, Burgtheater 1874/88 und die Museen, wurden im Renaissancestil erbaut, den man als Ausdrucksform des Humanismus empfand.)

Das *Neue Bauen* der 1920er Jahre geht in seinen Urspüngen zurück auf das Wirken einzelner avantgardistischer Architekten in Europa und Amerika zwischen 1905 und dem Ausbruch des Ersten Weltkrieges. Männer wie Walter Gropius, Frank Lloyd Wright, Adolf Loos hatten mit verschiedenen – noch heute berühmten – Bauten die strikte Abkehr von jedem Stilismus und eine konsequente Entwicklung aller Formenelemente aus Konstruktion und Funktion demonstriert. Die Materialien des Industriezeitalters, Stahl, Glas und Eisenbeton, sollten nicht mehr durch unehrliche Stuckfassaden verkleidet, sondern mit ihren eigenen ästhetischen Möglichkeiten zur Geltung gebracht werden.

Die Geschehnisse des Ersten Weltkrieges, die alle überkommenen Werte in Frage stellten, verhalfen diesen Ansätzen aus der Vorkriegszeit zur Breitenwirkung und führten zur *Neuen Sachlichkeit*. So konsequent dieser – sogar verzögert eintretende – Durchbruch des Technischen Zeitalters in der

Architektur auch ist, so befremdlich erscheint zunächst die Tatsache, daß er sogleich mit einer gewissen Gegenrichtung konfrontiert wurde. Denn die *expressionistische Strömung* der 1920er Jahre läuft mit ihrem Hang zum Ornamentalen den puristischen Bestrebungen der ersten Architekten des Neuen Bauens zuwider und ist in mancher Hinsicht dem Jugendstil verwandter als der gleichzeitigen Neuen Sachlichkeit. (In Hamburg sind nur wenige Beispiele des ersten elitären Architektur-Kubismus vorhanden, dagegen ist die expressionistische Richtung neben den „normalen" Bauten der Neuen Sachlichkeit stark vertreten.)

Diese expressionistische Strömung innerhalb des Bauens der 1920er Jahre führt zu der anfangs aufgeworfenen Frage nach dem Stilpluralismus zurück. Wie die Analyse erbrachte, liegt für Hamburg in der Zeit bis zum Ersten Weltkrieg eine regelhafte Formenfolge ohne eingeschaltete Gegenströmungen vor. Für die Zeit nach 1918 ist jedoch, trotz des vorhandenen Grundkonsenses, eine Art Richtungsdualismus festzustellen. Man ist zunächst geneigt, letzterem, nämlich der Tatsache der Stildifferenzierung in den 1920er Jahren, bevorzugt Aufmerksamkeit zu schenken und als die hervorragende Erscheinung diskutieren zu wollen. Bei eingehender Beschäftigung mit beiden Epochen (Vorkriegs- und Zwischenkriegszeit) stellt sich jedoch die Vorkriegszeit als das Forschungsobjekt dar, das die weiterführenden Fragen aufwirft. Während sich der Aufbruch in die Moderne aus einer leidenschaftlichen Grundgesinnung heraus vollzieht, aus diesem Engagement zu neuen Konzepten führt und dabei zugleich durch das hohe puristische Ziel fast automatisch die Gegenströmung hervorruft, liegt in der Vorkriegszeit, obgleich eine Formenfolge zu konstatieren ist, in bezug auf die Gesamtarchitektur eine echte Entwicklung gar nicht vor. Besonders beim Mietwohnungsbau betrifft der Wandel zwischen 1880 und 1914 nur die Fassadengestaltung; die Konzeption der Baukörper und ihre innere Gliederung dagegen werden kaum geändert, und erforderliche Funktionsverbesserungen finden nicht statt. Dieses Verharren in einfachen Schemata ist das eigentliche Phänomen. Es führt u. a. zu der Frage, welcher Sinn der Abfolge von Stilzitaten an den Fassaden zugrundelag. Diente der äußere Wandel mit dem raschen Wechsel von klassizistischen über renaissancehafte zu barockisierenden Formen möglicherweise dazu, die Einfallslosigkeit der Architektur zu kaschieren? Und hatten diese Stilzitate einer „reichen" Architektur auch die Aufgabe, den Bewohnern industriezeitlicher Arbeiterquartiere ein besseres Lebensgefühl zu vermitteln?

Diese Fragen sind mit sehr vielen weiteren verbunden. Sie leiten u. a. über zu dem umfangreichen Themenkomplex der Funktion des Ornamentes, in dessen Mittelpunkt die Diskussion um die Behauptung steht, daß über das Ornament wesentliche Grundbedürfnisse des Menschen befriedigt werden. (Vgl. MÜLLER, M: Die Verdrängung des Ornaments. Zum Verhältnis von Architektur und Lebenspraxis. Frankfurt/M. 1977; – MÜLLER verklammert die „Psychologie der Architektur" stark mit gesellschaftspolitischer Kritik.) Im Zusammenhang mit diesen sozialpsychologischen Fragestellungen sei darauf hingewiesen, daß vergleichbare Forschungsziele die „Geographie der Wahrnehmung" verfolgt, die sich mit der „Geographie des Verhaltens" aus der "behavioural geography" herleitet. Sie arbeitet als empirische Wissenschaftsrichtung hauptsächlich mit der Methode der Befragung und kann somit die Wirkungsweise der Vorkriegsbauten auf die ursprünglichen Bewohner nicht erfassen. Einzelstudien über die Perzeption von Altbauensembles in der Gegenwart haben aber (erwartungsgemäß) eine positive Haltung heutiger Bewohner und Benutzer, besonders der jüngeren Generation, erkennen lassen. Altbaugebiete werden als „Geborgenheit vermittelnd, gemütlich, menschlich und einladend" empfunden.

Ob es nur die unbefriedigenden Lösungen des modernen Wohnungsbaus sind, die z. Z eine Aufwertung der Altbaugebiete bewirken, oder ob jegliche, rein funktional bestimmte Architektur, auch wenn sie ästhetisch gelungen ist, auf die Dauer die Gemütsbedürfnisse breiterer Schichten nicht zu befriedigen vermag und eine Hinwendung zu dekorativen Gestaltungen nach sich zieht, bleibt dahingestellt.

2.3.7 Die Grünflächenpolitik

Die Stadterweiterung hatte bis in die 80er Jahre des 19. Jahrhunderts zu dichtbebauten Wohnvierteln geführt, deren Ausstattung mit Öffentlichem Grün größtenteils völlig unzureichend war. Besonders in den ausgedehnten Arbeiterquartieren östlich der Alster fehlten jegliche Parkanlagen, die hier um so eher erforderlich gewesen wären, als bei der dichten Etagenhausbebauung kaum Hausgrün vorhanden war (vgl. Kap. 2.2.2). Mit Annäherung an die Jahrhundertwende, d. h. in den Jahren, als auch im Wohnungsbau erste Reformbestrebungen einsetzten (Vermehrung der Wohnungsbaugenossenschaften ab 1889, Wohnungspflegegesetz 1898; vgl. Kap. 2.3.4 u. 2.3.3), wurde dieser Mangel an Grün-Freiraum verstärkt registriert. Im Zusammenhang mit der Erarbeitung von Bebauungsplänen, die das Bebauungsplangesetz von 1892 forderte, stellte man in dem zuständigen Gremium Überlegungen an, kleine öffentliche Grünplätze innerhalb der bereits bebauten Quartiere zu schaffen. Gleichzeitig wurde aber in dieser Kommission auch schon die Anlage einer größeren Parkfläche „im Norden von Winterhude auf den dem Staat gehörigen Ländereien in Alsterdorf" erwogen (Mitt. des Senats an die Bürgerschaft Nr. 101, 15.7. 1896, S. 401). Lichtwark äußerte 1897 zu diesem Thema: „Der Hamburger fragt sich, ob seine Vaterstadt, wenn nicht ein großer Stadtpark geschaffen wird, auf die Dauer bewohnbar bleibt" (Briefe an die Commission für die Verwaltung der Kunsthalle, 1896/97, Hamburg 1899, S. 200). So wurde um die Jahrhundertwende der Gedanke, einen *großen Stadtpark* anzulegen, zur allgemeinen, viel diskutierten Forderung. Ab 1901 kaufte der Staat, der schon Teile der Winterhuder Feldmark besaß, weitere Besitzungen in Winterhude auf, ab 1905 war die Ausschreibung eines „Ideenwettbewerbs für die Anlage eines Stadtparkes in Winterhude" im Gespräch, und 1908 kam diese Ausschreibung zustande. Es gingen 66 Entwürfe ein.

Als sich das Preisgericht 1908 nicht entschließen konnte, einen der Wettbewerbsbeiträge unverändert zur Ausführung zu empfehlen, wurden 1909 wiederum leitende Hamburger Behördenfachleute, und zwar der in diesem Jahr als Baudirektor nach Hamburg berufene Schumacher und der Oberingenieur Sperber, mit einem Entwurf beauftragt. Dieser kam 1912/14 zur Ausführung.

Die Intensität der Bemühungen um die Parkgestaltung zeigt die Bedeutung an, die man dem Projekt beimaß. Und die Intentionen, die verfolgt wurden, sind Ausdruck der Reformbestrebungen der Zeit: Seit den ersten Entwürfen von Lichtwark und Brinckmann plante man, wenn auch von Projekt zu Projekt in den Einzelheiten variiert, einen Volkspark mit Spiel- und Sportplätzen, mit Möglichkeiten zu Bootsfahrten, einem Festplatz für Großveranstaltungen, aber auch mit Kaffeegärten und sonstigen Restaurationseinrichtungen. Eine vielseitige Anlage, nicht mehr nur zum Spazierengehen, sondern zum Bewohnen sollte entstehen. Dieses sozialpolitische Ziel verband sich mit einer Art von Heimatgedanken, denn man wünschte eine „deutsche" Gartenkunst mit in den Park eingefügten Bauerngärten und ländlichen Wirtschaften. Da gleichzeitig aber die Gartenarchitektur entsprechend den Tendenzen in der Baukunst (vgl. Kap. 2.3.6) stark dem Barock verpflichtet und also auf klare Gliederung und zugleich auf Repräsentation und eine gewisse Monumentalität gerichtet war, ergab sich bei der Zusammenführung der drei Tendenzen eine eigenartige Symbiose: Eine barock geplante Anlage, ausgezeichnet durch ein axiales System und eine weitgehend geometrische Detailrhythmisierung, wurde duchsetzt mit einzelnen Bereichen für die modernen sozialen Funktionen, also für Spielplätze, Tennisplätze, Liegewiesen, Ruhegärten und verschiedene gastronomische Einrichtungen; und bei der Gestaltung der letzteren realisierte man die vorhandenen Vorstellungen von einem Heimatstil.

Diese Verbindung bestimmt den Hamburger Stadtpark bis heute: Um die Achse vom Stadtparksee bis zum Wasserturm (nunmehr Aussichtsturm mit Planetarium), die sich im Mittelfeld zur großen Festwiese erweitert, liegen in einzelnen Folgen die verschiedenen Aktionsräume, aber auch die Sondergärten (Rosengarten, Steingarten) und die Waldzonen. Die baulichen Anlagen sind allerdings durch die Zerstörungen des Zweiten Weltkrieges stark dezimiert worden, so daß der Ausdruckswille der Architektur nicht mehr in der ursprünglichen Stärke zu spüren ist.

Nach dem Ersten Weltkrieg erfuhr der Stadtpark seinen endgültigen Ausbau, so daß nun das ganze Gelände von 151 ha der Bevölkerung als ein vielseitig durchgestalteter Erholungs-Freiraum zur Verfügung stand. Darüber hinaus bemühte sich das 1914 eingerichtete Gartenbauamt unter seinem ersten Direktor, Otto Linne, durch den Erwerb und die anschließende Umgestaltung von kleinen Privatparks, weitere öffentliche Grünflächen zu schaffen, z. B. in Eimsbüttel Wehbers Park (1,6 ha), in Eppendorf Hayns Park (3 ha) sowie Schröders Park (2,4 ha) und in Rothenburgsort Trauns Garten (2,5 ha). Das bedeutendste dieser Objekte war der *Hammer Park* (zuvor Privatbesitz der Familie Sieveking; Größe rd. 16 ha), der 1915/20 nach einem Entwurf Linnes entstand. Auch hier wurden mit der Anlage von Spiel- und Sportflächen Reformgedanken realisiert und außerdem in der Gartenarchitektur ähnliche Gestaltungsprinzipien wie bei der Anlage des Stadtparks verfolgt.

Im gleichen Zeitraum hatte sich auch die Nachbarstadt Altona im Raum Bahrenfeld einen fast 160 ha großen *Volkspark* geschaffen. 1914 begonnen, 1920 vorläufig fertiggestellt, zeigte diese Anlage jedoch schon eine Abkehr von der stark architektonischen Durchformung, die den Hamburger Stadtpark bestimmte. Den sozialpolitischen Forderungen der Zeit wurde entsprochen durch die Einfügung von Spiel- und Liegewiesen, durch Freilichtbühne, Restauration und einen ausgedehnten Sportstätten-Bereich, formal aber bemühte man sich um eine lockere Einpassung dieser einzelnen Elemente in das leicht hügelige und bewaldete Moränengelände.

1934/35 wurden die alten Hamburger Friedhöfe vor dem Dammtor aufgehoben, auf deren Fläche man den Park *Planten un Blomen* (rd. 20 ha) anlegte. So war im Jahre 1937, als Groß-Hamburg entstand, die Ausstattung der Stadt mit Öffentlichem Grün, nach der Summe der Flächen beurteilt, wohl zufriedenstellend. Ein eigentliches „Grünsystem" aber war nicht vorhanden, weil die verschiedenen Parkanlagen punktuell entstanden waren, ohne aufeinander bezogen zu sein. Es lag daher nahe, in der Folgezeit, d. h. nach dem Zweiten Weltkrieg, zu versuchen, durch verbindende Grünzüge gewisse Zusammenhänge herzustellen. Hierfür bot sich vorzugsweise das Gebiet der Alster an, die im Oberlauf als kleiner Fluß, dann als Kanal und im zentralen Stadtbereich als breiter See den Stadtraum prägt, deren Uferzonen sich aber vor 1939 noch größtenteils in Privatbesitz befanden (vgl. Kap. 2.4.9).

Im Zusammenhang mit dem Öffentlichen Grün Hamburgs muß noch der *Parkfriedhof Ohlsdorf* erwähnt werden, weil er aufgrund seines außergewöhnlichen Flächenumfangs (gegenwärtig 403 ha, was annähernd der zweieinhalbfachen Fläche der Außenalster entspricht) und durch seine gartenkünstlerische Gestaltung eine Besonderheit darstellt. Seine Anlage läßt verschiedene Leitvorstellungen erkennen: Cordes hatte als erster Friedhofsdirektor in den Jahren 1877 bis 1917 das Prinzip verfolgt, innerhalb des als Park gestalteten Friedhofs zusammenhängende Grabfelder für die kleinen Grabstätten zu schaffen, im übrigen aber das Gelände mit waldartigen Gürteln zu durchziehen, in denen die größeren mehrstelligen Grabstätten in individueller Anordnung ihren Platz finden konnten. Die späteren Erweiterungszonen, hauptsächlich durch Linne gestaltet, zeigen strengere Grundrisse mit geometrischen Systemen und einer dichteren Grabfolge. –

Nach dem Zentralfriedhof von Chikago ist der Ohlsdorfer Friedhof die größte derartige Anlage überhaupt.

2.4 Die Stadtentwicklung in der Nachkriegszeit

Die Unverwechselbarkeit der Stadtgestalt Hamburgs beruht zwar bis heute auf der Ausformung, die der Stadtkörper in der Doppelphase von ca. 1880 bis 1914 und 1918 bis 1939 erfuhr, dies darf aber nicht darüber hinwegtäuschen, daß sich seither tiefgreifende Veränderungen vollzogen haben. Das Hamburg der 1930er Jahre ist, auch wenn es sich vielerorts im Grundrißgefüge und ebenfalls in zahlreichen Bau-Ensembles noch auf eine liebenswürdige Weise präsentiert, seiner Gesamtstruktur nach nicht mehr vorhanden.

Der radikale Einschnitt erfolgte während des Zweiten Weltkrieges, in dessen Verlauf die Ausgangssitutation für die seitherige Entwicklung geschaffen wurde.

Die Zerstörungen des Zweiten Weltkriegs

Schon bald nach Beginn des Krieges hatten Bombenangriffe eingesetzt, die, an Zahl und Wirkung ab 1941 zunehmend, bis zum Sommer 1943 zum Verlust von insgesamt rd. 5 000 Wohnungen führten. Dann erst kam es aber zur wirklichen Katastrophe. Vom 25. Juli bis zum 3. August 1943 flogen die Royal Airforce und die US-Luftwaffe sieben schwere Angriffe auf Hamburg, die als „Operation Gomorrha" in die Kriegsgeschichte eingegangen sind. Durch die neue Taktik, die Häuser zuerst mit Sprengbomben aufzureißen und anschließend mittels Brandbomben große Flächenbrände zu erzeugen, waren die Wirkungen verheerend: Mehr als 40 000 Menschen mußten während der Operation Gomorrha ihr Leben lassen, und rd. 263 000 Wohnungen wurden zerstört. Anfang August 1943 lagen ganze Stadtteile unter Schwaden von Rauchwolken in Schutt und Asche.

Bis 1945 brachten weitere, allerdings weniger heftige Bombenangriffe zusätzliche Verluste, so daß bis Kriegsende der Ausfall an Wohnungen auf 295 654 angestiegen war. Damit hatte Hamburg einen traurigen Rekord erreicht, denn es stand mit diesem Wohnungsverlust an der Spitze der westdeutschen Städte. In Köln, der nächsten Stadt in der Schadensrangfolge, waren 176 000 Wohnungen zerstört worden, es folgte Dortmund mit einem Ausfall von 105 500 Wohnungen. Allerdings lagen bei diesen Städten die prozentualen Anteile höher als bei Hamburg: Köln hatte 69,4 % seines Wohnungsbestandes verloren und Dortmund 64,8 %, während der Anteil in Hamburg 51,8 % betrug (s. Tab. 2.9). Zum Vergleich sei noch erwähnt, daß in Berlin der Wohnungsbestand während des Krieges um rd. 32 % reduziert wurde (in West-Berlin

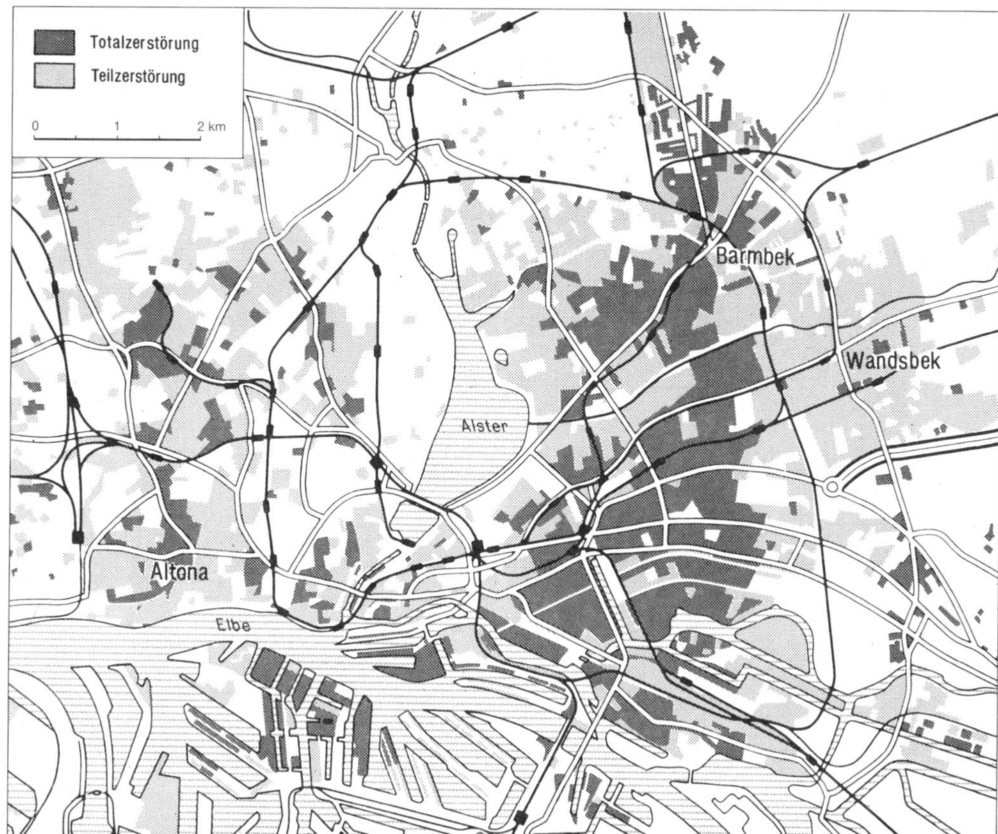

Abb. 2.20: Verluste an Bausubstanz in Hamburg während des Zweiten Weltkrieges
Quelle: MÖLLER 1985

existierten 1946 noch 662 950 Wohnungen von 979 227 des Jahres 1943, in Ost-Berlin noch 398 896 Wohnungen von 583 414).

Das Gebiet Groß-Hamburgs war von den Zerstörungen nicht gleichmäßig betroffen worden, wie Abbildung 2.20 verdeutlicht. Absicht der Alliierten war es gewesen, außer dem Hafen und den Industriezonen die Wohn- und Wohn-Gewerbe-Mischgebiete mit möglichst vielen Bewohnern und Anlagen zu treffen, um auf diese Weise Deutschlands Kriegsfähigkeit entscheidend zu min-

Tab. 2.9: Wohngebäude und Wohnungen in Hamburg von 1939 bis 1945
Quelle: DÄHN 1953

	Bestand Ende 1939	Zugang durch Neu- oder Wiederaufbau 1939 – 1945	Abgang durch Kriegsschäden (K) und sonstige Einwirkungen (s. E.)	Bestand Ende 1945	
				absolut	Anteil (in % von Ende 1939)
Wohngebäude	119 989	2 312	43 058 (K+s. E.)	79 243	66,0
Wohnungen	555 655	7 878	295 654 (K) 326 (s. E.)	267 553	48,2

dern. Entsprechend hatten die Arbeiterwohnquartiere im Osten und Südosten der Stadt als Hauptzielgebiete gedient. Nicht nur aus Abbildung 2.20 ist das selektive Verfahren der Zerstörung abzulesen, sondern auch aus der Tabelle 2.9, denn es blieben zwar nur 48,2 % der Wohnungen Hamburgs erhalten, dagegen aber 66 % der Gebäude. Dies sagt aus, daß Einzelhäuser und Gebäude mit wenigen Wohnungen in geringerem Maße zerstört worden waren als die großen Mehrfamilienhäuser. So blieben u. a. die Elbvororte und die Villenvororte im Alstertal fast völlig verschont.

Dieses jetzt mehr als ein halbes Jahrhundert zurückliegende Kriegsgeschehen bestimmt insofern bis heute die Struktur der Stadt, als hierdurch die in den verschiedenen Stadterweiterungsphasen bis zum Zweiten Weltkrieg jeweils gleichzeitig aufgesiedelten Räume nunmehr eine ungleich alte und damit auch ungleichartige Bausubstanz aufweisen. Die Bautätigkeit der Nachkriegszeit ließ in den zerstörten Stadtteilen große Neubauviertel entstehen, die sich als solche von der erhalten gebliebenen Altbausubstanz unterscheiden, die aber auch untereinander verschieden sind, je nach der Art des Wiederaufbaus. Das alte Stadtgefüge mit seinem chronologischen Aufbau, Jahresringen vergleichbar, ist damit nicht mehr erkennbar (vgl. Kap. 2.4.3, S. 118).

Auch der Bereich der Arbeitsstätten war von den Luftangriffen schwer in Mitleidenschaft gezogen worden. Eine genaue Schadensstatistik nach Baugruppen liegt zwar nicht vor, doch wird geschätzt, daß rd. 50 % aller Arbeitsstätten Totalschaden erlitten. Im Hafen waren – besonders durch die noch 1944 und 1945 geflogenen Luftangriffe – fast alle Werften und Anlagen der Mineralölverarbeitung zerstört, dazu der größte Teil der Lagerhäuser. Da auch die für den Seegüterumschlag erforderlichen Einrichtungen wie Kaimauern, Kräne und Gleisanlagen stark getroffen worden waren, betrug die Umschlagkapazität bei Kriegsende nur noch 10 % derjenigen des Jahres 1939. Rechnet man für den Hafen insgesamt mit einer durchschnittlichen Zerstörung von 70 %, so waren in der übrigen Stadt die Industrieanlagen zu ca. 40 % vernichtet worden. Auch alle Infrastruktureinrichtungen wie Krankenhäuser, Museen, Kirchen, Schulen, Anlagen von Post und Bahn, die Versorgungsbetriebe für Elektrizität (HEW), Gas (HGW) und Wasser (HWW) waren zu großen Teilen zerstört. Durch Beschädigungen der Straßen (4 300 Schadensstellen) waren 250 000 m^2 Straßendecke vernichtet, und die Sielanlagen wiesen 2 200 Einzelschäden auf.

Nach dem Kriege wurde der materielle Verlust allein für den Sektor der Hochbauten auf 8 Mrd. DM geschätzt und für den Wiederaufbau eine Zeit von 25 Jahren veranschlagt (Dähn 1953).

Entgegen dieser Prognose vollzog sich nach der Währungsreform von 1948 die Stadtreparatur in nur kurzer Zeit. Bereits Mitte der 1950er Jahre waren die ausgebrannten Ruinen verschwunden, und schon um 1960 wurde die Phase des Wiederaufbaus der Inneren Stadtteile von einer solchen starker Expansion in die Außengebiete abgelöst (vgl. Kap. 2.4.3).

Strukturwandel durch Innovationen

Die Stadtentwicklung der Nachkriegszeit zeigt sich in starkem Maße mitbestimmt von innovativen Kräften sowohl aus dem technischen als auch aus dem gesellschaftlichen Bereich. Als Einleitung zu den nachfolgenden Kapiteln werden sie in ihrer Wirkung kurz beschrieben.

Die zunehmende *Motorisierung* der Nachkriegszeit ließ den schon vorhandenen Trend der Randwanderung zu einer kräftigen Bewegung werden und war Ursache dafür, daß die Ausdehnung der Stadt ins Umland nicht mehr nur radial entlang der alten Achsen des öffentlichen Nahverkehrs stattfand, sondern in weiten Teilen flächenhaft erfolgte. Entsprechend erbrachte im Güterverkehr der vermehrte Einsatz des Lkws eine Standortunabhängigkeit der Industriebetriebe, was zu zentral-peripheren Standortverlagerungen von beträchtlichem Ausmaß führte.

Fortschritte in der *Bautechnik* ergaben neue Möglichkeiten für die Erstellung sowohl von Wohn- als auch von Verwaltungsbauten. Beim *Wohnungsbau* trug die kostensenkende und bauzeitverkürzende Montagebauweise (Fertigteilbauweise) dazu bei, daß sozialer Wohnungsbau in ausreichendem Maße betrieben werden konnte. Für Büro- und Verwaltungsgebäude wirkte sich die nun durchgängig angewandte Stahlbeton-Skelettbauweise fördernd aus, weil sie eine beliebig große Vertikalausdehnung der Bauten erlaubt. Bei angestrebter Wohnverdichtung fand die Hochhaus-Bauweise auch im Wohnungsbau Anwendung.

Der *allgemeine Wohlstand,* der durch das Wirtschaftswachstum erreicht wurde, erhöhte die Ansprüche an *Wohnkomfort* und verfügbare *Wohnfläche.* Hieraus erklären sich die Erneuerungsmaßnahmen bei Altbauten und ebenfalls die bis zur Gegenwart anhaltende Neubautätigkeit, für die in diesem Umfang, wäre noch der Standard von 1939 maßgebend und hätten sich nicht zwischenzeitlich auch die Haushaltsstrukturen geändert, keine Notwendigkeit bestünde.

Dann spielte eine nicht unerhebliche Rolle die zunehmende *Mobilität* der Bevölkerung im Nachkriegs-Europa. Wanderungsströme aus wirtschaftsschwachen in wirtschaftsstarke Länder führten in den letzteren zu ständig wachsenden Ausländeranteilen, wobei die großen Metropolen und mit ihnen auch Hamburg Hauptzielgebiete waren. Hierdurch wurde die im Hamburger Stadtgebiet vorhandene soziale Segregation durch eine ethnische verstärkt.

Auch sei darauf hingewiesen, daß eine in allen Lebensbereichen eingetretene *Demokratisierung* von Einfluß auf die Stadtgestalt war. Zwar wurde in den ersten beiden Jahrzehnten nach Kriegsende von den Möglichkeiten der Demokratie im Städtebau noch wenig Gebrauch gemacht, seitdem aber lassen zahlreiche Beispiele erkennen, daß das kritische Bewußtsein der Bürger und ihr Mitspracherecht ein nicht zu unterschätzendes Regulativ sind: Mammutprojekte einzelner Baugesellschaften und / oder Behördenressorts wurden öffentlich diskutiert und fanden danach keine Zustimmung mehr in den Entscheidungsgremien, geplante Verkehrsführungen wurden, nachdem sich Bürgerinitiativen gegen sie gewandt hatten, nicht mehr realisiert, und umgekehrt sind zahlreiche behördliche Maßnahmen für den Umweltschutz zurückzuführen auf nachdrückliche Forderungen der Bevölkerung.

Schließlich waren von ganz entscheidender Bedeutung die *High-Tech-Innovationen* mit ihrem großen Einfluß auf alle Lebensbereiche und damit auch auf städtische Strukturen. Nimmt man die Gliederung nach Konjunkturzyklen auf (vgl. zu diesem Zusammenhang Kap. 2.2 u. 2.3), begann um 1950 die vierte „lange Welle" mit der Massenmotorisierung, der Ausweitung der Luftfahrt, der Entwicklung von Elektronik sowie neuer chemischer Produkte (Kunststoffe). Und nach der Abschwächung durch den Ölschock von 1973 und die darauf folgenden Rezessionen revolutionieren seit Beginn der 1990er Jahre verstärkt Mikroelektronik, Biotechnologie und Telekommunikation die Wirtschaft, so daß man von einer fünften „langen Welle" spricht, einem Konjunkturzyklus, dessen Dauer auf 20–30 Jahre prognostiziert wird. Die Folgen der letztgenannten Innovationen sind in ihrer vollen Tragweite noch gar nicht abzusehen. Daß aber schon jetzt Arbeitsplatzverluste, Arbeitsplatzveränderungen und die großen Wandlungen durch Globalisierung aller Märkte auch Hamburg beeinflussen, und zwar sowohl in seiner Eigenschaft als alte Hafen- und Handelsstadt wie auch als moderne Dienstleistungsmetropole, ist unübersehbar. In den nachfolgenden Kapiteln wird dieser Strukturwandel als immanent in jedweden Entwicklungen deutlich.

2.4.1 Die Bevölkerung

Zur Information über die gegenwärtige Verteilung der Bevölkerung auf die Stadtfläche, d. h. die Bevölkerungsdichte in den Stadtteilen/Ortsteilen Hamburgs dient die Abbildung 2.21.

Abb. 2.21: Bevölkerungsdichte in den Stadtteilen und Ortsteilen Hamburgs 1996 (Ew. / ha)
Quelle: PODSZUWEIT/SCHÜTTE, Sozialatlas Hamburg 1997

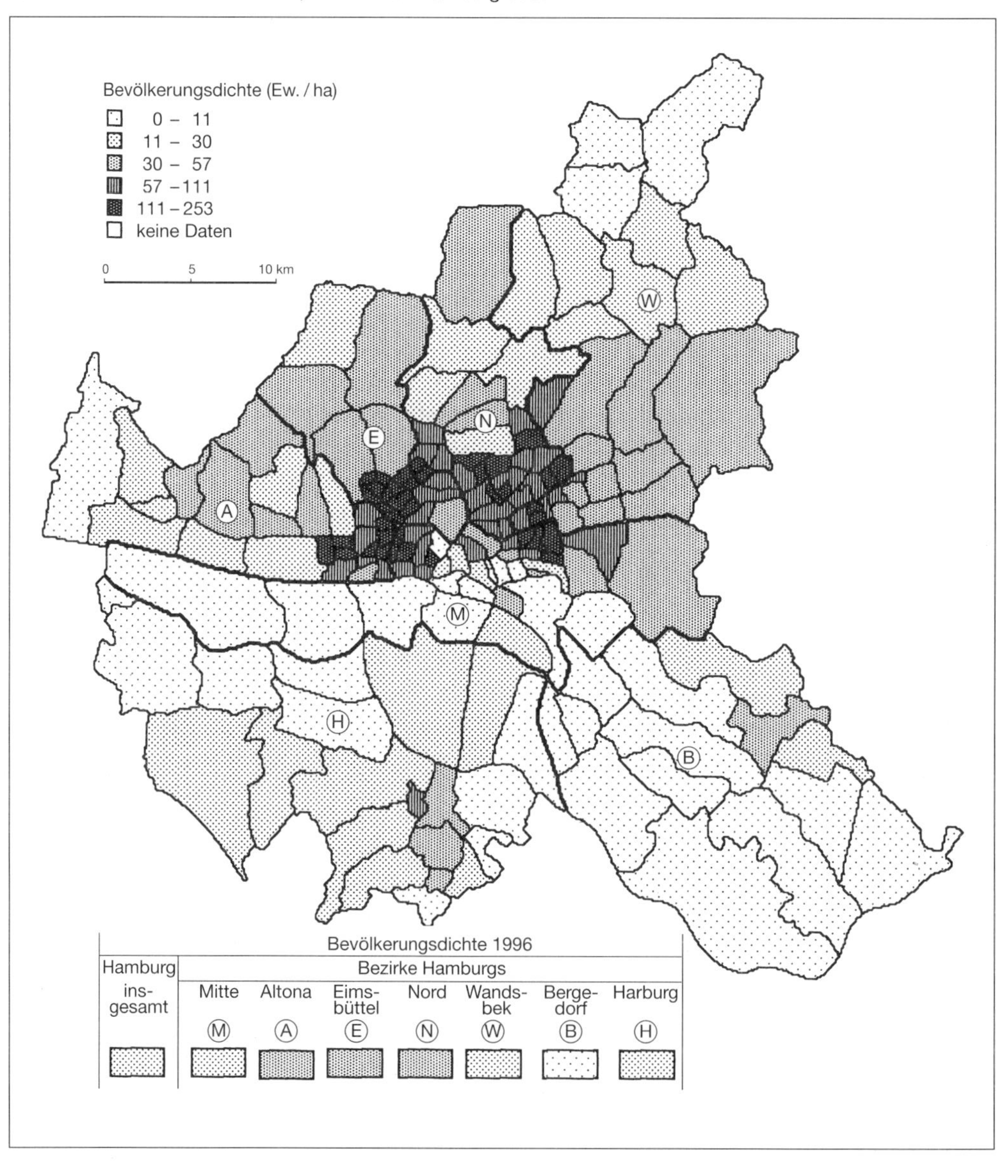

Die Bevölkerungskurve

Infolge der Kriegsereignisse war die Bevölkerung Hamburgs von 1,698 Mio. Ew. im Jahre 1939 auf 1,406 Mio. im Jahre 1946 zurückgegangen. Eine starke Zuwanderung in den beiden ersten Nachkriegsjahrzehnten führte zunächst zum Ausgleich und dann zu einer Kulmination in der Mitte der 1960er Jahre, als Hamburg mit 1,857 Mio. Ew. (1964) die höchste Einwohnerzahl seiner Geschichte erreichte (vgl. auch letzte Zeile in Tab. 2.10). Daß danach die Kurve bis 1987 abfiel, um in der Folgezeit kontinuierlich wieder anzusteigen, ist wie folgt zu erklären: Seit Jahrzehnten sinken die Geburtenzahlen in der Stadt, und außerdem ziehen viele der wachsenden Familien in das Umland, wo der Erwerb eines Eigenheims mit geringeren Kosten als in der Kernstadt verbunden ist. Geburtenrückgang und Abwanderung Einheimischer bilden damit die Grundsituation. Diese wird jedoch seit 1987 nicht mehr nur kompensiert, sondern sogar positiv überlagert durch eine starke Zuwanderung, an der in hohem Maße Ausländer beteiligt sind.

Wie Tabelle 2.10 mit ihrer Aufgliederung nach Bezirken zeigt, verlief die geschilderte generelle Entwicklung örtlich unterschiedlich. Die Bevölkerungszahlen weisen für den Zeitraum von 1939 bis 1946 hohe Negativsalden in den von Kriegszerstörungen stark betroffenen Bezirken *Hamburg-Mitte, Eimsbüttel* und *Hamburg-Nord* auf, während in der gleichen Zeit die übrigen Bezirke bereits Wanderungsgewinne verzeichnen, die größtenteils auf den Zuzug von Evakuierten und Flüchtlingen zurückzuführen sind. Nach 1946 nehmen bis 1961 alle Bezirke an Bevölkerung zu, wenn auch prozentual unterschiedlich, während ab 1961 nur noch die Bezirke mit großem Anteil an ländlichen Außengebieten, nämlich die Bezirke Wandsbek und Bergedorf (eingeschränkt auch Harburg), ein Bevölkerungswachstum aufweisen. Daß wir es hier mit zentral-peripheren Verschiebungen bzw. der größeren Attraktivität der städtischen Randgebiete auch für Zuwanderer zu tun haben, macht Abbildung 2.22 deutlich. Sie gibt die Stadtteilgruppen wieder, die sich durch einen

Tab. 2.10: Die Bevölkerung in den Hamburger Bezirken von 1939 bis 1998
Quelle: Stat. Landesamt Hamburg

Bezirke	1939 (VZ)	1946 (VZ)	1950 (VZ)	1956 (VZ)	1961 (VZ)	1970 (VZ)	1987 (VZ)	1998[1]
Hamburg-Mitte	435807	206704	242181	273065	291512	253051	216806	230542
Altona	220298	245722	272652	269909	272304	258613	225924	237243
Eimsbüttel	244535	224239	251993	261574	260045	255147	226687	243099
Hamburg-Nord	424114	310444	358941	421485	428756	357129	275379	275563
Wandsbek	166676	196051	221942	257237	302521	368812	374417	397323
Bergedorf	52587	75945	82380	78858	78197	94630	94272	112011
Harburg	135689	144094	172439	189161	199011	206400	177624	195873
Hamburg insgesamt	1698388[2]	1406158[3]	1605606[4]	1751289	1832346	1793782	1592770	1691654

[1] Fortschreibung
[2] einschl. Schiffsbevölkerung von 18682, jedoch ohne Militär
[3] einschl. Schiffsbevölkerung von 2959
[4] einschl. Schiffsbevölkerung von 3078

Anmerkung:
Die 1951 geschaffene Gebietseinteilung in Bezirke, Stadt- und Ortsteile löste die Gebietseinteilung von 1939 in Kreise, Bezirke und Ortsteile ab – vgl. Kap. 1.2.2. –, wobei sich die Grenzen der Verwaltungseinheiten z. T. etwas verschoben. Vom Statistischen Landesamt wurden jedoch die Ergebnisse der Volkszählungen von 1939 bis 1950 auf die heutige Gebietseinteilung umgerechnet, so daß sie mit denen der späteren Volkszählungen vergleichbar sind. Allerdings wurde diese Umrechnung für die VZ 1946 nur für die Bezirke durchgeführt. Daher kann bei der Darstellung der kriegsbedingten Veränderungen der Vergleich der Dichtewerte auf Stadtteilebene nur zwischen den Stichjahren 1939 und 1950 erfolgen (Winkler 1966, S. 85).

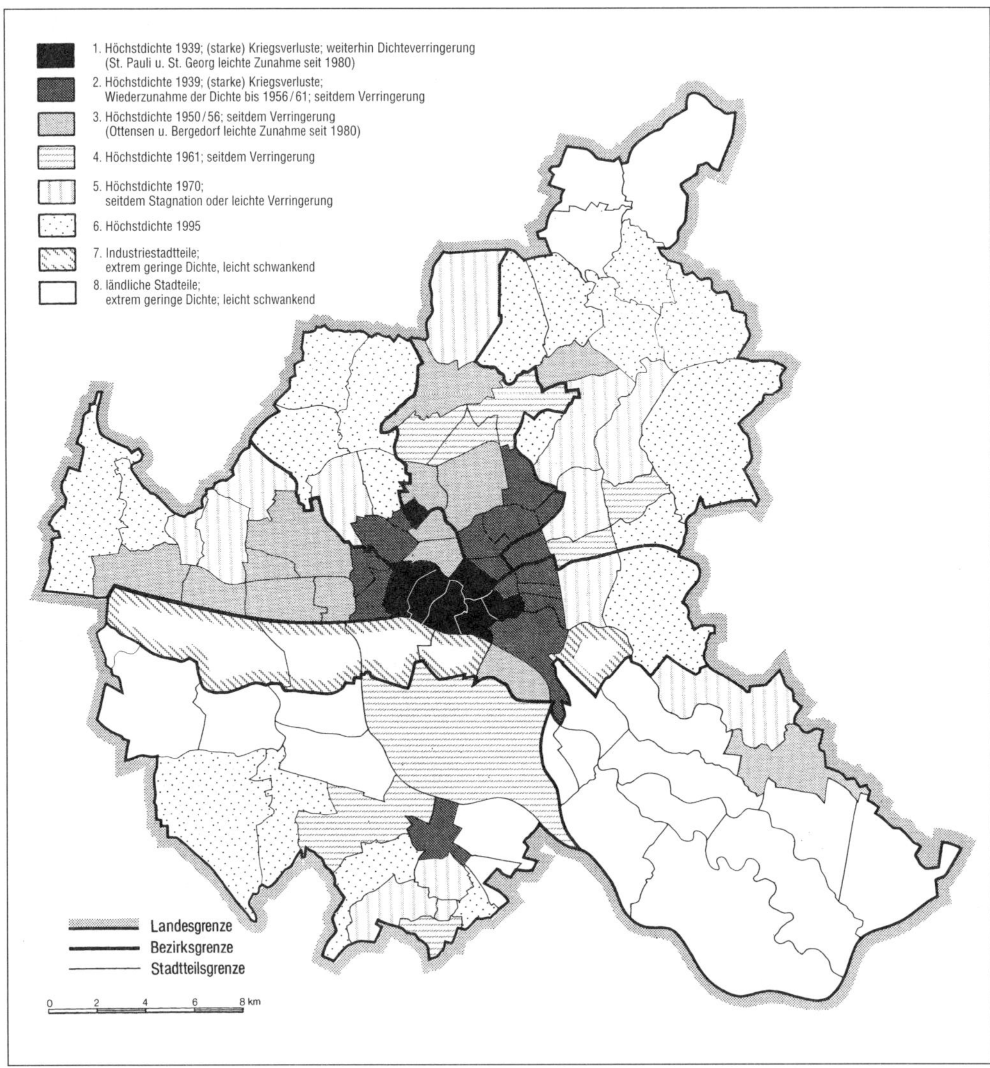

Abb. 2.22: Stadtteilgruppen Hamburgs mit übereinstimmendem Verlauf der Bevölkerungsdichtekurve seit 1939

Quelle: Möller 1985, aktualisiert

übereinstimmenden Verlauf der Dichte-Kurven seit 1939 auszeichnen. Über das Kriterium der zeitgleichen Kulmination der Bevölkerungsdichte wird eine Zusammengehörigkeit deutlich, die sich aus Lage und Struktur der Stadtteile herleitet: Die im Zentrum gelegenen und damit ältesten Stadtteile sind es, deren Dichte seit 1939 ständig und ganz beträchtlich abgenommen hat, während sich mit zunehmender Distanz vom Stadtmittelpunkt (mit der eine immer spätere Erstbebauung verbunden ist) der Zeitpunkt, an dem die Verdichtung stagnierte oder abzunehmen begann, stets weiter in die Gegenwart verschiebt. Von Einfluß auf den Zeitpunkt des Einsetzens der Rückläufigkeit sind dazu auch der Umfang der Kriegszerstörungen und die Art der erhalten gebliebenen Bausubstanz. Als Beispiele seien die Dichtekurven der Stadtteilgruppen 2 und 3 interpretiert.

In der *Gruppe 2* vollzog sich, nach z. T. starken Kriegsverlusten, zunächst eine Rückwanderung von Wohnbevölkerung, wobei jedoch die Dichte der Vorkriegszeit durchweg nicht einmal annähernd erreicht wurde. Es handelt sich um die alten, relativ zentrumsnahen Wohnstadtteile der Inneren Stadt, die bis 1939 eine sehr hohe Wohndichte aufwiesen (1939: Hoheluft-West 408 Ew. / ha, Eimsbüttel 382 Ew. / ha, Hamm-Mitte 336 Ew./ha, Barmbek-Süd 315 Ew./ha etc.). Nach den starken Kriegszerstörungen entstanden während der Wiederaufbauphase zahlreiche Neubaugebiete; seitens der Planung wurde jedoch eine Verringerung der Dichtewerte gegenüber der Wohndichte von 1939 festgelegt. In diesen Stadtteilen mit Resten von z. T. wenig hochwertiger Altbausubstanz und einem Bestand relativ einfacher Nachkriegsneubauten, die dem steigenden Komfortbedürfnis bald nicht mehr entsprachen, setzte dann ab 1956 / 61 der Bevölkerungsrückgang ein.

Die *Gruppe 3* umfaßt größtenteils von höheren Sozialschichten bevorzugte Stadtteile aufgelockerter Bebauung und damit schon ursprünglich geringerer Dichte (Elbvororte, Alsterrandgebiete). Sie waren im Kriege kaum das Ziel von Bombenangriffen und wurden so während der Kriegs- und ersten Nachkriegszeit zum Auffanggebiet für obdachlos gewordene Hamburger und auch für Flüchtlinge. Dies erklärt, daß die Höchstdichte 1950 / 56 erreicht wurde und mit zunehmender Normalisierung der Verhältnisse hier die Bevölkerungsdichte frühzeitig wieder abnahm. In allen diesen Stadtteilen fand bis zur Gegenwart ein ständiger weiterer Rückgang der Bevölkerung statt, dessen Ursache u.a. in der besonders hochwertigen Bausubstanz und dem damit verbundenen „teuren Wohnen“ liegt: Überdurchschnittlich hohe Mieten können von wachsenden Familien mit mittlerem Einkommen nicht aufgebracht werden; sie ziehen fort, und es kommt neben der Dichteverringerung auch zu einer Überalterung der Bevölkerung. – Nur bei den Stadtteilen Ottensen, Bahrenfeld, Veddel und schließlich auch Bergedorf, die ebenfalls der Gruppe 3 zuzurechnen sind, liegen die Dinge etwas anders: Bei Bahrenfeld und Veddel hängt die Abnahme ihrer ohnehin nur geringen Wohnbevölkerung mit einer sich verstärkenden gewerblichen Nutzung zusammen. Ottensen dagegen hatte als alter Arbeiterstadtteil eine sanierungsbedürftige Bausubstanz, woraus bis 1980 u. a. eine Abwanderung resultierte, die jetzt durch eine gegenläufige Tendenz aufgehoben wird: durch den Vorgang der “Gentrification” (s. hierzu S. 125) und durch eine Vermehrung des Wohnraumangebotes infolge der Bebauung von Industriebrachen. Und die Bevölkerungsdichte der alten kleinen Schwesterstadt Bergedorf hat zwar seit 1956 abgenommen, zeigt aber jetzt eine Stabilisierung mit sogar geringen Zuwächsen und ist insgesamt nicht in einem direkten Zusammenhang mit der Entwicklung in den Stadtteilen der Kernstadt zu sehen.

Der gesellschaftliche Wandel im Spiegel soziodemographischer Daten

Bis Ende der 1950er Jahre entsprachen die Familienstrukturen und Lebensformen noch annähernd denen der Vorkriegszeit, was z. T. auch ökonomisch bedingt war. Seit den 1960er Jahren aber zeichnet sich ein tiefgreifender Wandel ab. Er ist weltweit zu beobachten, wird mehr bejaht als beklagt und läßt sich z. T. an ganz einfachen soziodemographischen Daten ablesen. Für Hamburg weisen die Zahlen der Tabelle 2.11 die gesellschaftlichen Veränderungen zwischen 1961 und 1997 auf.

Zunächst die *ethnische Zusammensetzung* der Bevölkerung: Der Anteil der Ausländer hat sich im Berichtszeitraum von kaum ins Gewicht fallenden 1,2 % auf

Merkmal	1961	1970	1987	1997
Bevölkerung insgesamt	1832392	1793823	1592770	1704731
Ausländeranteil (Ausländer und Ausländerinnen in %)	1,2	3,3	9,3	15,2
Altersgliederung der Bevölkerung (Anteil an den Altersgruppen in %)				
unter 15jährige	16,2	18,3	11,6	13,5
unter 18jährige	19,9	21,2	14,9	16,2
15- bis unter 65jährige	69,7	64,8	69,9	69,8
20- bis unter 60jährige	56,3	52,5	58,2	59,3
60jährige und älter	20,7	24,1	24,0	22,7
80jährige und älter	2,0	2,6	4,7	4,6
Eheschließungen (je 1 000 der durchschnittlichen Bevölkerung)	10,4	7,8	6,0	4,6
Ehescheidungen (je 10 000 der bestehenden Ehen)	77,0	113,0	137,2	150,6
Lebendgeborene (je 1 000 der 15–45jährigen Frauen)	65,2	52,5	42,3	47,0
Nichteheliche Lebendgeborene (in % der Lebendgeborenen)	7,6	7,7	19,3	23,5
Haushalte insgesamt	751 025	795 900	827 042	916 300
Personen je Haushalt	2,39	2,25	1,92	1,87
Einpersonenhaushalte (in %)	29,3	35,8	46,7	48,2
Haushalte mit Kindern* (in %)	•	28,3	18,8	18,6
Kinder je Haushalt mit Kindern*	•	1,68	1,55	1,62
Haushalte von alleinstehenden Müttern mit Kindern* (in %)	•	3,5	3,5	4,5
Rentnerhaushalte (in %)	29,7	31,1	32,1	37,1
Erwerbstätige	887 689	827 700	690 790	766 300
Anteil (in % der Bevölkerung insgesamt)	48,4	46,1	43,4	44,9
Altersgliederung der Erwerbstätigen nach Geschlecht (Erwerbstätige je 100 der Bevölkerung gleichen Alters und Geschlechts)				
15- bis unter 65jährige Männer	89,6	88,9	71,1	68,1
20- bis unter 60jährige Männer	94,4	93,1	77,8	75,4
15- bis unter 65jährige Frauen	48,2	51,3	51,9	58,6
20- bis unter 60jährige Frauen	49,0	55,1	59,2	66,2
Erwerbstätige Frauen (in % aller Erwerbstätigen)	38,1	39,1	42,6	45,6
Arbeiter und Arbeiterinnen (in % aller Erwerbstätigen)	40,8	36,4	31,0	23,2

* ledige Kinder im Alter von unter 18 Jahren

Tab. 2.11: Soziodemographische Indikatoren in Hamburg 1961, 1970, 1987 und 1997
Quelle: WOHLFAHRT 1998, S. 50; für 1997 ergänzt durch Mikrozensus

15,2 % erhöht. Es überwogen bei dieser Zuwanderung in den 1970er und frühen 1980er Jahren die sog. Gastarbeiter (gezielt angeworben, weil in der Zeit der Hochkonjunktur von der Wirtschaft benötigt), während nachfolgend mehr und mehr Asylanten und Flüchtlinge aus Krisengebieten den Ausländeranteil weiter erhöhten. Was diese Zuwanderung insgesamt für die Stadtteilbildung und das soziale Miteinander in der Metropole bedeutet, zeigt das Auftreten der „Segregation" (s. S. 103ff.).

Bei der *Altersstruktur* fällt auf, daß sich der Anteil der Kinder und Jugendlichen deutlich vermindert hat. Dabei liegt der Rückgang bei der deutschen Bevölkerung tatsächlich noch wesentlich höher; er ist in dem hier aufgeführten Zahlenmittel abgeschwächt durch die einbezogenen Anteile von ausländischen Kindern und Jugendlichen. – Die gestiegene Lebenserwartung wird deutlich in den erhöhten Prozentsätzen von über 60- und über 80jährigen.

Von besonderer gesellschaftlicher Relevanz sind die Zahlen von *Eheschließungen und Ehescheidungen.* Es ist deutlich, daß die „Ehefreudigkeit" seit den 1960er Jahren erheblich nachgelassen hat, was aber nicht bedeutet, daß ein partnerschaftliches Zusammenleben verstärkt gemieden wird, sondern nur die zunehmende Bereitschaft zur nichtehelichen Gemeinschaft signalisiert. Hierauf weist auch die stark angestiegene Zahl der nichtehelich geborenen Kinder hin, die 1997 fast ein Viertel der Geburtenzahl ausmachte.

Die *Haushaltsstrukturen* haben eine als dramatisch zu bezeichnende Veränderung erfahren. Wenn die Einpersonenhaushalte, die 1961 29,3 % ausmachten, 1997 auf 48,2 % gestiegen sind, die Haushalte mit Kindern aber von 1970 28,3 % auf 1997 18,6 % abgenommen haben, so bestätigt dieses die bereits für den sinkenden Anteil an Kindern und Jugendlichen und die rückläufige Ehebereitschaft getroffene Feststellung eines Wandels, der die mehrköpfige Familie nicht mehr den Normalfall sein läßt. Die guten finanziellen Möglichkeiten in Teilen der jüngeren und mittleren Generation begünstigen die Entscheidung für den eigenen Kleinhaushalt, der viel Freiheit gewährt, während durch die höhere Lebenserwartung der älteren Generation oft Zweipersonenhaushalte entstehen, aus denen nach dem Tod eines der Partner Einpersonenhaushalte werden. Bei den Jüngeren wie bei den Älteren besteht nur in Ausnahmefällen die Neigung zum Zusammenleben mit der jeweils anderen Generation. (Ein Anteil von fast 50 % an Haushalten mit nur einer Person ist eine großstädtische Erscheinung, denn im Bundesdurchschnitt machen die Single-Haushalte gegenwärtig „nur" 35 % aus. Außerdem sei, um Mißverständnissen vorzubeugen, darauf hingewiesen, daß zwar in Hamburg von den Haushaltungen fast 50 % den Einpersonenhaushalten zuzurechnen sind, der Anteil der Singles an der Bevölkerung aber nur ein Viertel ausmacht). Die Nachfrage nach Single-Wohnungen bzw. die Nutzung von familiengerechten Wohnungen durch nur eine Person ist aber ein Tatbestand, auf den Stadtplanung und Wohnungsbau gezwungenermaßen reagieren müssen.

Der Anteil der *Erwerbstätigen* an der Bevölkerung hat sich im Berichtszeitraum zwar in der Gesamtheit nicht gravierend verringert, es zeigen sich aber geschlechts- und altersspezifische Verschiebungen. So ist die Erwerbstätigkeit bei den Männern, und zwar sowohl bei der Gruppe der 15- bis unter 65jährigen als auch bei der Gruppe der 20- bis unter 60jährigen, um mehr als 20 % bzw. fast 20 % zurückgegangen (diese Gruppen weisen die höchsten Arbeitslosenquoten auf), während die Erwerbstätigenquote bei den entsprechenden Altersgruppen der Frauen deutlich zugenommen hat. Die Frauen haben damit ihren Anteil an allen Erwerbstätigen von 38,1 % (1961) auf 45,6 % (1997) gesteigert; auch dies weist auf eingetretene gesellschaftliche Veränderungen hin.

Polarisierung durch soziale und ethnische Segregation

Der Begriff der Segregation wird in den Sozialwissenschaften für den Vorgang der Absonderung einer Menschengruppe innerhalb eines Verbandes gebraucht; auf die Fläche bezogen erbringt die Segregation eine Ungleichverteilung bestimmter Bevölkerungsgruppen im Raum.

Die soziale Segregation ist in den mitteleuropäischen Städten ein altes und auch schon früh beschriebenes Phänomen, während der ethnischen Segregation erst eine besondere Aufmerksamkeit zugewandt wurde, seit in den Nachkriegsjahrzehnten dieses Jahrhunderts immer mehr Ausländer als Arbeitskräfte in den Städten Mitteleuropas seßhaft wurden.

Daß schon in der alten, von dem Halbkreis seiner großen Befestigungsanlage abgegrenzten Stadt Hamburg deutliche soziale Unterschiede zwischen den „Kirchspielen" bestanden, in welche die Stadt kirchlich und verwaltungsorganisatorisch eingeteilt war, wurde bereits erwähnt (s. Kap. 2.1.2, S. 26f.). Als dann nach der Aufhebung der Torsperre (1860) im ländlichen Umland allmählich die heutige Wohnstadt Hamburg Gestalt annahm, war dieses neue Stadtgebilde von Beginn an in sich sozial inhomogen. In den landschaftlich bevorzugten Lagen rund um den Alstersee sowie im Oberalstergebiet und in den Elbvororten waren Angehörige der Oberschicht und der oberen Mittelschicht ansässig geworden, während zwischen dieser z. T. bandartig, z. T. sektoral verlaufenden Überbauung mehr oder weniger große Einheiten von Wohngebieten der Mittel- und Unterschicht entstanden waren. Östlich der Alster grenzten die Viertel der Unterschicht ziemlich unvermittelt an die Oberschicht-Wohngebiete an und zogen sich von hier in ausgedehnten Flächen weiter nach Nordosten und in den südöstlichen Raum (Horn) bis in das Marschengebiet, das nach 1842 aufgehöht worden war (Hammerbrook). Dabei ist bemerkenswert, daß die reizvolle Landschaft des Geestrandes in Hamm und Horn, in der seit dem ausgehenden 16. Jahrhundert Landsitze vermögender Hamburger gelegen hatten (vgl. Kap. 2.1.5), im Industriezeitalter nicht mehr von der Oberschicht gehalten werden konnte. Den Erfordernissen nach hafennahen Arbeiter-Wohnquartieren entsprechend, erfuhr dieser Raum eine enge Miethausbebauung und wurde zum Wohngebiet der Unterschicht. – Die so geschilderte frühe sozialräumliche Gliederung der Wohnstadt Hamburg bildet die Grundlage für alle nachfolgenden Entwicklungen.

Der Beschreibung der Segregation als einer „disproportionalen Verteilung von Bevölkerungsgruppen über städtische Teilgebiete" (Friedrichs 1983, S. 217) hat die Analyse zu folgen. Sie wurde für den Hamburger Raum erstmalig in der Nachkriegszeit, und zwar von Braun (1968), Soltau (1976) und Friedrichs (1977) durchgeführt, jeweils anhand unterschiedlicher Kriterien.

Zeitlich in deren Nachfolge, aber strukturell aufgrund eines überwältigenden Datenmaterials, das zur Verarbeitung kam, von ihnen abgehoben, ist der *Sozialatlas Hamburg 1997* von Podszuweit / Schütte (1997). Zur Erstellung dieses Atlasses wurden 175 Aspekte der sozialen Lage (statistische Indikatoren) auf die 180 Ortsteile Hamburgs bezogen, wodurch den Autoren zur Interpretation mehr als 31 000 Kennziffern zur Verfügung standen. Die Ordnung erfolgte nach acht Indikatorenbereichen (1. Bevölkerung, 2. Beschäftigung, 3. Arbeitslosigkeit, 4. Einkommen, 5. Sozialhilfe, 6. Wohnen, 7. Wahlen, 8. Kriminalität), und die Ergebnisse finden sich sowohl in Hamburg-Karten als auch in Ortsteilprofilen und einem umfangreichen Tabellenteil dargestellt.

Die nachfolgenden Ausführungen beziehen sich, soweit nicht anders gekennzeichnet, auf die Aussagen in diesem *Sozialatlas Hamburg 1997.*

Da in den Sozialwissenschaften das Einkommen bzw. die Einkommensungleichheit häufig als die zentrale Erklärung der Segregation herangezogen wird, soll bei der Darstellung der Hamburger Verhältnisse mit diesem Indikatorenbereich begonnen werden. Kurze Skizzierungen der anderen Bereiche folgen.

A Einkommen

Vorbemerkung zur Datenlage:
Podszuweit / Schütte werten die Steuerstatistik aus. Diese steht in mehrjährigem Abstand auch kleinräumig für die 180 Ortsteile Hamburgs zur Verfügung, was von Vorteil für einen differenzierten Zeitreihenvergleich ist. Von Nachteil sind die langen Steuererklärungsfristen, durch die im Jahre 1997 erst die Daten von 1992 verfügbar waren. Außerdem wird nur die Hälfte aller Hamburger Bürger zwischen 15 und 65 Jahren zur Steuer veranlagt. Hinzu kommt, daß zusammen veranlagte Ehepaare statistisch als Einheit betrachtet werden und daß außerdem in den oberen Einkommensklassen viele Abschreibungsmöglichkeiten die Werte verfälschen.

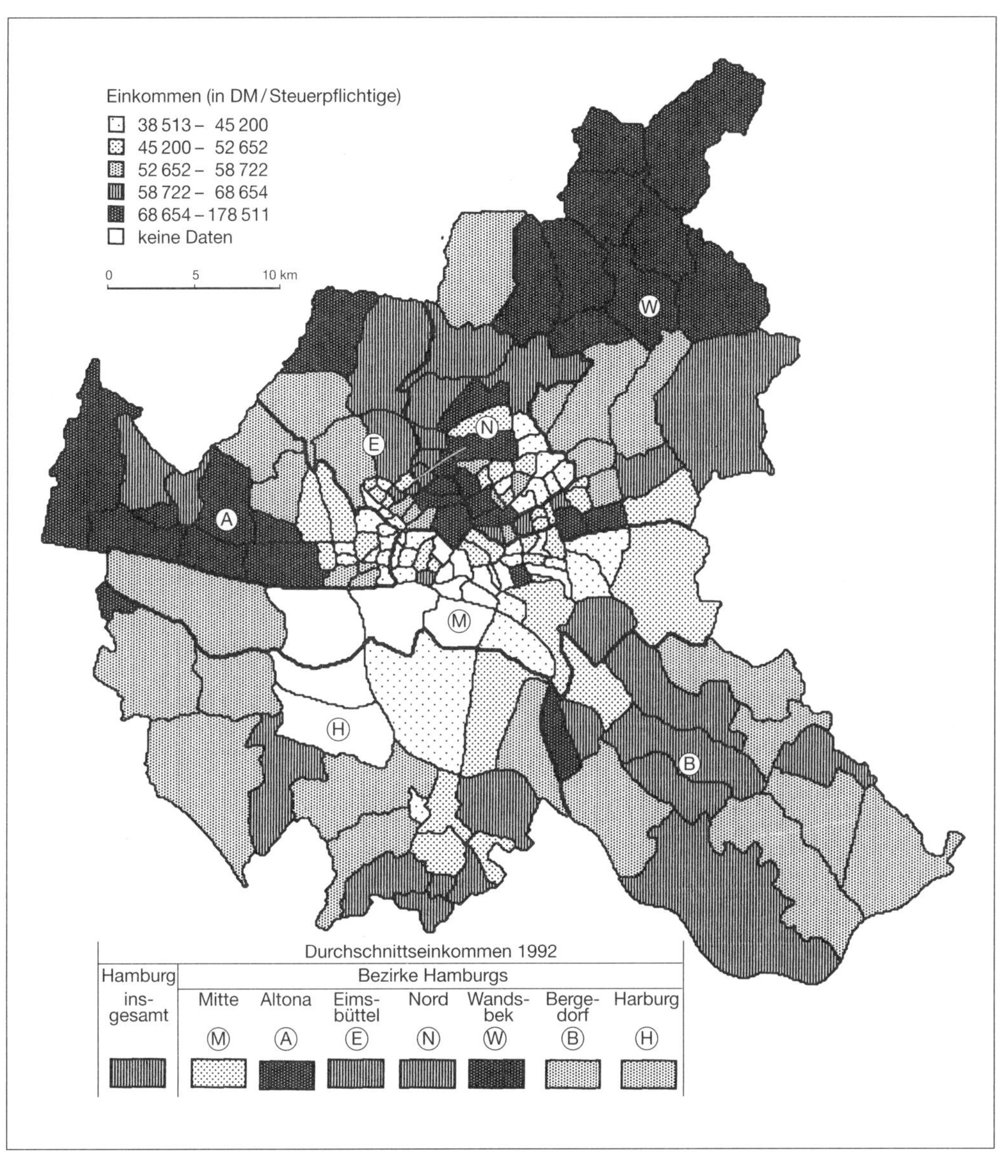

Abb. 2.23: Durchschnittseinkommen in den Stadtteilen und Ortsteilen Hamburgs 1992 (Einkommen / Steuerpflichtige Person)

Quelle: PODSZUWEIT / SCHÜTTE, Sozialatlas Hamburg 1997

Trotz dieser Einschränkungen zeigen die Daten generelle Tendenzen. In der Zeitreihe wird insgesamt ein wachsender Wohlstand deutlich, wobei in der örtlichen Verteilung die sich öffnende Schere zwischen Arm und Reich nicht zu übersehen ist.

1980 betrug das nominale Hamburger Durchschnittseinkommen vor Steuer rd. DM 39 500. Dieses stieg bis 1992, also innerhalb von 12 Jahren, um rd. 60 % auf DM 63 600. – Der Durchschnittswert (letztgenannter ist der höchste in der EU) verdeckt jedoch krasse Unterschiede. Beispielsweise blieb der Bezirk Hamburg-Mitte schon in seiner Gesamtheit um ein Drittel hinter der genannten Einkommenssteigerung zurück. Und innerhalb dieses Bezirks Mitte bilden die Ortsteile 114 (im Stadtteil St. Georg) und 133 (im Stadtteil Rothenburgsort) die Schlußlichter, indem sie zwar die Einkommenssteigerung geringfügig mitgemacht haben, bei Berücksichtigung der zwischenzeitlich eingetretenen Preissteigerungen jedoch 1992 über eine geringere Kaufkraft verfügten als 1980. Vergleichbares gilt für Teile des Bezirks Altona, wo im Ortsteil 205 (im Stadtteil Altona-Altstadt), im Ortsteil 210 (im Stadtteil Ottensen) sowie im Ortsteil 208 (im Stadtteil Altona-Nord) die Einkommen im Durchschnitt zu wenig zugenommen hatten, um die Preissteigerungen zwischen 1980 und 1992 auszugleichen. Aber der Bezirk Altona ist janusköpfig, denn er zeigt auf der anderen Seite Teilgebiete mit spektakulär hohen Einkommen und ebensolchen Zuwachsraten. Othmarschen und Nienstedten – wunderschön gelegen, den Elbhang begleitend und auch alte Landschaftsparks mit umfassend – sind als traditionell bevorzugte Wohngebiete mehr und mehr zu Stadtteilen der Superreichen geworden. Das mittlere Einkommen betrug 1992 in Othmarschen 173 626 DM, in Nienstedten sogar 178 511 DM, und dieses Durchschnittseinkommen hatte sich gegenüber 1980 in Othmarschen um 95 %, in Nienstedten um 92 % gesteigert. Nienstedten ist den Zahlen zufolge der „reichste" Stadtteil Hamburgs. (Von den 6 935 Vermögensmillionären, die 1995 in Hamburg registriert wurden, wohnt mutmaßlich ein beträchtlicher Anteil in Nienstedten, – die genauen Zahlen unterliegen allerdings dem Datenschutz).

Wurden hiermit die Extreme aufgezeigt, so läßt Abbildung 2.23 die Ungleichgewichte für das gesamte Stadtgebiet erkennen. Mit den schon erwähnten Ortsteilen sehr geringer Einkommen korrespondieren die alten Arbeiter-Quartiere, die sich östlich der Alster von Barmbek-Nord in einem leichten Bogen nach Süden bis Wilhelmsburg erstrecken und die außerdem westlich/nordwestlich der Innenstadt im Raum von St. Pauli bis Eimsbüttel liegen. Umgekehrt gehören zu den erwähnten Stadtteilen mit Spitzeneinkommen noch die übrigen Elbvororte, die locker bebauten Wohnstadtteile um die Außenalster und an der Oberalster sowie die Walddörfer und sogar Schnelsen. Abstufung und räumliche Zuordnung der „normalen" Wohngebiete mit mittlerem Einkommen, welche die übrigen Stadträume einnehmen, sind ebenfalls gut aus der Abbildung 2.23 abzulesen.

B Arbeitslosigkeit

Vorbemerkung zur Datenlage:
Im Gegensatz zur Steuerstatistik, die die Einkommen nur mit einer zeitlichen Verzögerung veröffentlichen kann, ist die Statistik, welche die Arbeitslosenzahlen benennt, jeweils auf das Vorjahr bezogen, also aktuell. Regionalisierte Daten gab es allerdings in der Vergangenheit nicht; erst seit September 1995 liegen, gewonnen durch eine regionalbezogene Auswertung der Arbeitslosenkartei des Arbeitsamtes Hamburg, Angaben für die einzelnen Stadtteile vor (wenn auch nicht differenziert nach Ortsteilen).

Die Arbeitslosigkeit in Hamburg betrug im Jahre 1996 für die Gesamtstadt 11,7 % (bezogen auf alle zivilen Erwerbspersonen) mit einer Tendenz zur Steigerung. Sie unterscheidet sich eben dadurch von den frühen 1990er Jahren, als nach der Wiedervereinigung ein wirtschaftlicher Aufschwung zu verzeichnen gewesen ist und sich die Arbeitslosenquote mit 8,7 % (1991), 7,9 % (1992) und 8,6 % (1993) tendenziell erniedrigt hatte.

Der Stellenabbau und damit die Zunahme der Arbeitslosigkeit betrifft hauptsächlich das Produzierende Gewerbe, während der Dienstleistungssektor noch relativ gut dasteht (vgl. hierzu Kap. 4, S. 193 u. Tab. 4.2 – Entwicklung der Erwerbstätigenzahlen).

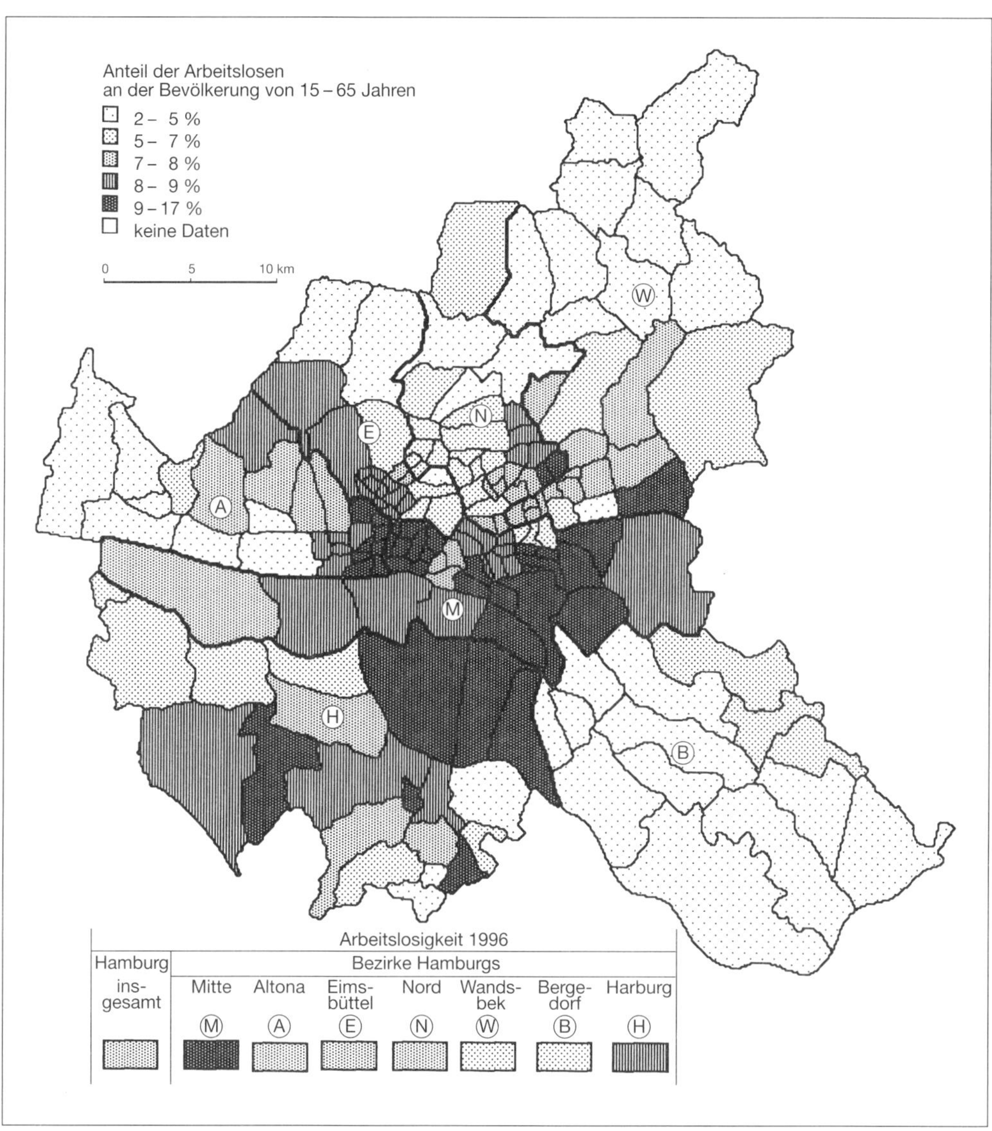

Abb. 2.24: Arbeitslosigkeit in den Stadtteilen Hamburgs 1996 (Anteil an der Bevölkerung in der Altersgruppe 15 bis unter 65 Jahre)

Quelle: PODSZUWEIT / SCHÜTTE, Sozialatlas Hamburg 1997

Mit Bezug auf die verschiedenen Gruppen ist eine weit über dem Durchschnitt liegende Arbeitslosigkeit bei den Jugendlichen und den Ausländern festzustellen.

Die Ungleichverteilung im Stadtgebiet verdeutlicht Abbildung 2.24. Die höchste Arbeitslosigkeit erreicht der Bezirk Mitte (in welchem 19,4 % aller Arbeitslosen Hamburgs leben). Von St. Pauli bis Billbrook und Horn gehören die meisten der dichtbesiedelten Stadtteile des Bezirks Mitte zu der Quotengruppe „9% bis 17% Arbeitslose“

(Anteil an der Bevölkerung von 15–65 Jahren), der höchsten in der Negativrangfolge. Umgekehrt ist die niedrigste Arbeitslosigkeit (2 % bis 5 %) nachgewiesen in den bevorzugten Wohngebieten der Elbvororte und im Außengürtel der Stadt von Niendorf / Schnelsen über das obere Alstertal bis hin in die Walddörfer. Es korreliert also die niedrige Arbeitslosigkeit deutlich mit den hohen Einkommen. Eine Ausnahme machen nur die Vier- und Marschlande, wo – durch Vorherrschen der Landwirtschaft – zwar geringe Arbeitslosigkeit zu verzeichnen ist, die Einkommen jedoch nur Durchschnittswerte erreichen.

C Ausländer

Im Jahre 1997 lag der Anteil von Ausländern und Ausländerinnen an der Gesamtbevölkerung Hamburgs bei 15,2 %. (Als Ausländer gilt, wer nicht die deutsche Staatsangehörigkeit besitzt.) Zahlenmäßig überwogen bei weitem Türken mit 26,2 % aller in Hamburg lebenden Ausländer, gefolgt von Jugoslawen mit 9 % (zusammen mit den Zuwanderern aus den Nachfolgestaaten Bosnien-Herzegowina und Kroatien kamen diese auf 13,3 %) und Polen mit 7 %.

Über die durchweg niedere soziale Stellung der Ausländer gibt u. a. die Berufszugehörigkeit Auskunft. Wenn auch die Bürger mit nichtdeutscher Staatsanghörigkeit 12,5 % aller Erwerbstätigen in Hamburg ausmachen, so sind sie unter den Beamten so gut wie gar nicht vertreten und unter den Angestellten mit nur 8 %. Dagegen sind von den Selbständigen (inkl. mithelfenden Familienangehörigen) mehr als 14 % Ausländer, und an der Gruppe der Arbeiter sind diese sogar mit über 25 % beteiligt.

Im Zusammenhang mit dem Thema der Integration von Ausländern spielt deren Aufenthaltsdauer eine Rolle. Sie liegt bei den Türken am höchsten, denn 1997 waren von den 72 039 in Hamburg lebenden Türken 37 900, d. h. mehr als die Hälfte, bereits 15 Jahre und länger in der Hansestadt. Die Kinder dieser Familien haben eine deutsche Schulbildung erfahren und fühlen sich in der Mehrzahl der Fälle hier zu Hause. Den Gegenpol bilden die Zuwanderer aus Bosnien-Herzegowina, mit 6 936 Personen keine kleine Gruppe, von der aber 1997 fast 93 % weniger als vier Jahre in Hamburg lebten, was sie als Flüchtlinge aus dem Krisengebiet ausweist.

Daß sich Ausländer sehr ungleichmäßig in den Stadtgebieten verteilen und dies bis zur Ghettobildung führt, ist allgemein bekannt. Die Abbildung 2.25 vermittelt einen Überblick über die Verhältnisse in Hamburg und zeigt, daß es die alten citynahen Wohnstadtteile und außerdem hafennahe Wohn-Gewerbe-Mischgebiete sind, die besonders hohe Ausländeranteile aufweisen. Zum Beispiel erreichen die Ausländer in der Hamburger Altstadt wie auch in der Neustadt und im Stadtteil St. Pauli jeweils einen Anteil an der Wohnbevölkerung von mehr als 50 %. Im nur gering besiedelten Ortsteil 115 (im Stadtteil Klostertor) beträgt der Ausländeranteil 85 %, und auf der Veddel, wo immerhin 5 000 Menschen wohnen, liegt der Anteil der Ausländer bei 73 %. Zum Stadtteil Wilhelmsburg (1996: 48 700 Ew.), der früh einen starken Zuzug von Türken erfahren hat, ist zu sagen, daß hier der Ausländeranteil zwar insgesamt „nur“ 37 % beträgt, bei den unter 18jährigen aber 53 % ausmacht; – der letztgenannte ist ein Prozentsatz, der viele Probleme, besonders auch im schulischen Bereich, zur Folge hat.

Da die Ortsteile die kleinsten Einheiten für die statistische Erfassung darstellen, wird in der Abbildung 2.25 nicht deutlich, daß auch in den Außengebieten der Stadt, nämlich in den Großsiedlungen der 1960er / beginnenden 1970er Jahre, noch beträchtliche Ausländerkonzentrationen auftreten; sie werden als punktuelle Erscheinungen durch das Mittel der Ortsteile nivelliert.

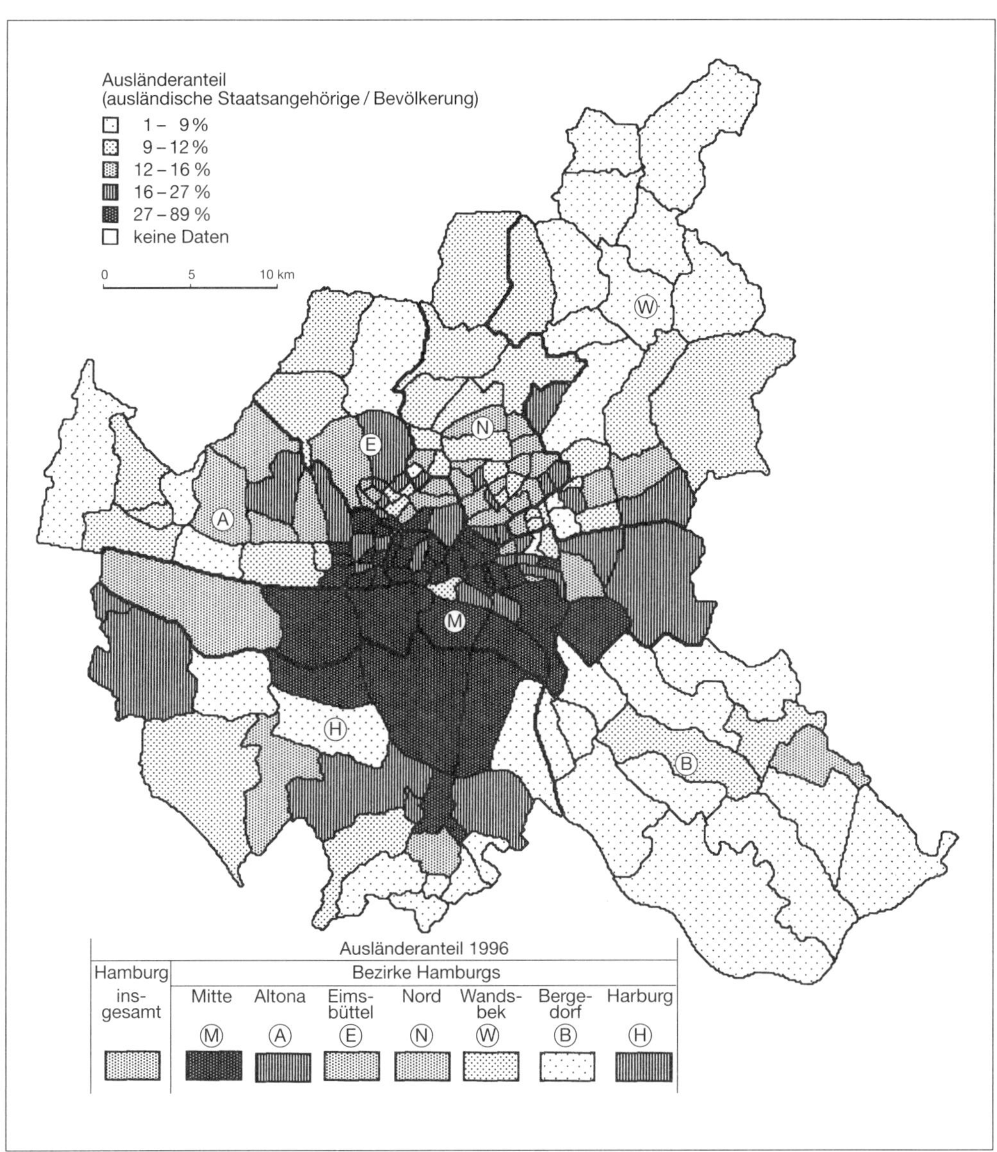

Abb. 2.25: Ausländeranteil in den Hamburger Stadtteilen und Ortsteilen 1996 (Anteil ausländischer Staatsangehöriger/Bevölkerung der Stadtteile und Ortsteile)

Quelle: PODSZUWEIT / SCHÜTTE, Sozialatlas Hamburg 1997

D Sozialhilfe

Vorbemerkung zur Datenlage:

Bei der Ermittlung der „neuen Armut" kommt dem Indikator Sozialhilfe nur eine Ersatzfunktion zu. Wünschenswert wäre, um die Schwelle von der Armut zur Nichtarmut zu definieren, eine Erfassung der realen Haushaltsnettoeinkommen einer Familie bzw. Gruppe. Über sie würde das Kaufkraftvolumen eines Haushalts deutlich, und zugleich wäre bestimmbar, wie weit dieses unter dem Durchschnitt liegt. (Im Raum der EU geht man davon aus, daß, wenn ein Haushaltseinkommen nur bis 50 % des durchschnittlichen Haushaltseinkommens erreicht, Armut vorliegt.) Da das Haushaltsnettoeinkommen einer Familie aber statistisch nicht erfaßt wird, benutzt die Statistik ersatzweise die Sozialhilfe als Indikator. PODSZUWEIT / SCHÜTTE, die diesen Sachverhalt erläutern, haben in Anlehnung an die bei derartigen Analysen üblich gewordene Praxis die „Hilfe zum Lebensunterhalt" (HLU) als Indikator gewählt, die im 2. Abschnitt des Bundessozialhilfegesetzes (BSHG) definiert ist und welche die große Mehrheit aller Sozialhilfehilfeempfänger beziehen.

Abb. 2.26: Anteil der Sozialhilfeempfänger in den Stadtteilen und Ortsteilen Hamburgs 1995 (Anteil HLU-Empfänger / Bevölkerung der Stadtteile und Ortsteile)

Quelle: PODSZUWEIT / SCHÜTTE, Sozialatlas Hamburg 1997

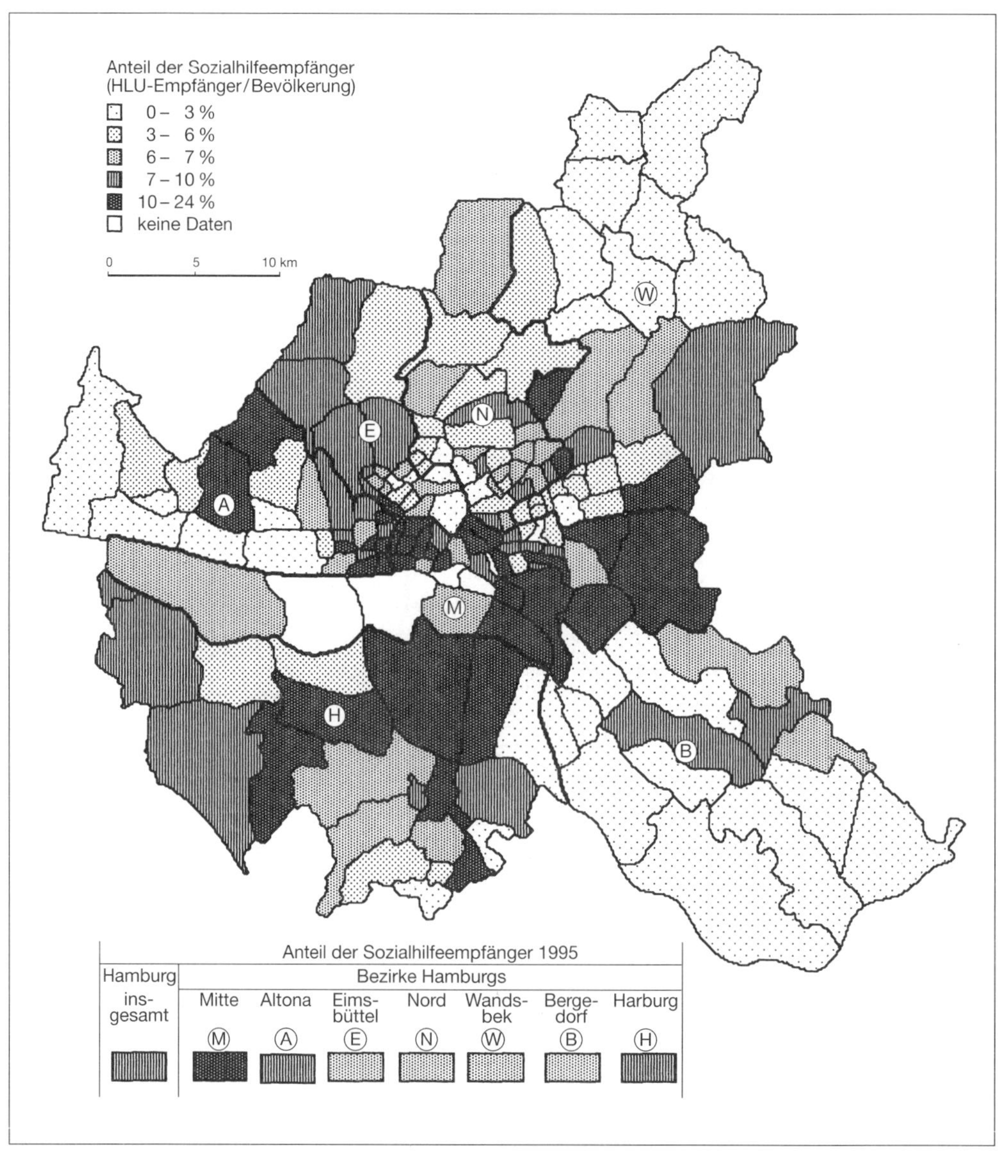

Von 1980 bis 1993 ist die Zahl der Sozialhilfe- (HLU-) Empfänger in Hamburg von 56 545 auf 159 030 gestiegen, also um 181 %. Die Zahlen ab 1994 sind mit den vorhergehenden nicht mehr voll vergleichbar, weil man von einer *kumulierenden Zählung* zu einer *Stichtagszählung* übergegangen ist, deren Ergebnisse wahrscheinlich etwa 20 % unter den kumulativen Zahlen liegt. So signalisiert die für den 30.4.1997 durch die Sozialbehörde errechnete Zahl von 153 000 Hilfeempfängern auf keinen Fall einen Rückgang gegenüber 1993.

Abbildung 2.26 gibt die Ungleichverteilung der HLU-Empfänger im Stadtgebiet zu erkennen und zeigt, daß in jenen Stadtteilen, die bereits im Zusammenhang mit geringen Erwerbseinkommen, hohen Arbeitslosenquoten und großem Ausländeranteil genannt wurden, die HLU-Anteile am größten sind. Zu betonen ist dabei, daß in diesen Gebieten – wie z. B. in Altona-Altstadt, St. Pauli, St. Georg und Wilhelmsburg – jedes dritte Kind und jeder dritte bis vierte Jugendliche in einem Sozialhilfehaushalt lebt. Die Gefahr der Desintegration dieser jungen Menschen ist unübersehbar und stellt ein großes gesellschaftspolitisches Problem dar.

E Kriminalität

Vorbemerkung:
Die Liste möglicher Straftaten ist umfangreich und zeigt viele Varianten. PODSZUWEIT / SCHÜTTE haben für ihren *Sozialatlas Hamburg 1997* aus der hamburgischen polizeilichen Tatstatistik von 1995 die größten Deliktsgruppen auf Ortsteilbasis ausgewertet, und zwar: Rohheitsdelikte (Tötung, Körperverletzung, Raub), Diebstahl und Rauschgiftdelikte.Von diesen wurden die Rohheitsdelikte in ihrer Ungleichverteilung über das Stadtgebiet kartographisch dargestellt (Abb. 2.27).

Für eine Weltstadt wie Hamburg versteht es sich bedauerlicherweise beinahe von selbst, daß in den Bereichen von City und Hauptbahnhof sowie in den Vergnügungsvierteln verschiedene Straftaten kumulieren: In der Kaufhausmeile der Innenstadt ist eine Häufung von Diebstählen zu registrieren, Schwerpunkte des Drogenhandels liegen in St. Georg wie auch in St. Pauli sowie dem nördlich anschließenden Schanzenviertel, und Gewaltkriminalität gehört in den Vergnügungsvierteln eben dieser Stadtteile zum traurigen Alltag. Die genannten Straftaten stehen jedoch nicht in einem unmittelbaren Bezug zu den Bewohnern jener Viertel, sondern sie signalisieren in erster Linie die Unsicherheit, mit der die dortigen Anwohner leben müssen. Daß dagegen im übrigen Stadtgebiet ein Zusammenhang zwischen der Zahl der Rohheitsdelikte (Tötung, Körperverletzung, Raub) und der ökonomischen Situation der örtlichen Bewohner bestehen kann, läßt Abbildung 2.27 deutlich werden. Es ist unverkennbar, daß in den einkommensstärkeren Außenzonen der Stadt, sowohl im Westen wie auch im Norden und Süden, Rohheitsdelikte unterrepräsentiert sind, während sie sich in mehreren ökonomisch schwachen Gebieten, z. B. in Altona-Altstadt, Billstedt, Wilhelmsburg-West und auch im nördlichen Harburg, häufen. Nach SCHÜTTE ist der vermutbare Zusammenhang allerdings nicht zwingend: „Alle relativ unsicheren Quartiere sind ökonomisch schlecht gestellt, aber nicht alle Viertel mit hohen Anteilen an Sozialhilfeempfängern oder mit niedrigen Steuereinkommen sind unsicher.“ (Sozialatlas Hamburg 1997, S. 35)

Zusammenfassung

Einen Überblick über die beschriebene Segregation vermittelt nochmals die Tabelle 2.12, in der die 15 einkommensstärksten und die 15 einkommensschwächsten Stadtteile aufgeführt sind, jeweils mit ihrem Anteil an Ausländern, an Sozialhilfeempfängern und an Arbeitslosen. Es wird an diesen einfachen Zahlen mehr als deutlich, wie stark die Unterschiede sind, die sich herausgebildet haben, und daß sich in den besonders

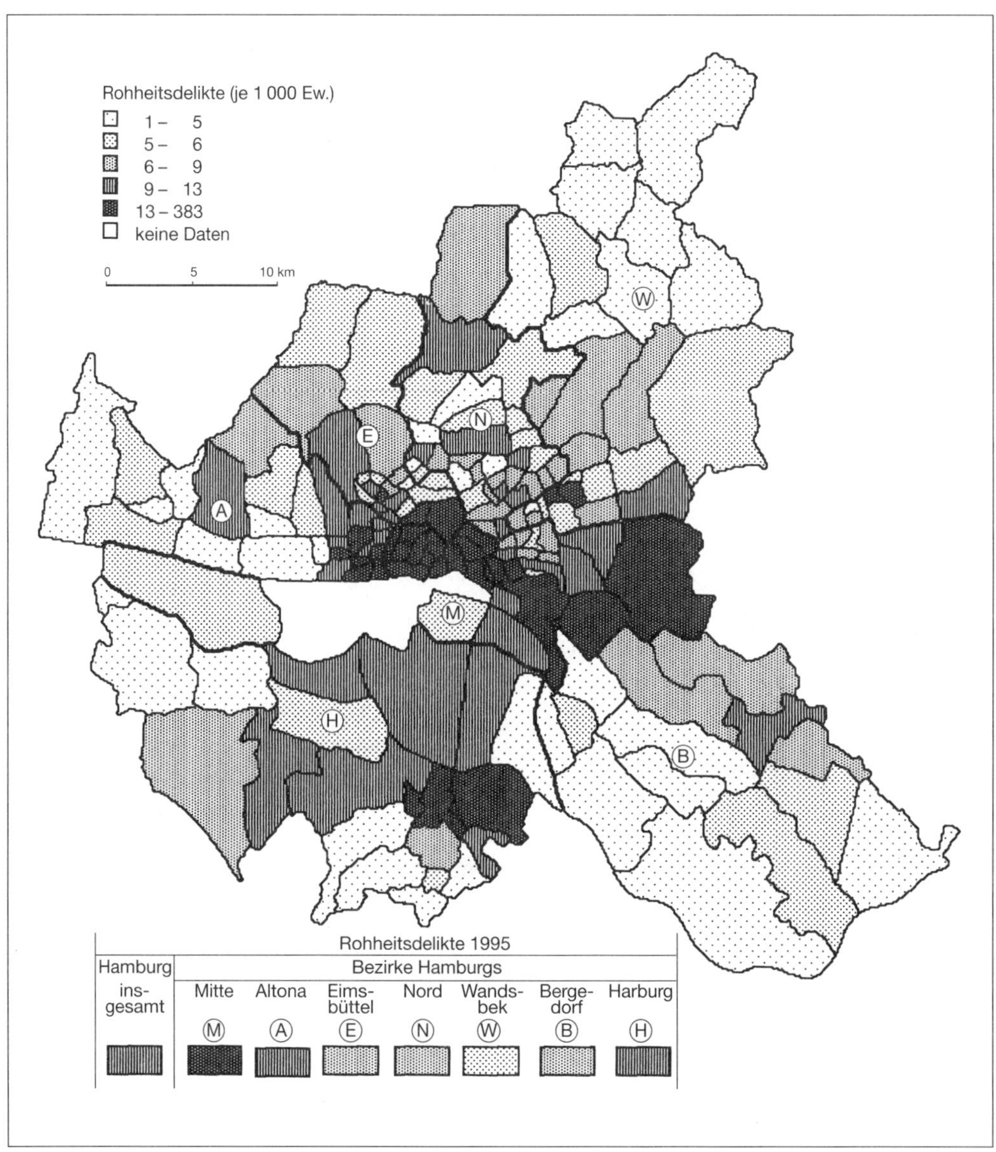

Abb. 2.27: Kriminalität in den Stadtteilen und Ortsteilen Hamburgs – Rohheitsdelikte 1995 (Fälle je 1000 Einwohner)

Quelle: PODSZUWEIT / SCHÜTTE, Sozialatlas Hamburg 1997

benachteiligten Stadtteilen wie St. Pauli, Altona-Altstadt und Wilhelmsburg die niedrigen Durchschnittseinkommen mit einem besonders hohen Ausländeranteil sowie einer hohen Sozialhilfe-und Arbeitslosenquote verbinden. Umgekehrt zeigen die extrem niedrigen Werte der entsprechenden Anteile in den Stadtteilen mit hohen Durchschnittseinkommen deren privilegierte Stellung an.

Eine deutliche und zugleich bedenkliche Polarisierung also. Sie beschränkt sich allerdings nicht auf Hamburg, sondern ist so gut

Stadtteil	durchschnittlicher Gesamtbetrag der Einkünfte 1992[1]	Bevölkerung 1996				Arbeitslose September 1996		Sozialhilfeempfänger 1996	
		insgesamt	Ausländeranteil absolut	Ausländeranteil % an der Gesamtbevölkerung des Stadtteils	im Alter von 15 bis unter 65 Jahre	absolut	Anteil (in % an der Bevölkerung des Stadtteils im Alter von 15 bis unter 65 Jahre)	absolut[2]	Anteil (in % an der Gesamtbevölkerung des Stadtteils)
Niedriger Gesamtbetrag der Einkünfte									
Dulsberg	39 523	17 884	4 209	23,5	12 474	1 154	9,3	2 180	12,2
St. Pauli	39 753	31 385	14 076	44,8	25 404	3 176	12,5	5 575	17,8
Barmbek-Nord	42 523	39 114	5 293	13,5	27 552	1 980	7,2	2 872	7,3
Borgfelde	42 970	6 526	1 229	18,8	4 624	364	7,9	556	8,5
Veddel	43 171	5 063	3 077	60,8	3 630	361	0,8	689	13,6
Horn	43 405	37 817	7 946	21,0	25 904	2 373	9,2	4 304	11,4
Hamm-Mitte	44 328	10 940	2 783	25,4	7 662	669	8,7	1 069	9,8
Altona-Nord	44 413	20 562	5 735	27,9	15 439	1 325	8,6	2 049	10,0
Hamm-Nord	45 092	22 167	2 734	12,3	14 800	921	6,2	1 021	4,6
Harburg	45 361	20 373	5 478	26,9	14 588	1 227	8,4	2 042	10,0
Rothenburgsort	46 188	9 024	2 412	26,7	6 158	609	9,9	1 104	12,2
Altona-Altstadt	46 225	28 999	9 395	32,4	21 040	2 038	9,7	3 938	13,6
Wilhelmsburg	46 619	47 604	15 448	32,5	32 855	3 196	9,7	6 590	13,8
Moorfleet	47 184	901	51	5,7	645	•	•	20	2,2
Hamm-Süd	48 326	3 493	727	20,8	2 450	244	10,0	380	10,9
Hoher Gesamtbetrag der Einkünfte									
Nienstedten	178 511	6 316	629	10,0	4 267	137	3,2	85	1,3
Othmarschen	173 626	11 092	1 354	12,2	7 367	205	2,8	141	1,3
Blankenese	142 327	13 572	1 589	11,7	9 104	283	3,1	282	2,1
Wohldorf-Ohlstedt	130 394	3 998	323	8,1	2 703	64	2,4	49	1,2
Wellingsbüttel	125 698	9 460	709	7,5	6 387	211	3,3	107	1,1
Groß-Flottbek	106 277	10 876	1 587	14,6	7 488	229	3,1	156	1,4
Harvestehude	104 840	17 536	2 743	15,6	12 632	670	5,3	682	3,9
Lemsahl-Mellingstedt	103 836	6 829	621	9,1	4 545	116	2,6	179	2,6
Duvenstedt	102 330	4 337	170	3,9	2 886	85	2,9	25	0,6
Rissen	94 486	14 425	1 051	7,3	9 385	365	3,9	345	2,4
Marienthal	93 496	11 412	1 241	10,9	7 496	398	5,3	445	3,9
Rotherbaum	93 302	16 931	4 698	27,7	13 318	745	5,6	844	5,0
Volksdorf	91 949	17 846	1 187	6,7	11 203	376	3,4	345	1,9
Sasel	86 988	20 798	851	4,1	14 034	499	3,6	173	0,8
Poppenbüttel	83 696	22 137	1 429	6,5	14 325	599	4,2	459	2,1
Hamburg insgesamt	63 586	1 707 247	272 916	16,0	1 189 750[3]	82 073	6,9	138 959	8,1

[1] Stadtteile, die aus methodischen Gründen nur unter Vorbehalt vergleichbar sind, wurden nicht berücksichtigt.
[2] berücksichtigt sind Personen, die laufende Hilfe zum Lebensunterhalt beziehen, unabhängig davon, ob sie gleichzeitig Hilfe zur Pflege oder in besonderen Lebenslagen erhalten haben.
[3] ohne Insel Neuwerk und ohne Schiffsbevölkerung
• Zahlenwert kann aus Geheimhaltungsgründen nicht mitgeteilt werden.

Tab. 2.12: Die 15 einkommensschwächsten und einkommensstärksten (Einkünfte 1992) Stadtteile Hamburgs mit ihren Anteilen an Ausländern, Arbeitslosen und Sozialhilfeempfängern 1996
Quelle: Stat. Landesamt Hamburg

wie in allen Groß- und Weltstädten zu beobachten und zeigt oft noch krassere Formen als in der Hansestadt. Die Beobachtung dieses Phänomens hat einerseits zu einer sozialkritischen wissenschaftlichen Diskussion über Ursachen und Folgen der neuen Armut geführt, andererseits zu zahlreichen Initiativen vor Ort. In Hamburg wurde 1998 ein Programm zur *sozialen Stadtteilentwicklung* (Stadtteilentwicklungsprogramm = STEP) beschlossen, das ein bisheriges Revitalisierungsprogramm und ein Armutsbekämpfungsprogramm zusammenfaßt und insgesamt auf eine Verbesserung der Situation in Problemstadtteilen ausgerichtet ist (vgl. Kap. 6.2.3, S. 240f.).

2.4.2 Die Wohnungsversorgung

Die starken Kriegszerstörungen hatten ein hohes Wohnungsdefizit entstehen lassen. Im Jahre 1945 waren in Hamburg für eine Bevölkerung von 1,37 Mio. Einwohnern nur noch 267 553 Wohnungen vorhanden, was einen Belegungsdurchschnitt von 5,1 bedeutete.

In den ersten Nachkriegsjahren lief der Wohnungsbau nur sehr langsam an (1947: 5 272 fertiggestellte Wohnungen, 1948: 8 141 fertiggestellte Wohnungen). Erst als nach Gründung der Bundesrepublik Deutschland der Entwurf zum Ersten Wohnungsbaugesetz verabschiedet wurde (am 27.4.1950 in Kraft getreten), waren die Möglichkeiten für einen umfassenden Wiederaufbau gegeben. Das Erste Wohnungsbaugesetz schuf die folgenden drei Kategorien:

- den öffentlich geförderten Wohnungsbau,
- den steuerbegünstigten Wohnungsbau (Steuervergünstigung hauptsächlich durch zehnjährige Grundsteuerbefreiung),
- den freifinanzierten Wohnungsbau.

Der Aufschwung erfolgte umgehend: Noch 1950 wurden in Hamburg 27 238 Wohnungen erstellt, im Jahre 1951 waren es 27 080, und wenn sich diese Zahlen auch nicht in gleicher Höhe hielten, so lag im Zeitraum von 1952 bis 1962 der Durchschnitt des jährlichen Neuzugangs immerhin bei 22 811 Wohnungen, was einem Gesamtzugang in diesem Zeitraum von 250 926 Wohnungen entsprach. Damit hatte die Zahl der Nachkriegs-Neubauwohnungen im Jahre 1962 333 510 erreicht, lag also schon deutlich über derjenigen der noch erhaltenen Altbauwohnungen. In jenem Jahrzehnt des stärksten Wohnungsbaus (1952–1962) betrug der Anteil öffentlich geförderter Wohnungen im Durchschnitt 72 %, was die staatliche Leistung für den Wiederaufbau verdeutlicht. Ab 1963 schwächte sich die Neubautätigkeit merklich ab, erreichte bis 1973 aber noch ein jährliches Mittel von 15 910 Wohnungen. Seit Mitte der 1970er Jahre ging dann die Bautätigkeit, da das größte Defizit beseitigt war, deutlich zurück (Tab. 2.13), wobei die Zahl der jährlichen Neuzugänge allerdings Schwankungen aufweist. Diese haben unterschiedliche Ursachen; im Falle

Tab. 2.13: Fertiggestellte Wohnungen in Hamburg 1976–1997
Quelle: Stat. Landesamt Hamburg

	1976	1978	1980	1982	1984	1986	1988	1990	1992	1994	1996	1997
Wohnungen insgesamt	9 109	5 407	5 636	5 542	6 811	4 512	2 736	2 826	7 471	8 601	8 902	8 099
Wohnfläche in neu errichteten Gebäuden												
insgesamt (in 1000 m²)	653,1	487,3	467,3	444,5	522,0	347,1	220,3	236,2	473,8	475,5	572,8	538,4
je Wohnung (in m²)	74,2	92,9	85,9	83,8	79,5	77,7	84,0	91,0	78,3	77,0	75,7	78,0

des plötzlichen Anstiegs der Baufertigstellungen Anfang der 1990er Jahre sind sie eindeutig mit der vermehrten Zuwanderung von Um- und Aussiedlern und dem Zustrom von Asylsuchenden in Zusammenhang zu bringen (Tab. 2.13).

1997 betrug der Bestand 839 293 Wohnungen (also gut dreimal so viel wie 1945), wobei die Zahl der Sozialwohnungen bei etwa 150 000 lag, also knapp 18 % des Gesamtbestandes ausmachte. Dieser relativ niedrige Anteil hatte sich ergeben, nachdem für viele Wohnbauten die Mietpreis- und Belegungsbindung in den vorangegangenen Jahrzehnten durch Rückzahlung der von den Bauträgern in Anspruch genommenen öffentlichen Fördergelder fortgefallen war. (Zum Vergleich sei angeführt, daß in Berlin 1997 31 % aller Wohnungen Sozialwohnungen waren, in München dagegen nur rd. 10 %.)

Die Wohnungsversorgung, unter soziodemographischem Aspekt betrachtet, zeigt eine Ungleichverteilung zugunsten der Single- und Kleinhaushalte. So verfügten die Ein-Personenhaushalte im Jahre 1993 über durchschnittlich 52,8 m^2 Wohnfläche, die Zwei-Personenhaushalte 37,0 m^2 je Person , während z. B. bei vier und mehr Personen pro Haushalt sich die Wohnfläche je Person nur auf 23 m^2 belief (Tab. 2.14). Außerdem lag die sog. „Unterversorgung mit Wohnraum" bei Haushalten mit

	Maßeinheit	1972	1978	1987	1993
Quantitative Wohnungsversorgung					
Wohnfläche je Person	m^2				
Haushalte insgesamt	m^2	27,8	31,0	34,3	35,2
Ein-Personenhaushalte	m^2	•	50,6	•	52,8
Zwei-Personenhaushalte	m^2	•	33,2	•	37,0
Drei-Personenhaushalte	m^2	•	25,4	•	28,6
Vier-Personenhaushalte und mehr	m^2	•	20,5	•	23,0
Räume je Person	Anzahl	1,56	1,79	1,87	1,88
mit Wohnraum unterversorgt:					
Anteil Haushalte insgesamt	%	17	12	8	8
darunter					
Drei-Personenhaushalte	%	24	12	12	14
Vier-Personenhaushalte und mehr	%	54	55	46	40
mit Wohnraum überversorgt					
Haushalte insgesamt	%	16	18	23	21
darunter					
Ein-Personenhaushalte	%	28	25	30	28
Zwei-Personenhaushalte	%	15	17	20	19
Qualitative Wohnungsversorgung					
Anteil der Haushalte mit:					
Bad / Dusche, WC und Sammelheizung;	%	57,0	66,2	77,4	82,5
zentraler Warmwasserversorgung für das ganze Gebäude;	%	•	31,0	•	45,6
mehr als ein WC in der Wohnung;	%	7,8	•	•	16,6
überwiegend Doppel-, Verbundfenster oder isolierverglaste Fenster	%	•	25,8	•	85,6
Kosten des Wohnens					
Miete je Wohnung	DM	194	316	515	685
Mietbelastung	%	17	19	•	22
darunter					
Ein-Personenhaushalte	%	22	21	•	27

Tab. 2.14: Quantitative und qualitative Wohnungsversorgung der Hamburger Wohnungsinhaber-Haushalte 1972 – 1993
Quelle: BACH 1996, S. 272

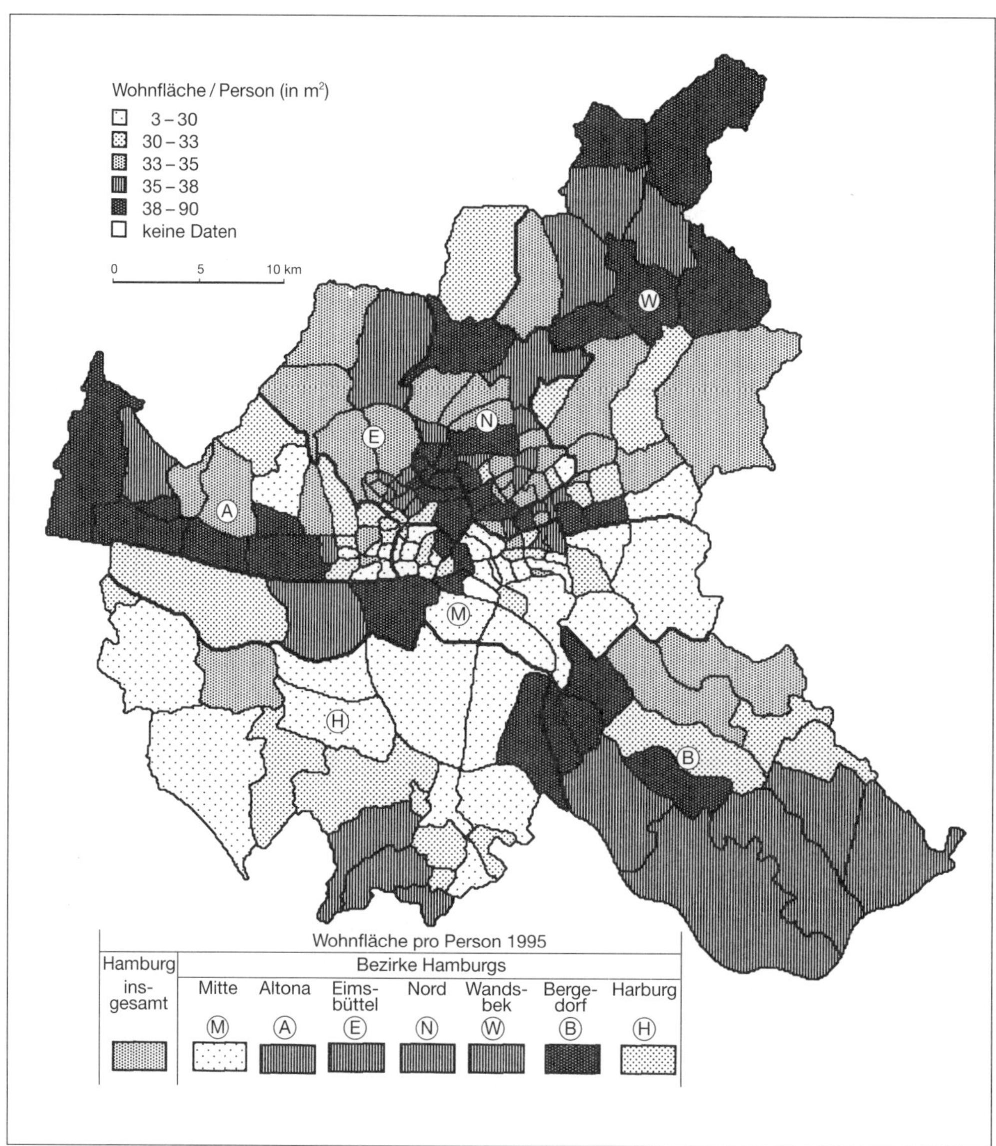

Abb. 2.28: Wohnfläche pro Person in den Stadtteilen und Ortsteilen Hamburgs 1995 (in m²)
Quelle: PODSZUWEIT / SCHÜTTE, Sozialatlas Hamburg 1997

vier und mehr Personen auch im Jahre 1993 noch bei 40 %, während eine „Überversorgung" bei 28 % aller Einpersonenhaushalte vorlag.

Die amtliche Statistik mißt die Über- und Unterversorgung in Bezug auf eine „Normalbelegung", die besteht, wenn die Wohnung eines Haushalts um höchstens ein oder zwei selbstbewohnte Räume größer ist als seine Personenzahl.

1993 lebte ungefähr jeder fünfte Hamburger Haushalt in einer „zu großen Wohnung". Diese Inanspruchnahme großer Wohnungen durch Kleinhaushalte ist nicht nur auf die ökonomische Überlegenheit einkommensstarker Bevölkerungsschichten zurückzuführen, sondern auch auf das sehr zögerliche Verhalten von Bewohnern, wenn es gilt, eine gegebene Wohnsituation an eine veränderte Familiensituation anzupassen: Nach Auszug der Kinder oder nach Ehescheidung oder Tod des Partners möchten oft die jeweils zurückbleibenden Personen ihre altvertraute Wohnumgebung nicht verlassen und bewohnen so, häufig über einen langen Zeitraum hinweg, eine für sie zu große Wohnung.

Daß dagegen die *qualitative Wohnungsversorgung* als recht gut zu bezeichnen ist und sich jedenfalls gegenüber der Situation der beginnenden 1970er Jahre entscheidend verbessert hat, zeigen ebenfalls die entsprechenden Zeitreihen der Tabelle 2.14. Zum Beispiel hat sich der Anteil der Haushalte in Wohnungen, die über Bad / Dusche, WC und Sammelheizung verfügen, von 57 % im Jahre 1972 auf 82,5% im Jahre 1993 erhöht. Allerdings ist das Wohnen im gleichen Zeitraum auch erheblich teurer geworden, was besser als an den Kosten, welche die allgemeine Preissteigerung mit enthalten, an der Mietbelastungsquote zu erkennen ist (sie gibt den Anteil an, welchen die Haushalte von ihrem Einkommen für die monatliche Miete aufbringen müssen); diese Quote ist von 17 % im Jahre 1972 auf 22 % im Jahre 1993 angestiegen.

Haben die allgemeinen Daten zur Wohnungsversorgung bereits Details der gesellschaftlichen Wandlungen widergespiegelt, die schon im Kap. 2.4.1 zur Sprache kamen (s. S. 101ff.), so zeigt ein Blick auf das Angebot in seiner räumlichen Verteilung abermals die großen sozialen Unterschiede im Stadtgebiet, welche mit der Segregation im Zusammenhang stehen (vgl. S. 103ff.). Im Bezirk Mitte, der ja u. a. die Problemstadtteile St. Pauli, St. Georg, Billstedt und Billbrook umfaßt, lag die mittlere verfügbare Wohnfläche pro Person im Jahre 1995 mit knapp 30 m^2 deutlich unter dem Hamburger Durchschnitt von rd. 35 m^2 (Abb. 2.28). Im Ortsteil 112 von St. Pauli betrug der Wert z. B. nur 21,2 m^2/ Person, im Ortsteil 114 von St. Georg nur 19,2 m^2 und im Stadtteil Billbrook sogar nur 14,8 m^2/ Person. Bei den anderen Bezirken sind weniger die jeweiligen Bezirksmittelwerte aussagekräftig als vielmehr die Werte der einzelnen Stadt- und Ortsteile. Und hier überrascht es nicht, daß in den „reichen" Stadtteilen der Elbvororte, nämlich in Nienstedten und Othmarschen, Werte von 48,8 m^2/ Person bzw. 48,0 m^2 pro Person erreicht werden. Übertroffen werden diese Zahlen noch von Winterhude (im Bezirk Nord), wo, verursacht durch die Wohnlagen in Außenalster-Nähe und den großen Bestand an Altbau-Villen sowie gründerzeitlichen Etagenhäusern, der Durchschnitt sogar 50,2 m^2/ Person beträgt. Auch die das Oberalstertal begleitenden Stadtteile zeigen deutlich erhöhte Werte; es führen Wohldorf-Ohlstedt mit 48,7 und Wellingsbüttel mit 48,6 m^2/ Person.

Zusammenfassend darf festgehalten werden, daß Hamburg zwar noch nie so viele und so gut ausgestattete Wohnungen hatte wie in der Gegenwart, daß aber infolge der Zunahme von Ein- und Zweipersonenhaushalten auch ein größerer Bedarf an Wohnungen besteht. Einkommensschwachen Familien mit Kindern macht der abnehmende Bestand an Sozialwohnungen es häufig schwer, eine kostengünstige Wohnung zu finden.

2.4.3 Der Städtebau: Wechselnde Leitvorstellungen verändern die Stadtgestalt

Der Krieg hatte eine in weiten Teilen zerstörte Wohnstadt hinterlassen, wobei das typische Schadensbild in ausgebrannten Häuserblocks bestand. Soweit die Brandruinen aus der Zeit von vor 1914 stammten, wurden sie nach 1945 zumeist abgetragen, und man wählte für den Wiederaufbau völlig neue Grund- und Aufrisse. Bei den Wohnanlagen der 1920er Jahre jedoch, die in Winterhude (Jarrestadt), Barmbek-Nord, dem Dulsberg-Gebiet und dem Raum Hamm und Horn zu mehr als zwei Dritteln Opfer der Angriffe geworden waren, bemühte man sich, unter Einbeziehung der erhalten gebliebenen Teile des Außenmauerwerks die Gebäude nach den ursprünglichen Entwürfen wiederherzustellen. So existieren im Gebiet der Wohnstadt von 1939 heute sowohl Viertel mit Altbauten als auch (auf ehemaligem Trümmergelände) reine Neubauten der Nachkriegszeit und außerdem die restaurierten Ensembles der 1920er Jahre. Westlich der Alster ist der Altbaubestand von vor 1914 größer als östlich der Alster, wo besonders die Arbeiterwohnquartiere der wilhelminischen Zeit weitgehend Opfer des Krieges geworden waren (vgl. Text S. 80 u. 96 und Abb. 2.20).

Neben der Stadtreparatur in den Inneren Stadtteilen erstreckte sich die Bautätigkeit der Nachkriegszeit zusätzlich in starkem Maße auf bislang noch unbebautes Gelände in der Äußeren Stadt, dies allerdings erst, nachdem der Aufbauplan von 1960 hierfür die planungsrechtlichen Voraussetzungen geschaffen hatte.

Die Prozesse der Neugestaltung verliefen in drei unterscheidbaren Phasen:
Der ersten Zeit des Wiederaufbaus
(bis ca. 1960)
folgte eine etwa ebenso kurze Phase ausgeprägter Flächenexpansion (bis ca. 1975),
die abgelöst wurde von der Zeit des jetzt praktizierten Städtebaus mit Bestandsverbesserung als Priorität.

Der Städtebau in der Wiederaufbauphase bis ca. 1960

Dem Wiederaufbau der deutschen Städte ging eine intensiv geführte Grundsatzdebatte voraus über die Möglichkeit, in der vielerorts vom Bombenkrieg hinterlassenen tabula rasa die Gelegenheit für eine völlige Neuordnung der Stadt zu sehen. Howards alte Gartenstadt-Ideen lebten auf, und die später (1933) in der Charta von Athen festgehaltenen Vorstellungen von der aufgelockerten und gegliederten Stadt fanden viele Befürworter. Für jede der besonders schwer getroffenen Städte entstanden Wiederaufbaupläne, die das noch Vorhandene nahezu ignorierten, um eine Art von Idealstadt neu zu erschaffen. Weniger ein aufkeimender Traditionalismus verhinderte deren Realisierung als vielmehr in erster Linie das Gebot ökonomischer Vernunft. Zwar hatten die Luftangriffe die Baugestalt der Städte oft bis zur Unkenntlichkeit zerstört, fast immer aber waren umfangreiche Teile der Verkehrswege und besonders auch der unterirdischen Leitungssysteme erhalten geblieben. Auf diese noch vorhandene intakte Infrastruktur zugunsten kostenintensiver Neuanlagen zu verzichten, konnten sich die verarmten Kommunen nicht leisten. Außerdem hätte die grundlegende Neugestaltung der Städte eine Enteignung privaten Grundbesitzes oder zumindest eine Fülle komplizierter Umlegungsverfahren vorausgesetzt, wofür u. a. die rechtlichen Voraussetzungen erst zu schaffen gewesen wären. So vollzog sich der Wiederaufbau schließlich durchweg im Vorkriegsraster (mit wenigen Ausnahmen, zu denen das Kerngebiet von Hannover und in Berlin das Hansaviertel gehören).

In Hamburg kam der in seinen Vorstellungen wenig sensationelle Aufbauplan des Jahres 1950 (ABP 50) zum Zuge. Er sowie die auf ihn bezogenen Durchführungsbestimmungen akzeptierten das alte Grundrißgefüge, konnten dabei aber, da von einem nur geringen Bevölkerungswachstum ausgegangen wurde, das Ziel verfolgen, beim Wiederaufbau die Bevölkerungsdichte in den alten gründerzeitlichen Wohnstadtteilen gegenüber den Vorkriegswerten zu verringern. Das nur viergeschossige Wohnhaus wurde so zum Standard. (Ab fünf Geschossen waren außerdem Fahrstühle Vorschrift, so daß ein viergeschossiges Haus auch aus Kostengründen bevorzugt wurde.) Neu war zudem das Konzept der Zeilenbauweise: Durch rechtwinklig zur Straße angeordnete Zeilen sollten „Hinterzimmer" – die bei der überkommenen Blockrandbebauung unvermeidlich gewesen waren – verhindert und möglichst viel Belichtung geschaffen werden. Aufgrund dieser Vorgaben entstanden in den ausgedehnten Trümmergebieten der Inneren Stadt neue Wohnstadtteile, die mit ihren schlichten viergeschossigen Bauten, meist in Zeilenstellung, aus heutiger Sicht eher an den Rand einer kleinen Kreisstadt gehören als in den citynahen Bereich einer Weltstadt. Dazu erwies sich die Zeilenbauweise infolge des rasch wachsenden Verkehrsaufkommens bald als nachteilig, weil der zunehmende Straßenlärm alle Räume einer Wohnung erreichen konnte. – Die Wohnungen selbst waren klein und nur einfach ausgestattet. In ihrer Fassadengestaltung zeigen die damals entstandenen Bauten viel Ähnlichkeit mit denen der Vorkriegszeit, und zwar sowohl hinsichtlich der Untergliederung durch Fenster und Balkone / Loggien als auch bezüglich der meist unauffälligen Dach- und Fensterformen, der Ausführung des sparsamen Zierats, der Balkonbrüstungen etc.

Die gewerblichen Bauten und Bürohäuser der ersten Nachkriegszeit waren ebenfalls schlicht und durch einen gemäßigten Funktionalismus bestimmt. Dennoch kam es in diesem Bereich in Einzelfällen, wenn finanzstarke Auftraggeber mit renommierten Architekten zusammenarbeiteten, zu interessant gegliederten Fassaden und individuell gestalteten Innenräumen (Beispiel: Zentrale der HASPA, Großer Burstah / Adolphsplatz, 1953 / 58).

Zu den wenigen Ausnahmen innerhalb der Mittelmäßigkeit des Wohnungsbaus der 1950er Jahre gehören die *Grindelhochhäuser,* die allerdings auch eine außergewöhnliche Planungsgeschichte aufweisen. Ihre Anlage geht zurück auf eine Initiative der britischen Militärregierung, die nach der Besetzung Hamburgs zahlreiche Dienststellen in dem besonders schönen Wohnstadtteil Harvestehude eingerichtet hatte und dort weitere Unterkünfte, auch für Angehörige ihrer Besatzungskräfte, schaffen wollte.

Als Gebiet für Neubauten bot sich das Gelände zwischen Brahmsallee und Grindelberg an, wo die gründerzeitliche Bebauung im Kriege zerstört worden war. Nachdem die Militärregierung jedoch die Fundamente zu einer Gruppe von zwölf scheibenförmigen Hochhäusern hatte erstellen lassen, übergab sie 1948 das begonnene Projekt der Stadt, da zuvor die britisch-amerikanische Bi-Zone geschaffen worden war, was zu Truppenverlegungen geführt hatte. Nach Entwürfen namhafter Architekten wurden durch den Bauträger SAGA in der Folgezeit (1949 / 56) auf dem vorgegebenen Grundriß die ersten Wohnhochhäuser Deutschlands errichtet. Die hohen, mit hellem Klinker verkleideten Gebäudescheiben waren zur Zeit ihrer Entstehung eine Attraktion, überzeugen aber auch heute noch durch ihre die klassische Moderne zitierende klare Linienführung. Ebenfalls wirkt die rhythmische Abfolge der gegeneinander versetzten einzelnen Hochhausscheiben stimmig. Die Wohnungen waren für damalige Verhältnisse großzügig geschnitten und komfortabel ausgestattet. Die einzelnen Blöcke umfassen außer Wohnungen auch Büros und in den Erdgeschossen Läden; im zentralen Block befindet sich die Bezirksverwaltung Eimsbüttel.

Der Städtebau in der Phase der Flächenexpansion (ca. 1960 bis ca. 1975)

Die Zeit von 1960 bis in die Mitte der 1970er Jahre, also eine verhältnismäßig kurze Spanne von nur etwa 15 Jahren, ist von Aufschwung, großem Zukunftsglauben und einem Technik-Enthusiasmus geprägt, der auch im Hamburger Städtebau zur Realisierung von Großprojekten bisher nicht gekannten Ausmaßes führte. Und nicht nur das: Im gleichen Zeitraum wurden in der Hamburger Stadt- und Regionalplanung nacheinander mit dem Aufbauplan 1960, den Empfehlungen der Unabhängigen Kommision von 1967, dem Entwicklungsmodell von 1969 und dem Flächennutzungsplan von 1973 die wichtigsten Planungsvorgaben und -modelle zur Stadtentwicklung vorgestellt, von denen die beiden letztgenannten bis heute Gültigkeit haben (vgl. Kap. 6.2). Eine Zeit großer Aktivitäten also, wobei erstaunt, daß die verwirklichten Großprojekte den Zielen der zeitparallel erarbeiteten, z. T. sehr detaillierten Planungsmodelle (Beispiel: „Hamburger Dichtemodell“, vgl. Kap. 6.2.2, S. 239) in entscheidenden Punkten widersprechen. Als besonders gravierende Divergenz sei genannt, daß das Entwicklungsmodell von 1969 Schnellbahnstationen als Kerne künftigen Siedlungswachstums festlegte, daß im Gegensatz hierzu aber die Großwohnsiedlungen, die bis in die 1970er Jahre hinein gebaut wurden, alle entlegen „auf freiem Feld“ und ohne Schnellbahnanschluß entstanden. Das Ordnungsprinzip des Entwicklungsmodells kam demnach zu spät, um für die Großwohnsiedlungen, deren Planungen aus den beginnenden 1960er Jahren stammten, noch wirksam zu werden.

Mit dem ABP 60 (Aufbauplan 1960), der u. a. von einem starken künftigen Bevölkerungswachstum in Hamburg ausging, war der Weg freigemacht für ein Ausgreifen der Bebauung in bisher landwirtschaftlich genutztes Gebiet (vgl. Kap. 6.2.1, S. 236).

	Bauvorhaben abgeschlossen	Zahl der Wohnungen
Lurup-Fahrenort	1960	889
Lurup-Veermoor	1967	1 152
Lurup-Kleiberweg	1967	813
Rahlstedt-Hohenhorst	1966	3 173
Rahlstedt-Ost	1966	1 400
Berner Park	1966	1 345
Harburg-Hanhoopsfeld	1962	1 022
Harburg-Neuwiedenthal*	1968	3 200

* Nord-Neuwiedenthal wurde erst in den 1970er Jahren gebaut

Tab. 2.15: Wohnsiedlungen in der Äußeren Stadt in den 1960er Jahren und ihr Bauabschluß

Die Leitvorstellung der aufgelockerten, gegliederten und durchgrünten Stadt galt zwar zunächst noch, doch war man schon zu Beginn der Expansionsphase bemüht, beim Zugriff auf neues Bauland städtisch geschlossene Einheiten zu bilden. Nach diesem Konzept entstanden zunächst die in Tabelle 2.15 aufgelisteten Wohnsiedlungen in der Äußeren Stadt.

In den genannten Siedlungen setzte man auf eine Mischung von Flach- und Hochbauweise: Ein- bis viergeschossige Häuser (mit einem Eigenheimanteil in Form von Reihenhäusern) wurden mit höheren, sog. Punkthäusern zu städtebaulichen Einheiten verbunden. Erstmalig kam dabei in größerem Umfang die 1959 in Hamburg eingeführte, zeit- und kostensparende Montagebauweise in Anwendung.

Eine Übergangsform zwischen diesen kleineren, noch locker angelegten Wohnsiedlungen und den nachfolgenden, stark verdichteten Großwohnsiedlungen bildet das 1964/68 angelegte „Lohbrügge-Nord“: Auf einem 243 ha umfassenden Gelände am südöstlichen Stadtrand von Hamburg entstand zwar die große Zahl von rd. 5 000 Wohnungen, aber es überwogen in der weiträumigen Anlage noch herkömmliche niedrige Zeilenbauten, nur vereinzelt akzentuiert durch wenige Punkthochhäuser.

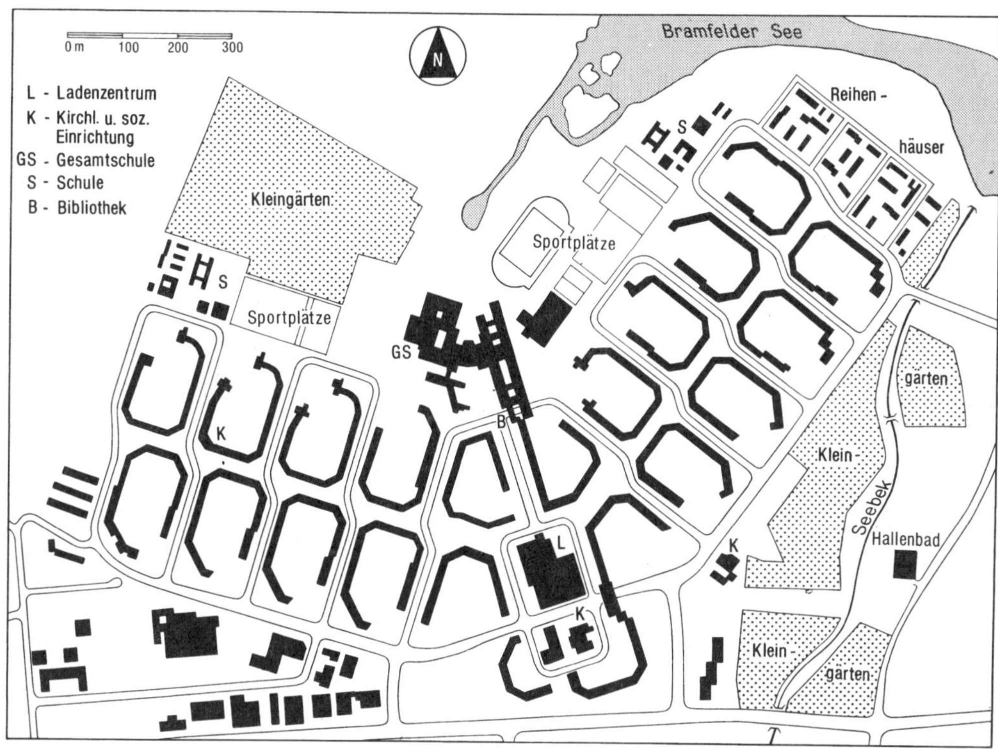

Abb. 2.29: Die Großwohnsiedlung Steilshoop

Die Innovation „Montagebauweise" eröffnete den Weg zu einem finanzierbaren Massenwohnungsbau. Le Corbusiers Vorstellungen vom Haus als einer „machine de habiter", von Wohnungen, die in Serienfabrikation herzustellen und dann in beliebiger Höhe stapelbar wären, konnten als eine Architektenideologie der beginnenden Moderne endlich ihre Umsetzung in die Wirklichkeit erfahren; und in einer Art von Aufbruchsstimmung kam es in ganz Mitteleuropa zum Bau von Großsiedlungen. In Hamburg entstanden die Großwohnsiedlungen Osdorfer Born, Steilshoop und Mümmelmannsberg, jeweils geschaffen für eine Zahl von Bewohnern, die, zwischen 16 000 und 24 000 liegend, mindestens der einer deutschen Kleinstadt entspricht.

Alle drei nehmen umfangreiche Areale in Anspruch, werden von Hochhäusern dominiert und bilden mit einer aufeinander abgestimmten und damit von der Umgebung sich abgrenzenden Bebauung jeweils „eine Stadt in der Stadt". Jede Großwohnsiedlung erhielt ihr eigenes Schul- und Jugendzentrum, ein Zentrum mit Läden, Arztpraxen, Postdienststelle etc. und wurde auch mit übrigen Infrastruktureinrichtungen wie Kindergärten, Altentagesstätten, Sportanlagen gut ausgestattet; was zusammengenommen darauf abzielte, die neuen Siedlungen von der übrigen Stadt weitgehend unabhängig zu machen. – Die Architekten standen insofern vor neuen Aufgaben, als die Fertigteil-Bauweise ihnen nur noch begrenzte Möglichkeiten der Fassadengestaltung ließ. Die uniformierten Teile gestatten keine individuelle Dekoration, sondern eine Wirkung läßt sich lediglich durch Gruppierung der

Tab. 2.16: Die Hamburger Großwohnsiedlungen[1] der Expansionsphase

Name	Bauzeit	Fläche (in ha)	Wohnungs-anzahl	Anteil der Sozial-wohnungen (in %)
Osdorfer Born	1966/1970	121	4905	85
Steilshoop	1969/1979	175[2]	6900	87
Mümmelmannsberg	1970/1980	181	7289	ca. 90

[1] Bergedorf-West, 1968–70 erbaut, wird mit nur 38 ha und 2800 Wohnungen hier den Großwohnsiedlungen nicht zugerechnet, ebenfalls nicht das 1974/76 entstandene Kirchdorf-Süd mit nur 28 ha Fläche und 2300 Wohnungen.

[2] Das eigentliche Wohngebiet von Steilshoop, wie es später in das Sanierungsprogramm übernommen wurde (s. u., S. 124f.), umfaßt laut STEB nur 85 ha.)

Fertigteile und durch Vor- und Rücksprünge im Fassadenverlauf, d.h mit einer plastischen Komposition erreichen. Diese Möglichkeiten wurden besonders bei den Fassaden der Hochhäuser des Osdorfer Born einfallsreich genutzt, wo die versetzte Anordnung von geschwungenen Balkonbrüstungen die Front der in Kettenform angeordneten Hochhäuser belebt (vgl. Foto 19). Im übrigen sollten Höhenstaffelungen in der Gebäudefolge und vor allem auch individuelle Grundrisse, z. B. in der Gestalt leicht geschwungener Ketten oder, wie in Steilshoop, hofumschließender Hufeisen den Großsiedlungen einen individuellen Charakter geben. Dennoch bleibt das Erreichte unbefriedigend, weil diese kompositorische Gegensteuerung die Monotonie nicht aufzuheben vermag, die sich aus der ständigen Wiederholung gleichförmiger geometrischer Elemente auf den Fassadenflächen ergibt. Optisch bedrückend ist dabei auch die stereotype Folge kleiner, wie ausgestanzt wirkender Fenster, bei deren Anblick Sehnsucht aufkommt nach freundlichen, altmodischen Erkern und eher ungleich großen Fenstern, die verschiedene Funktionen der Innenräume zum Ausdruck bringen.

Von der Euphorie der 1960er Jahre, mit der zumindest die geistigen Väter diese Großwohnsiedlungen als Meilensteine auf dem Weg in eine neue städtebauliche Zukunft feierten, ist nichts geblieben. Die Architekturkritik nahm sich sehr schnell der eben genannten Gestaltungsmängel an, und nach nicht allzu langer Zeit wurde auch die mit den städtebaulichen Defiziten zusammenhängende soziale Problematik zum Thema. Das Ungenügen läßt sich an folgenden Punkten festmachen:

- In allen Großwohnsiedlungen ist die Sozialstruktur nicht ausgewogen. Die Wohnungen unterlagen beim Erstbezug durchweg einer Belegungsbindung, weil sie bis zu 90 % (s. Tab. 2.16) mit öffentlichen Geldern gefördert worden waren. Hierdurch stammten schon die ersten Mieter überwiegend aus sozial schwächeren Schichten. In der Folgezeit führte die Aufhebung der Belegungsbindung durch einige Wohnungsbaugesellschaften nun nicht, wie erwartet, zum Zuzug von Familien aus höheren Sozialschichten, sondern das Übergewicht statusniedriger Gruppen verstärkte sich noch durch den Fortzug bessergestellter Haushalte. Diese Abwanderung wurde nicht zuletzt verursacht durch das inzwischen entstandene Negativ-Image der Großwohnsiedlungen und das wiedererwachte Interesse am Wohnen in den mehr Atmosphäre bietenden alten Stadtteilen. So nahm die Fluktuation zu, und im Zuge einer in der Gesamtstadt fortschreitenden Segregation überwiegen jetzt in allen Großwohnsiedlungen sozial schwache Gruppen. Damit verbunden sind ein hoher Ausländeranteil und eine hohe Arbeitslosigkeit (besonders von Frauen und Jugendlichen). Als Folge der sozialen Erosion ist die Vermietbarkeit der Wohnungen gesunken und Leerstände sind zu verzeichnen.

• Als *Wohn*siedlungen geplant, weisen alle drei Großwohnsiedlungen nur wenige Gewerbebetriebe auf, d. h. es fehlen Arbeitsplätze. Fast alle Erwerbstätigen müssen in andere Stadtteile auspendeln und dabei z. T. lange Wege in Kauf nehmen.

• Dieser auf der Stadtrandlage der Großwohnsiedlungen basierende Nachteil wird noch durch die größtenteils schlechte Verkehrsanbindung verstärkt. Für Steilshoop und Osdorfer Born ist der Bau geplanter Schnellbahnanschlüsse auf unbestimmte Zeit verschoben worden, und die Bewohner sind weiterhin auf Zubringerbusse angewiesen. Lediglich Mümmelmannsberg verfügt seit 1987 über einen U-Bahn-Anschluß.

• Trotz der relativ guten Infrastruktur hat sich in den Großwohnsiedlungen urbanes Leben nicht einstellen wollen. Keine belebte Einkaufsstraße lockt, wie in den Altbaugebieten, zum Schaufensterbummel, es fehlen nostalgische Eckkneipen, alles ist uniformiert, und die Jugend entbehrt ein „Szene-Ambiente". Spontanes kurzfristiges Verlassen der frustierenden Umgebung ist aber aufgrund der schlechten Verkehrsverhältnisse nicht leicht möglich.

Solche Schwierigkeiten und Mängel bemerkend, versuchten zunächst einige der beteiligten Wohnungsbaugesellschaften durch verschiedene Baumaßnahmen Verbesserungen zu erreichen. Seit Beginn der 1990er Jahre setzte sich dann die Stadtentwicklungsbehörde für umfangreiche Nachbesserungen ein und bediente sich dabei des ihr zur Verfügung stehenden Instrumentariums: 1991 wurden große Teile von Steilshoop und die ganze Siedlung Mümmelmannsberg zu Sanierungsgebieten (nach § 142 des BauGB) erklärt sowie der Osdorfer Born 1992 größtenteils zum Revitalisierungsgebiet bestimmt. Für die Sanierungsgebiete waren bereits „vorbereitende Untersuchungen" durchgeführt worden, und die aufgrund dieser Gutachten beschlossenen und seither auch weitgehend durchgeführten Maßnahmen weisen eine Bandbreite auf: von architektonischen Neugestaltungen (z. B. verschiedener Eingangsbereiche oder der zentralen Einkaufszonen) und Umgestaltung der Innenhöfe oder Spielflächen bis hin zur Schaffung neuer sozialer Einrichtungen. So baute man z. B. in Mümmelmannsberg ein Vereinshaus für den Sportverein, ein Bauspielplatz wurde angelegt und ein neues Kindertagesheim durch Umbau von neun Wohneinheiten geschaffen; in Steilshoop richtete man eine internationale Begegnungsstätte ein und einen Werkhof zur Ausbildung langzeitarbeitsloser Jugendlicher. Damit wurde an spürbaren sozialen Schwachpunkten nachgebessert; ob aber diese Maßnahmen ausreichen, um die Großwohnsiedlungen entscheidend aufzuwerten, steht dahin.

Neue Konzeptionen seit Mitte der 1970er Jahre

Nachdem in den 1960er Jahren als Qualität für das Wohnen „Urbanität" angestrebt worden war, die man durch Verdichtung, d. h. durch möglichst hohe Grundstücksausnutzung in komplexen Neubaugebieten, zu erreichen gehofft hatte, waren gerade an den Großwohnsiedlungen die Nachteile dieses Konzepts deutlich geworden, so daß man sich Mitte der 1970er Jahre von ihm zu distanzieren begann. Seither ist in der Art des Bemühens, neuen Wohnraum zu schaffen, eine gewisse Ausgewogenheit zu beobachten. Einerseits wird durchaus noch Flächenerschließung betrieben, um in der Äußeren Stadt in größerem Umfange neuen Wohnraum zu schaffen. Andererseits aber strebt man in den alten Stadtteilen durch verschiedene Maßnahmen eine „Innere Verdichtung" an: Baulücken sollen geschlossen, Dachgeschoßausbau und Geschoßaufstockung ermöglicht und noch brachliegende Flächen für Neubauten genutzt werden. Zuvor hatte sich schon zu Beginn der 1970er Jahre der Gedanke durchgesetzt, überalterte Stadtviertel auf der Basis des Vorhandenen zu sanieren.

Somit werden jetzt drei Strategien nebeneinander verfolgt:

- Stadterneuerung durch Sanierung und Modernisierung des vorhandenen Gebäudebestandes,
- innere Verdichtung,
- maßvolle Flächenerschließung in der Äußeren Stadt.

Stadterneuerung

In Hamburg waren 267553 Wohnungen vom Kriege verschont geblieben, und da diese zum überwiegenden Teil aus der Zeit vor 1914 stammten, gab es noch in den 1970er Jahren einen großen Bestand von Wohnungen, die sechzig bis annähernd hundert Jahre alt waren. Besonders wenn diese in ärmeren Quartieren lagen, entsprachen sie weder in ihrem Erhaltungszustand noch in ihrer Ausstattung (sanitäre Einrichtungen, Heizungsanlagen) modernem Standard. – Im gesamten Bundesgebiet waren in den 1960er Jahren Untersuchungen für Erneuerungsvorhaben angelaufen, unterstützt vom Bundesministerium für Wohnungswesen und Städtebau, das ab 1962 Mittel aus dem Bundeshaushalt zur Verfügung stellte für „Studien- und Modellvorhaben zur Erneuerung der Städte und Dörfer". 1971 wurde das Städtebauförderungsgesetz erlassen, das den Kommunen die Möglichkeit gab, nach sog. „vorbereitenden Untersuchungen" Sanierungsgebiete förmlich festzulegen und für die Durchführung der Sanierungen Bundes- und Landesfinanzhilfen in Anspruch zu nehmen. In Hamburg konzentrierte man sich, nachdem zunächst auch großdimensionierte Flächensanierungen geplant worden waren (z. B. in St. Georg Abriß und Neubebauung mit bis zu 200 m hohen Gebäuden) auf eine Bestandsverbesserung durch Objektsanierung. Nach den Vorschriften des Städtebauförderungsgesetzes wurden 19 Sanierungsgebiete ausgewiesen und außerdem große Teile der Inneren Stadt zu Modernisierungsgebieten erklärt, in deren Bereich den Hausbesitzern für Modernisierungsvorhaben öffentliche Gelder als Zuschüsse gewährt wurden. Die eigentlichen Sanierungsgebiete lagen hauptsächlich in St. Georg, in der Neustadt, in St. Pauli, in Altona-Altstadt sowie in Eimsbüttel-Süd und in Ottensen, also in den Arbeiterwohnvierteln der Jahrhundertwende. Aufgrund des Sanierungsprogrammes, das flankiert wurde durch ein Programm „Stadterneuerung in kleinen Schritten" (SIKS, finanziell unabhängig vom Städtebauförderungsgesetz), ist in allen genannten Quartieren in den vergangenen fünfundzwanzig Jahren eine wesentliche Verbesserung der Wohnsituation erreicht worden. Der Standard der Wohnungen wurde gehoben (durch Einbau von Heizung, Bädern und, da etwa ein Viertel der Wohnungen in den betreffenden Gebieten über kein eigenes WC verfügte, auch Toiletten), sowie das Wohnumfeld verbessert (u. a durch Anlage von Spielplätzen und Maßnahmen zur Verkehrsberuhigung).

Im Zusammenhang mit der Tatsache, daß seit 1990 im Bund-Länder-Programm der Sanierung (Städtebauförderung) für förmlich festgelegte Sanierungsgebiete die finanzielle Beteilung des Bundes drastisch reduziert wurde, schuf sich Hamburg mit einem Revitalisierungsprogramm ein zweites Steuerungsinstrument, das allein aus hamburgischen Haushaltsmitteln finanziert wird. Hierbei bedeutet die Unabhängigkeit vom BauGB, in welches das Städtebauförderungsgesetz integriert ist, für das Hamburger Revitalisierungsprogramm mehr Handlungsfreiheit. Als Sanierungsträger bzw. Beauftragte für die Revitalisierung ist neben anderen Gesellschaften in großem Umfang die 1989 gegründete STEG (Stadtentwicklungsgesellschaft Hamburg mbH) in treuhänderischer Funktion für die Stadt tätig. Um eine noch stärkere Wirksamkeit auf Stadtteilebene zu erreichen, beschloß der Hamburger Senat 1998 ein Programm zur *Sozialen Stadtteilentwicklung*, durch welches das Revitalisierungsprogramm mit anderen Programmen zusammengefaßt wird (vgl. Kap. 6.2.3, S. 240f.).

Sind die Sanierungsvorhaben der „ersten Stunde", mit denen primär dem Verfall der Gebäudesubstanz in überalterten Stadtteilen entgegengewirkt werden sollte, inzwischen erfolgreich abgeschlossen, versuchen die Sanierungs- und Revitalisierungsprogramme der 1990er Jahre durch planvolle Verbesserung der Lebensverhältnisse einer sozialen Erosion in benachteiligten Quartieren Einhalt zu gebieten. Daher werden die verfügbaren Mittel auch für kulturelle, bildungs- und freizeitbezogene Angebote eingesetzt sowie für Maßnahmen zur Verbesserung der beruflichen Qualifikation der Bewohner. Zu den Stadterneuerungsgebieten der Gegenwart gehören die Großwohnsiedlungen aus den 1960er Jahren (s. o.), aber auch kleinere Quartiere in der sog. Westlichen Inneren Stadt und im Raum Harburg-Wilhelmsburg.

Gentrification
Die in den 1970er Jahren eingeleiteten Sanierungen hatten zwar die geschilderten positiven Ergebnisse im Hinblick auf den Standard der Wohnungen und des Wohnumfeldes, sie trugen aber gerade hierdurch zu einer Bewegung bei, welche die Planung nicht einberechnet hatte: zur Gentrification. Junge Singles mit geringen Geldmitteln, wie Künstler und Studenten, entdeckten als erste (als „Pioniere" nach DANGSCHAT / FRIEDRICHS 1995) das Flair der wilhelminischen Mietsquartiere, es folgten die „Gentrifier", Kleinhaushalte, die sich ebenfalls für das Wohnen in einem bunten, innenstadtnahen Quartier entschieden, aber bereits aufgrund eines besseren Einkommens, als es die „Pioniere" besaßen, auch höhere Ansprüche an den Komfort der Wohnungen und das Angebot des Wohnumfeldes stellten. (Es handelt sich bei diesem Eindringen um zwei getrennte, zeitlich gegeneinander verschobene Invasions-Sukzessions-Zyklen). Vorwiegend die Gentrifier lösten einen Wandel in den Quartieren aus, denn als Reaktion auf ihre Ansprüche begannen Hausbesitzer und andere Investoren, aus eigenen Mitteln Sanierungen durchzuführen, womit die Mietpreise in Bewegung kamen und sich die Verdrängung der ursprünglich ansässigen einkommensschwachen Gruppen beschleunigte. Die Gentrification steht damit voll im Widerspruch zu der gerade auch von der STEG proklamierten Stadterneuerung des sozialen Ausgleichs; sie ist aber, einer ökonomischen Gesetzlichkeit folgend, durchsetzungsfähig. (Auf die Beschreibung der Prozesse der Gentrification, die verschiedenen Theorien zu ihrer Erklärung wie auch den Mangel an verläßlichen Langzeit-Untersuchungen geht FRIEDRICHS 1996 ein im einführenden Aufsatz zu dem von ihm mit KECSKES zusammen herausgegebenen Sammelband „Gentrification".)

Innere Verdichtung:
Es ist erstaunlich, wie groß die Flächenreserven im Stadtgebiet noch sind. Allein im Jahre 1998 wurden auf 41 Standorten in der Inneren Stadt Neubauprojekte des Geschoßwohnungsbaues begonnen, wobei die Einheiten jeweils zwischen 120 und 310 Wohnungen lagen.

Dieser Inneren Verdichtung vielleicht nicht mehr ganz zuzurechnen, aber doch dem Konzept entsprechend, stadtnahes Gebiet mit guter Verkehrsanbindung für den Wohnungsbau zu nutzen, ist das Projekt „Trabrennbahn Farmsen", mit dem mehr als 1 100 Wohnungen in unmittelbarer Nähe einer U-Bahn-Station geschaffen wurden. Weil diese unkonventionelle Anlage beweist, welch überzeugende Ergebnisse auch im öffentlich geförderten Wohnungsbau möglich sind, sei sie im folgenden kurz vorgestellt.

Die Trabrennbahn Farmsen war 1976 geschlossen worden und existierte eineinhalb Jahrzehnte mit den Resten von Tribünen und Stallungen nur noch als eine Art Freizeitbrache am Rande der Inneren Stadt. (Der Besitzer, ein Hamburger Großunternehmer, hatte zunächst kein Interesse an einer Umnutzung.) Erst 1992 wurde ein städtebaulicher Wettbewerb ausgeschrieben und anschließend der erste Preisträger (Planungsgruppe Professor Laage), der besonders überzeugend mit seinem Entwurf den einmaligen Grundriß nachgezeichnet hatte, mit dem Großteil der Ausführungen betraut. Es handelt sich um ein Projekt des reinen Mietwohnungs-Baus, durch öffentliche Mittel gefördert. Der Wohn-Ring war 1999 komplett fertiggestellt (1 165 Wohnungen), es fehlten dann noch ein kleines Einkaufszentrum und mehrere im Entwurf vorgesehene Bürogebäude am Friedrich-Ebert-Damm.

Das Oval der ehemaligen Rennbahn wird nachgebildet durch zwei Reihen von Gebäuderiegeln unterschiedlicher Höhe (4 – 5geschossig). Sie umschließen das alte Innenrund mit seinen zwei Teichen, jetzt gärtnerisch gestaltet und durch eine diagonale Allee aufgeschlossen, die sich in den beiden nach außen führenden Wegen fortsetzt (Abb. 2.30). Parkdecks befinden sich jenseits der Wohngebäude an den Rändern der Anlage, so daß die ganze Siedlung den

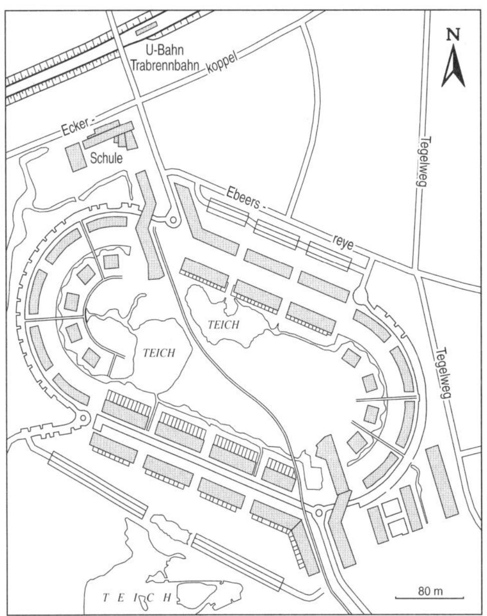

Abb. 2.30:
Wohnanlage Trabrennbahn Farmsen
Kartographie: Th. Böge

Fußgängern vorbehalten ist. Alle Wohnungen (mit Ausnahme der in den südlichen Außenblöcken gelegenen) sind auf die ruhige grüne Mitte ausgerichtet, was den Eindruck von Gemeinsamkeit und einer Abgeschlossenheit gegenüber dem städtischen Außen vermittelt. Die etwas problematische Folge einer konsequenten Ausrichtung auf die Mitte – und dieser generelle Nachteil wurde schon vor Jahrzehnten angemerkt bei der Beurteilung der „Hufeisensiedlung" in Berlin-Britz, die Martin Wagner und Bruno Taut 1925/30 erbauten – ist allerdings die damit verbundene Nord-Exposition von Wohnungen in der Südhälfte. In Farmsen betrifft dies die vier inneren Gebäuderiegel der Südgeraden, bei denen man aber durch größere Hausgärten und andere Sondergestaltungen die Nachteile der Exposition zu mindern versucht hat. – Die Fassadenarchitektur ist abwechslungsreich und interessant, denn mit verschiedenen Materialien (mit hellem Zinkblech, farbigem Backstein und auch Putz) werden Vor- und Rücksprünge akzentuiert, z. T. aber auch die Ausdehnung der Wohnungen innerhalb der Gebäude markiert . Bei den Wohnungsgrößen überwiegen Zweieinhalb- und Dreizimmer-Wohnungen, aber auch Eineinhalbzimmer-Appartments und Maisonetten mit vier Zimmern werden angeboten, womit bezüglich der Haushaltsgrößen die wünschenswerte Mischung garantiert ist.
Zusammenfassend darf man sagen: In das städtische Leben über eine gute Verkehrsanbindung integriert, architektonisch vorbildlich gestaltet, durch eine gewisse Abgeschlossenheit in sich harmonisiert und bei all diesen Vorzügen noch bezahlbare Wohnungen bietend, hat hier der Idealtyp einer großstädtischen Einzelsiedlung seine Verkörperung gefunden.

Als ein spektakuläres Projekt der Inneren Verdichtung wäre noch die geplante Überbauung einer U-Bahnstrecke im Stadtteil Billstedt zu nennen. Über den U-Bahn-Gleisen sollten auf einem riesigen Betondeckel in vier- bis sechsgeschossigen Gebäuden 862 Wohnungen entstehen. Die Bürgerschaft hatte 1996 zugestimmt, 1998 wurde das Projekt jedoch durch die Wohnungsbaukreditanstalt gestoppt.

Flächenerschließung in der Äußeren Stadt:
Zeitlich aufeinanderfolgende Planungen neuer großer Wohngebiete und deren Realisierung haben sich in den Nachkriegsjahrzehnten, sieht man von den oben genannten Großwohnsiedlungen ab, vor allem auf ein bestimmtes Gebiet im Südosten der Stadt bezogen: auf den Raum Billwerder-Allermöhe. Hier hatte der Hamburger Staat schon vor dem Ersten Weltkrieg (1908/11) weite Ländereien aufgekauft, um für spätere Industrie- und Wohnansiedlung über Baugrund verfügen zu können. In der Zwischenkriegszeit nicht in Anspruch genommen, standen die Flächen während der

Expansionsphase der Nachkriegszeit im Blickpunkt planerischen Interesses. Ab 1973 wurde mit dem Entwurf zu einem 1 320 ha großen Neubaugebiet „Billwerder-Allermöhe“ ein Mega-Projekt für ca. 73 000 Einwohner vorgestellt (umfassend Nettowohnbauland von ca. 418 ha, Nettogewerbebauland von ca. 508 ha und Freizeitanlagen von ca. 104 ha). Nachdem aber rd. 10 Mio. DM für Planungsentwürfe und Voruntersuchungen ausgegeben worden waren, wurde das Großprojekt 1976 gestoppt. Die Wohnungsbaupolitik der Stadt begann sich zu dieser Zeit neu zu orientieren, einerseits aufgrund eines Gutachtens der PROGNOS AG, das den Hamburger Wohnraumbedarf nach unten korrigierte, andererseits auch unter dem Eindruck der Negativerfahrungen mit den jüngst entstandenen Großwohnsiedlungen.

Unter veränderten Vorzeichen begann ab 1979 eine neue Planungsphase für ein wesentlich kleiner abgegrenztes Wohngebiet, heute „Neu-Allermöhe Ost“ (Allermöhe I) genannt. In dieses Projekt sind u. a. Erfahrungen eingeflossen, die Architekten und Planungsbüros inzwischen, z. T. angeregt durch den holländischen Wohnungsbau, mit kleinteiligem, aber kosten- und flächensparendem Bauen gesammelt hatten. (Kosten- und flächensparend bedeutet u. a.: Verzicht auf Unterkellerungen zugunsten ebenerdiger Kellerersatzräume, Carports statt Garagen und sparsamer Umgang mit der Siedlungsfläche, indem z. B bei Einfamilienhäusern ein Zusammenrücken zu Hauszeilen favorisiert wird.) Das neue Quartier sollte für maximal 10 000 Ew. gebaut werden und neben 2 600 Mietwohnungen (Geschoßwohnungsbau bis 4 Geschosse) auch rd. 1 050 Eigentumswohneinheiten umfassen. 1984–94 wurde die Anlage geschaffen, und sie kann sich, besonders hinsichtlich der gelungenen Landschaftsgestaltung, als Planungsergebnis sehen lassen. Die im tief gelegenen Marschengebiet zur Entwässerung notwendigen Gräben durchziehen die Siedlung als von Grünzügen begleitete „Fleete“ bzw. „Grachten“, auf welche viele der Geschoßbauten ausgerichtet sind und zu denen bei angrenzenden Einzel- und Reihenhäusern die Hausgärten hinunterführen. Das „Niederdeutsche“ der ganzen Siedlung wird durch die Ziegelbauweise unterstrichen, die auch für die markanten Ufermauern an den Fleeten Verwendung gefunden hat sowie an kleinen Bastionen, mit denen Fleetaufweitungen und Kreuzungen von Wasserläufen ihren landseitigen Abschluß finden. Viele der Reihen- und Stadthäuser haben ihren eigenen Bootssteg, und überhaupt ergibt die Lage am Wasser und zugleich im Grünen eine einmalige Wohnqualität (vgl. Foto 20). Bei den Hausgrundrissen kamen originelle Entwürfe zur Ausführung, z. B. „Gestapelte Reihenhäuser“ mit zwei Reihenhäusern übereinander, von denen jedes über einen eigenen Eingang und unmittelbaren Zugang zum eigenen Garten verfügt.

Die Großzügigkeit der Anlage von Neu-Allermöhe Ost hat aber auch zur Kritik Anlaß gegeben, und die als zu niedrig bemängelte bauliche Dichte erfuhr in den Entwürfen zu Neu-Allermöhe West (Allermöhe II) eine deutliche Korrektur. In diesem westlich anschließenden Neubaugebiet, mit dessen Bau 1993 begonnen wurde, kommt in Bahnhofsnähe (S-Bahn-Anschluß wie auch bei Neu-Allermöhe Ost) sogar wieder sechsgeschossiger Wohnungsbau zum Zuge. Außerdem sollen von den geplanten 4 500 Wohneinheiten nur 800 als Einfamilienhäuser gestaltet werden. Im Gegensatz zu der Ringstruktur in Neu-Allermöhe Ost ist hier dem Straßennetz eine rechtwinklige Struktur zugrunde gelegt. Der Baufortgang ist nur zögerlich, weil sich die Nachfrage nicht der Erwartung entsprechend entwickelt hat. Unter diesen Vorzeichen wird auch das geplante Allermöhe III nicht so schnell in die Realisierungsphase treten.

Zu den Erschließungsvorhaben in der Äußeren Stadt gehörte auch das Projekt Neugraben-Fischbek. Es sah im Südwesten der Stadt, in landschaftlich schöner Lage, ein Neubaugebiet mit 3 000 Wohnungen für ca. 7 100 Ew. vor, und ein entsprechender Bebauungsplan war im Mai 1997 von der Hamburger Bürgerschaft angenommen worden. Die GAL (Grün Alternative Liste), das Projekt seit langem bekämpfend, setzte jedoch während der Koalitionsverhandlungen mit der SPD im November 1997 durch, daß auf die Umsetzung des Bebauungsplanes zunächst verzichtet wurde.

Parallel zur Entwicklung beim Wohnungsbau wurde auch die Architektur der gewerblichen Bauten und der großen Verwaltungsbauten seit den 1970er Jahren von einer Art Avantgardismus erfaßt. Am stärksten drückt sich hier eine Richtungserneuerung bei den Repräsentationsbauwerken aus, zu denen als Nachfolger der alten Hamburger Kontorhäuser die modernen Bürohaus-Komplexe gehören (hauptsächlich in der Innenstadt und in der City Süd vertreten – ausführlich hierzu Kap. 2.4.4, S. 137ff.; 2.4.5 u. 2.4.6).

2.4.4 Die Hamburger Innenstadt

In den fünf Nachkriegsjahrzehnten hat sich nicht nur die Wohnstadt durch Wiederaufbau, ständige Erneuerung und zentralperiphere Erweiterung gewandelt, sondern auch das alte Kerngebiet, die vom Wallring umschlossene Innenstadt, wurde von Veränderungsprozessen erfaßt, die jedoch, indem sie auf der immer gleichen Grundfläche stattfanden, im allgemeinen einem sukzessiven Austausch gleichkamen.

Die Zerstörungen, welche die Bombenangriffe in der Innenstadt hinterließen, sind heute kaum noch bemerkbar. In der Altstadt wurden ausgebrannte Geschäftshäuser bald restauriert (z. B. in der Mönckebergstraße, wo allerdings die Veränderung der Dachlandschaft durch Einziehen von Staffelgeschossen etc. als unsensibler Umgang mit der Vorkriegs-Bausubstanz gilt), oder die Baulücken mit in Geschoßhöhe und Fassadengestaltung gut angepaßten Neubauten geschlossen (Beispiel: Fölschblock am Rathausmarkt 1949/52). In der Neustadt allerdings hatte es auch Flächenzerstörungen gegeben, und der dort nach und nach vollzogene Wiederaufbau führte zu einer großenteils inhomogenen Bebauung. Besonders bedauerlich ist es, daß das Gebiet um die St. Michaeliskirche keine der Bedeutung des barocken Sakralbaus adäquate Gestaltung erfahren hat.

Turm und Kirchenschiff der St. Michaliskirche waren durch Luftangriffe stark in Mitleidenschaft gezogen worden, große Teile der dicht bebauten Wohngebiete im Umfeld der berühmten Barockkirche aber mußten nach den Bombardements unter „Totalschaden" eingestuft werden.

Im Südwesten, zwischen Rothesoodstraße/ Böhmkenstraße und Venusberg, erfolgte schon in den 1950er Jahren ein Wiederaufbau: Es entstanden vier- bis fünfgeschossige Wohnbauten in Zeilenbauweise. Ein langes Rechteck unmittelbar südlich der Kirche wurde als Grünfläche freigehalten, östlich dieser Freifläche wurden abermals Lücken durch anspruchslose fünfgeschossige Wohnbauten geschlossen. Da auch südlich des Schaarmarktes nur noch wenig Bausubstanz vorhanden war, hatte man bis Ende der 1980er Jahre von dem hochgelegenen Plateau südlich des „Michel" einen freien Blick auf die Elbe und das gegenüberliegende Werftengelände – ein einmaliges Panorama, das auch die vielen Touristen, welche den Kirchenbau ständig besuchen, zu genießen wußten. Die Chance, diesen besonderen Standort mit einer wirklich guten Platzgestaltung zu würdigen, war schon durch die früh entstandene und wenig koordinierte Abfolge von Wohnbauten im oberen Randbereich eingeschränkt worden, in den 1980er Jahren aber wurde sie mit der Baugenehmigung für die Verlagsgebäude von Gruner + Jahr (an den „Vorsetzen") vollends verspielt. 1987/90 entstanden, liegt dieser Gebäudekomplex jetzt wie ein großer Sperriegel vor dem bislang zum Hafen sich öffnenden Gelände. Wie immer man zum architektonischen Erscheinungsbild der in breiten, parallelen Zeilen um Innenhöfe angeordneten Verlagsgebäude steht (bei denen die Fassadengestaltung mit Elementen wie Bullaugen und relingartigen Brüstungen als Hommage an den Hafen gedacht ist): Für die Ästhetik des Platzgebildes „Schaarmarkt" wirken sie vernichtend.

Von besonderem Einfluß auf Struktur und Funktion der heutigen Innenstadt waren Maßnahmen der 1950er Jahre zur Verbesserung der *Verkehrsführung*: zunächst der Bau einer zweiten Lombardsbrücke (1952/53, später „Kennedybrücke"), dann die Anlage der Ost-West-Straße (1953/63) und zeitgleich mit dieser eine Verbreiterung und Umgestaltung der alten Wallringstraßen zum sog. Ring 1 (vgl. hierzu und zu den folgenden Abschnitten Abb. 2.31). Die tägliche Inanspruchnahme dieser neuen Verkehrsführungen beweist, wie notwendig ihre Anlage war: 1996 betrug die durchschnittliche tägliche Verkehrsdichte bei der Kennedy-Brücke 56000 Kfz, bei der Lombardsbrücke, die zum Wallringsystem gehört, 54000 Kfz und auf der Ost-West-Straße 55000 Kfz.

Eine „Ost-West-Achse" war schon 1940/41 im ersten Generalbebauungsplan der Nationalsozialisten vorgesehen gewesen (s. Kap. 6.1, S. 235). Im Nachkriegs-Generalbebauungsplan von 1947 wurden zwei Varianten vorgestellt: eine hafennah geführte „Südstraße" und eine „Nordstraße". Letztere zeigte den Trassenverlauf, der anschließend von 1953 bis 1963 realisiert wurde. Planungsziel war, den vom Nadelöhr Elbbrücken auf die Stadt zukommenden Durchgangsverkehr möglichst zügig nach Westen weiterzuleiten und damit besonders die Wallringstraßen von zusätzlichem Verkehr zu entlasten.

Die Ost-West-Straße quert die südliche Innenstadt vom Deichtorplatz bis zum Millerntorplatz, den alten städtischen Grundriß mit durchschnittlich 30 m Breite und sechs Fahrspuren hart durchschneidend. (In der Altstadt wurde sie mittels der Querspange Domstraße in nordwestlicher Richtung mit dem Straßenzug Speersort/Steinstraße verbunden.) Aus dem Blickwinkel der Verkehrsplanung gilt sie als voller Erfolg, denn die Frequentierung war von Beginn an groß, und der ständig zunehmende Durchgangsverkehr wäre ohne diese Schnellstraße nicht mehr zu bewältigen. Dem Stadtorganismus aber hat die Ost-West-Straße nachhaltig geschadet, da durch sie der hafennahe Raum aus der übrigen Innenstadt ausgegrenzt wurde und sie, trotz einer Fußgängerbrücke und zahlreicher beampelter Übergänge, deutlich eine Barriere-Wirkung auf den nord-südlich gerichteten Fußgängerverkehr ausübt (zur städtebaulichen Erscheinung s. u., S. 137f.).

Vor dem Hintergrund der negativen Auswirkungen der Ost-West-Straße scheint es gut, daß eine projektierte Nord-Süd-Querung nicht zur Ausführung kam. Sie sollte als Straße vom Dammtor über Gänsemarkt – Stadthausbrücke und westlich des Herrengrabens bis zur Einfahrt eines Elbtunnels führen, welcher von der Straße „Vorsetzen" aus als Verbindung zum östlichen Steinwerder geplant war. Als Folge des langen Festhaltens an dem Straßenprojekt, das erst 1982 endgültig aufgegeben wurde, entstanden in der Neustadt Planungsbrachen, die u. a. zu der oben geschilderten unkoordinierten Bebauung südlich der St. Michaeliskirche geführt haben (s. o., S. 128).

Fußgängerzonen wurden in der nördlichen Innenstadt geschaffen durch Umwandlung der Colonnaden (1974/78), sodann der Spitalerstraße und der Gerhofstraße in Straßenzüge ohne Autoverkehr. Verglichen mit anderen Städten, besonders solchen, die über eine historische Altstadt verfügen und diese in großen Teilen zu Fußgängerzonen erklärten, ist der Anteil der autofreien Zonen am Straßennetz der Hamburger Innenstadt jedoch gering.

Zum Ausgleich verfügt aber die Hansestadt seit geraumer Zeit mit zahlreichen *Passagen* über eine attraktive Alternative.

Beim Umbau der Alten Post (dem denkmalgeschützten Gebäude des Architekten Chateauneuf von 1845/47) war 1971, vom Staat finanziert, eine erste kleine Passage geschaffen worden. Anschließend sahen Kapitalgesellschaften in diesen wittegungsgeschützten Laden-Centern mit hoher Standortgunst vielversprechende Anlagemöglichkeiten, und es entstanden in rascher Folge zwischen 1977 und 1989 acht weitere Einkaufspassagen (Tab. 2.17).

Legende zu Abb. 2.31: Erneuerungen in der Hamburger Innenstadt seit 1950
Hochbauten (Auswahl) in ( ): Bauzeit

Altstadt
1 Galerie der Gegenwart (Erweiterung der Kunsthalle) (1992 / 96)
2 Bürohaus Rosenstraße / Brandsende / Raboisen (1979 / 82)
3 Hamburgische Landesbank (1972 / 74)
4 Kundenzentrum der HEW (1967 / 69)
5 Horten Kaufhaus (1968 / 69)
6 Cityhof (1956)
7 Umbau der alten Deichtorhallen (Großmarkthallen) zu einem Ausstellungszentrum (1988 / 90)
8 Heinrich Bauer Verlag (1978 / 83)
9 IBM-Hochhaus (1965 / 67; jetzt Gebäude des Spiegel TV)
10 Spiegel-Hochhaus (1967 / 68)
11 Neuer Dovenhof (1991 / 94)
12 Zürich-Haus (1989 / 92)
13 Neubau Commerzbank (1963 / 64)
14 Bank für Gemeinwirtschaft (1960 / 62)
15 Hamburg-Süd Verwaltungsgebäude (1960 / 64)
16 Allianz-Haus (1969 / 71)
17 Hamburger Sparkasse (1953 / 58)
18 Hopfenhof (1975 / 77)
19 Landeszentralbank (1976 / 82)
20 Hamburger Sparkasse (1997 / 98)
21 Deutsche Genossenschafts Hypothekenbank (1962 / 63), heute Deutsche Bank
22 Hypo-Bank (1992 / 94)
23 Hanseatic-Trade-Center (vier Bauabschnitte,1993 / 99)

Neustadt
24 Cinemaxx (1996 / 97)
25 Burmah-Hochhaus (1958 / 59, ehemals BAT)
26 Finnlandhaus (1964 / 66)
27 Hamburgische Staatsoper (1953 / 55)
28 Unileverhaus (1961 / 64)
29 Berolinahaus (1980 / 83)
30 City-Quartier (1998 / 99)
31 Ansgarhof (1986 / 88)
32 Marriott Hotel Hamburg (1986 / 88)
33 Springer-Neubau mit Passage (1995 / 97)
34 Springer-Hochhaus (1953 / 55)
35 Hanse-Viertel (1978 / 81 / 83)
36 Hamburg Renaissance Hotel (1980 / 81, Umbau des Broschek-Hauses von 1925 / 26)
37 Bleichenhof (1955/56; Umgestaltung und Erweiterung 1987 / 90)
38 Wirtschaftsbehörde / Stadtentwicklungsbehörde (1957 / 61 und 1969)
39 Deutsch-Japanisches Zentrum (1993 / 95)
40 Bürohäuser Herrengraben 1-5 (1989 / 91)
41 Fleethof (1991 / 93)
42 Geschäftshaus Neuerwall 75 (1991 / 93)
43 Hotel Steigenberger Hamburg (1990 / 92)
44 Condor-Versicherungen (1990 / 92) (Umbau des Gebäudes der Deutschen Bank von 1961)
45 Katholische Akademie (1970 / 73)
46 Kontorhäuser Transnautic und Transglobe (1985 /87)
47 Ost-West-Hof (1991 / 93)
48 Wölbern-Bank (Teilfeld 5,1982 / 83)
49 Fleetrandbebauung Herrengraben 23 – 30, (1990 / 93, Wohn- und Büronutzung)
50 Lodginghaus Madison (1991 / 93)
51 Fleetrandbebauung Stubbenhuk (1991 / 93)
52 Überseehaus (1980 / 82)
53 Verlagsgebäude Gruner + Jahr (1987 / 90)
54 Bürohaus Johannisbollwerk 16 (1990 / 92)
55 Hanse Clipper Haus (Boarding-Haus) (1991 / 94)
56 Deutscher Ring (1977 / 78)
57 Deutscher Ring (1962 / 64)
58 Deutscher Ring (1993 / 96)
59 Hamburger Sparkasse (1991 / 92)

Diese Passagen liegen alle zwischen Gänsemarkt und Bleichenbrücke und sind so aufeinander ausgerichtet, daß man von einer Vernetzung sprechen kann. Jede individuell und mit eigenem architektonischen Raffinement gestaltet, bieten sie eine Atmosphäre von weltstädtischem Luxus, die in der Repräsentation des Hamburger Einzelhandels zuvor nur gering vertreten war. Der im gleichen Raum verlaufende Neue Wall, schon immer von erstklassigen Geschäften gesäumt, hat in jüngster Zeit insofern auf die Existenz der ihn umgebenden Passagen reagiert, als hier bei Ladenwechsel (z. T. hervorgerufen durch Anhebung der Mieten auf über DM 400,– / m^2)

Abb. 2.31: Erneuerungen in der Hamburger Innenstadt seit 1950

Bezeichnung	Baublock	Ladenfläche (in m²)	Bürofläche (in m²)	Jahr der Eröffnung	Kosten (in Mio. DM)	Investor
Alte Post	Poststraße / Große Bleichen	750	3 000	1971		Freie und Hansestadt Hamburg
Gerhof	Gerhofstraße / Poststraße	3 000[1]	4 700[1]	1977	26	Rheinisch-Westfälische Immobilien-Anlagegesellschaft
Kaufmannshaus	Große Bleichen / Bleichenbrücke	3 800[2]	15 000[2]	1978	30	British Petroleum Pensions Trust
Hamburger Hof	Jungfernstieg / Große Bleichen	5 000	9 400	1979	50	Iduna Vereinigte Versicherungen AG
Gänsemarkt-Passage	Gänsemarkt / Büschenstraße / Colonnaden	5 800[3]	5 200[3]	1979	60	Hamburg-Mannheimer-Versicherungs-AG
Neuer Gänsemarkt	Gänsemarkt / Gerhofstraße / Poststraße	2 800	3 500	1980	20	Tchibo / Herz
Hanse-Viertel	Große Bleichen / Poststraße	9 400[4]	5 800[4]	1980	220	Allianz Lebensversicherungs AG
Galleria	Große Bleichen / Poststraße	2 200	4 500	1983	15	H. Ruppert (Architekt)
Bleichenhof	Große Bleichen / Bleichenbrücke	3 677[5]	11 288[5]	1990	60	Bleichenhof Grundstücksverwaltung

[1] sonstige Nutzfläche: 10 Wohnungen
[2] sonstige Nutzfläche: Bierkneipen-Center
[3] sonstige Nutzfläche: 5 Wohnungen
[4] sonstige Nutzfläche: 15 Wohnungen, Hotel mit 220 Zimmern (jetziges Renaissance-Hotel)
[5] sonstige Nutzfläche: Parkhaus mit 800 Stellplätzen

Tab. 2.17: Die Einkaufspassagen in der westlichen City

dieser zugunsten ausgesprochener Nobel-Geschäfte, auch Filialisten von Weltfirmen, erfolgte.

In der östlichen City, die von der Kaufhausmeile Mönckebergstraße dominiert wird und damit auf ein breiteres Publikum ausgerichtet ist, wurde 1972–74 im Zusammenhang mit dem Neubau der Landesbank am Gerhart-Hauptmann-Platz eine kleine Ladenpassage geschaffen, die aber erklärlicherweise den Charakter der östlichen City nicht zu verändern vermochte. Es ist jedoch möglich, daß die 1997 erfolgte Eröffnung der luxuriösen Levante-Passage an der Mönckebergstraße ein Zeichen gesetzt hat für eine neue Entwicklung. (Das Levantehaus wurde 1995/97 umgebaut, größtenteils für das Nobel-Hotel Hyatt, das jetzt auf acht Etagen 252 Zimmer und 30 Appartements umfaßt.) Immer wieder taucht der Plan auf, die Fußgängerzone Spitalerstraße zu überdachen; vor allem aber wird im neuen Jahrhundert die geplante „Europa-Passage" eine Verbindung schaffen zwischen Mönckebergstraße und Ballindamm und damit die City Ost mit der City West verknüpfen, was auch eine Annäherung im Angebot bedeutet.

(Das Europahaus am Ballindamm, aus welchem die Hauptverwaltung der Albingia-Versicherung im Jahre 2001 in einen z. Z. im Bau befindlichen neuen Firmensitz am Berliner Tor wechseln wird, soll das repräsentative Entree der geplanten Passage werden, einer „Mall" mit vielseitigen, zumeist exklusiven Angeboten auf zwei Ebenen. Zur Fortsetzung will man die in Richtung Mönckebergstraße anschließende Paulstraße zu einer überdachten Flaniermeile umwandeln, und auch Teile der in Querrrichtung verlaufenden Hermannstraße sollen in den überdachten Fußgängerbereich mit einbezogen werden. Es wird mit einem Investitionsvolumen von mindestens 600 Mio. DM gerechnet und einem Eröffnungstermin im Jahre 2003. Der Verlauf der geplanten Europa-Passage ist auf Abbildung 2.31 eingezeichnet.)

Die *Plätze* der Innenstadt haben sich im Laufe der Nachkriegszeit stark verändert. Generell gilt, daß Plätze in einer Stadt der Gegenwart zu Verkehrsknotenpunkten zu verkommen drohen. Der Hansestadt ist es zwar gelungen, für einen Teil ihrer traditionsreichen Plätze mit Hilfe verkehrsberuhigender Maßnahmen und architektonischer Umgestaltungen eine Wiederbelebung zu erreichen, aber eine ganze Anzahl wertvoller Platzgebilde befindet sich in einem städtebaulich bedauernswerten Zustand.

Der Gerhart-Hauptmann-Platz, der bis zu seiner Umbenennung im Jahre 1946 (dem Todesjahr Hauptmanns) Pferdemarkt hieß und damit auf frühen Pferdehandel schließen läßt, diente bis in das 19. Jh. hinein u. a. als Umschlagplatz für Waren, die mit Planwagen in die Stadt kamen und auf kleinere Karren für den innerstädtischen Transport umgeladen werden mußten; die Überland-Fuhrwerke hatten hier also auch ihren Parkplatz. Durch die Anlage der Mönckebergstraße wurde der Pferdemarkt im Süden zwar verkürzt, er blieb aber ein offener Platz, der nach dem Zweiten Weltkrieg zunächst größtenteils als Parkplatz (nun für Pkws) genutzt wurde. Um die einzigartige zentrale Lage für einen „Ort zum Verweilen“ nutzbar zu machen, ließ die Stadt den Platz 1973/74 zu einem gestuften, durch Sitzgelegenheiten und Baumgruppen gegliederten Fußgängerbereich umgestalten, der nach Osten seitlich akzentuiert wird durch einen Pavillon mit Übergang in die Landesbank-Passage. (Gegenwärtig ist im Zusammenhang mit einer Neugestaltung der Landesbank-Passage der Abriß des Pavillons geplant.)

Die Umgestaltung des Gerhart-Hauptmann-Platzes hatte Pilot-Funktion. Es folgte die Umgestaltung des *Großneumarktes* und die Verkehrsberuhigung am *Gänsemarkt* (dessen Name nicht, wie man vermuten möchte, auf Handel mit Gänsen zurückgeht, sondern wahrscheinlich auf eine Gänseweide vor der alten Stadt). Beide sind als Plätze von der Bevölkerung angenommen worden, wenn auch aus unterschiedlichen Gründen. Der Gänsemarkt bietet einen offenen Platz im nördlichen Passagenviertel und fungiert zugleich als Haltepunkt auf der Route Dammtor/Jungfernstieg. Er wird von vielfrequentierten Geschäften gesäumt und ist stets belebt, nicht zuletzt aufgrund des hier gelegenen Multiplex-UFA-Kinos. Der Großneumarkt dagegen befindet sich in einem von jeher ärmlichen Viertel der Neustadt, fernab von der City und deren Passantenströmen. Durch die Initiatve einiger Gastronomen und Kneipenwirte aber sind rund um den Platz originelle Restaurants, Straßencafes und gemütliche Wein- und Bierkneipen entstanden, durch die, da auch musikalische und andere Veranstaltungen geboten werden, der Großneumarkt zu einem „Szene-Treff“ geworden ist. – Der jüngste der Innenstadt-Plätze, der Anfang der 1990er Jahre im Zusammenhang mit der Bebauung der Fleetinsel entstandene *Fleetmarkt,* hat dagegen, obgleich er in seiner wohlproportionierten, geschlossenen Form als gelungen bezeichnet werden muß, bislang noch nicht viel Leben auf sich ziehen können.

Ein Blick auf andere Plätze der Innenstadt erbringt dann wenig Erfeuliches. Im Herzen der Altstadt gelegen, das Gelände der ehemaligen Hammaburg und des Dombezirks umfassend, ist der *Domplatz* zwar von einmaliger historischer Bedeutung, wird aber gerade aus diesem Grunde seit Jahrzehnten für eine besondere Bebauung in Reserve gehalten und daher immer noch höchst profan als Parkplatz genutzt. (Wie hochgesteckt z. T. die Ziele seiner Nutzung sind, bewies 1996 ein im Rathaus vorgestelltes Modell junger Architekten für ein „Landtagsgebäude auf dem Hamburger Domplatz“, entworfen für den Landtag eines künftigen Nordstaates.)

Der *Burchardplatz*, in den 1920er Jahren im Zusammenhang mit dem Kontorhausviertel südlich der Mönckebergstraße geschaffen, ist als Platzgebilde von besonderer Qualität. Leider wird aber auch er nur als Parkplatz genutzt, und der Plan, ihn mit einer Tiefgarage zu unterbauen und dann als Anlage neu zu gestalten, blieb bislang unverwirklicht. Es steht jedoch zu hoffen, daß neue Planungsimpulse vom Projekt der HafenCity ausgehen, als deren nördliches Entree ein ästhetisch gestalteter Burchardplatz optimal wäre. – Bedauernswert ist ebenfalls der Zustand des *Hopfenmarktes,* auf dessen großer Fläche seit dem Mittelalter umsatzstarker Handel getrieben wurde (hauptsächlich mit landwirtschaftlichen Produkten) und, mit eben diesem Marktgeschehen verbunden, einst lebhafte Kommunikation herrschte. Heute liegt der Platz ungepflegt und wie vergessen da.

Der *Rathausmarkt,* zentraler Platz der Hansestadt, hat trotz seiner nur kurzen Geschichte schon mehrfach einen Gestaltwandel erfahren. Mit der Kleinen Alster zusammen eine L-Form bildend (Entwurf von Chateauneuf 1842, vgl. Kap. 2.2.1, S. 39), wurde sein maßvolles Platz-Rechteck empfindlich gestört, als man ihm 1903 ein Kaiser-Wilhelm-Reiterdenkmal auf weit ausladendem Podest zumutete, das von nun an die Platzfläche voll beherrschte. „Die Denkmalsanlage löst die Kleine Alster und den Rathausmarkt in zwei Plätze auf – die Hakenform einer räumlichen Einheit ist weggewischt", kommentierte Fritz Schumacher. Derselbe aber mußte die heikle Aufgabe lösen, die Mönckebergstraße als neue Durchbruchstraße vom Hauptbahnhof zum Rathaus zu führen und damit zwangsläufig den Platz im Südosten zu öffnen (1908/13, vgl. Kap. 2.3.3, S. 64f.). Zwei Jahrzehnte später zollte man dem zunehmenden innerstädtischen Verkehr Tribut, indem man den Platz zugunsten des Straßenbahn- und Busverkehrs von seinem Reiterdenkmal mitsamt Podest befreite und damit wieder zur Ebene werden ließ (1929). Vier neue Wartepavillons, symmetrisch angeordnet, waren jetzt die Gestaltelemente und signalisierten die moderne Funktion. Daß damit der repräsentativste Platz der Hansestadt nur noch als Verkehrsknotenpunkt diente, rief nach dem Zweiten Weltkrieg die fällige Gegenbewegung hervor, und man forderte, dem Rathausmarkt mit einer grundlegenden Neugestaltung seine „Würde" wiederzugeben. Dieses Programm zu verwirklichen, wurde erleichtert durch Veränderungen auf dem Verkehrssektor, die es jetzt erlaubten, den auf den Rathausplatz gerichteten Verkehr einzuschränken. (Die neue City-S-Bahn entlastete den Straßenverkehr, und die Stilllegung der Straßenbahnen – die letzte Straßenbahn fuhr 1978 – erbrachte mehr Flexibilität für die Trassen.) So wird der Rathausmarkt heute nur noch an seinem Nordost- und Südostrand vom Verkehr berührt. Den übrigen Raum nimmt seit der Neugestaltung von 1980–82 eine große, zur Mitte leicht abgesenkte Freifläche ein, den Fußgängern vorbehalten. Durch die wenigen flachen, langgestreckten Stufen, die von dieser Mittelfläche auf die Randzonen hinaufführen, erhielt das Platzgebilde eine deutliche Kontur, die zusätzlich durch Kandelaber betont wird, welche den Mittelbereich rahmen. Nach Nordosten wurde der als weitgespanntes, repräsentatives Entree zum Rathaus gedachte Freiraum gegen den Verkehr durch eine von Bäumen begleitete Glasarkadenreihe abgeschirmt (deren Stahlkonstruktion jedoch schwerfällig wirkt im direkten Gegenüber der detailliert gestalteten Rathausfassade); insgesamt macht dieser neue Rathausmarkt mit seinem teuren Platzbelag aus leicht getöntem schwedischen Granit einen noblen Eindruck. Allerdings ist er zumeist mehr ein Ort der Ruhe als des urbanen Lebens, und ob man diesen Charakter als hanseatisch akzeptieren oder den Versuch unternehmen sollte, der zurückhaltenden Nutzung mehr als bisher mit gezielten Veranstaltungsprogrammen wie saisonalen Märkten, Platzkonzerten und dergleichen entgegenzuwirken, bleibt eine offene Frage.

Ähnlich wie der Rathausmarkt hat auch die *Mönckebergstraße* in der relativ kurzen Zeit ihres Bestehens schon Umwandlungen erfahren, die im Zusammenhang stehen mit veränderten Ansprüchen an ihre Funktion. Als leistungsfähige Verkehrsverbindung zwischen Hauptbahnhof und Rathausmarkt angelegt, zugleich aber auch als große Einkaufsstraße gestaltet (vgl. Kap. 2.3.3, S. 64f.), erwuchs in der Nachkriegszeit aus diesen beiden Nutzungen ein Interessenkonflikt. Der ständig zunehmende Individualverkehr auf der Fahrbahn stand mit seiner Lärmentwicklung und auch mit seiner massiven Trennung der beiden Straßenseiten den Bedürfnissen der Passanten nach ungestörtem Einkaufen und Flanieren entgegen. Als ab Mitte der 1970er Jahre die

„fußgängerfreundliche Innenstadt“ Planungsziel wurde, der Passagenbau begann und Fußgängerzonen ausgewiesen wurden, setzte man für die Mönckebergstraße eine erste Veränderung zugunsten der Fußgänger durch: Die Gehwege wurden (bis 1982) von 6 m auf 8 m verbreitert, die randliche Straßenbeleuchtung verbessert, das Straßengrün ergänzt, und zusätzlich möblierte man die Fußgängerbereiche mit Blumenkübeln und Bänken. Da der Verkehr auf der nunmehr verengten Fahrbahn aber weiterhin eine große Beeinträchtigung darstellte, wurde 1993 eine rigorose Entscheidung getroffen und die Mönckebergstraße nun in voller Länge für den Pkw-Verkehr gesperrt, was durch Ampel-Abbau und andere Umgestaltungsmaßnahmen sehr kostenaufwendig war. Es entstand ein breiter Boulevard, der nur noch von Bussen und Taxis passiert wird und damit in erfreulichem Maße den Fußgängern gehört. Im Interesse einiger Anlieger setzte sich aber ab 1998 das Bezirksamt Mitte dafür ein, die Mönckebergstraße wenigstens ab 18 Uhr wieder für den Pkw-Verkehr zu öffnen, worauf die Baubehörde als oberste Instanz bislang jedoch mit einem klaren Nein reagierte. – Gestalterisch erfährt zur Zeit der nördliche Eingangsbereich der Mönckebergstraße eine erhebliche Veränderung, denn der Karstadt-Konzern stockt sein Spiel- und Sporthaus um vier Etagen auf, wobei eine Dachterrasse den Abschluß bilden soll, und gegenüber wird das Horten Kaufhaus modernisiert, indem die für Horten einst typische Wabenstruktur der Fassade eine gläserne Verkleidung erhält.

Die Aufmerksamkeit der Stadtplanung richtet sich seit geraumer Zeit auch auf den sog. *Hafenrand*, d.h. auf die Uferzone der Stadt am nördlichen Elbrand. (Die Benennung „Hafenrand“ hat sich eingebürgert, obgleich sie nicht korrekt ist und im Vergleich mit anderen Hafenstädten zu Mißverständnissen führt; s.u.) Im Bereich der Innenstadt erstreckt sich dieser Hafenrand von den St. Pauli-Landungsbrücken im Westen bis zum Deichtorplatz im Osten, eine Randzone markierend, an der ehedem die alte Stadt zur Elbe hin durch ihre ersten Häfen, den Binnenhafen und den Niederhafen, begrenzt wurde. Mit der Verlagerung des Hafenraumes nach Süden veränderte sich auch die Situation am Hafenrand.

Als im Süden der Stadt im Gebiet des Grasbrook ab 1866 die ersten künstlichen Hafenbecken zur Verfügung standen, kam es nachfolgend

a) zu Nord-Süd-Verbindungen von der Stadt zur Elbe (Verbreiterung von Brandstwiete und Mattentwiete; Anlage einer Straßenachse „Rödingsmarkt“ auf dem hierfür zugeschütteten Rödingsmarktfleet) und
b) zu einer Neugestaltung des Hafenrandes: Im Bereich der Neustadt wurde 1873–75 die vorhandene Uferstraße zur Elbe hin verbreitert und noch durch einen vorgelagerten 30 m breiten Kai zur Elbe hin ergänzt, im Bereich der Altstadt schuf man nach 1880 am Rande des zu dieser Zeit angelegten Zollkanals ebenfalls eine neue Uferstraße.

Die Umgestaltungen waren durchweg mit Neuparzellierungen der angrenzenden Grundstücke und anschließender Wohn- und Geschäftshaus-Bebauung verbunden. Seine repräsentative Ergänzung fand dieser wilhelminische Stadtrand im Westen durch öffentliche Gebäude auf der Geesthöhe im ehemaligen Wallgebiet (Seewarte 1881, Hafenkrankenhaus 1900) und im Osten, ebenfalls im Wallgebiet gelegen, durch die ausgedehnten Deichtorhallen für den Zentralmarkt, der 1912 die alten Märkte Hopfenmarkt und Meßberg ersetzte (vgl. Abb. 2.11, S. 67).

Während des Zweiten Weltkriegs erfuhr der Hafenrand starke Zerstörungen. Sowohl der Wiederaufbau (1950er und 1960er Jahre) als auch eine spätere Erneuerung der Bausubstanz nach Abbruch einzelner Gebäude vollzogen sich zugunsten einer Büronutzung. Der Uferrand selbst wurde nach der Sturmflut von 1962 völlig neu gestaltet. Östlich der Landungsbrücken wurde die Uferlinie begradigt und so weit vorverlegt, daß zwischen der Hochwasserschutzanlage (gestaltet als 18 m breite Uferpromenade) und dem Hochbahnviadukt Platz für den Ausbau der Hafenrandstraße (s. u.) blieb. Auch die Fortsetzung der Hochwasserschutzanlage nach Osten entlang der südlichen Altstadt erhielt eine Uferpromenade (fertiggestellt 1989). Die alten Uferstraßen (deren Straßennamen den Bezug zum Strom aufzeigen – vom „Johannisbollwerk“ und den ebenfalls auf ein hölzernes Bollwerk zurückgehenden „Vorsetzen“ bis hin zum „Dovenfleet“ – wurden zusammenhängend 1984–87 als vierspuriger Straßenzug ausgebaut.

Der eben beschriebene Innenstadt-Hafenrand setzt sich nach Westen über St. Pauli nach Altona (Neumühlen) fort. Dieses gesamte Stromufer mit seiner einmaligen Lage als Aufforderung an die Stadtplanung empfindend, entwarf Egbert Kossak (Oberbaudirektor in Hamburg von 1982–1999) das Planungsziel einer „Perlenkette am Hafenrand". Von den Deichtorhallen bis Neumühlen sollte die alte Bausubstanz durch besondere Anlagen aufgewertet werden und damit die Wasserfront Hamburgs ein neues Gesicht erhalten. Im Rahmen dieses Gesamtvorhabens erfolgten

- die Bebauung der Kehrwiederspitze (vgl. S. 139),
- die Anlage des Verlagshauses Gruner + Jahr an den „Vorsetzen" (vgl. Abb. 2.32 u. S. 157),
- die Neugestaltung des Altonaer Fischmarktes (dessen im Kriege dezimierte Randbebauung man geschickt durch moderne Bauten komplettierte, die in Proportion und Fassadenmaterial den erhalten gebliebenen wilhelminischen Altbauten angepaßt waren),
- die Restaurierung der Altonaer Fischauktionshalle und deren Umnutzung zu einem Veranstaltungszentrum,
- die Umgestaltung einer alten Mälzerei an der Großen Elbstraße zum „Stilwerk",
- die Umgestaltung eines Getreidespeichers von 1873 an der Großen Elbstraße zum Bürohaus (u. a. Greenpeace-Zentrale).

Seit 1994 existiert zudem das Projekt „Altonaer Holzhafen", das dem „Hafenrand" an der Großen Elbstraße zu einem völlig neuen Panorama verhelfen soll. Ein gläserner Wohnturm mit 80 Wohneinheiten ist als Blickfang geplant, seitlich flankiert von Backsteinriegeln, welche durch mäanderartigen Grundriß Höfe bilden und Durchblicke zulassen. Bis 1999 wurde die Verwirklichung dieses Ensembles, das die Initiatoren euphorisch auch den „ Diamanten in der Perlenkette des Hafenrandes" nennen, jedoch durch Einsprüche von Bürgerinitiativen verhindert.

Diese Umgestaltungen am nördlichen Elbufer sind nur bedingt vergleichbar mit dem Wandel, der sich in anderen Hafenstädten an der urbanen Wasserfront vollzog. Um Hamburgs Sonderentwicklung erklärbar zu machen, sei kurz auf die weltweit zu beobachtenden Veränderungen an der Schnittstelle Stadt / Hafen eingegangen.

Die einschneidenden Umstrukturierungen im Seeverkehr (Containerisierung des Stückguts, damit verbunden spektakuläre Beschleunigung des Umschlags) führten zu einem erhöhten Bedarf an Landflächen im Hafen, einerseits für die Containerzwischenlagerung, anderseits auch für Einrichtungen zur schnellen Abwicklung der Hinterlandverkehre (Bahntrassen, Autobahnanbindungen). In vielen Häfen konnte dieser neue Flächenbedarf nur bei Verlagerung der Umschlagstandorte (meist flußabwärts) gedeckt werden. Gleichzeitig war die traditionelle Hafenindustrie, der Schiffbau, in die Krise geraten, und die rohstoffverarbeitende Hafenindustrie löste sich aus ihrer Standortgebundenheit, wenn billiges, verkehrsgünstig gelegenes Bauland eine Verlagerung der Produktionsstätten ökonomisch attraktiv werden ließ. All das führte zum Brachfallen von Hafenflächen der Industrialisierungsphase. Dieser Prozeß des "retreatment", an den sich regelhaft eine von Planungsbehörden geförderte "revitalisation" durch neue Nutzungen im zur Stadt hin orientierten Hafenrand anschloß, hatte in Nordamerika begonnen (ab Ende der 1950er Jahre in Boston und Baltimore), setzte sich in der Folgezeit weltweit fort und ergriff auch fast alle Häfen Europas (u. a. Rotterdam, Amsterdam, Barcelona, Marseille). Das spektakulärste europäische Beispiel bieten die Londoner Docklands. Hier entstand auf einer Fläche von rd. 22 km^2 nach Rückzug der hafenbezogenen Industrie eine neue Stadtlandschaft, die, Relikte der Hafenindustrie in die Szenerie integrierend, insgesamt einer neuen Mischnutzung dient (vgl. Klotzhuber 1995 – zur Gesamtthematik: Hoyle / Pinder / Husain 1988; Hoyle / Pinder 1992).

Da der Stadt Hamburg während der Industrialisierungsphase im ausgehenden 19. Jh. der noch offene Raum des im Süden gelegenen Stromspaltungsgebietes zur Anlage von Hafenbecken und Ausweisung von Betriebsflächen für die sich etablierende Hafenindustrie zur Verfügung stand, lag keine Notwendigkeit vor, am nördlichen

Elbufer Industrie anzusiedeln. So stehen die Erneuerungsprozesse, die sich dort zur Zeit abspielen, nicht im Zusammenhang mit einem "retreatment" (da es keine Industrie gab, die weichen mußte) und einer daraus resultierenden "revitalisation", sondern sind ganz einfach einer wohldurchdachten Stadterneuerung zuzurechnen. Genau genommen handelt es sich beim nördlichen Elbufer eben gar nicht um einen Hafenrand, sondern um einen Stadtrand mit Front zur Elbe, in welchen lediglich im Altonaer Raum partiell ein hafenbezogenes Gewerbe integriert war.

Von „Rückzug" aus einem traditionellen Hafenbereich und einer nachfolgenden „Revitalisierung" wird man allenfalls im Zusammenhang mit der begonnenen Umnutzung der Speicherstadt (Kehrwiederspitze) und auch der geplanten HafenCity sprechen können. Es sei aber darauf hingewiesen, daß die Realisierung des Projektes „HafenCity" eine Auslagerung der verbliebenen Hafenbetriebe erforderlich macht, daß also deren „Rückzug" nicht betriebsbedingt ist, sondern von der Stadt auf dem Verhandlungswege und unter Einsatz finanzieller Mittel erreicht werden muß. Im Unterschied zu dem geschilderten Strukturwandel in anderen Hafenstädten, in denen erst nach dem Rückzug der Industrie die nun *brachliegenden Hafenflächen* eine Aufforderung an die Stadtplanung darstellten (gleichsam als zweite Phase), zwecks Revitalisierung tätig zu werden, gibt im Falle der Hamburger HafenCity das geplante Großprojekt selbst den entscheidenden Initialimpuls, der die weiteren strukturverändernden Prozesse (retreatment etc.) ingangsetzen wird. Also auch hier liegt für Hamburg letztlich wieder eine Sonderentwicklung vor.

Hochbauten

In ihrem Bestand an *Hochbauten* ist die Innenstadt im Laufe der Nachkriegszeit ständig ergänzt worden. Die Eintragungen auf der Abbildung 2.31, die zwar keinen Anspruch auf Vollständigkeit erheben, durch die aber doch fast alle markanten Nachkriegs-Neubauten fixiert sind, lassen erkennen, daß hinsichtlich der Verteilung zwar von einer gewissen Streuung gesprochen werden kann, daß sich innerhalb dieser aber zwei Achsen abzeichnen: zum einen die Ost-West-Straße, zum anderen eine quer zu dieser verlaufende Fleetachse.

Dem Durchbruch der *Ost-West-Straße* im Jahrzehnt zwischen 1953 und 1963 mußte zwangsläufig eine die erhalten gebliebenen Bauwerke ergänzende neue Randbebauung folgen. Als erste moderne Verwaltungs-Hochbauten entstanden in der Altstadt am Südrand der Ost-West-Straße in den 1960er Jahren das Hamburg-Süd Verwaltungsgebäude (fertiggestellt 1964), das IBM-Hochhaus (fertiggestellt 1967, heute vom Spiegel TV genutzt) und das Spiegel-Hochhaus (fertiggestellt 1968). Alle drei sind Punkthochhäuser im Stil der ersten Nachkriegszeit, aber durchaus mit individuellem Anspruch: Die grün getönte Glasfassade des Hamburg-Süd-Hauses ist mittels vertikal durchlaufender Aluminium-Profile plastisch gegliedert, das IBM-Haus zeigt eine dunkel gefärbte, mehr flächige Glashaut (deren Fenster das Muster der damals gebräuchlichen Lochkarten abbilden und damit einen Bezug zur Firma IBM herstellen), während beim Spiegel-Hochhaus die Fassade wiederum sehr ausdrucksstark durch sowohl vertikale als auch horizontale Verstrebung gegliedert ist. Im Stil verwandt zeigt sich diesen drei Hochhäusern das Verwaltungsgebäude, das die Versicherungsgesellschaft Deutscher Ring in der Neustadt etwa zeitgleich an der Nordseite der Ost-West-Straße aufführen ließ (1962/64). In allen nachfolgenden Jahrzehnten wurde dann die Randbebauung der Ost-West-Straße weiter ergänzt, und zwar mit hohem finanziellen Einsatz und durchaus qualitätvoll, indem Entwürfe namhafter Architekten zur Ausführung kamen. Zwei Beispiele (bei denen auch noch Lösungen für Eckgrundstücke gefunden werden mußten) seien genannt: die Landeszentralbank, ein auf einem Dreiecks-Grundriß sich aufbauendes, etwas massiges Gebäude mit mehreren terrassenförmig versetzten Ebenen und einer gebänderten Unterfensterung (fertiggestellt 1982), und der Ost-West-Hof, der im Vergleich zur Landeszentralbank geradezu beschwingt wirkt durch einen gläsernen Rundbau im Eckbereich und ein Staffelgeschoß mit leichtem Flugdach (fertiggestellt 1993). Dieser Gegensatz weist darauf hin, daß jedes Baujahrzehnt zu anderen architektonischen Lösungen kam. Daß selbst bei gleichem Auftraggeber die Gebäude der verschiedenen Jahrzehnte eine unterschiedliche Architektursprache sprechen, beweisen die verschiedenen Bauten des Versicherungsunternehmens „Deutscher Ring" am westlichen Ende der Ost-West-Straße (heute: Ludwig-Erhard-Straße). An das alte Scheiben-Hochhaus von 1962/64 wurden seit Ausgang der 1970er Jahre in östlicher Richtung nacheinander, und zwar gegenüber der Straßenführung versetzt, zwei niedrigere Gebäuderiegel angefügt (z. T. Umbau eines Gebäudes der Eres KG), die sich durch Verwendung braun-rötlichen, polierten Granits als Fassadenmaterial besonders repräsentativ und seriös geben. Einen völlig anderen Stil vertritt der jüngste, nach Westen gerichtete Anbau (vom Deutschen Ring „Die Spitze" genannt), ein siebengeschossiger, straßenbegleitender Bau mit leicht geschwungener Front, der an der Ecke zum Neuen Steinweg in Form eines Schiffsbugs ausläuft (vgl. hierzu Kap. 2.4.6, S. 157) und mit einer gläsernen diaphanen Fassadengestaltung eine lichte Abgeschirmtheit demonstriert (vgl. Foto 12 u. 13).

Insgesamt gesehen kann die Ost-West-Straße durch die Vielfalt ihrer Bauten dem Interessierten einen Beitrag zur neueren Architekturgeschichte liefern; als gestalteter Straßenraum aber ist sie mißlungen. Die auffallende Heterogenität erklärt sich nicht zuletzt aus dem Wandel ästhetischer wie funktionaler Leitvorstellungen, welche die architektonische Stadtgestaltung seit Ende des Zweiten Weltkriegs fortlaufend geprägt haben. So gilt für die Ausgangssituation der 1950er Jahre die Tendenz, eine (als einengend empfundene) Straßenrandbebauung auf jeden Fall zu vermeiden, sich damit also von der wilhelminischen und auch von der nationalsozialistischen Bau-Vergangenheit zu distanzieren. Zugleich impliziert diese Einstellung durchaus Kapitalismuskritik, da Straßenrandbebauung meist mit einer hohen Bebauungsdichte der Blockbereiche verbunden und so mit dem Vorwurf von Spekulationsinteressen belastet war. Folglich erhielt in den 1950er Jahren programmatisch der „Raum" das Primat. Die Stadtplanung war bestrebt „die Baumasse 'Stadt' in eine Abfolge von Räumen aufzulösen – in Räume, die man aufatmend durchwandern und auskosten kann" (GRANTZ 1957, S. 8). In diesem Sinne wurden an der Ost-West-Straße die ersten neuen Gebäude freistehend als Solitäre am Rande der Straße aufgeführt.

Im Zuge der sich wandelnden Leitvorstellungen – aber selbstredend auch aus ökonomischen Interessen – kam es später entlang der Straße zu einer fortschreitenden Verdichtung, wobei es nicht gelang, die ursprünglichen Einzelbauten so zu integrieren, daß ein überzeugendes Straßenraumprofil entstanden wäre.

Schließlich soll nach überkommenem Verständnis eine städtische Straße nicht nur von A nach B führen; sie muß zusammen mit der Bausubstanz vor allem Raumgestaltung leisten und die Funktion der Hinführung zu den einzelnen Gebäuden erfüllen, indem sie diese über die Eingangsbereiche der Häuser erschließt. Bezeichnenderweise aber sind fast alle die Ost-West-Straße flankierenden Gebäude nur über relativ unscheinbare Seiteneingänge erreichbar.

Die als *Fleetachse* bezeichnete Gebäudefolge orientiert sich am zur Elbe gerichteten Lauf von Bleichenfleet/Herrengrabenfleet. Im Zentrum liegt die Fleetinsel (zwischen Stadthausbrücke und Ost-West-Straße, westlich begrenzt vom Herrengrabenfleet, östlich vom Alsterfleet), die nach einer langen Zeit als Planungsbrache in der ersten Hälfte der 1990er Jahre bebaut wurde. Mit dem Hotel Steigenberger (fertiggestellt 1992) und dem Fleethof (fertiggestellt 1993), die einen neuen Platz, den Fleetmarkt, rahmen, entstanden hier anspruchsvolle und repräsentative Bauten der Hamburger Backstein-Moderne (vgl. hierzu Kap. 2.4.6, S. 155f.). Sie finden nach Süden ihre Fortsetzung im Condor-Haus (ein Umbau von 1992) und in den Kontorhäusern Transnautic und Transglobe am Ostrand des Herrengrabenfleets. Noch etwas weiter in südlicher Richtung ist Unerwartetes gelungen: Infolge einer langgestreckten, schmalen Wohnhausbebauung am Westrand des Fleets (Herrengraben 23–30, erbaut 1990/93), die mit einer am Ostrand des Fleets bereits vorhandenen niedrigen Geschäftshausbebauung korrespondiert, hat sich eine durch wohlproportionierte Vor- und Rücksprünge gegliederte ziegelfarbige Rahmung des Wasserzuges ergeben, die dem Ensemble als Ganzem den Charakter einer Gracht verleiht. Seine ruhige Schönheit läßt sich von allen das Fleet überspannenden Brücken aus bewundern und bildet sicherlich einen Anreiz, die Planungskonzeptionen, die für eine Neugestaltung des parallel verlaufenden östlichen Alsterfleetrandes (Straße „Herrlichkeit“) vorliegen, möglichst bald zu realisieren. – Vom Fleethof ausgehend findet die Fleetachse nach Norden ihre Fortsetzung im Komplex des Deutsch-Japanischen Zentrums (1993/95), das, hakenförmig in die Straße „Stadthausbrücke“ einbiegend, die Überleitung bildet zu den Passagen-Ensembles an den Großen Bleichen (Bleichenhof und Hanse-Viertel, zwischen diesen der restaurierte Höger-Bau „Hamburg Renaissance Hotel“). Anschließend hat sich durch die Gerhof-Fußgängerzone mitsamt Passage eine Flaniermeile bis zum Gänsemarkt ausgebildet.

In Entwicklung begriffen ist westlich des Gänsemarktes das sog. ABC-Viertel als eine Fortsetzung der Passagen-Folge. Gegenüber dem Hotel Marriott wird als neuer Büro- und Geschäftshaus-Komplex ein kühn gewölbter „ABC-Bogen“ entstehen, und für das große Eckgrundstück Valentinskamp/Caffamacher-Reihe wurde ein „City-Quartier“ entworfen als Bürogebäude mit Einkaufspassage (Fertigstellung 1999/2000).

Während die eigentliche Fleetachse infolge des Vorherrschens reiner Bürobauten in das Leben der City wenig einbezogen ist, bildet das nördlich anschließende Passagen-Viertel ein Kerngebiet der stark belebten Einkaufs-City West (s. S. 142f.), das sich nun bis zur Caffamacherreihe ausdehnen wird und hier noch die dicht benachbarte Springer-Passage mit einbeziehen kann.

Die Elbfront der Innenstadt, Teil der als *Hafenrand* bezeichneten Straßenfolge vom Deichtorplatz im Osten bis zur Großen Elbstraße im Westen, hat in der Nachkriegszeit eine bauliche Erneuerung erfahren, bei der die Miethausbebauung mehr und mehr zugunsten einer Bebauung durch Bürohäuser zurückgedrängt wurde.

Ein etwas krauses Kapitel im Städtebau der letzten Jahrzehnte bildet die Bebauung der *Kehrwiederspitze,* die mit einem großen Aufgebot von interessanten Entwürfen begann, um schließlich in einer mittelmäßig wirkenden, vom Kommerz diktierten Realisierung zu enden.

Die *Kehrwiederspitze* (wie heute allgemein die beiden westlichen Kaizungen der Speicherstadt genannt werden, obgleich tatsächlich nur die nördliche von alters her so heißt) stellte lange Zeit potentielles Bauland dar, weil die hier gelegenen Speicher- und Verwaltungsbauten im Kriege zerstört worden waren. In den 1980er Jahren legten v. Gerkan, Marg & Partner ein städtebauliches Gutachten vor, 1989/90 lief ein Ideenwettbewerb, und 1992 wurde mit dem Bau des ersten Abschnittes des *Hanseatic Trade Centers* am Sandtorkai begonnen. Während der Planung hatte sich das angestrebte Bauvolumen ständig vergrößert, so daß schließlich von einem Gesamtkomplex mit 100 000 m² Bruttogeschoßfläche ausgegangen wurde. Wenn also heute die Kritik mit Recht eine auf kleiner Grundfläche viel zu massige Bebauung moniert, die mit einer ziemlich langweiligen Fassadenfolge den Hafen nach Süden abschirmt, so hat diese Schelte gerechterweise weniger den Architekten zu gelten (vier Architektengruppen waren beteiligt) als den Politikern, die derartige Geschoßflächenzahlen zugelassen haben, um Investoren zu finden, welche überdurchschnittliche Grundstückspreise zu zahlen bereit waren. (Zum Zuge kam die britisch-amerikanische Investorengruppe P & O Containers Agencies + Citibank, die insgesamt 800 Mio. DM investierte.)

Aber auch die Investoren haben sich vielleicht verrechnet. War von Beginn an die Vermietung der Büroflächen nur schleppend, so ist z. B. im Jahre 1998 im Hanseatic Trade Center kein einziger Quadratmeter des großen Büroraum-Leerstandes vermietet worden. Beobachter des Büroflächenmarktes geben als Erklärung an:

- Die Mietansätze (teilweise über DM 40,- / m²) sind überzogen.
- Die Eingangssituationen der Gebäude sind nicht repräsentativ (wegen des Flutschutzes liegen alle Eingänge im 1. OG).
- Der Standort stellt keine 1a-Lage dar, weil er etwas zu weit vom Zentrum entfernt liegt. Unternehmen, welche Spitzenmieten zahlen, streben immer noch das Bankenviertel oder den Raum um die Alster an.

Abschließend stellt sich die Frage, wie es möglich ist, daß sich die Hamburger Innenstadt trotz aller Erneuerungen der letzten Jahrzehnte (die ja quantitativ nicht unbedeutend waren, wie die Abbildung 2.31 nachweist) in ihrem Charakter so wenig verändert hat. Es muß dies – also die Erscheinung, daß der vom Wallring umschlossene Kernraum der Stadt nach wie vor hanseatisch maßvoll gegliedert ist und sogar auf eine liebenswürdige Weise etwas provinziell wirkt, mit zwei Grundregeln zusammenhängen, die bei der Stadterneuerung beachtet wurden. Einmal sind die Neubauten fast immer sorgfältig in das alte Grundrißmuster eingefügt worden, und zum andern wurde ihre Höhe in Grenzen gehalten, denn nachdem in der Hebebrand-Ära die City Nord konzipiert worden war, damit nicht weitere Bürohaus-Türme wie das Unilever-Haus (22 Geschosse) in der Innenstadt ihren Platz finden mußten, entstanden innerhalb des Wallrings nur noch Gebäude mit maximal 16 Geschossen. Auf diese Weise wurde das Planungsziel erreicht, über das bei den Verantwortlichen Konsens bestand: auf jeden Fall die alte, schön gezeichnete Kirchturm-Stadtsilhouette zu erhalten. Und gleichzeitig hatte die maßvolle Höhe der Neubauten zur Folge, daß altvertraute Straßenraumprofile und Blickachsen kaum verändert wurden, was nicht unwesentlich zu dem Eindruck beiträgt, es habe sich die Innenstadt der Vorkriegszeit nur wenig gewandelt.

Offen bleibt, wie sich im nächsten Jahrhundert die geplante *HafenCity* auf das Erscheinungsbild Hamburgs auswirkt, ob z. B. mit ihr ein Kontrastprogramm zum Zuge kommt oder ob sie die Innenstadt nur – mit gewissen leichten Abwandlungen – nach Süden ergänzen wird.

Abgrenzung der City

Große Teile der Hamburger Innenstadt, als welche der Raum bezeichnet wird, der innerhalb der alten Wallanlagen liegt, werden von der City eingenommen.

Nach gültiger Definition zeichnet sich eine City aus durch die Konzentration von höchstrangigen Einrichtungen des Einzelhandels und der Dienstleistungen auf engstem Raum bei größtmöglicher Bodenausnutzung (Inanspruchnahme der Vertikalen). – (Zum Komplex der funktionalen und physiognomischen Merkmale einer City vgl. Hofmeister 1997, S.161ff.)

Der Prozeß der Citybildung (vgl. Kap. 2.3.3) war in Hamburg in den 1930er Jahren abgeschlossen, doch liegen keine Untersuchungen über die damalige Ausdehnung vor. Erst in der Nachkriegszeit hat man sich um eine räumliche Abgrenzung bemüht. Während eine Gruppe von Sozialwissenschaftlern für eine solche Grenzziehung *Nutzungs*kriterien bevorzugt, wird von anderen das Kriterium der *Beschäftigtendichte* favorisiert, weil es subjektive Einstufungen ausschließt und erlaubt, sich auf Daten der Amtlichen Statistik zu stützen. Aufgrund der Arbeitsstättenzählung (AZ) von 1961 hatten Matti (1966) und INFAS (Vergleichende City-Studie 1966/67) eine Abgrenzung der Hamburger City nach der Beschäftigtendichte vorgenommen; die Daten der AZ 1970 wurden mit demselben Ziel von Gruber (1981) ausgewertet. Das jüngste zur Verfügung stehende statistische Material (und wohl auch das mutmaßlich letzte, weil die nächste Volkszählung Anfang des 21. Jahrhunderts nicht mehr von einer Arbeitsstättenzählung begleitet werden soll) ist das der AZ 1987, nach dem die in Abbildung 2.32 wiedergegebene Karte für die vorliegende Veröffentlichung erarbeitet wurde. Übereinstimmend mit den vorangegangenen Untersuchungen liegt der untere Schwellenwert bei 250 Be-

Abb. 2.32: Die Beschäftigtendichte in der Hamburger Innenstadt sowie angrenzenden Gebieten und die Abgrenzung der City nach der Beschäftigtendichte (Stand 1987)
Quelle: Arbeitsstättenzählung 1987

schäftigten / ha und geht mit drei weiteren Stufen bis > 2 000 Beschäftigte pro ha.

Die Abbildung 2.32 gibt somit die Ausdehnung der Hamburger City und ihre innere Gliederung unter dem Aspekt der Arbeitsplatzdichte für das Jahr 1987 wieder. Die Darstellung macht deutlich, daß die City nicht den ganzen Raum innerhalb des alten Wallrings ausfüllt, sondern daß in der westlichen und südlichen Neustadt cityfremde Nutzungen vorhanden sein müssen (es handelt sich um Wohnnutzungen). Dagegen greift die City über den Wallring hinaus sowohl nach Norden in das Gebiet Rotherbaum als auch mit großer Flächeninanspruchnahme nach Nordosten, Osten und Südosten in die Stadtteile St. Georg, Klostertor und Hammerbrook. Die so abgegrenzte City zeigt gegenüber den früheren Abgrenzungen keine spektakulären Veränderungen. Schon das Datenmaterial der VZ von 1961 wies nach, daß Teile der Neustadt nicht zur City gehören, daß aber demgegenüber eine Ausdehnung nach Norden, Nordosten, Osten und Südosten über die alten Wallanlagen in der geschilderten Form besteht. (Als geringfügige Änderung ist nur zu nennen, daß sich die City 1970 gegenüber dem Stand von 1961 durch ein Vordringen in den östlichen Steindamm und in das Gebiet Berliner Tor erweitert hatte.) Eine wirklich wesentliche

Korrektur der City-Abgrenzung erfolgte erst im Anschluß an den Berichtszeitraum der vorliegenden Berechnung, indem nach 1987 die City Süd in Hammerbrook entstand und Anfang der 1990er Jahre der Verlag Gruner + Jahr in der südlichen Neustadt seinen großen Verwaltungskomplex errichten ließ. Beide Veränderungen sind zusätzlich in die Abbildung 2.32 mit entsprechendem Kommentar eingetragen.

Hinsichtlich der inneren Gliederung verdeutlicht die Abbildung 2.32 eine Massierung der Arbeitsplätze in der Einkaufs-City Ost, Teilen der Einkaufs-City West, dem Bankenviertel um die Börse, dem alten Kontorhaus-Viertel am Meßberg (zu den Bezeichnungen s. u. Abschnitt „Funktionale Gliederung der City" mit Abbildung 2.33) und außerdem in hafennahen Flächen von Altstadt und Neustadt. Die gegenwärtige Verdichtung in der Neustadt im Zuge der neu entstandenen Fleetachse ist im Datenmaterial von 1987 natürlich nicht erfaßt und deshalb auf Abbildung 2.32 nicht erkennbar.

Es sei noch auf die Untersuchungen des Soziologen J. Friedrichs aus den 1980er Jahren hingewiesen, die sich mit der "Central Area", d. h. der Innenstadt, und dem "Central Business District" von Hamburg befassen. Die Ergebnisse stimmen, wenngleich z. T. auf anderem Wege gewonnen, mit dem hier Dargestellten weitgehend überein, sowohl die Abgrenzung der City als auch ihre innere Gliederung betreffend (vgl. Friedrichs 1995).

Funktionale Gliederung der City

Die Umgestaltungsprozesse, die seit Mitte/ Ende des 19. Jahrhunderts in einer allmählichen Folge zur Bildung der City führten, waren mit einer Konzentration einzelner Funktionen in bestimmten Teilräumen verbunden. Drei Beispiele seien genannt:

- Im Umkreis von Rathaus und Börse entstand ein Bankenviertel.
- Die als Verbindung zwischen Rathaus und Hauptbahnhof angelegte Mönckebergstraße wurde zur wichtigsten Einkaufsstraße.
- Das Kontorhaus-Viertel, nach dem Ersten Weltkrieg in der südlichen Altstadt erbaut, bedeutete eine Konzentration der Büronutzung.

Das Grundmuster der Zeit von vor 1939 blieb auch nach dem Zweiten Weltkrieg bestehen, es wurde lediglich ergänzt und erfuhr nach außen hin Erweiterungen, indem City-Funktionen in angrenzende Gebiete eindrangen.

Zur Erfassung der gegenwärtigen funktionalen Gliederung sind in der Tabelle 2.18 die Funktionsträger aufgelistet unter den Gesichtspunkten „Konzentration im Kerngebiet", „Dispersion", „Einzelstandort" und „Konzentration im Randbereich". Die Einzelheiten der Liste erlauben folgende zusammenfassende Beschreibung. Es existiert eine zweigeteilte Einkaufs-City: Innerhalb des Raumes Mönckebergstraße / Spitalerstraße herrschen Kaufhäuser und Warenhäuser vor, während der westliche Bereich vom Neuen Wall bis zum Gänsemarkt / ABC-Viertel, das Passagenviertel mit umfassend, von Läden des gehobenen Bedarfs und Spezialgeschäften mit Luxusangeboten bestimmt wird. Das früh angelegte Bankenviertel hat, ergänzt durch weitere Kreditinstitute und Versicherungen, auf den Bereich Domstraße / Ost-West-Straße ausgegriffen. Daneben hat sich eine weitere Banken-Konzentration am Ballindamm und an dessen Parallelstraßen gebildet, und zusätzlich sind Dispersionsgebiete in der südlichen Altstadt und der nördlichen Neustadt entstanden. Dagegen weisen die Versicherungen eine fast gleichmäßige Streuung über das gesamte City-Gebiet auf. Reedereien befinden sich vorzugsweise am Hafenrand. Das Presse- und Verlagswesen (das in der Nachkriegszeit einen besonderen Aufschwung erfahren hat) konzentriert sich in der mittleren Neustadt mit großen Komplexen des Springer-Verlages, zusätzlich sind drei Einzelstandorte vorhanden. Hotels und Pensionen finden sich, wie in jeder anderen Stadt auch, überwiegend im Gebiet des Hauptbahnhofes. Dagegen liegt das kulturelle Angebot mit Theatern, Museen, Kon-

Tab. 2.18: Funktionsträger in der City von Hamburg nach Konzentration und Streuung

Funktionsträger	Konzentration im Kerngebiet	Dispersion	Einzelstandort	Konzentration im Randbereich
Einzelhandel Kaufhäuser Warenhäuser	„Einkaufs-City Ost": Mönckebergstraße / Spitalerstraße (u.a. Horten, Kaufhof, C& A, Karstadt, Brinkmann)		Jungfernstieg (Alsterhaus)	
Läden des gehobenen Bedarfs, Spezial- und Luxusgeschäfte	„Einkaufs-City West": Neuer Wall, Jungfernstieg, Große Bleichen, Passagen bis Gänsemarkt / ABC-Viertel	Ballindamm und Parallelstraßen		
Läden, allgemein		ganzes City-Gebiet		
Büros, speziell Im- und Export	Altes Kontorhausviertel um den Burchardplatz			
Büros allgemein		ganzes City-Gebiet		
Kredit- und Versicherungsgewerbe Banken, Kreditinstitute	1. Raum um die Börse: Alter Wall, Großer Burstah mit Nebenstraßen, Domstraße / Ost-West-Straße (u. a. Hauptverwaltungen der Deutschen Bank, Vereins- u. Westbank, Postbank, Commerzbank; Hamburger Sparkasse, Landeszentralbank) 2. Ballindamm und Parallelstraßen	1. Südliche Altstadt 2. Nördliche Neustadt		
Versicherungen	ganzes City-Gebiet			
Reedereien, seefahrtbezogener Einzelhandel	1. Ballindamm 2. Hafenrand in Altstadt und Neustadt			
Presse- und Verlagsanstalten	Kaiser-Wilhelm-Straße / Fuhlentwiete (Springer-Verlag, u.a. mit Redaktionen von HAMBURGER ABENDBLATT, BILD, DIE WELT, HÖR ZU)		Speersort („Pressehaus": Redaktion DIE ZEIT); Burchardstr. (Heinrich Bauer Verlag); Vorsetzen (Gruner + Jahr u. a. mit Redaktionen von STERN, BRIGITTE, GEO, CAPITAL)	

noch Tab. 2.18

Funktionsträger	Konzentration im Kerngebiet	Dispersion	Einzelstandort	Konzentration im Randbereich
Gaststätten und Beherbergungsgewerbe				
Restaurants und Gaststätten		ganzes City-Gebiet	Raum um den Hauptbahnhof	
Hotels, Pensionen			Neuer Jungfernstieg (Hotel „Vier Jahreszeiten")	Hauptbahnhof bis zur Alster
Museen, Theater, Konzertsäle Ausstellungshallen			1. Alstertor (Thalia-Theater) 2. Gr. Bleichen (Ohnsorg-Theater)	Raum um die alten Wallanlagen (Museum f. Hamburgische Geschichte, Musikhalle, Staatsoper, Kunsthallen, Schauspielhaus, Museum für Kunst u. Gewerbe, Deichtorhallen)
Öffentliche Einrichtungen / Verwaltung	Raum Rathausmarkt / Stadthausbrücke (Rathaus, Oberfinanzdirektion, Baubehörde, Wirtschaftsbehörde, Stadtentwicklungsbehörde)			Raum um die alten Wallanlagen (u. a. Justizforum, Institut für Physik, Botanisches Institut, Finanzamt, Amtsgericht, Zollamt, Hauptbahnhof, Postämter)

Anmerkung: Bei Branchen, die Konzentration und Dispersion zeigen, ist letztere als Vorgang jünger.

zertsälen, anders als in vergleichbaren Großstädten, fast ausschließlich im Randbereich der City. (Auch ist bemerkenswert, daß in der Auflistung die Vergnügungs- und Amüsierbetriebe fehlen. Sie haben in Hamburg ihren traditionellen Standort außerhalb der Innenstadt in den angrenzenden Stadtteilen St. Pauli und St. Georg.)

Die Abbildung 2.33 dient als kartographische Ergänzung der Tabelle 2.18. Sie stellt insofern eine Vereinfachung gegenüber der Tabelle dar, als sie – maßstabsbedingt – auf die Darstellung von Dispersionen und in der Mehrzahl der Fälle auch von Einzelstandorten verzichtet, aber die Clusterbildung der wichtigsten Funktionsträger gut verdeutlicht.

Die geplante HafenCity

Wenngleich bei Diskussionen um die Zukunft der Speicherstadt schon seit langem darauf hingewiesen wurde, daß das Freihafengebiet nördlich der Norderelbe in Anbetracht der geringen Flächenressourcen Hamburgs ein potentielles Stadtentwicklungsgebiet sei, kam die Ankündigung des „Generationenprojektes HafenCity" im Mai 1997 durch den damaligen Bürgermeister Voscherau doch überraschend. Um Spekulationsmanöver auszuschließen, war zuvor nur ein kleiner Kreis führender Persönlichkeiten einbezogen gewesen in die Vorbereitungen, die bereits über einen langen Zeitraum hinweg in Form des Aufkaufs von Gelände und Firmen gelaufen waren. Nun jedoch wurde ein Projekt vorgestellt, das mit der Erweiterung der Innenstadt in Richtung Elbe um eine Fläche von 100 ha allein durch seine Größenordnung in der Nachkriegsgeschichte der Stadt einmalig ist. (Der Planungsraum umfaßt insgesamt 155 ha, davon entfallen 55 ha auf Wasserflächen.) Von der Niederbaumbrücke im Westen bis zu den Elbbrücken im Osten sollen alle Kaizungen und Landflächen zwischen Spei-

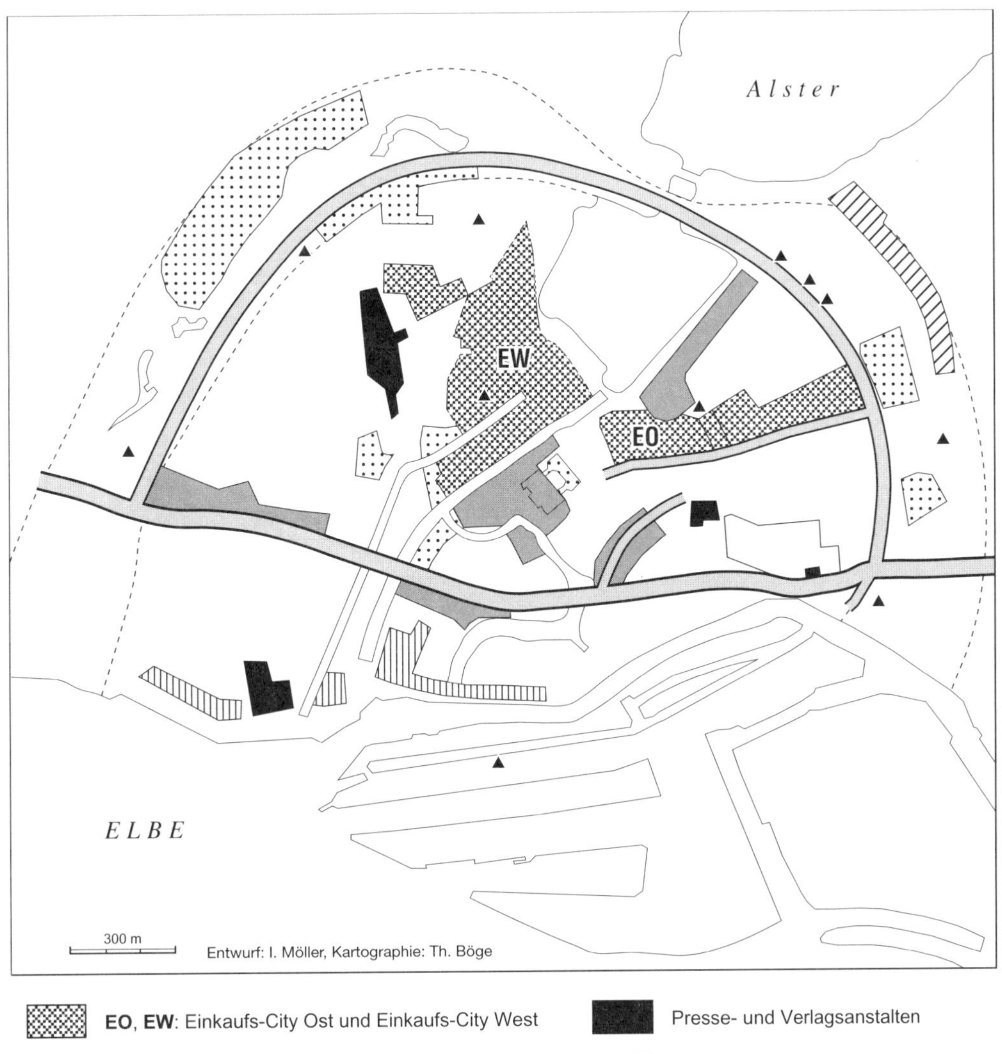

Abb. 2.33: Funktions-Cluster in der Hamburger City

cherstadt und Afrikaterminal das Bauland bieten für einen neuen, lebendigen Stadtteil in Hafennähe (zur Lage vgl. Abb. 2.31). Die Planung sieht Wohn-, Gewerbe- und Freizeitflächen vor und hat sich bis 1999 wie folgt konkretisiert:

- Von den rd. 100 ha Bruttobauland werden 40 ha für Straßen, Plätze und Grünflächen benötigt, 60 ha stehen als Nettobauland zur Verfügung. Auf diesem sollen rd. 5 500 Wohnungen für rd. 12 000 Menschen entstehen sowie Arbeitsstätten für ca. 20 000 Beschäftigte.
- Man beabsichtigt, die Wasserflächen als zentrale Gestaltungeselemente zu nutzen und in der einmaligen Lage ein unverwechselbares städtebauliches Ensemble zu schaffen. Die Straßenzüge sollen in der Mitte der Landzungen parallel zu den Wasserarmen verlaufen, so daß auf diese Weise in vielen Fällen die sie flankierenden Wohn- und Geschäftsbauten rückwärtige Wasserfronten erhalten oder sich auch in Hufeisenform zur nächsten Wasserfläche hin öffnen. Zusätzlich sind großzügige Uferpromenaden geplant. Auch alle Plätze und Freiräume sollen mit Bezug zum Wasser gestaltet werden und sind dann ideale Standorte für kulturelle Einrichtungen wie Stadien oder Theaterbauten (Vorbild: Sydney). Zur Betonung und Abgrenzung der gesamten Hafencity ist im westlichen Eingangsbereich neben dem Hanseatic Trade Center ein besonderer Kopfbau geplant (es wurde eine Pyramide vorgeschlagen), und das östliche Entree an den Elbbrücken soll durch einen 60stöckigen Tower markiert werden.

Die Zustimmung zu diesem Projekt ist groß in Hamburg. Politiker und Planer weisen jedoch auf nicht unerhebliche Schwierigkeiten hin, die der Verwirklichung noch entgegenstehen. In erster Linie muß für einen ausreichenden Hochwasserschutz gesorgt werden, was eine Aufhöhung des Baugeländes um rd. 3 m bedeutet. Diese „Warftenlösung" aber ist sehr teuer. Auch wird die Verkehrserschließung, für die eine S-Bahn-Station im Bereich Klostertor und eine Kabinenbahn innerhalb des Geländes im Gespräch sind, hohe Investitionen erfordern. Und schließlich ist es unumgänglich, in dem Planungsraum die vorhandenen Zollgrenzen aufzuheben, was Verhandlungen mit den ansässigen Firmen (etwa 120 Unternehmen mit rd. 2 500 Beschäftigten) bedeutet, denen Alternativ-Angebote unterbreitet werden müssen. (Möglicherweise liegt die Lösung in der Einrichtung offener Zollager.)

So wird das Projekt sicherlich noch, nachdem Anfang 1999 ein städtebaulicher Ideenwettbewerb ausgelobt wurde, verschiedene Planungsstadien durchlaufen und den angesetzten Zeitraum von zwei bis drei Jahrzehnten zu seiner Realisierung durchaus benötigen*. Einigkeit besteht aber darin, von dem Planungsziel eines durchmischten Stadtteils nicht abzuweichen (etwa zugunsten eines monofunktionalen Bürostandortes).

* *Anmerkung zur Realisierungsdauer:*
Im Hinblick auf den bereits bestehenden Büroflächenleerstand in den angrenzenden Quartieren wäre ein langsames Wachstum der HafenCity nur sinnvoll. Anstelle eines plötzlichen spektakulären Überangebotes, das zahlreiche Büroflächen der Innenstadt um ihre ohnehin geringen Vermietungschancen bringen würde, könnten dann nach und nach die attraktiven Büro-Angebote der HafenCity in den Büroflächenmarkt integriert werden.

2.4.5 City Nord und City Süd

City Nord und City Süd benennen zwei Gebiete, die in der Nachkriegszeit City-Funktionen übernommen haben. Es handelt sich in beiden Fällen um eine Konzentration repräsentativer Bürohaus-Komplexe, mit der das hochwertige Angebot an Büroraum in der alten City ergänzt wird. Da sie allerdings verschiedener Entstehungszeit sind und damit auf unterschiedliche Konzeptionen zurückgehen, weichen City Nord und City Süd in ihrer städtebaulichen Erscheinung deutlich voneinander ab.

Geistiger Vater der *City Nord* war Werner Hebebrand, Architekt und Stadtplaner, der von 1952 bis 1964 in Hamburg als Oberbaudirektor tätig war. Einen Hochhaus-Boom in den alten Innenstädten befürchtend, hatte er schon in den 1950er Jahren gesonderte Bürostädte vorgeschlagen. Da Großverwaltungen kaum Publikumsverkehr auf sich zögen, seien sie – so Hebebrand – nicht citygebunden und könnten zugunsten cityabhängiger Arbeitsstätten aus der Innenstadt ausgelagert werden. Dieses Konzept wurde 1960 in den Hamburger Aufbauplan *(ABP 60)* übernommen und fand 1969 in das *System der Zentralen Standorte* des Entwicklungsmodells Eingang (vgl. Kap. 6.2.1 u. 6.2.2, S. 237ff.). Ein 120 ha großes Schrebergartengelände nördlich des Stadtparks, rd. 6 km von der Innenstadt entfernt, wurde als Standort für eine neue „Geschäftsstadt“ gewählt.

Ab Mitte der 1960er Jahre entstand dort in drei Bauabschnitten die City Nord, deren heutigen Grundriß die Abbildung 2.34 zeigt. Es handelt sich um ein reines Bürohaus-Viertel, das lediglich in der sog. Zentralen Zone durch mehrere Versorgungseinrichtungen und einen Wohnblock ergänzt wird. Der ursprüngliche Bebauungsplan wurde 1986 durch einen neuen abgelöst, um eine weitere Verdichtung zu ermöglichen (z. B. die Erstellung der von der Hamburg-Mannheimer Versicherung gewünschten Erweiterungsbauten).

Die City Nord blieb lange Zeit das Vorzeigeprojekt der Hamburger Stadtplanung. In der Tat war es durch diese „Standortdezentralisierung“ gelungen, die Innenstadt von Hochhaustürmen freizuhalten, ohne eine Abwanderung bedeutender Unternehmensverwaltungen zu riskieren. Der Staat hatte von Beginn an den Großverwaltungen günstige Konditionen angeboten:

- Er verkaufte die Grundstücke, statt sie nur in Erbpacht zu vergeben.
- Er sah für jedes Bauvorhaben Einzelwettbewerbe vor und gewährleistete auf diese Weise nicht nur architektonische Vielfalt, sondern auch für die verschiedenen Unternehmen die Möglichkeit, ihre Gebäude nach eigenen Bedürfnissen und Repräsentationsvorstellungen zu realisieren. Zudem wurde auf eine gleiche Ausrichtung der Solitäre, d. h. auf eine Vorgabe einheitlicher Baufluchtlinien, verzichtet.

So kam es zu einer lockeren Anordnung der Büro-Hochhäuser und zu einem bemerkenswerten architektonischen Abwechslungsreichtum in der City Nord; – jeder Großbau spricht hier eine andere Architektursprache. (Besonders eindrucksvoll ist das Mehr-Scheiben-Hochhaus der Hamburgischen Electricitäts-Werke, von Arne Jacobsen 1966 / 69 erbaut: Vier 12geschossige Hochhausscheiben sind versetzt miteinander verbunden, an den großen Längsseiten dunkel verspiegelt, an den Schmalseiten dagegen durch helle Quaderfronten abgeschlossen. Der Baukörper als Ganzes wirkt streng, aber auch licht, und ist von einer faszinierenden Leichtigkeit und Eleganz – s. Foto 16.)

Ein zusätzlicher Vorteil für die Wirtschaftsunternehmen hatte darin bestanden, daß sie ihre zuvor durchweg auf Einzelstandorte in der Innenstadt verteilte Verwaltung in der City Nord zusammenführen konnten und dies zumeist auch mit einer Vergrößerung ihrer Bürofläche verbanden. So gab z. B. die Esso AG in der Innenstadt 18 Einzelstandorte auf, die 33 000 m^2 Bürofläche umfaßten, und bezog dafür 1968 im firmeneigenen Gebäude in der City Nord Büros mit zusammen 36 600 m^2 Fläche; die BP gab 9 Innenstadt-Standorte auf mit zusammen 22 200 m^2 und bezog 1971 in der City Nord im firmeneigenen Gebäude 31 300 m^2. Nach Fertigstellung des ersten Bauabschnittes waren für 8 Großfirmen Büro-Nutzflächen mit insgesamt 152 200 m^2 entstanden und hier-

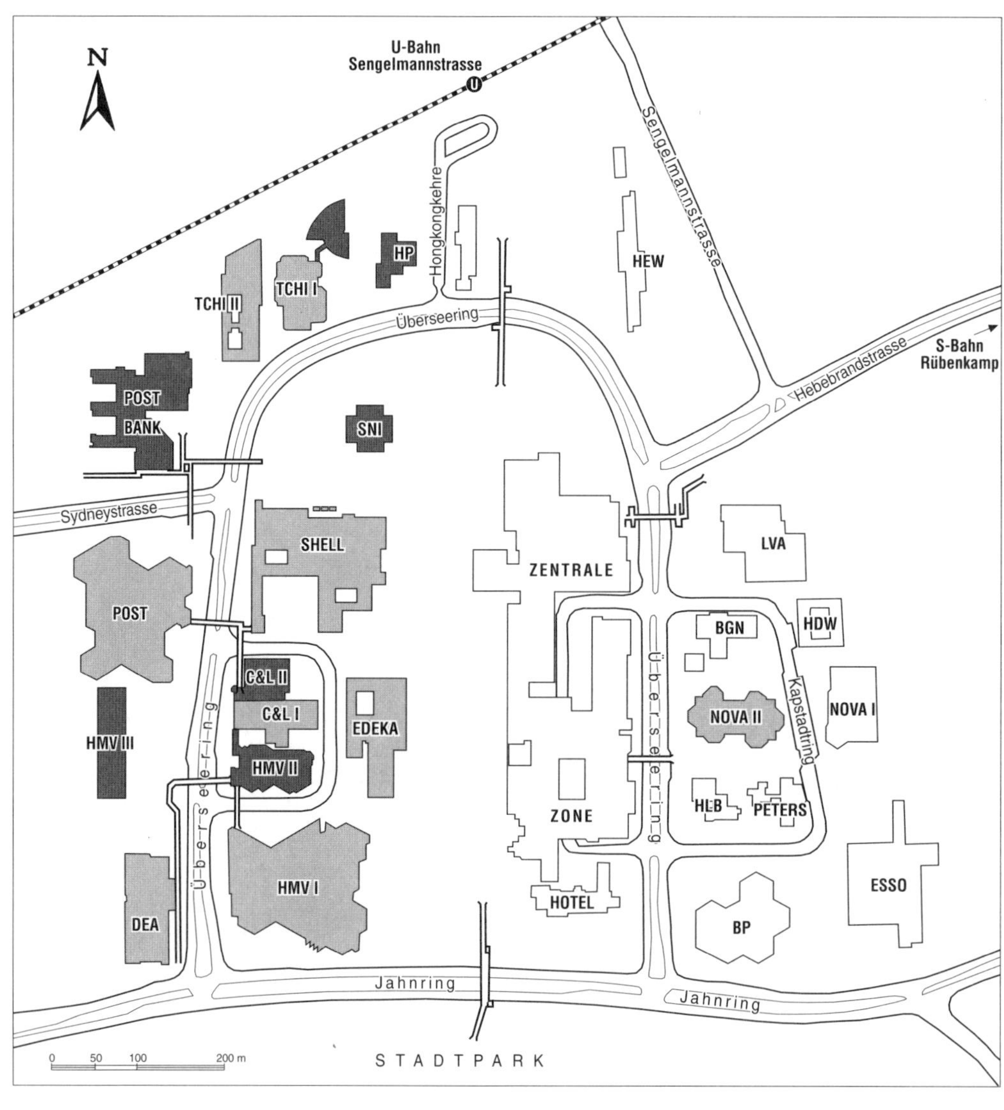

1966 bis 1971 fertiggestellte Gebäude (I. Bauabschnitt)
1972 bis 1977 fertiggestellte Gebäude (II. Bauabschnitt)
1978 bis 1998 fertiggestellte Gebäude (III. Bauabschnitt u. Ergänzungsbauten)

Abb. 2.34: Die Hamburger City Nord Aktualisierung älterer Vorlagen: I. Möller; Kartographie: Th. Böge

durch in der Innenstadt 102 800 m² für citygebundene Nutzungen frei geworden.

Seither haben sich die Betriebsabläufe in Firmen durch den verstärkten Einsatz der EDV und durch Auswirkungen der Globalisierung bekanntermaßen deutlich verändert. Dementsprechend vollzog sich in den 1980er und 1990er Jahren auch bei vielen der in der City Nord ansässigen Großunternehmen ein Stellenabbau, welcher zur Freisetzung von Büroflächen führte. Die nicht mehr benötigten Flächen wurden häufig an andere Firmen vermietet, so daß die Nutzung heute differenzierter ist, als es die Namenseintragungen in der Abbildung 2.34 erkennen lassen. Einen Überblick über die gegenwärtige Nutzung durch Gebäudeeigentümer und Mieter bietet die Tabelle 2.19.

Tab. 2.19: Die Gebäude der City Nord nach Eigentümern und ansässigen Firmen / Mietern (ausgenommen die Zentrale Zone)
Quelle: SPLITHÖFER 1997/ eigene Recherchen

Name (Kürzel)	Eigentümer	Ansässige Firmen / Mieter
BP	BP Oil Deutschland GmbH	BP Oil, Mobil Schmierstoff GmbH; Raab Karcher
BGN	Berufsgenossenschaft	Leerstand seit 1996
C & L I u. II	Coopers & Lybrand	Price Waterhouse Coopers, Deutsche Revision
DEA	DEA-RWE Mineralöl AG	DEA RWE Mineralöl AG
EDEKA	EDEKA ZENTRALE AG	EDEKA AG
ESSO	ESSO A. G., Zentrale	ESSO A. G.; Deutsche Bank
HEW	Hamburgische Electricitäts-Werke AG	HEW AG
HDW (Haus der Wirtschaft)	Nordmetall (Verband der Metall- und Elektro-Industrie e.V.)	u. a.: Nordmetall; AGV Nord; Chemie Nord; Industrieverband Hamburg e. V; Institut für Sozial- u. Bildungspolitik Hamburg e. V.)
HLB	Hamburgische Landesbank	Hamburgische Landesbank; Lotto und Toto; Nordwestdeutsche Klassenlotterie
HMV I	Hamburg-Mannheimer Versicherungen AG	Hamburg-Mannheimer Versicherungen, Hauptverwaltung
HMV II	Hamburg-Mannheimer Versicherungen AG	Hamburg-Mannheimer Versicherungen
HMV III	Hamburg-Mannheimer Versicherungen AG	Barmer Ersatzkasse; Hamburg-Mannheimer-Investment Trust
HP	Hewlett-Packard Deutschland GmbH	Hewlett-Packard, Niederlassung Hamburg; Tchibo
LVA	Freie und Hansestadt Hamburg	Landesversicherungsanstalt
NOVA I	Iduna Versicherungen AG	Iduna Nova Versicherungen
NOVA II	Iduna Versicherungen AG	Iduna Nova Versicherungen; Iduna Bausparkasse AG; Hamburg-Mannheimer Versicherungen; Vereinsbank, Geschäftsstelle
PETERS	Senat der Freien und Hansestadt Hamburg	Justizbehörde
POST	Deutsche Post AG	Deutsche Post AG, Direktion; Deutsche Telekom AG
POSTBANK	Postbank GmbH	Postbank Data GmbH; Deutsche Postbank AG
SHELL*	Deutsche Shell AG	Deutsche Shell AG*; C & L, Deutsche Revision; HEW
SNI	Siemens Nixdorf Informationssysteme AG	Siemens Nixdorf Informationssysteme AG, Geschäftsstelle
TCHI I	TCHIBO Holding AG	Tchibo Holding AG
TCHI II	TCHIBO Holding AG	IBM Deutschland Informationssysteme GmbH, Niederlassung I

* Die Deutsche Shell AG wird ihren Bürostandort in der City Nord Ende 1999 aufgeben.

Von Einfluß ist weiterhin, daß die Großraumbüros der 1960er und 1970er Jahre kaum noch dem modernen Standard entsprechen, also durch Umbauten und Erneuerungen den heutigen Anforderungen angepaßt werden müssen.

Es sei noch angemerkt, daß 1997 anhand des für eine Untersuchung ideal abgegrenzten Bürostandortes City Nord Ch. Splithöfer eine Studie durchführte über die möglichen Auswirkungen von Telearbeit. Die Ergebnisse besagen, auf die City Nord bezogen, daß unter dem Einfluß von zunehmender Telearbeit und durch die zu erwartende konjunkturbedingte Beschäftigungsentwicklung sich die Büroflächen-Inanspruchnahme im Standort City Nord bei einem Negativszenario allein von 1997 bis zum Jahre 2000 um 8,5 bis 10,5 % verringert. Die Vermietbarkeit der freigesetzten Büroflächen muß für die älteren Gebäude als problematisch angesehen werden, so daß besonders für den ersten (ältesten) Bauabschnitt der City Nord in absehbarer Zeit Abriß und anschließende Neubebauung wahrscheinlich werden.

Eben das, Abriß und anschließende Neubebauung, plant gegenwärtig die Iduna-Nova-Gruppe für ihren ältesten Bau am Kapstadtring, und sie dokumentiert mit ihrem Investitionswillen (rd. 90 Mio. DM sind veranschlagt) ihr Vertrauen zum Standort City Nord. Auch sonst wird entgegen den Einschätzungen der beginnenden 1990er Jahre am Ende des Jahrzehnts die Zukunft des renommierten Bürostandortes wieder positiver gesehen. Dazu trägt u. a. bei, daß im Umfeld, an der Hindenburgstraße, nicht nur das neue Polizeipräsidium entstanden ist, sondern diesem benachbart ein architektonisch bemerkenswerter gläserner Büro-Zylinder (vom Architekturbüro BRT) gebaut wird, dessen Vermietungschancen als sehr hoch eingeschätzt werden. Ebenfalls wird angenommen, daß sich in der City Nord das 35 Jahre alte Shell-Gebäude, welches die Deutsche Shell AG Ende 1999 räumt, aufgrund seines hervorragenden baulichen Zustandes problemlos veräußern und anschließend vermieten läßt. Im ganzen gesehen scheinen damit die vorhandenen Standortvorzüge, welche sich aus der Nähe zum Flughafen (günstig für Geschäftsreisende) und der Lage am Stadtpark (die von den Mitarbeitern sehr geschätzt wird) ergeben, doch die Nachteile aufzuwiegen, die in der zu großen Entfernung der City Nord von der Innenstadt, der Monofunktionalität dieser Anlage sowie derzeitig auch in der Überalterung des Büroflächenbestandes liegen.

Die *City Süd* war, im Gegensatz zur City Nord, im Hamburger Zentrenmodell von 1969 als Entlastungszentrum der alten City gar nicht geplant. (Als sog. A2-City-Entlastungszentren waren dagegen neben der neugeschaffenen City Nord noch die bestehenden Bezirkszentren Altona und Harburg vorgesehen – vgl. hierzu Kap. 6.2.2 S. 240.) Die Entwicklung ist hinsichtlich der City Süd einen ganz eigenen Weg gegangen.

Der ehemalige Wohnstadtteil Hammerbrook, in welchem sich der neue Bürostandort befindet, war während des „Feuersturms“ in den Bombennächten des Juli 1943 total zerstört worden. Dieses Ende eines „Armeleute“-Quartiers aus der Zeit der Industrialisierung erweckt die Erinnerung an seine Entstehung, die ebenfalls mit einer Feuerkatastrophe im Zusammenhang stand: Nach dem Hamburger Brand vom Mai 1842 war auf Initiative von William Lindley ein südöstlich an die Stadt angrenzender Teil des tief gelegenen Marschengebietes Hammerbrook mit dem Schutt des Brandgebietes aufgehöht worden. Erst hierdurch und mit der Entwässerung des ganzen Areals durch Kanäle konnte der Arbeiter-Wohnstadtteil mit seinen zahlreichen Gewerbebetrieben entstehen. Die Bebauung war stark verdichtet, und Hammerbrook, auch „Jammerbrook“ genannt, galt als ein Elendsquartier, welches die Nationalsozialisten sogar abzureißen gedachten.

Während des Zweiten Weltkriegs zur Trümmerbrache geworden, blieb Hammerbrook jahrzehntelang ein nur wenig genutztes Gebiet mit provisorischen Anlagen zur gewerblichen Nutzung. Der durch Lindley geschaffene Grundriß war allerdings verändert worden, indem man im Zuge der Nachkriegs-Aufräumarbeiten sowohl Nordkanal und Teile des Südkanals als auch Lübecker Kanal und Gustav-Kanal mit Trümmerschutt verfüllt hatte, wodurch das alte Kanalsystem heute nur noch rudimentär vorhanden ist. An Entwürfen für einen geordneten Wiederaufbau fehlte es zwar nicht, und in den beginnenden 1970er Jahren wurden sogar Pläne für ein *Hanse Centrum* mit Hochhauskomplexen in der Art der World Trade Centers in Tokio, New York und Rotterdam entwickelt, aber keiner der Planungen folgte eine Realisierung.

Mit der Eröffnung der S-Bahn-Haltestelle Hammerbrook im Jahre 1983 verbesserten sich die Voraussetzungen für eine Neuerschließung erheblich. Bis zum gleichen Zeitpunkt hatten die Uferzonen des Mittelkanals durch begrünte Fußgängerpromenaden eine vorbildliche Gestaltung erfahren, und mehrere neue Bebauungspläne waren in Kraft getreten (1983 B-Pläne „Klostertor 5 und 8", „Hammerbrook 6 und 7"). Daraufhin erfuhr nun, vier Jahrzehnte nach Kriegsende, die günstige citynahe Lage des Gebietes endlich eine entsprechende Inwertsetzung. Ein neues Kontorhausviertel formierte sich, für das die Bezeichnung „City Süd" gebräuchlich wurde (die Claus Müller von der Hamburgischen Gesellschaft für Wirtschaftsförderung (HWF) eingeführt hatte). (Die Lage der City Süd ist durch eine Eintragung auf der Abb. 2.32, S. 141, kenntlich gemacht.)

Zu den planungsrechtlichen Voraussetzungen über die „Art der baulichen Nutzung":
1951 war für Hammerbrook ein Durchführungsplan beschlossen worden, dessen letzte Fassung von 1958 in Teilgebieten des Stadtteils heute noch Gültigkeit hat. Durch ihn wurde das ehemalige Wohngebiet weitgehend zum Gewerbegebiet bestimmt. Der Flächennutzungsplan von 1973 wies das Gebiet zwischen Amsinckstraße und Hammerbrookstraße, nördlich begrenzt durch die Bahntrasse, also das heute als Triangel bezeichnete Kernstück der City Süd, als gemischte Baufläche aus, den östlich anschließenden Längsstreifen zwischen Hammerbrookstraße und Heidenkampsweg als Gewerbegebiet. Seit 1975 wurden nacheinander für zahlreiche Teilräume Bebauungspläne erarbeitet. Mit nur zwei Ausnahmen schreiben sie alle eine Kerngebietsnutzung in geschlossener Bauweise (MKg) mit bis zu 16 Vollgeschossen vor. Damit erweist sich der heute z. T. beklagte Mangel an Wohnraumangebot als von der Planung vorgegeben. Ansonsten existieren keine das ganze Gebiet betreffenden übergeordneten Gestaltungsvorschriften. Das Landesplanungsamt ließ aber in den 1980er Jahren (1980 und 1984) „Städtebauliche Gutachten" für das Triangel-Gebiet erarbeiten, deren Empfehlungen richtungsweisend für die nachfolgende Bebauung wurden. Sie boten zwar Alternativen hinsichtlich der Aufteilung der Großflächen in Parzellen an, gingen aber, geleitet vom vorhandenen Straßennetz, wie selbstverständlich von einer Blockrandbebauung aus, für die lediglich Varianten vorgestellt wurden.

Die Kerngebietsnutzung durch „Geschäfts-, Büro-, Verwaltungsgebäude, Einzelhandel etc." bedeutet eine funktionale Monostruktur und führt zwangsläufig zu einer Verödung nach Büroschluß. Bei der City Süd ist diese sogar verbunden mit einer nur geringen Belebung in den Bürozeiten, weil Einzelhandel kaum vertreten ist und es damit an Passanten fehlt. Da diese negativen Seiten einer ausschließlichen Bürohausbebauung am Beispiel der City Süd abermals deutlich geworden sind, wird hinsichtlich der in der Planung befindlichen HafenCity ganz entschieden für eine Nutzungsmischung plädiert (s. o., S. 146).

Städtebaulich unterscheidet sich die City Süd von ihrem Vorgänger, der City Nord, erheblich. Einerseits infolge der Blockrandbebauung, durch welche der jüngere Bürostandort traditioneller wirkt als der ältere, dann auch durch zahlreiche Gebäudekomplexe, die der Hamburger Backstein-Moderne zuzurechnen sind, und darüber hinaus durch die Einpassung in den vorhandenen Stadtkörper: Bestimmen die großen Solitäre der City Nord ein Gelände, das sich nach außen deutlich abgrenzt, so ist der Übergang von der Innenstadt in Richtung City Süd fließend, und ihr von neuen Bürokomplexen eingenommenes Areal zeichnet sich auch innerhalb Hammerbrooks nicht durch scharfe Konturen nach außen ab.

2.4.6 Exkurs: Die Hamburger Architektur-Moderne

Für alle Stadtbewohner ist in erster Linie das eigene Wohnviertel, darüber hinaus die Gegend des Arbeitsplatzes das tägliche Zuhause. Die meisten Städter identifizieren sich jedoch in starkem Maße auch mit der übrigen Stadt; sie möchten über neueste Veränderungen informiert werden, nicht allein über geplante weitere Verkehrsanbindungen, sondern durchaus ebenso über neue Hochbauten, zusätzliche Passagen etc., und sie entwickeln im Lauf der Zeit einen nicht unbeträchtlichen Lokalstolz. Bei dem hohen Stellenwert der gebauten Umwelt, die nicht zuletzt die "mental map", also das geistige Bild- und Gedächtnispotential, eines jeden Bürgers ganz entscheidend besetzt, erhält das Baugeschehen der vergangenen Jahrzehnte in der Stadt Hamburg sogar eine erhebliche sozialpolitische Bedeutung. Aus diesem Grunde soll im folgenden der Versuch unternommen werden, den Wandel, der sich auf dem Gebiet der Architektur vollzogen hat, in einer abwägenden Beschreibung zu verdeutlichen.

Relativ einfache Feststellungen sind in bezug auf das erste Nachkriegs-Bauen zu treffen. Die *Wiederaufbauphase* wurde als eine Zeit erkannt, in welcher die Architektursprache sich noch unmittelbar des Vokabulars der zurückliegenden klassischen Moderne bediente (vgl. Kap. 2.4.3, S. 118f.); die Kriegsjahre bildeten nur eine zeitliche Lücke, nicht aber eine Zäsur. Die nachfolgende Phase, die für die Wohnstadt eine Zeit der *Flächenexpansion* war, führte zwar durch die Verwendung neuer Materialien und Bautechniken im Wohnungsbau zu einer bislang nicht praktizierbaren Hochhaus-Bauweise, diese war aber insofern ein Rückgriff auf die Vergangenheit, als hiermit die Architektur-Visionen der früheren Architekten-Avantgarde (z. B. Le Corbusiers) ihre Realisierung erfuhren (vgl. Kap. 2.4.3, S. 121f.). Ähnliches gilt für die Bürohochhäuser, bei denen schon ab Ende der 1950er Jahre als Neuerung die Curtain-Wall aus den USA übernommen, folglich also ebenfalls an eine Tradition angeknüpft wurde. Man setzte „Vorhangfassaden" als nichttragende Wände dem Skelettbau der Bürohochhäuser vor, und die hierbei verwendeten Materialien, insbesondere auch helle oder getönte Glasflächen, ließen ganz neue Gliederungen zu und vermittelten den Gebäuden durchweg eine besondere Leichtigkeit.

Dieser nachgeholte Avantgardismus ist seit den 1970er Jahren von einer echten Neuorientierung abgelöst worden. Sie wird getragen von einem besonderen Qualitätsbewußtsein, das in einer Zeit der Verfügbarkeit großer finanzieller Mittel nicht zuletzt auf Verwendung edler Materialien setzt. Dazu bietet die fortentwickelte Bautechnik, welche teilweise eine Befreiung von früheren Zwängen der Statik bedeutet, der architektonischen Phantasie einen großen Spielraum.

Um sich dem spezifischen Charakter der Hamburger Architektur-Moderne gedanklich zu nähern, sei im Vorwege, den Vergleich als Hilfsmittel suchend, der Blick auf die Entwicklung außerhalb der Hansestadt gerichtet.

Es zeigt sich, daß die bauliche Erneuerung der großen Metropolen der verschiedenen Kontinente in jüngster Zeit jeweils besonders geprägt wurde durch die Handschrift eines oder mehrerer genialer Architekten, also weniger mit lokalen Traditionen zu tun hatte als mit der Entscheidung einer Wettbewerbsjury für den faszinierenden Entwurf. Bei der Fülle von spektakulären Bauten, die weltweit im jetzt ausgehenden Jahrhundert entstanden, zumal von raffiniert gestalteten Hochhaustürmen in Übersee, ist es aber ratsam, den Betrachtungsraum einzuengen und zum Vergleich nur den Bereich Europas heranzuziehen, der im übrigen eine ganz besondere Vielfalt von Einzelerscheinungen bietet.

Nach dem Aufschrei, den die Errichtung des Pariser Centre Pompidou (1977, Richard Rogers und Renzo Piano) mit seinen konsequent nach außen verlegten Stahlkonstruktionen und seiner brutal auch alle Versorgungseinrichtungen zur Schau stellenden Architektur bewirkte, sind die nachfolgenden Erneuerungen in der französischen Hauptstadt – alle auch Attraktionen für den Fremdenverkehr – mit einer gewissen Gelassenheit und schließlich sogar mit Freude am Ausgefallenen hingenommen worden. Dies gilt sowohl für die gläserne Pyramide des Architekten I. M. Pei, die seit 1989 den neuen Haupteingang des Louvre bildet, als auch für den gewaltigen Kubus der „La Grande Arche", den modernen „Arc de Triomphe" (1989 vom dänischen Architekten Otto von Spreckelsen als Abschluß des Quartier de la Défence errichtet) sowie für das geschwungene gläserne Rund der Opéra de la Bastille (1989 vom Architekten Carlos Ott geschaffen).

Lyon als zweitgrößte Stadt Frankreichs kann sich des interessantesten Bahnhofsgebäudes in Europa rühmen. Es ist dies der Flughafenbahnhof von Lyon-Satolas, ein Werk des Katalanen Santiago Calatrava aus dem Beginn der 1990er Jahre. Links und rechts einer Mittelachse bilden die Stützen der Hallen jeweils einen hohen, palmenblattähnlichen Fächer. „Calatrava kann Gebäuden Flügel verleihen", so sagt man, und in der Tat hat der Satolas-Bahnhof etwas von einem schönen geflügelten Fabelwesen.

Schon früh hatte der Tessiner Architekt Mario Botta (Studium bei Louis Kahn und im Atelier von Le Corbusier) mit einer fast archaisch anmutenden Ausdrucksweise auf sich aufmerksam gemacht. Von ihm stammen in Basel das Tinguely-Museum und die Bank am Aeschenplatz (beide 1996), letztere ein einfacher Zylinder mit einer horizontal schwarz-weiß gestreiften Fassade, in welche die Fenster wie kleine Luken eingeschnitten sind; im Frontbereich ist die Rundung des Mauerwerks durch einen rechtwinklig gestalteten, treppenartig sich nach oben verjüngenden Einschnitt tief aufgerissen – als Ganzes in seinen Proportionen überzeugend, zwar abweisend und fast wie ein Mausoleum, aber dabei großartig in seiner Wirkung.

In der Bundesrepublik hat, besonders an Rhein und Ruhr, Ende der 1990er Jahre die sog. Diaphanie ihren Einzug gehalten; Beispiele sind das „Stadttor" in Düsseldorf (Petzinka, Pink & Partner) und der RWE-Turm in Essen (Ingenhoven, Overdiek, Kahlen & Partner). Anstelle der alten Spiegelglasfassaden wird bei dieser Bauweise die eigentliche Fassade, die nunmehr innen liegt, aber auch Fenster zum Öffnen besitzt, von einer zweiten aus Glas eingeschlossen und erhält so eine durchscheinende (diaphane) Hülle. Es werden damit interessante verfremdende Wirkungen erzielt; z. B. erhalten bei Dämmerung die beleuchteten Fenster des so umhüllten Bauwerks einen unwirklichen, fast magischen Charakter. Ganz pragmatische Vorteile aber sind, daß der Hohlraum zwischen den beiden Fassaden solare Energietechnik und Teile der Haustechnik aufnehmen kann und daß die doppelte Haut auch beachtliche Energieeinsparungen zur Folge hat.

Ist mit den gläsernen diaphanen Bauten immer auch ein z. T. sichtbares Bekenntnis zur High-Tech-Moderne verbunden, so setzt eine andere Architekturrichtung mit malerischen Effekten bewußt darauf, die technischen Gesetzmäßigkeiten der Konstruktion vergessen zu machen. Spielerisch stellt z. B. Frank O. Gehry seine Bauten wie Kulissenarrangements in den Raum – mit ihren farbenfrohen kippenden Wänden und Guckkasten-Fenstern eine „Spaß-Architektur", die auch "Architainment" genannt wird. Jüngstes Beispiel: die von Gehry entworfenen drei Gebäude des 1999 fertiggestellten „Neuen Zollhofs" in der Düsseldorfer Medienmeile am Rheinufer.

Die Architektin Zaha Hadid (gebürtige Irakerin), die ursprünglich den Bauauftrag für den erwähnten „Neuen Zollhof“ erhalten sollte, hatte 1993 in Weil mit dem Bau eines Feuerwehrhauses für die Möbelfabrik Fehlbaum *Dekonstruktivismus* demonstriert. Dem folgte 1999, ebenfalls in Weil, ein Pavillon der Landesgartenschau, der als ein langgestreckter, unregelmäßig durchfensterter Bau am einen Ende flach aus dem Boden herauswächst, weich fließend allmählich höher wird, um schließlich bei einer Höhe von 6,5 m mit einem steilen Bogen zur Erde zurück zu finden. "Landscape Formation one" hat die Architektin ihre Schöpfung genannt.

Der große Vertreter des Dekonstruktivismus – wenn man schon einen klassifizierenden Begriff als Hilfsmittel heranzieht – ist bekanntermaßen Daniel Libeskind, der bei seinem 1999 eröffneten Jüdischen Museum in Berlin mit verstellten, schräg verlaufenden Wänden den Ausdruck achtunggebietender Strenge erzielt; die Innenräume seiner Bauten nehmen nahezu sakralen Charakter an.

Berlin als die neue Hauptstadt erweist sich insgesamt, wie könnte es anders sein, als ein Magnet für bedeutende Architektur. Dabei ist erstaunlich, wie in diesem nach Flächenverbrauch und Aufgabenstellung einmaligen Baugeschehen zwar keiner der einzelnen Star-Architekten seinen Stil verleugnet, daß aber dennoch Anlagen wie das neue Quartier am Potsdamer Platz entstehen, in denen nicht nur das einzelne Bauwerk imponiert, sondern insgesamt das Miteinander metropolitane Qualität erzeugt, nicht zuletzt durch Dichte und Kompaktheit von neu geschaffenen Straßenräumen, Kreuzungen und Plätzen. (Für das genannte Quartier war Renzo Piano die künstlerische Leitung anvertraut worden. Er teilte die Arbeit unter fünf verschiedene Architekten auf, legte aber, die Farbigkeit der Fassaden betreffend, Gestaltungsvorschriften fest; der gelbe Oberflächenschimmer des von ihm erbauten Debis-Gebäudes hatte Vorbildcharakter.) Mit 270 Großprojekten mitten in Berlin, die ein Investitionsvolumen von mindestens 50 Mrd. DM erfordern, soll durch das derzeitige Baugeschehen die „Metropole des nächsten Jahrtausends“ entstehen. Daß bei dieser gigantischen Neugestaltung dennoch die alte preußische Residenzstadt mit ihren Avenuen, ihren großzügigen Plätzen und vor allem den einmaligen Bauten Schlüters und Schinkels in ihrer städtebaulichen Aussage möglichst unverletzt bleibt, ist mehr als wünschenswert. Für das Gelingen einer Symbiose von Alt und Neu kann als einzelner Hoffnungsträger das neugestaltete Reichstagsgebäude gelten, dessen gläserne Kuppel (Sir Norman Foster, „vorgedacht“ allerdings von Calatrava) dem wilhelminischen Prunkbau einen neuen, geradezu festlichen Glanz verleiht.

Wendet man sich unter dem Eindruck dieser Bilder nun wieder Hamburg zu, ist man zunächst geneigt, die Neubauten der Stadt als hanseatisch-konservativ einzustufen und ihnen die Prädikate „zurückhaltend“, „unaufdringlich“ und „wenig spektakulär“ zuzuordnen. Bei dem Bemühen, dieses aus der Impression gewonnene Pauschalurteil im einzelnen zu begründen, stößt man jedoch auf eine besondere Genealogie, und es zeigt sich überraschenderweise auch mehr Vielseitigkeit als anfangs wahrgenommen.

1989 feierte Hamburg seinen 800. Hafengeburtstag. Aus diesem Anlaß veröffentlichte der BDA (Bund deutscher Architekten) in seiner Zeitschrift ein kleines Themenheft unter dem Titel „Hamburg - Hafenstadt und Hafenstadtarchitektur“. Die Beiträge dieses Heftes, zum Teil aus der Feder renommierter Hamburger Architekten stammend, vermitteln das Hochgefühl einer Aufbruchsstimmung. Man hatte die Einmaligkeit der amphibischen Struktur der Stadt wieder entdeckt, Entwürfe für eine neue Bebauung in der südlichen Innenstadt und am Hafenrand lagen vor oder waren bereits teilweise realisiert (vgl. die Baudaten in der Legende zur

Abbildung 2.31, S. 130), und der Blick, den Städtebauer und Architekten in den vorangegangenen Jahrzehnten auf den Ausbau der Wohnstadt und der nördlichen Innenstadt gerichtet hatten, wurde endlich auf den Südrand der Innenstadt und den Hafenraum gelenkt: Eine neue *Hafenstadtarchitektur* war jetzt das Ziel.

Wasserbegleitendes Bauen ist für jeden Architekten eine reizvolle Aufgabe. Schon beim Entwurf kann für die Wirkung des Bauwerks die Spiegelung mit einberechnet werden, und die Realisierung erbringt eine ästhetische Spannung, hervorgerufen durch das Koordinatensystem: horizontale Wasserfläche / vertikal gerichtetes Bauwerk.

In der Stadtlandschaft Hamburgs bestanden noch bis in die 1980er Jahre Nachkriegslücken, freigehalten für bestimmte Planungen. Zu ihnen gehörte in der Innenstadt ein Flächenband von der Stadthausbrücke bis zum Baumwall, das für eine geplante Zubringertrasse zum projektierten Baumwall-Elbtunnel in Reserve gehalten worden war. Doch bereits bevor die Stadtplanung das Tunnelprojekt in den 1980er Jahren aufgab, hatten sich Architekten mit einer künftigen Bebauung beschäftigt (als erster B. Winking in einer Diplomarbeit 1965). Nach langen Verzögerungen und zahlreichen Architekten-Wettbewerben wurde dann tatsächlich seit Ende der 1980er Jahre die Neugestaltung der Fleetinsel und, südlich anschließend, des Herrengrabenrandes realisiert. Alle Bauten dieses langgestreckten Ensembles sind in Backstein aufgeführt, eine alte niederdeutsche Tradition aufgreifend. Dabei ist die Fleetrandbebauung am südlichen Herrengraben relativ niedrig gehalten und hat dem Fleet zu einem „Grachtencharakter" (hierzu schon Ausführungen auf S. 139) verholfen, während für die großen Gebäude-Komplexe im Norden, zu denen das Deutsch-Japanische Zentrum, der Fleethof und das Hotel Steigenberger gehören, kleinteilige, an der Wasserfront den Eindruck von Grachten vermittelnde Gliederungen mit Rücksicht auf die Funktionen (Bürohäuser bzw. Hotelanlage) nicht möglich waren; aber auch sie verdanken ihre ästhetische Qualität sehr stark dem Bezug zur Wasserfläche.

Der Backstein als Fassadenmaterial fand nun aber nicht nur bei den wasserbegleitenden Bauten Verwendung, sondern auch bei einer Vielzahl anderer Großbauten dieser Zeit. Beispielhaft sind zu nennen für die Innenstadt als Bürohäuser das Zürich-Haus und der Neue Dovenhof, dann als Passagen-Anlage das „Hanse-Viertel", dazu von den Bauten der City Süd das große Hansa-Carree sowie das neue Europa-Center.

Zeitgleich wurde auch im öffentlich geförderten Wohnungsbau der Backstein zum wichtigen Fassadenmaterial. Das auf Entwässerungsgräben angewiesene Marschengebiet, in welchem Neu-Allermöhe Ost entstand, erlaubte für diesen Stadtteil die Anlage von Kanälen und Fleeten, die wasserbegleitendes Bauen ermöglichten. Die Aufmerksamkeit war also auch hier deutlich darauf gerichtet, eine der niederdeutschen Landschaft entsprechende Architektur zu schaffen (vgl. S. 127 u. Foto 20).

Der Trend zum Backstein verdient eine etwas intensivere Beschäftigung, die zunächst durch einen Rückblick geleistet werden soll.

Im hausteinarmen Norden waren jahrhundertelang die Siedlungen durch den Backstein geprägt. Von den einzelnen Bauernhäusern auf Warften in der friesischen Nordseemarsch und den großen dörflichen Verbänden der weiteren Norddeutschen Tiefebene bis hin zur fast gesamten Bausubstanz der stolzen Küsten- und Handelsstädte – der rotgebrannte Ziegel war das Baumaterial, und über die größten Bauwerke, die Dome, wurde die „Backsteingotik" zum Begriff. Mit Annäherung an die Gegenwart verstärkte sich im Norden die Konkurrenz anderer Baumaterialien, der Backstein aber wurde zugleich mit einer immateriellen Bürde belastet, indem man ihn benutzte, Ideologien zu stützen.

Beim Wiederaufbau Hamburgs nach dem Brand von 1842 war der Backstein hauptsächlich für untergeordnete Bauaufgaben verwandt worden, obgleich sowohl Alexis de Chateauneuf wie Theodor

Bülau ihn bereits als Material für bedeutendere Bauten propagierten – Bülau dabei auf die Vorstellung fixiert, mit dem Ziegel etwas von Kühnheit und Kraft des Mittelalters in die Gegenwart übertragen zu können. (In Backstein baute Chateauneuf 1845/47 die Alte Post, gleichzeitig Bülau mit demselben Material das Gebäude der Patriotischen Gesellschaft-vgl. Foto 2.) Im ausgehenden 19. Jahrhundert entstand dann als geschlossenes Ensemble Hamburger Backstein-Architektur die Speicherstadt auf der Kehrwieder-Wandrahm-Insel, erbaut zur zollfreien Lagerung von Importgütern. Die Speicher, reine Zweckbauten, erhielten im zeitlichen Rahmen des aufstrebenden Kaiserreiches einen repräsentativen Auftrag, so daß der Backstein dazu dienen mußte, dekorative neugotische Giebel, Zinnen und Türm-chen zu bilden, was besonders den Eckbauten zu schloßähnlichem Charakter verhalf. (Unter der Leitung von Franz Andreas Meyer waren mehrere Architekten für die Speicherbauten verantwortlich – mit der praktizierten Backstein-Neugotik allesamt der sog. Hannoverschen Schule Conrad Wilhelm Hases verpflichtet.) Liegen bei der Speicherstadt die zeitüblichen architektonischen Stilzitate vor (vgl. Kap. 2.3.6), die nicht unbedingt auf eine Ideologie zurückzuführen sind, so ist bei der Verwendung des Backsteins in den ersten Jahrzehnten des 20. Jahrhunderts das Verhaftetsein mit einer Weltanschauung nicht mehr zu leugnen. Reformarchitektur tritt schon in der Vorkriegszeit in einen Gegensatz zum Historismus, und der etwa zeitgleich aufkommende Heimatgedanke führt dann besonders in den 1920er Jahren zu einer Würdigung des Backsteins als des artgerechten niederdeutschen Baumaterials. Sowohl Fritz Schumacher sieht im Ziegel das Element zur Verwirklichung großer Architektur im niederdeutschen Raum – sein bewundertes Vorbild ist Sonnin, Erbauer der in Backstein aufgeführten St. Michaelis-Kirche (des bedeutendsten barocken Sakralbaus im Norden) – als auch besonders Fritz Höger. Sie beide prägen das Hamburg der Zwischenkriegszeit mit einer Vielzahl von neuen, außergewöhnlichen Backsteinbauten. Schumacher gelingt es, den öffentlichen Gebäuden, vorzugsweise den Schulbauten, eine eigene, seiner Vorstellung nach hanseatische Qualität zu verleihen, während Höger als der Schöpfer des expressionistischen Klinker-Gebäudes gilt. Höger gestaltet mit dem doppelt gebrannten, gesinterten Backstein, dem „Klinker", durch kunstvolles Versetzen der Steine und ornamentale Ziegelverbände plastisch rhythmisierte Fassaden, und er ist mit seinem Chilehaus und dessen markanter Vertikalgliederung berühmt geworden, allerdings nicht zuletzt aufgrund des „Schiffsbugs" dieses Gebäudes, der aus dem schmalen Zuschnitt des Grundstücks resultiert (vgl. Kap. 2.3.3, S. 65f. u. Foto 5). Später versuchten die Nationalsozialisten, die Backsteintradition in Hamburg fortzusetzen, was aber, allein schon, weil nur fünf Friedensjahre zur Verfügung standen, lediglich zu Ansätzen führte (z. B. den Sanierungen in der Hamburger Neustadt), die als solche kaum erwähnenswert sind.

Eine ideologische Fixierung auf den Backstein wird man den Architekturbüros, die in der Gegenwart für die Entwürfe zur Hamburger Backstein-Moderne verantwortlich zeichnen, nicht nachsagen können. Als eindeutiger Beweis hierfür kann gelten, daß ausnahmslos alle sich nicht nur mit Backstein-Gebäuden einen Namen gemacht haben, sondern auch mit von Stahl und Glas bestimmten High-Tech-Bauten. Besonders das Architekturbüro GMP (v. Gerkan, Marg & Partner), das mit dem Bau des Hanse-Viertels (1978–1981/83) sozusagen die Hamburger Backstein-Moderne einläutete und durch spätere Bauten, wie das Zürich-Haus, das Hotel Steigenberger und das Deutsch-Japanische Zentrum, häufig vorschnell mit der Ziegel-Bauweise identifiziert wird, stellte 1993 mit dem Terminal 4 des Flughafens Hamburg-Fuhlsbüttel einen großartigen Hallenbau unter einer transparenten Dachkonstruktion vor, die als lichtes Gewölbe aus Glas und Stahlguß-Streben die verschiedenen Ebenen der Terminal-Funktionsbereiche zu einer Einheit zusammenfaßt. Die von GMP entworfene Jumbohalle der Luftwerft Fuhlsbüttel spricht die gleiche Architektursprache, und gegenwärtig beweist der Entwurf v. Gerkans zum Neubau des Lehrter Bahnhofs in Berlin – ein filigranes, verglastes Stahlgerippe wird einen Bahnhof von fünf Ebenen überdachen und einen bis in die untersten Geschosse reichenden Lichteinfall gestatten –, wie mit den Möglichkeiten des modernen Ingenieurbaus ein technisches Kunstwerk entstehen kann.

Die Funktion der letztgenannten Bauten führt uns nun auf die richtige Spur. Als Empfangshallen für den modernen Verkehr mußten diese Gebäude nicht in einen engen, alten Stadtgrundriß eingepaßt werden, und sie sollten schon gar nicht einer hanseatischen Bau-Tradition Ausdruck verleihen. Die Wahl des Backsteins als Fassadenmaterial war im Hamburg der ausgehenden 1980er Jahre offenbar in erster Linie verknüpft mit der Aufgabenstellung, im Bereich der Innenstadt Lücken mit traditionskonformen Bauten zu schließen und Vorhandenes hanseatisch zu komplettieren, also eine Folge des hier im besonderen Maße relevanten Konzepts kontextuellen Bauens. Die entstandenen Backstein-Ensembles beziehen also ihre Qualität und ihr Leben auch aus dem Umfeld nicht nur aus dem Verlauf von Straßen und Fleeten, in die sie eingepaßt wurden, sondern auch in Korrespondenz zu der älteren Bausubstanz, von wilhelminischen Geschäfts- und Bürohäusern in der unmittelbaren Umgebung bis hin zum Klinker-Kontorhausviertel am Burchardplatz und zur trutzigen Rotziegel-Speicherstadt im Süden. Mit Erfüllung der Aufgabe, Grund- und Aufriß in der hafennahen Innenstadt zu komplettieren, wird die Hamburger Backstein-Moderne mutmaßlich ihren Höhepunkt überschritten haben.

Es darf noch darauf hingewiesen werden, daß sich die modernen Ziegelbauten von ihren Vorgängern auch im Falle, daß sie den gleichen Zwecken, nämlich der Büronutzung, dienen, nicht allein durch eine sehr viel straffere und sachlichere Fassadengestaltung unterscheiden, sondern besonders durch die Architektur im Innenbereich. Wurden die Kontorhäuser der wilhelminischen Zeit und ebenfalls die der 1920er Jahre aufgeschlossen durch zwar sorgsam gestaltete, aber doch im Raumumfang begrenzte Treppenhäuser, so empfangen den Besucher in den Bürohäusern der Gegenwart hallenartige Lichthöfe, die ganze Vertikale des Gebäudes einnehmend und von kühnen Glasdachkonstruktionen im Dachbereich abgeschlossen (vgl. Foto 15). Selbstverständlich ist auch die Raumaufteilung dieser Bürobauten nicht mehr mit derjenigen der früheren vergleichbar, u. a. weil sie von vornherein auf Flexibilität gerichtet ist. (Wände können beliebig eingezogen und auch wieder versetzt werden.)

Man sollte auch nicht übersehen, daß mit der Proklamation einer Hafenstadtarchitektur zu Hamburgs 800. Hafengeburtstag (1989, s.o.) in der Praxis zwar repräsentatives Bauen mit Backstein einherging und daß dies dem Stadtbild zugegebenerweise wohlgetan hat, daß es daneben aber Architekten gab, die ganz bewußt andere Mittel einsetzten, um dem Hafenambiente zu entsprechen. Die Helligen der Werften in die Formensprache einzubeziehen, besonders aber auch Elemente der Schiffsarchitektur zu integrieren, war hier das Ziel. Als Prototyp dieser Richtung kann das Verlagsgebäude von Gruner + Jahr gelten, von den Münchnern Steidle und Kiessler entworfen. Diese Architekten haben sich sogar bemüht, für den weiträumigen Gebäudekomplex – direkt am Hafen gelegen, vis à vis zum Werftengelände Blohm + Voss und von der Elbe nur durch den altehrwürdigen Hochbahnviadukt und eine Hochwasserschutzanlage getrennt – den dort ehemals vorhandenen Grundriß des Gängeviertels mit schmalen „Twieten" durch eine Zeilenbauweise zu zitieren. Im Aufriß erscheinen Relings an den umlaufenden Balkonen und Bullaugen als Fenster, eingelassen in eine Fassade aus Zinkblech-Platten; dazu erwecken in Gruppen angeordnete Entlüftungsrohre die Assoziation von alten Schiffsschornsteinen. Trotz dieser sichtbaren Verbeugung vor dem Genius loci empfinden die meisten Hamburger diesen Gebäudekomplex eher als Fremdkörper in einem von ihnen geschätzten Stadtbild.

Von anderen Architekten wurde bei Eckgrundstücken gerne der „Schiffsbug" als Grundrißform realisiert (z. B. beim jüngsten Erweiterungsbau der Versicherung „Deutscher Ring" an der Ost-West-Straße, vgl. Text S. 138 und Foto 12).

Ohne irgendwelche Stilzitate einzusetzen und großartig frei bauen die „Jungen" der Hamburger Architektur-Szene: das Büro BRT (Bothe, Richter, Teherani), welches nach seinem spektakulären „Ufo"-Entwurf für den Neubau des Dortmunder Hauptbahnhofs gegenwärtig in Hamburg u. a. den „ ABC-Bogen" beim Gänsemarkt und das nach einem Haus-im-Haus-Prinzip entwor-

Name	Kürzel	Bauwerk (Jahr der Fertigstellung)
Architektengruppe Planen u. Bauen	A.P.B.	Geschoßwohnbau Scheideweg 3 (1977); Bürohaus Johannisbollwerk 16 (1992);
Böge + Lindner-Böge		Bürogebäude Heidenkampsweg 40 (1995)
Bothe, Richter, Teherani	BRT	Lofthaus am Elbberg (1997); Polizeipräsidium Hindenburgstraße (im Bau); Bürohaus Doppel-XX, Heidenkampsweg (im Bau); Büro- und Geschäftshaus ABC-Straße "ABC-Bogen" (im Bau)
v. Gerkan, Marg & Partner	GMP	Verwaltungsgebäude der Deutschen Shell AG, City Nord (1975); Schulzentrum Bergedorf (1978); Hanse-Viertel, Ladenpassage, Eckhaus (1981), Parkhaus (1983); Hotel Steigenberger Hamburg (1992); Zürich-Haus (1992); Jumbohalle Luftwerft Fuhlsbüttel (1992); Flughafen Fuhlsbüttel, Terminal 4 (1993); Hanse Clipper Haus (1994); Deutsch-Japanisches Zentrum (1995); Hanseatic Trade Center (Phase IV, im Bau)
Hermkes, Bernhard		Neue Lombardsbrücke (Kennedybrücke) (1953); Großmarkthalle (1962); Allianz-Haus (1971)
Hentrich & Petschnigg		Burmah-Hochhaus (ehemals BAT, 1959); Unileverhaus (1964); Finnlandhaus (1966)
Kleffel, Köhnholdt, Gundermann		Bürohäuser Herrengraben (1991); Neuer Dovenhof (1994) Hanseatic Trade Center (Phase III, 1999);
Kallmorgen & Partner		IBM-Hochhaus (1967) und Spiegel-Hochhaus (1968); Wirtschaftsbehörde / Stadtentwicklungsbehörde (1969)
Markovic, Ronai, Lütjen, Voss	MRL	Ost-West-Hof (1993)
Pinnau, Cäsar		Hamburg-Süd Verwaltungsgebäude (1964); „Deutscher Ring", Umbau und Erweiterung eines Verwaltungsgebäudes (1978)
Planungsgruppe Professor Laage	PPL	beteiligt an Allermöhe I, u. a. Entwurf Block 12 (1990 / 91); Wohnanlage Trabrennbahn Farmsen (1999); Wohnanlage Reinbeker Redder (im Bau)
Schramm, Pempelfort, v. Bassewitz, Hupertz		Karstadt-Neubau am Gerhart-Hauptmann-Platz (1979); Blohm & Voss, Wiederaufbau des Verwaltungsgebäudes (1981)
Schweger & Partner		Gänsemarkt-Passage (1979) [zus. mit Architekt Graaf]; Überseehaus (1982) [zus. mit Architekt Graaf]; Berolinahaus (1983) [zus. mit Architekt Graaf]; Heinrich Bauer Verlag (1983) [zus. mit Architekt Graaf]; Poseidon-Haus (1994); Hauptverwaltung der Techniker-Krankenkasse (1995); Brücken und Stege im Hanseatic Trade Center (1996)
Spengler-Wiescholek		Stadtvilla Alsterufer 38 (1993); Geschoßwohnbau Hunderennbahn Farmsen (1996);
Steidle & Partner, Kiessler & Partner		Verlagsgebäude Gruner + Jahr (1990)
Winking / Patschan und Winking		Fleethof (1993); Lodginghaus „Madison" (1993); Fleetrandbebauung Herrengraben (1993); Fleetrandbebauung Stubbenhuk (1993)

Übersicht 2.1: Architekturbüros und ihre Beteiligung an der Stadterneuerung in Hamburg (Auswahl)

fene gläserne Doppel-XX-Bürohaus am Heidenkampsweg realisiert. Der für die Entwürfe zuständige Teherani sucht für jeden Bau eine neue Sprache, gewonnen aus dem Alphabet der High-Tech-Baumöglichkeiten; er meidet jegliche Wiederholung, die jeweils vorgegebene Topographie virtuos in sein Konzept einbeziehend und neu belebend. So hat er am Elbberg (oberhalb der Großen Elbstraße) auf extrem schmalem Grundstück ein originelles Lofthaus geschaffen, und zur Zeit ist am Fischereihafen der Bürokomplex „Docklands" geplant (für eine Immobilienfirma), welcher schräg als weitausladende transparente „Schachtel" über die Wasserfläche vorkragen soll. Kreative Techniker einer gläsernen, diaphanen Architektur werden damit gestaltgebend für die neue Bebauung am Nordufer der Elbe.

Als das Hamburger Stadtbild auf besonders glückliche Weise ergänzend ist auch der neue Kunsthallen-Bau von Oswald Mathias Ungers anzusprechen („Galerie der Gegenwart", 1996). Er ist, obgleich mit seinen quadratischen, in sparsamen Bändern geordneten Fenstern ganz die besonderen Merkmale eines Ungers-Baues aufweisend, ein Beispiel für kontextuelles Bauen: Vom Jungfernstieg her gesehen, schließt dieser Bau die helle und hohe Gebäudereihe der Uferstraße Ballindamm am Ende als ein lichter Kubus ab, hebt sich aber zugleich auf den Schrägflächen seines breiten rötlichbraunen Granitsockels empor, wodurch die unverwechselbare Lage auf der ehemaligen Bastion 'Vincent' des barocken Befestigungssystems betont wird (vgl. Foto 17).

Wenn man noch erwähnt, daß Sir Norman Foster am Rothenbaum jüngst ein Medien-Center in gekonnter Glas-Stahl-Konstruktion hat entstehen lassen, führt all dies zusammengenommen zu der Aussage, daß die Hamburger Architektur-Moderne doch facettenreicher ist, als der erste Augenschein vermuten läßt.

2.4.7 Die wissenschaftliche und kulturelle Infrastruktur

Hamburg als Stadt der Musen und der schönen Künste zu bezeichnen, wäre wohl verfehlt und würde auch auf allgemeines Unverständnis stoßen, da „Hafen- und Handelsstadt" die gewohnte und auch berechtigte Apposition ist.

Dennoch war Hamburg bereits in der Vergangenheit nicht nur die Stadt der „Pfeffersäcke" (Bezeichnung für nur auf Gewinn ausgerichtete Hamburger Kaufleute), denn immerhin wurde in seinen Mauern 1678 das erste deutsche Opernhaus gegründet, 1767 entstand am Gänsemarkt das Deutsche Nationaltheater, und hier war Gotthold Ephraim Lessing tätig und schrieb zwischen 1767 und 1769 seine „Hamburgische Dramaturgie". Auch wirkten so bedeutende Musiker wie Händel, Telemann, Brahms und Mahler in der Stadt. Der Reformator Johannes Bugenhagen erarbeitete für Hamburg eine neue Kirchen- und damit Schulordnung, als deren Konsequenz die „Gelehrtenschule des Johanneums" entstand (1529). 1764 wurde ein „Allgemeines Vorlesungswesen" etabliert, 1919 die Universität Hamburg gegründet.

In der Gegenwart zeigt der Hamburger Wissenschafts- und Kulturbereich ein breites Spektrum, das von den zahlreichen Ausbildungseinrichtungen, also Schulen und Hochschulen, über spezielle Forschungsstätten bis hin zu vielen Theatern, Museen und den Anstalten für Funk und Fernsehen reicht.

Diese wissenschaftlichen und kulturellen Einrichtungen werden durchweg vom Staat finanziert. Sie haben als Ausbildungs- und Freizeitangebote für die Attraktivität Hamburgs einen hohen Wert, sind aber nicht über eine Einnahmen-Ausgabenrechnung zu bilanzieren, weil die Umsätze, die z. B.

durch die mehr als 66 000 in der Stadt lebenden Studierenden oder auch durch die anreisenden Theater- und Museen-Besucher entstehen, eben nicht den staatlichen Einrichtungen, sondern anderen Wirtschaftsbranchen zugute kommen.

Die Ausbildungs- und Forschungsstätten

Hamburg ist mit *Schulen* gut ausgestattet. 1998 gab es in der Hansestadt 429 staatliche Schulen, an denen 217 285 Schülerinnen und Schüler von 15 778 Lehrkräften unterrichtet wurden. Es lag demnach ein Lehrer-Schüler-Verhältnis von 1 : 13,8 vor. Prüft man die Schulformen in einer Zeitreihe, ist festzustellen, daß die Zahl der Gesamtschulen in dem relativ kurzen Zeitraum von 1990 bis 1998 von 28 auf 39 anstieg, sich im gleichen Zeitraum bei anderen Schulformen aber die Zahl verringerte: Zum Beispiel nahmen die Grund-, Haupt- und Realschulen von 227 auf 222 und die Gymnasien von 69 auf 67 ab. Daß hinter diesen Veränderungen ein politischer Wille steht, ist unverkennbar.

Neben den staatlichen Schulen existieren 52 nichtstaatliche Schulen, die ebenfalls verschiedene Schulformen aufweisen, wobei das zahlenmäßige Verhältnis der letzteren zueinander seit langer Zeit fast konstant ist (nur wurde 1994 zusätzlich eine private Sonderschule geschaffen).

Mit seinen 6 Hochschulen und drei Fachhochschulen ist Hamburg ein bedeutender *Hochschulstandort* und hat von der Studentenzahl her (66 262 Studierende im Wintersemester 1997 / 98, davon 41 228 Studierende an der Universität) seit längerer Zeit altehrwürdige deutsche Universitätsstädte, wie etwa Tübingen (1477 gegründet, 21 432 Studierende im Wintersemester 1997 / 98) oder Göttingen (1734 gegründet, rd. 26 000 Studierende im Wintersemester 1998 / 99) überflügelt, ohne allerdings hierdurch zu einer „Universitätsstadt" in dem Sinne geworden zu sein, daß eine Alma mater das Leben der Stadt bestimmt.

Fachbereiche/Institute, wissenschaftliche und sonstige Einrichtungen der Universität sowie außeruniversitäre wissenschaftliche Einrichtungen im Gebiet Rotherbaum

(FB = Fachbereich)

1 Hauptgebäude der Universität
2 Staats- und Universitätsbibliothek – Carl von Ossietzky –
3 FB Wirtschaftswissenschaften
4 Hochschule für Wirtschaft und Politik
5 FB Psychologie
6 Inst. Politische Wissenschaften
Inst. Sozial- und Wirtschaftgeschichte
7 Zoologisches Inst., Zoologisches Museum
8 FB Erziehungswissenschaften
9 Philosophenturm
10 Auditorium maximum
11 Studentenwerk / Mensa
12 FB Chemie
13 Geomatikum
14 FB Evangelische Theologie
15 Fachhochschule, FB Bibliothekswesen (ehem. Talmud Tora-Schule)
16 Rechtshaus
17 Regionales Rechenzentrum
18 Gästehaus der Universität
19 FB Sportwissenschaften

Abb. 2.35: ⟶
Das Hamburger Universitätsviertel im Stadtteil Rotherbaum

Die größte der Hochschulen, die *Universität Hamburg,* hatte im ersten Semester nach ihrer Gründung (Wintersemester 1919 / 20) rd. 3 000 Studierende. Diese Zahl erhöhte sich bis zum Beginn des Zweiten Weltkriegs nur selten auf über 5 000 pro Semester, um dann während des Krieges auf zumeist unter 2 000 zu sinken. Nach Kriegsende wurde im Wintersemester 1945 / 46 der Vorlesungsbetrieb wieder aufgenommen, für 3 531 eingeschriebene Studierende. Wenn nun gegenwärtig die Universität mehr als 40 000 Studierende zählt, drückt sich in dieser Vervielfachung das Wachstum einer wissenschaftlichen Einrichtung aus, das sich durch sein Ausmaß zwangsläufig im Stadtraum manifestieren mußte. Es gab aber kein offenes Campus-Gelände, auf dem sich diese Entwicklung hätte vollziehen können.

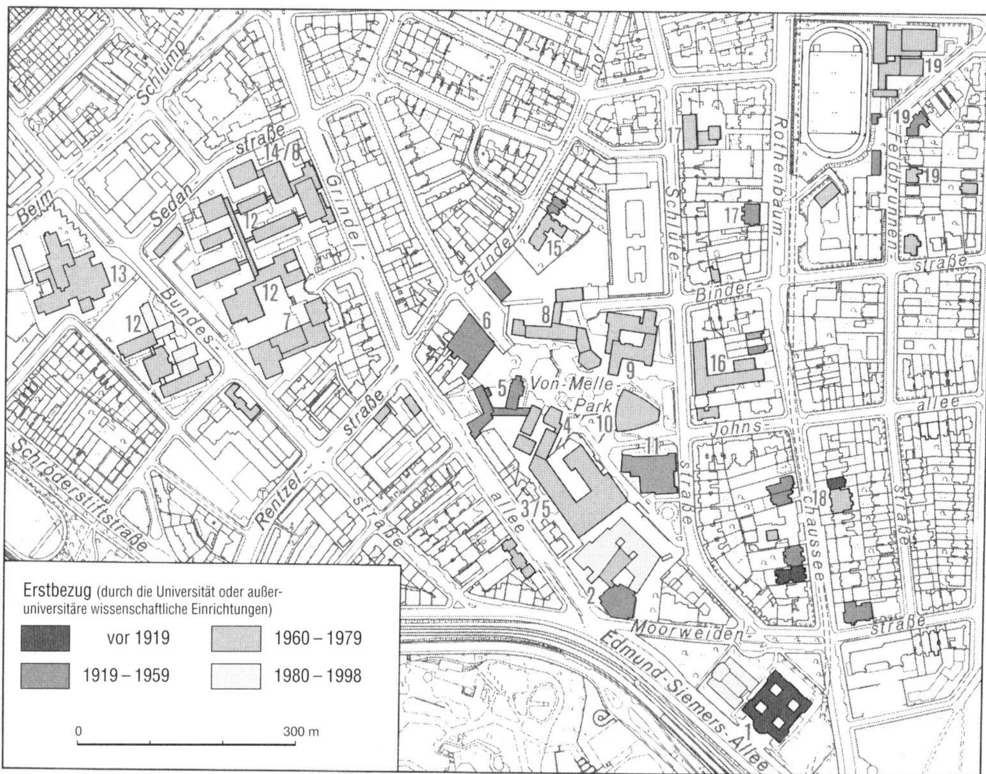

Räumlicher Ausgangspunkt war das sog. Vorlesungsgebäude am Dammtor (1909 - 1911 erbaut für das Kolonialinstitut), das die Universität nach ihrer Gründung 1919 als Hauptgebäude übernahm. Einzelne Institute wurden zunächst in Wohngeschossen oder Villen der Umgebung untergebracht. Die Lage im Süden des bereits dicht bebauten Stadtteils Rotherbaum ließ dann früh die Frage nach einem anderen Standort für die Universität aufkommen. Ende der 1920er Jahre legte Fritz Schumacher als Oberbaudirektor einen Entwurf für eine Neuanlage in Groß Borstel vor (ohne Klinikum; die universitäre Ausbildung der Mediziner fand seit 1919 im Krankenhaus Eppendorf statt, wenngleich dieses erst 1934 „Universitätskrankenhaus" wurde). In der nationalsozialistischen Zeit gab es Pläne für eine Verlegung (mit Klinikum) nach Flottbek.

Obgleich die Verlagerungspläne im ersten Nachkriegsjahrzehnt weiterhin diskutiert wurden, entstand 1950/51 im Rotherbaum-Gebiet mit dem Studentenhaus (Studentenwerk und Mensa) ein erster Neubau für die Universität. Die endgültige Entscheidung für den bisherigen Standort fiel 1955 mit der Annahme eines Bebauungsplanes für den Bornpark und seine Umgebung. Eng benachbart der früheren Talmud-Tora-Schule (1911 – 1939) und dem Platz der größten Synagoge Hamburgs, die in der Pogromnacht vom 9.11.1938 im Innenraum zerstört und 1939/40 abgerissen worden war, wurden nun am heutigen Von-Melle-Park bis 1962 das Auditorium maximum, das Pädagogische Institut und der Philosophenturm erbaut. Damit war der künftige Weg vorgezeichnet. Um weitere Fachbereiche unterzubringen, erwarb der Hamburger Staat in der Umgebung zusätzlich Privatgrundstücke oder griff auf den vorhandenen Besitz der Öffentlichen Hand zurück – auf Kasernen-, Stifts- und Schulgelände im Raum um die Bundesstraße. Abbildung 2.35 zeigt, wie sich die Universität auf diese Weise in den vergangenen Jahrzehnten, das alte Parzellengefüge verändernd, sukzessive im Stadtteil Rotherbaum ausgebreitet hat. Mit dem Anbau von modernen Seitenflügeln an das alte Hauptgebäude Edmund-Siemers-Allee (Westflügel 1998 eingeweiht) ist der Bauprozeß am Ende noch einmal zu seinem Ausgangspunkt zurückgekehrt.

Der Vorgang der Unterwanderung des alten Wohnstadtteils mit völlig anderen Nutzungen und damit auch Gebäudeformen hat zu einer Inhomogenität im städtischen Erscheinungsbild geführt. Ist das Ergebnis städtebaulich nicht optimal, so wird die durch den Prozeß erzielte Einbindung der universitären Einrichtungen in einen bestehenden Stadtteil von den Beteiligten als Vorteil empfunden. Sowohl die Studierenden als auch die Mitarbeiter der Universität müssen sich nicht, wie es auf einem entlegenen Campus-Gelände der Fall wäre, isoliert vom städtischen Leben fühlen, sondern sie haben einen unmittelbaren Kontakt zur Stadt und deren Bevölkerung. Die Veränderungen im örtlichen Einzelhandel spiegeln die Verflechtung des studentischen Alltags mit dem Leben im Stadtteil. Gab es früher an der Grindelallee und ihren Nebenstraßen das normale Angebot für den täglichen Bedarf der Wohnbevölkerung, überwiegen heute Schnellimbisse, Jeans-Läden, Boutiquen und Copy-Shops, während die Bäckereien zugleich Stehcafés mit einschließen und der verbliebene Schlachter zusätzlich ein florierendes Geschäft mit warmen Gerichten betreibt. In der Mittagszeit herrscht ein wahres Gedränge in den Läden und auf den Straßen.

Die *Technische Universität Hamburg-Harburg (TUHH)* wurde 1978 gegründet und nahm 1980 ihren Forschungsbetrieb auf, zunächst in einem ehemaligen Fabrikgebäude an der Harburger Schloßstraße. Auf einem Freigelände südlich der Denickestraße (ehemals durch ein Auffanglager für Aussiedler genutzt) war aber schon mit dem Bau von Universitätsgebäuden begonnen worden, und dort konnte zum Wintersemester 1982/83 der Lehrbetrieb aufgenommen werden. Bis 1999 entstanden in vier Bauabschnitten die heutigen Gebäudekomplexe, die, in dunkler Ziegelbauweise aufeinander abgestimmt und großzügig in das reliefierte Gelände eingepaßt, zusammen einen Campus bilden, der mit seiner Geschlossenheit in wohltuendem Gegensatz steht zur amorphen Streulage der universitären Einrichtungen im Rotherbaum-Gebiet. Auch in ihrer Organisation unterscheidet sich die TUHH von der Universität Hamburg, denn sie hat auf die Trennung in Fachbereiche verzichtet zugunsten von Forschungsschwerpunkten mit einzelnen Arbeitsbereichen. Und wovon alle traditionellen Universitäten derzeit nur träumen können: In der TUHH besteht ein optimales Betreuungsverhältnis, da z. B. für 2 700 Studierende der Ingenieurwissenschaften 1200 wissenschaftliche und andere Mitarbeiter zur Verfügung stehen. Insgesamt zählte die Hochschule 1998 rd. 4 000 Studierende.

Außer der Universität Hamburg und der TUHH gibt es noch eine Universität der Bundeswehr, dann die Hochschule für Wirtschaft und Politik, die Hochschule für Musik und Theater und die Hochschule für bildende Künste sowie drei Fachhochschulen. Durch die in diesen Einrichtungen eingeschriebenen Studierenden wird die oben genannte Gesamtzahl von mehr als 66 000 Studierenden in Hamburg (Wintersemester 1997/98) erreicht. Alle diese Hochschulen aber gliedern sich mit ihren nicht sehr großen Gebäudekomplexen relativ unauffällig in das Stadtbild ein.

Von den *Forschungseinrichtungen* ist am bekanntesten das seit 1957 auf einem Großgelände in Bahrenfeld entstandene Deutsche Elektronen Synchrotron DESY, mit seinen unterirdisch in langen Tunneln verlaufenden Teilchenbeschleunigern PETRA und HERA (TESLA, eine 33 km lange Teilchenkanone, in Entwicklung begriffen).

Daneben gibt es annähernd 30 weitere Forschungsstätten, als deren bedeutendste die folgenden gelten:
- Max-Planck-Institut für Meteorologie;
- Bernhard-Nocht-Institut für Tropenkrankheiten;
- Heinrich-Pette-Institut für Experimentelle Virologie und Immunologie;
- Bundesamt für Seeschiffahrt und Hydrographie;
- Hamburgische Schiffbau-Versuchsanstalt;
- Bundesforschungsanstalt für Fischerei;
- Bundesforschungsanstalt für Forst- und Holzwirtschaft;
- Deutsches Übersee-Institut.

Theater, Lichtspieltheater, Museen

Mit den bekannten staatlichen Theatern „Hamburgische Staatsoper", „Deutsches Schauspielhaus" und „Thalia Theater" hat Hamburg drei Bühnen, die sich durch viele bedeutende Inszenierungen einen Namen gemacht haben. Wie die Tabelle 2.20 am Beispiel der Spielzeit 1997/98 zeigt, führen die hohen Besucherzahlen zu einer sehr guten Platzausnutzung.

Außerdem ist der Kostendeckungsgrad bei allen drei Häusern erfreulich: Die Oper z. B. erwirtschaftete in der Spielzeit 1996/97 26,4 % ihres Gesamtetats selbst, das Thalia-Theater 24,5 % und das Schauspielhaus 24,0 % – Anteile, die jeweils weit über dem Bundesdurchschnitt lagen. (Bei den meisten bundesdeutschen Theatern gilt ein Kostendeckungsgrad von 15 % schon als Erfolg.)

Daneben gibt es zahlreiche weitere Theater (privat geführt, teilweise vom Staat subventioniert), von denen hier das Ernst-Deutsch-Theater, die Kammerspiele, das Ohnsorg-Theater, das Schmidt Theater sowie Operettenhaus und Neue Flora genannt seien. Brachten es die 12 größten privaten Theater in der Spielzeit 1996/97 zusammen auf über 2 Mio. Besucher, entfielen von diesen mehr als 1,1 Mio. auf die beiden „Musical-Theater" Operettenhaus und Neue Flora, die auch besonders viele auswärtige Besucher verzeichnen.

An *Lichtspielhäusern* hatte es im Jahre 1900 in Hamburg noch kein einziges gegeben. Die Vorführung der gerade erst erfundenen „lebenden Bilder" fand zu dieser Zeit in Vergnügungsetablissements statt. 1997 dagegen zählte man 81 Filmtheater mit mehr als 5 Mio. Besuchern. Da sich hinter diesen Angaben nicht lediglich die steigende Akzeptanz der Innovation „Kino" verbirgt, sondern eine bewegte, durch Höhen und Tiefen geprägte Entwicklungsgeschichte mit deutlich sichtbaren Auswirkungen auf das Stadtbild, soll dieses kulturhistorisch interessante Phänomen im folgenden kurz dargestellt werden.

Anfang des 20. Jahrhunderts wurden für den Film erstmalig eigene kleine Spielstätten eingerichtet, „Kinematographentheater" genannt. Sie lagen in Hamburg bezeichnenderweise in den angestammten Vergnügungsvierteln, nämlich im Raum Spielbudenplatz/Reeperbahn sowie am Schulterblatt, am Steindamm und in der Nähe des Gänsemarktes. Mit der allmählichen Zunahme der Spielstätten ging eine Verbesserung ihrer Einrichtung einher, und außerdem begannen die „Kinos" sich in der Stadt auszubreiten, zunächst vorzugsweise in den Kerngebieten der wilhelminischen Wohnstadtteile. Während der Zeit des Nationalsozialismus waren – nach Einführung des Tonfilms und dem Aufkommen von Nobel-Kinos – die quantitative und die räumliche Entwicklung durch weitere Zunahme und durch Ausbreitung im gesamten Stadtgebiet gekennzeichnet, am Ende des Krieges (nach den Bombenangriffen) durch Dezimierung. Das Aufatmen in der ersten Nachkriegszeit und der Übergang in eine neue Freizeitgesellschaft führten anschließend zu einer Hochkonjunktur mit sehr vielen neuen Lichtspieltheatern, gestreut bis hin in das Hamburger Umland. 1959 hatte mit 179 Lichtspieltheatern die Zahl der Kinostandorte in Hamburg ihr Maximum erreicht, wobei die Stadtteil-Kinos in ihrer Ausstattung mit dem Luxus und der Eleganz der großen Lichtspielhäuser in der Innenstadt zu wetteifern begannen. Da die Nachkriegs-Wohlstandsgesellschaft aber bald mit dem Fernsehen ihr eigenes Heimkino geboten bekam, folgte dem Boom ein dramatischer Rückgang, der die Zahl der Lichtspielhäuser bis zur Gegenwart mehr als halbierte und dem die meisten der Stadtteil-Kinos zum Opfer gefallen sind. Das Lichtspieltheater, nachdem es sich in einer zentral-peripheren Wanderung bis in die Randgebiete Hamburgs ausgebreitet hatte, trat den Rückzug an und konzentriert sich seither wieder auf den Bereich von Innenstadt und unmittelbarer Umgebung. – 1996 wurde mit dem Cinemaxx am Dammtor (Unternehmer: Flebbe) das erste Multiplex-Kino Hamburgs eröff-

Tab. 2.20: Die Hamburger Staatstheater in der Spielzeit 1997/98

	Hamburgische Staatsoper	Deutsches Schauspielhaus	Thalia-Theater
Anzahl der Besucher	407 000	270 000	235 000
Anzahl der Vorstellungen	352	620	478
Platzausnutzung	84,9 %	65,0 %	75,8 %

net, attraktiv durch High-Tech in der Wiedergabe, höchsten Sitzkomfort und auch zusätzlich durch ein Gastronomieangebot, das darauf zielt, den Abend im Kino zum vielstündigen, abwechslungsreichen „Gesamterlebnis" werden zu lassen. 1997 zog der Riech-Konzern nach, der 1972 die deutsche Ufa-Kette übernommen hatte und nun den schon vorhandenen Ufa-Palast am Gänsemarkt zu einem Multiplex-Kino umgestaltete, das seither mit 10 Sälen und 3 200 Plätzen das größte Kino Hamburgs ist. Im Mai 1999 wurde in Othmarschen, in unmittelbarer Nähe der Ausfahrt der A 7 das Multiplex-Kino „UCI Kinowelt" eröffnet, als erstes von insgesamt drei geplanten; und da auch für weitere Cinemaxx-Kinos Planungen laufen (Standorte jeweils in der Äußeren Stadt), fragt man sich, ob nicht auch auf diesem Feld ein Konkurrenzdruck entsteht, der letztlich zu einer Selektion führen muß.

Als Außenseiter haben sich einige Programmkinos über die Zeiten zu retten verstanden. Sie zeigen für anspruchsvolle Cineasten Experimentalfilme sowie andere, selten zu sehende Streifen und sind durch geschickte Angebotsgestaltung offenbar ökonomisch rentabel. Zu ihnen gehören das 1970 im Univiertel eröffnete „Abaton" und die Zeise-Kinos in Ottensen. Als „Kommunales Kino" von der Kulturbehörde unterstützt, zeigt das „Metropolis" (Dammtorstraße) vorzugsweise filmhistorische Raritäten.

(Zum gegenwärtigen Erscheinungsbild der aufgegebenen Lichtspielhäuser und den unterschiedlichen Folgenutzungen vgl. WEGENER 1995.)

Zu den weit über Hamburgs Grenzen hinaus bekannten *Museen* gehören die Kunsthalle mitsamt ihrem Neubau „Galerie der Gegenwart" (vgl. Kap. 2.4.6, S. 159), das Museum für Kunst und Gewerbe, das Museum für Hamburgische Geschichte, das Altonaer Museum, das Museum für Völkerkunde und das Helms-Museum Harburg (Hamburger Museum für Archäologie und die Geschichte Harburgs). All diese Museen sind ab 1.1.1999 in Stiftungen umgewandelt worden. Hinsichtlich der Besucherzahlen führen die Kunsthalle und das Museum für Hamburgische Geschichte (im Jahre 1996: 325 699 bzw. 297 620 Besucher).

Funk- und Fernsehanstalten

Wie bei der Universität, die vor dem Dammtor entstand *(but'n Dammtor* war die alte, freundlich gemeinte Bezeichnung für das nördlich des Dammtors und westlich der Außenalster gelegene Gelände), liegt der örtliche Ausgangspunkt für die Entwicklung der Hamburger Sendeanstalten ebenfalls im Stadtteil Rotherbaum: Die Norag (Nordische Rundfunk AG) nahm im Jahre 1924, nachdem sie eine Sendelizenz von der Reichspost erhalten hatte, ihren Betrieb im Postamt 13 an der Schlüterstraße auf. 1931 wurde das Funkhaus an der Rothenbaumchaussee eingeweiht, das man 1965 um einen Gebäudeteil (Sitz der Intendanz) erweiterte. Das Fernsehen allerdings erhielt separat eine große Anlage in Lokstedt, wo man ab 1953 nacheinander große Gebäudekomplexe anlegte für zahlreiche Studios sowie für die Verwaltung und den technischen Betrieb.

Zur Organisationsform:
1933 hatte man die Norag in eine Norddeutsche Rundfunk GmbH umgewandelt, und diese wurde nach Kriegsende zunächst von den Briten als „Radio Hamburg" betrieben. Im September 1945 entstand der NWDR (Nordwestdeutscher Rundfunk) als Sender der britischen Besatzungszone. Der NDR-Staatsvertrag von 1956 zwischen Niedersachsen, Schleswig-Holstein und Hamburg begründete die Drei-Länder-Anstalt „NDR", die, nach einer zwischenzeitlichen Kündigung des Vertrages durch Schleswig-Holstein, abermals durch den Staatsvertrag von 1980 bestätigt wurde und 1992 durch den Beitritt Mecklenburg-Vorpommerns zur Vier-Länder-Anstalt mutierte.

Gegenwärtig sendet der NDR-Hörfunk acht verschiedene Programme. Im Fernsehbereich ist der NDR am ARD-Gemeinschaftsprogramm (Erstes Programm) beteiligt und betreibt als N 3 ein gemeinsames Drittes Programm mit Bremen. Der Stellenplan des NDR wies 1997 3 764 Planstellen aus.

Daneben ist das ZDF in Hamburg mit einem seiner größten Landesstudios (in Tonndorf) vertreten. Außerdem produzieren zahlreiche private Fernseh- und Rundfunkgesellschaften in der Hansestadt, wenngleich sich seit 1996, als SAT 1 seine Zentrale von Hamburg nach Berlin verlegte, offenbar auch andere „Private" mit dem Gedanken tragen, in die Bundeshauptstadt überzusiedeln.

2.4.8 Die Verkehrsverhältnisse

Aus der „Straßenbahnstadt" der Vor- und Zwischenkriegszeit (vgl. Kap. 2.3.2) wurde in der Zeit nach dem Zweiten Weltkrieg infolge der starken Zunahme des Pkw- und des Lkw-Verkehrs die Autostadt der Gegenwart. Die Motorisierung der Bürger führte zu Verkehrsströmen, auf welche die staatliche Planung mit infrastrukturellen Maßnahmen reagieren mußte. Alle verkehrspolitischen Bemühungen der Nachkriegszeit zielten darauf ab, den ständig steigenden Individualverkehr zu kanalisieren und außerdem Möglichkeiten zu finden, den Öffentlichen Nahverkehr in seiner Entlastungsfunktion zu stärken.

Der Individualverkehr

Die Entwicklung des Motorisierungsgrades als Gradmesser für den Individualverkehr in Hamburg ab 1950 zeigt Tabelle 2.21.

Schon im Aufbauplan 1950 waren zur Verbindung der Radialstraßen drei Ringstraßen vorgesehen worden (Wallring, geschlossen durch die Ost-West-Straße vom Deichtorplatz zum Millerntorplatz, Mittlerer Ring, Äußerer Ring); im Aufbauplan 1960 wurde dieses Konzept ergänzt durch die Vorgabe von Stadtautobahnen (Westtangente, Osttangente mit Marschenlinie, Stadtkerntangente). Nach dem sprunghaften Anstieg des Kfz-Bestandes in den 1960er Jahren betonte das Entwicklungsmodell von 1969 abermals die Notwendigkeit der entlastenden Ring- und Tangentialverbindungen. Auch der Flächennutzungsplan von 1973 ging von diesem, z. T. bereits verwirklichten Straßenkonzept aus, während die „Untersuchungen zum Generalverkehrsplan" von 1976 zusätzlich Netzvarianten vorstellten.

Bis zur Gegenwart wurden realisiert:

- die Ringverbindungen Wallring (Ring 1; ergänzt durch die Querverbindung Ost-West-Straße), Mittlerer Straßenring (Ring 2), Äußerer Straßenring (Ring 3);
- die Autobahn-Westtangente („Westliche Umgehung Hamburg"), welche die Verbindung der A 7 von Norden durch den neuen Elbtunnel (1975 eröffnet) nach Süden herstellt;
- die Autobahn-Marschenlinie (A 25);
- der vierspurige (bzw. sechsspurige) Ausbau der radial verlaufenden Hauptverkehrsstraßen (Bundesstraßen) und die niveaufreie Gestaltung hochbelasteter Verkehrsknoten (z. B. Deichtorplatz, Fuhlsbütteler Straße / Lauensteinstraße).

Dagegen sind sowohl die konzipierte Osttangente (die durch die Stadtgebiete östlich der Alster in Nord-West-Richtung zur Westlichen Umgehung, A 7, führen sollte) als auch die Stadtkerntangente (mit einem Verlauf nördlich der Innenstadt) aus der Planung genommen worden. – Eine hohe Priorität hat jedoch z. Z. die Realisierung einer Hafenquerspange, die, südlich des Freihafens verlaufend, eine Verbindung zwischen der A 1 im Osten und der A 7 im Westen herstellen soll. Sie ist im Bedarfsplan der Bundesfernstraßen als „vordringlicher Bedarf" genannt, und zur Zeit sind für die Trassenfestlegung mehrere Varianten im Gespräch.

In der Planungsgeschichte taucht erstmalig eine stadtnah durch den Hafenraum verlaufende Ost-West-Autobahnverbindung im Generalbebauungsplan 1940 / 41 auf als Teil des von den Nationalsozialisten konzipierten Autobahnringes. Gegenwärtig, nahezu 60 Jahre nach diesen Entwürfen,

Tab. 2.21: Die Entwicklung des Motorisierungsgrades in Hamburg ab 1950

	Anzahl Kfz	davon Pkw (einschl. Kombi)
	(pro 1 000 Ew.)	
1950	37	15
1960	129	95
1970	267	241
1980	375	340
1990	447	40
1997	476	417

fordert die Hamburger Handelskammer im Hinblick auf den ständig steigenden Durchgangsverkehr wiederum den Bau eines stadtnahen Autobahnringes. (Außerdem sollten, laut Handelskammer, die Straßenringe 2 und 3 anforderungsgerecht ausgebaut werden.) Der Ausbau der B 404 im Osten ist wie die A 20-Elbquerung im Westen gleich der Hafenquerspange bereits Bestandteil des Bundesverkehrswegeplanes.

Das Konzept der „autogerechten Stadt" ist seit Ende der 1970er Jahre der Vorstellung von einer humanen Gestaltung der Stadt gewichen. Neben dem Bemühen der Verkehrsplaner, durch gut ausgebaute Schnellstraßen den Verkehr zügig durch die Stadt zu leiten, steht jetzt gleichwertig die Absicht, den Wohngebieten durch Maßnahmen zur Verkehrsberuhigung ihre Wohnqualität zu erhalten bzw. zurückzugeben. So ist die Zahl der Tempo-30-Zonen in Hamburg inzwischen auf rd. 700 angewachsen, und Ortsumgehungen sollen Entlastungen schaffen (bereits fertiggestellt für Veddel und Rissen, im Bau ist die Ortsumgehung Fuhlsbüttel).

Die eingangs in Tabelle 2.21 vorgestellte Reihe der wachsenden Zahl motorisierter Verkehrsteilnehmer, zu der die Prognose weiterer Steigerung gehört, verweist die aufgeführten verkehrspolitischen Maßnahmen jedoch in den Rang einer Gegensteuerung, der kein hundertprozentiger Erfolg beschieden sein kann.

Der Öffentliche Personennahverkehr (ÖPNV)

Die Forderung nach größerer Effektivität des Personennahverkehrs, insbesondere durch Verbesserung und Erweiterung von U-Bahn und S-Bahn, zieht sich durch alle auf den Hamburger Raum bezogenen Planwerke der Nachkriegszeit. Durch das Entwicklungsmodell von 1969 wurde mit dem „schnellbahnbezogenen Achsensystem" für die gesamte Region die wünschenswerte Koppelung von Siedlungs- und Verkehrsentwicklung zum Ordnungskonzept: Als Leitlinien der in das Umland ausgreifenden Entwicklungsachsen sollten die Schnellbahnen fungieren, um deren Haltestellen herum man das Siedlungswachstum in einer festgelegten Abstufung zu fördern plante (vgl. Kap. 6.2.2). Wenn sich auch diese Leitvorstellungen nur partiell haben verwirklichen lassen – in erster Linie, weil der Bau der größten Stadtrandsiedlungen der Nachkriegszeit auf Flächen ohne Schnellbahnanschluß erfolgte (vgl. Kap. 2.4.3; S. 123) –, haben doch zahlreiche verkehrspolitische Maßnahmen eine Verbesserung des Leistungsangebotes erbracht.

Zum einen wurden alle Verkehrsnetze erheblich erweitert. Zum Beispiel nahm die Streckenlänge des U-Bahnnetzes von rd. 65 km im Jahre 1955 auf rd. 100 km im Jahre 1998 zu, was der Anbindung der Äußeren Stadt zugute kam. Im Bereich der Innenstadt wurde 1975 – 81 die City-S-Bahn gebaut, die vom Hauptbahnhof über Jungfernstieg nach Altona führt; Richtung Süden wurde die S-Bahn-Strecke Hauptbahnhof – Harburg – Neugraben 1983 / 84 fertiggestellt. Hinzu kam die Elektrifizierung alter Vorortbahnstrecken. Ein ausgedehntes Bus-Netz hat die Straßenbahn ersetzt und bedient auch mit Zubringerdiensten die Einzugsbereiche der Schnellbahnen.

Zum andern erfuhr die Organisationsform des Verkehrsangebotes eine wesentliche Verbesserung, weil mit dem Verkehrsverbund von 1965 die betriebliche und tarifliche Zersplitterung des ÖPNV-Angebotes im Hamburger Raum beseitigt wurde.

Der Hamburger Verkehrsverbund

Als Zusammenschluß kommunaler Verkehrsbetriebe mit der Bundesbahn bereits 1965 gegründet, hatte der Hamburger Verkehrsverbund Modellcharakter für weitere Verkehrsverbunde in deutschen Stadtregionen.

Verbundpartner des HVV waren bei Vertragsabschluß:

- die Hamburger Hochbahn Aktiengesellschaft (HHA),
- die Verkehrsbetriebe Hamburg-Holstein (VHH),
- die Deutsche Bundesbahn (heutige DB AG).

Zwischen 1966 und 1976 traten dem Verbund noch vier weitere Verkehrsgesellschaften des Umlandes bei sowie auch die HADAG, die den Fährdienst im Hafen betreibt, und die Deutsche Bundespost für zwei im Hamburger Raum betriebene Omnibuslinien. Dem Verbundvertrag entsprechend, bedient der HVV den sog. Hamburger Verkehrsraum, der zwischen den Endpunkten Elmshorn, Kaltenkirchen, Bad Oldesloe, Lauenburg, Buchholz und Buxtehude eine Fläche von rd. 3 000 km^2 umfaßt. Der Zusammenschluß erbrachte als wichtigste Neuerung einen Gemeinschaftstarif, mit dem 1966 / 67 alle Einzeltarife der Verbundpartner abgelöst wurden und der den Fahrgästen seither ein freizügiges Umsteigen bei beliebiger Inanspruchnahme aller Verkehrsmittel ermöglicht. Da der Verkehrsverbund als Planungsinstanz für Linienführung und Netzgestaltung im ganzen „Hamburger Verkehrsraum" fungiert, wurden nun auch Streckenerweiterungen des U-Bahn-Netzes und des HHA-Bus-Netzes über die Landesgrenzen hinweg durchgeführt, was einen Fortschritt darstellt gegenüber der Verkehrspolitik der HHA in früheren Jahrzehnten (vgl. Kap. 2.3.2).

Der Ausbau des Streckennetzes ist weiterhin erklärtes Ziel der Planung. Der Hamburger Staat, der den Streckenbau finanziert, hat aber gegenwärtig nicht die Haushaltsmittel, um das Schnellbahnnetz um diejenigen Strecken zu erweitern, die für die Bedienung einiger Stadtgebiete als notwendig erachtet werden und auch bereits projektiert sind (U-Bahn- bzw. S-Bahn-Linien nach Lurup, Lokstedt, Winterhude / City Nord, Steilshoop / Bramfeld, Rahlstedt). Während also in der Zeit vor 1914 und in der Zwischenkriegszeit der Bau von U-Bahn- und S-Bahn-Linien größtenteils eine erschließende Funktion hatte, hält gegenwärtig die Erweiterung des Schnellbahnnetzes mit der Siedlungsverdichtung und dem daraus resultierenden Bedarf nicht Schritt.

2.4.9 Die Grünflächenpolitik

Im Verlauf des Zweiten Weltkriegs wurden auch die Grünanlagen Hamburgs erheblich in Mitleidenschaft gezogen. Auf den großen Freiflächen kamen Flak-Batterien zur Aufstellung, in deren Umfeld Militärunterkünfte angelegt wurden, und in den letzten Kriegjahren errichtete man in den Parks zusätzlich Behelfsheime. Illegale Abholzungen waren an der Tagesordnung. Im Sommer des 1943 verursachten die Flächenbombardements in den Grünanlagen erhebliche Flur- und Gebäudeschäden, wobei der Stadtpark besonders nachhaltig betroffen wurde, denn die großen *Schumacher-Bauten* Stadthalle und Stadtcafé (Rosencafé) fielen den Luftangriffen zum Opfer. Bis heute wird diskutiert, ob vergleichbare Bauten an ihre Stelle gesetzt werden sollen.
Die Grünflächenpolitik der Nachkriegszeit zeigt folgende Zielsetzungen:

- Wiederherstellung und Ausbau der vorhandenen Anlagen,
- Schaffung neuer Grünflächen,
- Systematisierung und Koordinierung.

Wiederherstellung und Ausbau haben die vorhandenen Grünanlagen der Stadt nicht nur in gartenpflegerischer Hinsich optimiert, sondern durch Beachtung eines sozialen und eines ökologischen Aspekts auch funktional verbessert. So wurden die zuvor vielfach gesperrten Rasenflächen nun für die Benutzung freigegeben, es wurden zusätzlich Zonen für Sportaktivitäten geschaffen und außerdem bei Neuanpflanzungen neben ästhetischen Kriterien auch die der möglichen Umweltverbesserung beachtet (vgl. Kap. 5.2.2, S. 226).

Neue Grünflächen wurden im Stadtgebiet in erster Linie in Form von Grünzügen geschaffen. Der Alsterwanderweg und der

Elbuferweg wurden konzipiert als grüne Achsen, die in Nord-Süd-Richtung und in West-Ost-Richtung Außengebiete mit der Inneren Stadt verbinden. – Der Alsterwanderweg führt aus dem Oberalstertal an die mittlere, kanalisierte Alster und dann nach Süden an der Außenalster entlang zur Binnenalster und weiter an den Fleeträndern bis zur Elbe. Für seine Anlage mußte viel privates Gelände aufgekauft werden, was langjährige Verhandlungen und hohe Investitionen erforderte. An der westlichen Außenalster entstand in diesem Zusammenhang als eine besonders schöne Freifläche der *Alsterpark* (14 ha) auf einem Gelände, das bis ins Jahr 1953 in Einzelparzellen zu den Villengrundstücken des Harvestehuder Wegs gehört hatte. Der *Elbuferweg* führt von Schulau aus zunächst als Höhenweg bis Wittenbergen, danach als unmittelbarer Uferrandweg bis Neumühlen–Altona. Er konnte entstehen, weil die großen Parkanlagen, die das Elbufer in breiter Folge säumen (Römischer Garten, Baurs Park, Hirschpark, Jenischpark, Hindenburgpark, Schröders Elbpark) schon in den 1920er Jahren nacheinander aus Privat- in Staatsbesitz übergegangen waren. Östlich der Alster wurde noch der *Wandse-Grünzug* geschaffen, der das Wandsetal auf einer Länge von 10 km durchzieht und ebenfalls vom Stadtrandgebiet bis in den Kernraum führt.

Die einzige große *Park-Neuanlage* der Nachkriegszeit entstand ab 1958 an der Peripherie der Stadt nördlich von *Öjendorf*. Der Standort dieses Parks ist nicht das Ergebnis einer übergeordneten Freiflächenplanung, sondern allein Folge der Tatsache, daß hier ein großes, nur als Abraumfläche genutztes Gelände vorhanden war, für dessen Umnutzung sich das zuständige Bezirksamt entschied.

In den 1920er Jahren hatte der Hamburger Staat in diesem Raum ein Gelände von 300 ha aufgekauft für das Projekt eines neuen Großfriedhofs. Im Ostteil der Freifläche entstand anschließend durch Abbau großer Kiesmengen (8 Mio. m^3) zur Aufhöhung der Horner Marsch eine riesige, 10 m tiefe Kiesgrube, die sog. „Öjendorfer Kuhle“, die dann Anfang der 1950er Jahre zur Deponierung von Trümmerschutt genutzt wurde. Genau in dieser Zeit aber entschied das Bezirksamt Mitte zusammen mit der Baubehörde, das ganze Gelände zu einem Erholungsgebiet umzugestalten. Die Möglichkeiten waren nun aber insofern begrenzt, als der geplante Park auf einem Schuttgelände angelegt werden mußte (nur Teile des Trümmerschutts waren inzwischen der Weiterverwertung zugeführt worden, und die dadurch entstandene Vertiefung konnte man für einen Parksee nutzen).

Die Gestaltungsmöglichkeiten für den geplanten Park waren durch die Bedingungen des Geländes beschränkt, da die Bodenverhältnisse z. B. nicht die Anlage von Einzelgärten mit vielfältigem Artenangebot erlaubten. So schuf man in einer Art Landschaftssanierung um einen rd. 45 ha großen See herum eine weite, offene Freizeitanlage mit Spiel- und Liegewiesen und Sondereinrichtungen wie Rodelberg, Ponyreitbahn, Trimmpfad und Minigolfplatz. Der Park entstand in mehreren Bauabschnitten und ist heute mit fast 144 ha (einschl. See) die drittgrößte Parkanlage Hamburgs. Er liegt aber für die Frequentierung durch die Stadtbevölkerung nicht günstig, u. a. weil er von seinem unmittelbaren Einzugsgebiet durch den Hauptfriedhof Öjendorf (im Westen) und durch große Verkehrstrassen (Autobahn A1 im Norden, Autobahnumgehung im Osten, Glinder Str. im Süden) getrennt wird.

3 Der Hafen

Die Entwicklung Hamburgs war stets eng verbunden mit den Prozessen im zentralen Wirtschaftsbereich, dem Hafen. Bis Anfang des 20. Jahrhunderts bestimmte der Hafen fast ausschließlich das Wirtschaftsleben der Stadt, und wenn sich diese seither auch zu einer Dienstleistungsmetropole entwickelt hat, so ist der Hafen doch immer noch von erheblicher ökonomischer Bedeutung. Man schätzt, daß gegenwärtig rd. 140 000 Arbeitsplätze direkt oder indirekt vom Hafen abhängig sind (von rd. 760 000 Arbeitsplätzen insgesamt), wenn auch nur etwa ein Drittel von ihnen der Hafenwirtschaft im engeren Sinne, d. h. den Bereichen Schiffahrt, Güterumschlag, Spedition und Lagerei, zugerechnet werden kann. Die anderen zwei Drittel verteilen sich auf hafenabhängige Industrie- und Dienstleistungsunternehmen sowie die hafenbezogene Öffentliche Verwaltung. Der Wertschöpfungsanteil des Hafens am Bruttosozialprodukt Hamburgs (wiederum direkt und indirekt, liegt nach Schätzungen noch höher als der Beschäftigungsanteil mit seinen rd. 18 % (s.o.).

Der Hamburger Hafen ist der größte Seehafen der Bundesrepublik. Er steht weltweit mit mehr als 1 000 Seehäfen in ständiger Liniendienst-Verbindung (285 Liniendienste 1987, 165 Liniendienste 1998) und wird jährlich von mehr als 11 000 Seeschiffen und ebenfalls knapp 11 000 Binnenschiffen angelaufen (1998: 11 557 Seeschiffe, 10 645 Binnenschiffe). 1998 betrug der Gesamtumschlag 75,8 Mio. t, womit Hamburg an vierter Stelle der europäischen Seehäfen lag (nach Rotterdam, Antwerpen und Marseille).

Der Hamburger Hafen ist ein Universalhafen von großer Mannigfaltigkeit der Umschlaggüter. Als Massengüter werden Trockengüter wie Erze, Getreide, Kali und vor allem das Flüssiggut Mineralöl umgeschlagen. Aber bereits in der Vergangenheit bezeichnete man den Hamburger Hafen als Stückguthafen, obgleich das Stückgut in seinem Anteil damals durchschnittlich nur etwa 30% des Gesamtumschlages ausmachte. Diese Bezeichnung war jedoch insofern berechtigt, als der Verdienst als Maßstab galt und die Wertschöpfung beim Stückgut immer weit über derjenigen des Massengutes lag: Vor der Containerisierung verhielt sich das Verhältnis der tonnenbezogenen Wertschöpfung des Umschlags von

Tab. 3.1: Güterumschlag im Hamburger Hafen seit 1960
Quellen: Wirtschaftsbehörde der FHH / HHVW (Hafen Hamburg Verkaufsförderung und Werbung e.V.)

	1960	1970	1972	1974	1976	1978	1980	1982	1984	1986	1988	1990	1992	1994	1996	1998
eegüterumschlag 1 000 t) esamt	30755	47074	46098	52620	52394	54913	63076	61948	53568	54512	58741	61360	65083	68323	71137	75821
avon Massengut-umschlag	19669	33104	32989	36592	37699	37932	44941	43496	32430	33016	34348	32805	34920	33304	34133	35853
arunter 1. Flüssigladung	10500	20466	20187	20458	18828	18134	19330	19948	14056	15728	17381	15314	15981	13772	14063	13730
2. Sauggut	3900	5514	6958	8481	11483	8842	10865	11871	6432	5571	5199	4900	5360	5190	5784	5744
3. Greifergut	5269	7124	5844	7653	7388	10956	14746	11677	11942	11717	11768	12591	13579	14342	14286	16379
Stückgut-umschlag	11086	13970	13109	16028	14695	16981	18135	18452	21138	21496	24393	28555	30163	35019	37004	39968
von 1. konventionell	11086	13330	11651	13163	11153	11763	11229	10619	11177	9351	8343	8968	7666	7039	5957	3862
2. containerisiert	0	640	1458	2865	3542	5218	6906	7833	9961	12145	16050	19587	22497	27980	31047	36106
Containisierungs-grad (in%)	0,0	4,6	11,1	17,9	24,1	30,7	38,1	42,5	47,1	56,5	65,8	68,6	74,6	79,9	83,9	90,3

Stückgut zu dem von trockenem Massengut und dem von Flüssiggut wie 12 : 4 : 1; nach der Containerisierung des Stückguts geht man von einem Verhältnis von 8 : 4 : 1 aus.

Seit den 1970er Jahren nahm der Stückgutanteil ständig zu und überstieg 1994 mit einem Anteil von 51,2 % schließlich das Massengut. Die Ursache lag in der Containerisierung des Stückguts und dem als geradezu sensationell zu bezeichnenden, auch von Fachleuten nicht in dieser Höhe prognostizierten Anstieg des Containerisierungsgrades , d. h. des prozentualen Anteils des containerisierten Stückguts am Stückgut insgesamt (vgl. Tab. 3.1).

Die Containerisierung von Transportgütern – womit ganz generell die Verladung und Verschiffung von Stückgütern in genormten Großeinheiten gemeint ist, auch wenn man jetzt bereits Massengüter containerisiert transportiert – kann als eine der folgenreichsten Innovationen in der Geschichte der Handelsschiffahrt bezeichnet werden. Die Einführung des Containers führte zu einem Strukturwandel sowohl im Seeverkehr als auch in der Organisation der Hafenräume. Allerdings ist sie nur die bislang letzte, wenn auch wohl bedeutendste Innovation in der langen, von Veränderungen geprägten Entwicklungsgeschichte der Handelsschiffahrt.

3.1 Die Entwicklung des Seegüterverkehrs

Zur Zeit der Hanse fungierte Hamburg als Nordseehafen für das bedeutendere Lübeck. Die Warenströme verliefen aus dem Ostseeraum über Lübeck und Hamburg elbabwärts an die Küsten Frieslands, Hollands und Flanderns, wo Utrecht und Brügge die wichtigsten Zielhäfen waren. Auf dem westlichen Gegenufer wurde über die Themse London erreicht mit dem großen Hanse-Kontor, dem Stalhof. Eine Nordroute führte bis Bergen. Der agrarische Osten wurde so verbunden mit den Märkten des Westens, wobei in Ost-West-Richtung Rohstoffe wie Getreide, Holz, Pech, Asche, aber auch Pelze sowie Dörr-Fisch transportiert wurden, in umgekehrter Richtung vorwiegend Fertigwaren (besonders Tuche) sowie exotische Gewürze. Ein in Hamburg selbst hergestelltes und sehr beliebtes Produkt war das Bier, das von hier aus in alle bekannten Häfen exportiert wurde.

Mit dem 16. Jahrhundert weitete sich der Handel aus. Island und die Iberische Halbinsel wurden in den Fernhandel einbezogen, danach auch Italien und Marokko. Die Frachtensegler nahmen an Größe und Laderaum zu und die Produktpalette wurde vielseitiger.

Ende des 18. Jahrhunderts belegt die im Jahre 1791 begonnene Registrierung der Schiffsankünfte, daß sich Hamburg zum führenden deutschen Hafen entwickelt hatte; rd. 2 000 Schiffsankünften in Hamburg im Jahre 1798 standen nur rd. 900 in Lübeck und rd. 480 in Bremen gegenüber. Obgleich viele weitere Märkte erschlossen waren, lagen die Fahrtgebiete noch überwiegend im europäischen Raum, denn die Häfen Großbritanniens und der Iberischen Halbinsel wußten ihre Monopolstellung als Umschlagplatz zu den Kolonialgebieten bis weit ins 19. Jahrhundert hinein zu behaupten. Der Umschwung kam mit der zunehmenden Liberalisierung des Welthandels, zusammen mit dem Einsatz von Dampfschiffen.

Als erstes Dampfschiff machte 1816 die „Lady of the Lake“, von England kommend, in Hamburg fest, und damit begann ein neues Zeitalter in der hamburgischen Seeschiffahrt. Wenn auch noch bis in die zweite Hälfte des 19. Jahrhunderts Frachtensegler die Mehrzahl der Hamburg anlaufenden Schiffe ausmachten, signalisieren doch die neuen Größenordnungen das bevorstehende Ende des Windjammer-Zeitalters: Dampfschiffe hatten durchschnittlich eine dreimal so große Ladekapazität wie Segelschiffe – und sie waren darüber hinaus in allen Fahrtrouten witterungsunabhängig.

Die Entwicklung in den letzten Jahrzehnten vor dem Ersten Weltkrieg verlief in Hamburg rasant:

- die *Schiffsankünfte* zwischen 1870 und 1913 stiegen von 4 144 auf 15 073;
- der *Güterumschlag* nahm in dem gleichen Zeitraum von 1,8 Mio. t auf 25,5 Mio. t zu;
- Die *Liniendienste* (= regelmäßige Linienverbindungen zu anderen Häfen) vermehrten sich von 40 auf 181 (von 1874 bis 1913).

Damit war Hamburg im Jahre 1913 als moderner Welthafen existent.

Während des Ersten Weltkrieges brach die Entwicklung abrupt ab, denn die Handelsschiffahrt spielte ab 1915 so gut wie keine Rolle mehr. (Zu allen Ausführungen in diesem Absatz vgl. Abb. 3.1). Die Zwischenkriegszeit erbrachte eine Erholung, wenn auch zeitweise unterbrochen durch die Weltwirtschaftkrise und die ersten Jahre der Nazi-Herrschaft. Es folgten das fast völlige Erliegen der Handelsschiffahrt im Zweiten Weltkrieg sowie der große Aufschwung im Zuge des sogenannten Wirtschaftswunders in der Bundesrepublik.

Die in den fünf Nachkriegsjahrzehnten steil ansteigenden Kurven des hamburgischen Imports, Exports und Gesamtumschlages zeigen zwar mehrfach konjunkturbedingte Abflachungen bzw. Einschnitte, haben aber im Endergebnis bis zur Gegenwart Rekordmarken erreicht. In der entgegengesetzten Entwicklung bei der Zahl der Schiffsankünfte, die seit den 1960er Jahren permanent rückläufig ist, drückt sich nun der tiefgreifende Strukturwandel im Seegütertransport der Gegenwart aus. Die Weltmeere werden auf den Hauptlinien von

Abb. 3.1: Güterumschlag und Schiffsankünfte im Hamburger Hafen von 1880–1998
Quellen: Stat. Landesamt Hamburg / Hamburger Hafenhandbuch 1982 / 83

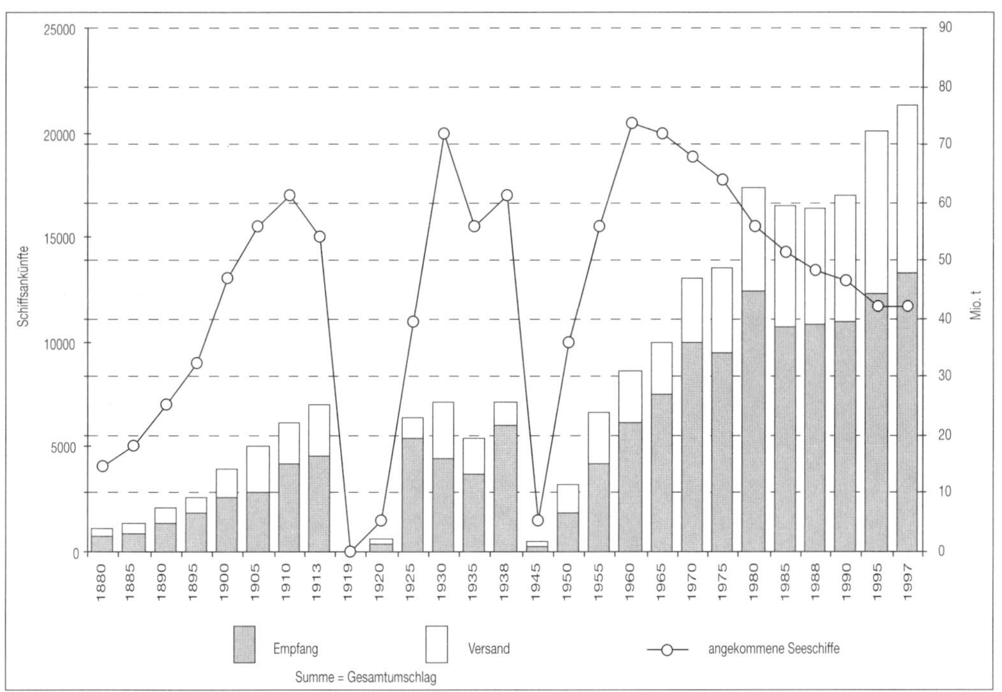

Raummaße:
Bruttoregistertonne
gibt den Rauminhalt eines Schiffes unter Einbeziehung sämtlicher Schiffsräume an.
Nettoregistertonne
gibt den Rauminhalt eines Schiffes bezogen auf Laderäume und Fahrgasträume an. Es ist dies der gewinnbringende Nutzraum.
Tragfähigkeit
wird gemessen in *tons dead weight (tdw):* tdw gibt das gesamt Zuladungsgewicht eines Handelsschiffes an.

Übersicht 3.1:
Maßeinheiten zur Klassifizierung von Schiffen

immer weniger, aber dafür immer größeren Schiffen befahren. (Daß dennoch die Welthandelsflotte leichte Zuwächse aufweist, liegt hauptsächlich am vermehrten Bau von Zubringerschiffen, den sog. Feeder-Schiffen.)

Die technische Möglichkeit zur immensen Steigerung der Schiffsgrößen hat zu immer größeren Einheiten geführt. Bei den Großtankern sind Schiffe mit bis zu mehr als 550 000 tdw in Dienst genommen worden. Die Schiffsgrößenklassen bei den Containerschiffen haben in der vierten Generation die Kapazität von 4 000 bis 5 000 TEU *(twenty foot equivalent unit)* erreicht (TEU = 20 Fuß Standardcontainer), noch übertroffen von den Post-Panmax-Containerschiffen (solche, die den Panamakanal nicht mehr passieren können) mit 5 000 bis 6 000 TEU.

Die Kopenhagener Reederei Maersk betreibt seit kurzem ein Jumbo-Containerschiff mit einer Kapazität von 7 000 TEU.

Diese Entwicklung zu Übergrößen hatte insgesamt Veränderungen im Reedereiwesen sowie im Ablauf des Umschlags und im Fahrtroutennetz zur Folge. Es läßt sich feststellen:

- Die Reeder sind zur Kooperation in Konsortien übergegangen, um die hohen Investitionskosten, welche die Großraumschiffe erfordern, für die einzelnen Reedereien tragbar werden zu lassen.
- Zunehmend wurden kleinere Schiffe durch immer größere ersetzt und damit die Zahl der Schiffe reduziert, was den Reedereien Vorteile erbrachte, da Kapital und Betriebskosten nicht proportional mit der Schiffsgröße steigen.
- Die teuren Hafenliegezeiten mußten minimiert werden. Daher sind die Reedereien bemüht, den Überseeverkehr mit den neuen großen Schiffseinheiten auf möglichst wenige Häfen zu konzentrieren.

Diese Bündelung von Verkehrsströmen hat zur Herausbildung von Schwerpunkthäfen geführt und damit auch die Spezialisierung der deutschen Nordseehäfen auf bestimmte Fahrtgebiete gefördert.

3.1.1 Die Konzentration der wichtigsten Verkehrsströme auf wenige Haupthäfen

Für den Hafen Hamburg lagen im Güterverkehr über See bis ins 19. Jahrhundert die traditionellen Schwerpunkte eindeutig in Europa. Noch im Jahre 1855 war der Europaverkehr der Anzahl der Schiffe nach mit 90 %, gemessen an der Tonnage mit 83 % am Seeverkehr Hamburgs beteiligt, es dominierten hierbei die englischen Häfen als Partnerhäfen (Kohletransporte). Erst in der zweiten Hälfte des 19. Jahrhunderts verstärkte sich der Nordatlantik-Verkehr (er erreichte 1913 mit Zielgebiet Nordamerika rd. 14 %), und erst seit Ende des Zweiten Weltkrieges kommt dem Seegüterverkehr Hamburgs mit Asien, speziell Fernost, eine wachsende Rolle zu. Der Asienverkehr startete 1948 mit nur 5 % Anteil am hamburgischen Seegüterverkehr (Umschlag in t), um sich bis 1987 auf 20,6 % zu steigern, darunter 14,9 % auf Fernost entfallend. 1998 resultierten von den 75,8 Mio. t Gesamtumschlag des Hamburger Hafens 20,9 Mio. t aus dem Asienverkehr, wobei 16,6 Mio. t auf Fernost entfielen, d. h. der Anteil des Asienverkehrs betrug jetzt 27,6 % des gesamten Seegüterverkehrs, der Anteil des Fernostverkehrs 21,9 %. Trotz der „Asienkrise" hatten sich dabei die Zahlen gegenüber 1997 nur geringfügig verändert, denn im Asienverkehr hatte der Export 1998 zwar 1,01 Mio. t weniger als im Vorjahr zu verzeichnen, dafür hatte der Import um 1,1 Mio. t zugenommen.

Zum Asienverkehr:
Der ökonomische Aufschwung in Fernost hat bekanntermaßen die Weltwirtschaft nachhaltig beeinflußt und die Globalisierung der Märkte entscheidend initiiert. Der asiatisch-pazifische Raum entwickelte sich dabei in seiner Gesamtheit zu einem großen Markt, wird aber von Übersee her aufgeschlossen in erster Linie über die beiden „Mainports" Hongkong und Singapur. Die Betriebsgemeinschaften international agierender Reedereien (man nimmt an, daß in Zukunft nur noch 10 große Konsortien als „global players" marktbeherrschend sein werden) versuchen, durch das Anlaufen nur weniger Zielhäfen die Ladungsströme im Containerverkehr so kostensparend wie möglich zu bündeln, Leerlaufquoten zu minimieren und zeitsparende Abläufe zu erreichen. So übernehmen Hongkong und Singapur die Funktion großer Verteilerhäfen, von denen aus die Transportgüter über die Zubringerdienste mit den Feeder-Schiffen bis weit in den asiatisch-pazifischen Raum weitergeleitet werden. Allerdings haben auch die Häfen Kaohsiung (Taiwan) und Pusan (Süd-Korea) schon eine beachtliche Stellung erringen können; Shanghai und Tokio ziehen nach.

Die Konzentration auf die asiatischen Mainports und das damit verbundene überproportionale Wachstum des Containerumschlags in diesen Häfen spiegelt die Tabelle 3.2 wieder. Hauptakteure auf der Bühne des Containerumschlags sind demnach eindeutig Singapur und Hongkong, die spektakuläre Zuwachsraten aufweisen. Von 1980 bis 1998 hat sich der Containerumschlag in Singapur mehr als versechzehnfacht, in Hongkong verzehnfacht. – Der wichtigste Hafen Europas, Rotterdam, führte bis 1986 die Weltrangliste des Containerumschlags an und lag 1998 auf Platz 4, während Hamburg im gleichen Jahr auf Platz 7 folgte.

Tab. 3.2: Containerumschlag der 20 wichtigsten Containerhäfen der Welt in TEU*
Quelle: HHVW (Hafen Hamburg Verkaufsförderung und Werbung e.V.)
* TEU – twenty foot equivalent unit = 20 Fuß Standardcontainer

Position 1998 / Hafen	1980	1994	1995	1996	1997	1998
1 Singapur	917 000	10 387 600	11 846 014	12 943 900	14 135 200	15 100 000
2 Hongkong	1 464 961	11 050 030	12 549 746	13 460 343	14 386 000	14 650 000
3 Kaohsiung	979 015	4 899 879	5 053 183	5 063 048	5 693 339	6 271 053
4 Rotterdam	1 900 707	4 539 253	4 786 576	4 971 449	5 494 698	6 010 502
5 Pusan	634 208	3 212 637	4 502 596	4 760 507	5 233 880	5 752 955
6 Long Beach	624 900	2 573 827	2 843 502	3 067 324	3 504 603	4 097 689
7 Hamburg	783 383	2 725 718	2 890 181	3 054 320	3 337 477	3 546 940
8 Los Angeles	632 784	2 518 618	2 555 204	2 698 025	2 959 715	3 378 218
9 Antwerpen	724 247	2 208 173	2 329 135	2 653 909	2 969 189	3 265 750
10 Shanghai	30 000	1 195 000	1 526 500	1 971 300	2 520 000	3 066 000
11 Dubai	273162	1 881 990	2 073 081	2 247 024	2 600 102	2 800 000
12 New York	1 947 000	2 033 919	2 218 531	2 269 145	2 456 866	2 520 000
13 Felixstowe	393 410	1 746 653	1 923 936	2 064 947	2 251 379	2 500 000
14 Tokio	631 505	1 805 401	2 177 407	2 311 453	2 382 625	2 450 000
15 GioiaTauro			16 192	575 074	1 448 492	2 125 640
16 Yokohama	722 025	2 317 101	2 727 153	2 334 433	2 327 937	2 056 856
17 San Juan	851 919	1 532 842	1 539 374	1 545 200	1 781 250	2 000 000
18 Tanjungprio	87 110	1 164 132	1 300 126	1 424 083	1 670 744	1 898 069
19 Kobe	1 456 048	2 915 854	1 463 516	2 229 320	1 944 208	1 853 000
20 Algeciras	240 488	1 003 528	1 154 714	1 306 825	1 537 627	1 825 614
gesamt	15 293 872	61 712 155	67 476 667	72 951 629	80 635 331	87 168 286

3.1.2 Rotterdam als Mainport Europas / Die Hamburg-Antwerpen-Range

Im Nordseegebiet ist der wichtigste Zielhafen für die internationale Container-Schifffahrt Rotterdam. An zweiter Stelle steht Hamburg.

Rotterdam ist damit auch führend in der „Hamburg-Antwerpen-Range", als welche die fünf größten Nordseehäfen Antwerpen, Rotterdam, Amsterdam, Bremen / Bremerhaven und Hamburg bezeichnet werden. Sie bilden eine Hafenkette besonderer Art, indem sie sich durch bestimmte Gemeinsamkeiten wie auch durch erhebliche Unterschiede auszeichnen. Die schlichte Kennzeichnung, daß sie alle fünf Nordseehäfen sind, ist nämlich insofern irreführend, als Rotterdam der einzige Hafen in unmittelbarer Randlage zur offenen Nordsee ist. Damit besitzt es nicht nur einen Lagevorteil gegenüber Hamburg und Bremen, sondern auch gegenüber den beiden ihm benachbarten Häfen Antwerpen und Amsterdam. Denn Antwerpen liegt 80 km scheldeaufwärts und Amsterdam am Ijsselmeer und 24 Kanalkilometer von Ijmuiden entfernt. Gemeinsam aber ist diesen drei Häfen im Rheinmündungsgebiet der Lagevorteil einer Nachbarschaft zu hochverdichteten Siedlungsgebieten, d. h. zur Randstad Holland, zu den Siedlungsagglomerationen Belgiens und zum Ruhrgebiet. Außerdem sind über die „Rheinschiene" günstig zu erreichen das Rhein-Main-Dreieck, der Stuttgarter Raum und weitere südliche Ballungsgebiete. Daher hat sich neben Rotterdam, der dominierenden Hafen- und Wirtschaftsmetropole der Niederlande, auch das belgische Antwerpen gut im Wettbewerb behaupten können und liegt, wenn auch nicht im Containerumschlag, so doch im Gesamtumschlag an zweiter Stelle der Häfen der Hamburg-Antwerpen-Range (vgl. Tab. 3.3). Bleiben die beiden deutschen Seehäfen Bremen / Bremerhaven und Hamburg. Von ihnen hat Hamburg, obgleich rd. 100 km von der offenen Nordsee entfernt, seine traditionelle Vormachtstellung behaupten können. Nicht zuletzt, weil es via Nord-Ostsee-Kanal zugleich als Deutschlands größter Ostseehafen fungiert und im Transitverkehr nach Skandinavien führend ist.

Zum Transitverkehr:
Der Transitverkehr über den Hamburger Hafen nimmt ständig zu. 1997 hatte er mit 10,99 Mio. t eine Rekordmarke erreicht. Finnland, Dänemark, Schweden und Polen standen an der Spitze der Rangliste. Kritiker merken an, daß der Hafen damit mehr und mehr zu einer Art „Containerschleuse" wird und die eigentliche Hafenwirtschaft einen Bedeutungsverlust erleidet. Vielleicht ist dagegenzuhalten, daß der Ausbau von internationalen Verkehrsbeziehungen auch zu Kontakten führt, die nicht nur von politischem Wert sind, sondern ebenfalls zu ökonomisch meßbaren Erfolgen führen können.

Da für die Häfen der Hamburg-Antwerpen-Range dieselben Zollbedingungen gelten – seit Errichtung der Europäischen Zollunion (1.7.1968) – und alle fünf multifunktionale Universalhäfen mit umfangreichen Hafenindustrien sind, ist die eben beschriebene Situation der Hinterlandsverkehre entscheidend für den Wettbewerb der Häfen untereinander. Für Hamburg ist Rotterdam die große Herausforderung. Wie die Tabelle 3.3 erkennen läßt, hat sich die Elbestadt, trotz ungleicher Ausgangspositionen, in diesem Wettbewerb bislang verhältnismäßig gut behaupten können. Wenn auch Rotterdam im Jahre 1997 mit 310 Mio. t Gesamtumschlag eine absolute Spitzenposition innehatte, konnte Hamburg bis zu diesem Jahr seinen Gesamtumschlag immerhin auf 76,5 Mio. t steigern (von knapp 47 Mio. t im Jahre 1970); vor allem im Containerumschlag holte Hamburg auf und lag 1997 bei 3,3 Mio. TEU (Rotterdam 1997: 5,4 Mio. TEU).

Während der gesamten Nachkriegszeit hatte Hamburg gegenüber den übrigen Häfen der Hamburg-Antwerpen-Range noch den Nachteil, daß es dicht an der deutsch-deutschen Grenze lag und damit

Jahr	Antwerpen	Rotterdem	Amsterdam	Bremische Häfen	Hamburg
	Gesamtumschlag in 1 000 t*				
1970	78133	225790	22761	23384	46959
1980	78954	272970	22377	26961	62393
1990	102009	287876	31332	30205	61097
1991	101346	291777	32380	31290	65204
1992	103627	293386	33163	30287	64880
1993	101854	282209	30513	28350	65772
1994	109494	293794	29985	30882	68438
1995	108073	294303	31229	31193	72189
1996	106526	291939	36687	31560	70919
1997	111895	310143	36750	34014	76503

* für Hamburg stimmen die Zahlen nicht voll mit denen der Tabelle 3.1 überein, weil unterschiedliche Quellen benutzt werden mußten

Jahr	Antwerpen	Rotterdem	Amsterdam	Bremische Häfen	Hamburg
	Containerumschlag in TEU (= 20-Fuß-Einheiten)*				
1971	169474	399847	39000	244871	111653
1980	724247	1900707	98000	698223	783383
1990	1549113	3665955	68956	1197775	1979531
1991	1761422	3765791	60129	1276948	2177836
1992	1835595	4122782	71845	1315191	2246204
1993	1876296	4161160	91693	1357636	2494595
1994	2208173	4539000	89608	1502878	2725718
1995	2329135	4787000	91111	1524421	2894977
1996	2653909	4933754	134873	1543405	3060192
1997	2969189	5445424	64234	1705081	3352425

* für Hamburg stimmen die Zahlen nicht voll mit denen der Tabelle 3.2 überein, weil unterschiedliche Quellen benutzt werden mußten

Tab. 3.3: Güterverkehr über See in den Häfen Antwerpen, Rotterdam, Amsterdam, den Bremischen Häfen und Hamburg 1970 bzw. 1971, 1980 und 1990 bis 1997
Quelle: Stat. Landesamt Hamburg

am „Eisernen Vorhang", der die westliche Wirtschaft vom Osten abschottete. Seit 1990 hat sich dieser Nachteil in einen Vorteil verkehrt, denn die Öffnung nach Osten bedeutet eine große Erweiterung des potentiellen Hinterlandes. Von Skandinavien, zu dem die Bindungen durch den 1995 erfolgten Beitritt Schwedens und Finnlands zur EU noch verstärkt wurden, zieht sich das neue wirtschaftsgeographische Einflußgebiet Mitteleuropas in einem großen Bogen über Rußland bis zur Türkei, alle innerhalb dieses Halbkreises liegenden Länder einschließend. Der so bezeichnete Raum umfaßt, wenn man die Türkei mitrechnet, einen Markt von rd. 400 Mio. Verbrauchern.

Verständlicherweise aber hat sich nicht nur Hamburg mit seinen Hinterlandverkehren (s. Kap. 3.3.4) auf die neue Situation eingestellt, sondern auch die Westhäfen möchten von ihr profitieren. So hat Rotterdam einen Container-Shuttle-Zug entwickelt, der im direkten Pendelverkehr den Rotterdamer Hafen mit Prag verbindet. Solche Verkehre werden durch eine offensive Hafenpolitik der Niederlande unterstützt. Zum Beispiel erhebt der niederländische Staat für die Nutzung seines Schienennetzes keine Trassenpreise von den Betreibern, und für die Einrichtung der Container-Shuttle-Verkehre wurden vom Staat Beihilfen zur Anschubfinanzierung zur Verfügung gestellt. „Eine Wettbewerbsverzerrung" argumentieren die Verantwortlichen in den deutschen Häfen und versuchen, über die EU zu einer gemeinsamen, wettbewerbsneutralen Verkehrspolitik zu kommen (z. T. über den Weg einer Klage am EU-Gerichtshof).

Um sich besser gegenüber den Rheinmündungshäfen und speziell Rotterdam behaupten zu können, wäre eine stärkere Kooperation zwischen Hamburg und Bremen sinnvoll. Ende 1997 wurden Pläne bekannt über eine mögliche Zusammenführung der beiden Großunternehmen HHLA (Hamburger Hafen- und Lagerhausgesellschaft) und BLG (Bremer Lagerhaus Gesellschaft) zu einer *Deutsche Bucht AG*. Die BLG, die in Bremerhaven mit dem Containerterminal III (CT III) und den geplanten CT III a und CT IV vermehrt Schiffsliegeplätze für die Containerschiffe der 4. Generation und für Post-Panmax-Schiffe zur Verfügung hat bzw. in kürze stellen kann, sollte bei der geplanten Kooperation schwerpunktmäßig den Containerumschlag betreiben, die HHLA sich verstärkt auf Lagerei, Logistik und Distribution konzentrieren. Das Konzept erschien vernünftig, doch nach kurzer Zeit zerschlugen sich die Verhandlungen. Vor diesem Hintergrund kam Anfang 1998 die Nachricht von einer Fusion der BLG mit der Hamburger Eurokai-Gruppe, der privaten Konkurrenz der HHLA, einer Sensation gleich. Seit 1.1.1999 betreiben nun die BLG und die Eurokai-Gruppe ihre Containergeschäfte gemeinsam, und nach einem Zusammenschluß der Unternehmen zum 1.1.2000 ist eine Börseneinführung für das Jahr 2003 geplant. – Daß zur gleichen Zeit, als sich die Verhandlungen zwischen der HHLA und der BLG Ende 1997 zerschlugen, die dänische Großreederei Maersk eine Beteiligung an einer BLG-Untergesellschaft erwarb, seither den CT III in Bremerhaven mitbetreibt und im Jahre 1999 auch ihren letzten Ostasiendienst von Hamburg nach Bremerhaven verlegt hat, stellt für Hamburg ebenfalls einen Verlust dar. (Allerdings muß hierzu angemerkt werden, daß ein Teil der früher durch Maersk in Hamburg umgeschlagenen Container jetzt nach einem Umschlag in Bremerhaven auf Feederschiffen den Hamburger Hafen erreicht.)

3.1.3 Die Elbe als Schiffahrtsweg

Hamburg liegt rd. 100 km von der offenen Nordsee entfernt, und dies ist ein gravierender Lagenachteil gegenüber Rotterdam. Schiffe mit Zielhafen Hamburg haben einen relativ langen Weg elbaufwärts zurückzulegen und brauchen außerdem zur Navigation durch das Fahrwasser auf der ganzen Strecke Lotsenbegleitung. – Die Fahrrinne der Elbe, deren Offenhaltung ständiger Ausbaggerung bedarf, mußte schon in der Vergangenheit in Anpassung an die Zunahme der Schiffsgrößen ständig vertieft werden.

Ab 1910 lag die Solltiefe bei –8 m, ab 1960 bei –12 m, ab 1974 bei –13,5 m. Das Baggergut wurde dabei durch Umlagerung im Strom belassen. (Vgl. im Gegensatz hierzu die Behandlung des Hafen-Baggergutes; Kap. 5.2.1.)

In den 1980er Jahren reichte die Tiefe von –13,5 m zunächst auch noch für die Containerschiffahrt. Seit Inbetriebnahme der Großcontainerschiffe der 4. Generation mit bis zu 5 000 TEU Lademöglichkeit und einem Tiefgang von bis zu ca. 13,5 m trat dagegen die Schwierigkeit auf, daß solche Schiffe den Hamburger Hafen nicht mehr voll beladen verlassen konnten. Die Hafenwirtschaft forderte daher eine weitere Elbvertiefung. Nach langen politischen Auseinandersetzungen, in denen der Gegensatz zwischen Ökologie und Ökonomie zum Ausdruck kam, wurde 1997 das Planfeststellungsverfahren eingeleitet, das auf Umweltverträglichkeitsprüfungen mit 40 Einzelgutachten basierte. Das Ziel ist eine *Fahrrinnenanpassung*, bei der störende Kuppen der Elbsohle abgetragen werden, um Solltiefen bis maximal –15 m zu erreichen. Auch ist abschnittsweise eine Fahrrinnenverbreiterung geplant, weil man davon ausgeht, daß künftige Schiffsgenerationen bei konstant bleibendem Tiefgang ein Breiten- und Längenwachstum aufweisen. Dabei werden alle diese Eingriffe nicht die gesamte Unterelbe betreffen, sondern sie lassen sich beschränken auf bestimmte Strecken des Fahrwassers, was von seiten der Planungsbehörden immer wieder gegenüber Vertretern des Natur- und Umweltschutzes betont wird. Man hofft, das gesamte Vertiefungsprojekt, mit dem Anfang 1999 begonnen wurde, bis zum Jahre 2002 beenden zu können.

In den 1960er Jahren war von Hamburger Seite auch ein *Industrie-Tiefwasserhafen* im Elbmündungsbereich projektiert worden. Nach umfangreichen Planungsvorarbeiten hatte der Hamburger Senat aber 1980 beschlossen, dieses Projekt nicht weiter zu verfolgen.

3.2 Die Rolle des Passagierverkehrs

Gegenwärtig wird der Charakter des Hamburger Hafens fast ausschließlich geprägt durch den Güterumschlag und alle damit zusammenhängenden Einrichtungen. Dies läßt vergessen, daß während des 19. Jahrhunderts und bis in das 20. Jahrhundert hinein auch die Passagierschiffahrt von Bedeutung war. Sie wurde weitgehend durch die großen Auswandererwellen des beginnenden Industriezeitalters bestimmt. 1836, im ersten Jahr der statistischen Erfassung dieser Personengruppe in Hamburg, zählte man 2 900 Auswanderer-Passagiere. Die Zahl nahm dann ständig zu, wenn auch mit erheblichen Schwankungen, die weniger mit wechselnden Bedingungen im Einwandererland zusammenhingen als mit Schwierigkeiten, die den Ausreisewilligen im Herkunftsland und auch beim Buchen der Schiffspassagen gemacht wurden. – Bevorzugt waren als Einwanderungsland die Vereinigten Staaten mit Zielhafen New York. In den Jahrzehnten ab 1860 lag die Zahl der jährlich in Hamburg sich einschiffenden Emigranten fast ausnahmslos höher als 20 000 (beispielsweise 1870: 32 556, 1871: 42 224, aber 1877 wieder nur 22 570), und sie erreichte im Jahre 1891 den Rekord von 144 239.

Bis zu diesem Zeitpunkt stellten noch die Deutschen den größten Anteil an den Auswanderern, danach überwogen mehr und mehr Polen, Russen und Südosteuropäer.

Ein Problem lag in der vorübergehenden Unterbringung der vielen Fremden in der Stadt. In den frühen Jahrzehnten machten Logis-Wirte, die sich auch darauf verstanden, Passage-Kontrakte zu vermitteln, allein ihre Geschäfte.

Erst 1892 erstellte die HAPAG für Auswanderer bestimmte Baracken am Amerika-Kai, und zu Beginn des 20. Jahrhunderts wurden die als vorbildlich geltenden Auswandererhallen auf der Veddel eingerichtet. Hingegen blieb die Überfahrt selbst beschwerlich, auch wenn im Laufe der Jahrzehnte sich die zunächst gänzlich menschenunwürdigen Verhältnisse auf den Schiffen um ein geringes verbessert hatten.

Als man 1897 die statistische Erfassung differenzierte, indem man nicht mehr automatisch alle Passagiere als Auswanderer bezeichnete, sondern eine Unterscheidung in „Auswanderer" und „Andere Reisende" vornahm, wurde deutlich, daß sich eine neue Art von Übersee-Schiffspassage zu entwickeln begann: Der Geschäfts- und Vergnügungs-Reiseverkehr. Die „Anderen Reisenden" machten zu Beginn der neuen Erhebungsweise zwar noch nicht einmal 10 % der Passagiere aus, hatten kurz vor Ausbruch des Ersten Weltkrieges aber bereits einen Anteil von 21 % erreicht (1913: 244 097 Passagiere, darunter 51 364 „Andere Reisende"). Seit den 1920er Jahren spielte der Emigrantenanteil kaum noch eine Rolle, und wegen ihrer nur geringen Anzahl verzichtete man ab Mitte der 1960er Jahre ganz auf die gesonderte Erfassung der Auswanderer. Da sich in der Nachkriegszeit das Flugzeug zum Hauptträger des überseeischen Geschäftsverkehrs wie auch des Ferntourismus entwickelte, sanken die Zahlen des Schiffs-Passagierverkehrs im Hamburger Hafen erheblich ab; 1968 wurden nur noch 16 472 Schiffspassagiere registriert. Eine Wende trat durch den 1969 eröffneten Fährverkehr Hamburg – Harwich ein, 1993 erweitert durch eine Linie Hamburg – Newcastle. Wenn sich der Kurzstreckenverkehr seinem Charakter nach auch erheblich vom Überseeverkehr unterscheidet, ließ er doch die Zahl der Passagiere wieder deutlich steigen. Im Fährverkehr liegt der Durchschnitt jetzt bei mehr als 240 000 Passagieren pro Jahr (1997: Hamburg – Harwich: 202 500 Passagiere, Hamburg – Newcastle: 44 000 Passagiere). Für diesen England-Verkehr entstand auf dem Gelände des Altonaer Fischereihafens 1991 / 93 ein spezieller Terminal, wobei man heute in der Hamburger Hafenwirtschaft bedauert, daß man sich damals gegenüber dem Senat nicht mit dem Plan eines kombinierten Fähr- und Kreuzfahrt-Terminals hat durchsetzen können, denn die großen Luxusliner der Gegenwart beginnen bereits, Hamburg zu meiden, weil für sie die vorhandenen Abfertigungsmöglichkeiten an der Überseebrücke nicht mehr ausreichend sind.

Als Reaktion hierauf wurde 1998 ein „Verein Kreuzfahrtterminal e. V." gegründet mit dem Ziel, zunächst durch Erstellung eines provisorischen Terminals für Kreuzfahrtschiffe wieder mehr Luxusliner zum Anlaufen Hamburgs zu bewegen und späterhin die große Lösung zu suchen mit einem stadtnah gelegenen (im Bereich der geplanten HafenCity?), modern ausgelegten Kreuzfahrtterminal.

3.3 Die Entwicklungen im Hafenraum

Der heutige Hafen erstreckt sich vom Hamburger bis zum Harburger Geestrand, d. h. durch das ganze, hier etwa 9 km breite Elbe-Urstromtal. Allerdings ist das Stromspaltungsgebiet zwischen Norder- und Süderelbe nicht gleichmäßig vom Hafen erfaßt worden, sondern seine Anlagen haben sich, von Hamburg ausgehend, schwerpunktmäßig um den Wasserarm Köhlbrand/Süderelbe nach Süden hin entwickelt. Im Norden weist der Hafenraum in Richtung des Hauptstroms Norderelbe eine Ost-West-Erstreckung von mehr als 15 km auf, nach Süden in Richtung Harburg verengt er sich trichterförmig und greift nicht auf das östliche Gelände des Stromspaltungsgebietes (Wilhelmsburg) über. Das Hafengebiet umfaßt gegenwärtig 30 einzelne Häfen für Seeschiffe mit insgesamt 310 seeschifftiefen Liegeplätzen, zusätzlich sind 20 Häfen für Hafen- und Binnenschiffe vorhanden. Von den 61 km Kaimauern sind 46 für den Seeumschlag geeignet.

Die Fläche des Hamburger Hafens entspricht der einer mittleren Großstadt. Durch das Hafenentwicklungsgesetz vom 25. Januar 1982 wurden das *Hafennutzungsgebiet* (89 km^2) und das *Hafenerweiterungsgebiet* (11 km^2) zum *Hafengebiet* zusammengefaßt, das mit seinen 100 km^2 der Fläche einer Stadt wie Kassel (107 km^2 bei 201 570 Ew.; 1996) vergleichbar ist.

Logischerweise werden sich innerhalb dieses Raumes im Laufe der Zeit Verschiebungen zugunsten des Hafennutzungsgebietes ergeben. Die erste erfolgte im Juni 1999 durch die Herauslösung großer Flächen Altenwerders aus dem Hafenerweiterungsgebiet, wodurch sich das Hafennutzungsgebiet um rd. 3 km^2 vergrößerte (vgl. Kap. 3.3.1, S. 182).

Der Hafenraum ist das Ergebnis einer jahrhundertelangen Entwicklung.

3.3.1 Die Hafenerweiterungen bis zur Gegenwart

Das mittelalterliche Hamburg war eine Hafenstadt im genauen Wortsinn gewesen. Die Alsterarme und die verschiedenenFleete, welche die Stadt durchzogen (vgl. Abb. 2.2), wurden für Hafenzwecke genutzt, und von den Hausgrundstücken dienten mindestens diejenigen mit Wasseranschluß dem Warenumschlag und der Warenspeicherung. So war eine weitgehende Identität von Hafen und Stadt gegeben.

Die Anlage des bastionären Befestigungssystems im 17. Jahrhundert erbrachte eine beträchtliche Stadterweiterung. Diese kam auch der Hafenwirtschaft zugute, denn durch den Bogen, den die Befestigungsanlagen im Süden der Stadt beschrieben, wurde ein ausgedehnter und zugleich geschützter Binnenhafen geschaffen, – der auch bis heute diesen Namen trägt (vgl. Abb. 2.4 – daß schon durch das Wallsystem des 16. Jahrhunderts ein Vorläufer dieses Binnenhafens entstanden war, läßt Abbildung 2.5 erkennen). Vor dem Niederbaum, einem Schwimmbaum, der die Hafeneinfahrt zum Binnenhafen abschloß, entstand als Hafenerweiterungsgebiet der Niederhafen. Auch dieser hatte seinen Vorläufer, denn bereits im 14. Jahrhundert, – bevor der Binnenhafen entstanden war, hatte es jenseits des Hafenbaums, der den damaligen Hafen im Alstermündungsgebiet abschloß, eine vorgelagerte Ladezone „to deme schore" (als Ortsbezeichnung in den Straßennamen „Schaarmarkt", „Schaarsteinweg" etc. erhalten) im Außengebiet gegeben.

Binnenhafen und Niederhafen sowie das zugehörige seeschifftiefe Fahrwaser im Elbstrom waren allerdings nur möglich geworden durch Regulierungsarbeiten, die man seit dem ausgehenden Mittelalter im Gebiet der Elbwerder betrieben hatte. Besonders der zweite Durchstich des Brook im Jahre 1604 hatte die Wasserverhältnisse entscheidend verbessert und eigentlich erst zur Existenz einer befahrbaren Norderelbe geführt. Auch in der nachfolgenden Zeit blieben ständig weitere *Strombaumaßnahmen* erforderlich, um die jeweils notwendige Wassertiefe des an Hamburg vorbeiführenden Elbarmes zu sichern.

Der Hafenausbau im ausgehenden 18. und 19. Jahrhundert stand im Zusammenhang mit der gesamtwirtschaftlichen und der technischen Entwicklung. Im letzten Viertel des 18. Jahrhunderts erweiterte Hamburg den Niederhafen auf eine Gesamtlänge von rd. 1 000 m durch eine 550 m lange Reihe von Pfahlbündeln mit vorgelegten Schlengeln, an denen Seeschiffe festmachen konnten. Durch diese Maßnahme standen zur Zeit der Hochkonjunktur im letzten Jahrzehnt des 18. Jahrhunderts immerhin etwa 400 Seeschiffplätze auf der Reede im Elbstrom zur Verfügung. Als aber Hamburg nach 1842 am Aufschwung des zweiten Konjunkturzyklus teilhatte, war auch diese Zahl nicht mehr ausreichend, und es setzten Überlegungen ein zur Anlage künstlicher Hafenbecken. Bis dahin war ein doppelter Warenumschlag notwendig: Die großen Handelssegler ankerten im Nieder- oder Binnenhafen, und hier wurde das Ladegut durch Schuten gelöscht, die anschließend den Transport bis vor die an den Fleeten gelegenen Handelshäuser vornahmen. Dort erst erfolgte der Umschlag auf die Speicheranlagen. Die geplanten künstlichen Hafenbecken sollten nun von Kaischuppen bzw. Speicherbauten flankiert werden, um so einen direkten Umschlag vom Seeschiff zur Lagerfläche zu ermöglichen. Diskutiert wurden alternativ die Anlage eines Dockhafens und eines offenen Tidehafens. Pläne (Walker-Lindley-Lübbe-Plan von 1845) und Denkschriften (Denkschrift der Commerzdeputation von 1858) unterstützten die Überlegungen. Ende der 1850er Jahre entschied man sich für einen offenen Tidehafen, und 1862/66 wurde das erste künstliche Hafenbecken geschaffen, und zwar im Verlauf des ehemaligen Festungsgrabens auf dem Brook. Nach dem dortigen alten Stadttor wurde der neue Hafen „Sandtorhafen" genannt; er existiert noch heute, wenn auch z. T. zugeschüttet und ohne Hafenfunktion.

Die Entscheidung für den *offenen Tidehafen* – sie war möglich, weil im Hafengebiet Hamburgs gegenüber anderen Nordseehäfen, wie etwa London und Antwerpen, ein vergleichsweise geringer Tidenhub vorliegt (z. Z. 3,5 m, in früheren Jahrzehnten lag er noch niedriger) – ist bis zur Gegenwart von günstiger Auswirkung. Während Schleusen Wartezeiten entstehen lassen, erlaubt der offene Hafen die ständige Aus- und Einfahrt, und außerdem ist insgesamt eine bessere Manövrierfähigkeit der Schiffe gegeben.

Der wirtschaftlichen Hochblüte der Stadt zwischen ca. 1890 und dem Ersten Weltkrieg, d. h. der Aufschwungphase der dritten „langen Welle“, ging die Schaffung eines Hamburger *Freihafens* unmittelbar voraus. Hamburg und Bremen waren auch nach der Reichsgründung von 1871 außerhalb des deutschen Zollgebietes verblieben. Auf Drängen der Reichsregierung erklärte sich Hamburg 1881 nach längeren Verhandlungen bereit, sein Territorium in das Zollinland des Deutschen Reiches einbeziehen zu lassen, unter der Bedingung, daß ein umfangreiches Hafengebiet Zollausland bleiben sollte. Am 15.10.1888 wurde der Anschluß Hamburgs an das deutsche Zollgebiet vollzogen bei gleichzeitiger Inbetriebnahme des Freihafens (der im Westen vor dem Köhlbrand endete; das jenseits des Köhlbrands liegende Gebiet im Raum Waltershof wurde erst später zum Freihafen). Zuvor hatte man 1882/88 im stadtnahen Gebiet auf der alten Brook-Halbinsel für die Warenlagerung die ausgedehnte *Speicherstadt* geschaffen (vgl. Kap. 2.3.3), und im Zwischenstromgebiet südlich der Norderelbe waren umfangreiche Aufschüttungen vorgenommen sowie wasserbautechnische Maßnahmen durchgeführt worden, um hier den Bau weiterer künstlicher Hafenbecken und ihnen zugeordneter Industrie- und Gewerbeanlagen zu ermöglichen. Als einziger industrieller Werftenstandort existierte zu dieser Zeit schon das Werk von Blohm & Voss (vgl. S. 199 in Kap. 4.2.1).

Die Anlage neuer Hafenbecken auf dem Südufer der Norderelbe folgte zügig. Schon bis zur Jahrhundertwende war die erste, östliche Gruppe mit Moldauhafen, Segelschiffhafen, Hansahafen, Indiahafen und Südwesthafen (damals „Petroleumhafen“) fertiggestellt. Auf das westlicher gelegene Gebiet griff der Hafenausbau um die Jahrhundertwende über: Fast gleichzeitig wurden hier 1902/03 Kuhwerder-, Vulkan-, Kaiser-Wilhelm- und Oderhafen in Betrieb genommen. Der Vulkanhafen wurde für einen Zweigbetrieb der Stettiner Vulkan-Werft angelegt, für den einige Jahre später auch der Roßhafen (1908) entstand. Der Ausbau dieser Häfen auf dem ehemaligen Kuhwerder stand im Zusammenhang mit der Erweiterung der Schiffsflotte der Hamburg-Amerika-Linie und außerdem mit der Flottenpolitik des Deutschen Reiches, d. h. mit den Großaufträgen der Kriegsmarine an die Hamburger Schiffswerften.

Die fächerförmig vom Elbstrom ausgehenden Becken der genannten Hafengruppen waren besonders breit, damit auch ein Umschlag „im Strom“ vom Seeschiff auf das längsseits ankernde Binnenschiff durchführbar war. Um die dem Seeschiff-Verkehr dienenden Hafengruppen herum wurden Binnenschiff-Häfen angelegt, die ihrerseits über das Kanalsystem von Müggenburger Zollhafen – Veddelkanal – Reiherstieg untereinander eine Verbindung erhielten. Fast alle Seeschiffhäfen besaßen an ihrer Rückseite Zufahrtsmöglichkeiten für Binnenschiffe, wodurch vermieden werden sollte, daß vom Strom her einfahrende Seeschiffe vom Binnenschiffsverkehr behindert wurden.

Mit dem Ausbau der Kuhwerder-Hafengruppe hatte Hamburg aber die Grenze seines damaligen Freihafenbezirkes erreicht. Das südlich angrenzende Neuhof war preußisches Territorium, und um den westlich des Köhlbrands gelegenen Raum Waltershof zu erschließen, der zu Hamburg gehörte, waren Maßnahmen erforderlich, die eine Absprache mit Preußen erforderten. Diese erfolgte 1908 mit dem dritten „Köhlbrandvertrag“, der u. a. die Verlegung der Köhlbrandmündung und eine Vertiefung des Köhlbrands erbrachte.

1929 wurde zwischen Preußen und Hamburg ein Vertrag über die Gründung einer Hafengemeinschaft geschlossen. Er sah neben den verbleibenden Einzelverwaltungen für die Häfen Hamburg, Altona und Harburg eine vierte Verwaltung für neu zu erschließende Hafengebiete vor. Durch die Angliederung Altonas und Harburgs im Zuge des Groß-Hamburg-Gesetzes wurde dann 1937 der Weg frei für eine zentrale Verwaltung des gesamten Hafenraumes. Diese neuen, günstigen Voraussetzungen blieben zwar durch den 1939 ausbrechenden Krieg zunächst wirkungslos, kamen aber in den anschließenden Auf- und Ausbauphasen voll zum Tragen.

Die *Hafenerweiterung* der Nachkriegszeit erfolgte zunächst in starkem Maße in südlicher Richtung. Das große Gelände der Hohen Schaar, das sich vom Kattwyk-Hafen 3,6 km weit nach Süden bis zur Stromgabelung Süderelbe / Reiherstieg erstreckt, wurde seit Mitte der 1950er Jahre in mehreren Ausbauphasen zur Lagerfläche (Tanks) und zur Produktionsstätte (Raffinerien) der Mineralölindustrie, hauptsächlich der Deutschen Shell AG (vgl. Kap. 4.2.1 S. 200). Westlich des 4. Harburger Seehafens erweiterte dazu die Esso AG ihr Betriebsgelände. Auf Waltershof, dem Werdergebiet westlich der Köhlbrandmündung, wo in der Zwischenkriegszeit Hafenbecken „auf Vorrat" angelegt worden waren (Maakenwerder Hafen, Waltershofer Hafen, Griesenwerder Hafen), bot sich, nachdem sich Hamburg 1967 dazu entschlossen hatte, den Hafen auf Containerumschlag einzustellen, der ideale Standort für die Terminals der Zukunft, u. a. weil die dortigen Hafenbecken von Großschiffen angelaufen werden können, ohne daß diese den eigentlichen Hafen passieren müssen. (Für Großschiffe mit einem Tiefgang von mehr als 10 m verbietet sich die Einfahrt in den Hafen östlich des alten Elbtunnels, weil in dessen Bereich die Elbsohle bei – 11 m liegt.) So wurden die beiden bis heute führenden Containerterminals auf Waltershof angelegt: der Burchardkai und der Eurokai.

Der Hafenbetrieb *Burchardkai* gehört der HHLA und ist damit stadteigen (vgl. S. 191). Er wuchs aus kleinen Anfängen zu einer Anlage mit einer Längenausdehnung von maximal 2 km und einer Breite bis zu 1 km, was möglich wurde, weil man ab dem Jahre 1970 den Maakenwerder Hafen sukzessive zuschüttete.

Auf der Südseite des Waltershofer Hafens liegt der Terminal der *Eurokai KG,* die das Gelände bereits 1966 gepachtet hatte und den Terminal ab dem Jahre 1969 in mehreren Stufen aufbaute. Er stellt die private Konkurrenz zum HHLA-Terminal Burchardkai dar.

Seit Ende der 1960er Jahre kam es außerdem zur Industrieansiedlung auf der Dradenau (1969 / 71 Hamburger Stahlwerke, jetzt Ispat) und in Altenwerder West (1970 / 73 Reynolds, jetzt Hamburger Aluminium-Werk). In Finkenwerder weitete sich die Luftfahrzeug-Industrie aus, die, bereits 1933 durch Blohm & Voss ins Leben gerufen, jetzt als „DASA" an der Produktion des Airbus maßgebend beteiligt ist (vgl. hierzu Kap. 4.2.1, S. 199 und 4.2.2, S. 203f.). Für den Massengutumschlag wurde in unmittelbarer Köhlbrand-Nähe, nämlich am Sandauhafen, 1977 der *Hansaport* eröffnet, als bedeutende Spezialanlage mit hoher Umschlagleistung den großen Containerterminals vergleichbar.

Die Hamburgisch-Preußische Hafengemeinschaft von 1929 hatte als *Hafenerweiterungsgebiet* den ganzen Raum westlich des Köhlbrands bis zur Mündung der Alten Süderelbe bezeichnet und damit eine Fläche von rd. 5 100 ha umgrenzt. Wie in der Folgezeit das Hafenerweiterungsgebiet von der Hafenplanung räumlich definiert wurde, macht Abbildung 3.2 deutlich: Durch das Hafenerweiterungsgesetz von 1961 erfuhr das Areal eine wesentliche Einengung und umfaßte nun nur noch 2 400 ha; das Hafenentwicklungsgesetz von 1982 reduzierte die Fläche nochmals um die Hälfte auf rd. 1 200 ha. Der ganze Westteil südlich von Finkenwerder mit Neß und Blumensand sollte nun nicht mehr für den Hafenausbau beansprucht werden – man kam mit dieser Freigabe auch den Naturschützern entgegen –, während im südlichen Bereich das Hafenerweiterungsgebiet um die Flächen von Moorburg-Mitte und Francop-Ost vergrößert wurde.

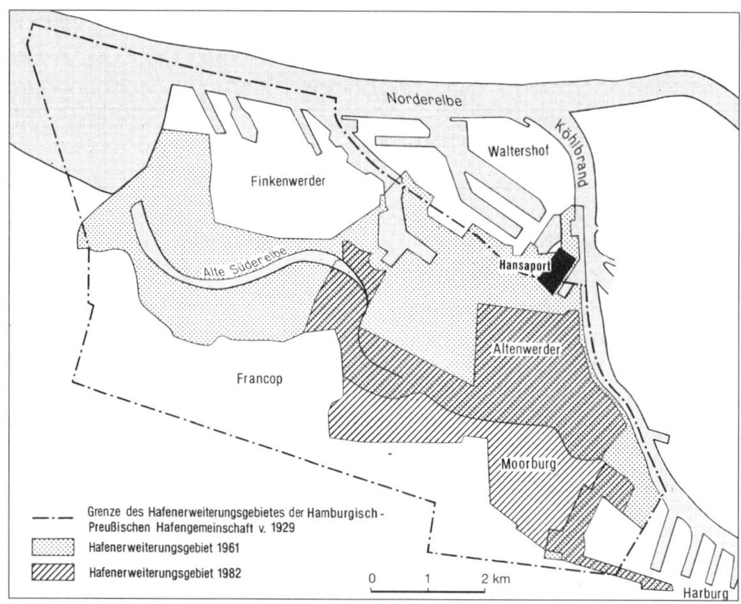

Abb. 3.2:
Die Flächen der geplanten Hamburger Hafenerweiterungsgebiete 1929 – 1982
Quelle:
MÖLLER 1985
(Große Flächen Altenwerders wurden 1999 zum Hafennutzungsgebiet erklärt; s. u. – Der neue Grenzverlauf ist auf der Karte im Hinteren Vorsatz dieses Buches ersichtlich.)

Seither bildeten den Kernbereich des Hafenerweiterungsgebietes Altenwerder und Moorburg, zwei alte Marschendörfer, die allerdings in den Jahrzehnten zuvor schon eine gewisse Umstrukturierung zu Pendlergemeinden erfahren hatten. Während das Planungskonzept für *Moorburg* von Beginn an langfristig angelegt war und 1997 nochmals in seiner Laufzeit bis zum Jahre 2021 verlängert wurde, erfolgte die Räumung der Siedlung *Altenwerder* bereits ab 1973 und ist zwischenzeitlich abgeschlossen (nur die klassizistische St. Gertrudenkirche von 1831 blieb erhalten. Sie wurde unter Denkmalschutz gestellt und grüßt, von der vielbefahrenen A 7 sichtbar, den Autofahrer als ein Zeuge vergangener Dorfkultur).

1996 begannen in Altenwerder die Bauarbeiten für einen multifunktionalen Container-Terminal, die wohl fortschrittlichste logistische Großanlage des Hamburger Hafens. Vorgesehen ist auf einer Fläche von 215 ha die Konzentration aller wesentlichen Funktionen, denn es sollen in einer Ost-West-Folge auf breiten Geländestreifen angelegt werden:

- eine Kaianlage am Köhlbrand,
- eine 400 m tiefe Fläche für Containerumschlag,
- ein 400 m tiefes Distributionszentrum mit Lager- und Packhallen, Stückgutschuppen, Werkstätten und Verwaltungsgebäuden,
- ein 800 m tiefes Güterverkehrszentrum mit Bahnhof für kombinierten Ladungsverkehr, dazu u. a. mit Frachtzentrum der DB AG, Lager-, Montage- und Weiterverarbeitungsbetrieben sowie Serviceeinrichtungen.

Zukunftsweisend an diesem Konzept ist, daß Umschlag, Lagerei, Weiterverarbeitung und Transport in einen Verbund treten, was Wegezeit und damit Kosten spart. Die Eröffnung des Terminals ist mit der Inbetriebnahme der ersten Schiffsliegeplätze für das Jahr 2001 vorgesehen.

Mit der Umnutzung der Flächen Altenwerders für Hafenfunktionen mußte eine offizielle Einbeziehung in das Hafennutzungsgebiet erfolgen. Sie wurde vollzogen mittels einer am 8.6. 1999 verabschiedeten Hafenplanungsverordnung, die Altenwerder aus dem „Hafenerweiterungsgebiet“ herauslöste und dem „Hafennutzungsgebiet“ eingliederte.

3.3.2 Die funktionale Gliederung des Hafens / Gegenwärtiger Nutzungswandel

Der Hamburger Hafen weist, grob gesehen, eine Abfolge von Nutzungsverbänden in Ost-West-Richtung einerseits und in Nord-Süd-Richtung andererseits auf (vgl. Hafenkarte im Hinteren Vorsatz dieses Buches). Im Gebiet des alten Freihafens dominieren noch heute der konventionelle Stückgutumschlag und der Schiffbau, denn hier liegen sowohl die alten Kaizungen mit ihren Einrichtungen für den Stückgutumschlag als auch die Werksgelände der Großwerft Blohm + Voss und einiger kleinerer Werften. Westlich vom Köhlbrand dagegen dienen im neuen Freihafengebiet die großen Containerterminals dem modernen Stückgutumschlag in normierten Einheiten, und außerhalb des Freihafens angesiedelt sind dort die Mineralölindustrie sowie die bedeutenden Werke der metallverarbeitenden Industrie (Ispat Hamburger Stahlwerke und Hamburger Aluminium-Werk – ehem. Reynolds) und die Hafenschlick-Trennungs-Anlage METHA – alle auf sehr ausgedehntem Werksgelände. Während in diesem Raum die Hafennutzung erst in einzelnen Flächen nach Süden vorgedrungen ist, hat sie östlich des Köhlbrands bereits den ganzen Bezirk zwischen dem alten Freihafen im Norden und den Harburger Seehäfen im Süden erfaßt, abgesehen von den Gebieten, die in Wilhelmsburg schon vor dem Prozeß der Hafenerweiterung durch früh angelegte Wohnviertel der ehemals landwirtschaftlichen Nutzung entzogen worden waren. Dieses gesamte südliche Hafengebiet, das heute eine Breitenerstreckung vom Köhlbrand bis jenseits des Reiherstiegs zeigt, ist von Massengutumschlag und -verarbeitung bestimmt. Dabei dominiert die mineralölverarbeitende Industrie mit ihren Tanklagern und Raffinerien (z. T. Konversionsanlagen, vgl. Kap. 4, S. 200). Aber auch Ölmühlen, Getreidespeicher und -mühlen, Holzlager und Sägewerke, mittelgroße textil- und metallverarbeitende Betriebe sowie Chemie-Werke haben hier ihren Standort. Am Reiherstieg liegen kleinere Werften, die hauptsächlich auf Reparatur und Wartung von Binnenschiffen und Hafenfahrzeugen spezialisiert sind, sowie Zuliefererbetriebe. Außerdem befinden sich in diesem Hafenraum mit dem HEW-Fernheizwerk Neuhof und dem HEW-Erdgas-Kraftwerk Moorburg (letzteres westlich des Köhlbrands) große Anlagen zur Energiegewinnung. Die Werksgelände nehmen in der Mehrzahl der Fälle sehr große Flächen ein.

Die folgenden Zahlen belegen, daß die Grundstoff- und Mineralölindustrie, trotz des ständigen Zuwachses an Containerumschlags-Flächen, immer noch die Spitze hält im Flächenverbrauch. Von den 3 168 ha Landflächen des Hafennutzungsgebietes entfielen 1996 auf:

- *Grundstoff- und mineralölverarbeitende Industrie* ca. 696 ha (22 %)
- *Stückgut- einschl. Containerumschlag* ca. 663 ha (21 %)
- *Flächen für Verkehrsinfrastruktur* ca. 494 ha (16%)
- *Sonstige Industrie- und Gewerbeunternehmen* ca. 485 ha (15 %)
- *Massengutumschlag* ca. 354 ha (11 %)
- *Grün im Hafennutzungsgebiet* 177 ha (6 %)
- *Freiflächen* 164 ha (5 %) (*davon frei verfügbar* ca. 103 ha)
- *Kommunale Ver- und Entsorgung, Hafenverwaltung* 135 ha (4 %).

Das geschilderte Nutzungsmuster des Hamburger Hafens ist entstanden als Folge wirtschaftlichen Kalküls, mit dem das günstige Lageangebot im Stromspaltungsgebiet in vergangenen Jahrzehnten entsprechend unterschiedlich auftretenden Nachfrageerfordernissen inwertgesetzt wurde. Das so entstandene Funktionsmuster unterliegt zwangsläufig weiterem Wandel. In dem Maße, wie in jüngerer Zeit der konventionelle

Stückgutumschlag zurückging, wuchs der Bedarf an großen Container-Stauflächen hinter den Schiffsliegeplätzen am Kai.

Bei den modernen Container-Terminals wird hinter den Schiffsliegeplätzen am Kai je nach Betriebssystem für den Umschlagsvorgang, für das Lagern, Sortieren und Verladen der Container eine Geländetiefe von 400 m – 500 m benötigt. Dies bedeutet bei einem Schiffsliegeplatz von z. B. 320 m Länge einen Bedarf an Landfläche von 12,8 ha – 16 ha.

Dieser Bedarf wird nun nicht nur durch Ausweisung neuer Terminalflächen im Hafenerweiterungsgebiet gedeckt, sondern auch durch Umstrukturierungen im alten Hafennutzungsgebiet. Man spricht in diesem Zusammenhang von einer *inneren Hafenerweiterung*.

Als erste große Umgestaltung, die quasi Signalwirkung für das weitere Geschehen hatte, ist die Aufspülung des alten Segelschiffhafens im östlichen Freihafen anzusehen. Rund 90 Jahre nach seiner Entstehung wurde dieses große Hafenbecken (34,6 ha) zwischen den Jahren 1976 und 1980 bis auf eine kleine Bucht im vorderen Bereich aufgespült. Auf der gewonnenen Landfläche entstand nachfolgend der Mehrzweck-Terminal O'Swaldkai mit modernen Umschlaganlagen und einem Fruchtzentrum, das über 70 000 m² klimatisierter Hallenfläche und 22 Kühlräume verfügt.

Entsprechend dem Vorgang der ersten Anlage künstlicher Hafenbecken, der seit der Wende zum 20. Jahrhundert von Ost nach West fortschritt, vollzieht sich auch der jetzt in der Zeit des Übergangs zum 21. Jahrhundert ablaufende Umstrukturierungsvorgang in Ost-West-Richtung.

Dem ehemaligen Segelschiffhafen benachbart liegen Indiahafen und Südwesthafen. Sie sind z. Z. Umstrukturierungsschwerpunkt im *Entwicklungsraum Mitte / Ost* (Bezeichnung der Hafenplanung für das Hafennutzungsgebiet östlich des Köhlbrands, westlich schließt der *Entwicklungsraum West* an, der auch das Hafenerweiterungsgebiet mit umfaßt). Der Indiahafen ist bereits ganz, der Südwesthafen teilweise zugeschüttet, und die nach Abschluß der Arbeiten hier neu gewonnene, etwa 57 ha große Fläche soll Unternehmen aus dem Logistiksektor zur Verfügung gestellt werden.

Weiter westlich, schon in der Nähe des Köhlbrands, ist abschnittsweise eine Zuschüttung des Vulkanhafens vorgesehen und in diesem Zusammenhang eine Verlängerung des Europakais um 270 m. Beide Maßnahmen eröffnen dem Tollerort-Containerterminal neue Entwicklungschancen. Auch für den westlich anschließenden Kohlenschiffhafen ist eine spätere Aufschüttung geplant, um hier Reserveland für den Containerterminal Tollerort und für das Klärwerk Köhlbrandhöft zu schaffen.

Die Neugestaltung macht auch vor den modernen Umschlageinrichtungen im Entwicklungsraum West nicht halt. Obgleich erst ab Ende der 1960er Jahre angelegt, müssen die großen Containerterminals ebenfalls auf die jüngsten Innovationen reagieren. Ein eindrucksvolles Beispiel bietet der in den Jahren 1996 / 98 für die Abfertigung von Post-Panmax-Containerschiffen durchgeführte Neubau des 1. Liegeplatzes am *Burchardkai*. Der bei den Maßen dieser Schiffe notwendige Einsatz von Containerbrücken mit 35 m Spurbreite machte aus statischen Gründen auf 365 m Länge eine neue Kaimauer erforderlich, die in 22 m Abstand vor der bestehenden geschaffen wurde. Gleichzeitig vertiefte man die Liegewanne auf NN – 16,5 m, – alles in allem ein aufwendiges und kostenintensives Unternehmen, denn allein die neue Kaimauer verursachte Baukosten in Höhe von etwa 28 Mio. DM.

(Zu den *Tiefenangaben:* Zumeist werden für den Hamburger Hafen die Tiefen in
KN = Kartennull angegeben,
KN beträgt im Hafengebiet NN – 1,0 m
und liegt damit im Bereich des
MTnw = Mitteltideniedrigwassers.)

Tab. 3.4: Umnutzungen im Hafenraum ab 1996
Quelle: Hafenentwicklungsplan 1997, S. 36

Bereich	Flächengewinn (in ha)	Jahr der Bereitstellung	geplante Nutzung
Südwest-/Indiahafen	57	ab 1996	Mehrzweckterminal
Griesenwerder Hafen	22	stufenweise ab 1996	Containerterminal
Vulkanhafen	17	stufenweise ab 1996	Containerterminal
Segelschiffhafen	5	ab 2000	Mehrzweckterminal
Kohlenschiffhafen	15	nach 2000	Klärwerk Köhlbrandhöft und Containerterminal
Summe	116		

Beim *Eurokai-Terminal* wurde 1998 ebenfalls ein neuer Großschiffliegeplatz (Nr. 6) in Betrieb genommen, ein weiterer (Nr. 7) wird bis zum Jahre 2001 folgen. Außerdem soll in absehbarer Zeit der Griesenwerder Hafen zugeschüttet werden, wodurch sich die Betriebsfläche des Eurokai-Terminals um 22 ha auf 104 ha vergrößert. Weiteres Flächenwachstum ist durch Einbeziehung von Teilen des benachbarten ehemaligen Raffineriegeländes möglich.

Zusammenfassend gibt Tabelle 3.4 über die geplanten, z. T. auch bereits angelaufenen Umnutzungen Auskunft.

3.3.3 Umstrukturierungen in der Hafenwirtschaft

Der moderne Stückgutumschlag

Den großen Veränderungen, welche die Containerisierung des Stückguts im Seegüterverkehr hervorgerufen hat (s. Kap. 3.1), entsprechen tiefgreifende Veränderungen in der Wirtschaft der einzelnen Häfen. Die Vorteile der Containerisierung liegen für die Häfen in erster Linie in der Beschleunigung des Umschlages. Dauert z. B. das Löschen einer Stückgutladung von 7 000 t bei einem konventionellen Frachter etwa eine Woche, so kann die gleiche Ladungsmenge containerisiert in 10 Stunden umgeschlagen werden. Und die Ladung eines Containerschiffes mit 4 000 bis 4 500 TEU braucht 20 bis 26 Stunden für den Umschlag. Hinzu kommt, daß Transport und Umschlag des Stückguts in Containern besonders warenschonend durchgeführt werden können. So war, wollte ein Hafen wettbewerbsfähig bleiben, die Containerisierung eine wirtschaftliche Notwendigkeit. Die zunehmende Umstellung auf Containerumschlag bedeutete jedoch für verschiedene traditionelle Hafenbetriebe harte Eingriffe. Negativ betroffen waren als Branchen

- die *konventionellen Stauereien*, weil das Stauen der Waren nicht mehr im Schiff stattfindet, sondern die geladenen Container vom Betrieb (bzw. der Betriebsgemeinschaft) des Terminals im Schiff gestaut werden;
- die *Hafenschiffahrt*, weil sie für den Containerverkehr nicht in Anspruch genommen wird;
- *alte Umschlagbetriebe*, die sich noch nicht zu größeren Betriebseinheiten zusammengeschlossen hatten;
- das *Quartiersleute-Gewerbe* und
- *reine Lagerungsbetriebe*, weil der Containerverkehr auf die Beschleunigung des Transports ausgerichtet ist, was eine langfristige Lagerung ausschließt (die Zwischenlagerung findet auf dem Terminal statt).

In diesen Branchen gingen viele Arbeitsplätze verloren, und die Zahl der Betriebe nahm ab. Dagegen wurden durch die Containerisierung auch neue, und zwar besonders hochwertige Arbeitsplätze geschaffen. So werden die Containerbrücken von ausgebildeten Brückenfahrern bedient, die Container-Reparaturbetriebe benötigen besonderes Fachpersonal, und für die Staupläne, die schon vor Eintreffen der Schiffe erstellt werden, entstanden hochbezahlte Arbeitsplätze für Nautiker. Der große Arbeitsplatzverlust im Hafen ist demnach zwar durch die Containerisierung ausgelöst, addiert sich aber im ganzen aus vielerlei Umstellungen und aus Rationalisierungen auch in Bereichen außerhalb des Stückgutumschlags.

Durch den veränderten Stückgutumschlag wurde auch das *Überseezentrum* in seinen Funktionen betroffen. Das zur HHLA gehörende ÜZ war 1967 im östlichsten Teil des Hafens als eine Zentrale geschaffen worden, in der Export-Sammelgut nach Bestimmungsländern sortiert, für den weiteren Transport vorbehandelt und bis zur Verschiffung zwischengelagert werden konnte. Dieses Sammelgut ging dann innerhalb des Hafens auf dem Landweg zu den Schiffen. Eine derartige Dienstleistung für den Export ist seit dem Siegeszug des Containers nur noch wenig gefragt. Demzufolge wurde das Konzept umgestellt, und das ÜZ fungiert jetzt weitgehend als Zentrum für Import-Verteilungsläger (u. a. für den Otto-Versand, für Fuji-Film und Bridgestone) und zusätzlich als Export-Sammellager für den Siemens-Konzern.

Der moderne Massengutumschlag

Der Umschlag von Massengut ist im Hamburger Hafen seit Mitte der 1990er Jahre zwar unter die 50 % Marke gesunken (unter 50 % des Gesamtumschlags, vgl. Tab. 3.1), er bestimmt durch seinen großen Flächenanspruch und die sehr verschiedenartigen technischen Einrichtungen aber immer noch in starkem Maße die Hafenlandschaft. Führend im Massengutumschlag sind nach wie vor das Greifergut, auch Schüttgut genannt (Erze, Kohle, Baustoffe, Kali und andere Düngemittel), und das Flüssiggut (Mineralöl), während das Sauggut (Getreide, Ölfrüchte) nur eine untergeordnete Rolle spielt (vgl. die Mengenangaben in Tab. 3.1). Für die verschiedenen Güter werden sehr unterschiedliche Umschlag- und Lagereinrichtungen benötigt, denn während bei Erzen und Kohle Haldenlagerung möglich ist, erfordern Kali und andere Düngemittel Behälterlagerung, und die Sauggüter gehen in Silos. Für alle Arten von Umschlag und Lagerung standen in Hamburg stets die speziellen Einrichtungen zur Verfügung, wie Umschlagbrücken mit Kombigeräten zum Greifen von Schüttgut, Elevatoren zum Löschen von Sauggut, Silos zur Zwischenlagerung etc. Auch hier hat sich in den letzten Jahrzehnten ein neuer technischer Standard durchgesetzt, wenn auch nicht immer mit so augenfälligem Ergebnis wie bei der Umstrukturierung im Stückgutbereich. Das gleiche gilt für den Arbeitskräfteabbau, den die Automatisierung vieler Arbeitsabläufe erbrachte, der aber, weil der Massengutumschlag von jeher wenig arbeitsintensiv verlief, in den Relationen weit geringer als beim Stückgutumschlag ausgefallen ist.

Die große zentrale Anlage für den Massenschüttgut-Umschlag ist der *Hansaport* am Sandauhafen, 1977 eröffnet und betrieben von der Hansaport-Hafenbetriebsgesellschaft mbH, einer Tochter des Salzgitterkonzerns (51 %) und der HHLA (49 %). Die Beteiligungsmehrheit des Salzgitter-Konzerns zeigt dessen Interesse an. Nachdem sich die Abbauwürdigkeit der Erze im Raum Salzgitter in der Nachkriegszeit drastisch verringert hatte, wurde der Betrieb der Hütten vom Importerz abhängig und ein schneller Transport der Erze vom Einfuhrhafen Hamburg ins Binnenland für die angestrebte Rentabilität notwendig. Tatsächlich können seit Inbetriebnahme des Hansaport die Erze (z. T. schon hier in der richtigen Zusammensetzung für die Verhüttung gemischt) mit Schwerlastzügen, von denen jeder 4 000 t transportieren kann, vom Sandauhafen direkt bis vor die Hochöfen in Salzgitter gefahren werden, und die Erhöhung der Fahrgeschwindigkeit der Leerzüge auf 100 km/h erlaubt einen 24stündigen Wagenumlauf (einmal täglich im Last- und Leerlauf).

Nachdem die Stahlkrise zunächst zu einem gewissen Einbruch geführt hatte, boomt z. Z. der Umschlag im Hansaport (allein der Erz-Umschlag lag 1997 schätzungsweise bei mehr als 7 Mio. t – genaue Zahlen sind Betriebsgeheimnis). Daneben werden in der Anlage auch verstärkt andere Massengüter wie Baustoffe und Düngemittel umgeschlagen.

Der Paperless Port

Die Schnelligkeit des Informationsflusses ist für die Qualität eines Hafens entscheidend. Seit längerem sind in Hamburg über das Datenkommunikationssystem DAKOSY mehr als 150 Hafenbetriebe miteinander vernetzt – vom Im- und Exporteur, Seehafenspediteur und Schiffsmakler bis hin zum Kaibetrieb – und können auf diesem Weg zwischenbetrieblich Informationen austauschen. Ins Hinterland und bis nach Übersee werden entlang der gesamten Transportkette Daten über EDI-Schnittstellen (EDI = Electronic Data Interchange) vermittelt. Ziel ist ein Paperless Port, in welchem allen am Güterverkehr Beteiligten eine papierlose Kommunikation und Verwaltung ermöglicht werden. Dazu tragen noch die folgenden Einzelsysteme bei:

- das vom Bund und der Hansestadt Hamburg geförderte Programm ISETEC (Innovative Seehafentechnologien), das vorzugsweise auf neue, leistungsfähige Datenverarbeitungslösungen für Betriebsabläufe auf den Terminals ausgerichtet ist;
- das Hafenbahnbetriebs- und Informationssystem HABIS (s. Kap. 3.3.4);
- das Gefahrgutinformationssystem GEGIS, welches mit seinen Informationen über Gefahrgüter auch der Schadensvorbeugung dient;
- das Datenverarbeitungssystem DOUANE, über das die elektronische Zollabwicklung läuft.

Außerdem wurde eine Informationskette *Ostverkehre* mit Datenknoten in Dresden und Prag aufgebaut, und mehrere weitere Programme sind in der Entwicklungsphase.

Zu beachten ist, daß diese branchen- und firmenübergreifenden Systeme besonders den kleinen und mittleren Unternehmen zugute kommen, da die großen Hafenbetriebe durchweg bereits über interne Lösungen verfügen.

3.3.4 Die Verkehrsträger im Hafenraum und die Anbindung an das Hinterland

Im Laufe der Jahrzehnte haben sich die Hinterlandverkehre sowohl bezüglich der Verkehrsträger als auch in ihrem Volumen beträchtlich verändert.

Beim Bau des Hamburger Hafens waren besonders breite Hafenbecken für den Umschlag im Strom angelegt und die seeschifftiefen Becken für den Binnenschiffsverkehr durch ein rückwärtiges Kanalsystem zugänglich gemacht worden (vgl. S. 180), – beides im Hinblick auf den damaligen Hauptverkehrspartner des Seeschiffs, das Binnenschiff. Noch 1914 war am Hamburger Hinterlandverkehr das Binnenschiff zu 80 % beteiligt, und die übrigen 20 % entfielen, da ein Lkw-Verkehr noch nicht existierte, auf den Bahnverkehr. 1938 hatte sich das Verhältnis auf 40 % Binnenschiff, 40 % Bahn und 20 % Lkw verändert. In der Gegenwart aber sind die Verkehrsträger in erster Linie die Bahn und der Lkw. Das Binnenschiff, in der Nachkriegszeit bis 1990 durch die 1945 gezogene Grenze in seiner Aktionsfähigkeit behindert – wenngleich der Verkehr mit der damaligen DDR, mit Tschechien und, über Seitenwasserstraßen, auch mit Polen in gewissem Umfang aufrechterhalten wurde –, wird seine zunächst politisch erzwungene Nebenrolle wohl auch weiterhin spielen müssen, da Mittel- und Oberelbe in ihrem jetzigen Zustand dem modernen Wasserstraßen-Güterverkehr nicht gerecht werden (vgl. S. 190f.).

Bahn und Lkw also sind es, welche die großen Gütermengen aus dem Hamburger Hafen in das Hinterland transportieren und umgekehrt. In ihrer Fähigkeit, umfangreiche Volumina über besonders weite Entfernungen umweltfreundlich zu fördern, ist hierbei die Bahn dem Lkw überlegen. Man rechnet, daß beim Containertransport über mehr als 150 km die Bahn mit einem Anteil zwischen 70 % und 80 % führend ist.

Die Bahntransporte laufen vom Hafen aus über eine spezielle Einrichtung: über die Hamburger Hafenbahn.

Die Hamburger Hafenbahn und das Informationssystem HABIS

Hafenbahnen werden teils als Öffentliche Eisenbahnen (Bremen, eingeschränkt auch Kiel), teils als Nichtöffentliche Eisenbahnen (Bremerhaven, Hamburg, Lübeck) betrieben.

Für die Hamburger Hafenbahn ist noch heute der Hafenbahnbetriebsvertrag von 1929 gültig, geschlossen zwischen dem Hamburger Staat und der damaligen Reichsbahn, deren Rechtsnachfolger die Deutsche Bahn AG ist. Der Vertrag, seither ergänzt durch Zusatzverträge und gesonderte Vereinbarungen, sieht im Bereich des Hamburger Hafens eine Trennung der Zuständigkeiten für Fahrweg nebst Anlagen und für den Betrieb der Bahn vor. Konkret: Hamburg ist im Hafenraum als Grundeigentümer zuständig für Planung, Bau, Instandhaltung und Modernisierung der ihm gehörenden Bahnanlagen, während die DB AG (Geschäftsbereich DB Cargo) das Betriebspersonal zur Verfügung stellt und für Fahr- und Rangierbetrieb zuständig ist, d. h. DB Cargo betreibt die Hafenbahn im Namen und auf Rechnung der Freien und Hansestadt Hamburg.

Der Vorteil dieser Spezialeinrichtung *Hafenbahn* liegt darin, daß Hamburg entscheidenden Einfluß auf die Funktionsfähigkeit des ersten Bindegliedes zwischen See- und Landverkehr nehmen und gezielt Investitionen zur Steigerung der Schnelligkeit des Güterumschlags vornehmen kann – das Feld, auf dem sich der harte Wettbewerb zwischen den Seehäfen abspielt.

EDV-Systeme sind bei der Organisation der Verkehrsabläufe unverzichtbar. Seit 1989 existiert HABIS, das „Hafenbahn-Betriebs- und Informationssystem“, ein Gemeinschaftsprojekt Hamburgs und der DB AG, das in Zusammenarbeit mit der DAKOSY, der Datenkommunikationssystem GmbH, entstand und betrieben wird. HABIS erfuhr 1995 einen wesentlichen Ausbau (HABIS II) und kann jetzt allen Interessenten sämtliche Informationen über Wagen- und Lokstandorte, Gleisbelegungen, Fahrpläne, Ein- und Ausgänge von Waggons in Realzeit zur Verfügung stellen. Eine weitere Ausbaustufe des Systems (HABIS III) befindet sich in der Entwicklung; durch sie sollen auch Weichen und Signale direkt gesteuert werden können. Die Leitstelle liegt im Tower des 1995 in Betrieb genommenen Hafenbahnhofs „Alte Süderelbe“, eines der modernsten Rangierbahnhöfe Europas. Der Tower ist nicht nur in seiner Funktion als Logistikzentrum sozusagen das Flaggschiff der Hamburger Hafenbahn, sondern er wird mehr und mehr als architektonisch bemerkenswerte Anlage, bei der Einfahrt nach Hamburg unübersehbar in der Nähe der vielbefahrenen A 7 liegend, zum Wahrzeichen des modernen Welthafens.

Die Bahnverbindungen in das Hinterland

Immer mehr Güter und immer schnellerer Transport: Unter dieser Direktive steht der gesamte Hinterlandverkehr. Abbildung 3.3 zeigt die Vernetzung des Hamburger Hafens mit dem Hinterland durch *Direktzüge*, die im festen Rhythmus nach Fahrplänen verkehren und – meist im Nachtsprung – den Hafen mit anderen Wirtschaftszentren verbinden. Der Vorteil dieser Punkt-zu-Punkt-Beziehungen liegt in der Reduzierung der zeitraubenden und Logistik erfordernden Rangiervorgänge.

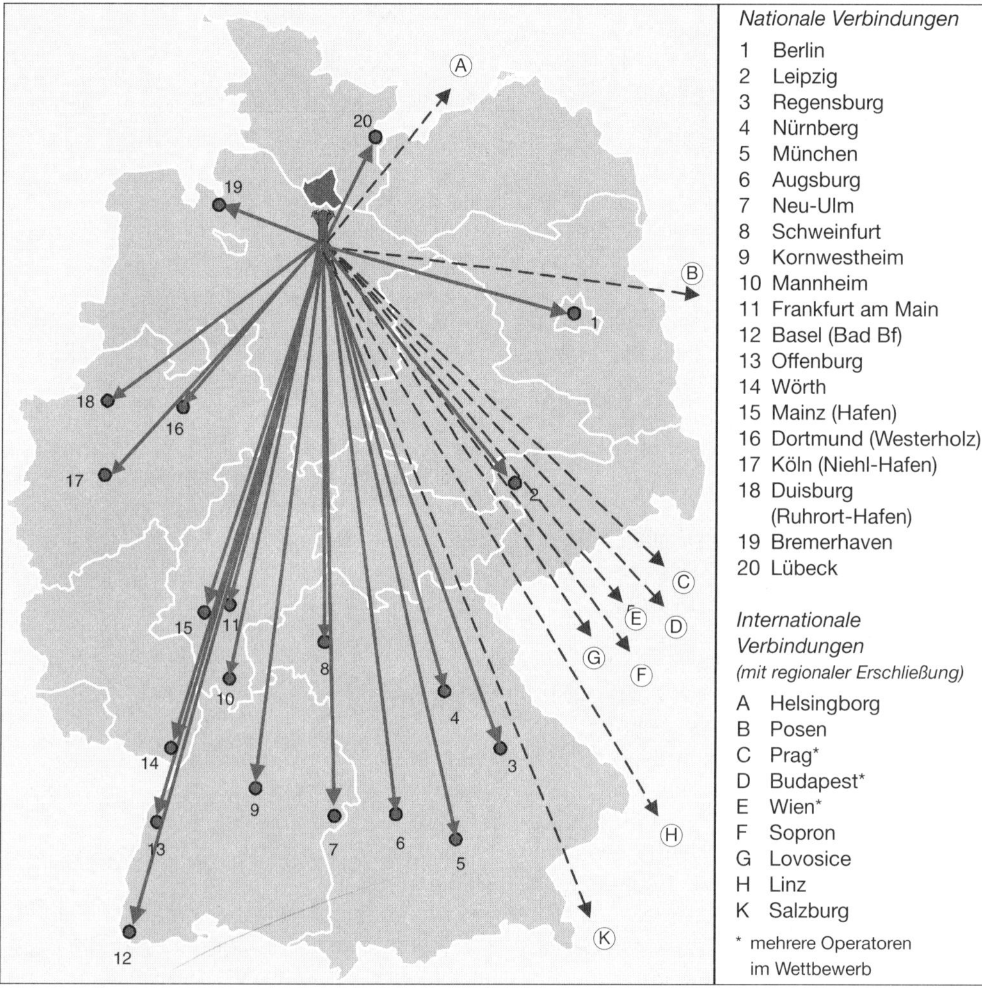

Abb. 3.3: Direktzugverbindungen vom und zum Hamburger Hafen
Quelle: Wirtschaftsbehörde Hamburg, Strom- und Hafenbau, Hafenbahn

Innerhalb Deutschlands werden die Direktzugverbindungen von der TRANSFRACHT betrieben, einer Tochter der DB AG, beim grenzüberschreitenden Verkehr treten Kooperationsvereinbarungen mit den einzelnen nationalen Betreibergesellschaften in Kraft.

Vom Container-Verkehr laufen schätzungsweise um die 30 % über Direktzug-Verbindungen, für den Rest und ebenfalls für den konventionellen Wagenladungsverkehr ist nach wie vor der *Rangierbahnhof Maschen* von Bedeutung.

Der Rangierbahnhof Maschen, 280 ha umfassend, wurde in den 1970er Jahren geschaffen, weil sich der Rangierbetrieb bis zu jener Zeit auf fünf verschiedenen Hamburger Bahnhöfen vollzog. Nur südöstlich der Stadt, auf niedersächsischem Gebiet, beim Dorf Maschen, fand sich an der Bahnstrecke Hamburg – Hannover ein geeignetes Gelände, um einen zentralen Bahnhof dieses Ausmaßes anzulegen. Er umfaßt zwei große Ablauf-Systeme (einen Ablauf-Berg mit Nord-Süd-Gefälle, einen zweiten mit Süd-Nord-Gefälle) und ist mit rd. 300 km Gleisen und mehr als 1 300 Signalen der größte Rangierbahnhof Europas. Die Güterzüge können hier in vergleichsweise kurzer Zeit aufgelöst und wieder zusammengestellt werden, und die Kapazität der Anlage erlaubt eine Abfertigung von mehr als 9000 Wagen pro Tag. Der Rangierbahnhof Maschen ist aber bereits seit Jahren bei weitem nicht ausgelastet.

Im Jahre 1998 hat auf Hamburger Gebiet die BAHNTRANS (Tochter der DB AG und der Thyssen Haniel Logistik GmbH) in Billbrook (Halskestraße) eine neue Stückgut-Umschlaganlage eröffnet. Sie bewältigt ein Gütervolumen von rd. 600 t pro Tag, und der Umschlag zeigt steigende Tendenz. In ihrer unmittelbaren Nachbarschaft befindet sich in Hamburg-Billwerder der Terminal des Kombinierten Ladungsverkehrs (KLV) der DB AG.

Welche Chancen hat die Binnenschiffahrt?

Für die Anbindung an das Hinterland steht dem Hafen Hamburg neben Schiene und Straße auch das deutsche Wasserstraßennetz zur Verfügung. Über die mittlere und obere Elbe sowie über deren Zuflüsse und über Kanalanschlüsse sind besonders der mitteldeutsche Raum mitsamt der Metropolregion Berlin, dazu auch Tschechien sehr gut erreichbar. Der rege Wirtschaftsaustausch, der seit der Wende zwischen Westdeutschland und diesen Räumen stattfindet, könnte also z. T. über die Wasserstraßen erfolgen, besonders, da das Binnenschiff als kostengünstiges und umweltfreundliches Verkehrsmittel gilt. Wenn bis zur Gegenwart dennoch der erhoffte Aufschwung für die Binnenschiffahrt auf sich warten läßt, liegt dieses an Schwierigkeiten, die in erster Linie mit der zeitweise völlig unzureichenden Wasserführung der Elbe, aber auch mit dem Zustand ihrer Seitenarme und der Kanäle zusammenhängen.

Im Gegensatz zu Flüssen wie Rhein und Donau wird die Elbe nicht im Sommer zusätzlich aus alpinen Schmelzwasserflüssen gespeist, und sie zeigte daher schon immer halbjährig extreme Niedrigwasserstände, welche die Schiffahrt erheblich einschränken. In der Zeit vor dem Zweiten Weltkrieg versuchte man, durch den Bau von Buhnen und Deckwerken das Niedrigwasserbett des Flusses einzuengen und damit den Wasserstand zugunsten der Schiffahrt zu erhöhen – Maßnahmen, deren Fortsetzung in der Gegenwart angesichts der Ansprüche, die in puncto Tiefgang an eine moderne Wasserstraße gestellt werden, nicht den notwendigen Erfolg erbringen können (wenngleich das Ausbessern und Erneuern der Buhnen im Bundesverkehrswegeplan von 1992 als Maßnahme festgelegt ist).

Die heutigen Binnenschiffe haben voll beladen einen Tiefgang von 2,8 m und machen damit eine Flußtiefe von ca. 3,3 m erforderlich. Eine solche Tiefe können Mittel- und Oberelbe aber nur in den besonders wasserführenden Winter- und Frühjahrsmonaten erreichen, so daß die Binnenschiffe in den übrigen Jahreszeiten gezwungen sind, die Ladung zu vermindern oder sogar mehr oder weniger lange Schiffsliegezeiten in Kauf zu nehmen.

Von der Vorstellung, die Wasserführung der Elbe durch eine Staustufenkette zu regulieren, ist man inzwischen abgerückt, vorwiegend aufgrund ökologischer Bedenken. Zur Zeit hält man die folgenden Pläne für sinnvoll:

- Der besonders problematische Flußabschnitt zwischen Magdeburg und Geesthacht wird aus wasserbautechnischen und ökologischen Gründen in seinem jetzigen Zustand belassen. Die Strecke soll bei mangelnder Wasserführung der Elbe über den Elbe-Seiten-Kanal und die Oststrecke des Mittellandkanals umfahren werden. Hierfür muß im Elbe-Seiten-Kanal eine zweite Schleuse bei Uelzen entstehen, das Schiffshebewerk Scharnebeck umgebaut und zugleich auch der Mittellandkanal für Großmotorgüterschiffe ausgebaut werden.
- Im Flußabschnitt von der deutsch-tschechischen Grenze bei Merschnitz bis Magdeburg wird der Strom entweder ganz oder streckenweise durch einen begleitenden Seitenkanal entlastet und durch einige weni-

ge Staustufen reguliert. Alternativ könnte auch unterhalb von Riesa eine Umgehung durch eine neue Kanalstrecke Richtung Nordwesten entstehen unter Einbeziehung des Elster-Saale-Kanals und der dann noch stärker verkehrsgerecht auszubauenden Saale. Mit dem letztgenannten Projekt wäre das sächsische Kerngebiet um Leipzig an die Elbe angeschlossen.

Da die Realisierung aller Vorschläge mit hohen Kosten verbunden ist, wird die so sehr wünschenswerte zentraleuropäische Wasserstraße im Stromgebiet der Elbe aber wohl noch lange auf sich warten lassen.

3.4 Die Organisationsform des Hafens

Der Begriff „Hamburger Hafen" beinhaltet zwar eine bestimmte, räumlich abgrenzbare Erscheinung, er bezeichnet aber keine Institution mit eigener Rechtsfähigkeit. Wohl ist der größte Teil des Hafengeländes Eigentum der Stadt, die Hafenwirtschaft wird jedoch von privaten Unternehmen getragen. Eine zentrale Hafenverwaltung, etwa der Port of London Authority vergleichbar, existiert nicht, vielmehr sind für die zahlreichen Verwaltungsabläufe verschiedene Behörden und Körperschaften zuständig.

Eine Stellung zwischen dem Hamburger Staat, der im Gebiet des Hafens wie in seinem übrigen Territorium für die allgemeine Verwaltung zuständig ist (s. u.), und den einzelnen privatwirtschaftlichen Unternehmen nimmt die Hamburger Hafen- und Lagerhaus-Aktiengesellschaft (HHLA) ein, die gegenwärtig das größte Umschlagsunternehmen des Hafens darstellt. Sie wird privatwirtschaftlich betrieben, ihr Aktienkapital befindet sich aber zu 100 % im Besitz des hamburgischen Staates.

Die 1885 im Zusammenhang mit der Anlage des Freihafens gegründete „Hamburger Freihafen-Lagerhaus-Gesellschaft", die für die Errichtung und Verwaltung der Speicherbauten und späterhin für die Lagerung der Importwaren zuständig war, wurde 1935 mit der staatlichen Kaiverwaltung zusammengefaßt, (Lagerei und Umschlag kamen so in eine Hand). Diese Gesellschaft erhielt 1939 den Namen „Hamburger Hafen- und Lagerhaus-Aktiengesellschaft". Heute ist die HHLA in fast allen Bereichen der Hafenwirtschaft tätig und stellt damit eine zentrale Institution dar, die sowohl für die hamburgischen Behörden als auch für in- und ausländische Firmen Ansprechpartner in Hafenfragen ist. Ihre zahlreichen Tochtergesellschaften und Beteiligungen, nach Geschäftsfeldern geordnet, zeigen das breite Spektrum ihrer Aktivitäten an, denn neben den Geschäftsfeldern „Hafenumschlag und umschlagnahe Dienstleistungen" (mit allein 23 Tochtergesellschaften und Beteiligungen) sowie „Hafenimmobilien" weisen besonders die Geschäftsfelder „Consulting" und „Hinterlandstransporte" auf eine internationale Ausrichtung.

Die Verwaltungsaufgaben, die der Staat wahrzunehmen hat, werden nicht über eine eigene Hafenbehörde ausgeübt, sondern über die einzelnen Fachbehörden (über Finanzbehörde, Baubehörde, Behörde für Inneres, Umweltbehörde und besonders über die Wirtschaftsbehörde, der u. a. das Amt für Strom- und Hafenbau untersteht). Die Vielzahl von Zuständigkeiten hat zu komplizierten Verflechtungen und Verwaltungsabläufen geführt. Für alle umstrukturierenden Maßnahmen im Hafen ist die Zustimmung der Bürgerschaft erforderlich, und entsprechende, von der Hafendirektion erarbeitete Vorlagen müssen zuvor mit allen Fachbehörden abgestimmt werden. Bis in die 1960er Jahre besaß zudem die HHLA eine Sonderstellung: Sie war allen übrigen hafenwirtschaftlichen Unternehmen mit quasi-hoheitlichen und quasi-behördlichen Funktionen übergeordnet. 1970 wurden diese Verhältnisse mit einer neuen Hafenordnung zwecks größerer Wettbewerbsfähigkeit der privaten Unternehmen geändert und die HHLA den übrigen Unternehmen gleichgestellt. Im Zusammenhang mit dieser Änderung der Wettbewerbsordnung kam es ebenfalls zu einer klaren Regelung hinsichtlich der finanziellen Leistungen von Staat und Hafenunternehmen für den Hafenausbau. Der Staat übernahm die Verpflichtung, weiterhin die Infrastruktur zu finanzieren, d. h. für die Ausbaggerung der Hafenbecken, für Anlage- und Instandsetzung der Kaimauern sowie für Bau und Unterhaltung der gesamten Verkehrsanlagen (Straße und Schiene, zur Hafenbahn vgl. Kap. 3.3.4) bis zu den Terminals zu sorgen. Den Unternehmen der Hafenwirtschaft dagegen wurde die Finanzierung der Suprastruktur übertragen, d. h. aller Schuppenanlagen, Kräne, Fördergeräte, Flächenbefestigungen und auch der Gleisanschlüsse auf den Terminals. In der Zeit der kostspieligen Containerisierung des Hafens konnte damit der Staat seine Finanzmittel auf den Neu- und Umbau der Flächenanlagen konzentrieren, während er vom weiteren Ausbau mit Suprastruktureinrichtungen durch die Pächter seiner Grundstücke, die verschiedenen Hafenunternehmen, entlastet wurde. Diese Aufteilung der Finanzierung hat sich bis heute bewährt, u. a. auch deshalb, weil die Risikoabwägung der Unternehmen Überkapazitäten im Hafen verhindert.

4 Hamburg als Wirtschaftsstandort

Ungeachtet der Tatsache, daß es um den Staatshaushalt des Stadtstaates seit geraumer Zeit nicht zum besten steht und kurzfristig auf diesem Gebiet auch kaum eine grundlegende Besserung zu erwarten ist, nimmt Hamburg als Wirtschaftsstandort in der BRD eine Spitzenposition ein. Das Bruttoinlandsprodukt je Einwohner liegt weit über dem Bundesdurchschnitt (BIP in Hamburg 1998: DM 85 850 je Ew.; in der BRD 1998: DM 45 800 je Ew.) und übertrifft z. B. auch das der Bundeshauptstadt Berlin ganz wesentlich (BIP in Berlin: 1998 DM 45 600 je Ew.). Überdies wird gerne betont, daß Hamburg die Stadt mit der höchsten Anzahl ansässiger Millionäre ist.

Welches aber sind die tragenden Säulen von Wirtschaftskraft und Wirtschaftswachstum? Zur Beantwortung dieser Frage und damit zur generellen Einführung in die nachfolgenden Kapitel werden hier die Tabellen 4.1 und 4.2 vorangestellt, mit Daten zur Bruttowertschöpfung und zur Erwerbstätigkeit. Beide bieten Zeitreihen von 1970 bis 1998 und erlauben so, die Entwicklung über fast drei Jahrzehnte hinweg zu verfolgen.

Tabelle 4.1 läßt zunächst erkennen, daß die BWS (Bruttowertschöpfung) von 1970 bis 1998, insgesamt gesehen, erheblich zugenommen hat, und zwar unbereinigt um 64 % (letzte Spalte). An diesem Anstieg haben aber die verschiedenen Bereiche einen sehr unterschiedlichen Anteil. Führend im Wachstum sind die Dienstleistungsunternehmen, deren BWS von 1970 bis 1998 um 180 % zugenommen hat. Und ein Vergleich der Zeilen der Tabelle 4.1, die den prozentualen Anteil an der BWS in den einzelnen Jahren wiedergeben, bestätigt, daß sich der Sektor Dienstleistungsunternehmen zum führenden Wirtschaftsbereich entwickelt hat: 1970 stand er mit einem Anteil von 27,5 % der BWS noch deutlich hinter dem Produzierenden Gewerbe (38,4 %) zurück, 1998 dagegen hatte er mit 47,1 % das Produzierende Gewerbe (nur noch 20,3 %) weit überflügelt. Somit ist die oben gestellte Frage dahingehend beantwortet, daß es eindeutig die Dienstleistungsunternehmen sind, welche die wirtschaftliche Stärke Hamburgs ausmachen. Tabelle 4.2 bestätigt dies insofern, als dem im allgemeinen ganz erheblichen Rückgang der Erwerbstätigenzahlen nur bei den Dienstleistungsunternehmen eine positive Entwicklung gegenübersteht (bis 1991 auch noch bei der zum Dienstleistungsbereich zu zählenden Abteilung „Staat, Private Haushalte, Organisationen ohne Erwerbszweck").

Daß diese im Stadtstaat Hamburg während der 1990er Jahre erreichten Relationen zwischen den einzelnen Wirtschaftsbereichen – mit dem großen Übergewicht der Dienstleistungen – nicht dem bundesdeutschen Durchschnitt entsprechen, verdeutlicht die Abbildung 4.1, denn in der bundesdeutschen Bruttowertschöpfung ist der Beitrag des Produzierendes Gewerbes dem der Dienstleistungsunternehmen nur um wenige Prozentpunkte unterlegen.

Abb. 4.1:
Bruttowertschöpfung in der Bundesrepublik Deutschland 1998 nach Wirtschaftsbereichen
Quelle: Auskunft Hamburgische Landesbank

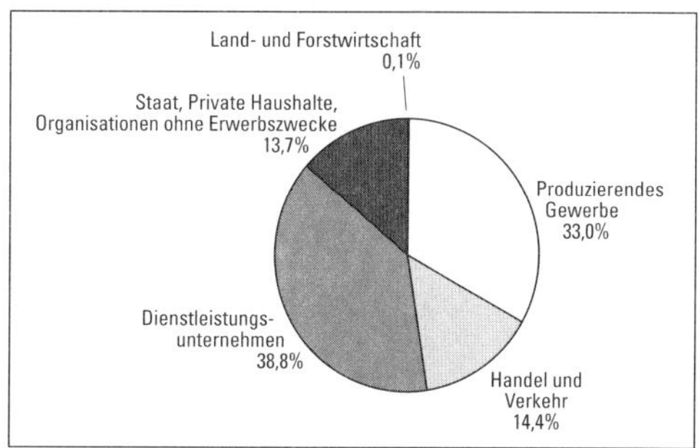

Jahr	Land- und Forst-wirtschaft, Fischerei		Produzierendes Gewerbe		Handel und Verkehr		Dienstleistungs-unternehmen		Staat, Private Haushalte, Organisationen ohne Erwerbszweck		BWS unbereinigt
	absolut (Mio. DM)	Anteil (%)	absolut (Mio. DM)	Anteil (%)	absolut (Mio. DM)	Anteil (%)	absolut (Mio. DM)	Anteil (%)	absolut (Mio. DM)	Anteil (%)	absolut (Mio. DM)
1970	233	0,3	28 182	38,4	16 577	22,6	20 174	27,5	8 202	11,2	73 368
1971	238	0,3	29 383	39,0	16 647	22,1	20 490	27,2	8 572	11,4	75 330
1972	230	0,3	29 446	38,2	17 211	22,4	21 264	27,6	8 848	11,5	76 999
1973	218	0,3	31 247	39,1	18 383	23,0	21 003	26,3	9 110	11,4	79 961
1974	246	0,3	31 085	38,5	19 197	23,8	20 819	25,8	9 406	11,6	80 753
1975	276	0,4	28 759	36,8	18 557	23,8	20 952	26,8	9 505	12,2	78 049
1976	325	0,4	29 833	36,7	19 856	24,4	21 890	26,9	9 462	11,6	81 366
1977	287	0,3	30 112	36,1	20 640	24,7	22 940	27,5	9 448	11,3	83 427
1978	282	0,3	30 414	35,6	21 324	24,9	23 790	27,8	9 667	11,3	85 477
1979	246	0,3	31 315	35,4	21 895	24,7	25 264	28,5	9 833	11,1	88 553
1980	252	0,3	29 438	33,8	21 311	24,5	26 065	29,9	9 994	11,5	87 060
1981	230	0,3	28 502	32,7	21 780	25,0	26 398	30,3	10 146	11,7	87 056
1982	258	0,3	27 104	31,3	21 541	24,9	27 521	31,8	10 240	11,8	86 664
1983	243	0,3	28 481	31,7	22 396	24,9	28 542	31,7	10 297	11,4	89 959
1984	240	0,3	28 958	31,6	22 951	25,1	29 059	31,7	10 340	11,3	91 548
1985	203	0,2	28 669	30,8	23 431	25,2	30 357	32,6	10 425	11,2	93 085
1986	210	0,2	29 434	31,0	22 830	24,1	31 854	33,6	10 475	11,0	94 803
1987	232	0,3	23 611	25,9	23 225	25,5	33 711	37,0	10 439	11,4	91 218
1988	251	0,3	23 187	25,0	22 946	24,7	35 850	38,6	10 601	11,4	92 835
1989	232	0,2	23 901	24,7	23 388	24,2	38 574	39,9	10 621	11,0	96 716
1990	215	0,2	22 971	22,8	24 343	24,1	42 598	42,2	10 844	10,7	100 971
1991	245	0,2	24 417	23,3	25622	24,4	43 691	41,6	11 082	10,6	105 097
1992	443	0,4	23 257	22,0	25 820	24,3	45 232	42,6	11 407	10,7	106 159
1993	382	0,4	22 647	21,1	25 752	24,0	47 070	44,0	11 334	10,5	107 185
1994	438	0,4	22 442	20,6	26 048	23,9	48 778	44,7	11 482	10,4	109 188
1995	379	0,3	23 814	21,5	25 064	22,6	50 018	45,2	11 472	10,4	110 747
1996	412	0,4	23 300	20,7	25 079	22,2	52 291	46,4	11 565	10,3	112 647
1997	414	0,4	23 411	20,2	26 325	22,7	54 348	46,8	11 550	9,9	116 048
1998	414	0,3	24 347	20,3	27 246	22,7	56 522	47,1	11 550	9,6	120 079

Tab. 4.1: Entwicklung der realen Bruttowertschöpfung (BWS) in fünf Bereichen in Hamburg von 1970 – 1998
Quelle: Stat. Landesamt Hamburg und Wirtschaftsbehörde FHH (für 1998 Schätzung der Wirtschaftsbehörde)

4.1 Die Landwirtschaft im Stadtstaat

Bis zum Einsetzen der Industrialisierung wurde in den Dörfern, die das alte Hamburg umgaben, Ackerbau und Viehzucht zur Grundversorgung der Städter betrieben. Die Bauern lieferten Getreide und Gemüse, vor allem auch Milch und Milchprodukte sowie Fleisch in die nahegelegene Stadt. – Heute spielt für die Versorgung der Millionenmetropole die Landwirtschaft der unmittelbaren Umgebung nur noch eine untergeordnete, auf bestimmte Produkte bezogene Rolle, wenngleich die Landwirtschaftsfläche mit 21 184 ha (Katasterfläche 1998) fast ein Drittel des Hamburger Staatsgebietes einnimmt. Daß die landwirtschaftliche Erzeugung nur einen sehr geringen Anteil an der Bruttowertschöpfung in Hamburg hat (1998: 0,3 %), ist aus der Tabelle 4.1 ersichtlich.

Nördlich der Elbe liegen, im Randgebiet der Wohnstadt verstreut, offene Feldflächen, wogegen im Marschenland des Stromspaltungsgebietes und der Elbaue große, zu-

Jahr	Land- und Forst-wirtschaft, Fischerei		Produzierendes Gewerbe		Handel und Verkehr		Dienstleistungs-unternehmen		Staat, Private Haushalte, Organisationen ohne Erwerbszweck		Erwerbstätige insgesamt
	absolut	Anteil (%)	absolut	Anteil (%)	absolut	Anteil (%)	absolut	Anteil (%)	absolut	Anteil (%)	absolut
1970	10 823	1,1	348 090	36,0	305 340	31,6	167 445	17,3	134 626	14,0	966 324
1971	10 758	1,1	338 730	35,3	298 647	31,0	172 626	18,0	140 364	14,6	960 945
1972	10 900	1,2	325 560	34,1	296 513	31,1	178 168	18,6	144 381	15,1	955 522
1973	10 918	1,1	317 867	33,2	296 784	31,0	183 947	19,2	147 168	15,4	956 684
1974	10 858	1,2	298 652	31,8	289 938	30,9	187 897	20,0	151 954	16,2	939 299
1975	10 677	1,2	273 701	30,2	280 114	30,8	192 177	21,1	151 320	16,6	907 989
1976	10 365	1,1	263 754	29,4	276 438	30,7	197 162	21,9	151 571	16,9	899 290
1977	10 293	1,2	264 306	29,5	273196	30,5	197 346	22,0	150 427	16,8	895 568
1978	10 230	1,1	256 533	28,7	265 661	29,8	206 666	23,2	154 486	17,2	893 576
1979	9 871	1,1	256 222	28,5	263 209	29,3	211 356	23,5	157 842	17,6	898 500
1980	9 998	1,1	258 132	28,4	262 277	28,9	217 801	24,0	159 477	17,6	907 685
1981	9 931	1,1	256 695	28,2	262 289	28,8	222 635	24,5	158 726	17,4	910 276
1982	9 662	1,1	245 828	27,6	259 111	29,0	217 956	24,5	159 182	17,8	891 739
1983	9 358	1,0	235 563	26,9	255184	29,1	216 234	24,7	159 273	18,3	876 062
1984	9 272	1,0	227 094	26,2	249 636	28,9	219 212	25,3	161 405	18,6	866 619
1985	8 766	1,0	220 462	25,6	247 290	28,8	222 926	25,9	160 670	18,7	860 114
1986	8 824	1,0	220 576	25,5	246 530	28,6	225 944	26,2	161 954	18,7	863 828
1987	8 521	1,0	215 916	24,9	246 367	28,4	230 534	26,7	163 804	19,0	865 142
1988	8 247	0,9	212 504	24,5	247 404	28,3	237 165	27,2	166 275	19,1	871 595
1989	8 056	0,9	213 594	24,1	249 872	28,2	247 070	27,8	168 318	19,0	886 910
1990	7 541	0,8	214 245	23,7	251 207	27,7	262 492	29,0	170 108	18,8	905 593
1991	7 703	0,8	217 506	23,3	254 281	27,3	276 955	29,7	176 492	18,9	932 937
1992	7 600	0,8	216 453	22,9	256 500	27,1	291 400	30,8	174 900	18,4	946 853
1993	7 500	0,8	209 265	22,4	249 000	26,6	296 900	31,8	171 800	18,4	934 465
1994	7 200	0,8	201 600	21,8	241 200	26,1	304 100	32,9	170 600	18,4	924 700
1995	7 000	0,8	196 800	21,3	237 200	25,8	308 600	33,6	170 100	18,5	919 700
1996	6 700	0,7	187 400	20,7	230 200	25,4	313 900	34,6	168 200	18,6	906 400
1997	6 300	0,7	178 500	19,9	224 600	25,1	321 400	35,9	165 100	18,4	895 900
1998	6 300	0,7	169 575	19,0	220 108	24,7	329 435	37,0	165 100	18,5	890 518

Tab. 4.2: Entwicklung der Erwerbstätigenzahlen in fünf Bereichen in Hamburg von 1970 – 1998
Quelle: Stat. Landesamt Hamburg und Wirtschaftsbehörde FHH (für 1998 Schätzung der Wirtschaftsbehörde)

sammenhängende Gartenbaugebiete vorhanden sind. Diese machen die Besonderheit der hamburgischen Landwirtschaft aus.

So sind die *Vier- und Marschlande*, im Südosten der Stadt zwischen Dove-Elbe, Gose-Elbe und Elbstrom gelegen, das traditionelle Gemüse- und Blumenanbaugebiet. Beim Gemüse überwiegt deutlich der Freiland-Anbau, denn nur etwa 11 % der Gemüse-Anbaufläche liegen unter Glas. Bei Blumen haben jedoch die Unterglas-Kulturen mit mehr als 40 % der Anbaufläche einen erheblichen Anteil. Allerdings machen sich hier Veränderungen bemerkbar, indem unter dem ökonomischen Druck steigender Energiekosten immer häufiger Treibhäuser ungeheizt bleiben, d. h. im Winter aus dem Betrieb genommen werden. Mehr als 350 Kleinbetriebe (mit unter 5 ha Fläche), vorwiegend als Familienbetriebe geführt, sind am Blumenanbau beteiligt, und die Vier- und Marschlande gelten als das größte zusammenhängende Blumenanbaugebiet der Bundesrepublik. Aber die Konkurrenz ist groß, und Einfuhren drücken die Preise; wobei die Importe wie seit langem aus den Niederlanden kommen, zunehmend aber auch aus Dänemark, Italien und Lateinamerika. – Das *Alte Land* ist als bedeutendes Obstbaugebiet bekannt. Es liegt im Südwesten der Stadt und erstreckt sich am Südufer der Elbe, den Fluß nach Westen begleitend, weit nach Niedersachsen hinein. Baumkulturen bestimmen das Bild, und die Ausdehnung der einzelnen Plantagen läßt erkennen, daß wir es mit größeren Betriebsflächen als in den Vier- und Marschlanden zu tun haben. In der Tat liegen die durchschnittlichen Betriebsgrößen im Alten Land zwischen 5 und 10 ha, wenn auch Familienbetriebe mit bis zu 15 ha vorkommen, auf denen dann bis zu 15 000 Obstbäume in Kultur stehen. – Die Äpfel, ab Mitte September geerntet, gehen zu etwa 80 % in die Lagerhaltung, größtenteils in genossenschaftliche Läger, wo sie bei +0,5° bis + 4°C annähernd 7 Monate frisch gehalten werden können. – Den Apfelbäumen, die rd. 80 % des Obstbaubestandes ausmachen, folgen in der Häufigkeit Kirschbäume (rd. 12 %), dann Birnen- und Pflaumenbäume (mit 6 % bzw. 2 %). Auch der Absatz ist weitgehend genossenschaftlich organisiert, und eine Obstbauversuchsanstalt in Jork stützt diesen Wirtschaftszweig in seinem biologischen wie auch ökonomischen Spektrum wissenschaftlich ab.

Das Spezifische der Hamburger Landwirtschaft geht aus der Tabelle 4.3 hervor, die u. a. in den *Größenklassen* das starke Übergewicht der Kleinst- und Kleinbetriebe erkennen läßt. Im Jahre 1960 lag der Anteil der 2 269 Betriebe von höchstens 2 ha bei rd. 60 % der gesamten Betriebe, 1995 immerhin noch bei 56 % und damit weit über dem Bundesdurchschnitt, der im Jahre 1995 für dieselbe Größenklasse nur 17 % ausmachte (Alte Bundesländer). Hierin kommen die beschriebenen Sonderkulturen der Vier- und Marschlande statistisch zum Ausdruck. Ebenfalls die Betriebe mit 2 bis unter 5 ha und 5 bis unter 10 ha sind im Vergleich mit dem Bundesdurchschnitt überdurchschnittlich vertreten, unterdurchschnittlich dagegen die nach oben folgenden Größenklassen.

Die in der Tabelle 4.3 ebenfalls erkennbare Aufgabe von Betrieben zwischen 1960

Tab. 4.3:
Die landwirtschaftlichen Betriebe in Hamburg nach Größenklassen der landwirtschaftlich genutzten Flächen von 1960 bis 1995 und Aufgabe landwirtschaftlicher Betriebe von 1960 bis 1995 nach Größenklassen in Hamburg und in der BRD – Alte Bundesländer (absolut und Anteil in %)
Quelle: Stat. Landesamt Hamburg [1] Zahl nicht belegt [2] Zunahme

Landwirtschaftliche Betriebe mit landwirtschaftlich genutzter Fläche von ... ha bis unter ... ha	Vorhandene Betriebe in Hamburg Jahr								Aufgabe von Betrieben 1960-1995 in Hamburg		in den alten Bundesländern	
	1960	1971	1975	1979	1983	1987	1991	1995	absolut	Anteil (%)	absolut	Anteil (%)
unter 1	1 298	1 158	1 064	852	753	701	586	492	806	62,1	264 645	89,9
1 - 2	971	618	601	548	528	438	366	330	641	66,0	165 545	71,9
2 - 5	524	288	328	332	308	279	260	229	295	56,3	300 222	77,6
5 -10	344	224	181	152	154	139	116	101	243	70,6	258 449	75,3
10 -20	342	241	201	172	153	133	140	127	215	62,9	189 211	66,0
20 -30	327	119	112	91	71	64	56	51	276	84,4	16 910	21,4
30 und mehr	(166[1])	166	165	151	151	149	141	145	21	12,7	69 817[2]	118,0[2]
insgesamt	3 972	2 814	2 652	2 298	2 118	1 903	1 665	1 475	2 497	62,9		

und 1995 wirkt auf den ersten Blick überraschend hoch, denn sie liegt im Hamburger Durchschnitt bei knapp 63 % und erreicht bei der Größenklasse 20 bis unter 30 ha sogar 84 %. Diese Zahlen werden aber relativiert durch einen Vergleich mit den entsprechenden Zahlen für das ganze Bundesgebiet, denn im Bundesdurchschnitt (alte Bundesländer) waren zwischen 1960 und 1995 in allen Größenklassen unterhalb 20 ha sogar noch höhere Anteile an Betrieben abgängig als in Hamburg (Tab. 4.3). Dagegen mußte die Größenklasse 20 bis unter 30 ha im Bundesdurchschnitt keine übermäßig großen Einbußen hinnehmen, und die Größenklasse von 30 ha und mehr konnte in dem Berichtszeitraum von 1960 bis 1995 im Bundesdurchschnitt einen Zugewinn von 118 % erreichen (1960: 59 164 Betriebe mit 30 ha und mehr; 1995: 128 981). Die Anzahl der größeren Betriebe nahm also bundesweit zu, und zwar durch Zukauf und Zupacht, wodurch sich der Anteil der kleineren Betriebe verringerte.

Im Unterschied zu diesen Vorgängen in den Flächenländern (welche ja die Landwirtschaft in der BRD bestimmen) lassen sich die Prozesse im Stadtstaat Hamburg wie folgt darlegen: Der Wohnungsbau der Nachkriegszeit expandierte in die Außengebiete der Stadt und führte hier zur Umwidmung von landwirtschaftlichen Nutzflächen in Wohn-, Gewerbe- und Verkehrsflächen. Außerdem waren Nebenerwerbsbetriebe oft nicht mehr wirtschaftlich, und der Betriebsleiter fand hauptberuflich im städtischen Raum ein besseres Auskommen. „Sozialbrache“ entstand – allerdings nicht nur bei Nebenerwerbsbetrieben, sondern durchaus auch bei Haupterwerbsbetrieben, die aus betriebswirtschaftlichen Gründen Teile ihrer Flächen aus der Bewirtschaftung nahmen.

Paradigmatisch stehen so die Angaben der Tabelle 4.3 für den unterschiedlichen Strukturwandel, der sich während der Nachkriegsjahrzehnte in den Agrarräumen der Flächenländer einerseits und denjenigen der Stadtstaaten andererseits vollzog.

4.2 Hamburg als Industriestandort

Mit den beiden anderen bedeutenden Industrie-Großstädten der Bundesrepublik, Berlin und München, hat Hamburg gemein, daß seine Industrie nicht auf die Verarbeitung örtlicher Rohstoffe zurückzuführen ist.

Die Hamburger Besonderheit gegenüber Berlin und München aber besteht darin, daß die Anfänge seiner Industrie gar nicht „hamburgisch“ sind, sondern auf frühe Gründungen in den ehemaligen Nachbarstädten Altona, Wandsbek und Harburg zurückgehen, denen erst später eine auf den Hafen bezogene hamburgische Industrie folgte. Hieraus erklärt sich das bis heute polyzentrische industrielle Standortgefüge der Metropole.

4.2.1 Industrieansiedlung und Industriewachstum

Von den Anfängen bis zum Zweiten Weltkrieg: Standortfestlegung

Als Vorläufer von industriellen Unternehmen sind die städtischen Gewerbe anzusehen, von denen in Hamburg während des Mittelalters das Brauereigewerbe, seit dem 17. Jahrhundert die Tuch- und Kattunherstellung sowie die Zuckersiederei erheblichen Umfang erreichten. Noch heute weisen in der Innenstadt die Straßennamen Hopfenmarkt, Hopfensack und Brauerknechtsgraben auf die Bierbrauerei hin und die Caffamacherreihe auf die einst hier ansässigen Weber, die hauptsächlich „Caffa“

herstellten, einen für modische Kleidung sehr beliebten halbseidenen Damaststoff.

Diese alten Gewerbe waren jedoch nicht die Basis für eine entsprechende industrielle Fertigung, da sie schon vor Beginn des Industriezeitalters so gut wie keine Bedeutung mehr hatten: Das Brauereigewerbe war bereits Ende des 16. Jahrhunderts durch Schutzzollmaßnahmen der bisherigen Bezieherländer fast zum Erliegen gekommen, und Zuckersiederei und Tuchherstellung wurden während der Kontinentalsperre und der französischen Besetzung Hamburgs (1806–14) eingestellt und anschließend nicht wieder aufgenommen.

Seit der Wende vom 18. zum 19. Jahrhundert erlebte Hamburg einen großen Aufschwung seines Überseehandels, und auch in den Jahrzehnten nach der Jahrhundertmitte, als im übrigen Deutschland die Industrialisierung einsetzte, waren die Hamburger in erster Linie am Ausbau ihres Handels und damit des Hafens interessiert. Der Anschluß an den Deutschen Zollverein, der für die Industrieansiedlung förderlich gewesen wäre, wurde bis in die 80er Jahre des 19. Jahrhunderts verzögert, weil die reiche Kaufmannschaft kein Interesse an der Konkurrenz einer aufstrebenden Industrie hatte. Es kam innerhalb der Hamburger Staatsgrenzen somit lediglich zum Aufbau einer Art von „Kaufmannsindustrie", indem man in beschränktem Umfang zu einer Veredelung und Verarbeitung der Importgüter großer Handelshäuser überging (Wolle, Jute, Hanf, Hölzer, Nahrungsmittel). Außerdem wurde die alte Tradition des Bierbrauens wiederaufgenommen durch neu entstehende Bierbrauereien (die allerdings als Großbetriebe weder in ihrer Betriebsstruktur noch in ihrem Hektoliter-Jahresausstoß zu vergleichen sind mit den früheren mittelalterlichen Brauhäusern).

Eine vielfältige, branchenreiche Industrie entwickelte sich dagegen außerhalb des Hamburger Territoriums in den an Hamburg angrenzenden Nachbarstädten Altona, Wandsbek und Harburg. Dort bestand seit längerem Gewerbefreiheit (in Hamburg erst 1860 eingeführt), und mit der Industrialisierung war diesen Städten endlich die Chance gegeben, unabhängig von Hamburg in größerem Umfang eigene wirtschaftliche Initiativen zu entwickeln. Im Jahre 1888, als Hamburg Zollinland wurde, seinen Freihafen eröffnete und in diesem umgehend eine Seehafenindustrie entwickelte, waren in allen drei Nachbarstädten bereits umfangreiche Industriestandorte vorhanden.

In *Altona* war es seit der Jahrhundertmitte durch Umwandlung alteingesessener Gewerbebetriebe in Fabrikationsanlagen sowie durch Fabrik-Neugründungen zu einer Klein- und Mittelindustrie der Branchen Textil, Nahrungsmittel (inkl. Bierbrauerei), Tabak- und Lederverarbeitung gekommen. Da Altona jedoch 1867 mit Hamburg zolltechnisch zusammengefaßt worden war und wie dieses bis 1888 Zollausland blieb, verlagerten verschiedene Unternehmer ihre Betriebe ins benachbarte Ottensen, das wie das übrige Schleswig-Holstein bereits dem Deutschen Zollverein angeschlossen war. Es kam zum Aufbau der Ottensener Industrie, die bald neben Tabakfabriken auch größere Betriebe der Fischverarbeitung, der Schiffsausrüstung, der Metallverarbeitung etc. umfaßte. Von hier griff die Industrie auf den nördlich angrenzenden Bahrenfelder Raum über.

In *Wandsbek* hatte im ausgehenden 18. Jahrhundert der Graf Schimmelmann das örtliche Gewerbe gefördert; es waren mehrere Kattundruckereien sowie Manufakturen der Leder- und der Tabakverarbeitung entstanden, denen bald kleinere Betriebe zur Wachslichter-, Kachel- und Seifenherstellung folgten. 1833 erhielt Wandsbek vom dänischen König als „Fabrikort" den Status eines Fleckens und damit Gewerbefreiheit zugesprochen, was eine weitere Ansiedlung kleiner Fabriken förderte. Nach dem Anschluß an Preußen (1866/67) und Wandsbeks Erhebung zur Stadt (1870) entstanden in der Gründerphase größere Betriebe besonders der Nahrungs- und Genußmittelindustrie

Harburg, das über einen eigenen Hafen verfügte, war prädestiniert als Standort für eine importgüterorientierte Seehafenindustrie. Es gehörte seit 1854 zum Zollinland, und durch den frühen Bahnanschluß an Hannover (1847) war auch eine schnelle Transportmöglichkeit nach Süden gegeben. Nach ersten Betriebsgründungen in den 1850er Jahren (Noblee

1855, Phönix 1856) wurde Harburg zu einem Standort bedeutender Industrieunternehmen, unter denen bis heute neben Betrieben der Gummiverarbeitung die Öl- und Getreidemühlen dominieren.

In den drei Nachbarstädten folgte der frühen und Jahrzehnte umfassenden Gründungsphase eine kräftige Industrieausbauphase zwischen 1890 und dem Ersten Weltkrieg.

Die Gründungsphase der Industrie auf *Hamburger Territorium* lag später als in den Nachbarstädten, verlief dann aber um so intensiver. Sie verband sich aufs engste mit dem Ausbau des Hafens. Dort entstanden Großwerften und in ihrem Gefolge Zulieferbetriebe aller Art sowie eine breitgefächerte Verarbeitungsindustrie für Importgüter. Wenn man sich vergegenwärtigt, daß die Reihe der großen Hafenbecken südlich der Norderelbe, angefangen vom Moldauhafen im Osten (1887) bis hin zum Kohlenschiffhafen im Westen (1913), d. h. von den Elbbrücken bis zum Köhlbrand, in der kurzen Zeitspanne zwischen 1887 und dem Ersten Weltkrieg angelegt wurde und daß in dem gleichen Zeitraum von nur zweieinhalb Jahrzehnten alle Landflächen dieses weitgestreckten Raumes in Nutzung genommen bzw. bebaut wurden (durch Umschlaganlagen, Gewerbe- und Industriebetriebe), wird einem die Intensität dieses Industrialisierungsprozesses deutlich. Analog zu den Vorgängen nördlich der Elbe, wo die Wohnstadt Hamburg in den letzten wilhelminischen Jahrzehnten ihre Konturen herausbildete, entstand hier im Hafenraum zeitgleich das Wirtschaftszentrum der Weltstadt Hamburg.

Schon 1877 war auf dem Steinwerder, also am Südufer der Elbe, die Werft Blohm & Voss als erste *Schiffswerft* für den Dampfschiffbau angelegt worden, zunächst auf einer kleinen Betriebsfläche von nur 1,4 ha. Bis 1912 dehnte sie ihr Werksgelände auf 60 ha aus, und für die Tausende von Werftarbeitern, die täglich ihren Arbeitsplatz südlich der Elbe erreichen mußten, wurde 1907–11 der erste Elbtunnel erbaut. 1918 hatte die Zahl der Beschäftigten bei Blohm & Voss 14 077 erreicht. – Dicht benachbart entstand die Stülcken-Werft, und als westlich die Kuhwerder Häfen geschaffen wurden, siedelte sich zwischen Vulkanhafen und Roßhafen ein bedeutender Zweigbetrieb der Stettiner Vulkanwerft an (vgl. Kap. 3). Im Umfeld der großen Werften wurden zahlreiche Zuliefererbetriebe und auch kleinere Werften gegründet.

Die *Mineralölindustrie* geht in ihren Ansätzen auf den Umschlag von Petroleum am Baakenhafen zurück. Von hier wurden die Anlagen 1893 in den neu eingerichteten Petroleumhafen (den späteren Südwesthafen) verlegt, 1913 dann nach Waltershof; die Verlagerungen hatten nicht nur mit dem steigenden Platzbedarf zu tun, sondern erfolgten auch aus Sicherheitsgründen.

Als dritte große Branche der Hafenindustrie Hamburgs entwickelte sich die *Nichteisen-Metallerzeugung*. Sie wurde in der Vorkriegszeit von einem einzigen Großbetrieb bestimmt: der Norddeutschen Affinerie. (NA, 1866 als Aktiengesellschaft gegründet. Vorgängerfirmen: ein 1770 gegründetes Gold- und Silberscheideunternehmen und eine 1846 entstandene Kupferhütte. Die NA kaufte 1907 ein 6,4 ha großes Gelände auf der Peute und nahm dort 1910/13 die Produktion auf als Kupfer- und Bleihütte. In der Folgezeit wurde das Werk mehrfach vergrößert (s. a. S. 200).

Während der Zwischenkriegszeit erfuhr das vorhandene Standortgefüge gewisse Ergänzungen, aber keine entscheidenden Erweiterungen.

Als Innovation muß allerdings der Beginn des Flugzeugbaus erwähnt werden. 1933 gründete die Werft Blohm & Voss eine „Hamburger Flugzeugbau GmbH“, stellte 1935/36 ein erstes, dreimotoriges Flugboot vor und entwickelte dann Postflugzeuge, die von Bord großer Passagierschiffe gestartet (katapultiert) werden konnten. 1940 wurde das Werk Finkenwerder in Betrieb genommen, mit langer Landebahn auf dem aufgespülten Neßhaken. (Zur weiteren Geschichte dieses Standorts s. S. 203f.)

Die Entwicklung in der Nachkriegszeit: Expansion, Neuansiedlung und Standortverlagerung

Das Wirtschaftswachstum der Nachkriegszeit manifestierte sich im Hinblick auf die Hamburger Industrie zunächst in einer beträchtlichen Zunahme von Industrieflächen im Hafenraum und im Vordringen industrieller Betriebe in die Stadtrandgebiete.

Im Hafenraum nahmen die Industrieflächen zu.

a) durch vorhandene Großbetriebe, die expandierten, und
b) durch Neugründungen ansiedlungswilliger Großunternehmen.

Standorterweiterungen im Hafenraum vollzogen viele der dort ansässigen Firmen, darunter infolge ihres großen Flächenanspruchs besonders auffällig die Unternehmen der Mineralölindustrie. Als Beispiel sei die Deutsche Shell AG genannt (Firmenname seit 1947). Die Royal Dutch besaß bereits seit 1926 einen Standort an der Süderelbe zwischen den Harburger Seehäfen 3 und 4. Das gegenüberliegende Ufer, die Hohe Schaar, war noch unbebaut und bildete in der Nachkriegszeit den idealen Erweiterungsraum. Hier hat die Deutsche Shell AG seit 1955/58 auf einem ausgedehnten Werksgelände eine von Tanklagern und Destillationskolonnen bestimmte Industrielandschaft entstehen lassen, die neuerdings noch durch ein Gasturbinenheizkraftwerk, eine Entschwefelungsanlage und ein Flüssiggaslager ergänzt wurde. Im Süden liegt das werkseigene Forschungslabor PAE (= *P*rodukt, *A*nwendung, *E*ntwicklung), im Nordwesten der raffinerieeigene Kattwykhafen, an dessen Kai pro Jahr Rohöl aus 70 bis 80 Tankern gepumpt und auf die Vorratstanks der Raffinerie verteilt wird. Auch etwa 26 % der Produkte verlassen hier per Tankschiff das Werk. Die gesamte „Raffinerie Harburg" der Deutschen Shell AG umfaßt 206 ha und ist damit größer als das Fürstentum Monaco (190 ha). Während die Raffinerie Harburg die Produktpalette der Motorkraftstoffe und -öle sowie Heizöle abdeckt, ist das ebenfalls zur Deutschen Shell AG Hamburg gehörende Schmierstoffwerk Grasbrook (am nördlichen Reiherstieg) spezialisiert auf die Herstellung hochraffinierter Schmierprodukte, z. B. Isolier- und Kältemaschinen-Schmieröle, und mit seinem Angebot von ca. 650 verschiedenen Schmierstoffen das größte Schmierstoffwerk Europas. – Als ein weiteres Beispiel von Standorterweiterung sei noch die Ausdehnung des Werksgeländes der Norddeutschen Affinerie genannt, die 1967 für eine neue Kupferhütte 43,2 ha in unmittelbarer Nachbarschaft ihres Betriebes auf der Peute erwarb, womit das Firmengelände jetzt 90 ha umfaßt. Die NA weist gegenwärtig eine breite Produktpalette auf (von Kupfer über Nickel, Antimon, Blei, Selen, Silber, Gold, Platin und Palladium bis zu Baustoffen) und zählt zu den größten Kupferproduzenten Europas. Die Import-Erzkonzentrate – rd. 720 000 t p. a. – werden im Hafen (Buss/Kuhwerder) auf flache Schuten umgeschlagen und erreichen über Kanäle die NA; daneben spielt die Anlieferung von Schrotten für das Recycling eine bedeutende Rolle Sie verläuft z. T. containerisiert über den Hafen, überwiegend aber auf Trailern im Straßen-Fernverkehr.

Die *Industrie-Neugründungen* stehen z. T. im Zusammenhang mit der Industrieansiedlungspolitik des Hamburger Senates ab Mitte der 1960er Jahre. Durch günstige Konditionen sollten große Firmen bewogen werden, ihren Standort für ein Werk/Zweigwerk in Hamburg zu wählen. Vorrangig sind zwei Unternehmen zu nennen, deren Standortwahl auf diese Industrieansiedlungspolitik zurückgeht: die Hamburger Stahlwerke (HSW, Produktion seit 1971) und das Hamburger Aluminium-Werk (HAW, Walzwerk seit 1973 in Betrieb, später Aufnahme der Hüttenproduktion). Beiden Werken wurde aufgeschlossenes Gelände im westlichen Hafenraum zu günstigen Bedingungen zur Verfügung gestellt und ein sehr niedriger Strompreis vertraglich zugesichert. Sie konnten aber aufgrund seither eingetretener Veränderungen auf dem Weltmarkt nicht die von der Stadt in sie gesetzten Erwartungen erfüllen, weder hinsichtlich der erzielten Umsätze, und damit ihres Steueraufkommens, noch hinsichtlich des Arbeitsplatzangebotes.

Am industriellen Suburbanisierungsprozeß waren neben einer Neuansiedlung von Betrieben in hohem Maße Betriebsstandortverlagerungen (totale und partielle) beteiligt. Vorwiegend in den Wohn-Gewerbe-Mischgebieten von Altona (samt Ottensen und Bahrenfeld), Wandsbek und Harburg, d. h. in den ehemaligen Nachbarstädten, wo die Industrie früh Fuß gefaßt hatte, erlaubten jetzt die mittelgroßen Grundstücke der Gründerzeit kaum eine Erweiterung, und die Verkehrsverhältnisse wurden immer schwieriger. So erwarben expansionswillige Unternehmen größeres und günstiger gelegenes Betriebsgelände am Stadtrand oder auch im Umland, wohin sie dann Teile ihres Betriebes oder auch das ganze Werk verlagerten.

Diese Randwanderung, die sich bis in die 1980er Jahre hinein vollzog und an der kleinere Betriebe stärker als Großbetriebe beteiligt waren, wurde in den damaligen zonengrenznahen Umlandkreisen noch durch die „Zonenrandförderung" begünstigt, und sie machte sich insgesamt für Hamburg durch die damit verbundenen Steuerausfälle negativ bemerkbar. Nach der Wende schwächte sich die Stadt-Umland-Randwanderung zugunsten einer Standortverlagerung in die neuen Bundesländer zunächst ab – eine Richtungsänderung, die nunmehr aber bereits stark rückläufig ist. Neben diesen Bewegungen zeigt sich seit längerem eine nicht unbedeutende Verlagerung (von Teilen der Produktion oder ganzen Standorten) ins Ausland, vorzugsweise in osteuropäische oder asiatische Länder.

4.2.2 Die bedeutendsten Branchen der Hamburger Industrie

Seit die großen Mineralölfirmen ab Mitte der 1950er Jahre ihre ausgedehnten Produktionsstätten im südlichen Hamburger Hafen anlegten bzw. vorhandene kleine erweiterten, nimmt die Mineralölverarbeitung hinsichtlich des Umsatzes den ersten Rang ein unter den Hamburger Industriebranchen. Sie erreichte 1996 15,5 Mrd. Umsatz und damit einen Anteil von 32,2 % am Umsatz des Verarbeitenden Gewerbes insgesamt (Tab. 4.4.1).

An zweiter Stelle folgt die Gruppe „Ernährungsgewerbe und Tabakverarbeitung". Da dieser Wirtschaftsbereich dominiert wird von der Zigarettenindustrie, behaupten also alte, auf der Verarbeitung von Importgütern basierende Seehafenindustrien die ersten Plätze in der Rangfolge des Industrieumsatzes. Dies ist ein eindrucksvolles Beispiel für die Persistenz von Standorten. Allerdings können sich hinter einer unverändert gehaltenen Spitzenstellung in der Rangfolge auch durchaus Umstellungen in der Produktion und innerbetrieblichen Struktur der Unternehmen verbergen. So hat bei der Hamburger Mineralölindustrie der sich verändernde Weltmarkt mit stark schwankenden Ölpreisen teilweise zur Stilllegung von Raffinerien geführt, was ausgeglichen wurde durch den Ausbau hochspezialisierter Schmierstoff- und Paraffingewinnungsanlagen, d. h. es ist eine weitere Hinwendung zur Petrochemie erfolgt.

Der in der Rangfolge des Umsatzes Platz 3 einnehmende Maschinenbau war ebenfalls ursprünglich hafenbezogen, da seine Entwicklung mit Aufträgen von den Werftunternehmen begann. Heute jedoch zeichnet sich der Maschinenbau durch eine breite Produktpalette aus und ist in starkem Maße auf die Nachfrage aus der Nahrungs- und Genußmittelindustrie eingestellt; er liefert von einzelnen Maschinen bis hin zu kompletten Fabrikeinrichtungen die maschinelle Ausrüstung für Produktionen. Ein bekanntes Beispiel sind die Hauni-Werke in Bergedorf, die mit ihren Maschinen für Zigarettenherstellung die Tabakindustrie in aller Welt ausrüsten.

Platz vier bis zehn der umsatzstärksten Hamburger Industriebranchen nehmen Wirtschaftsbereiche ein, für die Hamburg weniger als Importhafen denn als große Wirtschaftsmetropole Standortvorteile bietet (ausgenommen die Metallerzeugung und -verarbeitung, die auch eine Seehafenindustrie darstellt). Die meisten von ihnen profitieren von den Fühlungsvorteilen zu anderen Industrie- und Dienstleistungsunternehmen, nutzen die sehr gute Verkehrsanbindung und haben außerdem schon in der bevölkerungsreichen Metropolregion selbst den ersten guten Absatzmarkt.

Unter den aufgeführten zehn umsatzstärksten Industriebranchen sucht man die originäre Hafenindustrie, nämlich den

Rang-Nr.	Wirtschaftsbereich	Umsatz aus Eigenerzeugung 1996 in Mio. DM	Anteil (in %)	Exportquote Anteil (in %)
1	Mineralölverarbeitung	15 529	32,2	4,9
2	Ernährungsgewerbe, Tabakverarbeitung	6 250	13,0	17,8
3	Maschinenbau	5 022	10,4	45,3
4	Verlags- und Druckgewerbe	3 991	8,3	3,5
5	Bau und Reparatur von Luft- u. Raumfahrzeugen	3 510	7,3	62,2
6	Metallerzeugung und -bearbeitung	3 025	6,3	42,4
7	Chemische Industrie	2 815	5,8	21,2
8	Medizin-, Meß-, Steuer- u. Regelungstechnik, Optik	1 514	3,1	34,3
9	Geräte der Elektrizitätserzeugung u. -verteilung	1 459	3,0	•
10	Büromaschinen, Datenverarbeitungsgeräte; Rundfunk-, Fernseh- u. Nachrichtentechnik	1 238	2,6	•
Summe 1 – 10		44 353	92,1	21,7
Verarbeitendes Gewerbe insgesamt		48 157	100,0	22,0

Tab. 4.4.1: Die zehn Hamburger industriellen Wirtschaftsbereiche mit den höchsten Umsätzen, Stand 1996

Quelle: Stat. Landesamt Hamburg • = unterliegt der Geheimhaltung

Schiffbau, vergebens. Er ist nach der weltweiten Werftenkrise bis 1996 auf Platz 16 im Hamburger Industrieumsatz abgesunken, und von den Großwerften, deren Name in der Vergangenheit eng mit dem Begriff Hamburg verbunden war, existiert nur noch die älteste, nämlich Blohm + Voss.

Die Werft Blohm & Voss war in den ersten Nachkriegsjahren demontiert worden, konnte jedoch ab 1955 ihre Produktion wieder aufnehmen, zunächst in sehr bescheidenem Umfang. 1966 übernahm sie die Stülcken-Werft und die Ottensener Eisenwerke. Da sich aber die Werftenkrise abzuzeichnen begann, wurde 1967 die Siemens AG Teilhaber, und die Werft begann mit einer Produktionsumstellung, indem Maschinen- und Motorenbau gestärkt und Offshore- und Meerestechnik mit in das Programm aufgenommen wurden. 1986 übernahm Blohm + Voss (Schreibweise des Firmennamens jetzt geändert) die HDW Hamburg. Seit 1996 ist das Unternehmen in drei Gesellschaften gegliedert: Die Blohm + Voss GmbH (shipbuilding), zur Thyssen-Industrie-Gruppe gehörend, die Blohm + Voss Repair GmbH (service and repair of ships) und die Blohm + Voss Industrie GmbH (mechanical engineering).

Der Umsatz der Industrie beeinflußt das Realsteuereinkommen und damit die Steuerkraft der Kommune, die Anzahl der Beschäftigten dagegen den Arbeitsmarkt. In der jetzigen Zeit des Arbeitsplätzemangels ist folgerichtig das Arbeitsplatzangebot der Industrie für Stadt und Region von hoher Bedeutung. Im Hinblick auf die Beschäftigtenzahlen zeigen nun die wichtigsten industriellen Wirtschaftsbereiche eine andere Rangfolge als nach den Umsätzen. Platz eins nimmt der Maschinenbau ein, in welchem mittelständische Betriebe vorherrschen, gefolgt von der Luftfahrtindustrie und der Gruppe „Ernährungsgewerbe / Tabakverarbeitung“. Zusammen arbeiten in diesen drei Bereichen mehr als ein Drittel der hamburgischen Industriebeschäftigten (Tab. 4.4.2). Die drei Branchen haben zudem, was ebenfalls für den Stellenmarkt positiv ist, einen hohen Anteil an Arbeitern an den Beschäftigten. Die Mineralölverarbeitung, Spitzenreiter im Umsatz, hat dagegen mit 5,9 % nur einen bescheidenen Anteil an den Industrie-

Rang-Nr.	Wirtschaftsbereich	Beschäftigte 1996		Anteil der Arbeiter an den Beschäftigten
		Anzahl	Anteil (in %)	(in %)
1	Maschinenbau	16373	15,5	52,0
2	Bau und Reparatur von Luft- u. Raumfahrzeugen	12605	11,9	46,3
3	Ernährungsgewerbe, Tabakverarbeitung	11241	10,6	48,5
4	Verlags- und Druckgewerbe	9410	8,9	19,7
5	Chemische Industrie	8007	7,6	33,4
6	Mineralölverarbeitung	6277	5,9	22,4
7	Gummi- und Kunststoffwaren	5723	5,4	65,5
8	Geräte der Elektrizitätserzeugung u. -verteilung	5703	5,4	•
9	Medizin-, Meß-, Steuer- u. Regelungstechnik, Optik	5660	5,4	43,7
10	Büromaschinen, Datenverarbeitungsgeräte; Rundfunk-, Fernseh- u. Nachrichtentechnik	3943	3,7	•
Summe 1 – 10		84942	80,3	41,6
Verarbeitendes Gewerbe insgesamt		105722	100,0	46,4

Tab. 4.4.2: Die zehn Hamburger industriellen Wirtschaftsbereiche mit den höchsten Beschäftigtenzahlen, Stand 1996
Quelle: Stat. Landesamt Hamburg • = unterliegt der Geheimhaltung

beschäftigten in Hamburg. Und dieser Wert ist sogar noch positiv verfälscht, weil durch das statistische Verfahren, alle Beschäftigten eines örtlichen Wirtschaftsbereiches ohne Differenzierung zusammenzufassen, sich die Existenz der Hauptverwaltungen von ESSO, SHELL, BP und DEA (in der City Nord) mit ihrer hohen Konzentration des Managements in den Zahlen der Industriebeschäftigten niederschlägt. Hinsichtlich der in der Produktion Beschäftigten hat die Mineralölverarbeitung also für den Arbeitsmarkt eine noch geringere Bedeutung, als die Zahl von 5,9 % anzeigt.

Aufschlußreich ist auch, welche der Industriezweige der sogenannten Hochtechnologie zuzurechnen sind. Immerhin gehören fünf der wichtigsten Hamburger Industriezweige zum High-Tech-Bereich, nämlich folgende:

- Bau und Reparatur von Luft- und Raumfahrzeugen
- Chemische Industrie
- Geräte der Elektrizitätserzeugung und -verteilung
- Medizin-, Meß-, Steuer- und Regelungstechnik, Optik
- Büromaschinen, Datenverarbeitungsgeräte; Rundfunk-, Fernseh- und Nachrichtentechnik.

Sie alle können als moderne Wachstumsindustrien gelten, die aufgrund eines hohen Standards auch die Chance haben, mit ihrem Umsatz auf dem Weltmarkt zu expandieren. Allerdings ist damit nicht zugleich eine Garantie für sichere Arbeitsplätze gegeben, sondern bei der sich steigernden elektronischen Fertigung ist auch hier ein weiterer Abbau von Arbeitsplätzen zu befürchten.

Bekanntestes Beispiel der Hamburger High-Tech-Industrie ist die Branche Luftfahrzeugbau (und -reparatur). Während Reparatur und Wartung in der Lufthansa-Werft in Fuhlsbüttel erfolgen, findet die Fertigung, d. h der eigentliche Luftfahrzeugbau, im Werk der Daimler-Chrysler Aerospace Airbus GmbH in Finkenwerder statt. Hier war, nachdem die BRD 1955 ihre Lufthoheit zurückerhalten hatte, auf dem kaum zerstörten Flugzeugwerftgelände die Entwicklung und Fertigung von Flugzeugen wieder aufgenommen worden. 1969 fusionierte die Hamburger Flugzeugbau GmbH mit Messerschmitt-Bölkow zur MBB (Messerschmitt-Bölkow-Blohm), und das Werksgelände wurde auf 130 ha erweitert. 1970 be-

Wirtschaftsbereich	Hamburg			BRD		
	1979	1984	1994	1979*	1984*	1994
Bergbau, Grundstoff- u. Produktionsgütergewerbe	47,3	53,0	49,1	31,6	31,6	25,9
darunter						
Mineralölverarbeitung	29,2	35,4	32,4	5,2	4,9	3,2
Chemische Industrie	7,8	7,9	8,0	10,3	11,5	10,1
Gummiverarbeitung	1,7	1,6	1,4	0,9	0,9	0,8
Nichteisen-Metallerzeugung	5,9	5,9	•	1,9	1,9	1,4
Gewinnung und Verarbeitung von Steinen u. Erden	1,0	0,7	0,6	2,7	2,4	3,1
Investitionsgütergewerbe	26,4	27,3	32,7	40,4	41,3	46,5
darunter						
Maschinenbau	6,6	7,4	8,7	10,3	10,4	11,1
Elektrotechnik	9,9	8,5	11,0	9,4	9,8	11,5
Stahl- u. Leichtmetallbau, Schienenfahrzeugbau	1,0	0,9	1,0	2,0	1,8	2,3
Schiffbau	3,0	3,3	2,9	0,4	0,6	0,5
Straßenfahrzeugbau, Reparatur von Kraftfahrzeugen	1,2	1,5	0,9	11,2	11,2	13,1
Bau u. Reparatur von Luftfahrzeugen	•	•	6,3	0,5	0,7	0,9
Herstellung von Eisen-, Blech- u. Metallwaren	0,8	0,6	0,7	3,2	3,1	3,6
Feinmechanik, Optik, Herstellung von Uhren	1,0	0,9	0,9	1,3	1,1	1,2
Verbrauchsgütergewerbe	5,3	3,7	4,4	15,9	14,7	15,0
darunter						
Druckerei u. Vervielfältigung	2,2	1,4	1,5	1,8	1,8	2,0
Herstellung von Kunststoffwaren	0,7	0,6	0,7	2,6	2,7	3,6
Papier- u. Pappeverarbeitung	0,5	0,4	0,4	1,4	1,4	1,5
Bekleidungsgewerbe	0,3	0,2	•	2,1	1,8	1,4
Textilgewerbe	0,1	•	•	3,1	2,7	1,8
Herstellung von Musikinstrumenten u. Spielwaren	0,9	0,7	1,0	0,6	0,5	0,5
Nahrungs- u. Genußmittelgewerbe	21,0	16,0	13,7	12,2	12,4	12,6
darunter						
Herstellung von Süßwaren	1,8	1,4	•	0,8	0,8	0,9
Ölmühlen, Herstellung von Speiseöl	5,2	5,1	3,9	0,4	0,4	0,3
Brauerei	1,2	1,1	1,7	1,0	0,9	1,0
Tabakverarbeitung	•	•	•	1,0	1,5	1,5
Verarbeitendes Gewerbe, Bergbau	100,0	100,0	100,0	100,0	100,0	100,0

Tab. 4.5: Anteil (in %) der Umsätze aus Eigenerzeugung des Verarbeitenden Gewerbes sowie des Bergbaus in Hamburg und der Bundesrepublik Deutschland 1979, 1984 und 1994 nach fachlichen Betriebsteilen Quelle: Stat. Landesamt Hamburg • keine Angaben * alte Bundesrepublik

gann mit der „Airbus-Ära" eine neue Epoche. (Seit 1965 befand sich der Airbus in Entwicklung als gemeinsames Programm der Partner Deutschland, Frankreich, Großbritannien und Spanien.) Seit 1995 firmierte das Hamburger Werk unter dem Firmennamen „Daimler-Benz Aerospace Airbus GmbH" (DASA), wobei die Abkürzung nach der Fusion mit Chrysler erhalten blieb, der volle Firmenname aber 1998 geändert wurde in „Daimler-Chrysler Aerospace Airbus GmbH". Während zuvor meist Großbauteile gefertigt und zur Endfertigung nach Toulouse geflogen wurden, findet – bereits seit 1992 – für die Typen A 321 und schließlich A 319 auch die Endmontage in Hamburg statt. Die Produktion hat aber bereits zu Flächenengpässen geführt, und eine Erweiterung des Werksgeländes nach Westen in Richtung Mühlenberger Loch scheint unumgänglich, auch wenn hierdurch ein Landschaftsschutzgebiet in Anspruch genommen werden wird.

Ein Vergleich der Umsätze der Hamburger Industriebranchen mit den entsprechenden im bundesdeutschen Mittel (Tab. 4.5) kann zwar nur Anhaltspunkte liefern, weil die bundesdeutschen Mittelwerte aus Einzeldaten sehr unterschiedlicher regionaler Industrien resultieren, aber sie bestätigen doch im Falle der besonders starken Abweichungen den spezifischen Charakter der hamburgischen Industrie. Die in der Tabelle grau markierten Daten weisen nach:

- Ein Schwerpunkt der deutschen Mineralölindustrie liegt in Hamburg.
- Die Nichteisen-Metallverarbeitung hat ebenfalls in Hamburg einen Schwerpunkt.
- Hamburg ist führend im Luftfahrzeugbau.
- Ein bedeutender Standort der deutschen Ölmühlenindustrie liegt in Hamburg.
- Der Straßenfahrzeugbau, eine Branche, die mit einem beträchtlichen Anteil am bundesdeutschen Industrieumsatz beteiligt ist, zeigt sich in Hamburg als kaum präsent.

4.3 Die Dienstleistungsmetropole Hamburg

Die alte Hafen- und Handelsstadt Hamburg ist, nachdem sie sich mit dem Ausbau des Hafens während der Wende vom 19. zum 20. Jahrhundert auch zum Industriestandort entwickelt hatte, in den letzten Jahrzehnten in raschem Tempo zur Dienstleistungsmetropole geworden. Die bereits vorgestellten Zahlenreihen der Tabellen 4.1 und 4.2 belegen dies eindeutig: Sowohl hinsichtlich der Bruttowertschöpfung als auch mit Bezug auf die Erwerbstätigenzahlen ist die Entwicklung im letzten Vierteljahrhundert voll zugunsten des Tertiären Sektors verlaufen, der sich aus „Handel und Verkehr“, „Dienstleistungsunternehmen“ und „Staat, Private Haushalte, Organisationen ohne Erwerbszweck“ zusammensetzt. Die Zahlen verdeutlichen dabei aber auch, daß es innerhalb dieses Sektors „Spitzenreiter“ gibt, wogegen andere Bereiche stagnierten bzw. leichte Einbußen verzeichneten oder zumindest Schwankungen ausgesetzt waren.

4.3.1 Die führende Rolle einzelner Dienstleistungen

Für die Gesamtentwicklung fungiert eine ganz bestimmte Gruppe von Dienstleistungen als „Wirtschaftslokomotive“. Sie wird bezeichnet mit „Sonstige Dienstleistungen“ oder „Dienstleistungen im engeren Sinne“ oder auch „Private Dienstleistungen“.

Keine dieser drei Bezeichnungen ist ganz befriedigend, denn während der Begriff „Sonstige Dienstleistungen“ die falsche Vorstellung einer Restgröße vermittelt und der Begriff „Dienstleistungen im engeren Sinne“ nichtssagend bleibt, ist der Begriff „Private Dienstleistungen“ insofern nicht ganz korrekt, als z. B. in manchen Sparten dieser Gruppe durchaus auch öffentliche Gelder eine Rolle spielen (z. B. in der Gruppe „Film, Funk, Fernsehen“). Da aber die *Hamburgische Landesbank*, die sich in Hamburg der Untersuchung dieser Gruppe am stärksten gewidmet hat, seit geraumer Zeit den Begriff „Private Dienstleistungen“ verwendet (anstelle der früher von ihr verwandten Bezeichnung „Dienstleistungen im engeren Sinne“) kommt im nachfolgenden dieser Begriff zur Anwendung.

Zu den „Privaten Dienstleistungen“ gehören:

- Beratung, Planung, Prüfung
- Werbung
- Spezifische Dienstleistungen für Unternehmen
- Wissenschaft, Bildung, Erziehung und Sport
- Kunst, Unterhaltung, Film, Funk und Fernsehen
- Persönliche Dienstleistungen
- Verlags- und Pressewesen
- Gastgewerbe
- Gesundheits- und Veterinärwesen.

Banken und Versicherungen, die in den Auflistungen der Tabellen 4.1 und 4.2 mit zu den „Dienstleistungsunternehmen“ gehören, zählen nicht zu den „Privaten Dienstleistungen“.

Sie werden allerdings als bedeutende Träger des sog. „Quartären Sektors“ angesehen. Mit der Einführung des Begriffes „Quartärer Sektor“ wurde versucht, den „Tertiären Sektor“ zu differenzieren – ein interessanter Arbeitsansatz, dem hier jedoch nicht gefolgt werden kann, weil „ ... die Statistik nicht imstande ist, den quartären Sektor vom tertiären zu trennen, weder beim Finanz- noch beim Regierungssektor, ebensowenig beim Forschungssektor wie bei dem in der Nachkriegszeit enorm gewachsenen Informationssektor; ...“ (LICHTENBERGER 1997, S. 294).

Nach ihren Umsätzen führend in dieser bunten Palette sehr unterschiedlicher Branchen und Sparten sind „Beratung, Planung, Prüfung“, „Verlags- und Pressewesen“ und „Spezifische Dienstleistungen für Unternehmen“. Abbildung 4.2.2 läßt erkennen, daß diese drei Sparten 1992 zusammen 65 % des Umsatzes aller Privaten Dienstleistungen erreichten, und ein Rückblick auf die entsprechenden Anteile im Jahre 1972 (Abb. 4.2.1) macht deutlich, daß in erster Linie „Spezifische Dienstleistungen für Unternehmen“ und „Beratung, Planung, Prüfung“ ihren Umsatzanteil steigern konnten. Hierin drückt sich aus, daß ein ganz wesentlicher Teil aller Dienstleistungen in Hamburg nicht auf den Verbraucher, sondern auf die hier ansässigen Firmen ausgerichtet ist, denn zur Gruppe „Beratung, Planung, Prüfung“ gehört die Vielzahl der Unternehmensberater und außerdem die ständig wachsende Anzahl von Consulting-Firmen. Letztere sind inzwischen unverzichtbar für die erforderliche Logistik bei Technologie-, Stadt-, Industrie- und Verkehrsplanung, und sie werden nicht nur für private Firmen, sondern auch für Kommunen und Körperschaften tätig. Maßgeschneiderte Software wird außerdem von etwa 1 000 EDV- Dienstleistern angeboten.

Nach Schätzungen der *Hamburgischen Landesbank* hat die Gruppe „Beratung, Planung, Prüfung“ auch seit 1992 weiterhin beträchtliche Umsatzsteigerungen zu verzeichnen; leider aber ist die Entwicklung ab 1993 – und dies gilt für die gesamten Privaten Dienstleistungen – nicht exakt erfaßbar, weil zwischenzeitlich die Statistik auf eine neue Wirtschaftszweigsystematik umgestellt wurde.

Vom deutschen *Verlags- und Pressewesen* konzentriert sich seit langem ein

Abb. 4.2: Umsatzstruktur der Privaten Dienstleistungen (ohne Wohnungswirtschaft) in Hamburg
Quelle: Hamburgische Landesbank, Stat. Landesamt Hamburg
* z. B Auskunfts-, Schreib- und Übersetzungsbüros, Gebäudereinigung, Leasing, Leiharbeitsfirmen, Messe- und Ausstellungswesen

Abb. 4.2.1: 1972

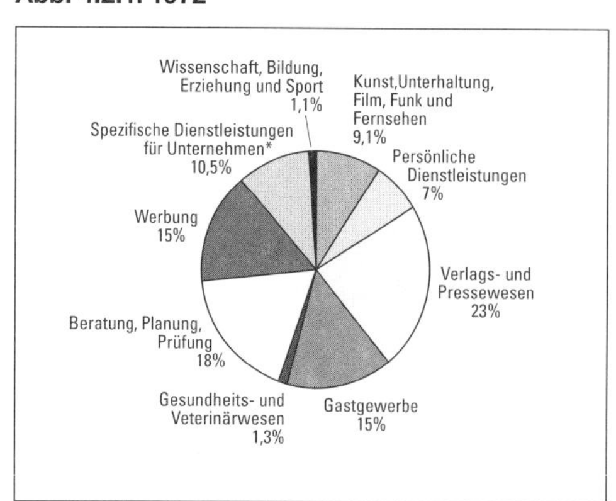

Abb. 4.2.2: 1992

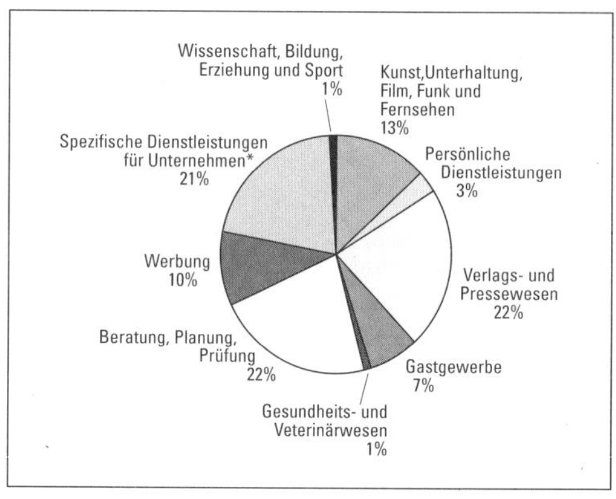

beträchtlicher Anteil in Hamburg: Die in der Bundesrepublik erscheinenden Tageszeitungen werden zu rd. 25 % in der Hamburger Region hergestellt, die sog. Publikumszeitschriften sogar zu rd. 40 %. Als Branchenriesen mit Sitz in der Hansestadt seien Springer-Verlag, Gruner & Jahr, Spiegel-Verlag und Bauer-Verlag genannt.

Nicht nur bei den Umsätzen, sondern auch hinsichtlich der *Beschäftigten* verlief die Entwicklung in den letzten Jahrzehnten zugunsten der Gruppen „Beratung, Planung, Prüfung" und „Spezifische Dienstleistungen für Unternehmen". Beide vermochten ihre Beschäftigtenzahlen um mehr als 100 % zu steigern: „Beratung, Planung, Prüfung" 1974: 18 226 Beschäftigte, 1997: 37 535 Beschäftigte; „Spezifische Dienstleistungen für Unternehmen" 1974: 14 525 Beschäftigte, 1997: 34 874 Beschäftigte. (Daß für die Beschäftigten Zahlenangaben in der alten Einteilung bis 1997 möglich sind, ist darin begründet, daß die Bundesanstalt für Arbeit ihre Statistik zunächst nach der alten Wirtschaftszweigsystematik weitergeführt hat.) – Insgesamt fungieren die Privaten Dienstleistungen mit fast 250 000 sozialversicherungspflichtigen Beschäftigten (1998) als der größte „Arbeitgeber" in Hamburg.

Die Tatsache, daß zwar durch Verlags- und Pressewesen und ebenfalls durch die Werbefirmen verbraucherorientierte Dienstleistungen in einem nennenswerten Umfang in Hamburg vertreten sind, daß aber ganz deutlich die unternehmensorientierten Dienstleistungen die Führung übernommen haben, ist für die Standortpolitik Hamburgs eine klare Aufforderung zu weiterer Unternehmensförderung.

Zur Förderung und Standortberatung von Hamburger und auswärtigen Firmen wurde 1985 die HWF (Hamburgische Gesellschaft für Wirtschaftsförderung mbH) gegründet. Gesellschafter des privatwirtschaftlich geführten Beratungsunternehmens sind die Freie und Hansestadt Hamburg, die Handels- und die Handwerkskammer sowie ein Konsortium führender Geschäftsbanken. Die HWF ist nicht nur Ansprechpartner hinsichtlich der Vermittlung von Büro- und Gewerbeflächen, sondern berät bei Unternehmensgründungen, weist Förderprogramme nach, hilft ausländischen Unternehmen durch Vermittlung von Kooperationspartnern etc. Seit Gründung der HWF wurden bis einschließlich 1998 insgesamt 2 925 Projekte betreut (davon 1 772 ansässige Unternehmen, 1153 im Zusammenhang mit Neuansiedlungen), und im sehr erfolgreichen Jahr 1998 konnte die HWF 117 abgeschlossene Neuansiedlungen nachweisen mit einer Investitionssumme von 38,9 Mio. DM.

Über die städtebauliche Konsequenz der Ausweitung des Dienstleistungsangebotes orientiert im nachfolgenden das Kapitel 4.3.2.

4.3.2 Der Hamburger Büroflächen-Markt

Mit der Entwicklung Hamburgs zur Dienstleistungsmetropole gewann der Büroflächen-Markt zunehmend an Bedeutung. Zahlreiche Investoren-Gruppen, fast immer international agierend, finanzieren seit den 1980er Jahren große Bürohaus-Neubauten oder beteiligen sich an der Restaurierung der historischen Kontorhäuser in der City. Hierbei ist es, besonders während des Nachwende-Booms, zu einer Überschätzung der Nachfrage und als deren Folge zu deutlichen Leerständen gekommen.

Die aktuelle Büromarkt-Situation läßt sich anhand der Tabelle 4.6 erläutern.

Mit einem Leerstand von insgesamt 741 220 m^2 waren zu Beginn des Jahres 1998 von den knapp 12 Mio. m^2 Hamburger Büroflächen 6,2 % ungenutzt. Die höchste Summe an „verfügbaren Flächen" wies dabei die alte City mit 245 000 m^2 auf, gefolgt von der City-Süd mit 115 000 m^2. Dabei lagen in diesen beiden Gebieten in dem voraufgegangenen Jahr 1997 die sog. Vermietungsleistungen am höchsten: Sie

Gebiet	1 Höchst-mietpreis (in DM / m²)	2 Durchschnitts-mietpreis (in DM / m²)	3 Leerstand (in m²)	4 Flächen im Bau gesamt (in m²)	5 davon verfügbar (in m²)	6 Verfügbare Flächen (3 + 5) (in m²)	7 Geplante Büroflächen (in m²)
Alte City	42,-	26,- bis 28,-	224 000	40 000	21 000	245 000	55 000
City Süd	24,50	17,- bis 19,-	69 000	58 500	46 000	115 000	49 000
Hafenrand	40,-	25,- bis 28,-	21 000	30 000	30 000	51 000	33 000
Alsterlagen	35,-	27,- bis 29,-	23 000	7 000	–	23 000	–
St. Georg	21,-	15,- bis 17,-	20 000	–	–	20 000	9 000
Wandsbek/Friedrich-Ebert-Damm	19,-	15,- bis 17,-	16 000	–	–	16 000	8 000
Wandsbek-Markt	24,-	18,- bis 20,-	1 220	13 000	11 000	12 200	3 000
Altona-Zentrum	25,-	18,- bis 19,-	9 300	–	–	9 300	30 000
Altona-Nord	23,50	14,- bis 16,-	8 700	10 000	3 000	11 700	15 000
Bahrenfeld	23,50	17,- bis 19,-	32 000	–	–	32 000	23 000
City Nord	20,-	16,- bis 18,-	18 500	5 000	–	18 500	–
Flughafen	23,-	17,- bis 19,-	34 500	15 000	-	34 500	13 000
Übrige Gebiete	25,-	15,- bis 18,-	264 000	96 700	32 400	296 400	59 000
Gesamt			741 220	275 200	143 400	884 600	297 000

Tab. 4.6: Übersicht über den Büromarkt in Hamburg (Stand 1.1.1998)
Quelle: MÜLLER CONSULT: Städte-Report Hamburg 1998, S.13 (leicht gekürzt)

betrugen sowohl in der alten City als auch in der City Süd jeweils 22 % aller Vermietungen von Büroflächen in Hamburg. Beide Standorte sind also durchaus begehrt, was sich im Falle der alten City auch an den Mietpreisen ablesen läßt, die hier Spitzenwerte erreichen.

Die Erklärung für den Überhang an Büroflächen liegt einfach darin, daß zu viel und ohne Berücksichtigung der vorhandenen Nachfrage gebaut worden ist (Abb. 4.3 zeigt die Entwicklung der Leerstände seit 1985 und stützt diese Behauptung). Es kommt hinzu, daß Hamburg ein Standort ist, wo ansässige traditionsreiche Unternehmen bei Erweiterungsbedarf oft keine Mietverhältnisse eingehen, sondern stattdessen in eigener Regie firmeneigene Bauten erstel-

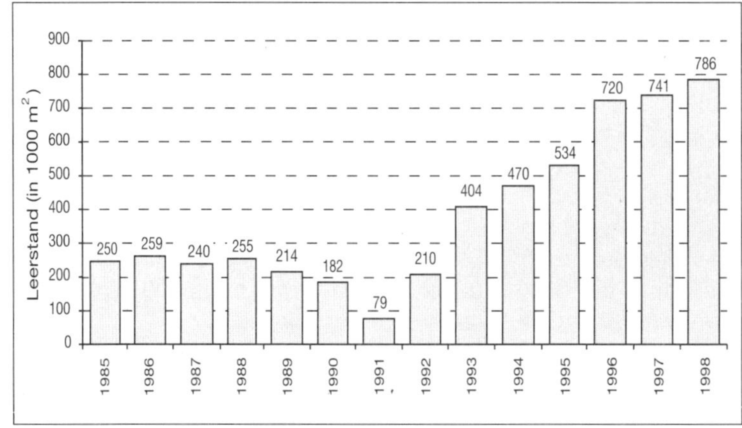

Abb. 4.3: Die Entwicklung des Büroflächen-Leerstandes in Hamburg 1985 – 1997
Quelle: MÜLLER CONSULT: Städte-Report Hamburg 1998, S. 9

len (Beispiele: Neubauten des Springer-Verlages, der Haspa und des Deutschen Rings).

Das Büroflächen-Überangebot ist allerdings eine Erscheinung, die sich seit der Wende in allen deutschen Großstädten zeigt. Sie kann gemessen werden mit dem „Verfügbarkeitsfaktor", welcher ausdrückt, wieviele Jahre theoretisch benötigt würden, um das verfügbare Angebot völlig zu absorbieren. Der Verfügbarkeitsfaktor ist (nach MÜLLER CONSULT: Büromarkt-Report Deutschland 1998, S. 58) „eine rechnerische Kennziffer, die sich ermittelt aus der Relation zwischen Büroflächenangebot (Leerstand plus Flächen im Bau minus Vorvermietung / Eigennutzung) und Nachfrage (Vermietungsleistung)".

Ein Vergleich der deutschen Großstädte mit Hilfe des Verfügbarkeitsfaktors erbringt, daß an der Spitze des Leerstands-Umfanges gegenwärtig Leipzig steht mit einem Faktor von 13,4; man vergegenwärtige sich das: Leipzig würde unter den gegebenen Umständen ab 1998 mehr als 13 Jahre benötigen, um die in einer Art von gründerzeitlicher Euphorie nach der Wende gebauten und jetzt nicht vermieteten Büroflächen einer Nutzung zuzuführen. Es folgt Dresden mit einem Faktor 6,3, dann Berlin mit 5,7, Dortmund mit 4,7 und schließlich Hamburg mit 3,7 (= 3,7 Jahre bei konstanter Vermietungsleistung).

4.4 Hamburgs Wirtschaft in sektoren- und branchenübergreifender Sicht: Städtische Teilökonomien (regionale Cluster)

Die in den Kapiteln 4.2 und 4.3 vorgenommenen Analysen des Sekundären und des Tertiären Wirtschaftssektors am Standort Hamburg basieren auf der Auswertung der amtlichen Statistik, die sich einer traditionellen und überregional in Anwendung kommenden Einteilung in Sektoren und Branchen bedient.

LÄPPLE hat 1994 aufgezeigt, daß diese Einteilung in ihrem regionalen Bezug fragwürdig ist. Dieselbe Branche kann in verschiedenen Regionen sehr unterschiedlich ausgeprägt sein (z. B. ist der Maschinenbau in Hamburg ein anderer als im Ruhrgebiet oder in der Region Mittlerer Neckar), vor allem aber sind in jeder Region die Verflechtungszusammenhänge der einzelnen Produktions- und Dienstleistungsbereiche individuell ausgeprägt und kaum miteinander vergleichbar. LÄPPLE postuliert: „Der traditionelle 'top-down'-Ansatz des gesamtwirtschaftlich konzipierten Branchen- und Sektorkonzeptes muß somit auf der Ebene der Region korrigiert bzw. ergänzt werden durch einen 'bottom-up'-Ansatz, der von den spezifischen regionalen Entwicklungsbedingungen – insbesondere den historisch gewachsenen Produktions- und Wertschöpfungsstrukturen und Verflechtungszusammenhängen ausgeht. Einen derartigen Ansatz bildet das Konzept der < regionalen Cluster >.

Aufgrund dieses Konzeptes erarbeiteten LÄPPLE und seine Forschungsgruppe an der Technischen Universität Hamburg-Harburg die Clusterstruktur Hamburgs, wofür aufwendige Umgruppierungs- und Rechenarbeiten erforderlich waren. Es galt, die gesamtwirtschaftlich orientierten Aggregate der „Branchen" und „Sektoren" unter Verwendung der Daten der amtlichen Statistik so umzugruppieren, „daß die regionalspezifischen Ausprägungen von Teilökonomien mit den für sie charakteristischen Verflechtungszusammenhängen, Problemlagen und Standortanforderungen erfaßt" wurden.

Das Ergebnis waren die folgenden 10 *Cluster* bzw. *Teilökonomien* der Hamburger Wirtschaft:

Hafen, Transport, Lager:
überregional orientierte Verkehrsfunktionen (inklusive Hafen) und daran gekoppelte Dienstleistungen.

Handel, Niederlassungen:
überregional orientierter Handel bzw. Vertrieb und angekoppelte Dienstleistungen.

„Seehafenindustrien":
Industrien, die historisch auf den Hafen ausgerichtet und im Hafengebiet ansässig sind (v. a. Verarbeitung von Grundstoffen, Schiffbau).

Stadtindustrien:
Industrie, produzierendes Handwerk und Baugewerbe mit einem hohen Anteil von Beschäftigten in Fertigungsberufen. Die Stadtindustrien waren historisch ausgerichtet auf den großstädtischen Absatzmarkt Hamburgs. Als Zulieferer oder Hersteller für den Endverbrauch sind die Stadtindustrien heute vielfach mit überregionalen und internationalen Märkten konfrontiert.

Technologieindustrien:
Industrien mit einem hohen Anteil an technisch qualifizierten Beschäftigten und Dienstleistungsfunktionen sowie einer starken Ausrichtung auf internationale Märkte.

Unternehmensorientierte Dienstleistungen:
Dienstleistungen, die in die Wertschöpfung anderer Unternehmen bzw. Wirtschaftsbereiche eingehen (z. B. Unternehmensfinanzierung, Beratung, Planung sowie Gebäudereinigung, Bewachung etc.).

Medienwirtschaft:
Printmedien (u. a. die großen Verlagshäuser), private und öffentliche Rundfunk- und Fernsehveranstalter und -produzenten, die Tonträgerindustrie sowie die Unternehmen der Werbewirtschaft.

Versicherungen:
die Unternehmen bzw. Beschäftigten im Bereich der Individualversicherungen (Lebens-, Kranken-, Haftpflichtversicherung etc.). Die Transport-, Kredit- bzw. Außenhandelsversicherungen werden dem Cluster Hafen, Transport, Lager oder Handel, Niederlassungen zugeordnet.

Großstadtdienstleistungen:
Dienstleistungen, die auf dem Einzugsbereich bzw. der Metropolfunktion Hamburgs beruhen, u. a. „hochwertiger" Einzelhandel, regionaler Verkehr, Ver- und Entsorgung, Messe- und Ausstellungswesen, Wissenschaft und Forschung, Teile der Gastronomie und des Gesundheitswesens.

Stadtteil- und Quartiersbetriebe:
Dienstleistungen und Handwerksbetriebe, die stark lokal eingebunden sind, z. B. durch örtlichen Absatz, den Wohnsitz der Erwerbstätigen oder den bestehenden preisgünstigen Gewerberaum. Zu den Stadtteil- und Quartiersbetrieben zählen u. a. Teile des Einzelhandels, des Gesundheitswesens, der Gastronomie und des produzierenden bzw. Reparaturgewerbes. Diese Betriebe bieten zum überwiegenden Teil Leistungen für den Endverbrauch privater Haushalte an.

Die Umgruppierung in diese regionalspezifischen Cluster erlaubt es LÄPPLE, bei Benutzung von Zeitreihen zu Aussagen über für die Stadt wichtige Entwicklungen zu kommen. Er stellt z. B. fest, daß sich in dem Jahrzehnt zwischen 1980 und 1990 die Cluster *Hafen / Transport / Lager* und *Handel / Niederlassungen* voneinander entkoppelt und sich gleichzeitig beider Verflechtungen in der Stadtregion vermindert haben. Mit Bezug auf die räumliche Situation sagt er, daß der Hafen eine Art Schutzzone für wenige „hafengebundene" Funktionen ist, während die übrige Stadt von einer fortschreitenden Entmischung der Funktionen bestimmt ist, denn das Verarbeitende Gewerbe wird tendenziell durch Büronutzungen und z. T. auch Wohnnutzungen verdrängt, während das Gegenteil, nämlich die Koppelung von industriellen und Dienstleistungsfunktionen, für die Stadt wünschenswert wäre.

Die Abbildung 4.4 stellt die Veränderung der Funktionen innerhalb der Cluster zwischen 1980 und 1990 dar, und zwar anhand der „Absoluten Veränderung der sozialversicherungspflichtig Beschäftigten". Diese Darstellung ist insofern für unseren Zusammenhang von Interesse, als sie u. a. eine Ergänzung zu den Aussagen über den Dienstleistungssektor bietet. Zeigte sich dieser insgesamt bezüglich der Entwicklung der Erwerbstätigen positiv (vgl. Tab. 4.2), so wird hier in der Cluster-Struktur die vorhandene Differenzierung deutlich. Bei den ersten sechs Clustern, von *„Hafen, Transport, Lager"* bis hin zu den *„Technologieindustrien"*, wurde der zwischen 1980 und 1990 zu verzeichnende starke Rückgang an Beschäftigten in der Fertigung begleitet von einem mehr oder weniger großen Abbau von Arbeitsplätzen im Dienstleistungsbereich. Erst in den nachfolgenden Clustern, die als solche schon

Abb. 4.4: „Veränderung der Funktionen in den Clustern 1980–1990 in Hamburg – Absolute Veränderung der sozialversicherungspflichtig Beschäftigten“
Quelle: LAEPPLE / DEECKE / KRÜGER 1994 a

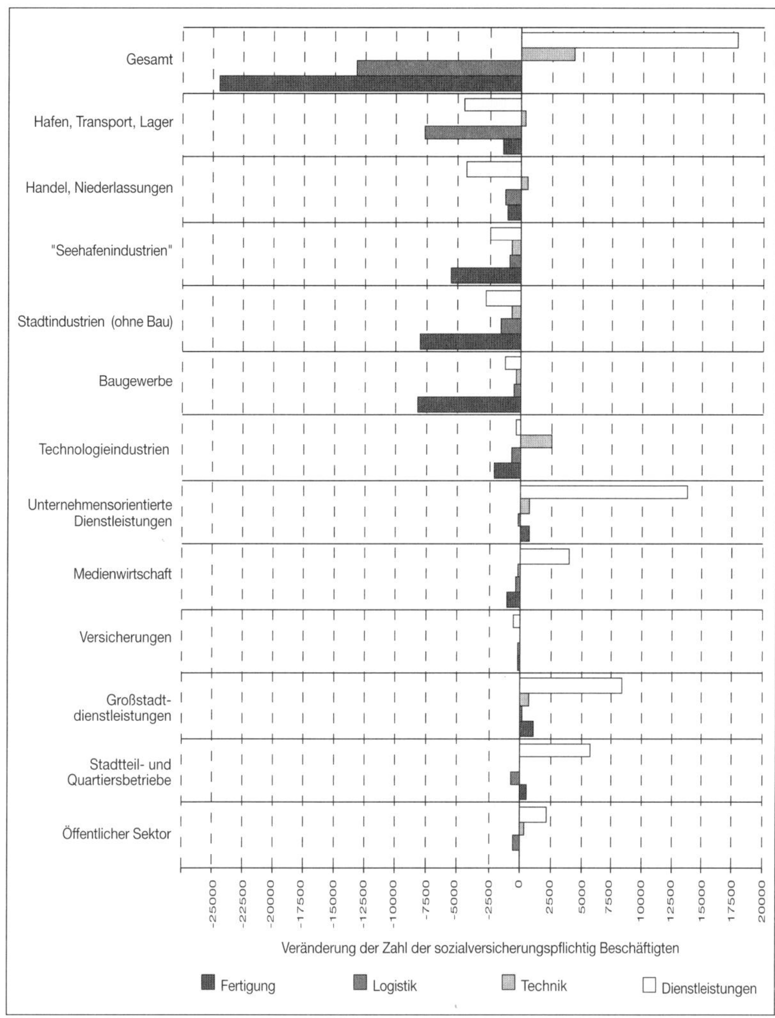

voll dem Tertiären Sektor zuzurechnen sind, war im gleichen Zeitraum eine durchweg erhebliche Zunahme an Beschäftigten zu verzeichnen .

Interessant sind ebenfalls die mit Hilfe der Cluster ausgearbeiteten Szenarien möglicher Zukunftsentwicklungen. Es werden mit dem „Standortkonkurrenzszenario“ und dem „Milieupolitikszenario“ zwei alternativen Szenarien entwickelt, die von zwei unterschiedlichen, idealtypisch konzipierten regionalen bzw. städtischen „Entwicklungsstrategien“ ausgehen.

Das *Standortkonkurrenzszenario* unterstellt eine herkömmliche Politikstrategie, bei der man auf die Standortentscheidungen einzelner Unternehmen Einfluß nimmt. Es wird vorausgesetzt, daß in einem erweiterten Europa größere Märkte entstehen, daß eine europaweite Deregulierung im Güterverkehr zu Transportkostensenkungen führt und durch die uneingeschränkte Mobilität der Produktionsfaktoren Kapital und Arbeit in erster Linie die Massenproduktion Kostenvorteile bringt. So wird für Hamburg auf Großunternehmen gesetzt, die diese Mas-

Cluster		Trend Beschäftigung		Trend Flächennutzung
Hafen, Transport, Lager	↘	*Beschäftigungsrückgang* • Rationalisierung • Polarisierung der Qualifikationsstruktur • Funktionale Verarmung durch Containerisierung	↑	*Stark wachsende Flächenachfrage* • Hafenerweiterung über Altenwerder hinaus • Flächen für Speditionen im Stadtgebiet und im Umland • Flächen für Baggergutunterbringung im Umland
Handel, Niederlassungen	↘	*Schwacher Beschäftigungsrückgang* • Trend zur Ausschaltung des Handels wird durch Ansiedlung ausländischer Niederlassungen teilweise kompensiert	↗	*Wachsende Flächennachfrage* • Lager und Vertrieb ausländischer Niederlassungen im Hafengebiet • Büroflächen am nördlichen Elbufer (1a-Lagen) • Umstrukturierung im Bestand in City und Stadtgebiet • zusätzliche Lager- und Büroflächen im Umland
„Seehafenindustrien"	↓	*Starker Beschäftigungsrückgang* • Rückgang wird durch (indirekte) Subventionen gebremst	→	*Zunehmende Brachflächen* • Nutzungsextensivierung • Flächenblockade durch Altlasten • Standortkonkurrenz mit dem Osten wird durch Subventionen gedämpft
Stadtindustrien	↓	*Starker Beschäftigungsrückgang* • Verdrängungskonkurrenz • Funktionsauslagerung	↘	*Rückläufige Flächennachfrage* • Aufgabe und Verlagerung von Betrieben aus dem Stadtgebiet
Technologieindustrien	→	*Beschäftigung bleibt konstant* • geringe Ausstrahlungseffekte auf andere Cluster • Weiter- und Höherqualifikation	→	*Wachsende Flächennachfrage* • Verhinderung der Abwanderung durch billige Flächenangebote im Stadtgebiet • gezielte Aquisition der Umlandgemeinden
Unternehmensorientierte Dienstleistungen	↗	*Beschäftigungszunahme*	↗	*Wachsende Flächennachfrage* • Orientierung auf PKW-günstige Standorte im Stadtgebiet und im Umland
Medienwirtschaft	→	*Beschäftigung bleibt konstant* • Standortkonkurrenz zu Berlin	→	*Wachsende Flächennachfrage* • Umstrukturierung am nördl. Elbufer • Orientierung auf PKW-günstige Standorte im Stadtgebiet und im Umland
Versicherungen	↓	*Beschäftigungsrückgang* • EDV-gestützte Rationalisierung • Regionalisierung	↘	*Rückläufige Flächennachfrage* • Rückzug aus Streulagen
Großstadtdienstleistungen	↗	*Bedingte Beschäftigungszunahme* • Abhängigkeit von öffentlichen Transferleistungen	↗	*Wachsende Flächennachfrage* • Großbauprojekte von Developern im Stadtgebiet • Freizeit- und Unterhaltungsparks auf der „grünen Wiese" im Umland
Stadtteil- und quartiersbezogene Betriebe	↘	*Beschäftigungsrückgang* • Rationalisierung bei Filialbetrieben, insbesondere bei Einzelhandel u. Banken • Betriebsaufgaben durch Verdrängungsprozesse • Zentrenpolitik	↘	*Rückläufige Flächennachfrage* • Verdrängung durch Gewerbe und Wohnnutzungen im Stadtgebiet
Öffentlicher Sektor	↘	*Schwacher Beschäftigungsrückgang* • Entstaatlichung von Dienstleistungen	→	*Leicht wachsende Flächennachfrage* • Ver- und Entsorgungseinrichtungen im Hafengebiet

Übersicht 4.1.1: Standortkonkurrenzszenario für Hamburg

Quelle: Läpple / Deecke / Krüger 1994 b

Cluster	Trend Beschäftigung		Trend Flächennutzung	
Hafen, Transport, Lager	↘	*Beschäftigungsrückgang* • Polarisierung der Qualifikationsstruktur	→	*keine weitere Flächenachfrage* • Ansiedlung hafenergänzender Dienstleistungs- und Produktionsfunktionen im Hafengebiet • Verdichtete Nutzungen im Stadtgebiet und im Umland • Pool-Effekt durch Regionslogistik
Handel, Niederlassungen	↘	*Schwacher Beschäftigungsrückgang* • Integration mit industriellen und logistischen Funktionen • Positive Ausstrahlungseffekte auf „Seehafen-“ und Stadtindustrien	↗	*Wachsende Flächennachfrage* • Lagerei, Verarbeitungs- und Wertschöpfungsprozesse im Hafengebiet • Bestandsumstrukturierung in der City • Funktionsausweitung im Stadtgebiet (Verarbeitung, Logistik, Vertrieb
„Seehafen-industrien“	↓	*Sehr starker Beschäftigungsrückgang* • Wegfall der (Energie-) Subventionen (Schließung von HSW und HAW) • Rückgang gebremst durch ‘upgrading’ und Kooperation • Tertiärisierung	↘	*Rückläufige Flächennachfrage* • Sanierung von Altlasten / Flächenrecycling im Hafengebiet • Stabilisierung der Nahrungs- und Genußmittelindustrie im Stadtgebiet
Stadtindustrien	↘	*Beschäftigungsrückgang* • Aktive Unterstützung von Produktionsnetzwerken • System-Zulieferer • Tertiärisierung • Interaktive Netzwerke	→	*Leicht wachsende Flächennachfrage* • Ansiedlung integrierter Verarbeitungs-, Logistik- und Dienstleistungskomplexe im Hafengebiet • Nutzungsintensivierung im Stadtgebiet (z. B. Stadtfabriken) • Konsolidierung durch Stärkung regionaler Zulieferbeziehungen
Technologie-industrien	→	*Beschäftigung bleibt konstant* • regionale Interaktionsnetzwerke führen zu Beschäftigungseffekten in anderen Clustern	→	*Keine weitere Flächennachfrage* • Zusätzliche Nachfrage wird durch intensivierte Flächennutzung aufgefangen (Stadtfabriken)
Unternehmens-orientierte Dienstleistungen	↗	*Stark wachsende Beschäftigung* • regionale Interaktionsnetzwerke mit Technologie- und Großstadtindustrie, Hafen, Transport, Lager sowie Handel und Niederlassungen	↗	*Wachsende Flächennachfrage* • Ansiedlung an Hafenrändern (nördliches Elbufer, Speicherstadt, Harburger Binnenhafen) • Entwicklung integrierter Standorte in Stadtgebiet und Umland (ÖPNV, Mischnutzung)
Medienwirtschaft	→	*Beschäftigung bleibt konstant* • Standortkonkurrenz zu Berlin	→	*Leicht wachsende Flächennachfrage* • Entwicklung integrierter Standorte (ÖPNV, Mischnutzung)
Versicherungen	↓	Beschäftigungsrückgang • EDV-gestützte Rationalisierung • Regionalisierung	↘	Rückläufige Flächennachfrage • Rückzug aus Streulagen
Großstadt-dienstleistungen	↗	*Bedingte Beschäftigungszunahme* • Abhängigkeit von öffentlichen Transferleistungen	↗	*Wachsende Flächennachfrage* • Mehrzweckhalle im Hafengebiet • Nutzungsintensivierung in der City-Logistik (weniger Flächen für Transport und Lager)
Stadtteil- und quartiersbezogene Betriebe	→	*Stabilisierung der Beschäftigung* • Stabilisierung und Modernisierung dezentraler Standorte • Vernetzung • Rationalisierung bei Filialbetrieben, insbesondere Einzelhandel und Banken	→	*Leicht wachsende Flächennachfrage bzw. -bedarf* • Einrichtung von Gewerbehöfen, Produktions- und Dienstleistungszentren im Stadtgebiet
Öffentlicher Sektor	↘	*Schwacher Beschäftigungsrückgang* • Entstaatlichung von Dienstleistungen	→	*Konstante Flächennachfrage* • Stärkung dezentraler Verwaltung führt zur Verlagerung von Flächennutzungen aus der City in das Stadtgebiet • Ver- und Entsorgungseinrichtungen werden vornehmlich im Umland eingerichtet

Übersicht 4.1.2: Milieupolitikszenario für Hamburg
Quelle: LÄPPLE / DEECKE / KRÜGER 1994 b

senproduktionsstrategien effektiv verfolgen, indem sie global tätig und vertikal integriert sind. Allerdings muß dabei in Kauf genommen werden, daß ansässige Zulieferer der Kostenkonkurrenz von Niedriglohn-Standorten ausgesetzt werden. Zum regionalwirtschaftlichen Vorteil aber soll der Versuch dienen, die besonders geförderten „Wachstumsbereiche“ zum Anziehungspunkt und Entwicklungsmotor anderer Teilökonomien werden zu lassen.

Das *Milieupolitikszenario* geht von einer Neubewertung der Region aus. Nach dem Konzept des „regionalen Produktions- und Innovationsmilieus“ sollen die am Standort vorhandenen Unternehmen mittels Erneuerung ihrer innerbetrieblichen Organisationsstrukturen gestärkt und für den internationalen Wettbewerb konkurrenzfähig gemacht werden. Der regionalen Wirtschaftspolitik soll es obliegen, nicht in erster Linie einzelne Unternehmen zu fördern, sondern zusammenhängende Strukturen und Netze zu etablieren und in diese die Betriebe zu integrieren. Damit ist die Milieupolitik clusterorientiert: „Mit spezifischen, auf die Problemlagen der Cluster zugeschnittenen Maßnahmebündeln, wird eine Integration der Arbeitsmarkt- und Stadtentwicklungspolitik in die wirtschaftliche Strukturpolitik angestrebt“ (LÄPPLE / DEECKE / KRÜGER 1994 a, S. 23). In der Flächenpolitik wird einer intensiveren Nutzung der bereits vorhandenen Gewerbeflächen und Wohnflächen die Priorität eingeräumt vor einer Neuausweisung.

Für beide Szenarien ist ein Zeithorizont bis zum Jahre 2005 angenommen.

Ein Vergleich der beiden Szenarien (Übersichten 4.1.1 u. 4.1.2) ergibt zunächst eine weitgehende Übereinstimmung im Hinblick auf die Beschäftigungsprognosen, die überwiegend negativ sind. Lediglich bei den unternehmensorientierten Dienstleistungen und den Großstadtdienstleistungen geht man von einer Beschäftigtenzunahme aus, und bei den Stadtindustrien ist im Milieupolitikszenario der Beschäftigtenrückgang etwas gemildert (durch die geplanten Produktionsnetzwerke etc.). Bei der Flächennachfrage ist das Milieupolitikszenario dem Standortpolitikszenario im Hinblick auf die knappen Flächenressourcen der Stadt überlegen, da es weniger Cluster mit wachsender Flächennachfrage im Stadtgebiet aufweist zugunsten stärkerer Einbeziehung des Umlandes. Im ganzen ist die Milieupolitik-Strategie mit ihrer Hinwendung zur Region und deren Innovations- und Wandlungsfähigkeit deutlich auf eine grundsätzliche Neuorientierung ausgerichtet. Diese durchzusetzen wird, da sie u. a. auch die Verschiebung traditioneller Kompetenzen involviert, sehr schwierig sein.

4.5 Hamburg als Verkehrskreuz des Nordens (zum Stadt- und Nahverkehr s. Kap. 2.4.8)

Über den Begriff „Hafenstadt“ ist Hamburg seit Jahrhunderten als eine Stadt des Verkehrs definiert. Der Schiffs-Warenumschlag ließ Hamburg groß werden, und erst im 20. Jahrhundert ist neben den Güterumschlag verstärkt der Personenverkehr getreten.

Heute ist Hamburg wie ehedem ein Zentrum des Waren-Umschlags, zugleich aber auch Verkehrsknotenpunkt für den über Straße und Schiene verlaufenden Personenverkehr und in beiden Funktionen von weiträumiger Effizienz. Abbildung 4.5 gibt das Verkehrsnetz wieder: Die Autobahnen und Schienenwege führen sowohl nördlich als auch südlich der Elbe strahlenförmig ins Umland, mit den Fernzielen Skandinavien, Ost- und Südosteuropa sowie Süd- und Westeuropa. Als Schiffahrtsweg verbindet die Elbe das Binnenland mit der Nordsee und den Ozeanen; zugleich stehen für den Schiffsverkehr Nord-Ostsee-Kanal sowie

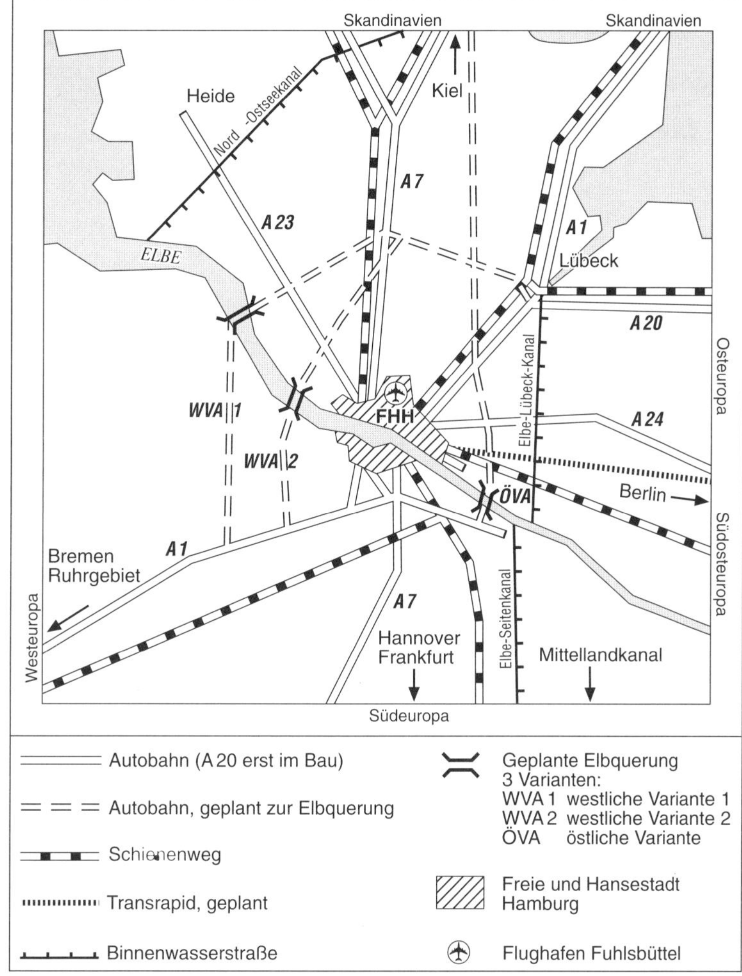

Abb. 4.5: Hamburg als Verkehrskreuz (unmaßstäblich) Vorlage aus: Der Wirtschaftsstandort Hamburg, Hrsg.:Hamburgische Landesbank, Hamburg 1996, S. 29; ergänzt und aktualisiert 1999 von I. Möller

Elbe-Lübeck-Kanal und Elbe-Seiten-Kanal zur Verfügung. Schließlich sind über den Flughafen Hamburg die entsprechenden Flugplätze in aller Welt zu erreichen.

Mit nur wenigen Zahlen läßt sich der Rang aufzeigen, den die einzelnen Verkehre im bundesdeutschen und europäischen Vergleich einnehmen: Mit knapp 76 Mio. t Güterumschlag (1998) ist Hamburg der bedeutendste Seehafen der BRD und steht europaweit an dritter Stelle (vgl. Kap. 3). – Der zunehmende Luftverkehr hat in Hamburg im Jahre 1998 zu 8,9 Mio. Fluggästen und einer Luftfracht von 34 193 t (Einladungen und Ausladungen) zuzüglich 17 030 t Luftpost geführt. Damit ist Hamburg zwar nicht das „Luftkreuz des Nordens“ (als solches fungiert Kopenhagen), rangiert aber in der Bundesrepublik hinter Frankfurt am Main, München, Düsseldorf und Berlin an fünfter Stelle.

Daß insgesamt dem Fremdenverkehr ein hoher Stellenwert zukommt, belegen die Zahlen für Gästeankünfte (1998 2,5 Mio.) und Übernachtungen (1998 4,5 Mio.), mit denen Hamburg auf Platz 3 hinter Berlin und München liegt.

Der Tourismus wird auch durch die *Hamburg Messe* gefördert. Nachdem 1987 das Hallenareal des nahe dem Dammtor gelegenen Messegeländes grundlegend modernisiert worden war, stieg die Zahl der Veranstaltungen ständig. Unter den großen Fachmessen führt die „Internorga" (1998: 106 000 Fachbesucher, 870 Aussteller), während bei den Publikumsausstellungen „Du und Deine Welt" (1998: 200 000 Besucher) und „Reisen" (1998: 145 000 Besucher) die Spitzenplätze einnehmen.

Außerdem ist Hamburg mit 97 Generalkonsulaten und Konsulaten (1999) neben New York der weltweit größte Konsularplatz. In vielen der Generalkonsulate bestehen eigene Handelsabteilungen für den Ausbau der Wirtschaftsbeziehungen.

Die hohen Verkehrsleistungen bewirken, daß die Verkehrswirtschaft an der Bruttowertschöpfung in Hamburg mit 10 % beteiligt ist und damit ihrem Anteil nach doppelt so hoch liegt wie im Bundesdurchschnitt.

Die ständige Zunahme des Verkehrs hat aber zur Folge, daß die vorhandene Infrastruktur den Anforderungen häufig schon jetzt nicht mehr genügt und vor allem künftig der zunehmenden Beanspruchung nicht mehr gerecht werden kann. Sie bedarf kostenintensiver Erneuerungen in folgenden Bereichen:

• Für die *Seeschiffahrt* ist die weitere Vertiefung der Elbe erforderlich (vgl. Kap. 3.1.3, S. 176), und außerdem sind die Hafenanlagen stets den wachsenden Schiffsgrößen und den Veränderungen im Umschlagverkehr neu anzupassen (vgl. Kap. 3.3.2, S. 184). Soll die *Binnenschiffahrt* noch Chancen haben, müssen die Wasserstraßen des Hinterlandes Strukturverbesserungen erfahren (vgl. Kap. 3.3.4, S. 190f.).

• Für den *Straßen-Durchgangsverkehr* stellt Hamburg nach wie vor ein Nadelöhr dar. Hatte man im Jahre 1975 bei der Eröffnung des neuen *Elbtunnels* im Zuge der Westlichen Umgehung gehofft, mit dieser Verbindung dem Nord-Süd-Verkehr gerecht zu werden, wurde infolge des steigenden Verkehrsaufkommen sehr schnell die vierte, zur Zeit im Bau befindliche Tunnelröhre notwendig. Sie wird aber nach Expertenberechnungen nicht in der Lage sein, die derzeitige Überlastung der drei vorhandenen Tunnelröhren voll abzubauen. (Die drei Röhren sind für eine durchschnittliche tägliche Verkehrsdichte von 70 000 Kfz angelegt, werden aber gegenwärtig von 110 000 Kfz pro Tag passiert.)

Geplant ist daher eine *weitere Elbquerung*, östlich oder westlich von Hamburg. Gegen die östliche (im Zuge einer von Kiel bis zur Elbe als A 21 ausgebauten B 404), die aufgrund des oberhalb von Hamburg schmaleren Elbstroms die kostengünstigste und außerdem auf den starken Skandinavienverkehr wie zugeschnitten wäre, wehrt sich aus mehreren Gründen das Land Schleswig-Holstein. Für die westliche sind zwei Hauptvarianten im Gespräch: eine erste im Zuge einer Verlängerung der im Bau befindlichen A 20 nach Glückstadt, wo die Elbe in Richtung Wischhafen gequert würde, und eine stadtnahe bei Hetlingen, westlich von Wedel (Abb. 4.5). Anfang des Jahres 1999 wurde in Kiel noch eine dritte Variante ins Spiel gebracht, etwa in der Mitte der beiden beschriebenen liegend. Über die Art der Querung (Tunnel oder Brücke) ist zwar noch nicht entschieden worden, doch wird im Interesse eines sicheren Schiffsverkehrs und ebenfalls aus ökologischen Gründen ein Brückenbau wohl ausgeschlossen werden. – Optimal wäre selbstverständlich, wenn sich sowohl westlich als auch östlich von Hamburg eine Elbquerung ermöglichen ließe.

Weiterhin wird zur Einschränkung des Durchgangsverkehrs ein Autobahnring um die Stadt gefordert.

Für keines dieser Großprojekte liegt jedoch eine Realisierung in greifbarer Nähe.

• Den *Schienenverkehr* betreffend, ist im Hinblick auf den wachsenden Austausch mit Skandinavien die *Elektrifizierung* der Bahnstrecke Hamburg – Lübeck dringend erforderlich. Der Bund will dieses Projekt allerdings nur im Zusammenhang mit einer festen Querung des Fehmarnbelts realisieren.

Die geplante Verbindung zwischen Hamburg und Berlin durch den *Transrapid* sorgt seit 1994, als die Planungsgesellschaft für das Projekt gegründet wurde, für Schlagzeilen. Die Befürworter weisen auf die Exportchancen hin, die in diesem Pionierbereich der Hochtechnologie für Deutschland gegeben wären, die Gegner der Magnetbahn führen u. a. an, daß deren Wirtschaftlichkeit nicht zu beweisen ist.

• Seit Eröffnung des Terminals 4 (1993) ist der Flughafen Fuhlsbüttel für den derzeitigen *Flugverkehr* gut ausgestattet. Aufgrund der erwarteten Steigerung des Verkehrsaufkommens hat ein weiterer Ausbau begonnen, der in drei Stufen geplant ist und bis zum Jahr 2010 Investitionen von rd. 700 Mio. DM erforderlich macht. Unzureichend ist bislang das örtliche Zubringersystem. Zwar wird die Anbindung an die westlich des Flughafens verlaufende Autobahn A 7 nach schwierigen Straßenbau- und Tunnelarbeiten mutmaßlich Ende des Jahres 1999 endlich verwirklicht sein, aber um vom Airport zum Stadtzentrum zu kommen, muß sich der Fluggast noch heute der Transportmittel Bus oder Taxi bedienen und ist damit häufig Stau-Situationen ausgesetzt. (Zum Vergleich: Auf dem Amsterdamer Flughafen Schiphol laufen Hochgeschwindigkeitszüge aus ganz Europa ein, und in London wurde 1998 eine Schnellbahnverbindung zwischen dem Flughafen Heathrow und der Paddington Station eröffnet, die den Flugreisenden in nur 15 min. vom Airport in die Innenstadt bringt.) Allerdings besteht insofern Hoffnung, als nach jahrelangen politischen Querelen der Senat der Hansestadt 1999 endlich den Bau einer Flughafen-S-Bahn beschloß, die vom vorhandenen S-Bahnhof Ohlsdorf auf einer neu anzulegenden Trasse zum Flughafen Fuhlsbüttel führen soll. Man rechnet mit einer Inbetriebnahme im Jahre 2004; an der Finanzierung des Trassenbaues ist der Bund maßgeblich beteiligt.

Da Fuhlsbüttel als innenstadtnahes Wohngebiet kein günstiger Standort für einen expandierenden Flughafen ist, war in den 1960er Jahren das Projekt eines neuen Großflughafens im Raum Kaltenkirchen (rd. 30 km nördlich der Hamburger Innenstadt) entwickelt worden, in das man bis 1983 rd. 100 Mio. DM für vorbereitende Maßnahmen investierte. Gesellschafter der für dieses Projekt gegründeten „Flughafen Hamburg GmbH“ waren Hamburg (64 % Beteiligung), Schleswig-Holstein (10 %) und der Bund (26 %). Aus unterschiedlichen Gründen 1983 gescheitert, lebte nach der Wende der Gedanke eines gemeinsamen norddeutschen Flughafens noch einmal auf im geplanten Großflughafen Parchim, der aber keine Realisierungschance hatte. Dagegen bemühen sich zur Zeit die regionalen Flughäfen, wie Rostock, um den Ausbau ihres Flugverkehrs, besonders hinsichtlich der Charterflüge.

5 Die Umwelt – Grundlagen und Gefährdung

5.1 Der Naturraum

Die Großlandschaft, in der sich Hamburgs Siedlungsentwicklung vollzog, geht in ihren Elementen auf Vorgänge während der letzten beiden Kaltzeiten zurück.

Die Eismassen der vorletzten Kaltzeit (Saale-Kaltzeit) waren bis weit in das heutige Niedersachsen vorgestoßen und hinterließen dort ausgedehnte Moränenzüge und Sanderaufschüttungen. Während der letzten Kaltzeit (Weichsel-Kaltzeit) erreichte das Eis den Hamburger Raum nicht mehr, sondern kam nordöstlich der heutigen Stadt zum Stillstand. Dies war jedoch insofern von Einfluß auf unseren Raum, als die Schmelzwässer aus den Gletscherzungen abflossen (z. B. im Tal der heutigen Alster) und im Vorland, parallel zum Eisrand, ein breites Urstromtal ausformten, dessen Verlauf die heutige Elbe folgt. (Das Urstromtal seinerseits hatte wahrscheinlich bereits am Ende der Saale-Kaltzeit einen Vorläufer: ein in gleicher Richtung verlaufendes Flußtal.)

Die Sohle des Urstromtales lag im Raum Hamburg ursprünglich ca. 25 m tiefer als jetzt. Sie wurde noch während der letzten Kaltzeit periglazial durch Schotter und grob-

Abb. 5.1: Naturräumliche Gliederung von Hamburg und Umgebung

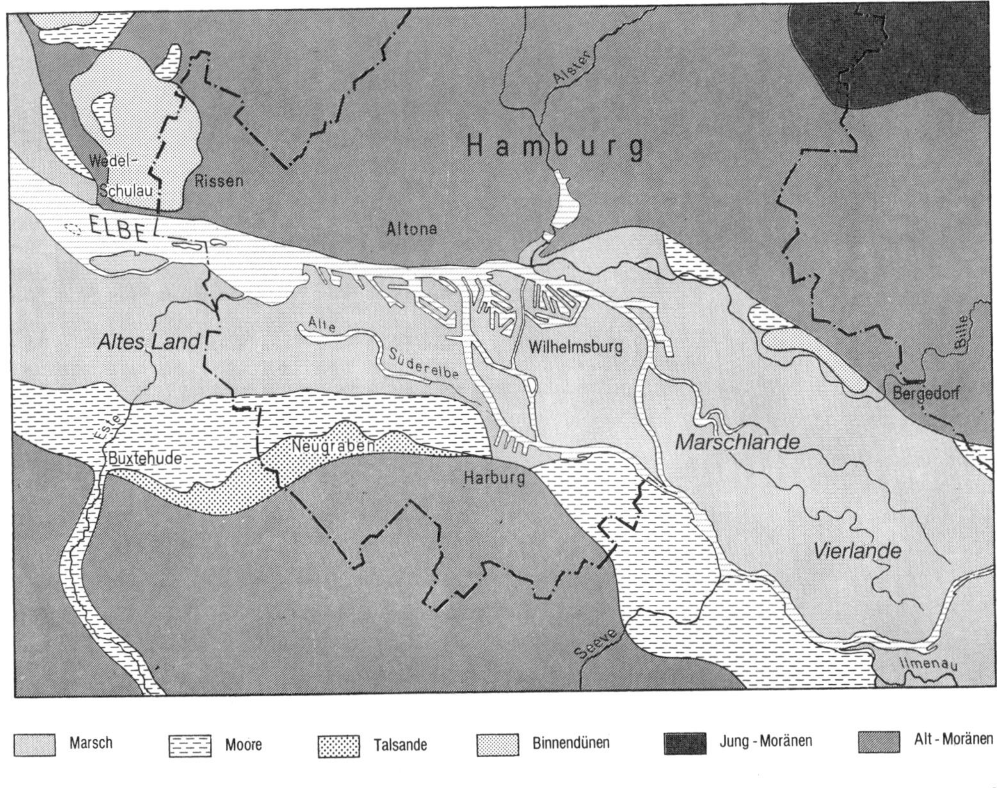

körnige Talsande, vorwiegend aber in den Jahrtausenden nach dem Abtauen des Eises durch Flußsande aufgehöht. Mit dem phasenweisen Anstieg des Meeresspiegels seit Beginn des Atlantikums (5 000 v. Chr.) gelangte dann allmählich das untere Elbtal in den Einfluß des Tidebereiches der Nordsee und schließlich – flußaufwärts fortschreitend – auch der Hamburger Raum. Hier führten nun die tidestrombeeinflußten und daher sehr komplexen Vorgänge der Marschenbildung (unter denen die ständigen Umlagerungsprozesse des sedimentierten Sohlenmaterials eine bedeutende Rolle spielen) zur Ausbildung eines etwa 100 km von der offenen See entfernten *Stromspaltungsgebietes*, das mit seinen gegenwärtigen Hauptarmen Norderelbe und Süderelbe tiefgelegene Marschenflächen umfaßt.

Diese kontrastreiche Naturlandschaft veranlaßte den Menschen zu selektiven Reaktionen. Er mied die sumpfige und überflutungsgefährdete Marsch und legte die ersten Siedlungen ausnahmslos auf den das Urstromtal flankierenden Höhengebieten der „Geest" an. Auch die Hammaburg, die Kernzelle Hamburgs, entstand auf einem Höhensporn oberhalb des Elbe-Urstromtales. Von hier aus entwickelte sich die wachsende Stadt, besonders die Wohnstadt, überwiegend auch weiterhin im Geestgebiet. Die Marschflächen des weiten Urstromtales dagegen wurden, nachdem durch Eindeichung und Entwässerung eine gewisse Sicherheit gegeben war, vorwiegend landwirtschaftlich genutzt. Nur die westlich und südlich des ersten Hamburger Siedlungsansatzes gelegene Alstermarsch (vgl. Abb. 2.1, S. 21) hatte man früh in die Stadt einbezogen und für den Wirtschaftsverkehr zusätzlich mit kleinen künstlichen Wasserarmen durch-zogen. Diese „Fleete" wie auch die breite Mündungsschleife der Alster ermöglichten einen Warenumschlag vom Schiff direkt auf den Speicher des Kaufmannshauses (vgl. Kap. 2.1.1, Abb. 2.2 u. Kap. 2.1.4, Abb. 2.6).

Eine unerwartete weitere Inwertsetzung erfuhr der geschilderte naturlandschaftliche Dualismus im Industriezeitalter, als für den Hamburger Hafen aufgrund der enormen Steigerung des Güterumschlags ein erheblicher zusätzlicher Flächenbedarf entstand. Die ausgedehnte Marsch des Elbe-Stromspaltungsgebietes erwies sich als das ideale Erweiterungsgebiet. Hier konnten große künstliche Hafenbecken angelegt und, diesen benachbart, Warenspeicher (Speicherstadt) sowie Einrichtungen zur Warenverarbeitung (Hafenindustrie) geschaffen werden. Seither fungiert das Stromspaltungsgebiet der Marsch bis in die Gegenwart als optimaler Ergänzungsraum der „Geeststadt" Hamburg, sei es, daß neue Einrichtungen für den Hafenumschlag benötigt werden, sei es auch, daß man, wie in jüngster Zeit, in der Hafenmarsch Umnutzungen zugunsten der Dienstleistungsmetropole Hamburg vornimmt (Nutzung der Kehrwiederspitze als Bürostandort, Anlage einer „HafenCity" südlich der Altstadt, s. Kap. 2.4.4).

Die Überflutungsgefährdung allerdings, welche die Marsch in früher Zeit für den Menschen unbesiedelbar gemacht hatte, ist bis heute ein Problem und erfordert vorbeugende Maßnahmen.

Deiche sind seit dem 12. Jh. bezeugt, haben aber großen Sturmfluten nicht immer standhalten können. Als Hamburg sich 1866 für einen offenen Tidehafen entschied (vgl. Kap 3.3.1, S. 179f.), war damit zugleich die Notwendigkeit verbunden, die im Stromspaltungsgebiet neu entstehenden Wirtschaftsflächen einzupoldern. Man setzte die Deichhöhe auf NN +5,70 m fest. Daß diese Höhe als Schutz auf Dauer nicht ausreichend war, zeigte sich auf grausame Weise im Jahre 1962, als Hamburg von der folgenreichsten Sturmflut seiner Geschichte heimgesucht wurde. In der Nacht des 16./17. Februar lief bei einem orkanartigen Nordweststurm das Flutwasser der Elbe zu Höhen von NN +5,70 m auf (Pegel Hamburg-St. Pauli), der niedrig gelegene Hafenrand am nördlichen Elbufer wurde überflutet, und im Stromspaltungsgebiet, besonders elbabwärts an der damals noch nicht abgedämmten „Alten Süderelbe“, brachen vielerorts die Deiche, so daß schließlich mit ca. 12 500 ha Fläche etwa ein Sechstel des Hamburger Staatsgebietes unter Wasser stand und 315 Tote zu beklagen waren. Bald begriff man, daß die Katastrophe durch vorausgegangene Eingriffe des Menschen in den Naturhaushalt mitverursacht worden war: Fahrwasservertiefungen, Verkürzungen der Deichlinien und als deren Folge fehlende Überflutungflächen und außerdem die Abdämmung der Tideelbe durch das Sperr-

Länge der Hochwasserschutzlinie

insgesamt		**99,5 km**
davon	**Deiche**	**77,0 km**
	Hochwasserschutzwände	**22,5 km**

Bauwerke der Hochwasserschutzlinie
(insgesamt 73)

6 Sturmflutsperrwerke
6 Schleusen
27 Schöpfwerke und Deichsiele
34 Schutztore

Durch Deiche und Wände ist ein Gebiet geschützt,

- **das mit einer Fläche von 250 km² rd. ein Drittel des Hamburger Staatsgebietes umfaßt,**
- **in dem 180 000 Einwohner leben,**
- **in dem 140 000 Erwerbstätige arbeiten,**
- **in dem Waren und Güter lagern mit einem Wert von rd. DM 20 Mrd.**

Höhe der Hochwasserschutzanlagen

vor 1962: NN + 5,70 m
nach 1962: NN + 7,20 m
Zielhöhe des laufenden Bauprogramms: NN + 8,00 m bis + 8,50 m*

* Die Höhen sind abhängig von der örtlichen Lage am Elbstrom sowie dem Wind- und Wellenangriff.

Übersicht 5.1: Hamburgs Hochwasserschutz in Zahlen
Quelle:
Hochwasserschutz in Hamburg, Hrsg.: Amt für Wasserwirtschaft, FHH, Baubehörde, Hamburg 1998

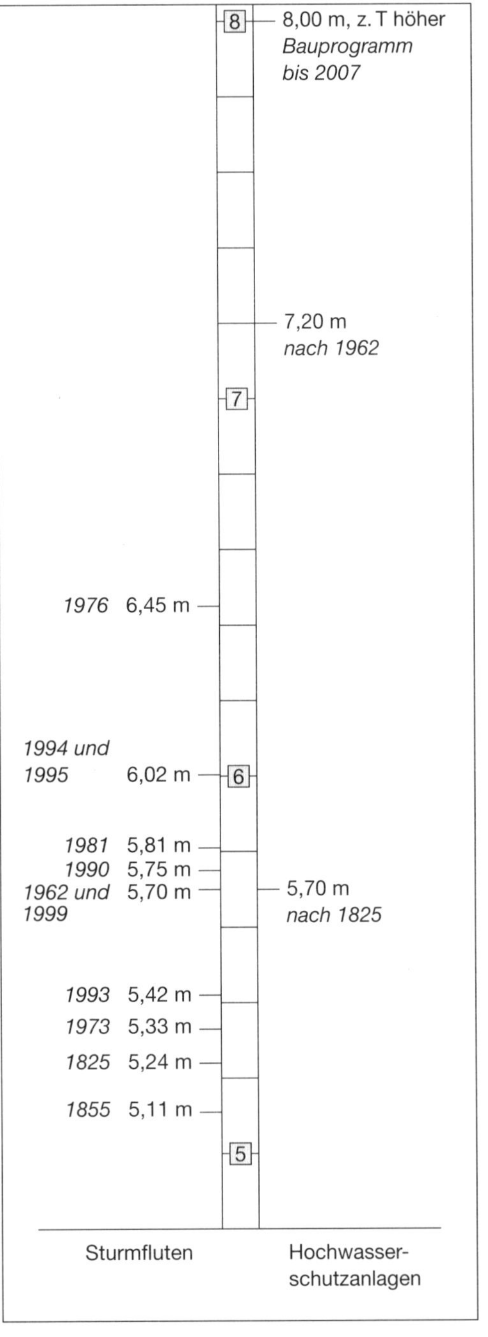

Abb. 5.2: Sturmfluten und Hochwasserschutzanlagen in Hamburg seit 1825
Höhen bezogen auf Pegel Hamburg-St. Pauli in NN +
Quelle: Amt für Wasserwirtschaft, FHH, Baubehörde

werk Geesthacht hatten das hydraulische System verändert und das extrem hohe Auflaufen der Flutwelle begünstigt.

Nach der Sturmflutkatastrophe von 1962 wurden umfassende Maßnahmen zur Verbesserung des Hochwasserschutzes getroffen. Der Stadtrand am nördlichen Elbufer erhielt als Sicherung eine kilometerlange Hochwasserschutzwand, die Alstermündung wie auch die Mündungen der anderen Nebenflüsse der Unterelbe wurden durch Sperrwerke geschützt und schließlich alle Erddeiche verstärkt und erhöht. Dank dieser Maßnahmen konnten die nachfolgenden Sturmfluten, die z. T. höhere Pegelstände bewirkten als die im Februar 1962 gemessenen (die Sturmflut von 1976 erbrachte mit NN +6,45 m am Pegel Hamburg-St. Pauli den höchsten je in Hamburg verzeichneten Wasserstand – vgl. Abb. 5.2), keine nennenswerten Schäden anrichten.

Aus der Erkenntnis heraus, daß die Sturmfluten nach 1962 immer häufiger auftraten und dabei stets schneller und höher aufliefen, setzte der Hamburger Senat 1985 eine „Unabhängige Kommission Sturmfluten" ein, um sich gutachterlich beraten zu lassen. Wichtigstes Ergebnis war eine Neufestsetzung der *Bemessungssturmflut*.

Die Bemessungssturmflut wird als höchste mögliche Sturmflut errechnet unter Berücksichtigung aller Wirkfaktoren (Dauer und Richtung des Windes, Springtide, Fernwellen, Oberflächenabfluß) und künftig möglicher geographisch-klimatischer Veränderungen (z. B. Meeresspiegelanstieg).

Die neu angesetzte Bemessungssturmflut liegt im Hamburger Gebiet bei

- NN +7,00 m an der westlichen Landesgrenze bei Tinsdal,
- NN +7,30 m am Pegel Hamburg-St. Pauli,
- NN +7,80 m an der östlichen Landesgrenze bei Altengamme.

Diese Werte zwingen zu einer Erhöhung sämtlicher Hamburger Hochwasserschutzanlagen, und zwar je nach Lage an der Elbe (Stromkilometer) und je nach Ausrichtung zum Wind auf Höhen zwischen NN +8,00 m und +8,50 m, in Einzelfällen bis NN +9,00 m. In Abstimmung mit den Nachbarländern ist ein Bauprogramm entwickelt worden, das mutmaßlich eine Investitionssumme von rd. 950 Mio. DM erfordern wird und das man bis zum Jahre 2007 zu realisieren hofft. In der Innenstadt und auf der Veddel wurden bis zum Beginn der Sturmflutperiode 1998/99 bereits 1,6 km Deiche und sog. Wände verstärkt und auf die neue Höhe gebracht.

So beachtlich diese Maßnahmen zum Hochwasserschutz auch sind, muß doch angemerkt werden, daß es sich um ein nach wie vor traditionelles Abwehrkonzept handelt, indem auf die mutmaßlich immer höher auflaufenden Sturmfluten allein mit einer entsprechenden Erhöhung der Schutzbauten reagiert wird. Die Erkenntnis, daß man die Gefahr z. B. dadurch vermindern könnte, daß man an der Unterelbe durch Deichrückbau wieder natürliche Überflutungsflächen zur Verfügung stellt, hat bisher kein Handlungskonzept zur Folge gehabt.

5.2 Umweltbelastung und Umweltschutz

Bekanntermaßen führte der wachsende Wohlstand der Nachkriegszeit durch die kontinuierlich steigenden Ansprüche der Bevölkerung zu einer großen Belastung der natürlichen Umwelt.

Die Aufgaben des Umweltschutzes nahmen in Hamburg zunächst die vorhandenen Fachbehörden ressortübergreifend wahr. Als sich die Probleme jedoch verschärften, wurde im Jahre 1978 eine „Behörde für Bezirksangelegenheiten, Naturschutz und Umweltgestaltung" gegründet, aus der dann 1982 die heutige „Umweltbehörde" hervorging, die sich in sechs Ämter mit zahlreichen Einzelabteilungen für spezielle Aufgaben gliedert.

5.2.1 Die belastete Elbe

Die Elbe war bis zur Wiedervereinigung 1990 einer der am stärksten belasteten Flüsse Europas. Die alte Bundesrepublik hatte jedoch wenig Möglichkeiten, der Verschmutzung durch gezielte Maßnahmen entgegenzuwirken, da der Strom, dessen Einzugsgebiet zu 85 % im Gebiet der ehemaligen DDR und Tschechiens liegt, bereits extrem belastet in das bundesdeutsche Hoheitsgebiet eintrat. Seither ist nachweisbar eine Entlastung eingetreten, in erster Linie aufgrund von strukturverbessernden Maßnahmen in den Industriegebieten Sachsen-Anhalts, wo nach Produktionsreduzierungen und Betriebsstillegungen die verbliebene Industrie nur unter Beachtung umweltschützender Vorgaben produzieren darf. Für die Abwässer aus dem Hamburger Raum hat sich verbessernd der Ausbau des Klärwerkverbundes Köhlbrandhöft/Dradenau ausgewirkt, der mit einem Stufensystem biologischer Reinigung arbeitet (s. Kap. 5.2.3).

Nach der Gewässergütekarte der Bundesrepublik Deutschland, die sieben Güteklassen unterscheidet, hat sich die Elbe im Hamburger Raum seit 1990 um eine Güteklasse verbessert und gehört jetzt nicht mehr der Güteklasse III (stark verschmutzt), sondern nur noch der Güteklasse II–III (kritisch belastet) an. Damit ist aber gesagt, daß der Elbstrom von dem Idealzustand eines Badegewässers immer noch weit entfernt ist und die Bemühungen um eine Sanierung unvermindert weitergehen müssen.

Das gestörte ökologische Gleichgewicht von Flüssen ist auf zwei Hauptursachen zurückzuführen:

- zu hohe Nährstoffeinträge, die Eutrophierungseffekte und damit einen Sauerstoffmangel zur Folge haben;
- die Belastung mit halogenierten Kohlenwasserstoffen sowie mit Schwermetallen.

Die Nährstoffeinträge in die Elbe (hauptsächlich Ammonium-Stickstoff), die aus unzureichend gereinigten Abwässern und aus Abschwemmungen von landwirtschaftlich genutzten Flächen stammen, führen zu einem sich vom Frühjahr bis zum Sommer im Ästuar flußaufwärts verlagernden Sauerstoffdefizit, dem sog. Sauerstofftal. Wenn der Sauerstoff-Mindestbedarf für Fische, welcher bei 3 mg O_2 pro Liter liegt, unterschritten wird, ist Fischsterben die Folge. Das Sauerstofftal der Elbe hat sich aber aufgrund der bisherigen Sanierungsmaßahmen in den letzten Jahren bereits abgeflacht.

Bedenklicher dagegen bleibt die Belastung mit halogenierten Kohlenwasserstoffen und Schwermetallen Für diese wurden (unter Einbeziehung von Ammonium und Nitrat-Stickstoff) Zielvorgaben entwickelt mit Werten von Stoffkonzentrationen, die aller Wahrscheinlichkeit nach keine Negativwirkungen mehr auf die aquatischen Lebensgemeinschaften haben. In Tabelle 5.1 sind diese Zielvorgaben aufgelistet und zugleich Werte von Nähr- und Schadstoff-Konzentrationen in der Elbe oberhalb von

Übersicht 5.2:
Benennungen der einzelnen Abschnitte der Elbe

Oberelbe und Mittelelbe:
die Flußabschnitte oberhalb der Hamburger Elbbrücken

Unterelbe:
der Flußabschnitt unterhalb der Hamburger Elbbrücken

Tideelbe:
der Flußabschnitt, der durch die Tide beeinflußt wird, d. h. in dem die Gezeiten Ebbe und Flut wirksam sind. Er reichte früher etwa bis Lauenburg, findet seit dem Bau des Geesthachter Stauwehrs (1955) aber dort sein Ende. In der Tideelbe wird durch die viermal täglich die Richtung wechselnden Gezeiten das durch die Mittelelbe einströmende Oberwasser nur ganz allmählich seewärts verschoben: Ein Wasserteilchen braucht etwa 20 Tage, um von Hamburg nach Cuxhaven zu gelangen.

Parameter	Zielvorgaben*	Meßwerte bei Hamburg / Zollenspieker 1995 Min. – Max.	Meßwerte bei Schnackenburg 1995 Min. – Max.
Ammonium	< 0,3 mg/l	0,04 – 0,69 mg/l	0,05 – 0,84 mg/l
Nitrat-N	< 2,5 mg/l	2,2 – 5,6 mg/l	3,1 – 6,0 mg/l
Blei	< 100 mg/kg**	84 – 232 mg/kg**	103 – 229 mg/kg**
Cadmium	< 1,2 mg/kg**	6,9 – 15,8 mg/kg**	10,9 – 22,5 mg/kg**
Chrom	< 100 mg/kg**	97 – 147 mg/kg**	108 – 150 mg/kg**
Kupfer	< 60 mg/kg**	100 – 175 mg/kg**	115 – 188 mg/kg**
Nickel	< 50 mg/kg**	42 – 67 mg/kg**	55 – 73 mg/kg**
Quecksilber	< 0,8 mg/kg**	4,1 – 6,8 mg/kg**	3,9 – 7,3 mg/kg**
AOX	< 25 µg/l	12 – 39 µg/l	15 – 45 µg/l
Trichlormethan	< 800 ng/l	***	n. n. – 100 ng/l
Tetrachlorethen	< 1 000 ng/l	***	9 – 50 ng/l
Hexachlorbenzol	< 1 ng/l	n. n. – 8 µg/l	0,8 – 7,0 ng/l

* Vorläufige Zielvorgaben aus der Sicht des Gewässerschutzes (Stand 1996)
** Schwebstoff *** keine Messungen n. n. nicht nachweisbar

Tab. 5.1: Zielvorgaben für Oberflächengewässer und Konzentrationen in der Elbe für ausgewählte Nähr- und Schadstoffe
Quelle: Umweltatlas Hamburg 1997

Hamburg. Der Vergleich zwischen den angestrebten und den tatsächlich gemessenen Werten macht deutlich, daß der Strom immer noch kritisch belastet ist. Es kommt hinzu, daß die Schwermetalle und die halogenierten Kohlenwasserstoffe die Eigenschaft besitzen, sich an die Schwebstoffe im Wasser anzulagern, wodurch sie bei nachlassender Fließgeschwindigkeit mit diesen absinkend in die Flußsedimente gelangen. Infolgedessen ist das Baggergut, das in großer Menge im Hamburger Hafen anfällt (um die Hafenbecken seeschifftief zu halten, müssen jährlich rd. 2 Mio. m^3 Elbsedimente ausgebaggert werden), verseucht, und der Schlick kann nicht mehr, wie früher, zur Bodenverbesserung landwirtschaftlicher Nutzflächen dienen, sondern muß auf Deponieflächen untergebracht werden. Um die zu entsorgende Masse möglichst gering zu halten, macht man sich zunutze, daß der grobkörnige Sandanteil des Baggerguts im Gegensatz zum Schlickanteil schadstoffrei ist. Man trennt also Sand von Schlick. Dies geschah früher auf Spülfeldern, deren Betrieb aber jetzt nach und nach aufgegeben werden kann, weil seit 1993 die Aufbereitungsanlage *METHA* (*Me*chanische *T*rennung von *Ha*fenschlick) existiert. In dieser an der Alten Süderelbe gelegenen hochtechnisierten Großanlage werden in mehreren Stufen Sand und Schlick voneinander separiert. Der Sandanteil kann ohne Bedenken als Baustoff Verwendung finden, der entwässerte Schlickanteil wird auf hügelförmigen Lagerstätten deponiert. Allerdings ist die Kapazität der beiden Hamburger Schlickhügel (Francoper und Feldhofer Hügel) in absehbarer Zeit erschöpft, so daß Verhandlungen mit den Nachbarländern Schleswig-Holstein und Niedersachsen über geeignete Deponieflächen im Umland laufen. Auch wurden mit dem Chemie-Unternehmen Dow Deutschland Inc. Gespräche über eine mögliche Einlagerung von Baggergut in den Salzkavernen seines Werkes bei Stade aufgenommen, was einem Gutachten zufolge als ökologisch sinnvolle Lösung gilt und auch ökonomisch vertretbar ist. Die Verhandlungen haben aber bislang zu keinem Ergebnis geführt. Ergänzend sei angemerkt, daß seit 1996 in Neuenfelde eine Pilotanlage existiert, in der von *METHA* entwässerter

Schlick nach spezieller Vorbehandlung anstelle von Ton Verwendung in der Ziegelproduktion findet.

Betroffen von der Elbverschmutzung ist auch ein einstmals blühender Wirtschaftszweig: die Elbfischerei. Verschiedene der vom Wasser mitgeführten Schadstoffe, z.B. Pestizide vom Typ DDT, reichern sich im Fettgewebe der Fische an, was in den Jahren der besonderen Belastung der Elbe, d. h. im Jahrzehnt vor der Wiedervereinigung, zum Verbot der Vermarktung von Elbfischen führte. Eine Elbfisch-Studie der Wassergütestelle Elbe (zugehörig zur AGRE, der *A*rbeits*g*emeinschaft zur *R*einhaltung der *E*lbe) erbrachte aber 1996, daß die Elbfische Stint, Brasse , Aal und Zander wieder genießbar waren. Zum Verkauf freigegeben wurden allerdings vorerst nur die Stinte, weil die drei anderen Fischarten noch nicht voll die Voraussetzungen der Lebensmittelverordnung erfüllten. Man hofft, daß nach weiterer Verbesserung der Wasserqualität, etwa vom Jahr 2000 an, die gewerbliche Elbfischerei wieder in einem mittleren Umfang möglich sein wird. (Privates Angeln ist auch jetzt erlaubt, der Verzehr der geangelten Fische geschieht auf eigenes Risiko.)

5.2.2 Die grüne Lunge der Stadt (Straßenbäume, Parks, Natur- und Landschaftsschutzgebiete, Wald)

Hamburg ist eine Stadt des Grüns. Viele der Wohnstraßen werden alleeartig von Bäumen gesäumt, große Parks mit altem Baumbestand bieten dem Städter Erholung, und selbst in den sehr dicht bebauten Wohnvierteln findet man durchweg kleine Vor- oder Hofgärten. Ergänzend bilden mehr als 36 000 Kleingärten zusammenhängende Grünzonen innerhalb der Stadt. Und sogar ausgedehnte Waldflächen gehören zum Staatsgebiet (rd. 5% der Staatsfläche sind Wald). Mit Recht wird Hamburg daher als „Deutschlands grüne Metropole“ bezeichnet.

Trägt das viele Grün mit seinen malerischen Licht- und Schattenwirkungen wesentlich zur Schönheit des Stadtbildes bei, so ist auch seine ökologische Funktion von hoher Bedeutung. Im Sommer werden durch die Tausende von Bäumen die Luftfeuchtigkeit erhöht und die Temperaturen abgesenkt, daneben verringert sich durch die Filterwirkung der Blätter auch der Staubanteil in der Luft. Von besonderem Wert für den Großstädter aber sind die Bäume als Sauerstoffproduzenten: Ein Laubbaum mit großer Krone produziert jährlich 200 kg O_2 und damit den Jahresbedarf an Sauerstoff von 10 Menschen. So gilt es, das sowohl in ästhetischer als auch in ökologischer Hinsicht kostbare Gut des Stadtgrüns zu pflegen und zu schützen.

Straßenbäume

Straßenbäume sind standortbedingt am stärksten gefährdet. Ihre Zahl ist mit mehr als 215 000 (1997) beeindruckend hoch und weist, da in der unmittelbaren Nachkriegszeit nur noch etwa 30 000 Straßenbäume vorhanden waren, kontinuierliche Neuanpflanzungen als Pflegewerk der letzten Jahrzehnte aus. Die meisten dieser Bäume aber sind extremen Belastungen ausgesetzt. Nicht nur die Oberflächenversiegelung und die Bodenverdichtung sowie die hiermit verbundene Unterversorgung mit Wasser und Mineralien beeinträchtigen die Gesundheit der Straßenbäume, sondern auch direkte Schadstoffimmissionen. Hier standen an erster Stelle bis in die 1980er Jahre die Auftausalze, die bei winterlicher Straßenglätte gestreut wurden und sich im Boden und dann auch in den Bäumen akkumulierten, was langanhaltende Schäden bewirkte. Seit 1988 kommen diese Salze ihrer schädigenden Wirkung wegen jedoch nur noch sehr reduziert zum Einsatz.

Abb. 5.3: Schadensentwicklung der Hamburger Straßenbäume 1982–1995 nach Schadstufen (CIR-Luftbildauswertungen)
Quelle: Umweltatlas Hamburg 1997

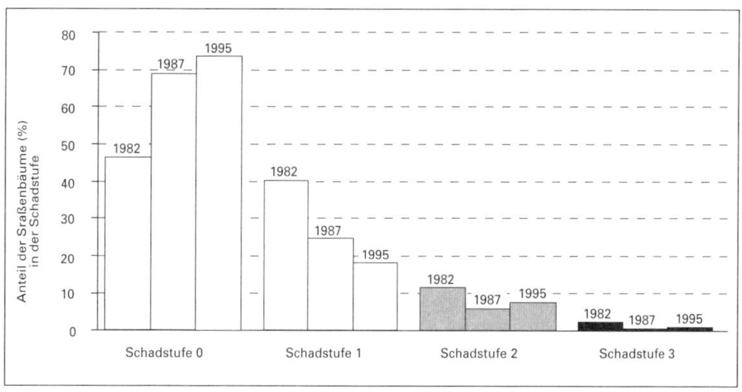

Abb 5.4: Naturschutzgebietsflächen in Hamburg (ohne Neuwerk / Scharhörn)
Quelle: Umweltatlas Hamburg 1997

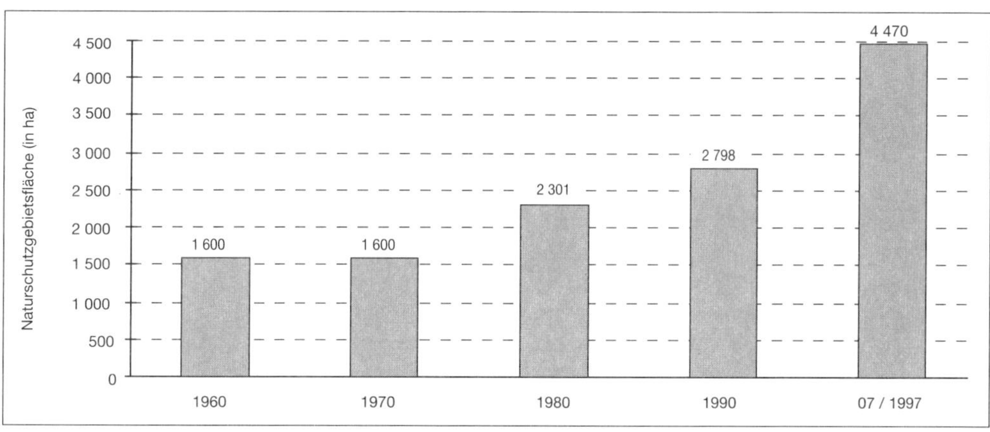

Abb. 5.5: Hamburgs Position beim Anteil der Naturschutzgebietsfläche an der Landesfläche der Bundesländer der BRD (Stand 1997)
Quelle: Umweltatlas Hamburg 1997

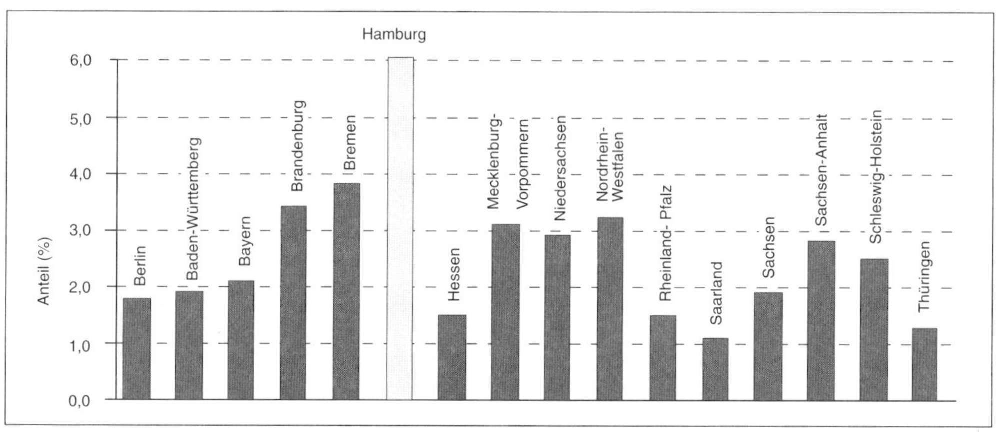

Aufgrund eines Baumschutzprogrammes der Umweltbehörde werden der Gesundheitszustand der Hamburger Straßenbäume überwacht und erforderliche Pflege- und Sanierungsmaßnahmen durchgeführt. Daß diese im letzten Jahrzehnt schon zu Erfolgen geführt haben, läßt Abbildung 5.3 erkennen. Die Zahl der gesunden Bäume (Schadstufe 0) ist angestiegen – dies auch aufgrund von Neupflanzungen anstelle nicht sanierungsfähiger alter Bestände, – und parallel dazu hat sich die Zahl der Bäume der Schadstufen 1 und 3 deutlich verringert. Sorge bereitet nur noch die steigende Zahl der mittelstark geschädigten Bäume der Schadstufe 2; – ihnen gelten vordringlich die künftigen Sanierungsmaßnahmen.

Die Hamburger Parkanlagen

Sie umfassen mit zusammen rd. 3 000 ha, eine Fläche, die mehr als 18mal so groß ist wie die Außenalster. Die Mehrzahl der Parks ist vor dem Ersten Weltkrieg nach den Vorstellungen der damaligen Reformpolitiker entstanden (so der Stadtpark und der Altonaer Volkspark, vgl. Kap. 2.3.7, S. 92f.). In den Jahrzehnten nach dem Zweiten Weltkrieg fanden Ergänzungen und Verbesserungen statt (vgl. Kap. 2.4.9).

Für fast alle Parkanlagen gilt, daß der gegenwärtige Zustand der pflegerischen Überwachung bedarf. In vielen Fällen sind die Gehölzbestände überaltert und ihr ehemaliger Artenreichtum reduziert. Die Hamburger Umweltbehörde hat daher ein Vegetationstypenkataster aufgebaut, in welchem für jeden Park der Gesamtbestand erfaßt wird, d.h. nicht nur die Einzelbäume, sondern auch Baumgruppen, Hecken, Rabatten, Rasen und Wiesen. Es erfolgt dabei eine Wertung nach Artenzusammensetzung, Bewuchsdichte, Alter und Gesundheitszustand. Auf dieser Grundlage werden dann Pflege- und Entwicklungspläne erarbeitet und, so erforderlich, weitere wissenschaftliche Untersuchungen in Auftrag gegeben. Das Vegetationstypenkataster wird durch eine bodenkundliche Standortkartierung ergänzt.

Naturschutzgebiete und Landschaftsschutzgebiete

Mehr als 6 % der Landesfläche Hamburgs werden von Naturschutzgebieten (26 an der Zahl) eingenommen, womit Hamburg eine Spitzenposition unter den deutschen Bundesländern einnimmt (Abb. 5.4 u. 5.5). Hinzu kommen viele und ausgedehnte Landschaftsschutzgebiete, die zusammen nochmals rd. 22 % der Landesfläche einnehmen, – eine Bilanz, die sich sehen lassen kann.

Da Hamburg sowohl Geest- als auch Marschlandschaften umfaßt, sind die einzelnen Natur- und Landschaftsschutzgebiete sehr unterschiedlich. Einerseits wurden Moore, Heidelandschaften und Bruchwaldareale unter Schutz gestellt, andererseits aber auch tidebeeinflußte Süßwasserauen und grabendurchzogenes altes Dauergrünland. Man möchte einmalige Zeugnisse der Kulturlandschaftsentwicklung erhalten (so Heiden und Magerrasen, Knicks, Bracks, alte Grabensysteme) wie auch bestandsgefährdete, für Norddeutschland typische Tier- und Pflanzenarten vor der Dezimierung bewahren. Als Besonderheit weist z. B. das NSG Heuckenlock im tidebeeinflußten Vordeichland der Süderelbe einen in Deutschland einmaligen Bestand von ca. 700 verschiedenen Pflanzenarten auf, darunter sehr seltene und stark gefährdete Arten, wie Wiebelschmiele, Schierlings-Wasserfenchel und Langblättriger Ehrenpreis.

Der *Nationalpark Hamburgisches Wattenmeer,* in der westlichen Elbmündung gelegen und die Inseln Neuwerk, Scharhörn und Nigehörn einschließend, ist mit 11 700 ha das größte der Hamburger Naturschutzgebiete. Der Nationalpark besteht seit 1990 und wurde 1993 von der UNESCO als internationales Biosphärenreservat anerkannt. Sowohl die Inseln mit ihrem großen Bestand an brütenden Seevögeln als auch die Salzwiesen und die weiten Wattflächen weisen seltene Biotope auf. Für 90 % der Flächen gilt, daß das Betreten nur auf gekennzeichneten Pfaden erlaubt ist.

Wald

Mit ca. 3 900 ha Fläche ist der Wald, wie oben erwähnt, zu rd. 5 % am Staatsgebiet Hamburgs beteiligt. Die einzelnen Flächen sind nicht übermäßig groß und liegen an der Peripherie der Wohnstadt. Je nach Standort ist die Baumartenzusammensetzung unterschiedlich: Auf den relativ armen Böden im Westen und Süden (Süden: Harburger Berge) überwiegen die Nadelholzgewächse, im Norden, auf den reicheren Böden, dagegen die Laubholzgewächse.

Aus dem Hamburger Waldschadensbericht von 1996 (nach bundesweit einheitlichem Erhebungsverfahren erstellt) ergibt sich, daß sich der Zustand der Hamburger Wälder seit dem Beginn der Schadenserhebung verbessert hat. Waren 1986 nur 15,6 % der Bäume als gesund (Schadstufe 0) zu bezeichnen, lag der Anteil 1996 bei annähernd 50 %. Die Schadensentwicklung bzw. -verringerung ist jedoch bei den einzelnen Baumarten und damit auch an den verschiedenen Hamburger Standorten unterschiedlich, wie ebenfalls die Gründe für die generelle Verbesserung der Waldsituation in einer Vielzahl von Einzelfaktoren liegen und keine pauschale Erklärung zulassen.

5.2.3 Grundwasser, Trinkwasser, Abwasser

Das *Trinkwasser* wird im Hamburger Raum ausschließlich aus *Grundwasser* gewonnen, womit eine hohe Qualität für den Verbraucher garantiert ist und sich Hamburg von anderen Städten abhebt, die noch auf die Aufbereitung von Flußwasser angewiesen sind. (In früheren Zeiten wurden allerdings auch in Hamburg sowohl Alster- als auch Elbwasser zur Wasserversorgung mit herangezogen.)

Die tiefsten nutzbaren Grundwasservorkommen befinden sich etwa 500 m unter NN in den tertiären Unteren Braunkohlensanden, darüber folgen bis in den oberflächennahen Bereich fünf weitere Grundwasserleiter, d. h. Schichten, die nutzbares Grundwasser führen und durch mehr oder weniger undurchlässige, meist tonhaltige Schichten voneinander getrennt sind.

Die Förderung erfolgt auf dem Staatsgebiet Hamburgs durch 13 Wasserwerke der *HWW* („*H*amburger *W*asserwerke"); sie wird ergänzt durch die Grundwassergewinnung von 6 Wasserwerken im Umland und durch Förderung Privater mit eigenem Brunnen (zumeist gewerbliche Betriebe).

Die laufende Entnahme von Grundwasser würde zur schnellen Erschöpfung der Reserven führen, wenn es nicht durch versickerndes Niederschlagswasser zur Grundwasserneubildung käme. In den locker bebauten Außengebieten der Stadt mißt man pro Quadratmeter Fläche 200 l und mehr, die jährlich als Sickerwasser dem Grundwasser zugeführt werden. Dieser Wert sinkt dann in den dicht bebauten Innenstadtgebieten stark ab und liegt auch in der Elbmarsch, die zwar nicht durch dichte Bebauung, jedoch durch ihre nur schwer durchlässigen Böden die Versickerung reduziert, bei unter 25 l / m^2 / a.

Die Grundwasserqualität wird ständig überwacht. Mit 110 über das Stadtgebiet verteilten Meßstellen überprüft die Umweltbehörde das oberflächennahe Grundwasser jährlich hinsichtlich seiner Beschaffenheit; für das tiefere Grundwasser sind 79 Meßstellen eingerichtet worden. Aufgrund dieser Messungen konnte besonders der Eintrag von Pflanzenschutzmitteln im oberflächennahen Grundwasser nachgewiesen und örtlich fixiert werden. Als Gegenmaßnahmen kommen Anwendungsbeschränkungen und -verbote für bestimmte Pflanzenschutzmittel zum Zuge. Außerdem sollen die be-

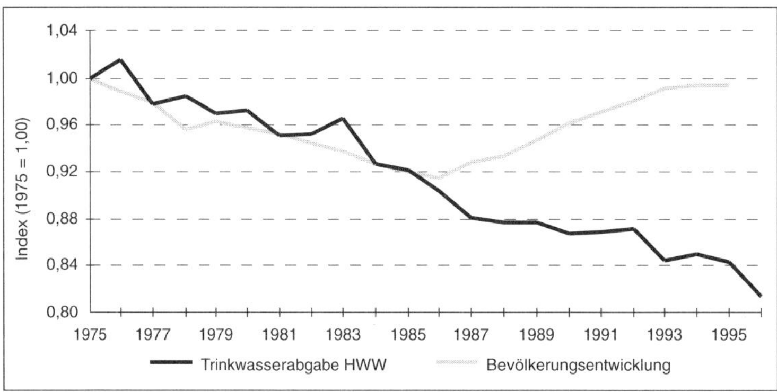

Abb. 5.6: Entwicklung der Trinkwasserabgabe in Hamburg in Relation zur Bevölkerungsentwicklung
Quelle: Umweltatlas Hamburg 1997

reits vorhandenen Wasserschutzgebiete (Baursberg, Süderelbmarsch / Harburger Berge und Curslack / Altengamme) durch drei weitere ergänzt werden (Langenhorn, Billbrook / Billstedt und Stellingen).

Auch wenn die Wasserversorgung Hamburgs zumindest mittelfristig als gesichert gilt, ist Sparsamkeit angesagt, denn die Grundwasserstände zeigen, daß die Entnahme nicht durch eine entsprechende Neubildung von Grundwasser ausgeglichen wird.

Diesem Tatbestand Rechnung tragend, wurde in den letzten beiden Jahrzehnten gezielt Aufklärung über eine rationelle Verwendung des Trinkwassers betrieben, auf welche die Bevölkerung – die allerdings auch durch die ständig steigenden Wasserpreise alarmiert war – deutlich mit einer Einschränkung des Wasserverbrauchs reagiert hat. Abbildung 5.6 zeigt, wie die Trinkwasserabgabe der *HWW* sich seit 1975 ständig verringert und dabei deutlich von der Bevölkerungsentwicklung abgekoppelt hat.

Zur Beseitigung des *Abwassers* ist im Hamburger Raum im Laufe der Zeit ein ausgedehntes Netz aus Sielen, Sammlern,

Tab. 5.2: Betriebsergebnisse der kommunalen Kläranlagen in Hamburg
Quelle: Umweltatlas Hamburg 1997

Parameter	Einheit	Köhlbrandhöft / Dradenau Zulauf	Köhlbrandhöft / Dradenau Ablauf	Stellinger Moor Zulauf	Stellinger Moor Ablauf
		Jahresmittelwerte 1995			
Abwassermenge	Mio. m^3/a	155,9		15,4	
BSB_5	mg/l	335	6	277	17
CSB	mg/l	841	48	670	74
NH_4-N	mg/l	31	1,5	35	30
Anorganischer N	mg/l	31	13,3	36	31
Gesamt N	mg/l	63	14,4	55	35
PO_4-P	mg/l	3,8	0,3	3,9	0,6
Gesamt P	mg/l	8,8	0,6	7,9	1,5
Cadmium, Cd	µg/l	0,6	< 0,25	1,1	< 0,25
Quecksilber, Hg	µg/l	0,8	0,7	1,4	0,7
Kupfer, Cu	µg/l	301	57	301	56
Zink, Zn	µg/l	303	< 50	809	57
Blei, Pb	µg/l	37	< 8	61	< 8
Nickel, Ni	µg/l	24	22	86	55
Chrom, Cr	µg/l	79	32	332	43
Fäkalcoliforme Bakterien	KBE/ml		800		nicht ermittelt

Pumpwerken und Abwasserbehandlungsanlagen geschaffen worden.

Zu unterscheiden ist das ältere *Mischsystem*, das ab 1843 unter Lindley angelegt wurde (s. Kap. 2.2.1, S. 40) und durch welches in Mischwassersielen Schmutzwasser und Regenwasser gemeinsam abgeleitet werden, von dem jüngeren und im jetzigen Groß-Hamburg auch vorherrschenden *Trennsystem*, bei dem für Schmutzwasser und Regenwasser getrennte Siele zur Verfügung stehen.

Beim Mischsystem besteht der Nachteil darin, daß die Siele nicht für eine außergewöhnliche Regenwasserzufuhr nach Starkregen dimensioniert sind. Um in solchen Fällen einen Rückstau in die Keller der Häuser bzw. eine Überschwemmung der Straßen zu verhindern, besitzt das gesamte Mischwassersielsystem – das die alten Inneren Stadtteile rund um die Alster bedient – Überlaufbauwerke, über die bei extremen Niederschlägen das Zuviel an Mischwasser in die Alster und ihre Nebenflüsse abgeleitet wird. Die Folge: Alster und Nebengewässer werden kontinuierlich verunreinigt. Um dies in Zukunft zu verhindern, wurde das „Konzept zur Entlastung der Alster und Nebengewässer von Überläufen aus dem Mischwassersielnetz“ = *Alsterentlastungskonzept* entworfen, das bis zum Jahre 2001 umgesetzt sein soll. Mit ihm sind zahlreiche Tiefbaumaßnahmen verbunden, die sich zur Zeit auch deutlich, den Verkehrsfluß der Stadt beeinträchtigend, bemerkbar machen. Aber diese müssen für das positive Ergebnis in Kauf genommen werden, das darin besteht, daß künftig

- das Abwasser beschleunigt in die Kläranlagen gelangt, weil unter den vorhandenen Mischsielen neue Transportsiele als Abwasserschnellstraßen gebaut werden,
- durch die Anlage von 15 unterirdischen Mischwasserrückhalte- und -absatzbecken Einleitungen in die Alster und ihre Nebenflüsse verhindert werden.

Über das Sielsystem wird das Abwasser den *Kläranlagen* zugeführt. Das leistungsfähigste Klärwerk liegt südlich der Elbe auf dem Köhlbrandhöft und wurde im Jahre 1961 mit einer ersten, nicht sehr großen Anlage in Betrieb genommen, dann 1973 und abermals 1983 erweitert. Es arbeitet in einem Zweistufensystem: Zunächst werden in einer mechanische Erstreinigung die Grobstoffe entfernt, dann folgt in einer biologischen Zweitreinigung die Oxydation der Kohlenstoffverbindungen. Das Wasser, das auf diese Weise einen Reinheitsgrad von ca. 85 % erhalten hat, wird seit dem Jahre 1988 dann dem in jenem Jahr in Betrieb genommenen Klärwerk Dradenau zugeleitet, wo in einer weiteren biologischen Stufe durch Nitrifikation (bakterielle Umwandlung – Oxydation – von aus Eiweißzersetzung stammenden Ammoniumverbindungen zu Nitraten) ein Reinheitsgrad von ca. 97 % erreicht wird. Mit diesem Wert wird das Wasser in den Köhlbrand abgeleitet.

Neben dem Klärwerksverbund Köhlbrandhöft / Dradenau wird z. Z. noch das Klärwerk Stellinger Moor betrieben, das aber mit Beginn des 21. Jahrhunderts geschlossen werden soll.

5.2.4 Wohin mit Klärschlamm und Müll?

In den Kläranlagen entstehen als Rückstände der Abwasserbehandlung die *Klärschlämme*, die früher in der Nordsee verklappt wurden. 1983 ging man in Hamburg dazu über, sie in den Klärwerken einzudicken, mit Zuschlagstoffen zu versehen und anschließend zu deponieren. Seit 1997 ist mit *VERA* (*Ve*rbrennungsanlage für *R*ückstände aus der *A*bwasserbehandlung) eine Anlage in Betrieb, deren ökologische Ziele ökonomisch geschickt erreicht werden. Wie der Name sagt, wird in diesem Werk der Klärschlamm verbrannt – nach vorheriger Trocknung –, wobei man Strom für den Betrieb der Anlage erzeugt und auch Dampf für die Trocknungsanlage. Als Rest verbleibt verwertbare Asche. Die Reduzierung der Mengen ist eindrucksvoll: Aus z. Z. jährlich anfallenden Rückständen von 70 000 t Klärschlamm und 7 000 t Rechengut (aus der Grobreinigung der Abwässer) entstehen 25 000 t Asche.

Die kommunalen Abfälle, umgangssprachlich der *Müll* genannt, haben mit mehr als 800 000 t pro Jahr einen erheblichen Umfang, und für ihre Beseitigung ist eine ganze Anstalt des öffentlichen Rechts zuständig: Die Stadtreinigung Hamburg.

Es fallen an: Hausmüll, Geschäftsmüll, Sperrmüll, hausmüllähnliche Gewerbeabfälle sowie Abfälle aus der Straßenreinigung, aus Gärten, Parks und von Märkten. Dabei zeigt mit fast 55 % der Hausmüll immer noch die höchsten Anteile, an zweiter Stelle stehen die Gewerbeabfälle mit knapp 20 %.

Die Prioritäten bei der Behandlung des Abfalls sind seit den 1980er Jahren klar gesetzt worden, zuletzt durch ein Bundesgesetz von 1994, das „Kreislaufwirtschafts- und Abfallgesetz“ (in Kraft getreten 1996). Danach soll die Abfallvermeidung den ersten Rang einnehmen, an zweiter Stelle steht die Verwertung, und erst nachrangig folgt die Beseitigung.

Inwieweit „Abfallvermeidung“ von der Bevölkerung praktiziert wird, ist zahlenmäßig nicht erfaßbar. Das zum Zwecke der „Verwertung“ 1992 eingeführte *DSD* (*D*uale *S*ystem *D*eutschland) ist jedoch im Hinblick auf die Reduzierung des zu beseitigenden Haus- und Gewerbemülls und die Zunahme von Wertstoffen, die dem Stoffkreislauf als Sekundärrohstoffe wieder zugeführt werden, einigermaßen quantifizierbar. In Hamburg nahmen die in privaten Haushalten gesammelten Wertstoffe (vorwiegend Altpapier und Altglas) zwischen 1988 und 1995 von 50 kg / Ew. / a auf fast 150 kg / Ew. / a zu, während im gleichen Zeitraum die zu beseitigende Hausmüllmenge von 306 kg / Ew. / a auf 256 kg / Ew. / a sank. Hinsichtlich des gewerblichen Abfalls vermutet man, daß sich der Anteil, welcher der Wiederverwertung zugeführt wird, von rd. 50 % im Jahre 1995 bis zum Jahre 2000 auf rd. 80 % gesteigert haben wird.

Die Beseitigung der kommunalen Abfälle findet zu mehr als 75 % über Verbrennung statt, wobei das energetische Potential des Abfalls zur Erzeugung von Strom und Fernwärme genutzt wird. Hamburg hatte bislang zwei leistungsstarke *M*üll*v*erbrennungs*a*nlagen in Betrieb, die *MVA* Stellingen und die *MVA* Borsigstraße, im Jahre 1999 ist eine dritte am Rugenberger Damm hinzugekommen. Außerdem steht auf schleswig-holsteinischem Gebiet die *MVA* Stapelfeld mit zur Verfügung. So kommt es, daß sich mit dem ausgehenden Jahrhundert infolge der rückläufigen Müllmengen die Situation umkehrt: Hamburg, das früher ein Müllexporteur war, muß, um seine Müllverbrennungsanlagen auszulasten und wirtschaftlich zu arbeiten, zum Müllimporteur werden. (Bereits vor Baubeginn der *MVA* Rugenberger Damm hat aus diesem Grund die Stadtreinigung Hamburg mit den südlich angrenzenden Landkreisen Rotenburg (Wümme), Soltau – Fallingbostel, Stade und Harburg Verträge über Müll-Lieferungen an die *MVA* Rugenberger Damm abgeschlossen).

5.2.5 Die Stromversorgung unter dem Primat der Kernenergie

Die *H*amburgischen *E*lectricitäts-*W*erke AG *(HEW)* sind nicht nur eine traditionsreiche Gesellschaft, die 1994 ihr hundertjähriges Bestehen feiern konnte und die nach wie vor in ihrem Firmennamen zwei altmodische „c" über die Zeiten rettet, sondern sie stellen zugleich eine modernes Unternehmen dar, das in den letzten Jahrzehnten in der Hansestadt Politikgeschichte geschrieben hat. Dabei ging es im wesentlichen um die Kernenergie. – 1972 war als erstes von vier *K*ern*k*raft*w*erken im Hamburger Umland das *KKW* Stade ans Netz gegangen, noch ohne große Diskussion. Als jedoch Mitte der 1970er Jahre die Planungen für das *KKW* Brokdorf in eine entscheidende Phase traten, hatten sich die Befürchtungen in einzelnen Bevölkerungsgruppen so stark vermehrt, daß es 1976 zu gewaltsamen Auseinandersetzungen vor Ort, der sog. „Schlacht um Brokdorf", kam. 1977 wurde das etwas kleinere *KKW* Brunsbüttel in Betrieb genommen. Das heiß umstrittene *KKW* Brokdorf ging zwar 1986 ans Netz, vorher aber hatte 1981 Hamburgs Bürgermeister Klose sein Amt niedergelegt, weil er die Kernenergie-Politik nicht mittragen wollte. Inzwischen ist neben den genannten drei Kernkraftwerken seit dem Jahre 1984 auch noch in Krümmel ein *KKW* in Betrieb. An den Kernkraftwerken sind jeweils zwei Unternehmen als Gesellschafter beteiligt, und zwar mit folgenden Anteilen:

	Hamburgische Electricitäts-Werke AG	Preussen Elektra AG
• KKW Stade	33,33 %	66,67 %
• KKW Brunsbüttel	66,67 %	33,33 %
• KKW Brokdorf	20 %	80 %
• KKW Krümmel	50 %	50 %

Die Hansestadt Hamburg wiederum war bis 1997 Mehrheitsaktionär bei den *HEW* mit einem Anteil von 75,2 %, verkaufte dann aber, um die leeren Staatskassen zu füllen, 25,1 % ihrer Anteile an die Preussen Elektra und die schwedische Sydkraft; Mitte des Jahres 1999 stand ein weiterer Verkauf von

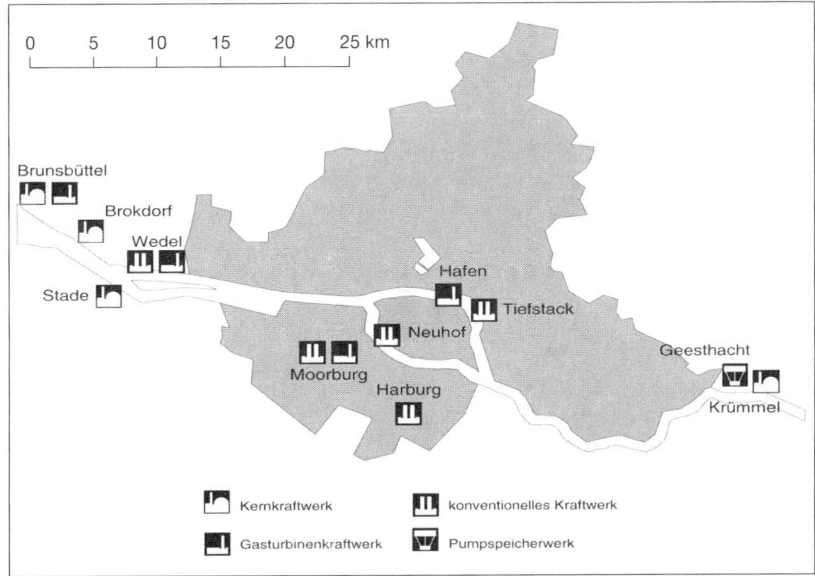

Abb. 5.7: Kraftwerke für Hamburg
Quelle: HEW

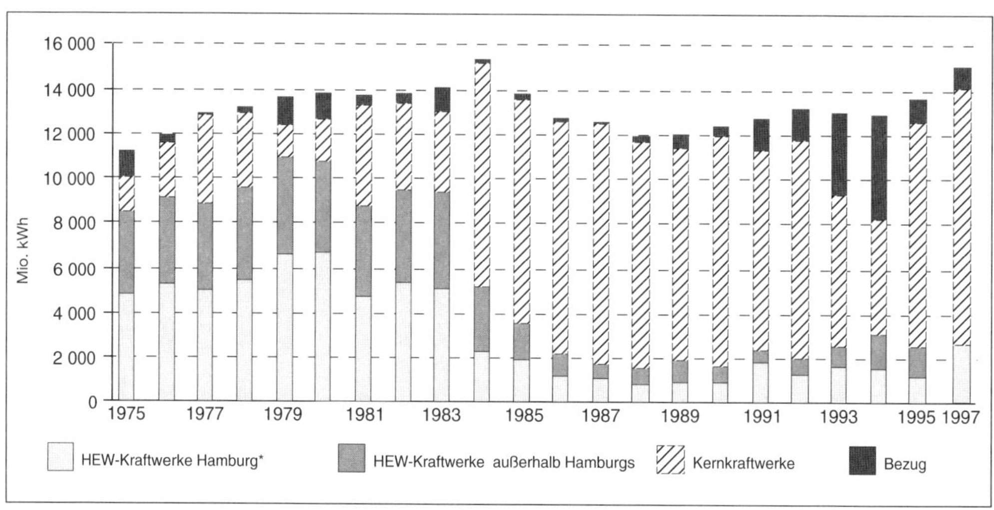

* für 1997 HEW-Kraftwerke innerhalb und außerhalb Hamburgs

Abb. 5.8: Stromerzeugung der *HEW* nach Bezugsquellen 1975 – 1997 Quelle: HEW

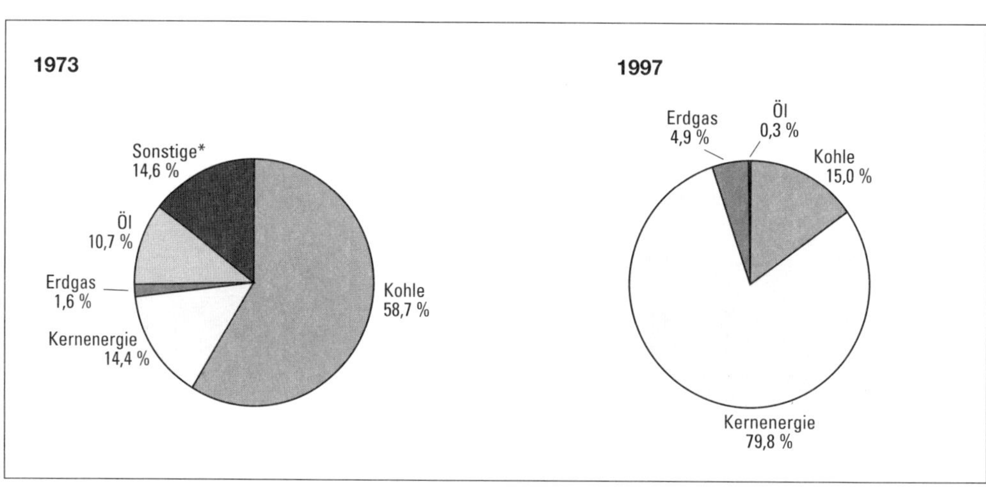

* einschl. Strombezüge

Abb. 5.9: Stromerzeugung der *HEW* nach Energieträgern 1973 und 1997 Quelle: HEW

Übersicht 5.3:
Das Großunternehmen
Hamburgische Electricitätswerke AG (*HEW*)

gegründet 1894
rd. 4 600 Mitarbeiter (31.12.98)
Erträge 1998: ca. 3 Mrd. DM

Beteiligungen
- **an den Kernkraftwerken Stade, Brunsbüttel, Brokdorf, Krümmel (s. Text);**
- **an den Hamburger Gaswerken (mit 62 %);**
- **an der HanseNET (Telekommunikation) (mit 100 %);**
- **darüber hinaus noch mehr als 100 weitere Tochtergesellschaften und Beteiligungen**

Anteilen bevor. (Bei der heftigen Diskussion, die sich seit dem Winter 1998/99 durch den Regierungswechsel in Bonn um die künftige Energiepolitik der Bundesrepublik ergeben hat, geht es für die Kernkraftwerke im Hamburger Umland in erster Linie um das älteste KKW, Stade, dessen Stillegung vordringlich gefordert wird.)

Die Veränderungen, die durch die Stromlieferungen aus den Kernkraftwerken für die Versorgungsstruktur Hamburgs entstanden sind, zeigen die Abbildungen 5.8 und 5.9.

Die *Säulendiagramme*, welche die verschiedenen Strom-Bezugsquellen nachweisen, lassen erkennen, daß die konventionellen *HEW*-Kraftwerke seit Mitte der 1980er Jahre nur noch untergeordnet als Stromzulieferer fungieren, – und dies gilt sowohl für die im Staatsgebiet Hamburgs gelegenen als auch für Kraftwerke im unmittelbaren Umland. Dagegen weisen sich die Kernkraftwerke als Hauptlieferanten aus. In Jahren, wie z. B. 1994, wo durch zeitweise Betriebsstillegungen weniger Kernenergie erzeugt wurde, wird durch Strombezug aus fremden Kraftwerken das Defizit ausgeglichen. Aus den *Sektorendiagrammen* ersieht man, daß Öl wie auch Erdgas 1997 für die Stromerzeugung so gut wie keine Rolle mehr spielten und daß der Energieträger Kohle nur noch 15 % des Stroms für Hamburg erzeugte. Dagegen lieferten die Kernkraftwerke 79,8 % des in der Hansestadt verbrauchten Stroms.

Es sei darauf hingewiesen, daß sich Hamburg damit vom bundesdeutschen Durchschnitt erheblich unterscheidet, denn in der BRD lag der Anteil der Kernenergie an der Stromerzeugung 1996 erst bei 28,7 %, dagegen der von Braunkohle und Steinkohle zusammen immer noch bei 55,1 %. Nimmt man allerdings Nordrhein-Westfalen aus dem Bundesdurchschnitt heraus, liegen die Werte für die anderen 15 Bundesländer zusammen bei einem Kernenergie-Anteil von 41 % und einem Kohle-Anteil von 41,4 % an der Stromerzeugung 1996. (Nordrhein-Westfalens Stromerzeugung aber ging 1996 noch zu 84 % auf den alten Energieträger Kohle zurück.)

Die *HEW* hatten sich allerdings schon 1992 durch Aufnahme eines entsprechenden Passus in ihre Satzung zu einem „Ausstieg" aus der Kernenergie verpflichtet, und zwar so zügig, „wie dies rechtlich möglich und für die Gesellschaft wirtschaftlich vertretbar ist". Außerdem versucht sie, Energieeinsparungen durch entsprechende Maßnahmen zu fördern und die Markteinführung regenerativer Energien zu unterstützen. Einen ressourcenschonenden Beitrag stellt bereits seit längerem die Erzeugung von Fernwärme dar, bei der durch den Prozeß der Kraft-Wärme-Koppelung das bei der Stromerzeugung entstandene Heizwasser in die isolierten Rohre eines Fernwärmenetzes geleitet und dem Verbraucher zu Heizzwecken zur Verfügung gestellt wird. Die *HEW* bedienen bereits ein Fernwärmenetz von 650 km. (Anmerkung: Fernwärme-Vermarktung ist nur in innerstädtischen Verdichtungsräumen ökonomisch sinnvoll, weil das Rohrleitungssystem sehr teuer ist und eine entsprechend große Anzahl von Abnehmern voraussetzt, um sich zu rentieren.) An der Entwicklung neuer Technologien, die die Abhängigkeit von der Kernenergie mindern können, arbeiten im Rahmen des „Energiekonzeptes Zukunft" der *HEW* acht Projektgruppen.

Parallel zu den Bemühungen der *HEW* werden im Rahmen von Bund-Länder-Programmen seit dem Jahre 1990 Windkraftanlagen anderer Betreiber wie auch private Anlagen zur solaren Stromerzeugung gefördert.

6 Planung für den Stadtstaat

6.1 Der Gang der Entwicklung bis Ende des Zweiten Weltkriegs

Stadtplanung, d. h. eine Vorsorge, die über individuelle Interessen hinaus auf das Allgemeinwohl und einen funktionierenden Stadtorganismus gerichtet ist, hat es auch in Hamburg schon früh gegeben. Nur war sie nicht institutionalisiert, sondern das Ergebnis von Beschlüssen des Rats und der Bürgerschaft, die sich vorwiegend auf das lebenswichtigste aller Anliegen, nämlich auf die Wehrhaftigkeit der Stadt, bezogen. Überzeugendstes Beispiel ist die Anlage der großen bastionären Befestigung, die von 1616 bis 1625 geschaffen wurde (vgl. Kap. 2.1.3). Für sie mußten nicht nur die Bürger hohe Sonderabgaben und auch Handdienste bei den Schanzarbeiten leisten, sondern die Stadt investierte während der langen Bauzeit jährlich ein Viertel ihres gesamten Haushaltes in das Bauvorhaben. Das Ergebnis aber lohnte den Einsatz, denn nach der Fertigstellung des bastionären Systems war Hamburg die am besten befestigte Stadt des nördlichen Europas und galt als uneinnehmbar.

Im 19. Jahrhundert begann man allmählich, auch für den Baukörper der Stadt planend zu handeln, wenngleich zunächst nur bei akuten Anlässen. Ein eindringliches Beispiel: Nach dem Stadtbrand von 1842, der innerhalb von drei Tagen ein Drittel des Kerngebietes der alten Stadt zur Trümmerfläche hatte werden lassen, sah eine von Rat und Bürgerschaft eingesetzte „Technische Kommission“ für die Brand-Freiflächen großzügige Straßenführungen vor, die Platzgestaltung für ein neues Rathaus wurde diskutiert, und der Ingenieur William Lindley entwarf eine zentrale Wasserversorgung sowie ein modernes Sielsystem. Alle Pläne wurden zügig realisiert (vgl. Kap. 2.2.1, S. 39f.). Ein weiteres Beispiel: 1892 lenkten die mehr als 8 000 Todesopfer der Choleraepidemie die Aufmerksamkeit auf die menschenunwürdigen Wohnverhältnisse in den Gängevierteln, woraufhin Sanierungsgebiete ausgewiesen wurden – wiederum erarbeitet durch eine von Senat und Bürgerschaft eingesetzte Kommission (vgl. Kap. 2.3.3, S. 64).

Erst im 20. Jahrhundert aber wurde die Planung institutionalisiert, und zwar durch den 1909 als Leiter des Hochbauwesens nach Hamburg berufenen Fritz Schumacher, der 1914 in der Baubehörde (damals noch „Baudeputation“) eine Abteilung für Städtebau durchsetzte, die auch Planungsaufgaben wahrzunehmen hatte.

1936 gründeten dann die Nationalsozialisten im Zusammenhang mit einer in Berlin neu geschaffenen Reichsstelle für Raumordnung eine Landesplanungsgemeinschaft Hamburg. Diese war auf die Zusammenarbeit der verschiedenen Gebietskörperschaften im Hamburger Raum ausgerichtet und wurde nach der Gebietsreform von 1937 in die Verwaltung des nun geschaffenen Groß-Hamburgs integriert. (Der Hamburgisch-Preußische Landesplanungsausschuß von 1928 war aufgelöst worden.)

Gleichzeitig begann sich die Planung auf die ehrgeizigen städtebaulichen Projekte des nationalsozialistischen Regimes zu konzentrieren. Hamburg wurde durch Inkrafttreten der sog. „Städteneugestaltungserlasse“ von 1937 zu einer der fünf „Führerstädte“, die eine besondere Neugestaltung erfahren sollten. (Die anderen vier Führerstädte waren Berlin, Nürnberg, München und Linz.) Neben den bereits bestehenden behördlichen Institutionen entwickelte sich in Hamburg unter dem Architekten Konstanty Gutschow eine Sonderdienststelle, die weitgehende Planungskompetenzen erhielt. 1940/41 wurde von ihr der erste Generalbebauungsplan vorgelegt, der u. a. vorsah:

- die Entlastung der Stadt vom Durchgangsverkehr durch
  a) einen dicht um die Innere Stadt geführten Autobahnring und
  b) eine die Innenstadt querende „Ost-West-Achse",
- zahlreiche Partei-Großbauten und Aufmarschplätze, die den Charakter der Stadtteile prägen sollten,
- ein repräsentativ gestaltetes Universitätsgelände im Raum Klein Flottbek und
- insgesamt die Neugestaltung der Elbuferzone mit dem Ziel, Hamburg als „Tor zur Welt" eine imponierende Eingangslandschaft zu geben (vgl. Kap. 2.3.5, S. 80f.).

Durch den Kriegsverlauf mit seinen Bombenangriffen auf Hamburg wurde es notwendig, zusätzlich für die zerstörten Inneren Stadtteile eine Neuplanung zu entwickeln. Schon unmittelbar nach den schweren Luftangriffen des Jahres 1943 begann man, an entsprechenden Entwürfen zu arbeiten, und 1944 wurde von Gutschow ein neuer Generalbebauungsplan vorgelegt. Dieser GBP zeigt, wie schon sein Vorgänger für die Gebiete außerhalb des geplanten Autobahnringes, nun auch für die Inneren Stadtteile eine Auflösung der bebauten Fläche in einzelne Einheiten, bewirkt durch breite Grünzüge, deren Verlauf sich größtenteils an den Seitenkanälen der Alster orientierte (Isebek-, Goldbek-, Osterbek- und Eilbekkanal). Innerhalb jeder der städtischen Einheiten war ein großer Platz mit einem Kreishaus der Partei vorgesehen, das nach Gutschow „Herzpunkt" sein sollte, „an dem das kreiseigene Leben in besonderem Maße zusammendrängt" (!). Da Gutschow einige gute städtebauliche Grundkonzeptionen, die sich noch aus der Zeit von vor dem Jahre 1933 herleiteten (s. u.), mit diesen Entwürfen in den Dienst des nationalsozialistischen Herrschaftsanspruches gestellt hatte, war für die Nachkriegszeit der GBP 44 nicht mehr verwendbar.

6.2 Die Planung in der Nachkriegszeit

6.2.1 Die Planwerke der Aufbauphase

Nach Kriegsende wurden für den Wiederaufbau der Stadt zunächst ein Generalbebauungsplan (1947) und, diesen weiterentwickelnd, ein Aufbauplan (ABP 1950) veröffentlicht. Beide sahen übereinstimmend eine Neugliederung der zerstörten Stadt in einzelne „Nachbarschaften" vor und zeigten somit durchaus eine Verwandtschaft mit dem GBP des Jahres 1944. Dies erklärt sich aus den bis in die 1950er Jahre weiterwirkenden Leitgedanken der 1920er Jahre, welche in der Charta von Athen (1933) ihren Niederschlag gefunden hatten und sowohl die Städtebauer der Nationalsozialisten wie auch noch die Verantwortlichen in der unmittelbaren Nachkriegszeit mit ihrem Ideal der „gegliederten und aufgelockerten Stadt" beeinflußten.

Der ABP 50 sah bezüglich der Einwohnerzahl Hamburgs (1950 1,606 Mio. Ew.) einen künftigen Endwert von 1,708 Mio. vor (die Zahl sollte unter Einbeziehung von Reservebauflächen maximal auf 1,81 Mio. zu erhöhen sein). Da man eine Richtzahl von 25 m^2 Bruttowohnfläche / Einwohner zugrunde legte, reichte für die angenommenen 1,708 Mio. Einwohner die zur Verfügung stehende Stadtfläche aus, und es konnte darauf verzichtet werden, neue Großsiedlungen an der Peripherie der Stadt zu planen.

Im gleichen Jahr wie der ABP 50 trat das Erste Wohnungsbaugesetz in Kraft. Dieses Gesetz bewirkte zusammen mit dem unerwartet stark einsetzenden Wirtschaftswachstum in den folgenden Jahren eine derartige Neubautätigkeit, daß die Einwohnerzahl Hamburgs sprunghaft stieg. Schon im Jahre 1956 wurden 1,751 Mio. Einwohner erreicht, und 1961 war die Zahl auf 1,832 Mio. Einwohner gestiegen. Gleichzeitig hatten sich die Ansprüche an die Wohnungsgrößen erhöht, und die Belegungsdichte war gesunken. Damit waren alle Annahmen, die zu der Konzeption des Aufbauplans von 1950 geführt hatten, durch die Entwicklung revidiert worden. Zudem hatte sich der Wiederaufbau in den Inneren Stadtteilen im alten Raster vollzogen, so daß sich auch die angestrebte Neugliederung der Inneren Stadt in einzelne, von Grünzügen getrennte Stadteinheiten als nicht durchsetzbar erwiesen hatte. Den Beginn dieser gegenläufigen Entwicklung erkennend, begann man schon ab 1956 (dem Jahre der Veröffentlichung des Zweiten Wohnungsbaugesetzes, das u. a. den Eigenheimbau stärker förderte) im Landesplanungsamt Vorstellungen zu einem neuen Rahmenplan zu entwickeln. Er wurde 1960 als zweiter Aufbauplan (ABP 60) veröffentlicht und unterschied sich vom ABP 50 in folgenden wesentlichen Richtwerten bzw. Leitvorstellungen:

- Statt 1,8 Mio. Einwohner wurde der Planung eine zukünftige Einwohnerzahl von 2,2 Mio. im Stadtstaat zugrunde gelegt.
- Für das erwartete Wachstum sollten „in Abrundung bisheriger Baugebiete neue Wohnflächen ausgewiesen" werden.
- Zur Berechnung der Wohn- bzw. Baudichte, die bisher über die Einwohnerzahl/ha erfolgt war, wurde die Geschoßflächenzahl eingeführt. (Die GFZ stellt das Verhältnis der Summe der Geschoßflächen zur Fläche des Baugrundstücks dar.)
- Die Flächen für Arbeitsstätten wurden erheblich vermehrt. Ein zusammenhängendes Gelände von ca. 120 ha nördlich des Stadtparks wies man aus mit dem Ziel, zur Entlastung der Innenstadt dort ein „zweites Geschäftszentrum mit Bürohochhäusern" entstehen zu lassen (Gelände der späteren City Nord).
- Vorwiegend durch Ausbau des Schnellbahnnetzes sollten neu geplante Wohngebiete am Stadtrand verkehrsmäßig angebunden werden.
- Für den wachsenden Straßenverkehr sollten zur Verbindung der radial verlaufenden Hauptverkehrsstraßen drei Straßenringe ausgebaut werden (Wallring, Mittlerer Straßenring, Äußerer Straßenring). Außerdem plante man drei Stadtautobahnen (Westtangente, Osttangente, Kerntangente).

Der ABP 60 (der nachträglich zum Flächennutzungsplan erklärt wurde, um den Vorschriften des ebenfalls 1960 verkündeten Bundesbaugesetzes zu entsprechen) gab also „grünes Licht" für das Vordringen der Bebauung auf bisheriges Freigelände. Außerdem wurde ausdrücklich eine Trennung der Funktionen Wohnen und Arbeiten als Planungsziel genannt.

Nach Bekanntgabe des Aufbauplanes erfolgte zu Beginn der 1960er Jahre umgehend ein starkes Ausgreifen der Bebauung in die Randzonen der Stadt, und die einsetzende Zersiedlung der Landschaft machte bald die negative Seite der Konzeption deutlich. Darüber hinaus ließen die ständig steigenden Ansprüche an Infrastruktureinrichtungen nun eine Zusammenführung und Konzentration von Wohn-, Arbeits- und Bildungsstätten sinnvoll erscheinen, um Verkehrs- und Versorgungseinrichtungen ökonomisch planen zu können; – all dies widersprach den Zielsetzungen des ABP 60. Man reagierte in Hamburg schnell, denn am 11.3.1964 beschloß die Hamburger Bürgerschaft die Bildung einer sogenannten Unabhängigen Kommission von Städtebauern, Soziologen, Wirtschafts- und Finanzfachleuten, Verkehrswissenschaftlern, Juristen und Hygienikern zur Überprüfung des ABP 60. Auf der Grundlage von 19 Sondergutachten stellte diese Kommission 1967 ihre „Stellungnahme zum Aufbauplan 1960" vor, deren Leitgedanken zukunftsweisend waren. Folgende gehören zu den wichtigsten:

- Um eine bei geringer Bebauungsdichte unwirtschaftliche Neuerschließung in den Randgebieten der Stadt in Grenzen zu halten, ist auf eine stärkere Verdichtung im Kernbereich hinzuwirken.
- Die Trennung der Nutzungen, wie sie der ABP 60 anstrebt, sollte zugunsten stärkerer Durchmischung abgeschwächt werden.

- Eine Weltstadt wie Hamburg kommt mit einem Zentrum nicht aus. Die schon vorhandenen Nebenzentren können vier Zentralitätsstufen zugeordnet werden, die entsprechend ihrer Bedeutung zu fördern sind.
- Im Interesse der Innenstadt, dem höchstrangigen Zentralen Standort, sollte eine Dezentralisierung der Management-Dienste angestrebt werden zugunsten der Konzentration hochzentraler Service-Einrichtungen.
- Auf dem Verkehrssektor ist dem Ausbau des Schnellbahnnetzes und der Anlage der Stadtautobahnen Vorrang einzuräumen. Die Straßenbahn ist abzuschaffen.
- Die Verknüpfung zwischen Schnellbahnnetz und Besiedlung sollte verbessert werden: Es sind Wohnviertel mit hohen Einwohnerdichten im unmittelbaren Nahbereich der Schnellbahnstationen anzustreben, denen wiederum Arbeitsstätten zugeordnet werden können.
- Die Hamburger Stadtplanung ist in eine wirksame Regionalplanung zu integrieren. Das Achsenkonzept ist hierbei als Ordnungskonzept zugrunde zu legen.

6.2.2 Das Entwicklungsmodell für Hamburg und sein Umland (1969)

Die nachfolgenden Planwerke aller Maßstabskategorien lassen die Richtungsänderung erkennen, die dieses Gutachten bewirkte. Den Empfehlungen der Unabhängigen Kommission entsprechend, erarbeiteten die Hamburger Behörden 1968/69 einen Rahmenplan für die Regionalentwicklung. Er wurde 1969 vom Hamburger Senat als „Entwicklungsmodell für Hamburg und sein Umland“ (EM) bekanntgegeben und sollte Leitvorstellungen vermitteln sowie als Diskussionsgrundlage dienen; Rechtsverbindlichkeit war nicht erreichbar, weil der Planungsraum des EM die umliegenden Kreise der Nachbarländer, also fremdes Hoheitsgebiet, mit umfaßte.

Im EM zeigen sich die von der Unabhängigen Kommission erarbeiteten Leitvorstellungen in ein räumliches Raster gebracht. Es werden als drei übergeordnete Konzeptionen vorgestellt:

- das Achsenkonzept,
- das System der Zentralen Standorte,
- das Konzept des Hauptverkehrsnetzes.

Das *Achsenkonzept* greift zurück auf einen Entwurf von Fritz Schumacher in einer Denkschrift von 1919 (vgl. Kap. 7.3.2, S. 248). Es wird im EM differenziert durch Ausweisung von Regionalachsen, städtischen Haupt- und Nebenachsen (Abb. 6.1). Außerdem ist gegenüber dem Schumacherschen Entwurf nun auch das Gebiet südlich der Elbe in die Konzeption mit einbezogen, und zwar durch drei Regionalachsen, die in das niedersächsische Umland führen. Die über die Landesgrenzen hinausführenden Regionalachsen sollen das radiale Siedlungswachstum bandartig konzentrieren, wenngleich mit zunehmender Entfernung von der Stadt ein punktaxiales Prinzip zugestanden wird. Für die Achsenzwischenräume ist eine unzersiedelte Landschaft das Planungsziel. Vergleichbares gilt für den Ausbau der radial verlaufenden städtischen Haupt- und Nebenachsen: Auf diesen soll der Tertiäre Sektor besonders gefördert werden, um in sektoralen Zwischengebieten die Wohnfunktion möglichst unbeeinträchtigt erhalten zu können.

Das Achsenkonzept wurde eng verknüpft mit dem Konzept der Zentralen Standorte in Hamburg und der Zentralen Orte im Umland.

Auf *Zentrale Standorte* innerhalb eines Siedlungskörpers hat sich die Zentralitätsforschung erst spät eingestellt. Für Hamburg war erstmalig im Zusammenhang mit dem Aufbauplan 60 ein „Ordnungsplan zentrale Standorte“ erarbeitet worden. Systematische Untersuchungen zu der vorhandenen Hierarchie und deren wünschenswertem Ausbau hatte dann als Mitglied der Unabhängigen Kommission H. Jensen durchgeführt und in einem Sondergutachten 1967 veröffentlicht (JENSEN/MÜLLER 1967). In

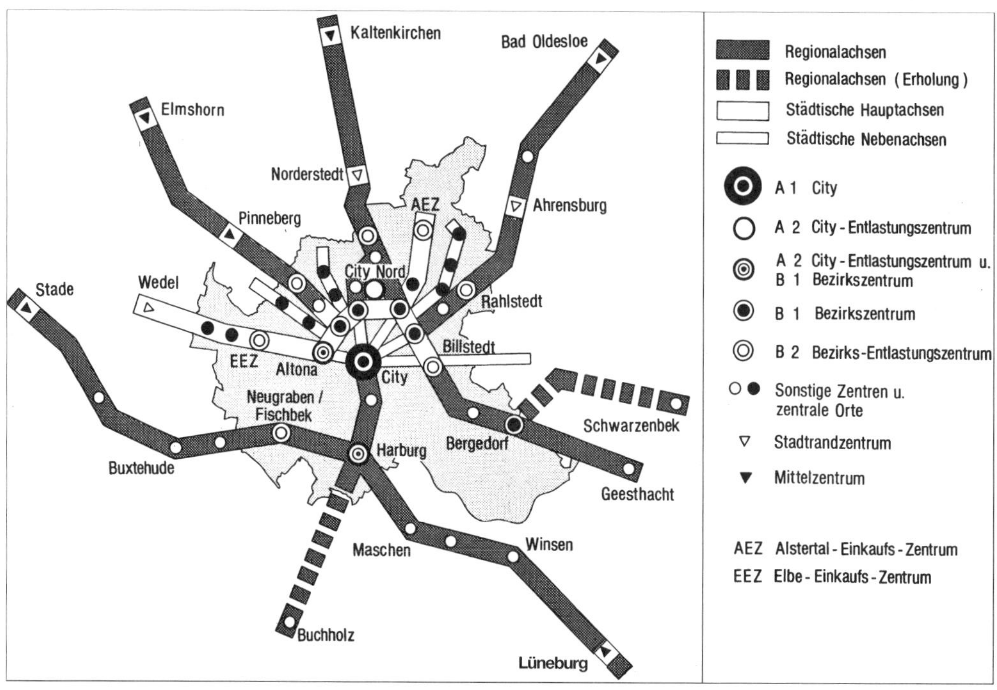

Abb. 6.1: Entwicklungsachsen, Zentrale Standorte in Hamburg und Zentrale Orte im Umland (Entwicklungsmodell 1969)

Zentralität	Verbale Definition	Aufgaben-bereiche	Einwohner im Einzugsgebiet
A 1	City	MSV	über 2,5 Mio.
A 2	City-Entlastungszentrum	M	–
B 1	Bezirkszentrum	MSV	etwa 200 000
B 2	Bezirks-Entlastungszentrum	S	über 100 000
C 1	Stadtteilzentrum mit Ortsamt	SV	20 000 – 70 000
C 2	Stadtteilzentrum ohne Ortsamt	S	20 000 – 70 000
D 1	Lokales (Ortsteil-)Zentrum	S	5 000 – 20 000
D 2	Ladengruppe	S	unter 5000

Übersicht 6.1: Das System der Zentralen Standorte in Hamburg (Entwicklungsmodell 1969)

Abkürzungen: M = Management = Wirtschaftsverwaltung
S = Service = Dienstleistungen für die Wohnbevölkerung
V = Verwaltung = bevölkerungsorientierte staatliche Verwaltungszentren

* Der B1-Zentren-Halbring umfaßt Altona, Eimsbüttel, Eppendorf, Barmbek und Wandsbek. Auf ihn sind als B 2-Zentren bezogen: das EEZ, Eidelstedt, Langenhorn, das AEZ und Rahlstedt. Billstedt ist auf das B 1-Zentrum Bergedorf bezogen, Neugraben-Fischbek auf das B 1-Zentrum Harburg.

Übereinstimmung hiermit gliedert das EM verschiedenrangige Zentren und Entlastungszentren aus. Übersicht 6.1 zeigt, daß sich die Hierarchie dieses Systems sowohl an den wahrzunehmenden Aufgaben der verschiedenen Zentralen Standorte als auch an der Größe ihres Einzugsgebietes ablesen läßt: Vom A 1-Zentrum, der City, das

alle Aufgabenbereiche der Dienstleistung vereinigt und einen Einzugsbereich von über 2,5 Mio. Einwohnern besitzt, sinken die Funktionen bis zum D 2-Zentrum ab auf den einfachen Service einer Ladengruppe, die nur noch einen Einzugsbereich von unter 5 000 Einwohnern bedient. Von stadtplanerischer Bedeutung sind besonders die ausgewiesenen Entlastungszentren, die A 2- und die B 2-Zentren. Die City (A 1) soll entlastet werden, indem man die Wirtschaftsverwaltung mit geringem Publikumsverkehr hinaus verlagert auf gesonderte Standorte, und für die alten Bezirkszentren (B 1) sind in 7 – 8 km stadtauswärts gerichteter Entfernung Schwerpunkte mit Einkaufszentren geplant, – dies auch im Hinblick auf die Randwanderung der Bevölkerung.
Das System der Zentralen Standorte ist Teilelement des bundesweiten Systems der Zentralen Orte, und es ist insofern mit ihm verknüpft, als über die Achsenbänder Verbindungen von den Zentralen Standorten innerhalb der Stadt zu den Zentralen Orten im Umland existieren.

Die Zentralen Standorte / Orte sind auf den Achsen angeordnet und somit verbunden durch das *Hauptverkehrsnetz,* denn die Regionalachsen zeichnen den Verlauf der aus Hamburg herausführenden Fernstraßen und Fernbahnen nach, auf deren Strecken schon früh ein Nahverkehr eingerichtet wurde (vgl. Kap. 2.3.2); die städtischen Hauptachsen verlaufen entlang von S-Bahn-Strecken, die Nebenachsen in der Regel entlang von U-Bahnen.

Die drei Konzeptionen zusammen ergeben eine aufeinander abgestimmte Siedlungs- und Verkehrsplanung mit dem Hauptziel eines „schnellbahnbezogenen Achsensystems“. Ihm wurde noch ein spezieller Orientierungsrahmen durch das sog. „Dichtemodell“ beigefügt, das Werte zur baulichen Dichte im Einzugsbereich von Schnellbahnen vorgibt.

Dieses Hamburger Dichtemodell sieht eine konzentrische Stufung der Wohnbebauung im Schnellbahneinzugsbereich vor, bei der eine Differenzierung in Kernzone, Mittelzone und Randzone vorgenommen wird.

- Kernzone:
  300 m-Radius um Haltestelle, Geschoßflächenzahl durchschnittlich 1,3
- Mittelzone:
  300 m-bis 600 m-Radius um Haltestelle, Geschoßflächenzahl durchschnittlich 0,9
- Randzone:
  außerhalb des 600 m-Radius, Geschoßflächenzahl nicht generell auf 0,4 begrenzt: je nach Anschlußmöglichkeit im gebrochenen Verkehr sowohl Einfamilienhäuser als auch dichtere Bebauung

Das hier beschriebene, auf die dichte Haltestellenfolge der städtischen Achsen bezogene Modell I wurde im Jahre 1970 ergänzt durch ein Modell II, das auf die weitabständige Haltestellenfolge des Umlandes abgestellt ist. 1980 erfuhr dazu noch das Modell I eine Modifizierung (Dichtemodell 1980, Anlage 2).

Das Entwicklungsmodell des Jahres 1969 hat sich als maßgebend für die Planung der nachfolgenden Jahrzehnte erwiesen. In Anbetracht der Bedeutung dieses Planes wäre eine Erfolgsanalyse von wissenschaftlichem Interesse, wobei es festzustellen gälte, welche der Konzeptionen realisierbar waren, wo und aus welchem Grunde Abstriche gemacht werden mußten und ob eine Rangfolge der Realisierungschancen zu ermitteln ist.

Hier kann nur auf einige Sachverhalte hingewiesen werden:

• Das *schnellbahnbezogenen Achsensystem* ist mit seiner inneren Logik einer guten Verkehrsanbindung von Wohngebieten zwar wirksam, unterliegt aber Einschränkungen. Es wurde innerhalb des Hamburger Staatsgebietes mißachtet bei der Anlage der drei Großwohnsiedlungen Osdorfer Born, Steilshoop und Mümmelmannsberg (wohl aufgrund der zeitlichen Überschneidung von Planung für die Großwohnsiedlungen und Erarbeitung des

Entwicklungsmodells, vgl. Kap. 2.4.3, S. 123). Im Umland kann es nicht voll zum Zuge kommen, weil die Mobilität aufgrund des eigenen Pkws dem Pendler auch einen Wohnstandort abseits von Schnellbahnlinien erlaubt, wodurch nicht nur die Achsenräume, sondern, planungswidrig, auch die Achsenzwischenräume allmählich verdichtet werden (vgl. Kap. 7.3.2, S. 249).

- Das *System der Zentralen Standorte* hat als Ordnungskonzeption zu guten Ergebnissen geführt. Daß die Innenstadt von Bürohaus-Türmen frei gehalten werden konnte, ist die positive Folge der Existenz des Entlastungszentrums (A 2) City Nord. Und in der Äußeren Stadt haben sich die Bezirksentlastungszentren (B 2) als lebendige Mittelpunkte großer Einzugsbereiche entwickelt, wodurch allerdings, von der Planung ungewollt, der Innenstadt-City eine unerwünschte Konkurrenz entstanden ist.

Nicht geklärt sind außerdem die mutmaßlich komplizierten Zusammenhänge, die dazu geführt haben, daß Altona und Harburg den von der Planung vorgegebenen Ausbau zum Cityentlastungszentrum A 2 nicht erfahren haben, sich dagegen die gegenwärtige City Süd, die als solche im Entwicklungsmodell nicht vorgesehen war, im Nahbereich der alten City entwickeln konnte.

6.2.3 Die Planwerke der Gegenwart

Die Übersicht 6.2 listet die heutigen Planwerke in ihrer Hierarchie auf und zeigt die Abfolge vom Flächennutzungsplan, der das ganze Staatsgebiet umfaßt und durch ein Landschaftsprogramm ergänzt wird, bis hin zum Bebauungsplan, der sich auf Ausschnitte von Stadtteilen bezieht und seinerseits vom Grünordnungsplan flankiert wird.

Flächennutzungsplan und Landschaftsprogramm sind die beiden gesamtstädtischen Planungsinstrumente, die von Senat und Bürgerschaft zur Steuerung der räumlichen Ordnung und Entwicklung beschlossen bzw. verabschiedet werden. Der Flächennutzungsplan (gültig z. Z. die „Neubekanntmachung vom Oktober 1997“) bezieht sich dabei auf die beabsichtigte städtebauliche Entwicklung, während das Landschaftsprogramm sowohl den Feiräumen und ihrer Verwaltung gilt als auch der Landschaft im besiedelten Raum, deren Charakter geschützt bzw. weiterentwickelt werden soll. Besonders bei den nachgeordneten Plänen bis hin zur untersten Ebene, den Bebauungsplänen einerseits und den Grünordnungs- oder Landschaftsplänen andrerseits, besteht verständlicherweise im Nutzungsziel nicht immer Übereinstimmung, und die Behörden müssen sich um Kompromisse bemühen.

Seit geraumer Zeit wurde zudem von seiten der Planung versucht, Probleme in benachteiligten Quartieren zu steuern, und zwar über

- drei gebietsbezogene Programme:
  - das Sanierungsprogramm,
  - das Revitalisierungsprogramm,
  - das Armutsbekämpfungsprogramm;
- zwei ergänzende projektbezogene Programme:
  - das Modernisierungsprogramm für Sanierungsgebiete,
  - das Alternative Baubetreuungsprogramm (ABB);
- das Instrument der sozialen Erhaltungsverordnung.

Im Bemühen, die Maßnahmen der gebietsbezogenen Programme stärker als bisher zu bündeln, beschloß der Hamburger Senat dann 1998 ein Programm zur *Sozialen Stadtteilentwicklung,* das zwei Hauptträger vorsieht:

- das förmliche Sanierungsverfahren nach BauGB,

Maßstab	Räumlicher Bezug	Zeitlicher Rahmen	Zugehörigkeit zur Bauleitplanung	Zugehörigkeit zur Landschaftsplanung
1:20000	**flächendeckend für das gesamte Staatsgebiet**	**langfristig**	***Flächennutzungsplan*** **verwaltungsintern / vorbereitender Bauleitplan**	***Landschaftsprogramm (einschließlich Artenschutzprogramm)*** **verwaltungsintern / Leitlinie für Naturschutz und Landschaftspflege**
1:5000 (i. d. Regel)	**teilräumliche Entwicklungsplanung für außergewöhnliche Stadtbereiche**	**mittel- bis langfristig**	***Fachbereichsübergreifende Entwicklungspläne*** **(anstelle der früheren Programmpläne) verwaltungsintern / vorbereitend / gelten als Rahmenpläne, ggf. als bindende fachliche Richtungsentscheidung bzw. Fachplanung (Globalrichtlinie) gemäß Bezirksverwaltungsgesetz**	
1:1000 (i. d. Regel)	**kleinräumige Planung (mit Bezug auf Quartiere oder Baublöcke)**	**kurz- bis mittelfristig**	***Bebauungsplan*** **rechtsverbindlicher Bauleitplan / regelt die Nutzung im einzelnen / verbindlich gegenüber jedermann**	***Grünordnungs- oder Landschaftsplan*** **rechtsverbindlicher Plan parallel zum Bebauungsplan (Landschaftsplan gilt für Gebiete, in denen keine Bebauung vorgesehen ist) oder** ***Huckepackbebauungsplan*** **rechtsverbindliche Festsetzung von Maßnahmen des Naturschutzes und der Landschaftspflege im Bebauungsplan**

Übersicht 6.2: Die Planarten in Hamburg (Stand 1999)
(Für den Geltungsbereich des Hafenentwicklungsgesetzes gilt ein „Hafenentwicklungsplan")

- das hamburgische Stadtteilentwicklungsprogramm (STEP), in dem das bisherige Revitalisierungsprogramm und das Armutsbekämpfungsprogramm zusammengefaßt werden.

Die Zielsetzung des STEP wurde wie folgt formuliert: „Das Programm zur sozialen Stadtteilentwicklung zielt auf Quartiere und Stadtviertel mit wirtschaftlichen Problemen, hoher Arbeitslosigkeit, knappem und schlechtem Wohnraum, mit ökologischen, städtebaulichen, sozialen und kulturellen Problemen und Defiziten. Das sind heute nicht mehr nur die älteren Viertel der inneren Stadt, sondern verstärkt auch die Wohnsiedlungen aus den sechziger und siebziger Jahren. Das Programm beansprucht nicht, diese Probleme und Defizite mit seinen Mitteln lösen zu können. Es soll aber dazu beitragen, die Lebensbedingungen der Menschen in den Quartieren zu verbessern und die vorhandenen Kräfte zu wecken, indem es Hilfen zur Selbsthilfe organisiert." (soziale stadtteilentwicklung – das programm, Hamburg 1999, S. 5)

Die Ausrichtung auf einzelne Quartiere/ Stadtviertel steht bei diesem Programm im Vordergrund; man erhofft sich von einzusetzenden „Quartiersentwicklern" positive Impulse vor Ort, vor allem auch eine optimale Koordination aller beabsichtigten Maßnahmen.

Als ergänzende Programmelemente gelten weiterhin das Modernisierungsprogramm, das ABB-Programm und die soziale Erhaltungsverordnung.

7 Die Metropolregion Hamburg

7.1 Der Agglomerationsprozeß

Die Bildung der Agglomeration Hamburg steht im Zusammenhang mit den strukturellen Wandlungen, die sich im 19. Jahrhundert in den nachmaligen Industrieländern vollzogen. Ein starkes Bevölkerungswachstum verband sich mit einer zunehmenden Mobilität und führte in bestimmten Gebieten zu außerordentlichen Bevölkerungskonzentrationen. Größter Magnet im deutschen Raum wurde bald das an der Ruhr entstehende Industriegebiet, das – dem hohen Rang der Schwerindustrie entsprechend – bis zum Ersten Weltkrieg eine Bevölkerung von rd. 3 Mio. Einwohnern auf sich zog (die Angabe bezieht sich auf das Gebiet des späteren Siedlungsverbandes Ruhrkohlenbezirk, in dem 1820 erst rund 275 000 Einwohner gelebt hatten). Aber auch Industriegebiete ganz anderer Struktur, wie etwa der mittlere Neckarraum, wo sich aufgrund von Handwerks- und Heimarbeitstradition früh eine Textilindustrie entwickelte, der andere Industrien nachfolgten, zeichneten sich durch eine besondere Verdichtung aus. Neben den speziell ausgerichteten Industrieräumen aber waren es die alten regionalen Hauptstädte und die Hafenstädte, die neue Arbeitsstätten boten und damit Wanderungsströme auf sich lenkten.

Prüft man den zeitlichen Rahmen, in dem sich diese Verdichtungsprozesse vollzogen, so nimmt Hamburg eine Sonderposition ein. Sowohl die Entwicklung des Ruhrgebietes als auch das industrielle Wachstum und damit die Bevölkerungsverdichtung in anderen deutschen Teilräumen bzw. Städten vollzogen sich erst in der zweiten Hälfte des 19. Jahrhunderts; Hamburg dagegen verzeichnete schon zu Beginn des 19. Jahrhunderts ein bedeutendes Wirtschaftswachstum und damit verbunden eine beträchtliche Bevölkerungszunahme. Es hatte beispielsweise 1811 bereits 120 500 Einwohner erreicht (Stadt und Vorstädte, vgl. Kap. 2.2.2, Tab. 2.2), als die heute größten Städte des Ruhrgebietes, Essen und Dortmund, noch kleine Landstädte waren mit jeweils rd. 4 000 Einwohnern. Hamburg nahm eben schon teil an dem Aufschwung der ersten *langen Welle* (Konjunkturzyklus von 1787 bis ca. 1842) und wies in dieser Zeit ein entsprechendes Bevölkerungswachstum auf, während der übrige deutsche und mitteleuropäische Raum erst von der zweiten *langen Welle* erfaßt wurde und in deren Verlauf Industrialisierung und Bevölkerungswachstum erfuhr (vgl. Kap. 2.2).

Der Stadtstaat Hamburg (Stadt und zugehörige Landgebiete, vgl. Abb. 1.1) ist seit 1880 als ein „Verdichtungsraum" anzusprechen, denn er zählte zu diesem Zeitpunkt fast 450 000 Einwohner, was einer Bevölkerungsdichte von mehr als 1 000 Ew. / km² entspricht und woraus sich bei der damaligen hohen Erwerbstätigkeit von fast 48 % eine Einwohner-Arbeitsplatzdichte von mehr als 1600 / km² errechnen läßt – alles Werte, die den Kriterien entsprechen, nach denen die Raumforschung der Nachkriegszeit Verdichtungsräume definiert hat.

Wenn sich die Bevölkerung im ausgehenden 19. Jahrhundert auch noch hauptsächlich auf die Stadtteile Altstadt und Neustadt sowie St. Georg und St. Pauli konzentrierte, so begann sie doch auch schon in das nördliche Hamburger Landgebiet hinein auszugreifen. Der Kranz der im Raum um die Außenalster gelegenen Dörfer, ab 1894 eingemeindet und später „Innere Stadtteile" genannt, wurde in den Jahrzehnten ab 1880 zum bevorzugten Wohngebiet sowohl der Zuwanderer als auch der vielen Hamburger, die aus der engen Innenstadt fortzogen. Die Agglomeration begann sich also auszudehnen. 1914 hatte die Bebauung in den meisten „Inneren Stadtteilen" die Landesgrenzen erreicht (vgl. hierzu Abb. 2.9, S. 59), und bis 1937 waren die letzten der in diesen Stadtteilen noch vorhandenen Freiflächen überbaut.

Interessant ist dabei, daß sich zeitgleich mit der Bebauung der alten dörflichen Agrarflächen nördlich von Altstadt und Neustadt – eben ab 1880 – bereits der Prozeß abzuzeichnen beginnt, der als Randwanderung bezeichnet wird. Er besagt, daß selbst wenn im gesamten Staatsgebiet die Bevölkerung noch ständig zunimmt, die innenstadtnahen, bereits voll erschlossenen Wohnstadtteile beginnen, an Bevölkerung abzunehmen, während in innenstadtferneren Gebieten die Bevölkerung weiterhin wächst. Abbildung 2.8 dokumentiert diese erste „Entlastungsphase“ der Inneren Stadtteile bis 1937.

Wie bereits aufgezeigt (s. Kap. 2.4.1, S. 99ff.), greift in der Zeit nach dem Zweiten Weltkrieg der Dichteverlust auf viele weitere Wohnstadtteile über, wenn sich auch der Zeitpunkt der Umkehrung von Bevölkerungszunahme in Bevölkerungsabnahme in den einzelnen Stadtteilen / Bezirken voneinander unterscheidet und auch auf verschiedene Ursachen zurückzuführen ist. Dagegen nimmt die Einwohnerzahl für Hamburg insgesamt bis Mitte der 1960er Jahre noch zu, allerdings prozentual nicht so stark wie in den Umlandgemeinden jenseits der Staatsgrenze. Letztere bilden dann ab Mitte der 1960er Jahre vorzugsweise den Raum, in welchem die Verdichtung fortschreitet.

7.2 Das Planungsinstrumentarium zur Definition und Steuerung der Agglomeration

7.2.1 Entwicklung der Regionalplanung vom Ende des Ersten Weltkriegs bis 1991

Die zentral-periphere Bewegung der räumlichen Verdichtung hatte früh deutlich gemacht, daß die vorhandene Staatsgrenze einer vernünftigen Verwaltung des Gesamtraumes entgegenstand. Wie erwähnt (s. Kap.1.1.2, S. 9) begann der Hamburger Senat ab 1915 eine Gebietsreform anzustreben, die sich aber aufgrund der großen Interessengegensätze zwischen Hamburg und Preußen zunächst nicht realisieren ließ. Erst unter dem autoritären Druck der Nationalsozialisten entstand – wie ebenfalls erwähnt – 1937 Groß-Hamburg.

Im Jahre 1919 hatte Fritz Schumacher im Zusammenhang mit einer Denkschrift des Hamburger Senats seine Vorstellungen über eine sinnvolle neue Grenzziehung dargestellt. Nach seinem Dafürhalten sollten an Hamburg angegliedert werden die westlichen Gebiete des Herzogtums Lauenburg, große Teile Stormarns, beide Elbufer bis unterhalb von Wedel und dazu umfangreiche Gebietsteile südlich der Süderelbe (im Raum der Kreise Harburg und Winsen). Diese Größenvorstellungen gingen also schon in die Richtung der heutigen Metropolregion.

Blieb zwar Schumachers großzügig geplante neue Grenzziehung utopisch, so gelang es in seiner Amtszeit doch wenigstens, einen Hamburgisch-Preußischen Landesplanungsausschuß zu gründen (1928), mit der Zielsetzung, Stadt und Umland in ihrer Entwicklung zu koordinieren. Es folgte 1929 ein Staatsvertrag zwischen Hamburg und Preußen über die Gründung einer Hafengemeinschaft (vgl. Kap. 3.3.1, S. 180f.). Diesen ersten Ansätzen einer Regionalplanung war allerdings nicht viel Erfolg beschieden, da die Gremien über wenig Kompetenzen und kaum über Finanzmittel verfügten.

Als 1937 die Gebietsreform zugunsten Hamburgs durchgeführt wurde, war zwar damit der Weg frei für eine neue, den Gesamtraum erfassende Planung, der Kriegsausbruch von 1939 blockierte jedoch zunächst alle Maßnahmen.

Nach dem Zweiten Weltkrieg glich die Situation dann relativ bald wieder derjenigen der 1920er Jahre. Wohl gab es jetzt einen vergrößerten Stadtstaat, aber die jenseits der nunmehrigen Staatsgrenze gelegenen Umlandgemeinden nahmen unerwartet und mit wachsender Beschleunigung an Bevölkerung zu – sowohl infolge der Randwanderung aus der Kernstadt als auch durch Fremdzuzug.

So strebte man wiederum eine Zusammenarbeit der Nachbarländer an, um die Entwicklung zu steuern. Es konstituierten sich

- 1955 der „Gemeinsame Landesplanungsrat Hamburg / Schleswig-Holstein“,
- 1957 die „Gemeinsame Landesplanungsarbeit Hamburg / Niedersachsen“, 1971 umbenannt in „Gemeinsame Landesplanung Hamburg / Niedersachsen“.

Diese Landesplanungsräte hatten als kleines Instrumentarium einen Förderungsfonds (1960 als „Aufbaufonds“ gegründet), aus dessen Mitteln sie Gemeinden des Umlandes, die von der Suburbanisierungswelle erfaßt worden waren, im Aufbau einer angemessenen Infrastruktur unterstützten (Schulen, Verkehrsanlagen, Ver- und Entsorgungseinrichtungen); im übrigen aber war ihr Einfluß nur gering.

Seit 1969 existierte die sog. „Konferenz Norddeutschland“ der Länder Hamburg, Schleswig-Holstein, Niedersachsen und Bremen, die sich die Erarbeitung übereinstimmender Raumordnungsprinzipien zum Ziel gesetzt hatte. Als eines der Ergebnisse dieser Konferenz wurde 1979 das „Differenzierte Raumordnungskonzept für den Unterelberaum“ vorgestellt, in welchem erstrebenswerte Ziele formuliert wurden, dessen Handlungsinstrumentarium aber undeutlich blieb.

7.2.2 Abgrenzung einer Metropolregion 1991 / 1996

Die deutsche Wiedervereinigung von 1990 bedeutete für das der ehemaligen deutsch-deutschen Grenze so nahe gelegene Hamburg wirtschaftliche Neuorientierung und Stärkung, und sie war auch Anlaß, abermals nach verbesserten Wegen der Zusammenarbeit in der Region zu suchen.

Im Jahre 1991 gaben die Landesregierungen von Hamburg, Schleswig-Holstein und Niedersachsen gemeinsam die Erarbeitung eines länderübergreifenden *Regionalen Entwicklungskonzeptes* (REK) in Auftrag. Hierfür wurde ein Staatssekretärausschuß gebildet, dem eine sogenannte Lenkungsgruppe hoher Verwaltungsbeamter zuarbeiten sollte. Das REK bezog sich zunächst auf das Gebiet der Freien und Hansestadt Hamburg sowie auf vier nördliche und vier südliche Randkreise. Dieses nun „Metropolregion“ genannte Gebiet wurde mit Wirkung vom 9.12.1996 erweitert, und zwar im Raum Schleswig-Holstein um einen Kreis und einen „Wirtschaftsraum“, im Raum Niedersachsen um vier Landkreise (Territorien, die in die Planung für die Metropolregion schon zuvor als „zusätzlicher Betrachtungsraum“ mit einbezogen worden waren).

Seither werden der Metropolregion die folgenden (administrativen) Einheiten zugerechnet (Abb. 7.1):

- die Freie und Hansestadt Hamburg;
- die schleswig-holsteinischen Kreise Steinburg, Pinneberg, Segeberg, Stormarn, Herzogtum Lauenburg sowie der Wirtschaftsraum Brunsbüttel;
- die niedersächsischen Landkreise Cuxhaven, Stade, Rotenburg (Wümme), Harburg, Soltau-Fallingbostel, Lüneburg, Uelzen und Lüchow-Dannenberg.

Erstmalig ist damit eine Trilateralität (Zusammenarbeit von drei Bundesländern) und auch Kommunalbeteiligung gegeben. Ein am 9.12.1996 von den Kabinetten beschlossener „Handlungsrahmen“ vermittelt Zielsetzungen in den Bereichen Siedlungsentwicklung, gemeinsame Wohnungsversorgung, Naturhaushalt, Wirtschaft, Landwirtschaft, Verkehr, Naherholung, Wasserversorgung, Abfallwirtschaft, Baggergutunterbringung und Organisation der gemeinsamen Landesplanung. Inzwischen

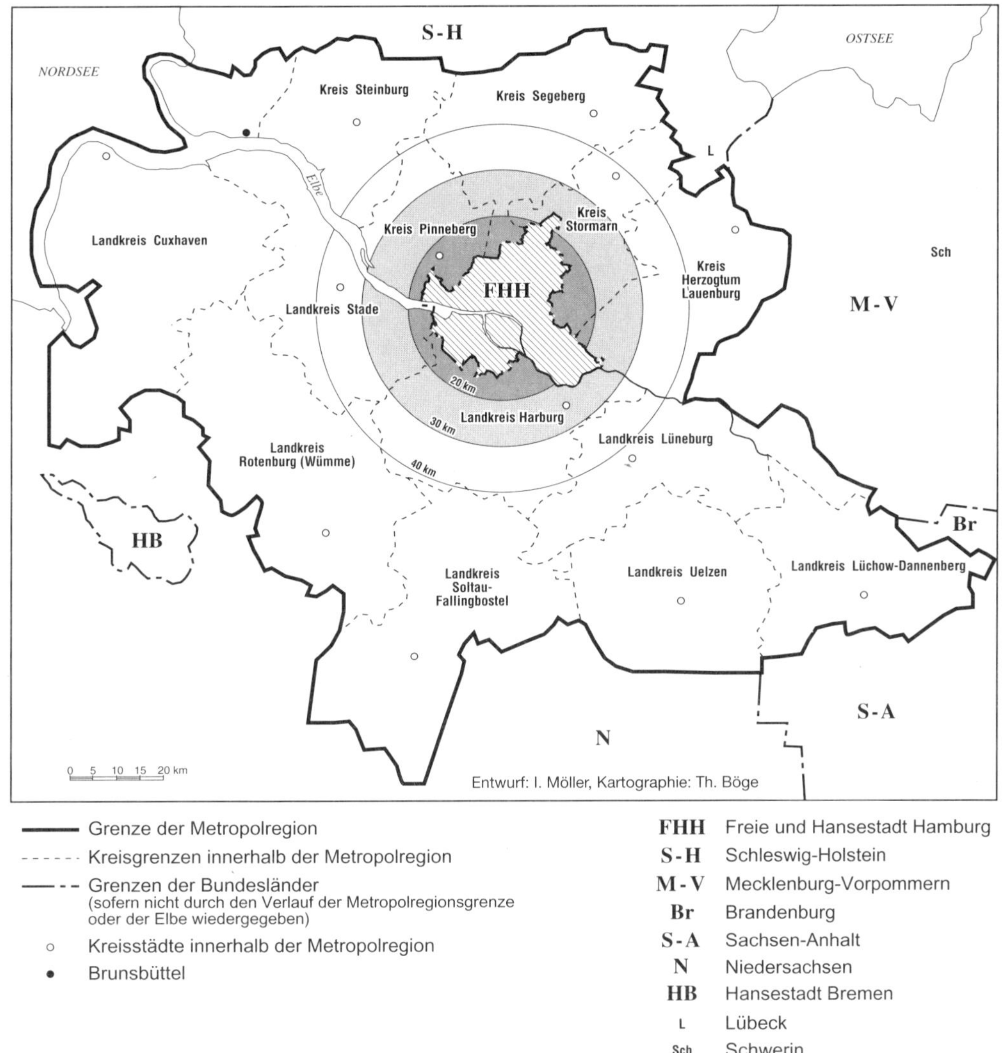

Abb. 7.1: Die Metropolregion Hamburg

existieren 34 regionale Leitprojekte, d. h. konkrete Vorschläge zur Lösung von grenzübergreifenden Problemen. – Neben einem Planungsrat (dem Mitglieder aus allen Ebenen der Verwaltung angehören) hat sich Ende 1997 noch die „Regionalkonferenz" konstituiert, in der außer den Mitgliedern des Planungsrates auch Vertreter aus Kammern, Gewerkschaften und Verbänden mitarbeiten und in die alle politischen Fraktionen der drei norddeutschen Parlamente Abgeordnete entsenden.

7.3 Die gegenwärtige Metropolregion und ihre innere Gliederung

Den Kernraum der Metropolregion bildet Hamburg mit seinem unmittelbaren, deutlich verstädterten Umland.

Die Staatsgrenze ist im Randbereich Hamburgs visuell nicht wahrnehmbar, denn diesseits wie jenseits der Grenze prägen die gleichen, z.T mit Gewerbeflächen durchsetzten vorstädtischen Wohngebiete das Bild. Allmählich aber lockert sich die Bebauung in zentral-peripherer Richtung auf, und dieser Übergang ist von siedlungsgeographischem Interesse. Meßbar ist das Gefälle anhand von zwei Erhebungseinheiten der Regionalstatistik, nämlich über die Daten für den „Umkreis Hamburg“ und über die der „Achsenräume und Achsenzwischenräume“.

7.3.1 Der Umkreis Hamburg

Als Umkreis Hamburg hat die Statistik das Gebiet im 40-km-Radius um den Hamburger Stadtmittelpunkt (Rathaus) definiert. Dieser Raum umfaßt eine Fläche von insgesamt 5126,8 km² und ist damit fast siebenmal so groß wie das Hamburger Staatsgebiet. Er ist für die statistische Erhebung gegliedert in Entfernungszonen, anfangs im 5-km-, dann im 10-km-Abstand (Abb. 7.2).

Von besonderem Interesse ist das unmittelbar an Hamburgs Grenzen anschließende Gebiet der Nachbarländer, das noch innerhalb des 20-km-Radius liegt. Es wies nördlich der Elbe, also im schleswig-holsteinischen Raum, 1997 eine Bevölkerungsdichte von 869 Ew./km² auf (Tab. 7.1) und ist mit diesem Dichtegrad vielen deutschen Mittelstädten vergleichbar. Südlich der Elbe zeigte

Gebiet	Fläche	Wohnbevölkerung		
	(in km²)	absolut	Anteil (in % der Bevölkerung des Umkreises)	Bevölkerungsdichte (in Ew./km²)
Entfernungszone				
bis 5 km	97,3	466 944	16,6	4 798
5 bis 10 km	260,2	681 721	24,2	2 620
10 bis 20 km	994,9	912 493	32,4	917
20 bis 30 km	1 588,6	425 543	15,1	268
30 bis 40 km	2 185,8	329 485	11,7	151
Umkreis insgesamt	5 126,8	2 816 186	100,0	549
darunter außerhalb der Landesgrenzen				
im Raum Schleswig-Holstein:				
Landesgrenze				
bis 20 km	317,8	276 323	9,8	869
20 bis 30 km	929,9	261 302	9,3	281
30 bis 40 km	1 148,1	192 281	6,8	167
im Raum Niedersachsen:				
Landesgrenze				
bis 20 km	287,2	81 930	2,9	285
20 bis 30 km	658,7	164 241	5,8	249
30 bis 40 km	1 037,7	137 204	4,9	132
Umkreis-Gebiet außerhalb der Landesgrenzen (zusammen)	4379,4	1 113 281	39,5	254

Tab. 7.1: Der Umkreis Hamburg (Staatsgebiet Freie und Hansestadt Hamburg plus Gemeinden im Umkreis bis 40 km) – Stand: 31.12.1997
Quelle: Stat. Berichte, Z 1– j/97, April 1999, Hrsg.: Stat. Landesamt Hamburg / eigene Berechnungen

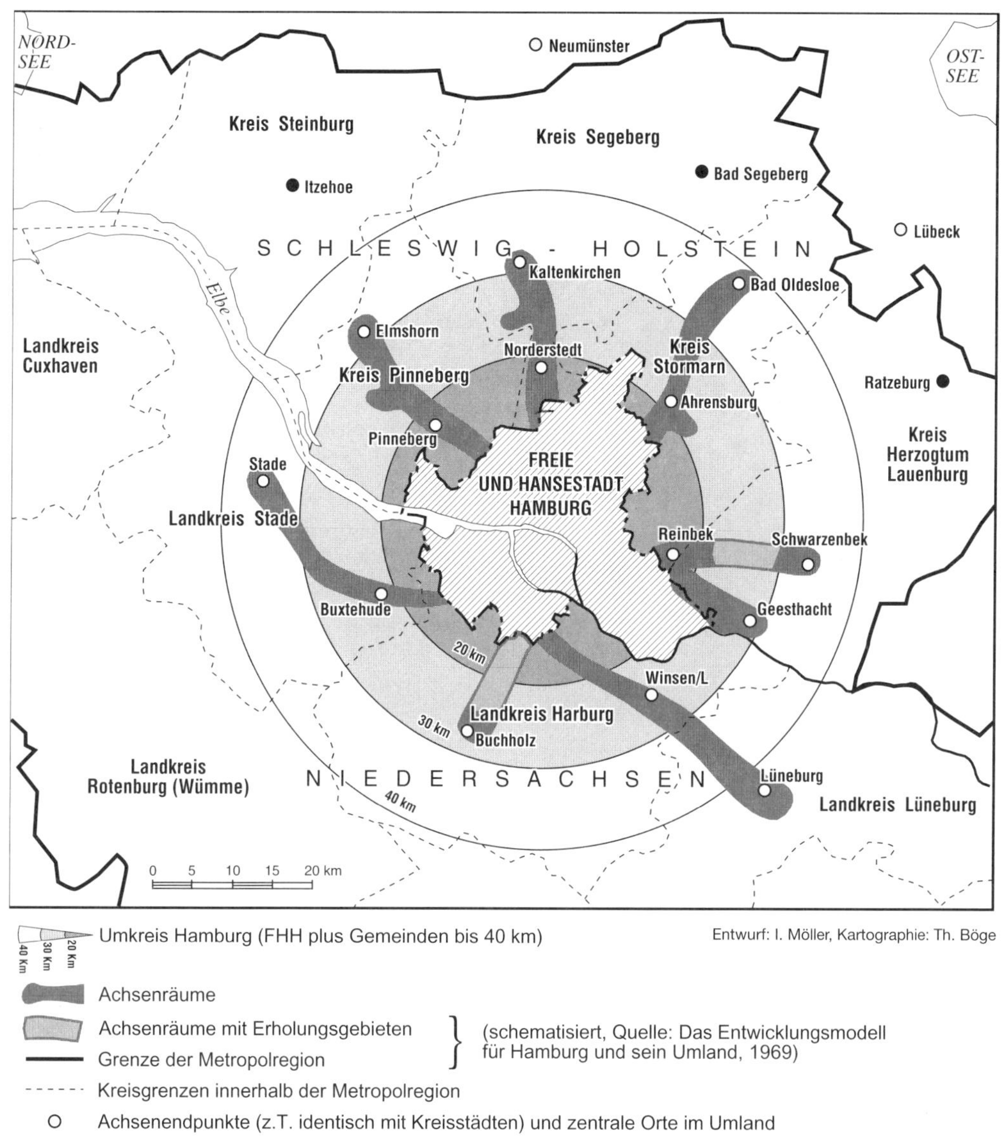

Abb. 7.2: Umkreis Hamburg und Achsenräume

der entsprechende Raum, zu Niedersachsen gehörend, zum gleichen Zeitpunkt nur eine Dichte von 285 Ew./km². Bis zur Gegenwart also ist die alte topographische Situation bestimmend, die nördlich der Elbe zur Ausbildung einer Geest-Wohnstadt geführt hat, welche bei wachsendem Expansionsdruck, vorwiegend in der Nachkriegszeit, in das schleswig-holsteinische Umland hineinwuchs. Das 9 km breite Elbe-Urstromtal, als Hafen-Wirtschaftsraum dienend, verhinderte dagegen eine gleich starke Ausdehnung der Wohnstadt in südliche Richtung. – In der 20- bis 30-km-Zone zeigen sich diese Unterschiede allerdings als weitgehend aufgehoben; die Zahlen demonstrieren mit 281 Ew./km^2 (nördlich der Elbe) und 249 Ew./km^2 (südlich der Elbe) den beginnenden Übergang in den ländlichen Raum, der mit den weiter absinkenden Dichtewerten in der 30- bis 40-km-Zone dann deutlich vollzogen wird.

7.3.2 Die Achsenräume/Achsenzwischenräume und die Besonderen Wirtschaftsräume (Siedlungsräume)

Ein axiales Wachstum ins Umland ist bei den meisten Groß- und Weltstädten vorgegeben durch radial vom Stadtkern ins Außengebiet führende Verkehrslinien. Besonders entlang der seit Mitte des vorigen Jahrhunderts geschaffenen Eisenbahn-Fernstrecken war das Siedlungswachstum im Stadtumland stets bedeutend stärker als in den nicht von solchen Strecken berührten Gebieten.

Im Hamburger Raum sind frühe Verdichtungen an den drei Eisenbahnstrecken feststellbar, die in das nördlich der Elbe gelegene Umland führten, nämlich an den Linien

- Pinneberg/Elmshorn (Endpunkt Kiel),
- Ahrensburg/Oldesloe (Endpunkt Lübeck),
- Bergedorf/Schwarzenbek (Endpunkt Berlin).

Der Entwicklung an diesen Fernstrecken wurde durch die Einrichtung eines Vorortverkehrs Rechnung getragen. Außerdem förderte eine örtliche Privatbahn nach Kaltenkirchen das Siedlungswachstum im Raum des heutigen Norderstedt bis hin zu den Orten Ulzburg/Kaltenkirchen.

Als Wachstumszonen erkannt und in Planungskonzepte einbezogen wurden die genannten Achsenräume schon 1919 ff. vom damaligen Hamburger Baudirektor F. Schumacher.

Schumacher entwarf als ein inzwischen legendär gewordenes Modell der „Natürlichen Entwicklung des Organismus Hamburg" eine Art Federfächer, der nördlich der Elbe acht, südlich der Elbe drei Federn besitzt, womit er die Zahl der später ausgewiesenen Entwicklungsachsen übertrifft. Da das Original dieses „Straußenfederfächers" als Teil einer Denkschrift des Hamburger Senats der Öffentlichkeit unzugänglich war und Schumacher selber die Skizze später erneut verwandte, finden sich zur Datierung des Modells in der wissenschaftlichen Literatur Angaben, die von 1919/1921 bis 1933 reichen.

Der „Gemeinsame Landesplanungsrat Hamburg/Schleswig-Holstein" ging ab 1956 von „Aufbauachsen" aus, mit denen er bestimmte Ordnungsvorstellungen verband: Es wurde eine Tiefengliederung angestrebt durch künftige Förderung einer im Nahbereich der Stadt bandartig, in den Außenzonen punkt-axial ausgebildeten Siedlungsfolge mit besonders auszubauenden Achsenendpunkten. Als fünf Aufbauachsen sollten im schleswig-holsteinischen Umland gefördert werden:

- Hamburg – Elmshorn
- Hamburg – Kaltenkirchen
- Hamburg – Bad Oldesloe
- Hamburg – Schwarzenbek
- Hamburg – Geesthacht.

Im Zusammenhang mit dem 1969 von Hamburg vorgelegten „Entwicklungsmodell für Hamburg und sein Umland" (EM) wurde die Achsenkonzeption auf das niedersächsische Umland übertragen, wobei als Achsen festgelegt wurden:

- Hamburg/Harburg – Stade
- Hamburg/Harburg – Buchholz
- Hamburg/Harburg – Lüneburg.

Alle Achsen wurden „Entwicklungsachsen" genannt, worin sich, wie auch in der vorhergehenden Bezeichnung „Aufbauachsen", die Raumordnungsvorstellung von schwerpunktmäßig zu entwickelnden Achsenräumen ausdrückte. Wesentlicher Teil dieses Konzeptes war das Ziel, die Achsenzwischenräume als landwirtschaftliche

Gebiete unzersiedelt zu erhalten, damit diese eine ökologische Ausgleichsfunktion wahrnehmen und auch als Naherholungsgebiete dienen könnten. 1973 verabschiedete Schleswig-Holstein für seinen Planungsraum I, der die Hamburg umgebenden Randkreise Pinneberg, Segeberg, Stormarn und Herzogtum Lauenburg umfaßt, einen Regionalplan. Auch dieser stützte sich weiterhin stark auf das Achsenkonzept mit dem Ziel, über die Förderung von Achsenschwerpunkten den Siedlungsdruck in der unmittelbaren Randzone Hamburgs zu vermindern. Da allerdings verschiedene Umlandgemeinden, die nicht den Achsenräumen zugehören, bis zu diesem Zeitpunkt schon eine bauliche und wirtschaftliche Entwicklung genommen hatten, die der Struktur der Achsenzwischenräume widerspricht, wurden diese im Regionalplan als *Besondere Wirtschaftsräume* ausgegliedert:

- im Kreis Pinneberg: Barmstedt, Stadt
Bönningstedt
Ellerbek
Schenefeld, Stadt
Wedel
- im Kreis Segeberg: Itzstedt
Nahe
- im Kreis Stormarn: Barsbüttel
Glinde
Ammersbek
Oststeinbek
Trittau.

Weil jenen Gemeinden jedoch – mit Ausnahme von Wedel und Glinde – keine überörtliche Bedeutung zuerkannt wurde, stellte der Regionalplan (veröffentlicht 1975, S. 14) fest: „Diese Räume sollen deshalb in ihrer Bevölkerungentwicklung und der Entwicklung der Arbeitsplätze im Vergleich zu den übrigen Gemeinden auf den Achsen deutlich zurückbleiben."

Der inzwischen gewonnene zeitliche Abstand zu den 1969 (EM) und 1975 (Regionalplan S.-H.) formulierten Planungszielen erlaubt eine Erfolgskontrolle. Hinsichtlich der Entwicklung in den *Achsenräumen / Achsenzwischenräumen* zeigt die Tabelle 7.2, in der u. a. der Bevölkerungsdichte von 1997 die von 1982 gegenübergestellt ist, eine planungskonforme Entwicklung in den Achsenräumen, die mit zwei Ausnahmen (Schwarzenbek und Geesthacht) in dem fraglichen Zeitraum von fünfzehn Jahren merkbar eine weitere Verdichtung erfahren haben. (Mit der Verdichtung ist in allen Fällen ein zusätzlicher Flächenverbrauch und deutlicher Ausbau der Infrastruktur verbunden.) Nur haben zeitparallel hierzu auch alle Achsenzwischenräume an Bevölkerungsdichte zugenommen, und zwar, prozentual gesehen, in ähnlichen Größenordnungen wie die Achsenräume. Das angestrebte Ziel, die Achsenzwischenräume von einer Siedlungsverdichtung auszuschließen, konnte also nicht erreicht werden.

Ebenfalls im Widerspruch zur älteren Planung steht die Entwicklung in den *Besonderen Wirtschaftsräumen*. Die so benannten, oben aufgelisteten Gemeinden haben ausnahmslos seit den 1980er Jahren ein erhebliches Bevölkerungswachstum zu verzeichnen; an der Spitze steht Trittau, dessen Einwohnerzahl von 1982 bis 1997 um 27 % zugenommen hat .

Noch der Regionalplan für den Planungsraum I von 1988 führte aus: „Soweit die Besonderen Wirtschaftsräume an Hamburg grenzen, sollen sie hinsichtlich ihres Zuwachses an Bevölkerung und Arbeitsplätzen deutlich hinter der Entwicklung auf den Achsen zurückbleiben, da anderenfalls die grundlegende Zielsetzung des Achsenkonzeptes über ein vertretbares Maß hinaus beeinträchtigt würde" (Regionalplan für den Planungsraum I. Neufassung 1987, Kiel 1988, S. 15). Erst die Fortschreibung des Regionalplans für den Planungsraum I von 1998 revidierte diese Zielsetzung, nannte den in Frage stehenden Raum jetzt 'Besonderen Siedlungsraum' und formulierte: „Mit dem bisher verwendeten Begriff des 'Besonderen Wirtschaftsraumes' wurde dem Charakter der dort zugeordneten Gemeinden nicht hinreichend Rechnung getragen. Mit der Einführung des Begriffs 'Besonderer Siedlungsraum' wird auch klargestellt, daß die einbezogenen Gemeinden oder Gemeindeteile an einer planmäßigen siedlungsstrukturellen Entwicklung teilhaben können. Auf die Zuordnung der Gemein-

	Fläche (in km²)	Wohn-bevölkerung	Bevölkerungsdichte (in Ew./km²) 31.12.1997	(31.12.1982)
Achsenräume				
Entfernungszone 10 bis 20 km				
Achse Elmshorn	47,31	68 318	1 444	(1 369)
Achse Kaltenkirchen	58,10	70 492	1 213	(1 131)
Achse Schwarzenbek	37,20	27 032	727	(751)
Achse Geesthacht	6,87	8 703	1 267	(1 529)
zusammen	149,48	174 545	1 168	(1 130
Entfernungszone 20 bis 30 km				
Achse Elmshorn	64,96	41 238	635	(530)
Achse Kaltenkirchen	113,19	51 418	454	(402)
Achse Bad Oldesloe	88,12	60 200	683	(616)
Achse Schwarzenbek	3,47	3 109	896	(971)
Achse Geesthacht	50,72	34 192	674	(594)
zusammen	320,46	190 157	593	(523)
Entfernungszone 30 bis 40 km				
Achse Elmshorn	25,82	49 701	1 925	(1 699)
Achse Kaltenkirchen	28,57	17 955	628	(434)
Achse Bad Oldesloe	52,55	23 365	445	(389)
Achse Schwarzenbek	11,55	13 045	1 129	(1 015)
zusammen	118,49	104 066	878	(745)
insgesamt	588,43	468 768	797	(722)
Achsenzwischenräume				
Entfernungszone 10 bis 20 km				
Elmshorn - Kaltenkirchen	38,47	7 084	184	(163)
Bad Oldesloe - Schwarzenbek	17,63	2 152	122	(111)
zusammen	56,10	9 236	165	(147)
Entfernungszone 20 bis 30 km				
Elbe - Elmshorn	121,50	14 971	123	(110)
Elmshorn - Kaltenkirchen	109,30	10 146	93	(80)
Kaltenkirchen - Bad Oldesloe	102,83	12 686	123	(119)
Bad Oldesloe - Schwarzenbek	193,82	18 702	96	(86)
Schwarzenbek - Geesthacht	43,08	5 126	119	(105)
zusammen	570,53	61 631	108	(97)
Entfernungszone 30 bis 40 km				
Elmshorn - Kaltenkirchen	70,37	3 230	46	(38)
Kaltenkirchen - Bad Oldesloe	143,29	14 935	104	(93)
Bad Oldesloe - Schwarzenbek	115,84	10 599	91	(79)
Schwarzenbek - Geesthacht	20,02	1 491	74	(62)
zusammen	349,52	30 255	87	(76)
Entfernungszone über 40 km				
Bad Oldesloe - Schwarzenbek	3,10	766	247	(223)
insgesamt	979,25	101 888	104	(93)

Tab. 7.2: Achsenräume und Achsenzwischenräume (gemäß Regionalplan für den Planungsraum I des Landes Schleswig-Holstein) – Stand 31.12.1997

Quelle: Stat. Berichte, Z 1 – j/97, April 1999, Hrsg.: Stat. Landesamt Hamburg / eigene Berechnungen

den Barmstedt, Nahe-Itzstedt und Trittau zu einem Besonderen Siedlungsraum wurde verzichtet. Es handelt sich hierbei um zentrale Orte, die sich im Rahmen ihrer zentralörtlichen Einstufung entwickeln können und sollen.“ (Regionalplan für den Planungsraum I, Fortschreibung 1998, S. 20)

Für das südlich der Elbe gelegene, niedersächsische Umland existieren keine Daten für die Großeinheiten der Achsenräume/ Achsenzwischenräume. Die Regionalstatistik führt hier lediglich die Werte einzelner zentraler Orte auf. Diese lassen für den Zeitraum zwischen 1982 und 1997 ein nennenswertes Bevölkerungswachstum sowohl bei den auf den Achsen gelegenen zentralen Orten (z. B. Neu-Wulmstorf oder Seevetal) als auch bei den als Achsenendpunkte fungierenden Mittelstädten (Stade, Buchholz, Lüneburg) erkennen – ein Wachstum, das in allen Fällen über 10 % lag, bei Buchholz z. B. 17,9 % und bei Neu-Wulmstorf sogar 47,2 % erreichte.

Das Stadt-Umland-Gefälle – konzentrisches oder axiales Prinzip?

Die Zonierung, die der *Umkreis Hamburg* mit seiner Ausgliederung von Entfernungszonen (bis 5 km, 5 bis 10 km, 10 bis 20 km, 20 bis 30 km, 30 bis 40 km) erbringt, verdeutlicht eine zentral-peripher sukzessiv abnehmende Bevölkerungsdichte. Die Frage, in welchem Maße trotz dieser deutlich konzentrischen Ausbildung auch noch das radial-sektorale Prinzip bestimmend ist, kann nur über Zahlenmaterial beantwortet werden, das für die Achsenräume / Achsenzwischenräume zur Verfügung steht.

In Tabelle 7.2 sind die Achsenräume / Achsenzwischenräume nach Entfernungszonen aufgeführt. Die Dichtewerte lassen nun deutlich erkennen, daß auch innerhalb der Achsenräume / Achsenzwischenräume ein zentral-periphes Gefälle bestimmend ist, denn in fast allen Fällen verringert sich die Bevölkerungsdichte nach hohen Werten in der 10- bis 20-km-Zone in der nachfolgenden 20- bis 30-km-Zone erheblich. Daß sie in der 30- bis 40-km Außenzone auf den Achsen durchweg wieder ansteigt, findet seine einfache Erklärung in der Existenz der Mittelstädte, welche die Achsenendpunkte bilden.

Wenn also im Kernraum der Hamburger Metropolregion nicht nur die Entfernungszonen des „Umkreises“, sondern auch die ins Umland führenden Entwicklungsachsen dem Gesetz der kontinuierlichen Abnahme der Bevölkerung von innen nach außen unterliegen, ist festzustellen, daß in diesem Verdichtungsraum zwar ein *axiales Prinzip* ausgebildet ist (welches in den Achsenzwischenräumen sektorenbildend wirkt), daß es aber von einem *konzentrischen* dominant überlagert wird.

7.3.3 Die Randkreise und der Südgürtel

Außerhalb der eigentlichen Agglomeration und ihrer unmittelbaren Verflechtungzone mit dem Umland liegen Kreise/Landkreise, die seit 1996 der Metropolregion zugerechnet werden, aber doch sehr eigenständige Lebens- und Wirtschaftsräume darstellen und auch untereinander Verschiedenheiten aufweisen.

Wiederum muß zur Analyse die Statistik herangezogen werden. Die Tabelle 7.3. entspricht einer (etwas umfangreicheren) Tabelle im REK-Datenspiegel von 1998, herausgegeben vom Arbeitsstab der Gemeinsamen Landesplanung, c/o Stadtentwicklungsbehörde Hamburg.

An der Tabelle ist zunächst bemerkenswert, daß die Statistiker es für sinnvoll gehalten haben, am Ende sechs Kreise des Hamburger Umlands als *Randkreise* nochmals gesondert zusammenzufassen. Es sind dies die schleswig-holsteinischen Kreise Herzogtum Lauenburg, Pinneberg, Segeberg und Stormarn sowie die niedersächsischen Landkreise Harburg und Stade

Gebiet	Bevölkerung insgesamt	Anteil an der Bevölkerung insgesamt (in %)	Ausländeranteil (in %)	Bevölkerungsdichte (in Ew./km²)
Metropolregion Hamburg	4 014 798	100	9,5	214
Regionsteil Freie und Hansestadt Hamburg	1 704 731	42,5	15,2	2 257
übriger Regionsteil	2 310 067	57,5	5,3	128
in Schleswig-Holstein	1 096 492	27,3	5,3	199
davon im Kreis				
Herzogtum Lauenburg	174 127	4,3	4,8	138
Pinneberg	286 416	7,1	7,4	431
Segeberg	242 253	6,0	5,7	180
Steinburg	134 998	3,4	2,9	128
Stormarn	213 104	5,3	4,5	278
außerdem im Wirtschaftsraum Brunsbüttel[1]	45 594	1,1	2,3	108
in Niedersachsen	1 213 575	30,2	5,3	97
davon im Landkreis				
Cuxhaven	200 636	5,0	5,8	97
Harburg	222 823	5,6	4,9	179
Lüchow-Dannenberg	52 129	1,3	3,5	43
Lüneburg	160 140	4,0	5,7	121
Rotenburg (Wümme)	156 137	3,9	4,9	75
Soltau-Fallingbostel	137 831	3,4	5,7	74
Stade	187 338	4,7	5,6	148
Uelzen	96 541	2,4	5,3	66
Hamburger *Randkreise*[2] zusammen	1 326 061	33,0	5,6	203

[1] ohne die im Kreis Steinburg liegenden Gemeinden
[2] Herzogtum Lauenburg, Pinneberg, Segeberg, Stormarn, Harburg und Stade

Tab. 7.3: Bevölkerungsstand in der Metropolregion Hamburg am 31.12.1997
Quelle: Metropolregion Hamburg, REK-Datenspiegel, Hamburg, Hannover, Kiel, Dez. 1998 (Auszug aus Tab. 2)

und damit genau die Einheiten, welche die Planung früher unter dem Begriff „Region Hamburg“ subsumierte, weil sie sich als besonders verdichtet von dem weiteren Umland abhoben. Auch gegenwärtig wird über eben dieses Kriterium ihre Gemeinsamkeit deutlich. Während die *Randkreise* in ihrer Bevölkerungsdichte alle über 138 Ew./km² liegen und der Kreis Pinneberg sogar 431 Ew./km² erreicht, zeichnen sich die großen niedersächsischen Landkreise, die den peripheren *Südgürtel* der Metropolregion bilden, durch sehr viel geringere Dichtewerte aus (zur Lage dieser Kreise vgl. Abb. 7.1). In den Landkreisen Cuxhaven, Rotenburg (Wümme), Soltau-Fallingbostel, Lüneburg und Uelzen werden im Höchstfall 121 Ew./km² erreicht, und der im Südosten abgelegene Landkreis Lüchow-Dannenberg zeigt als eine Art Schlußlicht sogar nur 43 Ew./km².

Mit diesen Werten der Bevölkerungsstatistik korrespondieren wirtschaftliche Daten. Über die Bruttowertschöpfung sind wirtschaftliche Stärke und wirtschaftliche Schwäche erkennbar, und es wird deutlich, daß die *Randkreise* den Landkreisen des *Südgürtels* weit überlegen sind.

Auf Kreisebene stammen die letzten zur Verfügung stehenden Daten für die Bruttowertschöpfung (BWS) von 1994. Als Beispiele für die Unterschiede zwischen den Randkreisen und den Kreisen des Südgürtels mögen die folgenden Angaben dienen: 1994 betrug die BWS pro Ew.

- im Kreis Segeberg
  40 164 DM (BWS absolut: 9,4 Mrd. DM),
- im Kreis Pinneberg
  36 599 DM (BWS absolut: 10,3 Mrd. DM),

dagegen

- im Landkreis Lüchow-Dannenberg
  27 350 DM (BWS absolut: 1,4 Mrd. DM),
- im Landkreis Cuxhaven
  23 817 DM (BWS absolut: 4,7 Mrd. DM).

Zum Vergleich seien die Werte für die

- FHH (Stadtstaat insgesamt) angeführt:
  1994 BWS pro Ew. 64 660 DM
  (BWS absolut 110,3 Mrd. DM).

Diese Unterschiede in der Bruttowertschöpfung zwischen den Randkreisen und den Kreisen des Südgürtels hängen u. a. mit einer unterschiedlichen Bodennutzung zusammen, sie sind aber nicht etwa mit höheren prozentualen Anteilen von Landwirtschaftsfläche in den wirtschaftsschwächeren Gebieten in Zusammenhang zu bringen, sondern mit überdurchschnittlich hohen Waldflächen-Anteilen. So beträgt der Waldanteil in Pinneberg nur 5,9 %, in Lüchow-Dannenberg aber 36,9 %, in Uelzen 33 %, selbst in Lüneburg noch 31,9 % und in Soltau-Fallingbostel 30,8 %.

7.3.4 Die Berufspendler als Indikator der Verflechtung

Logischerweise werden die auf Hamburg gerichteten Pendlerströme am stärksten über die Achsenräume verlaufen, da diese zusätzlich zur Straßenanbindung über eine gute Bahnverbindung verfügen. Diese Bewegungen sind jedoch statistisch nicht nachweisbar. Verfügbar ist dagegen Datenmaterial auf Landesebene bzw. Landkreis- / Kreisebene, hier in Tabelle 7.4 wiedergegeben.

Wie zu erwarten, wird deutlich, daß – am 30.6.1996 – die Zahl der Einpendler nach Hamburg (251 496) die Zahl der Auspendler aus Hamburg (64 375) weit übertrifft, also für die Kernstadt ein positiver Saldo vorliegt (+ 187 121). Aus der Metropolregion kommt der größte Teil der Pendler, wie aus der Zeile *Regionsteil Umland* hervorgeht; an den übrigen knapp 59 000 Einpendlern nach Hamburg ist Mecklenburg-Vorpommern als Herkunftsland stark beteiligt.

Innerhalb der Metropolregion dominiert die Verflechtung Hamburgs mit den sechs *Randkreisen*, sowohl hinsichtlich der stadteinwärts gerichteten als auch der stadtauswärts verlaufenden Berufspendlerströme: Die Randkreise – hier wohnen zusammen zusammen 57,4 % der Bevölkerung des nichthamburgischen Bereichs der Metropolregion – stellen insgesamt 90,2 % der Einpendler aus der Metropolregion, und 96,0 % der Auspendler von Hamburg haben die Randkreise als Zielgebiet. Allerdings wird in diesem Zusammenhang die unterschiedliche räumliche Anordnung der einzelnen Randkreise deutlich: Auf Pinneberg, Stormarn und Harburg, die alle drei eine lange gemeinsame Grenze mit Hamburg haben und in denen 54,5 % der Bevölkerung aller Randkreise wohnen, entfallen zusammen 64,2% der Einpendler aus den Randkreisen nach Hamburg und 64,7% der Auspendler von Hamburg, also fast doppelt so viele wie auf die übrigen drei Randkreise, Segeberg, Herzogtum Lauenburg und Stade.

Deutlich abgeschwächt zeigt sich die Pendlerverflechtung mit dem gesamten *Südgürtel*. Lüneburg kommt zwar aufgrund seiner guten Bahnanbindung immerhin noch auf mehr als 6 000 Berufspendler nach Hamburg, aber mit zunehmender Entfernung und einer Verschlechterung der Verkehrsanbindung sinken die Zahlen rapide ab, so daß aus dem Landkreis Lüchow-Dannenberg dann tatsächlich nur noch 429 Arbeitnehmer nach Hamburg einpendeln, während 32 Arbeitnehmer von Hamburg in

Tab. 7.4: Pendlerbewegungen mit Hamburg am 30.6.1996[1]

Quelle: Metropolregion Hamburg, REK-Datenspiegel, Hamburg, Hannover, Kiel, Dez. 1998 (Tab. 18) / eigene Berechnungen

Gebiet	Berufseinpendler nach Hamburg	Berufsauspendler aus Hamburg	Saldo Ein- / Auspendler
insgesamt	251 496	64 375	+ 187 121
Regionsteil Umland (entspricht der Metropolregion ohne FHH)	192 925	42 032	+ 150 893
Schleswig-Holstein	122 828	35 242	+ 87 586
davon Kreis			
Herzogtum Lauenburg	16 955	2 669	+ 14 286
Pinneberg	39 490	9 020	+ 30 470
Segeberg	27 943	10 377	+ 17 566
Steinburg	4 965	425	+ 4 540
Stormarn	33 220	12 717	+ 20 503
außerdem Wirtschaftsraum Brunsbüttel[2]	255	34	+ 221
Niedersachsen	70 097	6 790	+ 63 307
davon Landkreis			
Cuxhaven	1 781	120	+ 1 661
Harburg	39 034	4 347	+ 34 687
Lüchow-Dannenberg	429	32	+ 397
Lüneburg	6 097	544	+ 5 553
Rotenburg (Wümme)	2 790	184	+ 2 606
Soltau-Fallingbostel	1 619	256	+ 1 363
Stade	17 356	1 204	+ 16 152
Uelzen	991	103	+ 888
Hamburger *Randkreise*[3] zusammen	173 998	40 334	+ 133 664

[1] Sozialversicherungspflichtig beschäftigte Arbeitnehmer

[2] hier nur: Stadt Brunsbüttel

[3] Herzogtum Lauenburg, Pinneberg, Segeberg, Stormarn, Harburg und Stade

diesen Kreis auspendeln. (Ähnlich verhält sich die Verflechtung mit dem entlegenen sog. Wirtschaftsraum Brunsbüttel, nördlich der Elbe.)

8 Offene Fragen: Ein Resümee

Freie und Hansestadt Hamburg: Diese nach wie vor amtlich verwendete stolze Bezeichnung für ein nicht sehr großes Gemeinwesen nimmt sich in den Zeiten zunehmender Globalisierung in mancher Hinsicht wie eine nicht mehr ganz ernst zu nehmende Attitude aus. Gerade das Attribut „Freie" erscheint – sieht man einmal von der territorialgeschichtlichen Rechtfertigung ab – heute durchaus fragwürdig, wenn man die wirtschaftlichen Zwänge betrachtet, denen der Hafen und denen sogar der insgesamt prosperierende Dienstleistungssektor dieser Stadt ausgesetzt ist, und wenn man die Schwierigkeiten einbezieht, die Hamburg als Weltstadt wie allen vergleichbaren Metropolen durch soziale Segregation, Arbeitslosigkeit, Kriminalität etc. erwachsen.

Zusammenfassend seien noch einmal charakterisierend die Schwächen und Stärken des Stadtstaates hervorgehoben, welche sich aus den Einzelperspektiven der hier vorgelegten Untersuchung ergeben haben.

An erster Stelle steht auf der Negativseite ganz eindeutig die Flächenknappheit – um nicht zu sagen: die Flächennot. Der (ohne Neuwerk) nur 747 km² große Stadtstaat ist von einer 205 km langen Grenze umgeben, jenseits derer die Nachbarstaaten Schleswig-Holstein (im Norden) und Niedersachsen (im Süden) liegen. Aufgrund dieser Verhältnisse können beispielsweise die für den Hafen erforderlichen Innovationen nicht wie etwa bei Rotterdam auf neu aufzuschließendem Gelände stromabwärts, sondern nur innerhalb des bereits bestehenden Hafenraumes realisiert werden, was zwangsläufig zur *Umnutzung* von Flächen führt (wobei unter Umständen auch Erhaltenswertes weichen muß, um Neuem Raum zu geben). – Ist der Hafen auf den Elbraum angewiesen, so kann die Wohnstadt sich zwar nahezu beliebig auf dem Geestgebiet ausdehnen; hier löst aber die Verknappung preisgünstigen Baulandes innerhalb des Staatsgebietes eine zentral-periphere Bewegung über die Landesgrenzen hinweg in die Nachbarländer aus. Dies ist für Hamburg u. a. deshalb problematisch, weil es mit Steuereinbußen für die Stadt verbunden ist.

Ein Steuerverlust tritt auch ein, wenn nur der Wohnsitz ins Umland verlegt, der Arbeitsplatz aber in Hamburg beibehalten wird, d. h. der Arbeitnehmer nach Hamburg einpendelt. Dem „Wohnsitzprinzip" der deutschen Finanzverfassung zufolge steht der Landes- und Gemeindeanteil am Lohn- und Einkommensteueraufkommen demjenigen Bundesland zu, in welchem sich der Wohnsitz des Steuerpflichtigen befindet. Bei der großen Anzahl von in die Kernstadt einpendelnden Arbeitnehmern geht Hamburg damit ein beachtlicher Teil des Steueraufkommens verloren, das auf wirtschaftlichen Aktivitäten innerhalb seiner Landesgrenzen beruht.

Nachteilig für Hamburg ist darüber hinaus die Verflechtung auf dem Bildungssektor. Die Schulen und Hochschulen der Hansestadt werden von vielen Schülern und Studenten aus dem Umland frequentiert. Im Falle dieser „Ausbildungsspendler" ist man bemüht, einen finanziellen Ausgleich durch Kostenbeteiligungen der Nachbarländer zu erreichen, jeweils über gesonderte Abkommen mit begrenzter Laufzeit.

Zu wenige Flächen innerhalb ihres Territoriums stehen der Stadt ebenfalls im Bereich von Versorgung und Entsorgung zur Verfügung. So sind zwar noch vier konventionelle Kohlekraftwerke und zwei Erdgaskraftwerke im Hamburger Raum im Betrieb, aber die Stromversorgung der Metropole wird, wie in Kapitel 5 gezeigt, zu fast 80 % von den großen Kernkraftwerken im Umland geleistet. Bei der Entsorgung besteht ein Engpaß hinsichtlich geeigneter Deponieflächen für den Hafenschlick, die nun außerhalb des Stadtstaates gesucht werden.

Den Großraum Hamburg betreffend, und folglich nicht innerhalb des Hamburger Territoriums allein zu lösen, sind außerdem die Probleme der weiteren Verkehrserschließung des norddeutschen Raumes, vor allem die mit der Verbesserung des Nord-Süd-Durchgangsverkehrs verbundenen. In Kapitel 4.5 wurden die Defizite insgesamt aufgelistet und auch die Schwierigkeiten genannt, zwischen den Nachbarländern einen Konsens über die Trassenführung einer von allen als notwendig erkannten weiteren Elbquerung zu finden.

Will man diesen Einschränkungen, welche dem Stadtstaat deshalb erwachsen, weil der Lebensraum der Metropole weit über die Staatsgrenze hinausgeht, die vorhandenen Positiva gegenüberstellen, so ist festzustellen, daß diese allesamt aus dem Status der politischen Souveränität Hamburgs als Bundesland resultieren. Der Hamburger Senat als Landesregierung und die Bürgerschaft als Landesparlament können – im verfassungsrechtlichen Rahmen – auf Hamburg zugeschnittene Gesetze schaffen (z. B. „Hafenentwicklungsgesetz"), die nicht durch anders gerichtete Interessen der Nachbarländer zu verhindern oder zu verändern sind. Dies gilt ohnehin für die Kulturpolitik und (mit Einschränkungen) für die Bildungspolitik, aber durchaus auch für Auslandsbeziehungen, die sozusagen „unter eigener Flagge" gepflegt werden können.

An der Frage, ob diese Vorteile die geschilderten Nachteile aufheben, scheiden sich die Geister. Pragmatiker plädieren seit langem für eine Länderfusion, und unter den Hamburger Bürgermeistern der Nachkriegszeit gab es etliche Befürworter eines künftigen „Nordstaates"; zuletzt setzte sich Henning Voscherau, Regierender Bürgermeister von 1988 bis 1997, nachdrücklich für eine Gebietsreform ein. Wie auch immer ein Nordstaat abzugrenzen wäre (ob er aus Hamburg und Schleswig-Holstein, zuzüglich des Stadtstaates Bremen und des nördlichen Niedersachsen, oder auch unter Einbeziehung von Mecklenburg-Vorpommern geschaffen würde): Er könnte als größere administrative Einheit zu einer Konzentration im Verwaltungsapparat führen, alle raumordnungspolitischen Maßnahmen wären sinnvoll auf einen Großraum ausgerichtet, die Entscheidungswege würden sich verkürzen, und überdies hätte ein solcher, vom Umfang her und in seiner Wirtschaftskraft gewichtiger Nordstaat eine den großen süddeutschen Flächenstaaten Bayern und Baden-Württemberg vergleichbare Position.

Die Widerstände gegen diese Länderneugliederung aber sind beträchtlich. Sie hängen nicht nur zusammen mit dem unausgesprochenen Willen zur Besitzstandswahrung bei mutmaßlich betroffenen Politikern und Verwaltungsbeamten, sondern auch in starkem Maße mit einer emotionalen traditionalistischen Haltung in großen Teilen der Bevölkerung. Man ist eben ein geborener Hamburger oder Schleswig-Holsteiner und lehnt es ab, sich als solcher mit einem Nordstaat zu identifizieren. Da nach Artikel 29 des Grundgesetzes jegliche Länderneugliederung eine Volksabstimmung voraussetzt – und die ist beim Versuch der Fusion von Brandenburg und Berlin im Mai 1996 geradezu exemplarisch zugunsten des Status quo ausgefallen –, stehen mindestens gegenwärtig die Chancen für einen Nordstaat schlecht. Als vorläufiger Kompromiß werden von Politikern die Verstärkung von Kooperationen zwischen den Ländern vorgeschlagen sowie die Zusammenlegung von einzelnen Ämtern, etwa der Statistischen Landesämter, der Eichämter und der Straßenbauämter.

Wenngleich der kleine Stadtstaat aus pragmatischer Sicht durchaus ein Anachronismus sein mag, so liefert Hamburg doch auch den Beweis für ein anhaltendes historisches Bewußtsein, für Fortdauer und Beständigkeit, – was den Prozessen eines zeitgemäßen Strukturwandels zwar entgegenstehen kann, aber durchaus nicht entgegenstehen muß. Man darf gespannt darauf sein, welchen Weg Hamburg gehen wird und ob eine Synthese zwischen tradierten Werten und zukunftsgerichtetem Handeln gelingt oder die Kräfte der Beharrung die Oberhand behalten werden.

Literaturauswahl

Abkürzungen

FHH Freie und Hansestadt Hamburg
HiZ Hamburg in Zahlen. Zeitschrift des Statistischen Landesamts der Freien und Hansestadt Hamburg
ZHG Zeitschrift des Vereins für Hamburgische Geschichte

Aufbauplan 1950; Maßstab 1 : 25000 (1950): Gesetz über den Aufbauplan der Hansestadt Hamburg vom 20.7.1950. Hamburg.

Aufbauplan 1960; Maßstab 1 : 20000 (1960): Gesetz über den Aufbauplan der Freien und Hansestadt Hamburg vom 16.12.1960. Hamburg.

Architektur in Hamburg (1989ff.): Jahrbücher 1989, 1990, 1991, 1992, 1993, 1994, 1995, 1996, 1997, 1998 (Hrsg.: Hamburgische Architektenkammer). Hamburg.

BACH, H.-J. (1996): Wohnungsversorgung der Haushalte. In: HiZ 1996/9, S. 271 – 273.

BOLLE, A. (1953): Der Generalplan für den Ausbau des Hamburger Hafens im Wandel der Zeiten. In: Jb. Hafenbautechn. Ges. 20/21, 1950/51, S. 34 – 50. Hamburg.

BOSE, M., u. a. (1986): „... ein neues Hamburg entsteht..." Planen und Bauen von 1933 – 1945 (Beiträge zur städtebaulichen Forschung; 2). Hamburg.

BRACKER, J. (1992) : Hamburg. Von den Anfängen bis zur Gegenwart. Wendemarken einer Stadtgeschichte. 3., überarb. Aufl. Hamburg.

BRAUN, P. (1968): Die sozialräumliche Gliederung Hamburgs (Weltwirtschaftl. Studien; 10). Hamburg, Göttingen.

BRAUN, A. (1972): Hamburg-Uhlenhorst. Entwicklung und Sozialstruktur eines citynahen Wohnquartiers (Mitt. Geogr. Ges. Hbg.; 59). Hamburg.

CHANDLER, T. / FOX, G. (1974): 3000 Years of Urban Growth. New York, London.

DÄHN, A. (1953): Die Zerstörung Hamburgs im Kriege 1939 – 45. In: Hamburg und seine Bauten 1929 – 1953, S. 28 – 38. Hamburg.

DANGSCHAT, J. S./FRIEDRICHS, J. (1995): Gentrification in der inneren Stadt von Hamburg. Eine empirische Untersuchung des Wandels von drei Wohnvierteln (1. Aufl. 1988). Hamburg.

Dichtemodell 1980 (1981): (Mitt. d. Senats an die Bürgerschaft, Drucksache 9 / 3 820). Hamburg.

Deutscher Planungsatlas, Bd. 8: Hamburg (1971 – 76): Lief. 1 – 12. Hannover.

DÜLFFER, J. / THIES, J. / HENKE, J. (1978): Hitlers Städte. Baupolitik im Dritten Reich. Eine Dokumentation. Köln, Wien.

Das Entwicklungsmodell für Hamburg und sein Umland (1969): (Mitt. d. Senats an die Bürgerschaft, Drucksache 2 239). Hamburg.

FAULWASSER, J. (1892): Der Große Brand und der Wiederaufbau von Hamburg. Hamburg.

Flächennutzungsplan; Maßstab 1 : 20 000 (1973): Erläuterungsbericht. Hamburg.

Flächennutzungsplan; Maßstab 1 : 60 000 (1997): Neubekanntmachung vom Oktober 1997. Hamburg.

FRANK, H. [Hrsg.] (1994): Fritz Schumacher – Reformkultur und Moderne (erschienen parallel zur Ausstellung „Fritz Schumacher und seine Zeit" in den Hamburger Deichtorhallen). Hamburg.

FRIEDRICHS, J. (1983):
Stadtanalyse. Soziale und räumliche Organisation der Gesellschaft. (1. Aufl. 1977). Opladen.
Friedrichs, J. [Hrsg.] (1985):
Stadtentwicklungen in West- und Osteuropa. Berlin, New York.
FRIEDRICHS, J. (1995):
Stadtsoziologie. Opladen.
FRIEDRICHS, J. / KECSKES, R. [Hrsg.] (1996):
Gentrification. Theorie und Forschungsergebnisse. Opladen.
FUCHS, G. (1992):
Die Bundesrepublik Deutschland (Klett / Länderprofile). 5., aktual. Aufl. Stuttgart.
FUNKE, H. (1974):
Zur Geschichte des Miethauses in Hamburg. Hamburg.

Gesamtdokumentation Hamburg-Steilshoop. 1976 / 1979:
2 Bde. (Schriftenr. BM f. Raumordn., Bauwesen, Städtebau 01.054 u. 01.069). Bad Godesberg.
GOECKE, M. (1981):
Stadtparkanlagen im Industriezeitalter. Das Beispiel Hamburg. (Gesch. d. Stadtgrüns; 5). Hannover, Berlin.
GRANTZ, M. (1957):
Hamburg baut. Hamburg.
Großhamburg (1921):
Denkschrift des Hamburger Senats. Hamburg.
GRUBER, C. (1981):
Die Verteilung der Beschäftigten und der Wohnbevölkerung in der City, in den City-Randbereichen und in Wohngebieten Hamburgs. Eine vergleichende Untersuchung auf der Grundlage der Arbeitsstättenzählung 1970 (unveröff. Dipl.-Arb., Fachhochschule Hamburg, Fachbereich Bibliothekswesen). Hamburg.
GUTSCHOW, K. (1941 u. 1944):
(Aktenbestand im Staatsarchiv Hamburg. Generalbebauungspläne 1941 und 1944 in der Plankammer des Staatsarchivs Hamburg; unveröff.). Hamburg.
Hafenentwicklungsgesetz (HafenEG) vom 25. Januar 1982 (1982): Hamburg.
Hafenentwicklungsplan 1997 (1997):
Logistisches Dienstleistungszentrum Hafen Hamburg. Chancen einer neuen Ära (Hrsg.: FHH Wirtschaftsbehörde). Hamburg.
(Hafenerweiterungsgesetz) Gesetz über die Erweiterung des Hamburger Hafens vom 30. Oktober 1961 (1961): Hamburg.
(Hafenordnung) Maßnahmen zur Änderung der Wettbewerbsordnung im Hafen (1970): (Mitt. d. Senats an die Bürgerschaft, Drucksache 2 800). Hamburg.
Hamburg. Großstadt und Welthafen (1955): (Festschrift zum 30. Dt. Geographentag 1955 in Hamburg). Kiel.
Hamburg und seine Bauten (1890 – 1984):
Bd 1: (bis) 1890; Bd 2: (bis) 1914; Bd 3: 1918 bis 1929; Bd 4: 1929 bis 1953; Bd 5: 1954 bis 1968; Bd 6: 1969 bis 1984 (Hrsg.: Architekten- u. Ingenieurverein). Hamburg.
Hamburg – Hafenstadt und Hafenstadtarchitektur (1989):
(Der Architekt, Zs. d. Bundes Deutscher Architekten 1989 / 3). Stuttgart.
Hamburger Hafen-Handbuch 1982 / 83: Hamburg.
Hamburger Heimatatlas [in Verb. m. P. SCHLEE ausgeführt in der Geogr. Anstalt d. Verlagshandlung Wagner & Debes) 1913]: Leipzig.
HARMS, H. / SCHUBERT, D. [Hrsg.] (1986):
Qualitätsveränderungen und langfristige Verbesserungsstrategien von Groß-Siedlungen. Ein Tagungsbericht (TUHH, Arbeitsbereich Städtebau / Objektbezogene Stadtplanung im Forschungsschwerpunkt 6; Bd. 26.) Hamburg.
HARMS, H./SCHUBERT, D. (1989):
Wohnen in Hamburg - Ein Stadtführer zu 111 ausgewählten Beispielen (Stadt, Planung, Geschichte; 11). Hamburg.
HESS, J. L. v. (1810 – 1811):
Hamburg, topographisch, politisch und historisch beschrieben. 3 Bde. 2. Aufl. Hamburg.

HESSE, F. P. (1997):
Spuren und Strukturen. Der Hamburger Wallring als Denkmal. In: Arbeitshefte zur Denkmalpflege in Hbg.; 16, S. 112 – 119. Hamburg.

HIPP, H. (1976):
Harvestehude-Rotherbaum (Arbeitshefte zur Denkmalpflege in Hbg.; 3). Hamburg.

HIPP, H./JUNG, E. (1985):
Hamburg nach dem Brand von 1842, Begleitschrift zum Nachdruck < Hamburgs Neubau > – Lithographien von CHARLES FUCHS, Hamburg 1946 / 47. Hannover.

HIPP, H. (1996):
Freie und Hansestadt Hamburg (DuMont Kunst-Reiseführer). 3. Aufl. Köln.

HÖFER, R. (1998):
Der Hamburger Hafen als Verkehrs- und Logistikknoten. In: Welthafen Hamburg. Club Seefahrt Hamburg e.V. Jahreszeitschrift 1998 / 99, S. 65 – 71. Hamburg / Rellingen.

HOFMEISTER, B. (1997):
Stadtgeographie. 7. Aufl. (Das Geographische Seminar). Braunschweig.

Hohlbein, H., u. a. (1988):
Vom Vier-Städte-Gebiet zur Einheitsgemeinde. Altona – Harburg – Wilhelmsburg – Wandsbek gehen in Groß-Hamburg auf. Hamburg.

HÖHNS, U. (1991):
Das ungebaute Hamburg. Visionen einer anderen Stadt in architektonischen Entwürfen der letzten hundertfünfzig Jahre. Hamburg.

HOYLE, B. S. / PINDER, D. A / HUSAIN, M. S. [Hrsg.] (1988):
Revitalising the Waterfront. International Dimensions of Dockland Redevelopment. London.

HOYLE, B. S. / PINDER, D. A. [Hrsg.] (1992):
European Port Cities in Transition. London.

JASCHKE, D. [Hrsg.] (1989 – 98):
Regionalatlas Kreis Herzogtum Lauenburg. Mölln.

JENSEN, H. / MÜLLER, W.-H. (1967):
Zentrale Standorte. Sondergutachten zur Stellungnahme zum Aufbauplan 1960. Erstattet auf Vorschlag der Unabhängigen Kommission. 2 Bde. Braunschweig.

JOCHMANN, W. / LOOSE, H.-D. [Hrsg.] (1982 u. 1986): Hamburg. Geschichte der Stadt und ihrer Bewohner. Bd. 1, 1982; Bd. 2, 1986. Hamburg.

JORZICK, H.-P., u. a. (1989):
Hamburg und sein Umland in Karte und Luftbild: Eine Landeskunde. Neumünster.

KALWA, E. (1957):
Die Entwicklung und Verteilung der Bevölkerung im Hamburger Stadtgebiet (Staatsarchiv Hamburg, A 270 / 6; unveröff.). Hamburg.

KAYSER, W. (1984):
Fritz Schumacher, Architekt und Städtebauer. Eine Bibliographie (Arbeitshefte zur Denkmalpflege in Hbg.; 5). Hamburg.

KLESSMANN, E. (1994):
Geschichte der Stadt Hamburg (7., erw. Aufl.). Hamburg.

KLOTZHUBER, I. (1995):
Die Isle of Dogs in den Londoner Docklands. Management und Zukunft eines derelikten innenstadtnahen Hafengebietes. In: Stadtentwicklung und Stadterneuerung (Mitt. Geogr. Ges. Hbg.; 85), S. 143-290. Hamburg.

Konstruktion zwischen Kunst und Konvention. Ingenieurbaukunst in Hamburg von 1950 bis 2000 (1994):
(Hrsg.: Architekten- u. Ingenieurverein Hamburg.) Hamburg.

KOPITZSCH, F. / TILGNER D. [Hrsg.] (1998):
Hamburg Lexikon. Hamburg.

LANGE, R. (1994):
Hamburg – Wiederaufbau und Neuplanung 1943 – 1963. Königstein.

LANGE, R. (1995):
Architekturführer Hamburg. Stuttgart.

Läpple. D. / Deecke, H. / Krüger, Th. (1994 a): Strukturentwicklung und Zukunftsperspektiven d. Hamburger Wirtschaft unter räumlichen Gesichtspunkten < Clusterstruktur und Szenarien >. 2., korr. Aufl. Hamburg.

Läpple. D. / Deecke, H. / Krüger, Th. (1994 b): Hamburg nach dem Boom. In: Architektur in Hamburg. Jahrbuch 1994, S. 86 – 97. Hamburg.

Laucht, H. (1970): Neuwerk/Scharhörn. Industriehafen am tiefen Wasser. Stand der Vorarbeiten Herbst 1970 (Schriftenr. d. Behörde f. Wirtschaft u. Verkehr der FHH; 10). Hamburg.

Lichtenberger, E. (1997): Österreich (Wissenschaftliche Länderkunden). Darmstadt.

Lübeck, Stadtkreis [bearb. von Fink] (1939): In: Keyser, E.: [Hrsg.]: Dt. Städtebuch , Bd. 1, S. 417 – 424. Stuttgart.

Manhart, M. (1977): Die Abgrenzung homogener städtischer Teilgebiete. Eine Clusteranalyse der Baublöcke Hamburgs (Beitr. z. Stadtforsch.; 3). Stuttgart.

Marg, V. / Schröder, R. (1993): Architektur in Hamburg seit 1900. Hamburg.

Matti, W. (1966): Raumanalyse des Hamburger Stadtgebietes mit Hilfe von Planquadraten. In: 100 Jahre Statistisches Amt Hamburg 1866 - 1966 (HiZ Sonderschr.), S. 149 – 176. Hamburg.

Metropolregion Hamburg (Dez. 1998): REK-Datenspiegel. Hamburg, Hannover, Kiel.

Meyer, F. A.(1868): Privatgebäude. In: Hamburg. Historisch-topographische und baugeschichtliche Mitteilungen, S. 142 – 160. Hamburg.

Meyhöfer, D. / Frahm, K. (1986): Hamburgs Backstein. Zur Geschichte des Ziegelbaus in der Hansestadt. Hamburg.

Möller, I. (1959): Die Entwicklung eines Hamburger Gebietes von der Agrar- zur Großstadtlandschaft. Mit einem Beitrag zur Methode der städtischen Aufrißanalyse (Hamburger geogr. Studien; 10). Hamburg.

Möller, I. (1985): Hamburg (Klett / Länderprofile) Stuttgart.

Müller, M. (1977): Die Verdrängung des Ornaments. Zum Verhältnis von Architektur und Lebenspraxis. Frankfurt am Main.

Müller Consult (1998): Städte-Report Hamburg 1998. Düsseldorf.

Müller-Consult (1999): Büromarkt-Report Deutschland 1999. Düsseldorf.

Nagel, F. N. [Hrsg.] (1992): Kulturlandschaftsforschung und Industriearchäologie im Hamburger Raum. (Univ. Hbg., Inst. f. Geogr.). 2. Aufl. Hamburg.

Nessmann, J. C. S. (1869): Ergebnisse der Volkszählung vom 3.12.1867 (Statistik des Hamburgischen Staats 1869 / 2). Hamburg.

Nörnberg, H.-J. / Schubert, D. (1975): Massenwohnungsbau in Hamburg. Materialien zur Entstehung und Veränderung Hamburger Arbeiterwohnungen und -siedlungen 1800 – 1967 (Analysen z. Planen u. Bauen; 3). Berlin.

Regionalplan für den Planungsraum I 1975 [Hrsg. Ministerpräsident des Landes Schleswig-Holstein, Landesplanungsbehörde] (1975): (Landespl. in Schleswig-Holstein; 11)

Regionalplan für den Planungsraum I 1988, Fortschreibung 1998 [Hrsg. Ministerpräsident des Landes Schleswig-Holstein, Landesplanungsbehörde] (1998): (Landespl. in Schleswig-Holstein; 22). Kiel.

Reincke, H. (1951): Hamburgs Bevölkerung. In: Reincke, H.: Forschungen und Skizzen zur Hamburgischen Geschichte (Veröff. aus dem Staatsarchiv Hbg; 3), S. 167-200. Hamburg.

REINCKE, H. (1961): Hamburgs Aufstieg zur Reichsfreiheit. In: ZHG 47, 1961, S. 17–34. Hamburg.

REISNER, W. (1903): Die Einwohnerzahl deutscher Städte in früheren Jahrhunderten. Mit besonderer Berücksichtigung Lübecks (Sammlung nationalökonom. u. statist. Abh. des Staatswiss. Seminars zu Halle; 36). Jena.

ROHR, H.-G. v. (1971): Industriestandortverlagerungen im Hamburger Raum (Hamburger geogr. Studien; 25). Hamburg.

RUDHARD, W. (1975): Das Bürgerhaus in Hamburg. (Das dt. Bürgerhaus; 21). Tübingen.

SCHMAL, H. (1997): Die Hamburger Wallanlagen. Ein historischer Überblick. In: Arbeitshefte zur Denkmalpflege in Hbg.; 16, S. 102–109. Hamburg.

SCHMOLL, J. A., gen. EISENWERTH (1970): Stilpluralismus statt Einheitszwang. Zur Kritik der Stilepochen-Kunstgeschichte. In: Argo. Festschr. f. K. Badt, S. 77–95. Köln.

SPLITHÖFER, CH. (1997): Auswirkungen neuer Telekommunikationstechnologien auf Büroflächenentwicklung. – Das Beispiel City Nord / Hamburg (unveröff. Magisterarbeit, Universität Lüneburg; Fachbereich Kulturwissenschaften / Studiengebiet Wirtschafts- u. Sozialgeographie). Lüneburg.

SCHUMACHER, F. (1922): Das Entstehen einer Großstadt-Straße. Der Mönckebergstraßen-Durchbruch (Fragen an die Heimat; 3). Braunschweig, Hamburg.

SCHUMACHER, F. (1932): Das Werden einer Wohnstadt. Hamburg.

SCHUMACHER, F. (1969): Wie das Kunstwerk Hamburg nach dem großen Brande entstand. Ein Beitrag zur Geschichte des Städtebaus, 1. Aufl. 1917, 2. Aufl. 1969 (Veröff. d. Vereins f. Hamburgische Gesch.; 11). Hamburg.

SOLTAU, D. (1976): Soziale Schichtung und Wohngebietstypisierung im schleswig-holsteinischen Umland Hamburgs 1961. In: Dt. Planungsatlas, Bd. 8: Hamburg. Lfg. 9, S. 20–36. Hannover.

soziale stadtteilentwicklung. das programm. eine initiative der stadtentwicklungsbehörde hamburg (1999). Hamburg.

SPECKTER, H. (1968): 40 Jahre Landesplanung im Niederelbegebiet. Geschichtlicher Abriß der Landesplanung im Hamburger Wirtschaftsraum. In: Raumordnung an der Niederelbe, S. 7–27. Kiel.

SPILKER, H. (1972): Neuwerk / Scharhörn im Blick der Tiefwasserhäfen-Kommission (Schriftenr. d. Behörde f. Wirtschaft u. Verkehr der FHH; 11). Hamburg.

Stadtentwicklungskonzept (1995): Leitbild und Orientierungsrahmen (Hrsg.: FHH Stadtentwicklungsbehörde). Hamburg.

Städtisches Grün in Geschichte und Gegenwart (1975): (Veröff. Akad. Raumforsch. Landespl., Forschungs- u. Sitzungsber.; 101). Hannover.

Soziologische Stadtforschung in Hamburg (1980): (Uni HH Forschung; 12). Hamburg.

Stellungnahme zum Aufbauplan 1960 der Freien und Hansestadt Hamburg (1970): Unabhängige Kommission für den Aufbauplan der FHH, Oktober 1967 (unveränd. Nachdr.). Hamburg.

SÜRTH, A. (1919): Die Verkehrs- und Siedlungspolitik der Freien u. Hansestadt Hamburg (Großhamburgische Streitfragen; 2 / 3). Hamburg.

TIEDT, B. (1952): Die Gebietseinteilung der Hansestadt Hamburg. In: HiZ 1952 / 9, S. 135–164. Hamburg.

TIEDT, B. (1977):
Freie und Hansestadt Hamburg. In: Verwaltungsgrenzen in der Bundesrepublik Deutschland seit Beginn des 19. Jhs., S. 34–41 (Veröff. Akad. Raumforsch. Landespl., Forschungs- u. Sitzungsber; 110). Hannover.

THEDE-OTTOWELL, A.-M. (1996):
Hamburg. Vom Alsterhafen zur Welthafenstadt. Hamburg.

Trockene Wege [Aufsätze über Hamburger Passagen] (1981):
In: Bauwelt 40/41, S. 1 766 – 1 849. Berlin.

Umweltatlas Hamburg 1997 (1997):
(Hrsg.: FHH Umweltbehörde Hamburg.) Hamburg.

Umweltfibel Hamburg (1982):
(Hrsg.: Behörde für Bezirksangelegenheiten, Naturschutz und Umweltgestaltung.) Hamburg.

WAWOCZNY, M. (1996):
Der Schnitt durch die Stadt. Planungs- und Baugeschichte der Hamburger Ost-West-Straße von 1911 bis heute. Hamburg.

WEGENER, I. (1995):
Das Lichtspielhaus als Element der städtischen Kulturlandschaft. Funktion und Erscheinung im Wandel der Zeit am Beispiel Hamburgs (unveröff. Staatsexamensarbeit; Universität Hamburg, Fachbereich Geowiss.). Hamburg.

WIEK, P. (1971):
Hamburg und seine Bauten. In: ZHG 57, S. 47–65. Hamburg.

WIEMANN, U. (1997):
Schiffahrtsweg Oberelbe. In: HiZ 1997/8, S. 228–231.

WINKELMANN, F. (1937):
Wohnhaus und Bude in Alt-Hamburg. Die Entwicklung der Wohnverhältnisse von 1250–1830. Berlin.

WINKLER, B. (1966):
Die Bevölkerungsentwicklung der Stadt Hamburg in den letzten 100 Jahren unter besonderer Berücksichtigung der Stadtteile. In: 100 Jahre Statistisches Amt Hamburg 1866–1966 (HiZ Sonderschr.), S. 59–98.

Der Wirtschaftsstandort Hamburg (1996):
Wirtschaftsanalysen 2/1996 (Hrsg.: Hamburgische Landesbank). Hamburg.

WISCHERMANN, C. (1979):
Wohnungsnot und Städtewachstum. Standards und soziale Indikatoren städtischer Wohnungsversorgung im späten 19. Jh. In: CONZE, W. / ENGELHARDT, U. (Hrsg.): Arbeiter im Industrialisierungsprozeß, S. 201–226. Stuttgart.

WISCHERMANN, C. (1981):
Hamburgs Wohnverhältnisse in der Urbanisierung des 19. Jhs. Ein Beitrag zur quantitativen Sozialgeschichte. Münster.

WISCHERMANN, C. (1983 a):
Wohnen und soziale Lage in der Urbanisierung. Die Wohnverhältnisse hamburgischer Unter- u. Mittelschichten um die Jahrhundertwende. In: Urbanisierung im 19. u. 20. Jh. (Städteforschung. Reihe A; 16), S. 309–337. Köln, Wien.

WISCHERMANN, C. (1983 b):
Wohnungen in Hamburg vor dem Ersten Weltkrieg (Studien z. Gesch. d. Alltags; 2). Münster.

WOHLFAHRT, S. (1998):
Daten zur soziodemographischen Entwicklung Hamburgs während der letzten 35 Jahre. In: HIZ 1998/3, S. 49–51.

Verzeichnis der Abbildungen

Verzeichnis der Tabellen

Verzeichnis der Übersichten

Register

Hamburg

Fakten, Zahlen, Übersichten

Datenzusammenstellung: Verlagsredaktion

A 1 Hamburg in der Bundesrepublik Deutschland

Tab. A 1.1: Hamburg in der Bundesrepublik Deutschland

Bezeichnung	Einheit	Bundesgebiet	Hamburg	Bayern	Baden-Württemberg	Berlin	Brandenburg
Gebiet und Bevölkerung							
Fläche am 31. Dezember 1995	km^2	357 022	755	70 551	35 753	891	29 479
Gemeinden am 31. Dezember 1995	Anzahl	14 727	2	2 056	1 111	1	1
Bevölkerung am 31. Dezember 1995	Anzahl	81 817 499	1 707 901	11 993 484	10 319 367	3 471 418	2 542 042
Einwohner je km^2 am 31. Dezember 1995	Anzahl	229	2 262	170	289	3 896	86
Ausländer am 31. Dezember 1995[1]	1 000	7 174	275	1 091	1 281	450	64
Lebendgeborene 1995	Anzahl	765 221	15 872	125 995	112 459	28 648	13 494
Lebendgeborene 1995 je 1 000 Einwohner	Anzahl	9,4	9,3	10,5	10,9	8,3	5,3
Gestorbene 1995	Anzahl	884 588	20 276	121 992	97 733	39 245	27 401
Gestorbene 1995 je 1 000 Einwohner	Anzahl	10,8	11,9	10,2	9,5	11,3	10,8
Überschuß der Geborenen bzw. Gestorbenen (–)	Anzahl	–119 367	–4 404	4 003	14 726	–10 597	–13 907
Überschuß der Geborenen bzw. Gestorbenen (–) je 1 000 Einwohner	Anzahl	–1,5	–2,6	0,3	1,4	–3,1	–5,5
Zuzüge über die Landesgrenze 1995	Anzahl	2 165 214	75 104	292 325	296 215	123 336	81 535
Fortzüge über die Landesgrenze 1995	Anzahl	1 767 279	68 671	224 788	263 643	113 330	62 333
Wanderungsgewinn bzw. -verlust (–) 1995	Anzahl	397 935	6 433	67 537	32 572	10 006	19 202
Volkswirtschaft							
Bruttoinlandsprodukt zu Marktpreisen 1996[2]	Mrd. DM	3 541,00	136,66	596,50	510,48	150,53	67,86
1970 á 100[2]	%	465	428	551	483	•	•
Erwerbstätigkeit und Arbeitslosigkeit							
Erwerbstätige im April 1995 insgesamt	1 000	36 048	786	5 788	4 735	1 594	1 112
männlich	1 000	20 939	437	3 320	2 737	869	623
Erwerbsquote insgesamt	%	49,1	51,3	51,9	49,7	54,0	52,5
Sozialversicherungspflichtig beschäftigte Arbeitnehmer am 30. Juni 1996 insgesamt	1 000	27 739	743	4 206	3 697	1 210	890
männlich	1 000	15 591	410	2 360	2 095	619	482
Arbeitsmarktlage am 31. 3.1997							
Arbeitslose insgesamt	Anzahl	4 477 206	92 115	483 062	390 824	263 547	216 903
und zwar Männer	Anzahl	2 476 657	56 322	286 280	223 772	147 743	97 626
Ausländer	Anzahl	566 750	19 319	78 288	96 390	43 411	2 047
Arbeitslosenquote[3]	%	11,4/19,3	12,8	9,5	8,9	17,6/16,2	18,8
Land- und Forstwirtschaft							
Landwirtschaftliche Betriebe insgesamt 1996[4]	Anzahl	570 424	1 475	183 607	93 976	148	7 808
Landwirtschaftliche Arbeitskräfte[5] im April 1995	1 000	1 410	•	431	223	1	36
Bodennutzung und Ernte							
Landwirtschaftlich genutzte Fläche 1996[4, 6]	1 000 ha	17 335	14	3 376	1 475	2	1 349
darunter Dauergrünland	1 000 ha	5 273	6	1 219	582	1	296
Getreideernte 1996[7]	1 000 t	42 136	15	7 553	3 667	•	2 198
Kartoffelernte 1996	1 000 t	13 100	1	2 727	392	•	542
Zuckerrübenernte 1996	1 000 t	26 064	•	4 804	1 336	•	663
Viehwirtschaft							
Viehbestände am 3. Dezember 1996							
Rinder	1 000	15 760	9	4 225	1 382	1	716
Schweine	1 000	24 283	3	3 521	2 231	1	718
Kuhmilcherzeugung 1996							
Durchschnittliche Milchleistung je Kuh	kg	5 509	•[9]	4 928	4 926	5 756[8]	5 576
Fleischgewinnung aus gewerblichen Schlachtungen 1996	1 000 t	4 992	5	869	482	3	134

[1] Quelle: Ausländerzentralregister beim Bundesverwaltungsamt Köln

[2] vorläufige Ergebnisse

[3] im Bundesgebiet West bzw. Ost (Neue Bundesländer) sowie für Berlin West bzw. Ost wird die Arbeitslosenquote gesondert nachgewiesen

[4] Stand Mai

Quelle: Statistisches Bundesamt;
Bayerisches Landesamt für Statistik und Datenverarbeitung, Internetadresse: www. bayern. de/lfstad

Bremen	Hessen	Mecklen-burg-Vorpommern	Nieder-sachsen	Nordrhein-Westfalen	Rheinland-Pfalz	Saarland	Sachsen	Sachsen-Anhalt	Schleswig-Holstein	Thüringen
404	21 114	23 170	47 611	34 078	19 846	2 570	18 413	20 446	15 770	16 171
696	1 426	1 079	1 032	396	2 305	52	918	1 300	1 131	1 221
679 757	6 009 913	1 823 084	7 780 422	17 893 045	3 977 919	1 084 370	4 566 603	2 738 928	2 725 461	2 503 785
1 683	285	79	163	525	200	422	248	134	172	154
81	819	27	469	1 961	291	78	79	46	137	27
6 429	59 858	9 878	80 994	182 393	39 684	9 727	24 004	14 568	27 430	13 788
9,5	10,0	5,4	10,5	10,2	10,0	9,0	5,2	5,3	10,1	5,5
8 378	63 346	19 290	86 827	193 076	42 993	12 647	57 550	33 519	31 288	29 027
12,3	10,6	10,6	11,2	10,8	10,8	11,7	12,6	12,2	11,5	11,6
−1 949	−3 488	−9 412	−5 833	−10 683	−3 309	−2 920	−33 546	−18 951	−3 858	−15 239
−2,9	−0,6	−5,1	−0,8	−0,6	−0,8	−2,7	−7,3	−6,9	−1,4	−6,1
29 497	181 870	32 310	284 565	337 532	123 371	21 273	85 420	45 559	114 799	40 503
27 820	149 162	32 112	213 673	249 883	93 716	18 184	69 952	46 893	93 872	39 247
1 677	32 708	198	70 892	87 649	29 655	3 089	15 468	−1 334	20 927	1 256
39,21	343,45	44,44	315,11	788,33	150,35	43,84	116,37	66,22	110,70	60,97
367	552		471	405	419	440	•	•	479	•
285	2 680	819	3 328	7 300	1 707	418	1 974	1 178	1 248	1 097
167	1 567	459	1 968	4 405	1 023	257	1 113	658	724	613
47,2	49,2	53,4	47,5	44,8	46,7	42,3	51,7	52,2	50,6	52,4
288	2 125	637	2 367	5 789	1 165	344	1 655	942	813	868
168	1 215	338	1 341	3 401	663	207	892	497	443	459
47 809	266 117	170 114	423 884	899 533	168 762	57 901	373 835	269 244	130 628	222 928
29 075	158 404	78 870	247 559	537 704	100 696	36 867	168 542	123 693	79 219	104 285
7 712	57 146	1 368	45 790	165 448	21 607	6 169	4 803	3 124	11 939	2 189
17,0	10,6	20,7	13,2	12,4	10,6	13,9	18,4	21,6	11,6	19,5
339	36 551	5 071	81 538	70 767	41 721	2 393	8 465	5 447	25 778	5 340
•	88	27	187	152	101	6	42	27	55	29
9	775	1 347	2 707	1 559	716	73	908	1 170	1 052	803
8	270	283	907	451	245	34	182	161	455	174
•	2 147	2 980	6 548	5 004	1 579	140	2 184	3 473	2 255	2 383
•	245	599	5 230	1 467	373	9	376	710	193	235
•	1 117	1 510	6 576	4 296	1 244	–	896	2 870	717	590
13	598	636	2 993	1 711	487	63	630	439	1 397	459
2	869	584	6 946	5 773	397	24	567	711	1 293	641
•[9]	5 712	5 722	6 291	6 030	5 573	5 447	5 593	5 921	5 652	5 613
47	134	72	1 120	1 333	155	4	95	178	237	125

[5] Mit betrieblichen Arbeiten beschäftigte Familienarbeitskräfte und ständige familienfremde Arbeitskräfte sowie nichtständige familienfremde Arbeitskräfte

[6] einschließlich der LF von Forstbetrieben und Kleinstbetrieben

[7] einschließlich Körnermais und Corn-Cob-Mix

[8] einschließlich Bremen und Hamburg bzw. Stadtstaaten zusammen

[9] bei Berlin nachgewiesen

noch Tab. A 1.1

Bezeichnung	Einheit	Bundesgebiet	Hamburg	Bayern	Baden-Württemberg	Berlin	Brandenburg
noch Volkswirtschaft							
Produzierendes Gewerbe							
Verarbeitendes Gewerbe sowie Bergbau und Gewinnung von Steinen und Erden							
Betriebe[10] (Monatsdurchschnitt 1995)	Anzahl	47 919	643	8 442	8 751	1 119	933
Beschäftigte (Monatsdurchschnitt 1995)	Anzahl	6 778 495	118 513	1 237 592	1 264 539	153 142	99 374
Umsatz insgesamt 1995	Mill. DM	2 073 667	104 206	355 892	350 004	59 232	22 583
Bauhauptgewerbe (alle Betriebe)							
Betriebe am 30. Juni 1996	Anzahl	75 365	1 256	15 794	7 933	3 764	2 840
Beschäftigte am 30. Juni 1996	Anzahl	1 344 746	19 427	215 912	133 693	53 745	76 296
Baugewerblicher Umsatz 1996 ohne Umsatzsteuer	Mio. DM	217 305,5	4 718,2	34 112,0	22 282,7	2 309,4	11 896,7
Energiewirtschaft							
Endenergieverbrauch 1994 insgesamt	TJ	9 026 864	204 306	1 276 483	1 016 451	285 255	247 640
Außenhandel							
Ausfuhr 1995 (Spezialhandel)[11]	Mio. DM	749 537	16 422	113 428	125 983	12 017	3 578
Einfuhr 1995 (Generalhandel)[11]	Mio. DM	674 094	45 584	97 735	90 043	8 361	5 503
Fremdenverkehr[12]							
Gästeankünfte 1996	1 000	90 280	2 332	19 365	11 563	3 225	2 308
Gästeübernachtungen 1996	1 000	299 992	4 227	71 011	37 806	7 398	7 270
Verkehr							
Länge der Straßen des überörtlichen Verkehrs am 1. Januar 1996	km	228 860	230	41 601	27 452	249	12 699
Bestand an Kraftfahrzeugen am 1. Juli 1996	Anzahl	48 341 724[13]	809 232	7 903 206	6 540 226	1 394 618	1 427 361
Güterverkehr auf Eisenbahnen 1995	1 000 t	542 369	21 476	43 841	31 064	9 922	32 468
Güterverkehr der Binnenschiffahrt 1996	1 000 t	275 382	8 984	12 438	40 299	8 290	5 386
Luftverkehr 1996 (ohne sonstige Flugplätze)							
Fluggäste (Ankunft und Abgang)	1 000	110 993	8 074	17 503	6 326	8 964	1 746
Frachtaufkommen	1 000 t	1 931	36	113	18	18	13
Öffentliche Finanzen							
Staats- und Kommunalfinanzen							
Ausgaben und Einnahmen 1996 je Einwohner[14]							
Gesamtausgaben der Länder[15]	DM	6 674	12 302	5 553	6 013	13 732	8 671
Gesamtausgaben der Gemeinden/Gv[15]	DM	3 709	x	3 785	3 896	x	4 404
Gesamteinnahmen der Länder[15]	DM	6 539	11 702	5 658	5 941	11 740	8 671
Gesamteinnahmen der Gemeinden/Gv[15]	DM	3 701	x	3 816	3 905	x	4 377
Steuereinnahmen 1996 je Einwohner							
Bund[16]	DM	4 948	5 637	4 694	4 727	4 676	2 440
Länder[17]	DM	3 593	4 876	3 743	3 725	3 270	3 256
Gemeinden/Gv[18]	DM	1 159	2 191	1 253	1 317	1 161	489
Verschuldung am 31. Dezember 1996 je Einwohner							
Schulden der Länder	DM	7 033	16 871	3 073	5 161	15 185	7 536
Schulden der Gemeinden/Gv	DM	2 153	x	2 028	1 697	x	1 340
Löhne und Gehälter[19]							
Bruttostundenverdienst insgesamt im Produzierenden Gewerbe[20] im Oktober 1996	DM	26,45	28,38	25,15	26,99	26,76	19,87
Bruttomonatsverdienst der Angestellten im Produzierenden Gewerbe[20] und Handel[21] insgesamt	DM	5 505	5 766	5 482	5 784	5 415	3 961
Bruttostundenverdienst im Handwerk[22] Mai 1996	DM	22,96	25,90	22,17	23,63	23,96	15,88

[10] Betriebe von Unternehmen mit im allgemeinen 20 oder mehr Beschäftigten

[11] Rückwaren und Ersatzlieferungen sind nicht in den einzelnen Warengruppen, sondern nur in der Gesamtausfuhr bzw. -einfuhr enthalten

[12] in Beherbergungsstätten mit neun oder mehr Gästebetten

[13] einschließlich Fahrzeuge der Bundespost und der Deutschen Bahn AG

[14] Ergebnisse der Vierteljahresstatistik

[15] bereinigt vom Zahlungsverkehr gleicher Ebene; bei Gemeinden/Gv ohne Tilgung bzw. Aufnahme von inneren Darlehen; einschließlich besondere Finanzierungsvorgänge

[16] Bundesgebiet: nach Abzug der Ergänzungszuweisungen an die Länder (309 DM je Einwohner), ohne EU-Umsatzsteueranteil sowie BSP-Eigenmittelabführungen (401 DM je Einwohner)

Bremen	Hessen	Mecklenburg-Vorpommern	Niedersachsen	Nordrhein-Westfalen	Rheinland-Pfalz	Saarland	Sachsen	Sachsen-Anhalt	Schleswig-Holstein	Thüringen
339	3 428	509	4 018	10 587	2 240	534	2 315	1 210	1 463	1 388
70 452	526 891	49 769	579 291	1 649 688	323 138	113 103	208 432	119 698	153 384	111 487
28 138	151 181	10 846	199 153	516 048	107 441	31 244	40 156	26 537	48 979	22 026
345	4 858	1 543	6 883	12 124	3 070	868	4 678	3 503	3 422	2 484
8 264	78 878	50 024	116 837	199 039	47 422	13 793	133 655	90 217	43 065	64 479
1 677,5	13 676,8	7 380,3	19 084,9	32 976,1	7 566,3	2 237,8	19 603,5	12 271,4	6 497,7	9 014,3
122 097	805 143	134 479	847 000	2 302 082	463 496	184 192	324 734	309 067	310 939	193 522
13 715	48 313	2 715	60 794	164 086	39 558	11 342	7 131	4 220	14 003	4 157
18 102	71 410	2 002	49 289	177 612	28 753	9 154	7 546	3 845	15 486	3 654
570	8 257	2 850	8 645	12 678	5 393	542	4 110	1 932	3 959	2 551
1 071	25 160	10 809	32 916	36 018	17 282	2 134	12 256	5 285	21 597	7 754
112	16 333	9 711	28 244	29 818	18 399	2 025	13 745	10 519	9 891	7 832
330 746	3 788 338	940 712	4 779 254	10 191 290	2 554 022	672 909	2 440 929	1 410 747	1 676 802	1 365 874
10 517	15 188	8 496	51 724	197 474	11 348	31 893	32 408	28 069	6 421	10 060
5 584	16 446	209	20 383	117 455	25 306	3 771	725	6 336	3 794	-
1 546	38 022	-	4 282	20 256	-	354	3 655	-	-	265
3	1 329	-	9	368	-	1	4	-	-	19
15 070	6 226	8 176	6 218	5 690	6 463	7 685	7 252	8 016	6 571	7 825
x	4 350	4 290	3 759	4 271	3 210	3 063	4 334	4 235	3 750	3 697
14 692	6 147	7 491	6 232	5 674	6 354	7 511	7 252	8 016	6 425	7 656
x	4 356	4 296	3 709	4 303	3 177	2 883	4 180	4 156	3 797	3 666
7 609	5 421	1 462	3 580	6 491	5 913	3 061	1 262	1 980	3 047	1 079
3 618	4 036	3 257	3 344	3 686	3 294	3 216	3 255	3 254	3 487	3 258
1 497	1 504	421	1 096	1 380	1 172	962	500	415	1 101	396
25 036	6 439	5 387	7 967	7 568	7 742	12 569	3 680	6 868	10 116	5 638
x	3 332	1 988	2 398	2 922	2 039	2 155	2 161	1 936	1 866	2 235
28,48	26,89	19,67	27,51	26,38	26,09	26,98	18,60	19,15	25,78	17,90
5 631	5 617	3 874	5 099	5 498	5 237	5 014	4 011	4 010	4 998	3 887
23,31	23,47	15,73	22,30	23,21	22,10	21,76	15,58	15,50	22,86	15,27

17 Bundesgebiet: einschließlich Ergänzungszuweisungen des Bundes (309 DM je Einwohner)

18 nach Abzug der Gewerbesteuerumlage

19 die Ergebnisse für das Bundesgebiet beziehen sich auf den Stand vor dem 3. Oktober 1990 einschließlich Berlin (West), für Berlin auf Berlin-West

20 Handwerk nur im Hoch- und Tiefbau enthalten

21 einschließlich Kredit- und Versicherungsgewerbe

22 männliche Arbeiter in 9 ausgewählten Gewerbezweigen

noch Tab. A 1.1

Bezeichnung	Einheit	Bundes-gebiet	Hamburg	Bayern	Baden-Württem-berg	Berlin	Branden-burg
Bildung und Sozialwesen							
Bildung							
Schüler im Schuljahr 1996/97 an Schulen insges.	Anzahl	12 615 978	230 932	1 755 029	1 587 210	508 079	479 615
Studenten im Wintersemester 1996/97 an Hochschulen insgesamt	Anzahl	1 829 370	67 623	240 126	225 725	137 483	22 230
Gesundheitswesen							
Allgemeine Krankenhäuser am 31. Dezember 1995	Anzahl	2 325	40	408	320	97	60
Betten in allgemeinen Krankenhäusern (Jahresdurchschnitt 1995)	Anzahl	609 123	14 563	86 407	67 904	33 785	16 967
Sozialwesen							
Gesetzliche Krankenversicherung Mitglieder am 1. Oktober 1995[23]	1 000	50 856	274	7 159	6 247	2 274	1 746
Arbeitslosenversicherung und -hilfe							
Empfänger von Arbeitslosengeld 1995[24, 25]	Anzahl	1 782 613	•	206 020	175 970	179 713	•
Arbeitslosenhilfe 1995[24, 25]	Anzahl	981 733	•	61 860	71 119	118 457	•
Ausgaben für Arbeitslosengeld 1995	1 000 DM	48 199 066	943 259	6 074 029	5 172 540	2 594 435	1 912 989
Arbeitslosenhilfe 1995	1 000 DM	20 508 315	567 951	1 363 761	1 596 178	1 446 450	943 980
Sozialhilfe							
Empfänger von							
lfd. Hilfe zum Lebensunterhalt außerhalb von Einrichtungen am 31. Dezember 1995 insgesamt	Anzahl	2 515 693	131 077	214 162	231 851	171 003	43 399
je 1 000 Einwohner	Anzahl	31	77	18	22	49	17
Hilfe in besonderen Lebenslagen im Laufe des Jahres 1994	Anzahl	1 306 353	•	181 785	110 842	50 477	42 012
Bruttoausgaben 1995 insgesamt	Mio. DM	52 161	2 119	5 317	4 742	3 768	1 134
Kinder mit Kindergeld im Dezember 1996	1 000	14 114	240	2 031	1 870	477	464
Umweltschutz							
Investitionen für Umweltschutz bei Betrieben der Energie- und Wasserversorgung 1995[25]	Mio. DM	3 118	23	233	51	207	670
im Verarbeitenden Gewerbe, im Bergbau und in der Gewinnung von Steinen und Erden 199525	Mio. DM	3 952	103	435	369	83	259

[23] ohne 31 371 Mitglieder im Ausland bei bundesunmittelbaren Krankenkassen

[24] im Durchschnitt

[25] Schleswig-Holstein einschl. Hamburg, Niedersachsen einschließlich Bremen, Rheinland-Pfalz einschließlich Saarland, Sachsen-Anhalt einschließlich Thüringen, Berlin einschließlich Brandenburg

Bremen	Hessen	Mecklenburg-Vorpommern	Niedersachsen	Nordrhein-Westfalen	Rheinland-Pfalz	Saarland	Sachsen	Sachsen-Anhalt	Schleswig-Holstein	Thüringen
97 252	849 527	358 366	1 170 702	2 760 241	579 451	154 823	777 382	473 284	391 286	442 799
25 895	150 441	20 337	156 966	505 772	81 227	22 409	70 574	29 106	44 470	28 986
15	182	37	210	483	118	28	96	66	105	60
6 955	41 428	12 526	53 332	150 431	28 824	8 623	31 668	19 617	16 999	19 094
5 551	3 640	1 279	4 506	10 656	2 163	644	3 395	1 989	1 534	1 795
•	106 697	72 786	169 944	337 478	89 526	•	161 252	204 858	78 369	•
•	48 585	43 582	109 274	226 120	48 024	•	86 525	117 023	51 166	•
544 580	3 302 034	1 623 357	4 159 311	9 834 879	2 009 544	587 996	3 563 080	2 486 231	1 334 891	2 055 910
388 911	1 122 379	777 224	2 008 817	5 053 998	663 651	382 859	1 478 255	1 216 509	609 867	887 526
44 575	245 744	34 518	329 086	627 466	120 955	52 363	63 716	56 723	111 364	37 691
66	41	19	42	35	30	48	14	21	41	15
•	92 103	28 738	132 833	397 303	57 469	21 039	66 980	40 830	53 391	30 551
910	4 380	895	5 602	13 846	2 296	755	1 825	1 386	2 238	947
141	985	358	1 317	3 204	689	185	781	475	441	456
9	67	415	36	130	55	13	656	315	14	193
32	260	56	368	915	208	50	348	278	73	117

A 2 Hamburg statistisch

2.1 Staatsgebiet und Natur

	Bezirke							Hamburg
	Hamburg-Mitte	Altona	Eimsbüttel	Hamburg-Nord	Wandsbek	Bergedorf	Harburg	insgesamt
Ortsämter*	Billstedt Veddel-Rothenburgsort Finkenwerder	Blankenese	Lokstedt Stellingen	Barmbek-Uhlenhorst Fuhlsbüttel	Bramfeld Alstertal Walddörfer Rahlstedt	Vier- und Marschlande	Wilhelmsburg Süderelbe	
Fläche (km2)	106,489	78,307	49,831	57,474	147,747	154,709	160,602	755 159
Bevölkerung	246 138	240 358	240 358	283 959	395 405	106 573	195 219	1 707 901
Einwohner je km²	2 311,4	3 068,0	4 823,5	4 940,7	2 676,2	688,9	1 215,5	2 261,6

*Die neben den Ortsamtsgebieten verbleibenden Kerngebiete der Bezirke werden von den Bezirksämtern unmittelbar verwaltet

Tab. A 2.1.1: Gebiets- und Verwaltungseinteilung, Fläche, Bevölkerung und Bevölkerungsdichte Hamburgs Ende 1995

Flächen		
Gesamtfläche*	(Katasterfläche)	75 533 ha
davon	Landfläche	92 %
	Wasserfläche	8 %
Grenzen (ohne Neuwerk)		
Gesamtlänge	205 km	
davon	mit Niedersachsen	79 km
	mit Schleswig-Holstein	126 km
Lage im Gradnetz		
Nördliche Breite		
53°23'45" bis 53°44'30"		(38 km)
Östliche Länge von Greenwich		
9°44'00" bis 10°19'30"		(39 km)
Höhenangaben		
Höchste natürliche Erhebung		116,1 m NN
(Stadtteil Neugraben-Fischbek, Harburger Berge)		
Tiefste Bodenstelle		−0,8 m NN
(Stadtteil Neuenfelde, Im Alten Nincop)		

Tab. A 2.1.2: Gebietsangaben für Hamburg

*einschließlich Neuwerk mit 763 ha, davon Insel Neuwerk 355 ha, Insel Scharhörn 408 ha

	Einheit	Hafen insgesamt	darunter Freihafengebiet
Hafengebiet	ha	7 437	1 620
davon Landfläche	ha	4 368	960
Wasserfläche	ha	3 069	660
Wasserfläche für			
Seeschiffe	ha	2 052	490
Hafen- und Binnenschiffe	ha	1 020	170
Häfen für Seeschiffe		30	16
Kaimauer für Seeschiffumschlag	km	46	21

Tab. A 2.1.4: Angaben zum Hamburger Hafen (1997)

	Einheit	1994	1995	1996
Mittlerer Luftdruck[1]	hPa	1014,3	1015,1	1018,8
Lufttemperatur				
Maximum	°C	34,8	31,5	33,9
Minimum	°C	−10,8	−10,3	−12,8
Jahresmittel	°C	10,5	10,1	8,4
Mittlere relative Luftfeuchte	%	75,3	76,8	76,5
Sonnenscheindauer	h	1 688,6	-	1 595,2
Anteil an höchstmöglicher Sonnenscheindauer	%	37,6	–	35,5
Tage ohne Sonnenschein		82	72	87
Niederschlagstage[2]		193	169	157
Niederschlagsmenge	mm	914,0	743,0	456,3

Tab. A 2.1.3: Meteorologische Daten für Hamburg 1994 - 1996

[1] reduziert auf 0°C, Normalschwere und Meeresspiegel

[2] Tage mit 0,1 und mehr mm Niederschlag

2.2 Bevölkerung

Tab. A 2.2.1: Bevölkerungsentwicklung in Hamburg seit 1975
* ab 1990 unter Berücksichtigung des Staatsangehörigkeitswechsels)

Jahr	Bevölkerung (Jahresende)			Nichtdeutsche*	
	insgesamt	männlich	weiblich	Anzahl	%
1975	1 717 383	797 275	920 023	116 396	6,8
1980	1 645 095	767 551	877 544	147 964	9,0
1985	1 579 884	738 953	840 931	157 519	10,0
1990	1 652 363	784 490	867 873	196 098	11,9
1995	1 707 901	822 623	885 278	254 369	14,9
1996	1 707 986	823 901	884 085	259 472	15,2

Jahr	Lebendgeborene				Gestorbene (ohne Totgeborene)			Überschuß der Gestorbenen
	insgesamt	männlich	weiblich	Ausländer (in %)	insgesamt	männlich	weiblich	
1992	16 497	8 448	8 049	19,3				
1993	16 257	8 300	7 957	19,7				
1994	16 201	8 338	7 863	19,7				
1995	15 872	8 182	7 690	19,9				
1996	16 594	8 605	7 989	20,4	20 196	9 093	11 103	3 602

Tab. A 2.2.2: Natürliche Bevölkerungsbewegung in Hamburg

Tab. A 2.2.3: Bevölkerung Hamburgs Ende 1995 nach Altersgruppen, Geschlecht und Staatsangehörigkeit

Altersgruppe in Jahren	Bevölkerung			davon	
	insgesamt	männlich	weiblich	Deutsche	Ausländer
unter 6	95 134	48 906	46 228	74 872	20 262
6 bis unter 15	133 035	68 710	64 325	103 520	29 515
15 bis unter 18	44 699	23 513	21 186	33 438	11 261
18 bis unter 25	135 424	69 028	66 396	99 123	36 301
25 bis unter 30	161 096	82 748	78 348	129 125	31 971
30 bis unter 40	296 582	153 760	142 822	244 828	51 754
40 bis unter 50	219 102	110 294	108 808	182 872	36 230
50 bis unter 65	332 574	164 358	168 216	303 272	29 302
65 und älter	290 255	101 306	188 949	282 482	7 773
Insgesamt	1 707 901	822 623	885 278	1 453 532	254 369
und zwar					
unter 18	272 868	141 129	131 739	211 830	61 038
18 bis unter 65	1 144 778	580 188	564 590	959 220	185 558
65 und älter	290 255	101 306	188 949	282 482	7 773
18 oder mehr	1 435 033	681 494	753 539	1 241 702	193 331

Staatsangehörigkeit/ Geschlecht	Ausländer insgesamt[1]	Aufenthaltsdauer von ... bis ... Jahre[2]				
		unter 1	1 bis unter 4	4 bis unter 10	10 bis unter 15	über 15
Hamburg insg.	272 916	11 278	48 024	80 149	24 916	123 919
männl.	150 884					
weibl.	122 032					
EU-Länder insg.	49 644	1 302	4 815	8 163	3 618	33 324
männl.	28 728					
weibl.	20 916					
Türkei	71 661	1 248	4 414	10 052	3 653	44 973
männl.	39 645					
weibl.	32 016					
Polen	18 874	920	2 682	8 579	3 152	3 149
männl.	9 225					
weibl.	9 649					
Jugoslawien	25 977	503	2 447	7 755	1 008	13 741
männl.	13 788					
weibl.	12 189					
Bosnien-Herzegowina	8 747	236	7 519	3 833	121	729
männl.	4 491					
weibl.	4 256					
Kroatien	4 637	99	492	807	220	2 403
männl.	2 536					
weibl.	2 101					
Übrige Länder insg.	99 376	6 970	25 655	40 960	13 144	25 600
männl.	52 471					
weibl.	40 905					

Tab. A 2.2.4: Ausländer in Hamburg Ende 1996 nach ausgewählten Staatsangehörigkeiten, Geschlecht und Aufenthaltsdauer

Quelle: Melderegister, Ausländerzentralregister

[1] bei EU-Ländern ohne Belgien, Irland und Luxemburg

[2] bei EU-Ländern ohne Belgien, Finnland, Irland, Luxemburg und Schweden

Herkunfts- bzw. Zielgebiet	Zuge- zogene	Fortge- zogene	Wanderungs- gewinn bzw. -verlust (–)
Baden-Württemberg	2 238	1 900	338
Bayern	2 143	2 002	141
Berlin	1 517	1 885	-368
Brandenburg	604	457	147
Bremen	848	664	184
Hessen	1 807	1 571	236
Mecklenburg-Vorpommern	2 542	1 339	1 203
Niedersachsen	*10 559*	*13 429*	*-2 870*
Nordrhein-Westfalen	4 620	3 374	1 246
Rheinland-Pfalz	586	600	–14
Saarland	181	82	99
Sachsen	520	440	40
Sachsen-Anhalt	469	294	175
Schleswig-Holstein	*20 631*	*21 900*	*1 269*
Thüringen	221	157	64
Wanderungen innerhalb des Bundesgebietes insgesamt	49 540	50 094	-554
Wanderungen über die Grenzen des Bundesgebietes und ohne Angaben insgesamt	25 564	18 577	6 987
Wanderungen insgesamt	75 104	68 671	6 433

Tab. A 2.2.5: Wanderungen über die hamburgische Landesgrenze 1995

2.3 Volkswirtschaft

2.3.1 Bruttoinlandsprodukt

Wirtschaftsbereich	Mio. DM	Anteil an der Bruttowertschöpfung (in %)	1970 = 100	Anteil am Bundesgebiet (in %)
Land- und Forstwirtschaft, Fischerei	374	0,3	208	1,2
Produzierendes Gewerbe	25 620	20,0	223	2,5
davon Energie- und Wasserversorgung, Bergbau	1 609	1,3	269	2,2
Verarbeitendes Gewerbe (ohne Baugewerbe)	19 559	15,2	215	2,5
Baugewerbe	4 452	3,5	227	2,9
Handel und Verkehr	27 187	21,2	318	6,3
davon Handel	14 887	11,6	329	5,7
Verkehr und Nachrichtenübermittlung	12 300	9,6	306	7,4
Dienstleistungsunternehmen	62 914	49,0	898	5,4
davon Kreditinstitute, Versicherungsunternehmen	11 077	8,6	809	6,1
Wohnungsvermietung	8 167	6,4	698	2,9
Sonstige Dienstleistungsunternehmen	43 670	34,0	977	6,2
Staat, private Haushalte, private Organisationen[1]	12 325	6,6	417	3,1
davon Staat	10 244	8,0	391	3,2
Private Haushalte, private Organisationen[1]	2 080	1,6	610	2,4
Bruttowertschöpfung (unbereinigt)	128 420	100	426	4,2
Bruttoinlandsprodukt[2]	136 664		428	4,3

[1] ohne Erwerbszweck

[2] Bruttowertschöpfung (unbereinigt), abzüglich unterstellte Entgelte für Bankdienstleistungen, zuzüglich nichtabziehbare Umsatzsteuer, Einfuhrabgaben

Tab. A 2.3.1.1: Bruttowertschöpfung und Bruttoinlandsprodukt zu Marktpreisen in Hamburg 1996 (vorläufige Ergebnisse in jeweiligen Preisen)

2.3.2 Erwerbstätigkeit und Arbeitslosigkeit

Tab. A 2.3.2.1:
Sozialversicherungspflichtig Beschäftigte nach Wirtschaftsabteilungen in Hamburg Mitte 1996

Wirtschaftsgliederung	insgesamt	davon		
		Arbeiter	Frauen	Ausländer
Land- und Forstwirtschaft, Tierhaltung, Fischerei	3 030	2 609	663	463
Produzierendes Gewerbe	182 964	102 285	39 857	17 403
davon Energiewirtschaft und Wasserversorgung, Bergbau	8 252	2 556	1 778	253
Verarbeitendes Gewerbe (ohne Baugewerbe)	136 854	70 083	33 608	13 312
Baugewerbe	37 858	28 646	4 471	3 838
Handel und Verkehr	201 688	64 204	87 765	16 429
davon Handel	127 395	27 141	66 060	8 992
Verkehr und Nachrichtenübermittlung	74 293	37 063	21 705	7 437
Sonstige Wirtschaftsbereiche (Dienstleistungen)	355 139	85 163	204 393	31 707
Insgesamt	742 822	254 261	332 679	66 002

Stellung im Beruf	insgesamt	davon		
		Produzierendes Gewerbe	Handel und Verkehr	sonstige Wirtschafts-bereiche
Angestellte[1]	439 000	82 400	124 000	232 600
Arbeiter[1]	189 000	80 600	59 700	48 700
Beamte, Richter und Soldaten	52 000	•	•	45 800
Selbständige[2]	89 400	15 600	29 800	43 900
Insgesamt	769 300	179 200	219 100	317 000
darunter Ausländer	96 400	27 900	34 900	33 700

Tab. A 2.3.2.2: Erwerbstätige nach Stellung im Beruf und Wirtschafts-abteilungen in Hamburg 1996

[1] einschließlich Auszubildende
[2] einschließlich mithelfende Familienangehörige
• unzureichende Datenlage

Jahres-durchschnitt	Arbeitslose			Arbeitslosenquote			Offene Stellen	Kurz-arbeiter
	insgesamt	davon Frauen	davon Ausländer	insgesamt	davon Frauen	davon Ausländer		
1995	77 773	30 378	14 920	10,7	8,9	18,2	4 775	2 137
1996	83 942	32 985	17 023	11,7	9,8	20,6	4 839	3 281
1997	92 520	36 680	19 225	13,0	11,0	22,9	5 106	2 613

Tab. A 2.3.2.3: Arbeitslose, offene Stellen und Kurzarbeiter in Hamburg 1995 / 1997
Quelle: Arbeitsamt Hamburg

2.3.3 Land- und Forstwirtschaft, Fischerei

Tab. A 2.3.3.1:
Bodennutzung in Hamburg 1996
Quelle: FHH, Baubehörde, Amt für Geoinformation und Vermessung

Nutzungsart	ha	Anteil (%)
Gebäude- und Freifläche	26 682	35,3
darunter für		
Wohnen	14 828	19,6
Gewerbe und Industrie	3 373	4,5
Betriebsfläche	857	1,1
Erholungsfläche	6 125	8,1
darunter Grünanlagen	5 308	7,0
Verkehrsfläche	8 824	11,7
darunter Straßen, Wege, Plätze	7 082	9,4
Landwirtschaftsfläche	21 333	28,2
darunter Gartenland	4 697	6,2
Ackerland	9 799	13,0
Heide	792	1,0
Waldfläche	3 422	4,5
Wasserfläche	6 156	8,2
Flächen anderer Nutzung	2 133	2,8
darunter Unland	917	1,2
Gebietsfläche insgesamt	75 533	100,0

Tab. A 2.3.3.2:
Nutzung des Ackerlandes in den land- und forstwirtschaftlichen Betrieben Hamburgs 1995

Fruchtart	Anbaufläche (ha)
Ackerland insgesamt	6 175
Getreide und Hülsenfrüchte	2 367
darunter Roggen	403
Weizen	1 012
Gerste	680
Hafer	188
Körnermais	13
Ackerbohnen	23
Hackfrüchte	50
darunter Kartoffeln	19
Zuckerrüben	12
Runkelrüben	15
Gemüse, Erdbeeren und sonstige Gartengewächse (Blumen)	1 112
Handelsgewächse	556
Futterpflanzen	1 059
darunter Grasanbau (zum Abmähen / Abweiden)	647
Grünmais, Silomais	327

Viehart	Zahl der Tiere	
	1990	1996
Pferde	2 588	2 847
darunter Ponys	555	586
Rindvieh	11 210	8 715
darunter Milchkühe	2 527	1 537
Schweine	5 249	3 289
Schafe	3 586	1 643
Hühner	14 353	8 237
Gänse	708	765
Enten	2 581	1 351
Truthühner	1 691	1 411

Tab. A 2.3.3.3:
Viehbestand in Hamburg 1990 und 1996
(Anfang Dezember)

	Einheit	1992	1996
Anlieferungen insgesamt	t	2 030,3	1 020,9
davon Absatz an			
Großhandel	t	1 465,3	947,0
Einzelhandel	t	561,8	73,9
Sonstige	t	3,2	–
Auktionserlös	Mio. DM	6,7	4,5

Tab. A 2.3.3.4:
Anlieferungen zum Fischmarkt Hamburg-Altona nach Abnehmergruppen und Auktionserlös 1992 und 1996

2.3.4 Produzierendes Gewerbe

Tab. A 2.3.4.1:
Betriebe, Beschäftigte und Umsatz im Baugewerbe Hamburgs 1996 nach Wirtschaftszweigen
(Betriebe mit 20 oder mehr Beschäftigten)

[1] Jahresdurchschnitt, Abweichungen der Summen erklären sich durch Runden
[2] Ergebnisse der Erhebung im Juni

Wirtschaftszweig	Betriebe[1]	Beschäftigte	Umsatz Mio. DM
Vorbereitende Baustellenarbeiten, Hochbau, Brücken-u. Tunnelbau u. ä.	145	9 437	2 806,6
Hoch- und Tiefbau o. ausgeprägten Schwerpunkt	42	5 107	1 391,6
Hochbau (ohne Fertigteilbau)	92	4 040	1 131,6
Vorbereitende Baustellenarbeiten, Hoch- u. Tiefbau insgesamt	255	14 538	3 952,4
Bauinstallation und sonstiges Baugewerbe[2]	738	18 035	2 526 978
davon			
Bauinstallation[2]	465	11 986	1 758 479
Elektroinstallation	170	3 580	365 174
Klempnerei, Gas- u. Wasserinstallation	197	4 393	569 002
Maler- und Lackiergewerbe	128	3 024	347 380

Elektrizität (in Mio. kWh)	1994	1996
Eigenerzeugung	3 144	3 004
darunter in Hamburger Kraftwerken	1 597	1 756
Fremdbezug[1]	9 706	11 900
Aufkommen insgesamt	12 850	14 904

Elektrizität (in Mio. kWh)	1994	1996
Lieferungen nach außerhalb Hamburgs	20	1 763
Abgabe an Verbraucher in Hamburg	12 331	12 466
davon an		
Industriebetriebe	5 626	5 578
Verkehrs- und Hafenbetriebe	754	793
Handelsbetriebe u. sonstiges Gewerbe	1 539	1 613
Öffentliche Einrichtungen[2]	1 288	1 262
Haushalte	3 107	3 203

Tab. A 2.3.4.2:
Gewinnung, Bezug und Abgabe von Elektrizität durch öffentliche Versorgungsunternehmen in Hamburg 1994 und 1996
[1] einschl. Gemeinschaftskraftwerke
[2] einschl. Betriebsverbrauch

Gas (in Mio. kWh)	1994	1996
Bezüge von Erdgas	29 177	35 901
Lieferungen nach außerhalb Hamburgs	10 074	12 397
Abgabe an Verbraucher in Hamburg	18 794	23 262
davon an		
Industriebetriebe	5 709	6 684
Handelsbetriebe u. sonstiges Gewerbe, Landwirtschaftsbetriebe	2 343	3 170
Öffentliche Kraftwerke	1 307	2 294
Öffentliche Heizkraftwerke u. a. öffentliche Einrichtungen	2 379	2 388
Haushalte	7 056	8 726

Tab. A 2.3.4.3:
Gewinnung, Bezug und Abgabe von Gas durch öffentliche Versorgungsunternehmen in Hamburg 1994 und 1996

Wasser (in 1 000 m³)	1994	1996
Förderung von Grundwasser	142 612	138 221
Verlust inkl. unentgeltliche Abgaben	5 033	6 504
Eigenverbrauch und Meßdifferenzen	5 816	4 237
Lieferungen nach außerhalb Hamburgs	14 595	15 231
Abgabe an Verbraucher in Hamburg	117 168	112 249
davon an		
Normal- und Großabnehmer	111 554	107 929
Öffentliche Einrichtungen	5 614	4 320

Tab. A 2.3.4.4:
Gewinnung, Bezug und Abgabe von Wasser durch öffentliche Versorgungsunternehmen in Hamburg 1994 und 1996

Wirtschaftszweig	Betriebe	Beschäftigte	Gesamtumsatz
	Monatsdurchschnitt		1 000 DM
Ernährungsgewerbe, Tabakverarbeitung	86	11 896	8 222 721
Textil- und Bekleidungsgewerbe	8	416	201 190
Holzgewerbe	7	408	
Papiergewerbe	9	628	145 196
Verlags-, Druckgewerbe	106	9 415	3 991 902
Mineralölverarbeitung	15	6 661	65 347 984
Chemische Industrie	44	8 672	4 021 719
Gummi- u. Kunststoffwaren	19	6 661	963 878
Glasgewerbe, Keramik, Verarbeitung v. Steinen u . Erden	25	1 421	583 449
Metallerzeugung u. -bearbeitung	9	4 239	3 372 932
Metallerzeugnisse	48	3 541	718 214
Maschinenbau	106	17 661	5 709 163
Büromaschinen, Datenverarbeitungsgeräte Rundfunk-, Fernseh- u. Nachrichtentechnik	10	3 831	2 957 332
Geräte der Elektrizitätserzeugung u. -verteilung	34	6 105	2 256 541
Medizin-, Meß-, Steuer- und Regelungstechnik, Optik	47	6 188	1 802 147
Kraftwagen und Kraftwagenteile	6	3 025	254 955
Sonstiger Fahrzeugbau	16	18 166	4 971 077
darunter			
Schiffbau	9	3 869	1 448 675
Bau- und Reparatur von Luft- und Raumfahrzeugen	3	12 607	3 522 402
Übrige Wirtschaftszweige zusammen	17	3 050	2 652 570
Bergbau, Gewinnung von Steinen und Erden; Verarbeitendes Gewerbe insgesamt	612	111 544	108 298 133

Tab. A 2.3.4.5:
Betriebe, Beschäftigte und Umsatz* des Verarbeitenden Gewerbes, Bergbaus und der Gewinnung von Steinen und Erden in Hamburg 1996 nach wirtschaftlichem Schwerpunkt der Betriebe
(Betriebe von Unternehmen mit im allgemeinen 20 oder mehr Beschäftigten)

* ohne Umsatzsteuer

2.3.5 Handwerk

Tab. A 2.3.5.1: Handwerksunternehmen in Hamburg, Tätige Personen und Umsatz nach Gewerbegruppen[1]

[1] nach dem Verzeichnis der Gewerbe gemäß Anlage A der Handwerksordnung in der 1995 gültigen Fassung
[2] am 31.3.1995
[3] am 30.9.1994
[4] 1994, ohne Umsatzsteuer

Gewerbegruppe[1]	Handwerksunternehmen und Nebenbetriebe[2]	Tätige Personen[3]	Umsatz[4] (in Mio. DM)
Bau- und Ausbaugewerbe	1 919	22 656	3 689
Elektro- und Metallgewerbe	3 651	50 059	12 408
Holzgewerbe	540	4 186	601
Bekleidungs-, Textil- u. Ledergewerbe	572	2 812	517
Nahrungsmittelgewerbe	532	12 489	2 807
Gewerbe für Gesundheits-´ und Körperpflege-, chemische u. Reinigungsgewerbe	1 907	45 564	1 613
Glas-, Papier-, keramische und sonstige Gewerbe	377	2 906	438
Handwerk insgesamt	9 498	140 672	22071

2.3.6 Handel und Gastgewerbe

Tab. A 2.3.6.1: Außenhandel (Generalhandel) der Bundesrepublik Deutschland insgesamt und Anteil des Außenhandelsverkehrs über Hamburg 1995 und 1996

	1995 (im Mio. DM)	1996	Veränderung 1996 gegenüber 1995 (in %)
Einfuhr Bundesrepublik	644 102	677 397	+5,2
darunter über Hamburg	54 091	56 534	+4,5
Anteil	8,4	8,3	
Ausfuhr Bundesrepublik	737 054	780 768	+5,9
darunter über Hamburg	67 248	69 855	+3,9
Anteil	9,1	8,9	
Außenhandel der Bundesrepublik insgesamt	1 381 156	1 458 165	+5,6
darunter über Hamburg	121 339	126 389	+4,2
Anteil	8,8	8,7	

Tab. A 2.3.6.2: Außenhandelsverkehr (Generalhandel) Hamburgs 1995 und 1996 regional (in Mio. DM)

Herstellungs- bzw. Verbrauchsregion	Einfuhr		Ausfuhr	
	1995	1996	1995	1996
Insgesamt	54 091	56 534	67 248	69 855
darunter Europa	7 091	8 782	7 519	7 442
darunter EU-Länder	4 523	5 826	4 157	4 669
Mittel- und Osteuropa	1 108	1 142	907	742
Amerika	10 168	10 513	15 300	16 180
darunter USA	5 078	5 713	8 412	8 636
Asien	33 600	33 928	36 592	38 536
Afrika	1 991	2 042	4 970	4 984
Australien und Ozeanien	1 240	1 268	2 860	2 669

Herstellungs- bzw. Verbrauchsregion	Einfuhr		Ausfuhr	
	1995	1996	1995	1996
Iinsgesamt	44 919	43 305	16 070	19 436
darunter Europa	21 100	22 062	11 833	14 751
darunter EU-Länder[1]	16 497	17 044	8 700	11 745
Mittel- und Osteuropa	2 278	2 312	1 195	1 587
Amerika	7 686	7 452	1 221	1 397
darunter USA	3 796	4 131	813	828
Asien	13 690	13 247	2 370	2 630
Afrika	1 706	1 816	441	517
Australien und Ozeanien	735	727	94	72

Tab. A 2.3.6.3: Außenhandel Hamburgs 1995 – 1996 regional (in Mio. DM)

[1] Gebietsstand 1.1.1995

Herstellungs- bzw. Verbrauchsregion	Einfuhr		Ausfuhr	
	1995	1996	1995	1996
Insgesamt	59 199	63 550	39 635	36 739
darunter Europa	36 322	33 550	29 278	29 278
darunter EU-Länder	30 827	33 550	22 964	19 769
Mittel- und Osteuropa	3 012	3 373	2 992	3 556
Amerika	7 231	7 033	2 971	2 962
darunter USA	3 817	3 714	1 848	1 638
Asien	11 635	12 178	5 414	5 643
Afrika	3 397	3 697	969	952
Australien und Ozeanien	255	259	3	3

Tab. A 2.3.6.4: Außenhandel Hamburger Im- und Exporteure (Generalhandel) über Hamburg und andere Grenzstellen 1995 und 1996 (in Mio. DM)

Land	See-Eingang nach Bestimmungsländern		See-Ausgang nach Versendungsländern	
	1995	1996	1995	1996
1. Ab- bzw. Anfuhr auf dem Land- und Flußweg nach bzw. aus				
Dänemark	289,9	346,3	429,1	466,5
Norwegen	23,6	28,8	35,9	24,9
Schweden	60,7	53,5	203,6	216,5
Finnland	33,1	20,7	148,9	135,8
Schweiz	102,3	111,4	39,3	36,9
Rußland	64,9	90,4	28,5	18,3
Österreich	291,5	283,6	359,9	406,8
Polen	379,1	469,7	61,8	60,3
Tschechische Republik	378,5	542,9	168,5	148,2
Ungarn	165,5	183,7	43,1	50,5
Übrige Länder	239,8	311,3	120,3	104,8
Insgesamt	2 028,9	208,3	1 638,9	1 669,5
2. Ab- bzw. Anfuhr im Seeumschlag nach bzw. aus				
Dänemark	214,2	188,2	224,5	226,4
Norwegen	184,8	128,0	350,5	329,6
Schweden	351,8	213,5	558,6	588,4
Finnland	334,5	330,9	762,4	733,0
Rußland	28,5	18,3	42,6	29,9
Polen	70,8	80,0	95,1	62,2
Übrige europäische Länder	65,6	51,5	84,4	84,1
Außereuropa	2 105,9	1 990,2	1 227,4	991,0
Insgesamt	3 345,2	3 014,7	3 345,2	3 014,7
1. + 2. zusammen	5 374,1	5 354,0	4 984,1	4 684,2

Tab. A 2.3.6.5: Durchfuhr des Auslandes über Hamburg 1995 und 1996 nach Bestimmungs bzw. Versendungsländern (in 1 000 t)

(ohne Einfuhren auf offene Zollager für Polen)

Tab. A 2.3.6.6:
Binnenhandel – Umsätze im Großhandel, Einzelhandel und Gastgewerbe Hamburgs 1994 – 1996

	Umsatz- (in Mio. DM) 1994	Meßzahlen im Vergleich zu 1994 = 100	
		1995	1996
Großhandel insgesamt	108 432	97,6	95,2
Einzelhandel insgesamt	26 256	99,9	98,6
Gastgewerbe insgesamt	2 450	104,7	101,4

Art des Betriebes	Anzahl der angebotenen Betten			Auslastungsgrad (in %)		
	1994	1995	1996	1994	1995	1996
Hotels	15 882	17 133	17 331	47,4	45,0	45,0
Hotels garni	7 167	6 991	6 972	44,5	41,9	42,3
Gasthöfe	118	143	167	33,8	27,9	28,0
Hotels-Pensionen und Pensionen	79	79	79	52,9	44,4	39,4
diese zusammen	23 246	24 346	24 549	46,5	44,0	44,1
Heime und Jugendherbergen	1 361	1 361	1 084	55,3	52,5	54,2
insgesamt	24 607	25 707	25 633	47,1	44,5	44,6

Tab. A 2.3.6.7: Kapazität und Auslastung im Hamburger Beherbergungsgewerbe 1994 – 1996 nach Betriebsarten

Tab. A 2.3.6.8: Beherbergungen (einschl. Heime und Jugendherbergen) im Hamburger Reiseverkehr 1995 und 1996 nach ausgewählten Wohnsitzländern (nicht Staatsangehörigkeit) der Gäste

Ständiger Wohnsitz des Gastes	Ankünfte		Übernachtungen	
	1995	1996	1995	1996
Deutschland	1 790 867	1 854 981	3 254 273	3 327 829
Ausland	480 827	477 220	910 260	898 757
Europa	352 547	352 875	650 534	641 312
darunter Belgien u. Luxemburg	12 746	12 757	20 550	20 278
Dänemark	28 399	28 257	45 617	45 888
Finnland	11 002	11 246	18 655	19 342
Frankreich	24 540	23 413	42 358	40 723
Großbritannien u. Nordirland	61 159	61 292	114 461	112 878
Italien	17 721	16 243	31 076	32 941
Niederlande	28 006	29 726	47 784	47 911
Norwegen	15 342	16 243	31 076	32 941
Österreich	19 378	20 251	38 520	41 542
Polen	9 820	9 831	19 468	18 169
Rußland	12 409	13 543	32 779	32 751
Schweden	33 808	35 447	52 864	54 063
Spanien	13 894	14 062	25 746	25 548
Amerika	52 215	49 330	99 531	99 517
darunter USA	40 514	36 692	74 688	71 309
Australien, Neuseeland u.Ozeanien	5 665	4 574	12 270	10 643
Afrika	5 531	5 643	15 786	14 549
Asien	44 413	44 292	98 928	98 366
darunter Japan	14 854	15 331	29 640	30 938
Insgesamt	2 271 694	2 332 201	4 164 533	4 226 586

2.4 Verkehr

	Straßenlänge (km)	Straßendichte (km je 100 km²)
Bundesautobahnen	82	10,96
Bundesstraßen	149	19,93
Hauptverkehrsstraßen	686	91,75
Nachgeordnete Straßen	3 010	402,57
Wege	442	123,4
Insgesamt	4 369	59,11

Tab. A 2.4.1:
Öffentliche Straßen Hamburgs 1997
(Straßen- und Wegedichte bezogen auf Hamburg ohne Neuwerk)
Quelle: FHH, Baubehörde

Fahrzeugart	Jahresdurchschnitt 1990 – 1994	1995	1996	Veränderung 1996 gegenüber 1995
Krafträder	23,6	29,9	32,1	+ 7,2
Personenkraftwagen	698,1	714,3	714,0	- 0,0
Kraftomnibusse	1,6	1,5	1,4	- 5,7
Lastkraftwagen	39,8	42,3	42,8	+ 1,3
Zugmaschinen	5,4	5,4	5,5	+ 2,9
Sonderkraftfahrzeuge	12,0	13,4	13,4	- 0,2
Kraftfahrzeuge insgesamt*	780,5	806,8	809,2	+ 0,3
außerdem Kraftfahrzeuganhänger	43,7	51,2	52,7	+ 3,0

* einschl. der vorübergehend stillgelegten Fahrzeuge

Tab. A 2.4.2:
Bestand an Kraftfahrzeugen in Hamburg 1990 - 1996 (in 1 000 Fahrzeuge) nach Fahrzeugarten (einschl. Fahrzeuge ohne Fahrzeugbrief)
Quelle:
Daten des Kraftfahrt-Bundesamtes Flensburg

Fahrzeugart	1994	1995	1996	Veränderung 1996 gegenüber 1995
U-Bahn	176 361	178 148	177 105	- 0,6
S-Bahn	160 334	161 982	161 028	- 0,6
Nichtbundeseigene Eisenbahnen	6 121	6 183	6 146	- 0,6
Schnellbahnen zusammen	342 816	346 313	344 279	-0,6
Kraftomnibusse	264 769	267 845	266 043	-0,7
Hafen-* und Alsterschiffe	2 452	2 430	2 608	+ 7,3

* einschl. Große Hafenrundfahrt, Unterelbeverkehr und Touristik

Tab. A 2.4.3:
Mit Hamburger Verkehrsmitteln beförderte Personen 1994 - 1996

	1995	1996
Starts und Landungen (Anzahl)	120 278	121 884
Fluggäste*	8 065 000	8 074 000
Fracht und Post* (in t)	58 354	57 066

Tab. A 2.4.4: Gewerblicher Flugverkehr in Hamburg 1995 und 1996
Quelle: Statistisches Bundesamt Wiesbaden
* ohne Transit

Schiffsgruppe	Einheit	Jahresdurchschnitt 1990–1994	1995	1996	Veränderung 1996 gegenüber 1995
Fahrgastschiffe	Anzahl	22	20	17	–15,0
	1 000 BRT / BRZ	10,5	9,7	9,0	– 7,2
Ro-Ro-Schiffe / Fährschiffe	Anzahl	13	11	10	– 9,1
	1 000 BRT / BRZ	132,7	115,0	107,2	– 6,8
Andere Trockenfrachtschiffe	Anzahl	278	225	232	+ 3,1
	1 000 BRT / BRZ	2 148,5	2 263,9	2 758,8	+ 21,9
darunter Containerschiffe	Anzahl	100	103	129	+ 25,2
	1 000 BRT / BRZ	1 771,6	1 965,1	2 525,9	+28,5
Tankschiffe	Anzahl	38	24	21	– 12,5
	1 000 BRT / BRZ	189,1	56,5	45,5	– 19,5
Handelsschiffe insgesamt	Anzahl	351	280	280	x
	1 000 BRT / BRZ	2 480,8	2 445,1	2 920,4	+ 19,4
Außerdem Fischereifahrzeuge	Anzahl	29	20	21	+ 5,0
	1 000 BRT / BRZ	3,2	2,4	10,7	x
Spezialfahrzeuge	Anzahl	187	180	179	– 0,6
	1 000 BRT / BRZ	101,2	82,7	80,4	–2,8

Tab. A 2.4.5: Bestand der im Hamburger Hafen beheimateten Schiffe 1990–1996
Quelle: Bundesministerium für Verkehr, Abteilung Seeverkehr

	Einheit	Jahresdurchschnitt 1990–1994	1995	1996	Veränderung 1996 gegenüber 1995
Angekommene Schiffe	Anzahl	12 528	11 679	11 489	–1,6
	1 000 NRT / NRZ	57 639,1	58 640,1	61 182,0	+ 4,3
darunter Flagge der Bundesrepublik Deutschland	Anzahl	3 615	3 525	3 458	– 1,9
	1 000 NRT / NRZ	6 552,8	7 649,6	8 605,3	+ 12,5
Abgegangene Schiffe	Anzahl	12 597	11 798	11 635	– 1,4
	1 000 NRT / NRZ	57 602,0	58 898,4	61 045,9	+ 3,6
darunter Flagge der Bundesrepublik Deutschland	Anzahl	3 6173	3 590	3 522	– 1,9
	1 000 NRT / NRZ	6 530,0	7 656,6	8 580,9	+ 12,1

Tab. A 2.4.6: Schiffsverkehr über See des Hafens Hamburg 1990–1996

Fahrtgebiet	Jahresdurchschnitt 1990–1994	1995	1996	Veränderung 1996 gegenüber 1995
Linien				
Europa	63	54	49	–9,3
Afrika	44	30	27	– 10,0
Amerika	44	38	29	– 23,7
Asien	58	48	50	+ 4,2
Australien, Ozeanien	8	7	5	–28,6
Insgesamt	217	177	160	–9,6
Abfahrten				
Europa	3 446	4 231	4 209	– 0,5
Afrika	837	562	568	+ 1,1
Amerika	819	685	652	–4,8
Asien	1 490	1 367	1 432	+ 4,8
Australien, Ozeanien	177	147	122	–17,0
Insgesamt	6 769	6 992	6 983	– 0,1

Tab. A 2.4.7: Linienschiffahrt des Hafens Hamburg 1990–1996

Tab. A 2.4.8: Güterverkehr über See des Hafens von Hamburg nach ausgewählten Güterhauptgruppen 1995 und 1996 (in 1 000 t)

Güterhauptgruppe	Empfang 1995	Empfang 1996	Versand 1995	Versand 1996
Getreide	302,2	410,5	2 721,3	1 691,9
Früchte, Gemüse	1 066,9	1 109,2	151,4	145,6
Getränke, Genußmittel u. ä.	1 130,6	1 325,5	792,9	779,1
Ölssaten, Fette	2 685,3	2 713,8	488,3	432,7
Kohlen, Koks	924,1	1 045,0	1,6	2,3
Rohes Erdöl	4 820,4	5 004,8	0	39,0
Kraftstoffe, Heizöl	5 407,7	5 775,8	693,3	667,7
Erze, Schrott	8 413,8	6 725,2	284,1	230,0
Steine und Erden	2 128,6	1 846,3	141,0	166,5
Düngemittel	373,3	269,8	3 058,7	3 041,0
Chemische Grundstoffe	499,0	565,2	1 652,8	1 627,2
Andere chemische Erzeugnisse	712,0	725,4	1 668,1	1 739,8
Maschinen	1 281,6	1 481,8	2 071,7	2 116,9
Leder- und Textilwaren	1 101,5	1 187,0	329,0	321,3
Sonstige Halb- und Fertigwaren	3 484,1	3 135,1	2 170,3	2 319,6
Besondere Transportgüter (einschl. Sammelgut)	3 584,7	3 538,1	3 227,2	3 333,8
Insgesamt*	44 404,1	43 781,6	27 785,1	27 137,6
davon Massengut	26 301,0	25 243,8	9 557,6	8 431,7
Sack- und Stückgut	18 103,1	18 537,8	18 227,5	18 705,9

*Im Gegensatz zur Bundesstatistik sind in diesen Ergebnissen Eigengewichte der im Seeverkehr übergesetzten Reise- und Transportfahrzeuge sowie der beladenen und unbeladenen Container, Trailer und Trägerschiffesleichter enthalten.

Tab. A 2.4.9: Güterverkehr über See des Hafens von Hamburg nach ausgewählten Verkehrsbereichen 1995 und 1996 (in 1 000 t)

Verkehrsbereich	Empfang 1995	Empfang 1996	Versand 1995	Versand 1996
Bundesrepublik Deutschland	791,4	836,3	512,3	504,9
Übriges Ostseegebiet einschl. Kattegat	6 950,6	6 817,3	2 977,4	3 140,7
Nordeuropa und Grönland	7 061,6	5 890,6	695,3	703,0
Großbritannien und Irland	5 993,1	5 568,5	1 728,7	1 779,6
Westeuropa am Kanal	1 753,1	1 997,5	1 099,0	948,3
Südosteuropa am Mittelmeer und am Schwarzen Meer	465,6	417,0	1 385,9	1 285,6
Südliches Afrika	1 128,8	1 486,6	449,9	441,1
Nordamerika am Atlantik	2 508,0	2 613,6	962,5	1 073,8
Golf von Mexiko und Karibisches Meer	2 923,7	3 124,2	700,6	651,0
Südamerika am Atlantik	2 403,3	2 570,3	1 412,6	1 480,9
Südamerika am Pazifik	1 136,3	1 069,1	312,2	2 89,5
Arabien und Persischer Golf	142,3	187,1	2 061,7	1 923,3
Mittelost	539,0	640,0	1 318,9	928,2
Fernost	6 335,0	6 748,0	8 786,9	8 713,4
Australien und Ozeanien	1 303,1	884,5	511,9	526,0
Insgesamt*	44 404,1	43 781,6	27 785,1	27 137,6

*Im Gegensatz zur Bundesstatistik sind in diesen Ergebnissen Eigengewichte der im Seeverkehr übergesetzten Reise- und Transportfahrzeuge sowie der beladenen und unbeladenen Container, Trailer und Trägerschiffsleichter enthalten.

Tab. A 2.4.10: Schiffsverkehr über See des Hafens Hamburg 1995 und 1996, Schiffsankünfte nach Schiffsarten

Schiffsart	1995		1996	
	Anzahl	NRT / NRZ	Anzahl	NRT / NRZ
Stückgutfrachter	3 402	5 883 733	2 086	5 687 550
Massengutschiffe	560	9 333 702	1 616	8 425 130
Tankschiffe	1 347	6 196 450	1 260	6 325 778
Trägerschiffe	25	161 798	20	134 500
Containerschiffe	4 903	31 078 795	5 036	33 444 440
Kühlschiffe	254	1 110 142	277	1 139 675
Ro-Ro-Schiffe / Fährschiffe	1 168	4 729 577	1 152	5 797 315
Fahrgastschiffe	20	145 913	41	218 587
Sonstige	–	–	1	9 003
Insgesamt	11 679	58 640 110	11 489	61 181 978

Tab. A 2.4.11: Güterverkehr von und nach Hamburg mit Binnenschiffen 1995 und 1996 (in 1 000 t)

Verkehrsbereich	Empfang		Versand	
	1995	1996	1995	1996
Niederelbe	940,2	939,7	984,9	788,6
Oberelbe bis Schnackenburg	666,7	406,8	209,5	215,8
darunter Lübeck	162,4	54,2	74,0	57,6
Mittellandkanal	596,1	491,0	2 157,7	1 939,1
Neue Bundesländer	1 234,1	1 323,9	1 217,7	1 169,8
Berlin	104,2	95,2	492,7	611,6
Übrige Wasserstraßen	454,8	335,1	195,2	105,0
Bundesrepublik Deutschland	3 996,0	3 591,4	5 257,9	4 829,9
Tschechische Republik	442,5	246,2	261,2	260,9
Übrige Länder	161,6	157,7	119,1	73,3
Insgesamt	4 600,1	3 995,3	5 638,2	5 164,1

Tab. A 2.4.12: Bestand der im Hamburger Hafen beheimateten Fluß- und Hafenfahrzeuge 1995

	Anzahl	Tragfähigkeit	Maschinenstärke
		(in t)	(in kW)
Gütermotorschiffe[1]	132	97 990	41 052
Tankmotorschiffe[2]	79	99 211	46 745
Schub-Tankmotorschiffe	1	3 295	1 765
Güterschleppkähne	5	2 987	•
Tankschleppkähne[3]	12	4100	•
Güterschubleichter[4]	70	70 393	•
Tankschubleichter	5	3 383	•
Güter-Schub-Schleppkähne	13	6 147	•
Hafenschlepper	27	•	5 633
Strom- und Kanalschlepper	19	•	4 701
Schubboote	2	•	206
Schub-Schleppboote	8	•	2 711
Fahrgastschiffe	49	•	11 812
Schuten und Leichter	563	127 474	•
Insgesamt	985	414 980	114 625

[1] einschl. Gütermotorschuten
[2] einschl. Tankmotorschuten, ohne Bunkerboote
[3] einschl. Tankschuten, ohne Bunkerboote
[4] ohne Trägerschiffsleichter

2.5 Bildung, Kultur und Sozialwesen

2.5.1 Bildungswesen

Schulform	Schul-zweige	Klassen[1]	Schüler insgesamt	Schüler ausländisch
Allgemeinbildende Schulen				
Vorschulklasse	209	316	7 060	2 004
Schulkindergarten	12	15	137	28
Grundschule	254	2 575	60 372	12 599
Beobachtungsstufe der Haupt- und Realschule	90	356	8 139	•
Orientierungsstufe	1	12	329	40
Hauptschule	76	287	5 788	4 506
Realschule	65	396	9 594	2 181
Integrierte Haupt- und Realschulen	16	119	2 766	832
Gymnasium	76	1 215	44 509	4 737
Gesamtschule	47	1 009	27 356	4 891
Sonderschule[2]	58	744	7 600	1 864
Abendhauptschule	2	4	76	47
Abendrealschule	2	9	164	48
Abendgymnasium	2	27	557	71
Hansa-Kolleg	1	9	168	5
Insgesamt	911	7 093	174 615	33 853
darunter nichtstaatliche Schulen	84	593	14 202	•
Berufliche Schulen				
Berufsschule	43	1 720	33 102	3 929
Berufsvorbereitungsjahr	41	184	3 497	2 037
Berufsaufbauschule	1	3	63	15
Berufsfachschule	42	390	8 745	2 354
Wirtschaftsgymnasium	10	95	1 910	373
Technisches Gymnasium	2	18	345	59
Fachoberschule	23	65	1 425	235
Fachschule	25	216	4 673	347
Schule des Gesundheitswesens	38	131	2 557	273
Insgesamt	225	2 822	56 317	9 622
darunter nichtstaatliche Schulen	28	103	1 814	134

Tab. A 2.5.1.1: Staatliche und nichtstaatliche allgemeinbildende und berufliche Schulen in Hamburg 1996

[1] durch Auflösung des Klassenverbandes entfallen die Angaben der reformierten Oberstufe

[2] einschl. Realschulklassen in Sonderschulen

Schulform / Abschluß	Schulentlassene			
	Jungen	Mädchen	insgesamt	darunter ausländische
Hauptschule zusammen	1 318	1 051	2 369	856
darunter Anteil mit Haupschulabschluß (in %)	76,5	79,4	77,8	74,3
Sonderschule zusammen	548	348	896	229
darunter Anteil mit Haupschulabschluß (in %)	15,9	14,7	15,4	10,0
Anteil mit mittlerer Reife (in %)	3,5	4,6	3,9	–
Realschule	1 498	1 498	2 996	693
darunter Anteil mit mittlerer Reife (in %)	81,6	85,2	83,4	80,7
Gymnasium	2 480	2 597	5 077	528
darunter Anteil mit mittlerer Reife (in %)	13,8	14,6	14,2	31,6
darunter Anteil mit Fachschulreife (in %)	2,7	2,9	2,8	7,4
darunter Anteil mit allgemeiner Hochschulreife (in %)	82,4	81,7	82,1	60,4
Gesamtschule	1 742	1 630	3 372	514
darunter Anteil mit Haupschulabschluß (in %)	34,7	29,1	32,0	37,7
darunter Anteil mit mittlerer Reife (in %)	37,3	40,0	38,6	34,6
darunter Anteil mit Fachhochschulreife (in %)	1,2	1,5	1,3	1,8
darunter Anteil mit allgemeiner Hochschulreife (in %)	17,2	20,1	18,6	9,1
Außerdem abgelegte Abschlußprüfungen von Externen				
Haupschulabschluß	123	89	212	54
Mittlere Reife	71	43	114	11
Allgemeine Hochschulreife	75	54	129	1

Tab. A 2.5.1.2: Schulentlassungen aus allgemeinbildenden Schulen* in Hamburg im Schuljahr 1996
* ohne Schulentlassungen aus der Internationalen Schule, den Abendschulen, dem Hansa-Kolleg und dem Studienkolleg

Ausbildungsbereich	insgesamt	darunter mit schulischer Vorbildung					
		ohne Hauptschulabschluß	Hauptschulabschluß	Realschul- oder gleichwertiger Abschluß	Hochschul- / Fachhochschulreife	Besuch einer / eines Berufsfachschule	Berufsvorbereitungsjahres
Industrie und Handel[1]	6 556	40	795	1 958	2 688	722	52
Handwerk	3 097	113	1 277	915	291	179	231
Öffentlicher Dienst[2]	267	–	5	146	97	10	3
Freie Berufe	1 182	–	221	635	265	18	0
Hauswirtschaft[3]	30	–	10	2	3	–	13
Landwirtschaft	177	22	73	52	30	–	–
Seeschiffahrt	35	–	–	10	24	–	1
Insgesamt	11 344	175	2 381	3 718	3 398	979	300

Tab. A 2.5.1.3: Auszubildende mit neu abgeschlossenem Ausbildungsvertrag in Hamburg 1996 nach schulischer Vorbildung

[1] einschl. Banken, Versicherungen, Gast- und Verkehrsgewerbe
[2] ohne diejenigen Auszubildenden des öffentlichen Dienstes, deren Ausbildungsberufe nach dem Berufsbildungsgesetz an anderen zuständigen Stellen (Kammern) registriert werden
[3] Hauswirtschaft im städtischen Bereich

Hochschule	Studierende insgesamt	davon weiblich	deutsche Studierende	davon weiblich	ausländische Studenten
Universität Hamburg	41 885	19 966	38 614	18 149	3 271
Technische Universität Hamburg-Harburg	3 995	648	3 561	588	434
Universität der Bundeswehr	1 658	–	1 637	–	21
Hochschule für Wirtschaft und Politik	2 415	1 121	2 347	983	68
Hochschule für Musik und Theater	903	439	736	341	167
Hochschule für bildende Künste	1 390	627	1 301	610	89
Fachhochschule Hamburg	14 194	4 288	12 705	3 919	1 489
Evangelische Fachhochschule für Sozialpädagogik	152	91	149	89	3
Fachhochschule für Öffentliche Verwaltung	1 031	394	1 031	394	–
insgesamt	67 623	27 574	62 081	25 073	5 542

Tab. A 2.5.1.4: Studierende an den Hamburger Hochschulen im Wintersemester 1996 / 97

Tab. A 2.5.1.5:
Studierende an der Universität Hamburg im Wintersemester 1995 / 96 nach Fachbereichen
* einschließlich Geschichte der Naturwissenschaften

Fachbereich (ohne Lehramtsstudenten) / Lehramt	Studierende insgesamt	deutsche Studierende	davon weiblich	ausländische Studenten	davon weiblich
Evangelische Theologie	578	551	267	27	6
Rechtswissenschaften I (zweistufige Ausbildung)	3 382	3 237	1 271	145	65
Rechtswissenschaften II (einstufige Ausbildung)	1 542	1 417	607	125	73
Wirtschaftswissenschaften	3 480	3 192	937	288	120
davon Betriebswirtschaftslehre	3 451	3 176	928	275	112
Medizin	4 067	3 650	1 755	417	175
davon Allgemeine Medizin	3 428	3 101	1 502	327	129
Zahnmedizin	639	549	253	90	46
Philosophie, Sozialwissenschaften	2 587	2 417	1 039	170	73
darunter Soziologie	1 250	1 193	609	57	28
Erziehungswissenschaften	803	738	528	65	52
Sprachwissenschaften	4 009	3 470	2 512	539	393
darunter Anglistik	548	511	359	37	30
Germanistik / Deutsch	1 197	948	657	249	166
Geschichtswissenschaften	1 365	1 272	538	93	48
Kulturgeschichte und Kulturkunde	1 502	1 401	873	101	71
Orientalistik	1 370	1 235	738	135	69
Mathematik*	811	741	188	70	20
Physik	1 374	1 306	150	68	15
Chemie	1 573	1 434	588	139	58
Biologie	1 348	1 257	578	91	32
Geowissenschaften	1 062	996	356	66	16
Psychologie	1 306	1 211	824	95	70
Informatik	1 800	1 613	168	187	44
Sportwissenschaften	385	360	148	25	7
Hochschulübergreifende Studiengänge	201	184	17	17	1
Lehrämter	7 895	7 664	4 352	231	128
Sonstige	102	90	46	12	7
Insgesamt	45 542	39 436	18 483	3 106	1 543

2.5.2 Kultur

Tab. A 2.5.2.1: Öffentliche Hamburger Bücherhallen 1995 und 1996

* 1995 einschl. 2 Fahrbüchereien

	1995	1996
Büchereien am Jahresende	112	108
davon hauptamtlich geleitete Bücherhallen*	58	58
nebenamtlich geleitete Ausgabestellen	53	49
Musikbücherei	1	1
Ausleihbestand am Jahresende	1 861 159	1 910 871
darunter in den Bücherhallen*	1 445 933	1 467 251
Ausleihen im Jahr	9 666 408	9 767 338
darunter aus Bücherhallen*	8 050 065	7 997 197

Tab. A 2.5.2.2: Hamburger Theater in der Spielzeit 1995 / 1996

Theater	Plätze am 1.1.1996	Vorstellungen	Besucher
Hamburgische Staatsoper	1 819	346	398 146
Deutsches Schauspielhaus	1 696	467	221 815
Thalia Theater	1 135	428	248 280
TiK-Thalia in der Kunsthalle	303	108	16 745
Das Schiff	120	126	15 120
Ernst-Deutsch-Theater	741	387	193 527
Kammerspiele	419	265	67 189
Kampnagel	1 400	493	110 645
Komödie Winterhuder Fährhaus	672	440	201 691
Neue Flora	1 832	416	762 112
Ohnsorg-Theater	387	461	148 128
Operettenhaus	1 114	416	463 424
Schmidt-Theater	250	395	79 000
Schmidts TIVOLI	598	285	136 344
Theater im Zimmer	115	265	28 083
Insgesamt	12 716	5 298	3 090 258

Tab. A 2.5.2.3: Hamburger Filmtheater* 1995 und 1996

	Filmtheater am Jahresende	Sitzplätze am Jahresende	Besucher im Jahr	Kinobesuche im Jahr pro Ew.
1995	76	15 612	3 922 443	2,3
1996	83	17 633	4 331 494	2,5

Quelle: SPIO, Wiesbaden; Filmförderungsanstalt Berlin

* einschl. 1 Autokino mit 490 Stellplätzen

Tab. A 2.5.2.4: Staatliche Hamburger Museen und Schausammlungen 1995 und 1996

Museum und Schausammlung	Besucher 1995	Besucher 1996
Hamburgisches Museum für Völkerkunde	149 107	177 425
Museum für Hamburgische Geschichte	222568	297 620
Museum für Kunst und Gewerbe	300 570	157 817
Altonaer Museum in Hamburg, Norddeutsche Landesmuseum	139 594	122 180
Hamburger Kunsthalle	351 372	325 699
Hamburger Museum für Archäologie und Geschichte Harburgs	38 564	49 782
Planetarium	124 229	128 552
Bischofsburg	23 803	24 185
Insgesamt	1 349 807	1 283 260

2.5.3 Sozialwesen

Art der Ausgaben an Leistungsberechtigte / Einnahmen	Ausgaben / Einnahmen insgesamt	davon außerhalb von Einrichtungen	davon in Einrichtungen
Hilfe zum Lebensunterhalt	901 108	897 145	3 963
Hilfe in besonderen Lebenslagen	1 217 620	268 995	948 625
davon			
Hilfe zur Pflege	447 195	84 758	362 437
Eingliederungshilfe für Behinderte	489 462	23 647	465 815
Krankenhilfe*	201 814	99 879	101 934
Sonstige Hilfen	79 150	60 711	18 439
Bruttoausgaben zusammen	2 118 728	1 166 140	952 588
Einnahmen zusammen	218 094	125 373	92 721
Reine Ausgaben insgesamt	1 900 634	1 040 767	859 867

Tab. A 2.5.3.1: Ausgaben und Einnahmen der Hamburger Sozialhilfe nach dem Bundessozialhilfegesetz 1995

* einschl. Hilfe bei Schwangerschaft oder Sterilisation, Hilfe zur Familienplanung

Alter	Empfänger und Empängerinnen insgesamt	davon von laufender Hilfe zum Lebensunterhalt[1]	und zwar Frauen	und zwar Nichtdeutsche	Regelleistungen[2]	darunter Frauen
unter 15 Jahre	45 290	39 929	19 297	10 577	5 361	2 539
15 bis unter 65 Jahre	94 594	83 075	49 642	21 621	11 519	4 164
65 und mehr Jahre	8 542	8 073	2 257	1 196	469	303
Insgesamt	148 426	131 077	71 196	33 394	17 349	7 006

Tab. A 2.5.3.2: Empfänger von Sozialhilfe und Asylbewerberleistungen in Hamburg 1995

[1] nach dem Bundessozialhilfegesetz [2] nach dem Asylbewerberleistungsgesetz

2.6 Umwelt

	Umweltschutz-investitionen insgesamt	davon für die Umweltschutzbereiche				Veränderung gegenüber 1993
		Abfall-beseitigung	Gewässer-schutz	Lärm-bekämpfung	Luft-reinhaltung	
	(in 1 000 DM)					(in %)
Energie- und Wasserversorgung	51 650	765	4 711	489	45 685	-43,7
Verarbeitendes Gewerbe*	378 969	19 269	132 784	7 528	219 388	+30,6
Baugewerbe	1 537	136	817	147	437	-34,5
Produzierendes Gewerbe insgesamt	432 156	20 171	138 312	8 164	265 509	+12,4

* Industrie (einschl. Bergbau) und Handwerk

Tab. A 2.6.1: Umweltschutzinvestitionen von Unternehmen (mit im allgemeinen 20 und mehr Beschäftigten) des Produzierenden Gewerbes in Hamburg 1994

Abfallbehandlungsort / Abfallart	Abfälle insgesamt (in 1 000 t)	Veränderung gegenüber 1995 (in %)	beseitigt in	
			Deponien (in 1 000 t)	Verbrennungsanlagen
Hamburger Anlagen				
Hausmüll, hausmüllähnliche Gewerbeabfälle, Sperrmüll	519,1	+2,3	–	519,1
Straßenreinigungsabfälle	16,5	-19,7	–	16,5
zusammen	535,6	+1,4	–	535,6
Anlagen außerhalb Hamburgs				
Hausmüll, hausmüllähnliche Gewerbeabfälle, Sperrmüll	275,6	-3,0	148,9	126,8
Straßenreinigungsabfälle	0,7	- 63,0	0,7	–
zusammen	276,3	-3,0	149,5	126,8
Restmüll insgesamt	811,9	-0,2	149,5	662,4

Tab. A 2.6.2: Öffentliche Abfallbehandlung in Hamburg 1996 nach Abfallarten
Quelle: Stadtreinigung Hamburg

	Einheit	1996	1995	Veränderung (in %)
Abwasserreinigung insgesamt	1 000 m^3	146 100	173 520	-15,8
Abwasserübernahme von außerhamburgischen Gebieten	1 000 m^3	9 093	10 820	-16,0
Abwasserabgabe an außerhamburgische Gebiete	1 000 m^3	5 000	5 903	-15,3
Klärschlammaufkommen	1 000 t	71,7	75,2	- 4,7
Länge des Sielnetzes	km	5 305	5 285	+0,4
an das Sielnetz angeschlossene Einwohner	1 000	1 681	1 652	+1,8

Tab. A 2.6.3: Öffentliche Abwasserbeseitigung in Hamburg 1996 und 1995
Quelle: Umweltbehörde – Amt für Stadtentwässerung

2.7 Öffentliche Finanzen

Aufgabenbereich	Haushalts-Soll 1997*				
	Einnahmen		Ausgaben		
	(in Mio. DM)	(in %)	(in Mio. DM)	(in %)	DM/Ew.**
Allgemeine Dienste	587	3,1	3 789	20,2	2 218
darunter Öffentliche Sicherheit und Ordnung	200	1,1	1 267	6,8	742
Rechtsschutz	249	1,3	683	3,6	400
Bildungswesen, Wissenschaft, Forschung, kulturelle Angelegenheiten	222	1,2	4 385	23,4	2 567
darunter Schulen und vorschulische Bildung	26	0,1	2 488	13,3	1 456
Hochschulen	50	0,3	1 007	5,4	589
Förderung des Bildungswesens	80	0,4	131	0,7	77
Kunst- und Kulturpflege	9	0,0	326	1,7	191
Soziale Sicherung, soziale Kriegsfolgeaufgaben, Wiedergutmachung	572	3,1	4 475	23,9	2 619
darunter Familien-, Sozial- und Jugendhilfe	441	2,4	3 626	19,4	2 122
Soziale Leistungen für Folgen von Krieg und politischen Ereignissen	57	0,3	307	1,6	180
Gesundheit, Sport und Erholung	39	0,2	465	2,5	272
darunter Krankenhäuser und Heilstätten	7	0,0	196	1,0	115
Sport und Erholung	9	0,0	115	0,6	67
Wohnungswesen, Raumordnung und kommunale Gemeinschaftsdienste	123	0,7	635	3,4	372
darunter Stadtentwässerung, Müllbeseitigung und -verwertung	7	0,0	129	0,7	76
Ernährung, Landwirtschaft und Forsten	10	0,0	36	0,2	21
Energie- und Wasserwirtschaft, Gewerbe, Dienstleistungen	53	0,3	269	1,4	157
Verkehrs- und Nachrichtenwesen	375	2,0	987	5,3	578
darunter Straßen	89	0,5	184	1,0	108
Schienenverkehr	219	1,2	307	1,6	180
Wirtschaftsunternehmen, Allgemeines Grund- und Kapitalvermögen, Sondervermögen	606	3,2	310	1,7	181
darunter Wirtschaftsunternehmen	400	2,1	263	1,4	154
Allgemeine Finanzwirtsschaft	16 139	86,2	3 375	18,0	1 975
darunter Steuern und sonstige Abgaben	12 759	68,1	400	2,1	234
Länderfinanzausgleich	–	–	400	2,1	234
Insgesamt	18 726	100	18 726	100	10 960

Tab. A 2.7.1: Haushaltsplan 1997[1] und Haushaltsrechnung 1996 für Hamburg

* gemäß Bürgerschaftsbeschluß vom 18.12.1996 ** Einwohner am 30.6.1996

Haushalts-Ist 1996					Aufgabenbereich
Einnahmen		Ausgaben			
(in Mio. DM)	(in %)	(in Mio. DM)	(in %)	DM/Ew.**	
602,2	3,2	2 899,8	15,5	1 697	Allgemeine Dienste
219,9	1,2	1 117,0	6,0	654	darunter Öffentliche Sicherheit und Ordnung
240,7	1,3	581,7	3,1	340	Rechtsschutz
258,2	1,4	4 226,4	22,5	2 474	Bildungswesen, Wissenschaft, Forschung, kulturelle Angelegenheiten
38,4	0,2	2 260,0	12,1	1 323	darunter Schulen und vorschulische Bildung
62,3	0,3	1 065,7	5,7	624	Hochschulen
73,6	0,4	144,4	0,8	85	Förderung des Bildungswesens
33,2	o,2	364,1	1,9	213	Kunst- und Kulturpflege
556,1	3,0	4 613,9	24,6	2 701	Soziale Sicherung, soziale Kriegsfolgeaufgaben, Wiedergutmachung
433,8	2,3	3 695,0	19,7	2 163	darunter Familien-, Sozial- und Jugendhilfe
58,1	0,3	271,2	1,4	159	Soziale Leistungen für Folgen von Krieg und politischen Ereignissen
65,3	0,3	532,2	2,8	311	Gesundheit, Sport und Erholung
18,9	0,1	205,3	1,1	120	darunter Krankenhäuser und Heilstätten
11,8	0,1	153,3	0,8	90	Sport und Erholung
456,3	2,4	666,8	3,6	390	Wohnungswesen, Raumordnung und kommunale Gemeinschaftsdienste
287,8	1,5	155,1	0,8	91	darunter Stadtentwässerung, Müllbeseitigung und -verwertung
11,3	0,1	31,8	0,2	19	Ernährung, Landwirtschaft und Forsten
73,0	0,4	372,9	2,0	218	Energie- und Wasserwirtschaft, Gewerbe, Dienstleistungen
286,5	1,5	860,4	4,6	504	Verkehrs- und Nachrichtenwesen
119,1	0,6	201,3	1,1	118	darunter Straßen
83,8	0,4	202,8	1,1	119	Schienenverkehr
2 122,6	11,4	467,8	2,5	274	Wirtschaftsunternehmen, Allgemeines Grund- und Kapitalvermögen, Sondervermögen
1 901,7	10,2	419,9	2,2	246	darunter Wirtschaftsunternehmen
14 226,3	76,3	4 065,2	21,7	2 379	Allgemeine Finanzwirtschaft
12 234,9	65,6	–	–	–	darunter Steuern und sonstige Abgaben
–	–	0,0	0,0	0	Länderfinanzausgleich
18 657,6	100	18 737,2	100	10 967	Insgesamt

Quellen für den Anhang
(soweit bei den Tabellen nicht anders genannt)

Statistisches Landesamt Hamburg [Hrsg.] (1998):
Statistisches Taschenbuch [für Hamburg]. Hamburg

Internetadresse Statistisches Landesamt Hamburg: http. / www.statistik-Hamburg.de

Perthes GeographieKolleg

Diese neue Studienbuchreihe behandelt wichtige geographische Grundlagenthemen. Die Bücher dieser Reihe bestechen durch ihre Aktualität (Erscheinungsdaten ab 1994), ihre Kompetenz (fast ausschließlich von Hochschuldozenten verfaßt) und ihre gute Lesbarkeit (zahlreiche Abbildungen, Karten und Tabellen). Sie sind daher für den Studenten und Lehrer aller geo- und ökowissenschaftlichen Disziplinen eine unverzichtbare Informationsquelle für Aus- und Weiterbildung.

Physische Geographie Deutschlands
Herbert Liedtke und Joachim Marcinek (Hrsg.):
2. Auflage 1995, 560 Seiten, 3-623-00840-0

Das Klima der Städte
Von Fritz Fezer: 1. Auflage 1995, 199 Seiten, 3-623-00841-9

Das Wasser der Erde – Eine geographische Meeres- und Gewässerkunde
Von Joachim Marcinek und Erhard Rosenkranz:
2. Auflage 1996, 328 Seiten, 3-623-00836-2

Naturressourcen der Erde und ihre Nutzung
Von Heiner Barsch und Klaus Bürger: 2. Auflage 1996, 296 Seiten, 3-623-00838-9

Geographie der Erholung und des Tourismus
Von Bruno Benthien: 1. Auflage 1997, 192 Seiten, 3-623-00845-1

Wirtschaftsgeographie Deutschlands
Elmar Kulke (Hrsg.): 1. Auflage 1998, 563 Seiten, 3-623-00837-0

Agrargeographie Deutschlands
Von Karl Eckart: 1. Auflage 1998, 440 Seiten, 3-623-00832-X

Allgemeine Agrargeographie
Von Adolf Arnold: 1. Auflage 1997, 248 Seiten, 3-623-00846-X

Lehrbuch der Allgemeinen Physischen Geographie
Manfred Hendl und Herbert Liedtke (Hrsg.): 3. Auflage 1997, 867 Seiten, 3-623-00839-7

Umweltplanung und -bewertung
Von Christian Poschmann, Christoph Riebenstahl und Einhard Schmidt-Kallert:
1. Auflage 1998, 152 Seiten, 3-623-00847-8

Landschaftsentwicklung in Mitteleuropa
Von Hans-Rudolf Bork u.a.: 1. Auflage 1998, 328 Seiten, 3-623-00849-9

Geographisch denken und wissenschaftlich arbeiten
Von Axel Borsdorf: 1. Auflage 1999, 160 Seiten, 3-623-00649-1

Bildanhang

Foto 1: Die Hamburger Innenstadt

Der Blick über die südliche Außenalster (rechts unten) und die Binnenalster bis hin zur Elbe und einigen Hafenbecken zeigt die Innenstadt, in ihrer Rahmung immer noch bestimmt durch den Verlauf der barocken Befestigungsanlage. Deren westlicher Bogen (rechte Bildhälfte) wird heute von Grünanlagen eingenommen, der östliche von den breiten Strängen der in den Hauptbahnhof (unten links) einmündenden Bahngleise.

Viele der Erneuerungen nach dem Stadtbrand von 1842 sind gut auf dem Foto zu erkennen: Östlich der Binnenalster (links vorn) ersetzte eine klare, großzügige Straßenführung das alte Gassensystem, südlich der Binnenalster (Bildmitte) wurde der Rathausplatz geschaffen. Von dort führt die Mönckebergstraße, 1908/13 als Schneise durch die Stadt gezogen, zum Hauptbahnhof. Von den verschiedenen Sanierungsgebieten markiert sich am schärfsten das Kontorhausviertel der 1920er Jahre (linker Bildrand unten), u.a. dessen bekanntestes Bauwerk, das Chilehaus, mit seinem spitzen "Schiffsbug".

Das Luftbild dokumentiert auch eindrucksvoll die amphibische Struktur der Stadt. Die beiden Becken der aufgestauten Alster sind über Fleete mit der Elbe verbunden; links im Bild erscheint der Zollkanal (die einmündende Bille), und das breite Band der Elbe grenzt die Stadt nach Süden hin ab. Diese Durchdringung von Wasser und Land, im Laufe der Jahrhunderte mehrfach umgestaltet, macht die topographische Einzigartigkeit Hamburgs aus.

Foto 2: Haus der Patriotischen Gesellschaft (1845/47)

Foto 3: Die Hamburger Börse (1837/41, Osttrakt mit Uhrturm 1909/12)

Baudenkmäler des 19. Jahrhunderts: Die Börse (Entwurf: Wimmel und Forsmann) wie auch die Alsterarkaden (Entwurf Chateauneuf) zeigen den Klassizismus der Jahrhundertmitte, das zeitgleich entstandene Gebäude der Patriotischen Gesellschaft dagegen ist als neugotischer Backsteinbau nach dem Willen seines Architekten Bülau eine Ehrenbezeugung für das deutsche Mittelalter.

Foto 4: Die Alsterarkaden (1842/43) an der Kleinen Alster

Foto 5: Das Chilehaus (1922/24; Architekt Höger)

Foto 6: Hotel Steigenberger (1990/92; Architektenbüro GMP)

Backsteinbauten des 20. Jahrhunderts: In den 1920er Jahren wurde in der Ära Schumacher der Backstein zum bevorzugten Baumaterial für Öffentliche Gebäude und auch Technische Bauten (Foto 7). Höger entwickelte einen expressionistischen Klinker-Baustil (Foto 5). In der Gegenwart sind besonders bei den Bauten der Fleetinsel Stilzitate unverkennbar;
Foto 6 zeigt gewisse Ähnlichkeiten des Steigenberger Hotels mit dem Chilehaus.

Foto 7: Die Krugkoppelbrücke (1927/28; Entwurf Schumacher)

Foto 8: Die Ellerntorsbrücke (1668, Vorläufer Anfang 16. Jahrhundert. Instandsetzung 1992/93)

Hamburg – Stadt der Brücken (vgl. auch Foto 7): Schon die alte Stadt Hamburg mit ihren Fleeten und Befestigungsgräben war eine Stadt der Brücken; eine der ältesten noch erhaltenen zeigt Foto 8. Gegenwärtig überspannt als größte moderne Flußbrücke Europas die Köhlbrandbrücke auf einer Länge von fast vier Kilometern den Hafenwirtschaftsraum, Waltershof mit dem übrigen Hafenraum verbindend (Foto 9).

Foto 9: Die Köhlbrandbrücke (1972/74; Architekt Egon Jux)

Foto 10: Werftgelände Blohm + Voss

Alte und neue Hafenwirtschaft: Von den Großwerften im Hamburger Hafen hat nur noch Blohm + Voss überdauert. Die Wirtschaftskraft des Hafens wird heute in erster Linie bestimmt vom Container-Umschlag, dessen Volumen sich bislang noch von Jahr zu Jahr steigert.

Foto 11: Container-Umschlag auf Waltershof

Foto 12 und 13: Verwaltungsgebäude der Versicherung "Deutscher Ring" an der Ludwig-Erhard-Straße (1993/96; Architekten v. Bassewitz, Patschan, Hupertz, Limbrock)
Ansicht des "Schiffbugs" (links); in der diaphanen Glashaut der Fassade spiegelt sich im frühen Morgenlicht Hamburgs Wahrzeichen, der "Michel" (rechts).

Foto 14 und 15: Das Zürich-Haus an der Domstraße (1989/92; Architekturbüro GMP)
In der Fassadengestaltung relativ konventionell (links), zeigen sich im Eingangsbereich (rechts) – einer von zwei glasdachüberwölbten Hallen – die Unterschiede zum Kontorhaus der 1920er Jahre. (Das Chilehaus, Foto 5, besitzt einfache Treppenhäuser.)

Zu den repräsentativen Gebäuden der *Dienstleistungsmetropole Hamburg* zählen nicht nur die mit Foto 12 bis 15 vorgestellten Bauten von Großversicherungen, sondern auch das Verwaltungsgebäude der HEW (erbaut 1966/69; Foto 16) und die neue Kunsthalle "Galerie der Gegenwart"(1992/96; Foto 17). Obgleich der HEW-Bau des dänischen Architekten Arne Jacobsen ein Vierteljahrhundert älter ist als der Kunsthallenbau von Oswald Mathias Ungers, liegt eine Verwandtschaft vor durch die Strenge des geometrischen Stils und die genial einfache Gliederung.

Foto 16: Verwaltungsgebäude der HEW (1966/69)

Foto 17: Die "Galerie der Gegenwart" (1992/96)

Wohnen in Hamburg – **einige Beispiele**

Foto 18: Villen des ausgehenden 19. Jahrhunderts (Heilwigstraße, Gartenfront zum Alsterkanal)

Foto 19: Hochhaus der Großwohnsiedlung Osdorfer Born (1966/70)

Foto 20: Mehrfamilienhäuser in Neu-Allermöhe Ost (1984/94)

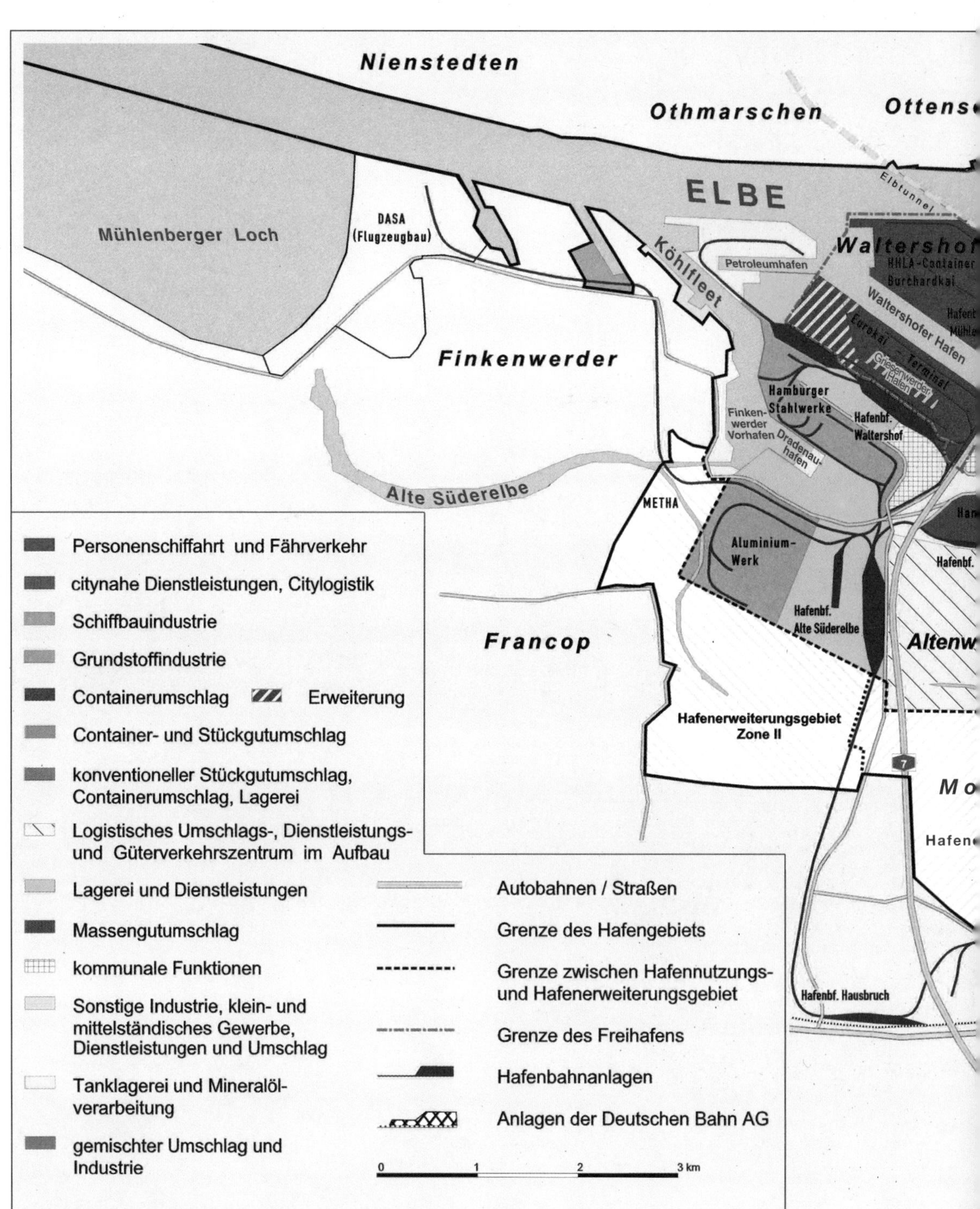

Nutzungsstrukturen Hafen Hamburg